中国经济与世界秩序
竞争性合作时代的开放型经济新格局

刘卫平◎著
LIU WEIPING

清华大学出版社
北京

本书封面贴有清华大学出版社防伪标签，无标签者不得销售。
版权所有，侵权必究。举报：010-62782989，beiqinquan@tup.tsinghua.edu.cn。

图书在版编目（CIP）数据

中国经济与世界秩序：竞争性合作时代的开放型经济新格局 / 刘卫平著. —北京：清华大学出版社，2024.1
ISBN 978-7-302-65153-6

Ⅰ.①中… Ⅱ.①刘… Ⅲ.①中国经济－经济发展－研究 Ⅳ.①F124

中国国家版本馆CIP数据核字(2024)第016076号

责任编辑：高晓蔚
封面设计：汉风唐韵
责任校对：宋玉莲
责任印制：丛怀宇

出版发行：清华大学出版社
    网　　址：https://www.tup.com.cn，https://www.wqxuetang.com
    地　　址：北京清华大学学研大厦A座 邮　　编：100084
    社 总 机：010-83470000 邮　　购：010-62786544
    投稿与读者服务：010-62776969，c-service@tup.tsinghua.edu.cn
    质 量 反 馈：010-62772015，zhiliang@tup.tsinghua.edu.cn
印 装 者：涿州汇美亿浓印刷有限公司
经　　销：全国新华书店
开　　本：148mm×210mm 印　张：21 字　数：561千字
版　　次：2024年1月第1版 印　次：2024年1月第1次印刷
定　　价：198.00元

产品编号：096227-01

一个国家的现代
首先是思想上的现代
一个国家的尊严
首先是人民的尊严

The modernity of a country
starts from its modernity in ideas
The dignity of a country
is based on the dignity of its people

开放是人类文明进步的重要动力，是世界繁荣发展的必由之路。当前，世界百年未有之大变局加速演进，世界经济复苏动力不足。我们要以开放纾发展之困、以开放汇合作之力、以开放聚创新之势、以开放谋共享之福，推动经济全球化不断向前，增强各国发展动能，让发展成果更多更公平惠及各国人民。①

Openness is a key driving force behind the progress of human civilizations and an intrinsic path toward global prosperity and development. The world today is confronted with accelerated changes unseen in a century as well as a sluggish economic recovery. We should commit ourselves to openness to meet development challenges, foster synergy for cooperation, build the momentum of innovation, and deliver benefits to all. We should steadily advance economic globalization, enhance every country's dynamism of growth, and provide all nations with greater and fairer access to the fruits of development.

实行更加积极主动的开放战略，完善互利共赢、多元平衡、安全高效的开放型经济体系。②

Implement a more proactive opening-up strategy and improve the open economic system that is mutually beneficial, diversified, balanced, secure, and efficient.

---

① 2022年11月4日，中国国家主席习近平以视频方式出席在上海举行的第五届中国国际进口博览会开幕式并发表题为《共创开放繁荣的美好未来》的致辞。
② 中国共产党第十八次全国代表大会上的报告（2012年11月8日）。

中国为开放型世界经济注入新活力。①

China injects new vitality into the open world economy.

中美两国面临一些共同的挑战，两国急需提高对不断变化的国际秩序的认识，继续寻找可能的合作领域。②

China and the United States face some common challenges. Both countries urgently need to raise awareness of the changing international order and continue to look for possible areas of cooperation.

国际社会亟须构思和实施新的安全架构。②

The international community urgently needs to propose and implement a new security regime.

如何以宽广的视野观察世界，进行战略思维？③

How should we view the world from a broad perspective and think strategically?

全球领导力：使命、忠诚、沟通、行动。③

Global leadership: Mission, Loyalty, Communication, Action.

---

① 习近平，2021年11月4日，让开放的春风温暖世界——在第四届中国国际进口博览会开幕式上的主旨演讲．
② 刘卫平．中美经贸合作面临的挑战及应对建议[R]．国家社科基金重大攻关项目．
③ 刘卫平．全球领导力[M]．北京：清华大学出版社，2005．

| 作者简介 |

刘卫平，湖南长沙人，博士，教授，博士生导师。国家开发银行研究员。

清华大学社会学专业法学博士，约翰·桑顿教授"全球领导力"项目班长，管理学硕士；武汉大学世界经济专业经济学博士，文学学士，经济学、法学双聘教授；国家高端智库武汉大学国际法治研究院博士研究生导师；麻省理工学院访问学者。

主要研究方向为世界经济、经济与社会、国际金融、国家战略。著有《全球领导力》《美国货币政策调整及其影响研究》《中等收入陷阱：基于经济转型与社会治理的理解》《社会信任：民间金融与经济转型》等著作，以及《中美基建合作计划》《中美经贸合作面临的挑战及应对建议》《向西开放：共建"丝绸之路经济带"》等多项研究报告。

Liu Weiping, born in Changsha, Hunan, Doctor, Professors, Doctoral Supervisor. Senior Research Fellow of China Development Bank.

LLD, Department of Sociology, Tsinghua University, Monitor of John L. Thornton "Global Leadership" Program, MMGT; DEC and BA, Professor of Economics and Law, Department of World Economy, Wuhan University; Doctoral Supervisor of Wuhan University Institute of International Law and Global Governance, which is one of the China Top Think Tanks; Visiting Scholar of MIT.

The major research fields include the world economy, economy and society, international finance, and national strategy. Major works include *Global Leadership, Research on US Currency Policy Adjustment and its Influence, Middle Income Trap: An Analysis Based on the Understanding of Economic Transformation and Social Governance,* and *Social Trust: Folk Finance and Economic Transformation.* Research reports include *Sino-US Infrastructure Cooperation Plan, Challenges for Sino-US Economic and Trade Cooperation and Proposals of Countermeasures,* and *Opening up to the West: Co-construction of "Silk Road Economic Belt".*

| 内容简介 |

当今世界正处于百年未有之大变局,人类社会面临前所未有的危机,中国正处于走向伟大复兴的关键历史阶段,思想界亟须立足中国、放眼世界,以开放的思维和全球视野回答中国之问、世界之问。

在这样的历史和时代背景下,本书立足新时代中国经济社会深度转型的基本现状和高质量发展的新趋势,综合社会学、政治学、经济学、法学等多学科理论,对国际政治、经济、金融格局的变迁进行多维度、跨学科的深入分析,基于"竞争性合作"概念和理论框架,为后疫情时代错综复杂且路径不明的国际关系提出一个可能的发展路径,并为中国构建人类命运共同体所亟须的内外制度重塑和改革策略提出可行性建议。

本书从中国的开放战略出发,围绕中国在经济与金融、生态与社会、命运共同体及合作共赢四个方面的发展理念与实践经验进行深入分析,为世界各国经济与社会的发展提供有益的借鉴。

| Brief Introduction |

The present world is in the times of great changes unseen in a century, the human society is facing the unprecedented crisis, and China is at a critical historical stage of moving to the great rejuvenation. The ideological circle is urgently required to have a foothold in China and a global view and answer the question of China and the question of the world with open thinking and a global vision.

Under such historical background, based on the basic status and the new trend of high-quality development of China's in-depth economic and social transformation in the new era and with reference to the multi disciplinary theories of sociology, political science, economics, and law, the work undertakes the multi dimensional and cross-discipline in-depth analysis on the changes in the international political economy and financial structure. Based on the concept and theoretical framework of "competitive cooperation", the work proposes a possible development path for the post-pandemic complicated and indefinite international relations and makes a feasible proposal for the remolding and reforming tactics of internal and external institutions urgently required for China to build the community of shared future for humankind.

By starting with China's open strategy from the reform and opening-up to the opening-up and sharing, the book undertakes a profound analysis of the development ideas and practical experiences of China in line with such four aspects as economy and finance, ecology and society, community of shared future and cooperation for win-win and provides beneficial references for the economic and social development of the countries in the world.

约瑟夫·奈：并非必有一战[1]

刘卫平与哈佛大学约瑟夫·奈教授交流

中美之间的大国竞争是 21 世纪上半叶的重要特征。但是，对于如何描述这一特征却鲜有共识。有人称之为"持久竞争"。

美国和苏联在全球军事上高度相互依存，但在经济、社会或生态方面几乎没有相互依存。在这些方面，今天的中美关系都是不一样的。

首先，美国不可能在不对自身和全球经济造成巨大损害的情况下，将其贸易和投资与中国完全脱钩。此外，美国及其盟国面临的威胁，不是共产主义意识形态的传播，而是双方经常操纵的经济和政治相互依存的体系。在安全问题上部分脱钩或"去风险"是必要的，但全面经济脱钩的成本将高得令人望而却步，很少会有美国盟友效仿。更多国家将中国（而非美国）视为其主要贸易伙伴。

然后，相互依存的生态方面，使得脱钩成为不可能。没有一个国家能够单独应对气候变化、流行病威胁或其他跨国问题。无论好坏，我们都陷入了与中国的"合作性竞争"之中，这需要有一项能够推进竞争目标的战略。这种情况与冷战时期的遏制完全不同。

[1] 节选自约瑟夫·奈（Joseph S. Nye）. 并非必有一战 [EB/OL]. 太平洋国际交流基金会 / 中美聚焦公众号，[2023-12-21].

基辛格：今天中国的一切，都令人震惊！

刘卫平向美国前国务卿基辛格博士赠送清华大学校徽

约翰·桑顿：21世纪将是中国的世纪。

刘卫平与清华大学"全球领导力"项目主任约翰·桑顿①教授交流

① 约翰·桑顿，清华大学经济管理学院国际顾问委员会主席，"全球领导力"项目主任、教授，布鲁金斯学会董事会主席，巴里克黄金公司董事会主席，高盛公司前总裁，2008年中国政府"友谊奖"获得者。

中美双方共同努力拓展广泛领域务实合作。①

刘卫平博士在麻省理工学院

命运共同体：重塑走向世界的地缘经济与政治。②

刘卫平博士在华盛顿布鲁金斯学会

---

① 摘自刘卫平经济学专著《美国货币政策调整及其影响研究》。
② 摘自刘卫平著作《中国经济与世界秩序：竞争性合作时代的开放型经济新格局》。

经济社会现代化转型亟须建立以系统信任为支撑的现代金融系统。①

刘卫平博士在乡镇做田野调查

① 摘自刘卫平社会学专著《社会信任：民间金融与经济转型》。

| 目 录 |

前　言　百年巨变下的中国经济和对外政策选择　/ 21
评　论　让世界理解中国，让中国理解世界　/ 43
导　论　构建竞争性合作时代的开放型经济新格局　/ 1
　核心概念　竞争性合作、开放型经济 /2
　内容结构　从改革开放到开放共享 /5
　核心观点　在世界百年未有之大变局中构建人类命运共同体 /12
　战略决策　发展中美互利共赢的"竞合关系" /17

第一部分　经济与金融

第一章　深化改革与扩大开放的新阶段：再平衡与战略机遇　/ 25
　第一节　中国经济调整与再平衡：挑战与策略 /26
　第二节　中国经济应对当前挑战的五个支点 /42
　第三节　开放型经济与中国新的战略机遇期 /56
　第四节　中国开放型经济为世界带来新机遇 /65

第二章　金融改革与数字经济的新格局：多元化与加强监管　/ 79
　第一节　全球金融变革与新时代中国货币政策 /80
　第二节　多元化金融发展：防范金融风险，服务实体经济 /100
　第三节　政策性银行需从产业金融角度服务重大科技创新 /110
　第四节　数字经济：健康发展与有序竞争 /116

第三章　发展主义：开发性金融与经济平衡增长　/ 129
　第一节　开发性金融促进我国经济平衡增长的不可或缺性 /130
　第二节　充分发挥开发银行在我国经济再平衡增长中的作用 /144
　第三节　以金融创新推动生态型城镇化建设的路径 /158
　第四节　开发金融：政府与市场之间的融资平台 /164
　第五节　推进中国中长期融资与立法体系建设 /186

第二部分 生态与社会

第四章 新发展路径:低碳、需求侧与生态文明建设 / 201
第一节 碳中和的转型问题与氢能源革命 / 202
第二节 需求侧:重塑消费需求是实现低碳发展的关键 / 215
第三节 推进"环境污染第三方治理"产业投资基金建设 / 226
第四节 构建中国特色"绿色金融"体系 / 240

第五章 经济社会转型:社会与国家治理改革 / 245
第一节 中国经济社会转型发展道路的基本思路 / 246
第二节 经济社会领域矛盾化解与秩序重建 / 258
第三节 以国家治理机制优化促进社会转型发展 / 272
第四节 以道德文化建设促进经济社会平稳转型 / 283
第五节 社会信任:债务的信用条件变化与政策调整 / 290

第三部分 命运共同体

第六章 命运共同体:重塑走向世界的地缘经济与政治 / 313
第一节 地缘政治与贸易保护收缩策略的机遇与挑战 / 314
第二节 减少中国经济走向世界进程的文化认同风险 / 320
第三节 以"社会型与经济型"基础设施建设投资非洲 / 329
第四节 构建欧非中三边对话与合作新机制 / 343
第五节 建设性参与全球治理必须注重国家主权博弈 / 351

第七章 "一带一路":"双循环"发展的机遇与挑战 / 361
第一节 "一带一路":构建互利共赢的国际经济合作新体系 / 362
第二节 "一带一路":以主动的姿态全面融入全球化 / 375
第三节 "一带一路":"地缘政治"的挑战和经济机遇 / 379
第四节 "一带一路":亟须实施经济社会综合规划 / 385
第五节 开发三都澳:构建"一带一路"新的经济增长点 / 396

目　录

第四部分　合作共赢

第八章　合作共赢：中美经贸合作需要大智慧　/ 407
第一节　中美需实现互利共赢 / 408
第二节　基建合作：中美经贸新的增长点 / 428
第三节　能源问题与气候变化：以中美合作实现全球合作 / 457
第四节　美国货币政策调整对中国经济的影响 / 473

第九章　面向未来：建立21世纪的中美关系　/ 483
第一节　中美都需做负责任的主权国 / 484
第二节　中美需要共调经济结构应对全球供求变化 / 491
第三节　美国对华政策的趋势分析与应对策略 / 502
第四节　促使中美走向包容性竞争关系的策略 / 532

第十章　开放共享：构建中国与世界的开放型经济新秩序　/ 537
第一节　中国与世界的开放型经济新秩序 / 538
第二节　共赢模式：全球资源配置与经济治理新格局 / 545
第三节　中国参与全球经济治理的新战略 / 553
第四节　顺应新一轮全球化，努力实现再平衡 / 561
第五节　构建全面推进中华民族伟大复兴的战略研究支撑体系 / 571

参考文献　/ 575

后记　和平与发展——世界秩序永恒的主题　/ 585

Contents

Foreword: China's Economy and Foreign Policy Options under the Radical Changes in a Century
Comments of Experts and Scholars: Let the World Understand China and Let China Understand the World

Introduction: Build a New Pattern of Open Economy in the Era of Competitive Cooperation
Core Concepts: Competitive Cooperation, Open Economy
Content Structure: From Reform and Opening-up to Openness and Sharing
Core point of view: Build a Community with a Shared Future for Mankind amid Profound Changes Unseen in a Century.
Strategic Decision-Making: Develop a Mutually Beneficial and Win-Win "Competitive Relationship" Between China and the United States

Part 1 Economy and Finance

Chapter 1 A New Stage of Deepening Reform and Expanding Opening-up: Rebalancing and Strategic Opportunities

Section 1 Chinese Economy's Adjustment and Rebalance: Challenges and Strategies
Section 2 Five Underpinnings of the Chinese Economy's Response to Current Challenges
Section 3 Open Economy and China's New Period of Strategic Opportunity
Section 4 China's Open Economy Brings New Opportunities to the World

Chapter 2 Financial Reform and New Landscape of the Digital Economy: Diversification and Enhanced Regulation

Section 1 Global Financial Reform and China's Monetary Policy in the New Era
Section 2 Diversified Financial Development: Guard Against Financial Risks and Serve the Real Economy
Section 3 Policy Banks Need to Serve Major Scientific and Technological Innovations from the Perspective of Industrial Finance
Section 4 Digital Economy: Healthy Development and Orderly Competition

Chapter 3 Developmentalism: Development Finance and Balanced Economic Growth

Section 1 The Indispensability of Development Finance for Promoting the Balanced Growth of China's Economy
Section 2 Give Full Play to the Role of Development Banks in China's Economic Rebalancing and Growth
Section 3 The Path of Promoting Ecological Urbanization with Financial Innovation
Section 4 Development Finance: A Financing Platform Between the Government and the Market
Section 5 Advance the Building of China's Medium and Long-Term Financing and Legislative Systems

Part 2 Ecology and Society

Chapter 4 New Development Path: Low Carbon, Demand Side, and Ecological Progress

Section 1 The Transition to Carbon Neutrality and the Hydrogen Revolution
Section 2 Demand Side: Reshaping Consumer Demand is the Key to Achieving Low-Carbon Development
Section 3 Advance the Development of Industrial Investment Funds for the "Third-Party Governance of Environmental Pollution"
Section 4 Build a "Green Finance" System with Chinese Characteristics

Chapter 5   Economic and Social Transformation: Social and National Governance Reform

Section 1   Basic Ideas Behind China's Path of Economic and Social Transformation and Development

Section 2   The Resolution of Contradictions and the Restoration of Order in the Economic and Social Fields

Section 3   Optimize National Governance Mechanisms to Promote Social Transformation and Development

Section 4   Promote the Steady Transformation of Economy and Society Through Moral and Cultural Development

Section 5   Social Trust: Changes in Credit Conditions of Debt and Policy Adjustment

Party 3   Community with a Shared Future for Mankind

Chapter 6   Community with a Shared Future for Mankind: Reshape Geopolitics and Geoeconomics Towards the World

Section 1   Opportunities and Challenges Brought about by Geopolitics, Trade Protectionism and Retrenchment

Section 2   Reduce Cultural Identity Risk in the Process of the Chinese Economy Going Global

Section 3   Invest in Africa with "Social and Economic" Infrastructure Construction

Section 4   Build a New Mechanism for Trilateral Dialogue and Cooperation Between Europe, Africa and China

Section 5   Constructive Participation in Global Governance Must Place Emphasis on the Game of National Sovereignty

Chapter 7   The Belt and Road Initiative: Opportunities and Challenges Brought about by the Development of the "Dual Circulation"

Section 1   The Belt and Road Initiative: Build a New System of Mutually Beneficial and Win-Win International Economic Cooperation

Section 2   The Belt and Road Initiative: Fully Integrate into Globalization in an

Active Manner
Section 3   The Belt and Road Initiative: "Geopolitical" Challenges and Economic Opportunities
Section 4   The Belt and Road Initiative: The Urgent Need to Implement Comprehensive Economic and Social Planning
Section 5   Developing Sandu'ao Port: Building a New Economic Growth Point under the Belt and Road Initiative

Part 4   Win-Win Cooperation

Chapter 8   Win-win Cooperation: China-U.S. Economic and Trade Cooperation Requires Great Wisdom
Section 1   China and US Need to Achieve Mutual Benefit and Win-win Cooperation
Section 2   Infrastructure Cooperation: A New Growth Point for China-U.S. Trade and Economic Relations
Section 3   Energy Issues and Climate Change: Realize Global Cooperation Through China-U.S. Cooperation
Section 4   Impact of US Monetary Policy Adjustment on China's Economy

Chapter 9   Look forward to the Future: Build China-US Relations in the 21st Century
Section 1   Both China and the United States Should Act as Responsible Sovereign States
Section 2   China and the United States Need to Co-adjust Their Economic Structures to Cope with Changes in Global Supply and Demand
Section 3   Analysis of Trends in U.S. Policy Against China and Coping Strategies
Section 4   Strategies to Promote an Inclusive Competitive Relationship Between China and the United States

Chapter 10   Openness and Sharing: Build a New Open Economic Order Between China and the World
Section 1   A New Open Economic Order Between China and the World
Section 2   Win-Win Model: A New Pattern of Global Resource Allocation and

Economic Governance

Section 3　New Strategies for China's Participation in Global Economic Governance

Section 4　Adapt to the New Round of Globalization and Strive for Rebalancing

Section 5　Construction of the Strategic Research Support System to Comprehensively Promote the Great Rejuvenation of the Chinese Nation

References

Afterword: Peace and Development—The Eternal Theme of The World

| 前　言 |

百年巨变下的中国经济和对外政策选择

习近平主席指出，当前世界百年变局和世纪疫情相互交织，各种安全挑战层出不穷，世界经济复苏步履维艰，全球发展遭遇严重挫折。世界向何处去？和平还是战争？发展还是衰退？开放还是封闭？合作还是对抗？是摆在我们面前的时代之问。[①]

新冠疫情肆虐全球，搅乱了正常的社会生活秩序，也让人类经济发展遭遇了重大挫折。美国贸易保护主义空前抬升和霸权主义日渐猖獗，全球化遭遇逆流，俄乌冲突的爆发导致整个欧洲笼罩在战争阴霾之下，让不断衰退的全球经济雪上加霜。众人皆呼，我们正处于百年未有之大变局之中。这是世界格局之变、时代精神之变、历史趋势之变！怎样在变局中开新局，于危机中育先机，在云谲波诡的国际环境中拨云见日，奏响中国声音，引领时代潮流，推动世界和平与可持续发展，进而塑造共同富裕的人类命运共同体？

回答这个问题，正确认识我国经济发展与对外政策之间的辩证关系至关重要。以"中国经济"为研究对象的中外著作汗牛充栋，探讨中国外交政策的著作也不知凡几，但以"中国经济与世界秩序"为题的专著还屈指可数。本书关于我国经济发展和世界秩序的系列观点，正是基于对这一问题的深刻认识和准确把握基础上做出的战略性研判，但本书是从哲学社会科学意义上来思考这一根本问题的。本书认为，价值观和发展观决定了经济社会发展的路径和出路，对外政策是对一国价值观和发展观的阐释和宣介。能否让世界理解、接受并认同一国

[①] 习近平.把握时代潮流　缔造光明未来——在金砖国家工商论坛开幕式上的主旨演讲.2022年6月22日.

特有的发展观,进而实现和而不同,需要成熟的政治韬略和外交表达。

卡尔·马克思认为,经济发展最终的追求应是人的全面发展。但这里的人并不是一个孤立的个体,而是一个政治的、社会的动物。在马克思看来,人的本质"在其现实性上,它是一切社会关系的总和"。政治经济学研究的应是一定社会中的人们在社会生产中的相互关系,即生产关系。而生产关系的调整,构成了人类社会最核心的政治活动。因此,物质和技术层面的经济活动,构成了人类社会和政治活动的基础,政治的内容和形式表现为人与人关系的总和。一切政治和经济的活动,最终是为了人类社会的全面进步[①]。德国社会学家马克斯·韦伯指出,"政治经济学的任何工作都只有以利他主义为基础才可能。人们今天在经济、社会和政治等各方面努力生产出来的东西绝大多数都是使未来的后代受益,而非这一代人自己受益。如果经济学的工作有任何意义的话,那就在于而且只在于对未来、对那些在我们以后降生于世的人有所帮助。"但是,韦伯同时也指出,"各民族之间的经济斗争从不歇停,这一事实并不因为这种斗争在'和平'的外表下进行就有所不同。""全球经济共同体的扩展只不过是各民族之间相互斗争的另一种形式,这种形式并没有使各民族为捍卫自己的文化而斗争变得更容易,而恰恰使得这种斗争变得更困难,因为这种全球经济共同体在本民族内部唤起当前物质利益与民族未来的冲突,并使既得利益者与本民族的敌人联手而反对民族的未来。"针对当时处于全球化十字路口的德意志民族的处境,韦伯呼唤政治教育,认为政治经济学的全部工作的基石,在于培养足以构成我们人性中的伟大和高贵的素质,在于培育出政治成熟的民族担纲者。韦伯所言的政治成熟,就是指经济政治的领导者"能够把握本民族的长远的经济政治'权力'利益,而且有能力在任何情况下把这一利益置于任何其他考虑之上"[①]。

百年未有之变局下,让中国走向世界,让世界理解中国,也迫切

---

① [德]马克思(Karl Marx).政治经济学批判[M].徐坚,译.北京:人民出版社,1955.

前 言

呼唤政治成熟的担纲者,在竞争日烈的国际风云际会中展示中国特色、彰显中国气派的同时,推动建设人类命运共同体。

众人皆知,我国经济总量已跻身世界第二,创造了经济发展的世界奇迹。关于这一奇迹的诞生,尽管国内外学者已经从产权制度改革、市场经济体制建设、世界经济分工与产业转移、技术创新与扩散、稳定的政治经济环境、强有力的国家与政府组织等诸多经验层次进行了阐释,但是,无论如何解释,都似乎难以让人们信服,至少迄今为止尚未完全赢得西方经济学主流范式和意识形态的认可和接受。突出表现为我们在发展和崛起过程中引发了西方社会的流言蜚语和恶意抵制。从中国威胁论的兴起,到美国如今将中国视为头号敌人,吹起了西方资本主义遏制中国发展的冲锋号,污蔑中国不遵守世贸规则,将中国经济的腾飞归因于搭上了入世的便车,享受了全球化带来的技术扩散红利,因此试图对中国进行技术封锁和贸易排斥……

我们认为,中国经济的崛起和腾飞,之所以非但没能被美国为首的西方国家认可和接受,反而引发了它们的担忧、排斥甚至仇视,根本原因在于两方面:一是西方国家对于中国经济崛起和腾飞的过程、机制及政治、社会文化基础等根本性的原因缺乏深刻的认识;二是我们自身在经济崛起和腾飞过程中,有意无意忽略了中国经济走向世界所必须建构的知识储备和智力资本,以及与此相应的与国际接轨的组织架构和规则体系。正是从这一视角出发,本书所言之中国经济并不是西方传统市场原教旨主义和新自由主义意义上用各种指标或模型来建构的经济,对外政策也并不是通常意义上作为国家内政延伸意义上以维护国家领土和主权完整为核心目标的"外交政策"。本书所言的"中国经济"是内嵌于中国社会历史文化意义上的社会互惠交往活动,本书所言的"对外政策"则是超越意识形态的不同文明之间沟通、交往、互动与融合意义上的交往方式。从这个意义上来建构新的理论体系、学术体系和话语体系,以及相应的组织体系和规则体系,中国经济才能减少走向世界的摩擦和风险,才能真正让世界接受和拥抱,进而实现"和而不同",达到费孝通先生所言之各民族"各美其美,美人之美,美美与共,天下大同"的理想秩序。

万丈高楼平地起,基础构造是关键。我们认为,中国经济的崛起和腾飞,首先是归因于中国政治、社会、文化、历史等内部结构因素的结果,要让崛起的中国走向世界,赢得世界的认可,必须讲好中国经济崛起和腾飞的故事,向世界讲好中国经济崛起的内部政治、社会、文化和历史基础条件,让世界人民真正知道:"中国经济取得辉煌成就不是天上掉下来的,更不是别人恩赐施舍的,而是全国各族人民用勤劳、智慧、勇气干出来的。"习近平总书记已经把这个真理讲出来了,但从总书记口里讲出来是政治语言,怎样用经济的、社会的、文化的、历史的、学术的语言讲出这个真理,让世人信服,是摆在各个学科眼前的关键问题。这也是习近平总书记为何提出要"构建中国特色哲学社会科学学科体系、学术体系、话语体系"的根本原因。

纵观历史,在欧洲文艺复兴之前的约1500年前的历史长河中,中国经济在前资本主义世界体系中绝对处于中心位置,但那是在源远流长、灿烂辉煌的中国古代农耕文明中孕育出的经济体系,这一经济体系以自给自足、兼容并包、崇尚自然、互惠交往、礼尚往来而闻名于世,曾让四海来朝。然而,这样一种经济体系在欧洲工业大革命后,被现代资本主义世界经济体系所侵略和瓦解。自1840年鸦片战争以后,在西方工业文明的侵蚀和坚船利炮的打击下,中国逐步成为半殖民地半封建社会,国家蒙辱、人民蒙难、文明蒙尘,中华民族遭受了前所未有的劫难。

马克斯·韦伯用新教伦理解释了西方现代资本主义精神的兴起,并认为儒教文化笼罩下的前现代中国无法孕育出现代资本生产方式。这或许是近代中国落后的根本原因。然而,十月革命一声炮响,给中国送来了马列主义。中国共产党的诞生,是人类历史上开天辟地的大事。

在中国共产党的领导下，使马克思主义基本原理与中国具体实践相结合，逐步发展出了中国特色社会主义理论体系。这是指引中国摆脱落后挨打局面，走向国家富强、民族复兴的思想和行动指南。

研读中国近代以来的历史可知，中国特色社会主义道路和科学理论体系的形成，可谓是全体中华民族在古今中外历史际遇下对古老东方文明的自我革命革新及对西方工业文明的积极主动适应和改造的结果。中国共产党是这一道路和思想理论体系形成的引路人。这条道路和这一思想理论体系是中国经济实现崛起和腾飞的根本，这是堪与西方现代资本主义比肩的人类文明最新成果。

因此，中国经济的崛起和腾飞，是从古老农耕文明母体衰变过程中，历经西方资本主义的洗礼而孕育出来的崭新经济体，这一经济体系的形成，与自身内部政治文化、社会结构、经济基础息息相关，外部因素和环境只是对其形成的进程起到或急或缓的作用。经济社会发展史都是连续的、辩证的统一体，正如习近平总书记所指出的，我们"不能用改革开放后的历史时期否定改革开放前的历史时期，也不能用改革开放前的历史时期否定改革开放后的历史时期"。我们不能仅仅把中国经济的崛起和腾飞简单归因于改革开放政策和加入世界贸易组织而分享了全球化的红利。在改革开放前30年，乃至1840年以来的200年时间里，中国政治、经济、文化和社会的系统变革，为实现这一腾飞奠定了坚实的基础。没有这一漫长的内部变革和积累，无以实现腾飞。举个简单的例子，第一次世界大战期间，我国民族资本主义工业就有了现代化转型的苗头，然而，在帝国主义和官僚资本主义的压迫下，民族工业体系终究没有成长和发育起来。直到中国共产党领导全国人民推翻三座大山，建立起人民当家做主的新中国后，我们才逐步建立起了完整的工业体系，这是中国实现经济腾飞的内部基础。

《中国经济与世界秩序：竞争性合作时代的开放型经济新格局》正是从我国自身的经济创新发展出发，指出了在深化改革和扩大开放新阶段，中国经济再平衡的挑战与机遇，阐释了数字经济浪潮下我国金融改革、风险防范与监管体系重塑问题，突出了以生态文明为中心的绿色发展道路的建构及其金融支撑，强调了经济社会转型的辩证关系及道德文化在治理现代化中的重要作用。习近平总书记指出："打铁还需自身硬""解决一切问题的关键在于我们自身的发展"。因此，笔者认为，金融创新、绿色发展、数字经济和治理转型是我们应对世界变局走向世界所必须修炼的内功，讲好这四方面的故事，做好这四篇大文章，是赢得世界理解和尊重的关键。

如果说政治意义上的对外政策，主要目标在于维护国家领土和主权的完整这一民族国家的核心利益和最高宗旨，那么，经济、文化和社会意义上的对外政策，则是通过经济互惠交换、文化交流互动、社会友好交往等形式，增强我们与世界各国家和地区的友好关系，不断扩大我们在国际上的朋友圈。在全球气候变暖、各种自然灾害频发、科技伦理失控带来的科技灾难不时产生的今天，我们已然进入了全球风险社会，传统风险与现代风险的相互交织，使得人类生存与发展的环境更加遭遇各种不确定性。我们认为，和平与发展依然是新时代的主题，人类命运共同体的构建，是新时代的重大使命。

经济互惠交往，文化交流互动，社会友好往来，是构建人类命运共同体的重要方式和路径。因此，本书着重从减少文化认同风险、以社会型与经济型基础设置建设投资非洲、构筑欧中非三边对话与合作新机制等方面提出重塑地缘政治经济格局；提出推进"一带一路"建设中注重实施经济社会发展综合规划、推进亚欧大陆经济融合发展等观点，以加强、稳定和扩大我国在新的世界格局中的地缘政治经济基础。

作为当前世界上最大的两个经济体，毋庸置疑，中美之间的关系和走势在很大程度上决定了未来世界的秩序。在竞争中遏制中国的超越，将是美国维护其全球霸主地位的首选战略。正是从这个意义上，我们认为，中美之间进入了竞争性合作时代。习近平主席提出，中美能否处理好彼此关系,攸关世界前途命运,是两国必须回答好的世纪之问。现阶段中美经济关系存在一些不确定因素,如贸易逆差扩大、贸易规则分歧,以及知识产权争端,等等,这是竞争性合作时代不可避免的。2018年G20峰会期间,习近平主席首次提出中美之间是"竞合关系",即竞争性合作关系。美国国务卿布林肯在乔治·华盛顿大学发表对华政策演讲称,美国决心避免与中国发生"新冷战"。中美两国GDP占全球的41%,占全球经济增长的50%,中美商品贸易占全球的35%。中美需要更多接触与沟通、经济间的联系与文化上的理解。这是处理中美这一21世纪最重要关系的正确方式。

  中美存在很大差异,这既是冲突的根源,也是合作的机遇。从商业经济学角度来说,差异就是生产力,意味着互补、兼容和双赢合作,应努力确保两国间差异成为力量、增长和合作之源,而不是冲突之源。中美双边贸易关系整体较为紧密,贸易结构呈现出较强的互补性。中美贸易逆差更多的源于经济结构。从全球价值链视角分析,中国的产业仍处于中低端,而美国则处于中高端。从产业布局的角度分析,中美都需要调整经济结构,以应对全球供求变化。

  本书认为,处理好中美关系,需要大智慧。为了继续推进21世纪全球可持续发展,中美都需要做负责任的主权国家。未来时机成熟时,应该设定更大的中美贸易谈判格局,将"中美基建合作"纳入谈判计划。中美基建合作不仅可缓解在贸易方面的紧张关系,更能促进中美两国走向深层次的经济融合。美国大部分基础设施建成于20世纪60年代,许多已经达到最大使用期限。包括新能源投资在内的大规模基建计划,是拜登总统在竞选期间便提出的一个重要政治主张,也是其就任以来的主要努力方向。美国将启动基础设施建设的新政计划,这是自20世纪50年代以来美国规模最大的基础设施扩建和现代化改造。2021年8月,美国参议院通过了价值1.2万亿美元的两党基建法案,启动大约20万亿美元的美国经济要依赖的庞大基础设施网络,从道路、桥梁到货运铁路和港口，再到电网和互联网服务。这一法案是美国多年来最大型的公共建设计划之一。

在基础设施建设领域，中国不但有40多年的经验，而且还有巨大的产能、标准、施工、管理和创新技术。作为一个重要的全球性资本来源国和美国第二大贸易伙伴，中国处于有利地位，中国投资者可以通过参与美国基础设施建设拓展多元化业务，利用人工成本优势、规模效益和丰富的基础设施经验进入美国市场。同时，在合作中可使中国企业更加熟悉国际规则，学习国际先进技术和经验，适应发达国家严格的商业经营环境，全面提升国际竞争力。

此外，中美基建合作将促进两国走向深层次经济融合，也将使中美双边投资协定谈判朝着达成双边投资协定（BIT）的方向发展。中美基建合作将使世界上两个最大的经济体之间的联系更加紧密，带来经济利益的同时，加强两国政治互信、民间互通，促进全球经济稳定与繁荣，对中国与世界的公共平台和中国的未来，都将起到未雨绸缪的作用。

现在，中国正在进入一个全新的时期，就是实现"两个一百年"奋斗目标的时期。本书是在百年未有大变局时代，立足中华民族伟大复兴的历史使命，对构建新时代新格局所做的战略性思考和研判。40多年前，我们自己都不大相信中国能发展成现在的样子，而几十年之后，相信中国一定能实现这一目标。世界这样相信中国，我们更应相信自己！

但是，实现第二个百年目标，美好而艰巨，也充满各种未知的挑战，我们必须在不断的反思中积蓄自信的底气，更加行稳致远！

2022年11月

| Foreword |

China's Economy and Foreign Policy Options under Radical Changes in a Century

As President Xi Jinping pointed out, currently, the radical changes of the world in a century and the century epidemic situation interweaved, different safety challenges emerged one after another, the world economic recovery encountered difficulty and the global development experienced the severe setback. Where will the world go? Peace or war? Development or decay? Open up or close up? Cooperation or confrontation? These are the questions of the times before us.[①]

Covid-19 ravaged the world, disturbed the normal social life order, made the human economic development suffer from the major setback. The American trade protectionism of USA rose up unprecedentedly and hegemonism became increasingly rampant, globalization encountered the countercurrent and the burst out of Russia-Ukraine conflict led the whole Europe limited and shrouded under the haze of war, making worse the global economy declining continually. As all hailed, we are in the radical change unprecedented in a century. This is the change of the world pattern, change of times spirit and change of the historical trend! How to open a new situation in the change, bring about the preemptive opportunity in crisis, dispel the clouds and see the sun in the unpredictable and ever-changing international environment, perform the voice of China, lead the trend of

---

① XI Jinping: Grasp the Trend of the Times and Create a Bright Future—A Keynote Speech at the Opening Ceremony of BRICS Business Forum. June 22, 2022.

times and promote the world peace and sustainable development thus molding the global community of shared future with common prosperity ?

To answer this question, it is critically important to understand correctly the dialectical relation between China's economic development and foreign policy. There are an immerse number of Chinese and foreign works with "China's economy" as the study object and there are also numerous similar works discussing on China's foreign policy, but the monographs on the relation between "China's economy" and "world order" are very few. In *China's Economy and world order*, the series of viewpoints about China's economic development and world order have made the strategic study and judgment just based on the profound understanding and accurate grasping of this question, but this fundamental question is taken in thinking in a sense of philosophy and social sciences. According to the book of *China's Economy and World Order* the outlook on value and development has determined the path and way-out for the economic and social development and the foreign policy expounds and introduces the outlook of one state on value and development. The mature political strategy and diplomatic expression is required for the world to understand, accept and recognize the special outlook of one state on value and development and thus to realize the harmony in diversity.

In the opinion of Karl Marx, the final pursuit of economic development should be the comprehensive development of man. Yet, the man here is not an isolated individual, but is a political and social animal. In the view of Marx, the essence of man "in its reality, is the sum of all the social relations". Political economics should study the correlations of people in a certain society in social production, i.e., the production relations. And the adjustment of production relations constituted the core political activities of human society. Therefore, the economic activities at the material and technical levels constituted the base of the human social and political activities and the political contents and forms represent the sum of interpersonal relations. All the political and economic activities are eventually meant for the comprehensive progress of human society.[1] German sociologist Max Weber pointed out: "Any work of political economics can be become possible only with altruism as the base. Things produced by people today by making efforts in economic, social and political aspects mostly benefit the later generation in the future rather than the present generation itself. If the work of economics has any significance, it is and can only be helpful for the future and for those born after us." But, Weber also pointed out, "The economic struggle between different nations will never stop, and such fact may have any difference for such struggle is undertaken under the outward appearance of 'peace'.""The expansion of the global economic community is only another form of the mutual struggle between different nations, and such form has not yet made it easier for different nations to struggle for defending their own culture, but on the contrary makes such struggle more difficult because such global economic community arouses, within the nation, the present material interest to conflict with the future of the nation, and makes the people with a vested interest to oppose the future of the nation in ganging up the enemy of their nation."In connection with the position of German nation at the crossroad of globalization, Weber called for the political education, viewing the foundation stone for all the work of political economics rests in cultivating the quality than can constitute the greatness and nobleness in our human nature and in cultivating the national undertakes with the political maturity.

---

[1] [GER] Karl Marx: A Contribution to the Critique of Political Economy, translated by XU Jian, People's Publishing House, 1955.

The political maturity mentioned by Weber just means the economic and political leaders "can grasp the long-term economic and political rights and interests of the nation and can place such interests above any other considerations in any circumstance"[①].

To let China go to the world and let the world understand China in the radical changes unprecedented in a century, it is also urgent to arouse the undertakers with political maturity to advance the construction of the global community of shared future while exhibiting the Chinese characteristics and showing Chinese manner in the increasingly fierce international competition.

As everybody knows, China has already ascended as the second in the world by the economic aggregate and created the miracle of the world in economic development. With respect to the emerging of this miracle, Chinese and foreign scholars have expounded at such empirical levels as the reform of property system, construction of market economic system, world economic work division and industrial transfer, technical innovation and expansion, stable political and economic environment, and powerful state and governmental organization, but no matter how it is interpreted, it all seems hard to convince and at least up to now fails to win the recognition and acceptance of the mainstay paradigm and ideology of the western economics. It is prominently reflected in the tattle and prate and malicious resistance of the western society triggered by China in its development and rise. Since the China thread theory rose, the USA has now deemed China as the number one enemy, initiating the charge call for the western capitalist to suppress China from developing, slandering China for not observing the rules of WTO and attributing the economic rise of China to the convenience

---

① [GER] Max Weber, Der Nationalstaat und Die Volkswirtschafcspolitik, selected and edited by GAN Yang, SDX Joint Publishing Company, 2018.

of entering the WTO and enjoying the dividend of technological diffusion arising from the globalization, and thus, attempted to undertake the technological blockade and trade exclusion on China...

In our opinion, China's economic rise and take-off has not been recognized and accepted by the western countries headed by the USA, but instead triggered their worries, exclusion and even hostility for two fundamental reasons: one is that the western countries lack of the profound understanding about the process and mechanism of China's economic rise and take-off and such fundamental reasons as political, social and cultural bases, and the other is that we ignore consciously and unconsciously, in the process of economic rise and take-off, the knowledge reserve and intelligent capital that must be built for China's economy to go global and the organizational structure and rule system corresponding to the internationalization. It is just from this prospective that China's economic mentioned in *China's Economy and World Order* is not the economy structured with different indicators or models in the sense of the western traditional market fundamentalism and neoliberalism and the foreign policy is neither the "foreign policy" at a general level as the extension significance of the national internal affairs in a general sense with the core target of maintaining the completeness of the state territory and sovereign and reflection form of diplomats. The "China's economy" mentioned in *China's Economy and World Order* is the social reciprocal communication activity embedded in the historical and cultural sense of Chinese society, while the "foreign policy" in *China's Economy and World Order* is the contact mode in the sense of communication, contact, interaction and integration between different civilization surpassing the ideology. Only by casting aside the prior stand of ideological opposition and structuring the new theoretical system, academic system and discourse system in these two senses and the relevant organizational system and rule system can China's economy reduce the friction and risk in going global and be accepted and embraced by the world, thus realizing harmony in diversity and reaching the ideal of "goals of self and others can be unified thus the world can be harmonized" for different nations as mentioned by Mr. Fei Xiaotong.

High buildings rise from the ground and the foundational structure is critical. In our opinion, the rise and take-off of China's economy is first of all attributed to the result of such internal structural factors of China's politics, society, culture and history. To make the rising China to go global and win the recognition of the world, it is necessary to tell properly the story of China's economic rise and take-off and tell properly to the world the internal political, social, cultural and historical basic conditions for China's economic rise and make the world people to really know: "the glorious achievements in China's economy have neither fallen from the sky nor been granted by others, but worked out by all the nationals of China with their hard work, wisdom and braveness". General Secretary Xi Jinping already told this truth, but since it was in the political wording, it is a critical issue for all the disciplines how to tell this truth in the economic, social, cultural, historical and academic wordings and convince the world people. It is also the fundamental reason for General Secretary Xi Jinping propose to "structure the discipline system, academic system and discourse system of philosophy and social sciences with Chinese characteristics.

Throughout history, in the long history about 1,500 years ago prior to the European Renaissance, China's economy was absolutely in a central position in the Pre-capitalist World Systems, but that was the economic system brought about in the long and splendid Chinese ancient farming civilization. This economic system was world-renowned for the self-supporting and self-sufficient, all-inclusive, upholding nature, reciprocal communication and reciprocity of courtesy and used to be attractive to the world. However, after the European Industrial Revolution, such economic system was invaded and crumbled by the world economic system of modern capitalism. Since the Opium War in 1840, under the erosion of the western industrial civilization and the attack of gunboats, China gradually became a semi-colonial and semi-feudal society, with the country enduring intense humiliation, the people subjected to untold misery, and the Chinese civilization plunged into darkness, and the Chinese nation suffered the unprecedented calamity.

With the protestant ethic, Max Weber interpreted the rise of the western modern capitalist spirit and viewed that the pre-modern China shrouded in Confucian culture failed to give birth to modern capital production mode. It may be the fundament reason for the backwardness of China in the modern times. However, the October Revolution brought Marxism and Leninism to China. The birth of the Communist Party of China was a major event since the dawn of human history in the human history. Under the leadership of the Communist Party of China, the fundamental principles of Marxism was integrated with the particular practices of China and the socialist theoretical system with Chinese characteristics has been gradually developed. It is the ideological and action guideline for China to get right the situation of lagging behind and being vulnerable to attacks and move to a prospective and strong country and national rejuvenation.

By studying the history of China since the modern times, it may be known that the formation of the socialist road and scientific theoretical system with Chinese characteristics resulted from the self-revolutionary reform of the ancient oriental civilization and active and positive adaption and transformation of the western industrial civilization by the whole Chinese nature under the historical opportunities at all the times, at home and abroad and the Communist Party of China was the leader for the formation of this road and ideological theoretical system. Such road and ideological theoretical system was fundament for China's economy to achieve the rise and take-off, as is the latest achievement of human civilization comparable with the western modern capitalism.

Therefore, the rise and take-off of China's economy is a brand-new economy brought about upon experiencing the severe test of the western capitalism in the process of decaying from the parent body of the ancient farming civilization. The formation of this economic system was closely related to the internal political culture, social structure and economic base, while the external factors and environment only played an urgent or slow role in the process of its formation. The history of economic and social development is the continual and dialectical unity. As General Secretary Xi Jinping pointed out, we "can neither deny the historical period prior to the reform and opening-up with the historical period after the reform and opening-up nor deny the historical period after the reform and opening-up with the historical period prior to the reform and opening-up". We cannot merely attribute the rise and take-off of China's economy simply to the reform and opening-up policy and sharing the dividend of globalization because of joining the World Trade Organization. In the 30 years prior to reform and opening-up and even the 200 years since 1840, China's political, economic, cultural and social systems have been reformed, as have laid a solid foundation for such take-off. Without such long internal reform and aggregation, it is impossible to realize the take-off. For a simple example, during the First World War, China's national capitalist industry was observed with the symptom of a tread for modernization transform, but under the suppression of the imperialism and bureaucratic capitalism, the national industrial system had not grown and developed. It is the Communist Party of China who led the Chinese people to overthrow the three mountains and establish the New China with people as the master that a complete industrial system has been gradually established, as is the internal base for China to realize the economic take-off.

It is by starting with the economic innovative development of China that the book of *China's Economy and World Order* has pointed out the challenges and opportunities for China's economic re-balance in the new stage of deepening the reform and expanding the opening-up, expounded such issues in the trend of digital economy as China's financial reform, risk prevention and regulatory system rebuilding, highlighted the building of green development road and its financial support focusing on the ecological civilization, and emphasized on the important role of the dialectical relations of economic and social transformation and moral culture in the modernization of governance. General Secretary Xi Jinping pointed out:"It takes a good blacksmith to make good steel" and "our self-development is critical for resolving all the problems". Therefore, in the opinion of the author, financial innovation, green development, digital economy and governance transformation are the necessary exercises for us to correspond to the world changes and go global. It is critical for winning the understanding and respect of the world to tell properly the story and work properly in these four aspects and work properly.

If the main target of the foreign policy in a political sense is to maintain such core interest and utmost purpose of the national state as the completeness of state territory and sovereign, the foreign policy in the economic, cultural and social sense is to enhance our friendship with different countries and regions in the world and expand continually our circle of friends in the world through such forms as economic reciprocal exchange, cultural exchange and interaction and social friendly communication. Today, with global warming, frequent occurrence of different natural disasters and appearance of technology catastrophes from time to time due to incontrollable technology ethics, we are already in a global risk society and due to the interweaving of traditional risks and modern risks, the environment for the human survival and development encounters more different uncertainties. In our opinion, peace and development are still the subjects of the new era and it is the major mission in the new era to build the global community of share future.

Economic reciprocal communication, cultural exchange and interaction and social friendly communication are the important modes and paths to build a community of shared future for mankind. Therefore, in such aspects as reducing the risk of cultural recognition, investing in Africa with social and economic infrastructure construction and building the new mechanism for the trilateral dialogue and cooperation of Europe, China and Africa, *China's Economy and World Order* proposes to re-mold the regional political and economic pattern; proposes such viewpoints as emphasizing on implementing the comprehensive planning of economic and social development and promoting the economic integration and development of Asian and European continents in the "belt and road" construction so as to enhance, stabilizing and expand China's regional political and economic base in the new world pattern.

As the two largest economies currently in the world, without doubt, to a great extent, Sino-US relationship and its trend determines the future order of the world. It will be the primary strategy of the USA for maintaining its position of global master to suppress China from surpassing in competition. It is in this sense that we view that China and the USA are in age of competitive cooperation. President Xi Jinping pointed out, it is a century question China and the USA must answer about whether the two countries can treat properly their relationship as is concerned about the fate of the world. At the present stage, Sino-US relation is observed with some uncertain factors, such as the expansion of adverse trade balance, difference on trade rules and dispute on intellectual property, as are unavoidable in the time of competitive cooperation. During G20 Summit 2018, President Xi Jinping proposed for the first time the "cooper-competition" between China and the USA, i.e., the relationship of competitive cooperation. When delivering a speech on the policy for Chin at George Washington University, Secretary of State Blinken stated, the USA is determined to avoid a "new cold war" with China. GDP of China and the USA shares 41% of the world and shares 50% of the global economic growth and Sino-US commodity trade shares 35% of the world. China and the USA are required to have more contact and communication, economic contact and cultural understanding. This is the correct mode for treading the most important relation between China and the USA in the 21st century.

China and the USA are observed with a great difference as is the origin of the conflicts as well as the opportunity for cooperation. In view of business economics, difference is just the productivity and indicates the complementary, compatible and win-win cooperation and it is necessary to ensure that the difference between the two countries becomes the origin of force, growth and cooperation rather than the origin of conflicts. Sino-US bilateral trade relation is, as a whole, relatively close and the trade structure shows relatively high complementariness. The adverse balance of Sino-US trade is more originated from the economic structure. Upon analyzing in view of the global value chain, China's industries are still at the medium and lower ends, while the USA is at the medium high end. Upon analysis in view of industrial arrangement, both China and the USA need to adjust the economic structure to cope with the global supply-demand changes.

In the opinion of *China's Economy and World Order*, grand wisdom is required to treat properly Sino-US relationship. In order to promote continually the global sustainable develop in the 21st century, both China and the USA need to be the responsible sovereign powers. When the opportunity is available in the future, it is necessary to set up the bigger Sino-US trade negotiation pattern and include the "Sino-US cooperation in infrastructure construction" into the negotiation plan. Sino-US cooperation in infrastructure construction not only release the tension in trade, but also can promote the deeper economic integration for China and the USA. Most of the infrastructures in the USA were constructed in the 1960s and many of them are already up to the maximum service limit. The large-scale infrastructure construction plan inclusive of investment in new energies was an important political claim President Biden during the election campaign as well as the major direction of his striving since taking office. the USA will actuate the new deal plan of infrastructure construction, as the infrastructure expansion and modernization of the USA with the largest scale since 1950s. In August, 2021, the United State Senate passed the bi-party infrastructure investment act with a value of USD 1.2 trillion. Actuation of US economy of about USD 20 trillion will depend on the huge infrastructure network, including, including roads, bridges and cargo railways and ports as power grid and internet services. This act is one of the biggest public construction plans of the USA for years.

In the field of infrastructure construction, China not only has the experiences of more than forty years, but also has the huge capacity of production, standard, construction, management and innovation technologies. As an important global capital origin and the second-largest trade partner of the USA, China is in a favorable position, Chinese investors can develop the diversified businesses by taking part in the infrastructure construction of the USA and access the US market by making use of the labor-cost advantage, scale merit and rich experiences in infrastructure construction. In the meanwhile, in cooperation, the Chinese enterprises can get more familiar with the international rules, learn the international advanced technologies and experiences, adapt to the strict business environment in the developed countries and promote comprehensively the international competitiveness.

Furthermore, Sino-US cooperation in infrastructure construction will promote the two countries in cooperation to move to the deep economic integration as well as will promote the negotiation on Sino-US bilateral investment treaty to develop in the direction of concluding BIT. The Sino-US cooperation in infrastructure construction will make the contact between the two biggest economies in the world closer, bringing about the economic interests as well as enhancing the political mutual trust and non-governmental communication of the two countries, and promoting the global economic stability and flourishing, and playing a foreseeing role for the public platform of China and the world and the future of China.

Now, China is entering a brand-new period, i.e., the period of realizing the striving "two century goals". In the times of unprecedented radical changes in a century, *China's Economy and World Order* makes the strategic thinking and study on building the new pattern by standing on the historical mission for the great rejuvenation of the Chinese nation. More than 4 decades ago, we did not believe ourselves that China could develop as it is now, but after decades, it is believed that China will definitely be able to realize this target. Since the world believes in China so, we should believe more in ourselves!

However, since it is glorious and hard as well as full of various unknown challenges to realize the second century goal, we must accumulate the potential of self confidence in the continuous introspection and walk steady to reach the distance!

Liu Weiping
Nov, 2022

| 评　　论 |

让世界理解中国，让中国理解世界

在当前国际政治经济发展具有极大不确定性的局面下，在新冠疫情蔓延全球、俄罗斯乌克兰硝烟不断、欧洲不稳定、中美贸易战以及一些地缘政治危机等多重因素的影响下，亟须中国学者站在中国人民和国家利益以及维护世界和平与稳定的立场上，解读当前的国际政治经济变迁，解读中国的经济与对外政策，让世界理解中国，也让中国理解世界。

刘卫平教授的著作《中国经济与世界秩序》就是尝试做出此种努力。本书采用"竞争性合作"的理论视角对当前如此复杂的国际政治经济关系进行深入剖析，这对于中国与世界的相互理解有着重要的理论与学术意义。

——李强，清华大学文科资深教授、社会学教授

互利共赢，中美需要有更积极的合作。后金融危机时代，全球经济失衡与再平衡是世界经济发展面临的首要问题，而全球经济的再平衡离不开中国和美国经济的再平衡。随着中国经济开放程度的不断深化，美国经济已经成为影响中国宏观经济发展的最主要的国际经济因素之一。

刘卫平博士的著作《中国经济与世界秩序》，以后金融危机时代的视角比较深入地研究了中国与美国的经济和货币政策的调整、影响以及中国经济与货币政策的战略选择，具有重要的理论意义与现实意义。

中国是一个发展中的大国，作为负责任的大国和世界第二大经济

体，中国将会为克服世界经济增长的不确定性做出努力，在坚决反对贸易保护主义的基础上继续推动经济全球化和全球经济治理，推动世界经济可持续发展。

——陈继勇，中国美国经济学会会长、
武汉大学经济与管理学院教授、博士生导师

好友刘卫平的新书《中国经济与世界秩序：竞争性合作时代的开放型经济新格局》出版在即，嘱咐我写几句评论。我在经济和外交领域是外行，从来不敢多说，但与卫平结识多年，也非常赞佩他的勤奋好学，笔耕不辍，执拗不过，只能记下浅读的几点印象。首先，本书的主题回应了我们时代的重大挑战。面对当今国际局势重大变革，本书对中国未来国际战略的调整和经济社会政策的走向给出了不同凡响、颇有见地的分析。其次，本书摆脱了空乏的论述或八股的分析，引经据典，夹叙夹议，资料翔实，观点明确，掷地有声。同时，对于所论及的重大问题，本书也都给出了具体翔实的政策建议，让我们看到了作者忧国忧民的担当与情怀。

——薛澜，清华大学文科资深教授、苏世民书院院长

中国人均 GDP 刚刚迈过 1 万美元门槛，仅为美国人均 GDP 的 1/6。由于中国的人口体量，人均 GDP 1 万美元同时意味着中国 GDP 总额已经达到美国 GDP 的 70%。除非世界经济发展趋势发生重大逆转，中国经济体量赶上美国只是时间问题。作为世界强权国家的美国能够容忍这种事情发生吗？诚如刘卫平先生所言："面对中国这个从未有过的后起的头号战略竞争对手，出于保卫自身利益和价值观的需要，美国对中国的遏制是不言而喻的。"

本杰明·富兰克林曾半开玩笑地说过：在这个世界上除了死亡和纳税外，没有东西是必然的。即便如此，中国在制定对外经济、金融

评　论

政策时也必须把中美对抗作为给定前提。

　　历史经验告诉我们，开放是中国民族复兴的唯一正确出路。中国必须继续深度参与世界分工，但基于地缘政治和其他考虑，中国必须同时高度重视经济、金融安全。刘卫平先生在其著作《中国经济与世界秩序》中对中国对外经济的战略、政策进行了相对全面的探讨，提出了不少有价值的政策建议。

　　如何实现开放收益和安全风险之间的最佳平衡，是中国对外经济战略与政策所面对的最大挑战。这种挑战体现在各个具体的经济、金融领域。例如，由于长期的经常项目顺差，中国已经成为世界上最大的净债权国之一。中国在国际投资头寸中的这种地位令世人羡慕，但这也蕴含重大风险。中国的最佳选择可能是既拥有可观的债权，同时也拥有与之相匹配的债务，避免成为数量庞大的净债权国。在当今世界上，净债权国的地位是相当脆弱和危险的。在诸多领域中如何实现最佳平衡？相信读者能从《中国经济与世界秩序》一书中得到启发。

　　国家开发银行在"一带一路"建设融资中发挥着巨大作用。在国际金融领域，特别是发展融资和相关商业融资方面，国家开发银行都积累了极其丰富的经验。刘卫平先生供职于国家开发银行，具有得天独厚的优势。非常期待刘卫平先生能够根据中国在"一带一路"融资中的经验教训，推出新的力作，以飨读者。

——余永定，中国社会科学院学部委员

　　刘卫平博士的《中国经济与世界秩序：竞争性合作时代的开放型经济新格局》一书立足新时代中国经济社会深度转型的基本现状和高质量发展新趋势，展望百年未有之大变局下国际政治、经济、金融格局的变迁，提出了新发展观念和新发展路径，展望了中国构建人类命运共同体所亟须的内外制度重塑和改革策略，尤其是主张要在文化认同、地缘政治、对外贸易、环境与气候变迁问题上做出应对。这是一个心怀国之大者的知识分子对祖国前途和命运的关切，对世界和平发展的美好愿景和不懈追求。相信本书的出版，同样能引发读者们心怀大局、忧以天下的公共情怀。

——温铁军，中国人民大学教授

讨论经济合作的著述甚多，讨论竞争的著述亦不少。将合作与竞争作为核心概念进行论述的著作却并不多见。以博弈论眼光看，合作竞争指的是各博弈方在同一规则下竞争，比如下围棋。以东方思维观之，合作不仅意味着互利共赢，也包含着利他行为。刘卫平博士的《中国经济与世界秩序》一书展示了他对合作竞争的理解，并将其运用于国际关系特别是大国政治经济关系的分析之中。我相信不同类型的读者均会在阅读此书过程中受到特定的启发。

——张宇燕，中国社会科学院学部委员

刘卫平博士的著作《中国经济与世界秩序》将当今时代表述为"竞争性合作时代"，进而讨论适应时代要求的开放型经济新格局及其应匹配的对外政策。从经济与金融、生态与社会的视角对命运共同体和合作共赢加以展开认识，特别是直面中美关系，探究相关的大智慧和包容性竞争关系的掌握，很有独到之处，可为读者带来颇有价值的启发。

——贾康，全国政协参政议政人才库特聘专家，
华夏新供给经济学研究院创始院长

刘卫平博士以全球视野和独到智慧助力新全球化前行！

——张燕生，国家发展改革委员会学术委员会秘书长

刘卫平博士的专著《中国经济与世界秩序》不是把中国经济当作一个自圆的实体（self-inclusiveness），而是把它置于全球动态体系中

讨论。这是一个至关重要的开放视界——无论你对本书的具体内容同意与否，都不能拒绝接受这一正确的出发点。如果以为中国经济已经够强大了、生产链已经够粗壮了，就可以脱离外部世界而讨论中国经济的基本问题，那就陷入了狭隘至极的隧道眼界。因此我建议读者与本书进行冷静的对话。

——丁学良，哈佛大学博士，深圳大学特聘教授

当今世界经济是一个整体，紧密相连，相互依存。一国发展本国经济不可能完全置身于世界之外。尤其是在当前，世界正经历百年未有之大变局。新冠疫情全球肆虐，史无前例；经济全球化遭遇逆流，单边主义、保护主义抬头，世界经济低迷、增长动能不足，国际贸易投资大幅萎缩；地区冲突、热点问题此起彼伏，恐怖主义、网络安全、重大传染性疾病、气候变化等非传统安全威胁持续蔓延；中美两个大国激烈战略博弈，中国同美西方国家之间的竞争在强化、对抗在加剧、合作在减少。世界面临的不稳定性、不确定性日益突出，国际关系和世界格局剧烈动荡、深刻调整，对全球治理与经济全球化提出了前所未有的挑战，对各个国家的经济发展带来了不同程度的影响。

在这样的时代背景下，我们研究任何问题，特别是经济问题，更应该立足中国、放眼世界，开放包容、清醒睿智，高瞻远瞩、行稳致远，尤其不能坐井观天、鼠目寸光，因循守旧、闭关自守。所以，在我看来，研究中国经济与研究中国对外政策结合起来，不仅是独辟蹊径的研究范式，而且是非常切实可行的研究路径。

刘卫平新著《中国经济与世界秩序》可以说是这方面的探索之作、拓荒之作。作者在书中将中国经济安放在中国深化改革、扩大开放、合作共赢、推动构建人类命运共同体的新格局中来研究，既探讨了开放型经济的战略机遇期，也讨论了多元化对外金融发展与监管并重；既探讨了生态文明建设的新发展路径，又讨论了经济社会和国家治理

平稳转型的基本思路；既探讨了共建"一带一路"的经济发展机遇与挑战，又讨论了"双循环"的平衡与协调发展；既探讨了中美经贸合作的大智慧，又讨论了通过平等互利、合作共赢构建中国与世界竞争性合作、开放型经济新秩序。

可以这样说，这本书极具现实性、针对性、实践性、开放性，其立场坚定、观点鲜明、内容丰富、逻辑自洽。期待该书早日面世，以飨读者。

——黄进，中国政法大学原校长、教授

刘卫平教授的《中国经济与世界秩序》是一部集思想性、战略性、创新性为一体的优秀著作。其以经济学、社会学、政治学、法学、国际关系学等跨学科的学术理论与实践实证的研究形式，完成了对中国经济与世界秩序的一次探寻，生动地展示了宏大历史的内在规律和文明走向，能够激发政界、学界、商界和广大读者的兴趣，十分难得。自强不息，刚健有为。

——彭凯平，清华大学社会科学学院院长、心理学教授

刘卫平博士著作《中国经济与世界秩序》从全球化的视角基于"竞争性合作"理论指出：国际社会亟须构思和实施新的安全架构，中国包容发展为世界提供了新的价值理念。中国经济的宏观驱动与对外政策约束的问题远远超出了以往经济金融领域的理论想象和研究视域，需要综合应用政治、经济与社会的多维视角来思考整个问题。

本书试图以中国经济与世界秩序的产生、运作及其变迁为切入点，通过综合政治、经济（市场）与社会多重因素，建立起多变量相互作用的解释框架，试图对中国经济的政治背景——国家建设，市场机制——财政收支，以及社会后果——社会结构与治理模式三者之间关系进行全面分析，从而揭示影响经济制度和对外政策变化的政治、经

评 论

济与社会因素的内在互动机制。这一研究思路突破了传统经济社会学"国家与社会"二元分立的诸多弊端,为更加深入地揭示国家、经济与社会三者的深层运行机制提供了新的思路。

——沈原,清华大学社会学教授

乌克兰战事结束之后,整个世界格局将会发生重大变化,中国对外开放也将会面临严峻挑战。但愿把刘卫平博士《中国经济与世界秩序》这本书的研究作为新的思考的基础。

——孙立平,清华大学社会学教授

中美贸易摩擦、新冠疫情、乌克兰危机,改变世界格局的事件接踵而至。在这新形势下,中国经济何去何从?《中国经济与世界秩序》提供了刘卫平博士对这一"世纪之问"的答案。外交是内政的延长。以和平和发展为导向,在充分肯定改革开放成果并对中国面临的问题进行详尽分析的基础上,刘博士提出了以中美包容性竞争关系为核心,构建中国与世界的开放型经济新秩序的建设性方案。

——关志雄,日本野村资本市场研究所首席研究员

世界百年未有之大变局下,大国间的竞争与合作关系无疑是国际经济经纬的主线。刘卫平博士的著作《中国经济与世界秩序》建构了一个独特的逻辑视角,志在把握当下世界经济脉动。

——徐康宁,东南大学首席教授、中国世界经济学会副会长

刘卫平博士的著作《中国经济与世界秩序》从全球化的视角指出,中国包容发展为世界提供了新的价值理念。"以和为贵,求同存异""共建共享,世界大同"的东方文明,将对建设人类命运共同体做出巨大的贡献。

本书还从改革开放到开放共享的中国开放战略出发，深刻总结和阐述了中国在经济与金融、生态与社会、命运共同体及合作共赢四个方面的发展理念与经验，为世界各国经济与社会的发展提供有益的借鉴。

——宋敏，武汉大学经济与管理学院院长、教授

世界历史表明，大国之间的博弈与力量分化组合，很大程度上决定着人类社会是走向和平还是走向战争。中美关系如何摆脱由竞争导致对抗冲突，走向竞争性合作，是当前中美两国共同面临的重点和难点问题。

刘卫平博士的新著《中国经济与世界秩序》超越竞争—合作的传统框架，探索竞争与合作在经济领域的相互依存性及其互动的复杂性和丰富性，说明中美关系何以能够走向竞争性合作。

期待作者进一步挖掘中庸哲学，寻找那些与西方悖论视角能够互补且契合的方方面面，为中美两国在政治、安全、文化、社会等领域走向竞争性合作提供智慧。

——肖永平，国家高端智库武汉大学国际法治研究院院长

中国经济规模总量位居全球第二，有望居首，形成了市场需求规模、资金、人力资本以及工业化、城市化过程中政府组织能力等国家比较优势，对外政策如何发挥这些优势，赋能其他国家和地区，刘卫平博士在其著作《中国经济与世界秩序》中有很好的建言献策。

——朱武祥，清华大学金融学教授

刘卫平博士所著《中国经济与世界秩序》是一部百科全书式的著作，从中国经济到中美关系、从社会问题到金融政策、从低碳发展到人类命运共同体，包罗万象、旁征博引、纵横捭阖、指点江山、豪情万丈。

评　论

所提出的问题反映出一代学人对国家和人民的深厚的情感、对社会和历史的责任感，悲天悯人、忧国忧民、视野宽广、气势恢宏。居庙堂之高可侧耳，处江湖之远有知音。当此百年未有之大变局时代，肺腑之言，智慧之语，兼而听之，不亦幸乎！

——齐晔，清华大学公共管理学院教授

人类社会正在步入大变局的阵痛期。随着过去数十年全球一体化的突飞猛进，一方面人财物的流动性在全球范围内迅速增长，另一方面贸易不均衡、地域发展差距、个人收入差距全球性地急速扩大，结果造成过去作为全球化推手的美国等西方国家开始内敛保守。但是，企业的全球化扩张诉求却越来越强烈，产业链的全球化、人才的全球化、技术革新的全球化、金融的全球化、SNS（社交网络服务）的全球化等越演越烈。更重要的是，气候变暖、新冠疫情等需要全球协同应对的社会经济治理问题的紧迫性也陡然升级。

保守内敛和全球化扩张之间的不协调甚至摩擦，正在引发一系列的矛盾和冲突。在全球一体化进程中通过推行改革开放政策而迅速崛起成为经济大国的中国，如何面对这一大变局，的确需要大格局、大智慧。

湖湘才子刘卫平的《中国经济与世界秩序：竞争性合作时代的开放型经济新格局》从经济、金融、低碳等领域出发，在探讨与美国的合作共赢的同时，探索中国自身的社会转型，正是一本契合时代诉求的好书。

——周牧之，东京经济大学教授

刘卫平博士的著作《中国经济与世界秩序》以跨学科的视野和丰富的国际国内工作与研究经验来探讨复杂全球地缘政治环境下中国的经济政策如何适应其内部转型挑战与外部环境变化，值得政府、学界及业界关心地缘政治、国际经济与宏观政策的同仁与同学关注学习。

——肖耿，香港中文大学（深圳）高等金融研究院政策与实际研究所所长、香港国际金融学会主席

刘卫平教授在其专著《中国经济与世界秩序》中，结合自己横跨学术研究、金融实务与政策分析等多个领域的具体实践与宏观思考，深入讨论了在竞争性合作的世界格局下，中国经济必然坚持的开放政策所面临的收益与风险，根据多年在"一带一路"建设中发展融资工作的经验教训，总结提炼形成力作。相信关注中国对外经济合作发展的各类相关人士，都可以从中获益匪浅。

——王天夫，清华大学社会科学学院副院长，社会学系主任、教授

刘卫平先生的新著《中国经济与世界秩序》一书立足于"竞争性合作"的核心原则，坚持对外开放的基本立场，在此基础上对中国的经济政策进行了全方位的梳理，并提出了一些具有战略高度的观点。该书对国际形势和国内发展格局有着清醒的认识，提出了一些颇具启发性的建议，指出中国对全球各个区域的认知和研究远远不够，这对于大国崛起和人类命运共同体都构成了挑战。此书格局阔大，对于一些具体的问题如金融、生态等又有较为深入的讨论，是一本发人深省的书。

——周飞舟，北京大学社会学系主任、教授

刘卫平教授的这本新著从多学科的视角给读者展示了竞争性合作时代的开放型经济新格局。我相信关心中国改革开放走向特别是经济走向的读者一定会从中获得诸多富于深意的启发。

——应星，清华大学社会学、政治学双聘教授、《清华社会科学》辑刊主编

评　论

　　在全球化的大变局中，如何处理好竞争与合作的关系问题，实现共生共荣，既是世纪挑战，也是人类困境。刘卫平博士的著作《中国经济与世界秩序》基于"竞争性合作时代"的判断，从金融、生态、外交和经济政策等维度提出了一些创新性的方案，并就构建开放型经济新秩序提出了建设性的见解和对策。作者的视野开阔，分析深入，观点新颖，有独到之处。

　　　　　　　　——陆益龙，中国人民大学社会学教授

　　刘卫平先生具有宽广的国际视野和丰富的实操经验，对于构建竞争性合作格局、推动新时代中国高水平对外开放有许多独到的见解。《中国经济与世界秩序》是其集大成者，许多分析和判断发人深省，值得一读。

　　　　　　　　——管涛，中银证券全球首席经济学家

　　习近平总书记号召我们要胸怀"两个大局"，一个是中华民族伟大复兴的战略全局，一个是世界百年未有之大变局。刘卫平教授的著作《中国经济与世界秩序》关注国内和国际经济的互动关系，是一本能够充分统筹"两个大局"的力作。

　　　　　　　　——朱旭峰，清华大学公共管理学院执行院长、教授

　　当前中国面临百年未有之大变局，把握历史机遇推动中华民族伟大复兴，需要我们重新定位并不断调整中国在全球经济中扮演的角色。刘卫平教授的新作《中国经济与世界秩序》一书为我们系统全面地阐述了中国在未来发展过程中可能遇到的国内外挑战及应对思路和策略，为我们理解国家相关重大问题提供了丰富的信息和有益的启发。

　　　　　　　　——何平，清华大学经济管理学院副院长，金融系主任、教授

　　刘卫平教授的《中国经济与世界秩序：竞争性合作时代的开放型

经济新格局》一书，立足新时代中国经济社会深度转型的基本现状和高质量发展新趋势，基于"竞争性合作"概念和理论框架对百年未有之大变局下的国际政治、经济、金融格局的变迁进行了多维度分析。此书不仅为后疫情时代错综复杂且路径不明的国际关系提出了一个可能的发展路径，并为中国构建人类命运共同体所亟须的内外制度重塑和改革策略提出了可行性建议。刘卫平教授的这本书不仅提出了中国方案，更为世界秩序和平发展提供了公共思想产品。

——王莉丽，中国人民大学国家发展与战略研究院副院长、
新闻学院教授，哈佛大学访问教授

当前，中美携手共同推动全球经济增长。尽管美国是世界上最大的经济体，但近年来，中国对全球经济增长做出了更多贡献，意味着中国经济实现了更高的增长率。中美这两个最大的经济体通过多个渠道紧密联系在一起。一个经济体内的经济或金融形势的任何变化，都可以在另一个经济体内感受到。

中美一直是彼此最大的贸易伙伴。美国经济增长放缓将减少美国对中国商品和服务的需求，从而进一步降低中国的经济增速，当然，反之亦然。除直接影响外，两者之间还可能存在相当多的间接影响。比如，中国对新兴经济体的增长产生很大影响，中国增长放缓将导致新兴经济体增速降低，进而减少新兴经济体对美国商品和服务的总需求。

中美两个经济体还通过金融业的联系产生相互作用。尽管面对中国形势变化时，美国资产的直接风险敞口有限，但任何大家感知的来自中国的冲击都可能导致全球投资者情绪出现大幅波动，从而使美国金融市场出现巨大震荡。2015年末，当全球投资者对中国的增长感到担忧时，就出现了这样的情况。另一方面，当美国金融形势发生重大变化时，可能会导致中国资本流动出现大幅波动并对人民币价值产生

影响，进而影响中国的金融稳定和经济增长。

中国和美国的经济增长趋势和商业周期不同。尽管两个经济体制定的经济政策主要是为了应对本国经济面临的负面冲击，但也可能对另一个国家和全球经济产生影响。例如，2007—2009年美国次贷市场崩溃引发金融危机，导致美国，然后是其他经济体的经济增长率快速回落。为应对次贷危机，中国推出了一项总值为四万亿元人民币的经济刺激计划，以促进中国的经济增长，同时也对稳定全球经济增长产生了积极影响。又如，在2020年新冠病毒感染大流行期间，为了应对急剧上升的失业率和产出大幅下降的预期，美国政府迅速推出了一项历史性刺激计划并将利率降至零，这些举措对美国乃至全球经济都产生了深远影响。

在许多方面，这两个经济体也面临着相似的挑战，例如人口老龄化以及在其他地区出现的地缘政治风险等。在美国，较低的劳动力参与率给美国经济增长带来了巨大挑战，在新冠病毒感染大流行期间劳动力参与率更是经历了大幅下降，使得形势更为严峻，而在中国，人口增长停滞和劳动力老龄化也可能威胁未来经济增长。

刘卫平教授的著作《中国经济与世界秩序：竞争性合作时代的开放型经济新格局》用"竞争性合作"的理论视角，探讨了中国经济对世界秩序的影响以及中国的应对政策。这是一个很好的角度，也是一个非常重要的话题，比如，因为美国的经济货币政策不仅影响美国的经济增长，同时也会影响美国的金融形势和美元走势，进而通过前述的所有渠道——如贸易、经济增长率、金融形势、市场情绪等——对中国和全球经济产生影响。在书中，刘教授基于全面分析后得出的结论，分享了他的政策建议和独到见解。我期待刘教授的著作能够激发广大读者的兴趣，并促进读者就如何理解美国的经济货币政策以及中国应如何应对这一话题开展深入讨论。

——聂军，武汉大学经济与管理学院院长、教授

Comments of Experts and Scholars: Let the World Understand China and Let China Understand the World

Under the situation of great uncertainty with the international political and economic development and under the impacts of multiple factors such as the COVID-19 pandemic, the Russian-Ukraine War, European instability, Sino-US trade war, and some regional political crises, the Chinese scholars are urgently required to hold a stand on the interests of the Chinese people and nation and maintaining the world peace and stability to interpret the present international political and economic changes and interpret the economy and foreign policy of China, letting the world understand China as well as letting China understand the world.

The work of Prof. Liu Weiping, *China's Economy and World Order* attempts to make such an effort. From the theoretical perspective of "competitive cooperation", the book analyzes profoundly the present so complicated international political and economic relations, which is of important theoretical and academic significance for the mutual understanding of China and the World.

—— **Li Qiang, Senior Professor of Liberal Arts and Professor of Sociology, Tsinghua University**

China and the United States need to cooperate more actively in order to achieve mutual benefits and win-win results. In the post-financial crisis era, global economic imbalances and rebalancing are the primary issues facing the development of the world economy, and global economic rebalancing is impossible without the rebalancing of the Chinese and the US economies. As China opens up its economy further, the US economy has become one of the most important international economic factors influencing China's macroeconomic development.

Dr. Liu Weiping's monograph *China's Economy and World Order* provides a more in-depth study of the adjustments and impacts of economic and monetary policies in China and the United States, as well as strategic choices for China's economic and monetary policies, from the perspective of the post-financial crisis era, and has important theoretical and practical implications.

China is a large developing country. As a responsible major country and the world's second largest economy, China will make efforts to overcome uncertainties in global economic growth. On the basis of resolutely opposing trade protectionism, China will continue to push forward economic globalization and global economic governance and promote the sustainable development of the world economy.

——Chen Jiyong, President of the China-US Economic Association, Professor and doctoral supervisor of the School of Economics and Management of Wuhan University

My good friend Liu Weiping will have his new book published soon: *China's Economy and World Order—A New Architecture for an Open Economy in Era of Competitive Cooperation*, and asked me to comment. I am an outsider in the field of economy and foreign affairs and have never dared to speak a lot. However, as a friend of Weiping for years, I admire much for his hardworking and continual writing and have to write down some impressions after shallow reading. First of all, the subject of the book responds to the major challenge in the present times. Facing the significant changes in the present international situation, the book provides an outstanding and unique analysis of the adjustment of China's future international strategy and the trend of economic and social policies. Secondly, the book gets rid of the empty discussion or stereotyped analysis but copiously quotes authoritative works, with narrations and comments, detailed data, and clear viewpoints, which are elegant and valuable. Meanwhile, with respect to the major issues discussed, the book also provides remarkably detailed policy proposals, making us see the responsibility and emotion of the author for the nation and the people.

—— **Xue Lan, Senior Professor of Liberal Arts and President of Schwarzmn Scholars, Tsinghua University**

China's GDP per capita has just exceeded the threshold of USD 10,000, being only 1/6 of the USA's GDP per capita. Due to the population size of China, USD 10,000 also indicates that China's GDP is already up to 70% of the USA's GDP. Except where the development trend of the world economy is observed with a major setback, it will be only a question of the time of China's economic aggregate to catch up with the USA. As the only hegemonic power in the world, can the USA tolerate the occurrence of such a matter? Just as Mr. Liu Weiping said, "Facing such rising-up number one strategic competitor unprecedented as China, it goes without saying for the USA to constrain China for the sake of protecting its own interests and values."

Benjamin Franklin once said banteringly: in this world, nothing is certain but death and taxes. Even so, while formulating foreign economic and financial policies, China must also take Sino-US confrontation as the premise.

As the historical experiences told us, opening up is the only correct way out for the rejuvenation of the Chinese nation. China must continue with the in-depth participation in the global division. However, based on the regional political and other considerations, China must also attach great importance to the economy and financial safety. In his monograph, *China's Economy and World Order*, Mr. Liu Weiping discussed China's strategy and policy for foreign economy comprehensively, and put forward several valuable policy proposals.

How to realize the best balance between opening-up income and safety risk is the biggest challenge for China's foreign economic strategy and policy. Such challenge is reflected in different particular economic and financial fields. For instance, due to the long-term current account surplus, China has already become one of the biggest net creditor countries in the world. Such status of China in the international investment position is enviable, but it also implies a major risk. It may be the optimal choice for China to possess considerable credit as well as possess the matching debt so as to avoid becoming the net creditor country with a vast amount. In the present world, the status of a net creditor country is rather vulnerable and dangerous. How to realize the best balance in various fields? It is believed that the readers can be enlightened by the book Chinese Economy and World Order.

China Development Bank plays a significant role in the financing of the "Belt and Road Initiative". In the field of international finance, especially in the aspect of development financing and relevant commercial financing, China Development Bank has accumulated extremely rich experiences. Mr. Liu Weiping serves at China Development Bank and has unique advantages. Therefore, it is much expected that Mr. Liu Weiping can introduce the new masterpiece for the good of readers according to the experiences and lessons of China in the "Belt and Road Initiative" financing.

——**Yu Yongding, Member of Chinese Academy of Social Sciences**

The book of Dr. Liu Weiping, *China's Economy and World Order: A New Architecture for an Open Economy in Era of Competitive Cooperation*, has a foothold on the fundamental status of China's in-depth economic and social transformation and the new trend of high-quality development in the new times and looks into the changes in the international political and economic structure under the significant changes unseen in a century, proposing new development ideas and new development path and prospecting for the remolding and reforming tactics of internal and external institutions urgently required for China to build the community of shared future for humankind, especially proposing to make a response to such issues as cultural recognition, regional politics, foreign trade, environment, and climate changes. It is the care of an aspirant intellectual for the prospects and fate of his motherland and the magnificent prospects and untiring pursuit for world peace and development. It is believed that the publication of the book can also arouse the public feelings of readers caring about the overall situation and worrying about the world.

—— **Wen Tiejun, Professor, Renmin University of China**

There are various books discussing economic cooperation as well as many books discussing the competition. However, it is rare for works to discuss cooperation and competition as the key concept. In view of the game theory, cooperation means that different game players compete under one rule, e.g., playing Go. From the perspective of oriental thinking, cooperation means not only mutual benefit and win-win but also includes altruistic behavior. In his book, *China's Economy and World Order*, Dr. Liu Weiping reveals his understanding of cooperative competition and applies it in analyzing international relations, especially the political and economic relationship between big powers. I believe that different readers will receive specific enlightenment in the process of reading the book.

—— **Zhang Yuyan, Member of Chinese Academy of Social Sciences**

In his work, *China's Economy and World Order*, Dr. Liu Weiping expresses the present times as the "times of competitive cooperation" and discusses further on the new pattern of open economy meeting the requirement of times and the matching foreign policy. By understanding the community with shared future and cooperation for win-win from the perspective of economy and finance, ecology and society, especially exploring the know-well of relevant great wisdom and inclusive competitive relation directly in view of the Sino-US relation, it is of unique significance and can provide the readers with valuable enlightenment.

—— **Jia Kang, Special Expert, CPPCC Talent Pool for Administration and Discussion of State Affairs and Founding President of China Academy of New Supply-side Economics**

Dr. Liu Weiping assists in advancing the new globalization with unique wisdom in a global vision.

—— **Zhang Yansheng, Secretary General, Academic Committee of National Development and Reform Commission**

The monograph of Dr. Liu Weiping, *China's Economy and World Order*, discusses on Chinese economy not as a self-inclusiveness but in the dynamic global system. It is a critical open vision—you cannot refuse to accept this correct starting point no matter whether you agree with the particular contents of the book. There is an assumption that the fundamental issues of the Chinese economy can be discussed apart from the outside world in view of the fact that the Chinese economy is already big enough and the productionchain is already sturdy enough. In that case, it will fall into extremely narrow tunnel vision. Therefore, I recommend the readers for a calm dialogue with the book.

—— **Ding Xueliang, Ph.D., Harvard University, Special-term Professor, Shenzhen University**

The present world economy is an entirety, closely connected, and mutually dependent. The development of one country cannot be entirely achieved outside the world. Especially at present, the world is experiencing the significant change unseen in a century. Covid-19 is raging worldwide, unprecedented in the history; the economic globalization meets with the setback, unilateralism and protectionism are rising, the world economy is depressed, growth motive is insufficient, and international trade investment has shrunk greatly; regional conflicts and hot spots fall and rise; terrorism, network security, severe infectious diseases, climate changes, and other non-traditional safety threats are spreading continuously; China and the USA are in the severe strategic game, and the competition is intensified, confrontation is aggravated, and cooperation is reduced among China, the USA and western countries. The instability and uncertainty faced by the world are increasingly prominent, and the international relations and the world pattern are sharply turbulent and deeply adjusted, setting forth the unprecedented challenges for the global governance and economic globalization and bringing about impacts of different extents to the economic development of different countries.

Under such an era background, when studying any issue, especially economic issues, we should have a foothold in China and look towards the world, keep open and inclusive, clear-minded and intelligent, take a broad and long-term view, and walk steadily to reach the distance, and especially should not look at the world through the window, keep short-sighted, follow the beaten track or close the country to international intercourse. Therefore, in my opinion, it is not only a unique research paradigm but also a much more practically feasible research path to study the Chinese economy in combination with studying Chinese foreign policy.

The new work of Liu Weiping, Chinese Economy and World Order, can be regarded as the work of exploration and the work of reclaiming wasteland in such aspects. In the work, the author studies the Chinese economy in the new pattern that China deepens the reform, expands the opening up and cooperates for win-win, and advances the building of the community of shared future for mankind. It explores the strategic opportunity period of the open economy as well as discusses the co-importance of development and supervision of diversified foreign finance; explores the new development path for ecological civilization as well as discusses the basic conception for the steady transformation of economy and society and state governance; explores the opportunities and challenges in economic development in the "Belt and Road" co-construction as well as discusses on the balanced and coordinate development of "dual circulation"; explores the great wisdom of Sino-US economic and trade cooperation as well as discusses on building the new order for China's competitive cooperation with the world and open economy through equality, and mutual benefit and cooperation for win-win.

Obviously, the book is of reality, objectiveness, practicability, and openness, with a firm stand, prominent viewpoint, rich content, and consistent logic. It is expected that the book will be soon published for the good of enjoyed readers.

——**Huang Jin, form President and Professor, China University of Political Science and Law**

China's Economy and World Order by Prof. Liu Weiping is an excellent work integrated with ideology, strategy, and innovation. In the research form of academic theories and practical demonstrations of such cross-disciplines as economics, sociology, politics, law, and international relations, it completes the exploration over the Chinese economy and world order. It is extremely rare that it exhibits the inherent rule and civilization direction of the grand history and can arouse the great interest of the political circle, academic circle, commercial circle, and vast readers. It exerts itself constantly and is vigorous and promising.

—— **Peng Kaiping, President and Professor of Psychology, School of Social Sciences, Tsinghua University**

In his work, *China's Economy and World Order*, Dr. Liu Weiping from the vision of globalization, based on the theory of "competitive cooperation", pointed out that: the international community is in an urgent need to work out and implement the new safety framework and China's inclusive development provides the world with a new value idea. Such issues as the macro drive of the Chinese Economy and World Order constraints have already exceeded far the previous theories and research vision in the economic and financial field, and it is required to think about the whole issue by applying a multi-dimensional vision of politics, economy, and society.

The book attempts to start with the generation and operation of the Chinese Economy and World Order and its changes to structure the interpretation framework of multi-variant interaction by referring to multiple factors of politics, economy (market), and society, and attempts to undertake a comprehensive analysis in such three aspects as of Chinese economy: political background—state construction, market mechanism—financial revenue and expenditure, and social consequence—social structure and governance model, thus revealing the inherent interaction mechanism influencing the changes of the economic institution and foreign policy. This research conception breaks through various defects with the binary separation of "state and society"in traditional economic sociology. It provides a new train of thought for revealing more deeply the in-depth operational mechanism of the state, economy, and society.

—— **Shen Yuan, Professor (Sociology), Tsinghua University**

Upon the ending of the Ukraine War, the entire world pattern will be observed with major changes, and China's opening-up will also face a severe challenge. It is wished to take the research of the book of Dr. Liu Weiping, *China's Economy and World Order*, as the basis for the new thinking.

—— **Sun Liping, Professor (Sociology), Tsinghua University**

Such events changing the world pattern as Sino-US trade friction, Covid-19, and the Ukraine crisis come one after another. Under such a situation, what course will the Chinese economy follow? In the book *China's Economy and World Order*, Dr. Liu Weiping provides the answer to this "century question". Foreign affairs are the extension of domestic affairs.

With peace and development as the orientation and on the basis of affirming adequately the achievements of reform and opening-up and analyzing in detail the problems faced by China, Dr. Liu proposed a constructive solution for structuring the new order of open economy of China and the world with Sino-US inclusive, competitive relationship as the core.

——**C.H. Kwan, Principal Research Fellow, Japanese Nomura Institute of Capital Markets Research**

Under the significant changes in the world unseen in a century, the competitive and cooperative relationship between big powers is, without doubt, the mainline of the longitude and latitude of the international economy. Such work of Dr. Liu Weiping as *China's Economy and World Order* structures a unique logical vision with the attempt to master the pulse of the world economy.

—— **Xu Kangning, Presidential Professor, Southeast University, and Vice President, China Society of World Economics**

In his work, *China's Economy and World Order*, in view of globalization, Dr. Liu Weiping points out that China's inclusive development provides the world with new value ideas. Such oriental civilizations as "harmony as most precious, seeking common points while reserving difference" and "co-construction and sharing and universal harmony in the world" will make great contributions to building the community of shared future for mankind.

By starting with China's opening-up strategy from reform and opening-up to opening-up and sharing, the book also profoundly summarizes and expounds on China's development ideas and experiences in such four aspects as economy and finance, ecology and society, the community of shared future, and cooperation for win-win, providing beneficial references for the economic and social development of countries in the world.

—— **Song Min, Dean and Professor, School of Economics and Management, Wuhan University**

As world history indicates, the gaming and power differentiation and combination between big powers determine, to a great extent, whether the human society will go to peace or war. Currently, it is the key and difficult issue for such two countries as China and the USA how Sino-US relations will get rid of confrontation and conflict resulting from competition and go for the competitive cooperation.

In his new work, *China's Economy and World Order*, by surpassing the traditional framework of competition-cooperation, Dr. Liu Weiping explores the mutual dependence of competition and cooperation in the field of economy and the complexity and abundancy of its interaction and explains how the Sino-US relation can move towards the competitive cooperation.

It is expected that the author will further tap the moderate philosophy and search all the aspects that can complement and correspond to the paradoxical western perspectives, providing wisdom for China and the USA to move towards competitive cooperation in such fields as politics, security, and culture and society.

—— **Xiao Yongping, President, Wuhan University Academy of International Law and Global Governance, China Top Think Tanks**

China ranks second in the world by the economic aggregate and is expected to become the first, forming such national comparative advantages as market demand scale, funds, human capital, and governmental organization capacity in the process of industrialization and urbanization. As for how the foreign policy gives play to these advantages in empowering other countries and regions, Dr. Liu Weiping provides excellent proposals in his monograph, Chinese Economy and World Order.

——**Zhu Wuxiang, Professor of Finance, Tsinghua University**

China's Economy and World Order compiled by Dr. Liu Weiping is a work of encyclopedia covering all aspects of the Chinese economy to Sino-US relations, from social issues to financial policies, and from low-carbon development to a community of shared future for humanity, well documented, perpendicular and horizontal, setting the world to rights and full of lofty ambitions. The issues raised reflect the profound emotion of the scholars of the generation for the country and people and their sense of responsibility for society and history, bewailing the times and pitying the people, being concerned about the country and people, holding a comprehensive vision and being magnificent. Those in power and proper positions should listen carefully to the ideas in this book, and those who lack capacity yet but with lofty ideals would also be enlightened. It is great to hear both the most reliable wording and words of wisdom in the era of great changes unseen in a century.

—— **Qi Ye, Professor, School of Public Policy and Management, Tsinghua University**

Human society is stepping into the growing pains of significant changes. With globalization developing rapidly over the last decades, on the one hand, the liquidity of human, financial, and material resources increased rapidly worldwide. On the other hand, trade imbalance, regional development gap, and individual income differences expanded rapidly worldwide. Consequently, such western countries as the USA, the previous pusher of globalization, started to be introverted and conservative. However, the appeal of enterprises for global expansion becomes increasingly fierce, and globalization of production chain, globalization of talents, globalization of technical innovation, globalization of finance, and globalization of SNS got stronger and stronger. More importantly, the urgency of global warming, the Covid-19 epidemic situation, and other social and economic governance problems requiring the whole world to cooperate in coping with it are also unexpectedly upgraded.

The incompatibility and even friction between the conservation and introversion and the global expansion are leading to a series of contradictions and conflicts. China has risen and become an economic power rapidly by implementing the policy of reform and opening up in the process of globalization. With respect to how to face such great changes, China is required to have a great pattern and great wisdom.

Chinese Economy and World Order—A New Architecture for An Open Economy in Era of Competitive Cooperation compiled by Hunan gifted scholar, Liu Weiping, starts with such fields as economy, finance, and low-carbon to discuss the cooperation with the USA for win-win as well as explore into the social transformation of China. It is just a good book corresponding to the appeal of times.

——**Zhou Muzhi, Professor, Tokyo Keizai University**

In his work, *China's Economy and World Order*, with the cross-discipline vision and rich international and domestic work and research experiences, Dr. Liu Weiping discusses how the Chinese economic policy met the challenge of its internal transformation and changes in the external environment under the complex global, regional political environment, as is worth for the government, academic circle and colleagues and students in the circles caring for regional politics, international economy and macro policy to study.

—— **Xiao Geng, Head, Research Center of Policy and Practice, Shenzhen Finance Institute, CUHK (SZ)and Chairman, Hong Kong Institute of International Finance**

In his monograph, *China's Economy and World Order*, with referenceto his particular practice and macro thinking in such fields as cross-disciplineresearch, financial practice, and policy analysis, Prof. Liu Weiping discusses in-depth the benefits and risks faced by the opening-up policy that the Chinese economy must adhere to under the global pattern of competitive cooperation. This masterpiece has been compiled by summarizing and extracting the experiences and lessons of the development financing in the "Belt and Road" construction for years, from which it is believed that the different relevant personage concerned about the development of China's foreign economic cooperation can benefit much.

—— **Wang Tianfu, Professor, Dean of Department of Sociology, Deputy Dean of School of Social Sciences, Tsinghua University**

The book newly compiled by Mr. Liu Weiping, *China's Economy and World Order*, has a foothold in the core principle of "competitive cooperation" and insists on the basic stand for opening up, thus sorting out completely China's economic policies and proposing some strategic viewpoints. The book is of clear understanding of the international situation and domestic development pattern, sets forth some enlightening proposals, and points out that China's cognition and study of different regions in the world is far insufficient, as is a challenge for the rise of a big country and the community of shared future for humankind. This book has a broad pattern as well as discusses relatively deeply on some particular issues such as finance and ecology and is a thought-provoking book.

—— **Zhou Feizhou, Dean and Professors, Department of Sociology, Peking University**

This new work of Prof. Liu Weiping reveals from the vision of multiple disciplines to the readers the new pattern of open economy in the era of competitive cooperation and I believe that the readers concerned about the trend of China's reform and especially economy will surely gain various profound inspirations from reading the book.

—— **Ying Xing, Professor (Sociology and Politics), Tsinghua University, and Chief Editor, Tsinghua Journal of Social Sciences**

In the great change of globalization, how to treat the relation between competition and cooperation properly and realize the intergrowth and co-prosperity is a century challenge as well as a dilemma for mankind. In his work, *China's Economy and World Order*, based on the assessment of the "competitive cooperation era", Dr. Liu Weiping proposed some innovative solutions in such dimensions as finance, ecology, diplomacy, and economic policies and put forward the constructive views and countermeasures for building the new order of open economy. The author's vision is broad, analysis is profound, and viewpoints are novel and unique.

—— **Lu Yilong, Professor (Sociology), Renmin University of China**

Mr. Liu Weiping has a broad international vision and rich practical experiences. He holds various unique views about structuring the pattern of competitive cooperation and advancing China's high-level opening-up in the new era. Chinese Economy and World Order is his great achievement, with various thought-provoking analyses and assessments worth reading.

—— **Guan Tao, Global Chief Economist, BOC International Securities**

General Secretary Xi Jinping called on us to cherish "two overall situations". One is the overall strategic situation for the great rejuvenation of the Chinese nation, and the other is the great change unseen in a century. The work of Prof. Liu Weiping, *China's Economy and World Order* focuses on the interactive relationship between domestic and international economy and is a masterpiece that can adequately generalize the "two overall situations".

——**Zhu Xufeng, Executive Dean and Professor, School of Public Policy & Management, Tsinghua University**

Currently, China is facing tremendous changes unseen in a century. To seize the historical opportunity and advance the great rejuvenation of the Chinese nation, we must continually re-position and adjust China's role in the world economy. The new work of Liu Weiping, *China's Economy and World Order*, expounds systematically and comprehensively on the possible internal and external challenges for China in the process of future development and the coping ideas and tactics and provides abundant information and beneficial enlightenment for us to understand the relevant major issues of China.

—— **He Ping, Deputy Dean, School of Economics and Management, Dean and Professor, Department of Finance, Tsinghua University**

The book of Prof. Liu Weiping, *China's Economy and World Order—A New Architecture for an Open Economy in Era of Competitive Cooperation*, has a foothold in the basic status of China's in-depth economic and social transformation and the new trend of high-quality development in the new times and undertakes the multi-dimensional analysis on the changes in the international political, economic and financial structure under the great changes unseen in a century. The book not only proposes a possible development path for the post-pandemic complicated and indefinite international relations but also makes a feasible proposal for the remolding and reforming tactics of internal and external institutions urgently required for China to build a community of shared future for humanity. At present, since China is at a critical historical stage of moving to the great rejuvenation and the human society is facing an unprecedented crisis, the ideological circle is urgently required to have a foothold in China and a global view and answer the question of China and the question of the world with the open thinking and global vision. The book of Prof. Liu Weiping proposes the Chinese solutions and provides the public ideological product for world peace and development.

—— Wang Lili, Deputy Dean, National Academy of Development and Strategy, and Professor, School of Journalism and Communication, RUC, and Visiting Professor, Harvard University

China and the United Sates jointly drive global economic growth. While the US represents the largest economy in the world, China has contributed more to global economic growth in recent years, reflecting its much higher growth. The two largest economies are tightly connected through multiple channels. Any changes in economic or financial conditions in one economy could be felt in the other economy.

China and the US have been top trading partners of each other. A slowdown in US growth would reduce economic demand for Chinese goods and services, and thus slow China's economic growth, and vice versa. Besides the direct impact, there could be sizable indirect impact. For instance, China has large influence on emerging economies' growth. Slower growth in China would lead to slower growth in emerging economies and thus reduce total demand for US goods and services.

The two economies also interact with each other through financial linkages. Though the direct exposure of US assets to China is limited, any perceived shocks from China could lead to big movements in global investors' sentiment and thus large volatility in the US financial markets. This happened during the period of late 2015 when global investors were concerned about Chinese growth. On the other side, when US financial conditions change significantly it could generate large movements in China's capital flows and influence the value of RMB, which in turn influence China's financial conditions and economic growth.

China and the US differ in their growth trends and business cycles. Economic policies in these two economies, though mainly designed to counter negative shocks in their own economies, could impact the other country and the global economy as well. For instance, the 2007–2009 financial crisis was triggered by the collapse of the subprime mortgage market in the US, leading to a rapid growth decline in the US and then in other economies. In response, China launched a 4 trillion-yuan economic stimulus plan to bolster Chinese growth, which also helped stabilize global economic growth. As another example, during the COVID-19 pandemic of 2020, in response to the sharp rise of the unemployment rate and the expected large decline in output, the US government quickly launched a historical stimulus plan and lowered the interest rate to zero, which generated profound impact not only on the US but also the global economy.

In many aspects, the two economies also face similar challenges such as an aging population and geopolitical risks in other regions. In the US, the low labor force participation rate, especially after the large drop during the COVID-19 pandemic period, poses a big challenge for US economic growth while, in China, a stalled population and aging workforce may threaten future economic growth.

With all these connections, challenges, and risks, understanding how one country's economic policies may impact the other economy becomes crucially important. Professor Liu Weiping's book: *China's Economy and World Order*: *A New Architecture for An Open Economy in Era of Competitive Cooperation*, focuses on the impact of US monetary policy on China and China's policy responses. This is a great angle and an extremely important topic as US monetary policy not only impacts on US economic growth but also on financial conditions as well as on the strength of the US dollar, and thus can influence China and the global economy through all channels mentioned above — trade, growth, financial conditions, sentiment etc. Professor Liu starts from a careful review of the literature and provides detailed quantitative analysis using mainstream economic tools. Policy advice and insights are then shared based his thorough analysis. I expect Professor Liu's work to stimulate great interests and deep discussions from a wide range of readers regarding how to understand US monetary policy and how China should respond to it.

—— **Nie Jun, Dean of Economics and Management School of Wuhan University, Professor**

导 论

构建竞争性合作时代的开放型经济新格局

中国特色社会主义新时代，是决胜全面建成小康社会、进而全面建设社会主义现代化强国的时代，是中国日益走近世界舞台中央、不断为人类做出更大贡献的时代。同时，这也是一个世界处于大发展大变革大调整、人类面临诸多共同风险挑战的时代。但和平与发展依旧是这个新时代的主题，人类文明的发展进步需要世界各个国家的良性竞争和彼此开放有序的合作。生逢中华民族伟大复兴战略全局和世界百年未有之大变局之时，从历史趋势、时代大潮、全球风云中探究中国经济现代化转型与可持续发展的机理与规律，提出因应的战略对策，是我等知识分子的重大使命和矢志不渝的追求。

中国改革开放40多年，在取得举世瞩目伟大成就的同时，也正悄然改变着世界的原有规则。如何巧妙地遵循我们走中国特色社会主义道路的国家主权意志并同时让世界秩序不断认同、理解、接受，并做出相应调适以寻求新的平衡，既挑战中国的智慧，也挑战世界主要国家的智慧。在新冠疫情严重冲击全球经济的灾难下，中国经济正拾级而上、优化升级，帮助稳定和修复全球供应链，推动生产要素跨境自由流动，为世界经济海洋贡献活水之源和发展智慧。中国随着在世界经济中地位的持续上升，已经成为吸引国际商品和要素资源的巨大"引力场"，同世界的经济联系更加紧密，为各国提供的市场机会也更加广阔。

在竞争性合作时代，中国致力于推动构建人类命运共同体，以开放型经济促进更加公正有序的竞争，进一步加强国际合作，构建开放型国际经济秩序新架构，为世界带来开放型经济发展新机遇。

| 核心概念 |　　竞争性合作、开放型经济

对外开放是我国的基本国策。当前，世界多极化、经济全球化进一步发展，国际政治经济环境深刻变化，创新引领发展的趋势更加明显。我国改革开放正站在新的起点上，经济结构深度调整，各项改革全面推进，经济发展进入新常态。面对新形势、新挑战、新任务，要统筹开放型经济顶层设计，加快构建开放型经济新体制，进一步破除体制机制障碍，使对内对外开放相互促进，引进来与走出去更好结合，以对外开放的主动赢得经济发展和国际竞争的主动，以开放促改革、促发展、促创新，建设开放型经济强国，为实现"两个一百年"奋斗目标和中华民族伟大复兴的中国梦打下坚实基础。

○ 竞争性合作

在当今形势下，无论是大国之间处于"常规时期"还是如同疫情的"非常规时期"，若中美走向永久性对抗，对美国、中国和全世界都不利。2018年G20峰会期间，习近平主席与美国前总统特朗普会晤时，首次提出中美关系是"竞合关系"，也就是竞争性合作关系。在竞合时代大国间的竞争不再是领土的争夺，而是综合实力（经济、政治、科技、军事等）的较量，核心利益是对将来国际秩序规则和标准制定的主导权。第一，中美两国关系的走向将重塑世界地缘政治、经济竞争格局。面对中国这个从未有过的战略竞争对手，出于保卫自身利益和价值观

的需要，美国对中国的遏制是不言而喻的。中美贸易冲突持续不断的状态将会长期存在，对此我们必须要有清醒的认识。第二，中美屡屡发生经贸摩擦的根源不仅仅是中国的贸易顺差问题，而是中国崛起造成国际力量对比失去平衡。虽然中美两国面临一些共同的挑战，但是合作不仅需要共同的利益，还需要共同的理解。第三，中美两国亟须提高对不断变化的国际秩序的认识，防止两国关系进一步恶化，并继续寻找可能的合作领域。在竞争性合作时代，国际社会必须构思和实施一种新的安全架构，中美也只有实现竞争合作、互利共赢才是必然的选择。第四，竞争性合作时代，中美基建合作将使双方获得显著的经济和政治效益，实现中美经贸新的增长。

○ 开放型经济

从经济发展与经济形态的关系来看，未来 20 年中国将处在大力推进开放型经济的发展阶段。从国际上看，今后一个时期，世界经济可能陷入长期低迷，外需疲弱很可能常态化，各种形式的保护主义上升，经贸摩擦将进入高峰期。各国围绕市场、资源、人才、技术、规则、标准等方面的竞争更加激烈。中国在传统优势产业方面与发展中国家的竞争加剧，在中高端产业方面与发达国家的竞争逐渐增多，发展面临的外部环境更加复杂。从国内看，经过加入世界贸易组织以来 20 余年的发展，中国的社会生产力、综合国力、人民生活水平大幅度提升，形成了相对完备的产业体系，参与国际竞争与合作的能力增强，已经具备了进一步扩大开放、提升开放水平的基础和条件，国际社会对中国承担更大国际责任也寄予更高期望。但是，中国现有的经济发展方式相对粗放，资源环境约束强化，传统优势被削弱，新优势尚未建立，转变发展方式和优化经济结构的任务艰巨，制约开放型经济发展的体制机制障碍仍然较多，对外开放面临的风险增大，开放的层次、水平和效益亟待提高。

○ 推行开放型经济是大国崛起的必由之路

开放型经济具有什么样的特征呢？从经济方面来看，开放型经济，至少应该具有这样几个特征：（1）国际贸易上，在自由贸易的条件下，能够实现更高水平上的专业化分工。在这类分工下，本国的参与，不仅能够实现资源的配置的优化，更重要的是，能够实现贸易规模的扩大以及经济水平的提高，并与其他发达国家之间形成各具特色，而又相互依赖的分工体系。（2）在直接投资上，达到净对外投资的新阶段，开始在全球范围内实现本国企业和产业的所有权优势以及竞争优势。（3）在国际金融上，本币实现了国际化，无须进行外汇的积累，并和国际金融市场密切地联系在一起。（4）在国际治理上，是国际社会主要影响大国，能够发挥国际影响，并承担国际责任。至少是在事关本国利益的事务中，能够坚定维护本国的全球利益。

与此相关的另一个问题是，一个国家的经济发展达到怎样的水平时，才可以实行开放型经济呢？需要强调的是，开放型经济的实现，是一个渐进的过程，正如一国的经济发展一样，因此，并没有一个统一的、不变的标准，一旦到达这个标准就要马上实现转型。即便如此，我们还是能够找到一些进一步推进开放型经济进程的标志性变化来。比如，一个国家已经成长为世界重要的制造业大国，已经和世界上的最大、最先进的制造业大国——美国、日本和德国等相抗衡的时候；或者一部分产业已经从国内向外转移，并在海外建立起一定规模的制造基地的时候。从对外投资的角度来看，如果一个国家，在引进外资的同时，也在进行大规模的对外投资，尤其制造业对外投资的时候，就有可能逐渐转变成一个对外净投资国家。再比如，一个国家积累的外汇储备远远超出金融风险防范的需要，并积极推进本币国际化的时候。等等。

最后一个问题是,为什么一个国家要发展开放型经济呢?主要有两个方面的原因:其一,是自身发展的需要。在一个国家的经济发展到达某种水平后,实行开放型经济可以获得更多的经济利益。这种经济利益,既来自参与国际分工而来的贸易所得以及效率改进,也来自本国企业全球投资所获得的超额利润,更来自对于国际事务影响力以及全球规则的制定权力。其二,是跟上国际变化的需要。一个国家发展所面临的国际环境千差万别。国际环境也处在不断的变化之中。比如,在开放的条件下,如果一个国家作茧自缚,闭关锁国,则会被边缘化。因此,在国际社会的开放步伐加快的条件下,一个国家也要跟上这种节奏;反之,在国际社会倾向相互封闭的情况下,根据本国的利益以及影响力,可以扭转或者推动这种趋势。

| 内容结构 |　从改革开放到开放共享

当前经济发展与社会发展失衡、社会内部及经济内部的结构性失衡、推进"一带一路"倡议、"十四五"、第二个百年计划等已经成为中国改革与发展和推动经济社会可持续发展所面临的独特背景。《"十四五"规划纲要》要求根据"创新、协调、绿色、开放、共享"的"新发展理念",构建"双循环"发展格局,力求在今后5年内实现高质量发展目标;同时将防控各类可能威胁发展的风险,加强在国防建设、经济金融、对外关系、粮食、能源等领域的安全发展能力列为新的优先任务。习近平总书记强调,在高质量发展中促进共同富裕,统筹做好重大金融风险防范化解工作。从经济发展与经济形态的关系来看,未来20年中国将处在大力推进开放型经济的发展阶段。笔者认为,中国应以开放型经济新体制具体战略构建为重点,强调以更加积极有为的行动，推进更高水平的对外开放，加快实施自由贸易区战略，加快构建开放型经济新体制，构建中国与世界的开放型经济新秩序，以对外开放的主动赢得经济发展的主动、赢得国际竞争的主动。

本书内容结构如下。

○ 第一部分　经济与金融

第一章，深化改革与扩大开放的新阶段：再平衡与战略机遇。对中国经济调整与再平衡的挑战与策略进行了分析。一方面，当前，中国经济面临的挑战主要在于经济增长率的不可持续性，其原因是需求不足。要解决扩大需求和持续增长问题，可从四个方面推进改革：一是完善财政制度，以弥补放缓的经济增长和变弱的出口市场；二是实施竞争中性原则，打破垄断，使私营企业发挥更大作用；三是积极稳妥地推进城镇化，提高城镇化质量；四是全面提升外向型经济发展水平，提高开放的层次、水平和效益；五是推动新时代的中国经济高质量发展，科技创新是引领发展的第一动力。另一方面，中国在世界经济和全球治理方面的发展理念，应该实现从"比较优势"到"竞争优势"，从"科学"到"思想"发展的战略转变，并以此制定出符合中国国情和参与全球治理发展需求的战略和方法。这是当前社会制度危机对中长期投融资发展提出的重大课题。

第二章，金融改革与数字经济的新格局：多元化与加强监管。当前，全球金融格局的发展将是一个各种经济、金融、政治、军事势力之间复杂的竞合与动态博弈过程，涉及世界本位货币、国际储备和国际收支等核心和敏感问题，需要各国不断在竞争中谋求合作，求同存异，共同避免全球性金融危机的再次爆发，促进世界经济的可持续发展，也需要主要发达和发展中国家承担起推动协商、建立国际金融新秩序的责任和义务。

在国际金融危机之后变化的金融环境中，中国的金融业如何进一步发展，如何在发展中尽可能地避免危机的发生，从而更好地服务于实体经济，成为危机后必须回答的重要课题。比如金融结构不尽合理、金融业核心竞争力尚未形成等方面亟须深化改革和加强。中国的金融业已经在国际竞争合作中不断发展和壮大，正在汇率、储备等方面向世界做出贡献。但需要注意，一方面是中国的金融开放，它体现了市场有可能会失灵，而且中美之间协调一致的救市措施意味着政府会进行更多的干预和控制，这可能使中国在放松管制和金融化方面放缓步伐。另一方面是中国的货币政策，这也是一个稳定的力量。快速增长的数字经济规模和不断涌现的创新型企业已成为中国向全世界展示社会主义市场经济建设成就的重要名片，同时也成为中国全面落实"双循环"新发展格局，抢抓高质量发展新机遇的制度保障。

第三章，发展主义：开发性金融与经济平衡增长。 开发性金融是一种介于政府与市场之间、政策性金融与商业性金融之间的金融形态和金融方法，以服务国家战略为宗旨，以开发性金融为手段，依托国家信用，通过市场化运作，缓解经济社会发展瓶颈制约，维护国家金融稳定，增强经济竞争力。随着中国逐渐成为国际政治经济格局中的重要影响因素，以促进经济发展方式加快转变与社会均衡协调发展相结合，在中国经济社会发展的重要阶段，开发性金融形成"国家发展战略的重要保障、人民币国际化的重要媒介、国家金融外交的重要工具、全球资源整合的重要力量"的战略目标，在中国特色社会主义新时代，把中国国情和国际先进金融原理相结合，探索实践有中国特色的开发性金融的方法和路子，对卓有成效地支持经济社会的高质量科学发展具有重要意义。

第二部分 生态与社会

第四章，新发展路径：低碳、需求侧与生态文明建设。 中国作为世界第二大经济体，经济发展受到环境因素的严重制约。因此，第一，"碳中和"任务不只是简单的技术和经济问题，还是影响广泛的社会问题，可能会导致巨大的系统性转型风险。这个问题目前还没有得到足够重视与讨论，社会各界应该形成共识，找到解决方案。氢能被作为21世纪的"终极能源"，已经成为世界各国新能源竞争发展的核心领域。第二，本书提出"需求侧：重塑消费需求是实现低碳发展的关键"的观点，从需求侧入手，分四种情景探讨技术进步、消费需求、进出口贸易对中国中长期能源消耗与碳排放的影响，为中国实现经济低碳转型提供借鉴。第三，实现"生态、社会、经济"综合效应，将成为中国新型城镇化建设、改善民生和推动工业现代化的"人的城镇化"的重要任务。探索和创新投融资模式，有效推动金融服务城镇化建设与绿色、低碳发展相结合，将是中国新型城镇化发展的必然趋势。第四，生态环境保护和中国城镇化就是人们对城市美好生活的向往，当前的中国生态形势严峻，构建"绿色金融"体系刻不容缓。

第五章，经济社会转型：社会与国家治理改革。 习近平指出，要以高水平对外开放打造国际合作和竞争新优势。国际经济联通和交往仍是世界经济发展的客观要求。我国经济持续快速发展的一个重要动力就是对外开放。对外开放是基本国策。要全面提高对外开放水平，建设更高水平的开放型经济新体制，形成国际合作和竞争新优势。要积极参与全球经济治理体系改革，推动完善更加公平合理的国际经济治理体系。中国特色社会主义进入新时代，建设更高水平开放型经济新体制，加快建设与国际高标准贸易和投资通行规则相互衔接的市场规则制度体系，有利于加快完善社会主义市场经济体制，推进国家治理体系和治理能力现代化。

贫穷不是社会主义，社会主义的本质是共同富裕。收入、城乡、地区三大差距的持续扩大，已经严重影响和制约了中国经济的可持续发展，严重影响到了整个社会的和谐稳定。三大差距的持续扩大已经成为转变经济发展方式迫切需要解决的问题。差距扩大会压制社会生产力，缩小差距就是解放生产力。改革开放以来，经济高速增长虽然在一定程度上掩盖了三大差距对社会发展的巨大负面影响，但可以相信，在"十四五"时期，随着中国进入中速发展阶段，这些差距将会成为经济持续增长的一个重大障碍。

党的十八大报告提出"公平正义是中国特色社会主义的内在要求"，要将公平正义的价值理念作为国家治理价值理念的核心，把公平正义理念与国家治理实践高度统一起来，以促进社会公平正义、增进人民福祉为出发点和落脚点，推进国家治理体系和治理能力现代化，以高质量城镇化和科技创新促进现代化转型。一要解决"三农"问题，走城镇化道路，全面建设小康社会。二要全面提升外向型经济发展水平，主动融入全球化。三要注重科技创新是引领发展的第一动力。

○ 第三部分 命运共同体

第六章，命运共同体：重塑走向世界的地缘经济与政治。人类只有一个地球，各国共处一个世界，在全球化纵深发展背景下，国际社会日益成为"你中有我，我中有你"、休戚与共的"命运共同体"。然而，正如《全球化的悖论》所指出的：政府是每个国家的政府，市场却是全球性的，这就是全球化的致命弱点。这一致命弱点使得全球化历程中总面临着"逆全球化"的挑战和危机，以致国际经济社会乃至政治的动荡不安。近年来，"二战"后以"联合国宪章""布雷顿森林体系"为基础而开启的这轮史无前例的全球化浪潮开始不断遭遇"逆全球化"的挑战，一直以来西方经验和理念主导的全球化思维在这场"逆全球化"危机面前越来越显得捉襟见肘,国际社会迫切需要新的价值理念和思想观念来引领全球未来发展方向。党的十八大以来,习近平主席在国际国内多个重要场合提出和阐释构建人类命运共同体的伟大理念及其实践路径。

当前,中国已经走向世界并成为举世瞩目的第二大经济体,为世界的发展做出了巨大贡献。但是中国对全球及各个区域的经济、社会、法律、政治和文化等基本层面的认知和研究却远远不够,还没有相匹配的知识储备与智力资本,由此导致在全球博弈中处于不利地位。历史的经验告诉我们,如果不对投资对象国进行充分的研究,则无法在世界范围进行有效投资,一旦遭遇突发情况,则面临巨大的风险。从历史看,各大国在崛起时都曾花巨资进行知识储备与发展智力资本。

第七章,"一带一路":"双循环"发展的机遇与挑战。"双循环"战略与"一带一路"建设两者是一脉相承、同频共振的关系。中国在"双循环"发展格局下,构建本国21世纪大战略时必须要考虑到当前世界经济中结构性条件发生的重大变化。未来十几年,中国要推动经济转型发展与扩大内需,推进工业化、城镇化、现代化与国际化,必由蓝海战略"海上丝绸之路"、陆权战略"丝绸之路经济带"与欧亚大陆经济整合战略相辅相成。其中,向西部地区开发,利用高铁作为基本交通连接手段,促进欧亚大陆经济整合,将带来一个陆权时代,使国家得以确立与蓝海战略相匹配的对冲态势。"双循环"与"一带一路"都是用循环来实现畅通,用畅通来创造价值。"双循环"战略将为"一带一路"的进一步发展形成强大的机遇和推动力,"一带一路"所实现的"五通"也将为"双循环"提供更为坚实的发展平台。

○ 第四部分 合作共赢

第八章，合作共赢：中美经贸合作需要大智慧。2008年全球金融危机时期，中国在全球经济复苏过程中，发挥着任何一个国家或经济体不可替代的重要作用。面对金融危机，中美两国需要充分发挥大智慧，在共同调整贸易失衡、促进经济结构调整、解决各种社会问题等方面，为全球经济尽快恢复做出贡献。世界经济百年起伏动荡的历史表明，让所有国民获益是实现有效扩大需求和促进经济健康发展的关键。对于美国来说，所谓有效扩大内需，就是让钱尽可能少地流入存钱的高收入群体腰包，尽可能多地流入需要花钱的低收入群体手里，以解决贫富差距带来的社会问题。实现这一目标，需要决策者在效率和公平的双重原则下，精心设计财政政策、货币政策、税收政策和公共服务政策。对于中国来说，所谓扩大内需，就是让资金尽可能多地投入不重复的基础设施建设，尽可能快地促进国家工业化和现代化的进程，让更多的国民从国家经济发展中受益，解决经济发展不平衡带来的社会问题。实现这一目标，需要决策者在计划和市场的双重调整下，遵循市场原则，发挥国家宏观调控的作用，制定出更有效的社会运行体制；要进一步观察各经济体的振兴经济方案，在全球的供求关系必将发生重大变化的情况下实行"自救"，并用大智慧开展经济合作。

第九章，面向未来：建立21世纪的中美关系。作为当今世界上举足轻重的两个大国，中美利益是一体的，美国不能选择对立，中国也不能选择对立。一方面，中美需要建立21世纪的双边关系，中美的巨大合作空间更有益于全球利益。但是，如何加强中美的沟通和了解，建立起有利于双边和世界和谐发展的中美关系，始终是中美面临的一个不可回避的问题。另一方面，美国货币政策的下一步走向。美国扩张性的货币政策短期内不会明显收紧，这是研判美国货币政策走向的重要实际因素。在当前复杂的内外部背景下，美联储也将对货币政策做出调整。

第十章，开放共享：构建中国与世界的开放型经济新秩序。当前，中国面临的国内外政治经济形势正在发生深刻的变化。全球化驱动力发生重大变化，新兴经济体群体崛起成为推进全球经济政治格局变革的主要力量，全球新一轮贸易投资规则正在密集重构。但全球治理体系改革步伐缓慢，中国等新兴经济体获得与自己经济实力相称地位需要长期争取和努力。客观、理性地评价当前中国面临的国内外经济环境变化，并对"十四五"时期国际形势进行科学预判，在竞争性合作时代构建开放型经济是制定符合中国国情的新一轮发展目标和政策的前提和基础，将为世界带来新机遇。

| 核心观点 |　在世界百年未有之大变局中构建人类命运共同体

中国改革开放 40 多年来，在取得伟大成就的同时，所发生的改变也正改变着世界的原有规则。如何巧妙地遵循中国特色社会主义道路并让以美国为首的世界秩序理解并适应这种变化，从而相互调适以实现新的平衡，既挑战中国的智慧，也挑战世界主要国家的智慧。新时代中国特色社会主义与"十四五"时期是中国开放型经济发展的重要战略机遇期。如何把握这一难得的战略机遇期？与全球当前形势相结合进行深入透彻的分析，将有助于我们全面准确地判断目前经济形势，对制定正确的应对措施也具有十分重要的意义。

○ 推动构建人类命运共同体

改革开放以来中国建设特色社会主义的伟大实践，为探索和推动

导　论

构建人类命运共同体积累了丰富的经验和提供了深刻的启示。十八届三中全会以来，以习近平同志为核心的党中央继续高举中国特色社会主义的伟大旗帜，在政治上以"壮士断腕"的决心与魄力，推进反腐常态化，力图形塑风清气正的政治生态和廉政文明；在经济上提出建设"一带一路"的合作倡议，在西方逆全球化端倪初露、全球经济局势云谲波诡之时拨云见日，继续引领深度全球化；在社会发展方面，"精准扶贫"战略举措力求将近7000万贫困人口全面脱贫并带入小康社会，实现经济社会的协同和全面发展；在生态环境保护方面，将生态文明建设上升到"五位一体"国家战略层次，力求打造"绿水青山"，再现"蓝天白云"。在党的十九大报告中，习近平总书记提出了贯彻新发展理念、建设现代化经济体系的新时代规划。党的二十大报告指出："中国始终坚持维护世界和平、促进共同发展的外交政策宗旨，致力于推动构建人类命运共同体。"

○ 提出并践行和平与发展的时代主题

第二次世界大战之后，随着发展中国家反殖民运动高潮、美苏两极争霸，雅尔塔会议所定下的战后世界政治经济体系不断因为意识形态的对立而走向崩溃的边缘。作为仅次于当时苏联的社会主义大国，中国并没有因为意识形态而卷入这场国际纷争。中国改革开放的总设计师邓小平在20世纪80年代初，就根据国际形势的深刻变化，提出了"和平与发展是当代世界两大主题"的著名论断，以取代意识形态主导下"战争与革命"的陈旧世界观。

把握和平与发展的时代脉搏，中国共产党带领全国人民抛弃"姓资"还是"姓社"的意识形态争论，果断开启改革开放的伟大征程，逐步建立中国特色社会主义市场经济体系，积极加入世界贸易组织，融入全球贸易体系，参与全球生产和社会化大分工。实践表明，中国是全球化的重要参与者、建设者和贡献者，同时也是共享者。中国经济的崛起，既得益于和平与发展的国际环境，也得益于改革开放的基本国策。中国经济所取得的举世瞩目的成就，为世界各国实现经济发展做出了示范和表率。

坚持和平与发展的时代主题，中国共产党以"一国两制"的政治智慧，成功实现了香港和澳门的回归，并保持港澳地区的持续繁荣和稳定。"一国两制"是中国的一个伟大创举，为国际社会解决类似问题提供了一个新的思路和方案，是中华民族为世界和平与发展做出的新贡献，凝结了海纳百川、有容乃大的中国智慧。

秉承和平与发展的时代理念，中国共产党率领全国人民始终坚持"互相尊重主权和领土完整、互不侵犯、互不干涉内政、平等互利、和平共处"五项基本原则的外交政策，始终践行"与邻为善、以邻为伴"的周边外交方针，积极发展同周边国家的睦邻友好关系，努力使自身发展更好地惠及周边国家。以实际行动粉碎了"中国威胁论"的卑鄙言论，在世界发展史上为实现"和平崛起"躬亲示范。

○ "一带一路"倡议引领全球化发展

以国际交往和贸易为核心的全球化是推动人类命运共同体建设的重要力量，如何处理好全球化与国家主权之间的关系，建立可持续的全球治理框架，迫切需要各国抛弃传统主权理论中的零和博弈思维理念，建立"共享共赢"的经济社会共同体。在此背景下，中国政府以引领全球化发展的责任担当和魄力，提出了"一带一路"建设的伟大倡议。"一带一路"以人类命运共同体为初衷和宗旨，倡导各国在追求本国利益时兼顾对他国合理关切，在谋求本国发展中促进各国共同发展，建立更加平等均衡的新型全球发展伙伴关系，同舟共济，权责共担，从而增进人类共同利益。丝路精神在于和平合作、开放包容、互学互鉴、互利共赢，"一带一路"是和平之路、繁荣之路、开放之路、创新之路、文明之路。

"一带一路"倡议正是从人类命运共同体的理念出发，坚持共商共建共享的基本原则，带动相关国家共同发展。几年来，已有100多个国家和国际组织积极响应支持，40多个国家和国际组织同中国签署合作协议。中国企业对沿线国家投资达到500多亿美元，一系列重大项目落地开花，促进了各国经济发展，创造了大量就业机会。

因此，"一带一路"是在"逆全球化"浪潮初见端倪、各国极端思潮云谲波诡的情境下，中国政府拨云见日，为深度全球化，继续推进各国开放和发展引领方向。"一带一路"建设是构建人类命运共同体的伟大探索和实践，同时也丰富和完善了构建人类命运共同体的理论体系。随着"一带一路"建设的深入实施，人类命运共同体理念也将更加深入人心，和平发展、合作共赢之路必会更加宽广。

○ 精准扶贫，共建全面小康，增进改革获得感

习近平总书记强调，在高质量发展中促进共同富裕。这就促使我们思考一个问题："还需要多长时间能够真正实现中国社会结构转型？""如何使得中国社会结构进一步优化？"贫困是人类社会几千年来持续存在的共同敌人，消除贫困、实现共同富裕是所有社会发展问题的核心。贫穷不是社会主义！改革开放40多年来，中国政府始终将扶贫开发和消减贫困摆在重要工作位置，扶贫开发工作不断推进，使7亿多人摆脱了贫困，在世界上得到广泛赞誉。世界银行认为，中国减贫工作的卓越成就推动了全球贫困人口下降。"人民对美好生活的向往，就是我们的奋斗目标"！2013年以来，中国政府开始实施精准扶贫、精准脱贫方略。2020年，中国现行标准下的农村贫困人口全部脱贫，这意味着中国的绝对贫困问题得到历史性解决，提前10年实

现联合国 2040 年可持续发展议程确定的减贫目标，成功创造了世界反贫困史上的减贫奇迹。

自古以来，贫困是人类文明的顽疾，减少贫困是世界性难题和重任，让世界上最大的发展中国家摆脱贫困，更是一项前无古人的壮举，中国的精准扶贫为世界有效治理贫困提供了"中国方案"。中国全面建设小康社会、缓减贫困的经验的国际化，将为消除贫困、缩小贫困差距、实现全人类的共同发展做出巨大贡献。

○ 为全球治理贡献中国智慧和中国方案

综上所述，中国包容发展的历史文化背景为世界提供了新的价值理念，以共赢共享的理念为世界共同发展搭建了一个开放型经济再平衡发展的新平台。一方面，中国对世界的贡献不仅体现在世界发展的模式上，另一方面，更体现了中国为人类的文明发展贡献了新的价值理念。中国自改革开放以来，在"和平与发展"的时代主题下奉行的"改革开放"的基本国策，为中国经济的腾飞奠定了内外基础。中国所创造的经济奇迹和政治文明，已经开始在改造世界经济格局与治理体系中发挥越来越重要的作用，正潜移默化地影响未来全球文明走向。时下，以廉实力建设为核心建立起包容性的政治经济制度；以"一带一路"接力和引领深度全球化浪潮，推动着互利共赢、开放共享的全球经济体系；以精准扶贫为着力点全面建成小康社会，增加人民的获得感和幸福感，实现经济社会的协同全面发展；以环境保护和生态文明建设为重心的转型发展战略实施。中国正在践行的这些伟大实践背后所承载的中国发展的价值理念，是当今全球化背景下最有时代意义的价值观，它不仅代表着中国先进文化的前进方向，也是对全人类共同价值的巨大贡献，更昭示着全世界进一步升华和形塑新的价值观和文明体系的必然趋势。

因此，我们亟须进一步深刻总结中国特色的发展模式，完善尤其是要准确提升党的十八届三中全会以来党中央在政治文明、经济发展、社会建设和治理以及生态文明建设等方面践行的新理念和战略布局，塑造中国特色发展模式在国际上的话语权和影响力，彰显当代中国发展观、价值观、治理观及生态观对推动构建人类命运共同体的重大价值。

总之，中国特色社会主义伟大实践所践行的"和平与发展"的时代主题以及"改革开放"的基本国策所取得的举世瞩目的成就，向世界昭示了"以和为贵、求同存异""共建共享，世界大同"的东方文明对世界文明的重要意义和巨大贡献；以中国实践修正了传统西方思维中以"意识形态"为主导的全球化模式和西方价值取向。中国与世界各国和平共处的努力以及和平崛起的行动，打破了西方学者"文明的冲突"的魔咒。中国接力新型全球化，引导各国互利共赢的努力，构建开放型经济的新架构，为全球治理贡献中国智慧和中国方案，必将有力推动人类命运共同体的构建。

|战略决策| 发展中美互利共赢的"竞合关系"

随着世界进入竞争性合作时代，中美两国关系的走向改变着世界地缘政治竞争中的政策与立场。作为当今世界举足轻重的两个大国，中国与美国是世界秩序构建中不可或缺的两大支柱，中美关系的走向极大地影响着世界秩序的格局。美国等西方国家对中国崛起的担忧和偏见，以及在贸易和投资领域的摩擦和全球尤其是亚太安全环境的恶化，在一定程度上阻碍了中美关系的顺利发展。现阶段的中美经济关系存在一些不确定因素，如贸易逆差、贸易规则的分歧，以及知识产权争端，等等，这是竞争性合作时代不可避免的态势。面对中国这个从未有过的强大竞争者，美国为了更好地保卫自身利益和价值观，中美贸易冲突持续不断摩擦的状态将会长期存在，但中国经济独立且与世界经济深度融合，美国长期遏制和阻止中国的发展并不能解决问题。所以，无论是大国之间处于"常规时期竞争"还是如同疫情"非常规时期竞争"，若中美无法避免地走向永久性对抗，对美国、中国和全世界都不利。在竞争性合作时代中美只有实现互利共赢才是必然的选择。

○ 竞争性合作时代：国际社会必须构思和实施一种新的安全架构

全球化的发展不是一帆风顺的：如何避免落入"修昔底德陷阱"？我们应该清醒地认识到：大国之间的战略竞争取代反恐，世界进入竞争性合作时代，中美两国的关系走向影响着世界地缘政治竞争中的政策与立场。中美两国 GDP 占全球的 41%，占全球经济增长的 50%，中美商品贸易占全球的 35%。现阶段的中美经济关系存在一些不确定因素，如贸易逆差扩大、贸易规则分歧，以及知识产权争端，等等，这是竞争性合作时代不可避免的，这也说明"修昔底德陷阱"风险是存在的。

但是，"修昔底德陷阱"已不适于观察新时代中美两国的发展走向。我们应该清醒地认识到，中美确实存在很大差异，但从商业经济学角度来说，差异就是生产力，意味着互补、兼容和双赢合作，应努力确保两国间差异成为力量、增长和合作之源，而不是冲突之源。中美需要更多接触与沟通及经济间的联系与文化上的理解，这才是处理中美这一 21 世纪最重要关系的正确方式。

中美贸易战对世界和平带来危险。我们认为，中美贸易战对世界带来的危险已经超出了想象。随着贸易保护主义的崛起，战争的风险也随之升高。国际贸易与和平总是被理所当然地联系在一起，但是国际贸易的根本是狭隘的自我利益。第一次世界大战就是一个鲜明的例子：战争爆发前，全球贸易繁荣发展，各国因此而紧密联系在一起。而随着英国及其殖民地、美国、法国和俄罗斯等国的贸易保护主义抬头，德国认为经济环境不利于德国的发展，恐被排挤出世界市场，一场大战在所难免。这也是崛起大国挑战守城大国的"修昔底德陷阱"。

○ 竞争性合作时代：中美亟须加强理解、努力寻找合作空间

当前，美国战略界高度关注中国崛起对美国与世界的影响，他们对中国未来发展的总体思路是"遏制但不孤立"的政策，他们的观点客观上引导了华盛顿对华政策的新选项。中美屡屡发生摩擦的根源不是中国的贸易逆差问题，而是中国崛起造成国际力量对比失去平衡。虽然中美两国面临一些共同的挑战，但是合作不仅需要共同的利益，还需要共同的理解，两国急需提高对不断变化的国际秩序的认识，防止两国关系进一步恶化，并继续寻找可能的合作领域。

中国和美国两个全球经济大国，在国际疫情防控方面应加大合作力度，积极分享"抗疫"经验。新冠疫情全球蔓延再次表明，对于国际重大突发公共卫生事件，没有任何一个国家能够独善其身。中国应积极通过与国际社会加强防控合作，分享中国经验，推动全球公共卫生治理体系的发展与完善。

○ 积极发展全球伙伴关系，推动开放型世界经济的建设与繁荣

我们应该清醒地认识到，中美贸易逆差更多的是来自经济结构方面的问题，而不能单纯地把它看成是简单贸易和汇率原因造成的。从

全球价值链的视角分析，中国的产业仍处于中低端，而美国则处于中高端。从产业布局的角度分析，中美都需要共调经济结构应对全球供求变化。目前，中美双方的贸易争端也使世界贸易组织面临威胁，虽然美国常态性地上诉世界贸易组织（WTO），但目前最大的问题在于中美两国是否仍然愿意通过世界贸易组织解决争端，缓和紧张的局势。西方国家与以中国、印度及巴西为首的发展中国家，在农业保护与知识产权等议题上的谈判屡次陷入僵局，世界贸易组织裁决全球贸易争端的能力受到质疑。此前，中美两国都从全球贸易体系中受益匪浅，并都有强烈的意愿去保护既得利益。如果不能通过WTO对关税报复行为进行制止，各方的经济利益都将受到损害，世界自由贸易体系的前景也岌岌可危。

中美双边贸易关系整体较为紧密，但近年有逐渐减弱的迹象，而中美双边贸易结构呈现出较强的互补性。研究发现，中国对美国产品的进出口贸易规模与关税税率呈现显著的负相关性，即关税税率越高，进出口贸易下降越严重；结果显示，中美贸易摩擦将对中国的GDP、进出口贸易、贸易条件和福利水平造成不同程度的负面效应，且贸易摩擦越剧烈，这种效应越明显；针对美国加征关税计划，中国以同等力度还击且以扩大对外开放来应对贸易摩擦是一种有效策略。

当前世界经济处于曲折复苏阶段，国际贸易和投资持续低迷，贸易保护主义和内顾倾向抬头，多边贸易体制发展遇到瓶颈与挑战，经济全球化进程中的风险因素依然严峻。中国一直坚持对外开放的基本国策，积极融入全球化浪潮，但近年来却频繁遭遇各种反补贴、反倾销的贸易制裁措施，其中尤以近期中美贸易摩擦备受全球瞩目，其主要形式是对自他国进口商品征收一定程度的惩罚性关税。

与中美贸易摩擦的潜在经济影响相比，中美双边实行关税减让甚至贸易自由化更符合两国发展的共同利益。针对中美经贸合作的研究结论，可以得到以下政策启示：第一，中国争取在WTO多边贸易体制框架下解决中美贸易争端问题,如果通过这一途径无法得到有效解决,对于美国对自中国进口商品大规模征收关税的计划,中国以同等力度还击且以扩大对外开放来应对贸易摩擦是一种有效策略,因为如果不采取应对措施,未来美国继续扩大商品征税范围将进一步损害中国利益;若中国使用惩罚性关税予以还击,一方面对中国经济冲击较大,另一方面或许会诱发中美贸易摩擦向投资、金融、政治等领域的蔓延。**第二,关税税率的提高对进出口贸易具有直接有力的负面影响,贸易摩擦的发生或加剧不利于中国经济的长远平稳发展**,分析认为,中国与世界其他经济体开展贸易自由化建设有利于缓解或抵消贸易摩擦的负面溢出效应,因此中国应继续坚持对外开放的基本国策,积极发展全球伙伴关系,推动开放型世界经济的建设与繁荣,这对中国和世界的发展具有重要意义。**第三,中美贸易摩擦对中国先进制造业的发展既是挑战也是机遇**。挑战在于,美国加征关税计划明确针对"中国制造2025"战略,如果征税计划正式实施,中国先进制造业将首当其冲,该行业的进口规模和贸易条件将会恶化,转型升级可能进入阵痛期;机遇在于,这为中国发展自己的高端科技与核心技术提供了一个时间窗口,在供给侧结构性改革和"中国制造2025"战略的指导下,中国高科技企业应逐步走出严重依赖进口和代工生产的传统发展模式,增加研发投入,加大创新力度,推进国内产业迈向全球价值链的中高端,真正掌握国际竞争和开放发展的主动权。

中美贸易谈判进入关键性阶段,我们应该设定更大的中美贸易谈判格局,将"中美基建合作"纳入谈判计划。中美以基建合作不仅可缓解在贸易方面的紧张关系,更能促进中美两国走向深层次的经济融合。随着世界进入"竞争性合作"时代,中美两国的关系走向改变着世界地缘政治竞争中的政策与立场。美国大部分基础设施建成于20世纪60年代,许多已经达到最大使用期限。包括新能源投资在内的大规模基建计划,是拜登总统在竞选期间便提出的一个重要政治主张,也是其就任以来的主要努力方向。美国将启动基础设施建设的新政计划，这是自20世纪50年代以来美国规模最大的基础设施扩建和现代化改造。2021年8月，美国参议院通过了价值1.2万亿美元的两党基建法案，启动大约20万亿美元的美国经济要依赖庞大的基础设施网络，从道路、桥梁到货运铁路和港口，再到电网和互联网服务。这一法案是美国多年来最大型的公共建设计划之一。在基础设施建设领域，中国不但有40多年的经验，而且还有巨大的产能、标准、施工、管理和创新技术。作为一个重要的全球性资本来源国和美国第二大贸易伙伴，中国处于有利地位，中国投资者可以通过参与美国基础设施建设拓展多元化业务，利用人工成本优势、规模效益和丰富的基础设施经验进入美国市场。同时，在合作中可使中国企业更加熟悉国际规则、学习国际先进技术和经验、适应发达国家严格的商业经营环境、全面提升国际竞争力。此外，中美基建合作将促进合作两国走向深层次经济融合，也将使中美双边投资协定谈判朝着达成BIT（双边投资保护协定）的方向发展。中美基建合作将使世界上两个最大的经济体之间的联系更加紧密，带来经济利益的同时，加强两国政治互信、民间互通，促进全球经济稳定与**繁荣**，对中国与世界的公共平台和中国的未来都将起到未雨绸缪的作用。

第一部分

经济与金融

第一章

深化改革与扩大开放的新阶段：
再平衡与战略机遇

当前，经济发展与社会发展失衡、社会内部及经济内部的结构性失衡等已经成为中国改革与发展所面临的独特背景。当前，中国经济面临的挑战主要在于经济增长率的不可持续性，其原因是需求不足。要解决扩大需求和持续增长问题，可从五个方面推进改革：一是完善财政制度，以弥补放缓的经济增长和变弱的出口市场；二是实施竞争中性原则，打破垄断，使私营企业发挥更大作用；三是积极稳妥地推进城镇化，提高城镇化质量；四是全面提升外向型经济发展水平，提高开放的层次、水平和效益；五是推动新时代的中国经济高质量发展，科技创新是引领发展的第一动力。

习近平总书记强调，在高质量发展中促进共同富裕，统筹做好重大金融风险防范化解工作。经过40多年的改革开放，中国已经成为世界经济大国，并深度融入全球经济体系，对世界经济的影响力和辐射力不断增强。在金融危机的冲击下，美国会在各方面给中国施加巨大压力，中美经贸关系将受到新的挑战与考验。同时，作为主要顺差方之一，无论从本国经济发展，还是从负责任大国形象考虑，中国都是全球经济再平衡的重要力量。中国参与全球经济再平衡必须坚持内外并举。内部路径重在调整结构，外部路径重在协调关系，唯有内外联动才能使中国在相对宽松的外部环境下真正解决困扰中国经济可持续发展的结构性问题，从而实现真正的再平衡。从中国未来十年、几十年甚至更长时间的发展来看,在经济转型发展与扩大内需重要战略中,工业化、城镇化、现代化与国际化的开放型经济发展,必由"一带一路"的蓝海战略、陆权战略与欧亚大陆经济整合战略和向西开放相辅相成。

同时,笔者认为,中国在世界经济和全球治理方面的发展理念,应该实现从"比较优势"到"竞争优势",从"科学"到"思想"发展的战略转变,并以此制定出符合中国国情和参与全球治理发展需求的战略和方法。这是当前社会制度危机对中长期投融资发展提出的重大课题。

第一节　中国经济调整与再平衡：挑战与策略

中国改革开放 40 多年,在取得伟大成就的同时,所发生的改变也正改变着世界的原有规则。如何巧妙地遵循与适应这种改变并达到重新平衡,既挑战中国的智慧,也挑战世界主要国家的智慧。习近平新时代中国特色社会主义与"十四五"时期是中国开放型经济发展的重要战略机遇期。如何把握这一难得的战略机遇期?与全球当前形势相结合进行深入透彻的分析,将有助于我们全面准确地判断目前经济形势,对制定正确的应对措施也具有十分重要的意义。

经济危机下中国的现状。国际金融危机使中国的实体经济下滑,外需大大降低,出口面临困难。而调整期可能会持续相当长一段时间。尽管如此,中国经济的基本面依然向好,增长的趋势没有改变。此外,与包括发达国家在内的其他市场相比,中国现在的流动性非常充裕。这些都是中国经济复苏的标志。中国面临着出口的压力,但是因为中国的经济规模大,又处在发展阶段,完全可以用刺激消费、积极的财政政策、适度宽松的货币政策,使中国经济保持一个相对平稳的增长[①]。

---

① 刘卫平.中国经济调整与再平衡：启示、挑战与策略[J].人民论坛·学术前沿,2018 年 1 月下.

经济改革的方向。与出口相比，中国在增加国内需求方面的潜力更大，在未来 40～50 年，中国要扩大城镇化的步伐，有很多方面需要进行投资，而且也将更多地转向城市型经济，这一经济形式将更环保、高效。除 2008 年 4 万亿人民币的投资计划之外，中国需要一个长期的更高层次的公共投资。因此，中国需要更好的战略来对公共支出进行融资。

完善资本市场。在经济危机的背景下，能否将国有企业红利制度用于社保体系建设，进一步加大社保力度，并进行资源要素价格的改革，进一步完善资本市场，是中国经济能否实现可持续发展的关键。但是需要认识到，任何制度层面上的调整都必须从中国的国情和基本现实出发，这也就决定了中国经济的转型将是一个渐进的过程。

○ 一、中国经济调整与再平衡战略的启示

中国参与全球经济再平衡战略总体思路。全球经济在过去 40 多年间以一种持续失衡的状态运行着，其间经历的东亚金融风暴、美国次贷危机及其引起的全球金融海啸等都是失衡的世界经济遭受不对称冲击的结果。全球经济失衡集中表现为美国巨额经常项目赤字的不断累积和中国等东亚新兴经济体及产油国经常项目盈余的持续增长。外部经常项目失衡是由失衡双方内部经济结构失衡所致，并受固有国际经济体系的影响而成。在全球经济失衡的循环机制中，美国等提供消费需求，而东亚国家和产油国负责生产供给。这一机制具有极大的不稳定性。一旦美国等发达国家遭遇危机，不能提供足够的消费需求，整个世界经济将举步维艰，中国等顺差方在处于全面被动的同时并未享受到与其储备资产数额相对应的增长红利，反而成为转嫁危机的对象。

因此，全球经济再平衡表面上是实现外部经常项目收支平衡，实质上则是实现发达经济体和新兴经济体内部消费、储蓄、投资结构的

优化、调整与平衡。

后金融危机时代全球经济再平衡的新趋势。在国际金融危机影响下，全球经济失衡得到暂时性调整。虽然造成失衡的循环机制没有发生根本性变化，但全球经济再平衡也出现了一些新趋势。

经济再平衡目标从单纯的贸易再平衡扩大到各国间的平衡发展。国际金融危机的全球扩散表明全球经济失衡不仅只是贸易失衡，更涉及全球金融、投资等领域的失衡。G20 在危机爆发后的巴黎峰会上就提出了包括公共债务、财政赤字、私人储蓄率及贸易账户等失衡评估指标，将全球经济再平衡的调整指标从贸易扩展到多个领域。

G20 成为世界最突出的失衡治理机制，新兴经济体在全球经济治理中获得了更多话语权。G20 不仅为发达国家和新兴经济体提供了更为平等的对话权，还为 G20 内的 11 个新兴经济体的分歧和差异提供了更好的协调对话平台，更为 G20 成员国与布雷顿森林体系下的 IMF 和世界银行等机构提供了更多的接触机会。通过 G20，以中国为代表的新兴经济体成功实现了 IMF 投票份额的改革。

以全球经济再平衡为名的国际经贸冲突将日益增多。深受金融危机影响的美国等发达国家，会要求以"金砖五国"为代表的新兴经济体承担起更多的全球经济治理义务，从而以全球经济再平衡的名义实施新的贸易保护，全球贸易保护主义可能因此重新抬头，国际经贸冲突将不断增多。此外，发达国家的"再工业化"也可能对国际经贸格局和再平衡产生新的冲击。

中国参与全球经济再平衡的总体战略。经过 40 多年的改革开放，中国已经成为世界经济大国，已深度融入全球经济体系，对世界经济的影响力和辐射力不断增强。同时，作为主要顺差方之一，无论从本国经济发展还是从负责任大国形象考虑，中国都是全球经济再平衡的重要力量。在金融危机的冲击下，美国经济复苏乏力，它会在各方面给中国施加巨大压力，中美经贸关系将受到新的挑战与考验。

因此，中国在制定参与全球经济再平衡的战略时必须遵循以我为主、内外兼顾、积极参与、互利共赢的原则。中国作为发展中大国和失衡的主要顺差方，又是当前经济表现较好的国家，在参与全球经济再平衡时面临着国际社会的重重压力。然而，中国毕竟是发展中国家，还面临着自身经济发展中的诸多问题，全球经济失衡既非主要由我方造成，不可能仅通过中国的调整而得以解决。因此，我们必须坚持以我为主，把握再平衡的方向、速度和程度，承担力所能及的责任，维护国家经济安全和利益。

中国参与全球经济再平衡的战略目标不能仅停留在实现国际收支的相对平衡上，而应把战略重点放在以下几个方面。其一，通过调整失衡的内外经济结构，变以往投资和出口拉动经济为消费拉动，变以往资源投入驱动经济为创新驱动，为中国经济可持续增长提供新的动力。其二，通过积极参与G20主导下的全球经济再平衡，发挥发展中大国的独特作用，维护本国和发展中国家利益，增强中国在全球经济治理中的话语权和参与度，提高中国的国际地位；其三，通过创造消费需求，逐步实现进出口平衡，实现经贸伙伴的互利共赢，为中国经济发展创造更为有利的外部环境。

中国参与全球经济再平衡的内外路径。中国参与全球经济再平衡必须坚持内外并举的开放型经济。内部路径重在调整结构，外部路径重在协调关系，唯有内外联动才能使中国在相对宽松的外部环境下真正解决困扰中国经济可持续发展的结构性问题，从而实现真正的再平衡。

在内部路径方面，**第一，通过机会均等化和收入均等化，刺激国内私人消费，平衡储蓄和投资**。受制于养老、医疗、住房、子女教育等预防性动机和传统消费观念，中国私人消费仍然增长乏力。现有的政策主要通过政府二次收入分配和社会保障体系建设等推动收入分配结果的均等化，但忽视了机会均等化对于初次收入分配的影响。因此，在继续完善社会保障体系建设、增加农民实际收入等政策基础上，更要强化在教育、就业、创业和公共服务等方面的机会均等化，稳步推进遗产税、赠与税的征收，适时适度减免民众实际税负。

第二，**强化市场竞争机制，加快创新型国家建设，实现价值链环节升级，降低"转嫁性"盈余水平**。中国经常项目盈余有相当一部分归因于他国对华直接投资带来的最终加工装配品的"转嫁性"出口，这体现了中国目前的资源禀赋和比较优势在国际分工中所处的位置。在当前的国际分工体系下，中国应更加重视所从事的价值链环节升级，从而真正提高经济增长质量。实现这一目标的关键仍是创新能力和技术水平的提升，只有进一步强化市场竞争机制，才能营造创新这一商业活动所必需的土壤，这比加大政府研发投入更为重要。

第三，**提高虚拟经济效率，优化实体经济和虚拟经济结构**。金融是现代经济资源配置的核心，中国应加快深化银行业市场改革，加强资本市场制度建设和监管力度，提高金融为实体经济配置资源的效率。虚拟经济的发展既有利于将经常项目盈余留在国内使用，又有利于促进企业的创新活动，还有利于刺激国内私人消费，是中国经济实现再平衡的关键之一。

在外部路径方面，第一，**推动 G20 国际协调机制的制度化**。G20 比 G8 具有更广泛的代表性，当前欧美日经济复苏乏力，更具活力的新兴经济体势必在全球经济再平衡中拥有较之以往更大的话语权。中国需联合"金砖五国"等新兴经济体，推动 G20 机制的制度化建设，加强与发达经济体国内、国际政策的协调，推动全球经济再平衡。

第二，**加强与美日欧的双边协调，发展与亚非拉发展中国家的经贸关系**。这其中最重要的是中美经贸关系协调。作为失衡最重要的顺差方和逆差方，中美如果能够真正实现经济结构再平衡，则全球再平衡水到渠成。这需要两个大国在追求国内经济目标的同时，协调双方的国内、国际政策。此外，为增强经济运行的平稳性和降低失衡方向的集中度，中国要逐步改变对欧美市场的高度依赖，实现出口市场多元化。同时，还应不断扩大进口，为他国提供新的出口市场，增强其与中国经济的黏合度，分享中国经济增长的成果，消减"中国威胁论"，实现互利共赢。

第三，积极参与国际货币体系改革，稳步推进人民币国际化。美国强大的经济金融实力所确立的美元主导的国际货币体系是全球经济失衡的重要原因之一。因此，改革美元主导的国际货币体系是多方积极参与全球经济再平衡的重要条件。人民币国际化是提升中国在未来国际货币体系中所处位置的先决条件，但人民币的国际化应遵循渐进、稳步和可控的原则。随着人民币自由兑换进程的加快，中国政府和企业亟待提高应对浮动汇率制下的风险管理能力。

二、中国经济调整与再平衡战略的挑战

国际金融危机后，全球的金融格局虽然从总体上看并未发生根本性的变化，但是经过危机的震荡，各国的金融业均在反思中做出相应的调整，从而引起了全球金融格局的一些新变化。在这种变化的金融环境中，中国的金融业如何进一步发展，如何在发展中尽可能地避免危机的发生，从而更好地服务于实体经济，成为危机后必须面对的重要课题。中国政府及时采取应对措施，经济成功实现了V型反转，保持了较高速度的增长，有力支撑了全球经济的双速复苏进程。尽管如此，欧洲部分国家以及发达国家的主权债务危机有可能将全球经济引向二次衰退，同时，制约中国经济发展的根本性问题，如消费需求不足、经济结构不合理等难以在短时间内解决，中国经济正面临着内外交织的多重挑战。

通胀水平上升与经济增长下滑，"经济滞胀"风险不断增大。这次全球金融危机爆发后，面对急转直下的国外需求，中国政府果断实

施扩张的政策刺激国内需求。2008年底，中央政府决定财政投资4万亿以刺激国内投资，2009年全年，货币供应量总额达到13.5万亿，增长了28.42%。在扩张的财政与货币政策强大的刺激下，2008年的经济增长"保8"任务完成，2009年GDP增长率也达到8.7%。然而，在全球普遍的低利率和美国两次量化宽松货币政策的国际环境下，在中国国内扩张性的宏观经济政策的作用下，通货膨胀水平日益上升。

一方面，欧美等国的经济衰退和贸易保护恶化了中国的出口环境。中国的GDP增长对贸易顺差有较强依赖，欧美又是中国最主要的出口市场，因此外部经济的变化极大地制约了国内经济的发展。另一方面，经济结构不合理削弱了政策效果，同时经济刺激政策的效应也越来越弱，进一步的刺激措施空间越来越小，民间投资没有充分地调动起来，中小型企业融资困难，而为了降低通胀的紧缩性货币政策更进一步加重了企业的负担，经济增长有减缓的趋势。此外，中国经济过度依赖出口，而且出口的主要是劳动密集型的低附加值产品，随着劳动力成本的提高和越南等国的对外开放，依靠出口优势促进经济增长的方式将不可持续。

对于西方发达国家20世纪70年代出现的"滞胀"现象，很多经济学家认为"滞胀"产生的原因多是需求管理政策实施的结果。根据凯恩斯的理论，应对危机的积极的财政政策和扩张性的货币政策的配合可以促进国民经济有效需求的提高，进而促进国民经济增长。然而，当过多发行的货币追逐过少的商品时，通货膨胀便产生了。为了降低通货膨胀，当局往往实行紧缩的政策，货币政策的紧缩提高了利率，从而提高了企业的生产成本，进而增大了整个经济运行的成本，经济增长下滑，"滞胀"便产生了。美国于1970—1983年发生"滞胀"，经济增长率高，但通胀率也很高，因而实际增长率为零或负增长。

当前，中国如果不能有效管理通胀预期，不能遏制通胀持续上升，消除导致经济增长下滑的不利因素，就可能导致"滞胀"。中国经济处于经济发展的关键时期，要警惕通胀持续上升、经济增长下滑所可能产生的"滞胀"风险。

国际分工体系变化和企业成本上升，带来重塑产业竞争优势的压力。发达国家的再工业化，中国企业成本的上升，印度等国低成本和人口年轻优势的逐步凸显，这些因素使得中国的产业技术必须升级，才能继续保持优势。

在国际分工体系中，中国处于较低的分工地位，技术创新能力不足。国际分工体系的变化及其相互影响对中国现有的以出口为主的经济发展方式将产生巨大影响。不仅如此，中国企业也面临成本上升的挑战。金融危机后企业成本急剧上升。首先，大宗商品价格的上升，提高了企业的成本。美国实行量化宽松的货币政策使得美元持续贬值，导致以美元计算的全球大宗商品价格上涨迅速。再加上人民币相对美元的不断升值，这些商品的价格换算成人民币，涨幅更高，对于出口企业的影响更大。其次，发达国家对于碳排放的设计，使中国面临巨大的减排压力，各个企业节能减排也加剧了企业成本的上升。

面对国际分工体系的变化以及成本上升的趋势，中国企业的竞争力面临前所未有的挑战，需要重塑新的竞争优势。

应对气候变化和低碳发展趋势，中国经济面临新的考验。为应对气候变化，发展低碳经济已经成为一种全球共识，这对于中国现有的发展方式提出很大的挑战。中国是以煤炭为主的能源消费结构，调整难度大，在向低碳发展方式的转变中，将需要更多的技术和资金投入。而中国工业化、新型城镇化和现代化仍处于快速发展阶段，正是对传统能源需求增长迅速的时期，这必然导致温室气体的高排放。一方面是国际社会减排压力，一方面是国内发展的内在要求，这让中国进退两难。因此，中国发展低碳经济将面临巨大的挑战。

对于中国这样的发展中国家而言，发展低碳经济对现有生产结构、消费结构、外贸结构会造成很大冲击，直接影响后危机时期经济的顺利转型。第一，依照现在的发达国家对"碳关税"的设计，中国以前的劳动力低价格优势将不复存在，而与此相反，发达国家的工业产品价格将相对下降，技术领先优势更加明显。第二，先进技术的标准制定权一向掌握在发达国家手中，在低碳经济发展的大潮流中，发达国家无疑会利用其技术优势制定符合自己利益的标准。其三，减排负担沉重。由于中国整体技术研发能力有限和技术水平落后的现状，发展低碳经济需要的设备和技术都需进口，这对于中国是一个经济负担。第四，减排责任限制。减排是全球的共识，对于中国而言既是承诺也是责任。中国在转变经济增长方式与调整经济结构的同时，全球有限的碳排放预算空间会使得中国在面临国内发展巨大压力的同时过多地承担碳排放等国际义务。发达国家对于中国也提出了不合实际的碳排放要求，这势必给中国带来较大压力。

全球主权债务危机加剧，中国经济也将遭受负面影响。自希腊问题之后，比利时、葡萄牙、西班牙相继爆出国内赤字问题，欧洲主权债务危机全面爆发。实际上，就全球来讲，包括美国在内的发达国家目前普遍面临着高比例的主权债务，中国货币政策平台的问题也不容忽视，如果不能妥善处理，很可能会演变成一场全球性的公共债务危机。

可以设想，愈演愈烈的欧债危机必然最终影响整个欧洲经济，中国经济肯定也会受到冲击。这种冲击主要反映在外贸出口和热钱流入两个方面。从出口来看，首先受影响的是那些对欧元区出口依赖大的企业。因为随着全球金融危机的深入发展，必将导致欧洲的进口需求下降，而且整个欧元区对中国的贸易保护主义又会抬头。此外，随着美元对欧元汇率的不断走高，在人民币对美元保持升值幅度的基础上，人民币有效汇率也将有所回升，最终也将不利于出口。

外汇储备规模增长巨大，管理体制亟待改革与创新。从1994年外汇体制改革至2011年的17年中，中国的外汇储备就已经由516.2亿美元上升至30 446.74亿美元，增加了近58倍，平均增长率为35.98%。

尤其是近几年，在人民币升值的强烈预期下，国际收支由传统的经常账户顺差转变为经常账户与资本金融账户的"双顺差"，热钱流入进一步加剧了储备的膨胀。如此巨大的外汇储备在后金融危机时期加大了自身管理的难度。而中国储备资产投资的现状给存量资产的管理带来了巨大的挑战。

大宗商品价格波动剧烈，经济发展中的不确定性增大。国际金融危机后，大宗商品价格从2008年4月历史最高点一度下降近40%，但到2010年9月又大致恢复到2008年的水平，此后大宗商品价格一直呈上涨趋势。中国在全球产业结构中处于加工中心地位，原材料和市场两头在外的加工贸易在整体贸易结构中所占比重比较大，这使得中国成为全球能源和初级产品的最主要的进口国之一。国际大宗商品市场的波动对中国经济的影响将更为明显和巨大，目前国际流动性依然过剩，同时在世界经济持续复苏及大宗商品供需缺口下，国际大宗商品一直处于高价位运行，给中国经济发展带来巨大压力。

第一，加剧中国输入性通胀压力。 由于石油等能源支出和食品支出在中国经济运行中所占比重更大，国际大宗商品的市场波动对中国的影响更为明显。国际市场价格通过国际贸易向国内传导，提高了国内价格水平，导致输入性通胀压力增加。而且从长期来看，中国经济前景好，对于大宗商品的需求会更加旺盛，将不可避免地面临价格压力的输入。

第二，面临"第二轮效应"。 粮食和能源等大宗商品涨价会造成当前消费者物价指数上升，加重通胀预期。从理论上而言，只要大宗商品价格回落，攀升的通胀也将回归理性水平。然而由于通胀预期的加重，员工会要求提高工资以保持购买力，而企业由于成本上升不得不提高产品服务价格。因此，只要对未来的通胀预期形成，企业和员工就会陷入涨价的恶性循环，即使大宗商品价格回落也无济于事。这就是所谓的"第二轮效应"，也是中国目前面临的潜在危险。

第三，出口贸易形势严峻。由于中国内需的长期不足，经济发展对于出口贸易依存度高，而通过涨价转移生产成本的途径又行不通。这样一进一出导致企业的利润空间受到挤压，出口贸易受到很大影响，从而在一定程度上会造成中国经济的波动。

　　国际热钱大量进出，影响市场平稳运行。在金融危机后，由于国际热钱进出易造成经济泡沫，增加金融风险。导致中国目前房地产泡沫已经显现，给政府调控增加了难度，一旦国际环境发生变化，热钱突然撤离会使泡沫很快破裂，造成市场的严重动荡，那时对中国经济的打击将是致命的。热钱进入中国越多，外汇储备越多，就会迫使央行被动地增加货币投放。如果热钱不断涌入，人民币的需求就会上升，最终加大人民币升值压力，而人民币的持续走强又会吸引国际热钱的进入，将会造成恶性循环和降低宏观调控的效果。热钱进出扰乱金融秩序，冲击经济发展。金融危机后中国经济率先复苏，其良好的发展前景吸引了热钱的涌入。这几年热钱以各种方式进入中国，为了高额利润四处投机，主要涌入国内房地产市场、股市等领域，对经济健康发展造成威胁。而且，在大宗商品市场上也随处可见热钱的身影，这进一步助推了大宗商品价格的强势上升，增加了中国企业的生产成本，冲击了中国经济的发展。

三、中国经济调整与再平衡战略的策略

　　面临的挑战：资源、环境与社会和经济协调发展。当前，中国经济发展亟须解决三方面问题：一是统筹城乡与区域发展，改变城乡二元体制；二是转变经济发展方式和经济结构的升级转型；三是应对国际化进程中面临的"资源""环境"与"社会和经济协调发展"三大挑战。同时，中国经济发展还面临经济发展不均衡、能源和环境瓶颈以及日益扩大的贫富差距三项重大发展挑战。如果没有富裕地区向贫

困地区大量的净资金转移,将造成金融资源分配在区域间的巨大差异。经济发展与社会发展失衡、社会内部及经济内部的结构性失衡等已经成为中国改革与发展所面临的独特背景。

虽然目前中国已经进入工业化中期阶段,但仍然是一个发展中国家,还有一半劳动力在从事农业生产,工业化的任务远没有完成。一方面,按照国家发展战略和宏观经济政策,还有大量的重点领域和薄弱环节需要融资建设;另一方面,在转变经济发展方式和调整经济结构的重要阶段,我们需要解决的一个突出问题就是如何使长期处于高能耗、低附加值的生产产品向低能耗、高附加值水平转变。

2020年中国城镇化率刚刚突破60%,距发达国家80%左右的平均水平还有很大差距,正是这个差距和压力决定了中国城市化发展的巨大空间,更决定了未来几十年甚至上百年时间里,中国城市化建设和产业升级转型发展的需求,将是中国乃至世界经济稳定增长的动力。就国际层面而言,中国实施"走出去"战略进入新的发展阶段,面临新的发展机遇,同时,中国也需要通过多种途径参与国际合作,从中熟悉国际规则并寻求与掌控其发展空间。一方面,我们需要为国家的发展到国际市场"开发"资源;另一方面,在促进全球GDP增长的同时,作为负责任的大国,中国需要建立从"开发"理念到"发展"理念的模式转型,并向投资对象国输出整套的可持续发展规划,以促进经济发展方式转变与社会均衡协调发展相结合。

确切地说,就是只要中国继续成长,市场就会继续为中国所用。当中国成为整合全球的能源、资源、人口、资本和技术的主要大国时,这些生产要素必然开始具有高度的流动性。这将改变与中国经济、政治等方面相关联的国家在世界经济中的地位,而国家地位的改变最终会导致整个国际政治经济秩序的改变。从宏观制度的层面来看,中国推动全球化的过程将是一个国际金融与贸易秩序发生重大变化的过程,随着在全球的可兑换性逐步增强,人民币必将发展成为未来世界的主要货币之一。从微观市场供求层面来看，中国的能源、原材料、交通运输等基础产业将是下一步改革突破口，但一直以来基础产业改革进展缓慢，出现很多垄断现象，并导致经济低效率运行，基础产业改革将释放未来经济增长潜力。

快速采取行动：向经济社会发展综合规划转变。中国早在20世纪末就提出了启动内需的口号，但内需为什么却越来越萎缩？固然，收入分配的严重两极分化与教育、社会保障体系和住房的过度市场化是其中的两个主要原因，但人们并没有注意到，与国际大循环经济发展战略紧密相关的出口导向型经济发展模式和外国直接投资则是另一个主要原因，而国际大循环经济发展战略又是造成收入分配严重两极分化的重要因素之一。在全球化时代，中国经济的发展模式以世界工厂为标志。中国以廉价劳动力为基础的比较优势，参加全球生产分工，通过大力吸收效率驱动型的外国直接投资以及跨国公司的企业间贸易来扩大出口。在能源、资源以及产品方面"大进大出"，以出口带动国内经济增长。中国经济的发展一直依靠加工贸易，靠位于全球生产链中的低端劳动分工来参与整个全球化过程。事实上，中国目前的GDP里70%以上与贸易有关，跨国公司在中国对外贸易中所占的比率，无论是进口还是出口，都将近60%。

从国内来看，为了加快经济发展方式的转变，中国应该及早做出战略规划，借鉴英国和美国的历史经验，逐步实现从"国际大循环"向"国内大循环"的战略转型。我们要清醒地认识到，与国际大循环经济发展战略的初衷相反，"大进大出"不仅没有解决沿海与内地之间的矛盾，反而导致了资金、资源和劳动力被虹吸到沿海的出口导向型部门，造就了畸形的外向与内需相分割的"二元经济"，成为内需长期无法启动、民族企业的投资机会被外资挤占并引发严重经济泡沫的主要原因。这种战略不仅没有沟通农业与重工业之间的循环关系，反而却造成了重工业的低端产品产能过剩和高端技术仍被跨国公司所垄断的局面，并成为高等教育没有出路、城市化发展严重滞后、"三农问题"成为死结和就业问题日益严重的主要根源。笔者认为，中国将来在世界经济和全球治理方面的发展理念，应该实现从"比较优势"到"竞争优势"，从"科学"到"思想"发展的战略转变，并以此制定出符合中国国情和参与全球治理发展需求的战略和方法。这是当前社会制度危机对中长期投融资发展提出的重大课题。

然而，从国际上看，中国在非洲投资的跨国规划恐怕还要更进一步，由开发性金融向经济社会发展综合规划转变。最近中东北非出现的政治动荡，尤其是中国在利比亚、苏丹等国的投资遭遇说明，只帮助资本输入国实现经济增长，还不能解决这些国家在经济增长后产生的一系列政治与社会问题。这些发展规划还必须加进社会发展的各项指标。只有在经济增长的同时，解决分配的问题，保证各社会群体共享增长的果实，才能期待这些国家政治稳定，从而减少中国投资的风险。但是这个问题恰恰又是中国在国内也没有能够很好解决的问题。未来中国在非洲投资的需要反过来要求中国必须先解决好自身在发展过程的社会问题。

制定超越经济的改革议程：经济投资与社会援助。从国际经济形势分析，经济再平衡目标从单纯的贸易再平衡扩大到各国间的平衡发展，相对于发展中国家来说，相似的起始条件和世界政治地位，使中国与亚非拉国家的经济社会发展有着内在的互补性和一致性。因为中国经济未来的长期增长，内在地包含了亚非拉国家的发展要素，亚非拉国家能否实现自身发展也与中国经济的发展息息相关，甚至是必须依靠中国经济的发展。

援助与投资亚非拉可分为"社会基础设施建设"与"经济基础设施建设"两种类别。欧盟国家侧重的是"社会基础设施建设"，中国开发性金融正向规划投资非洲的主要方向是"经济基础设施建设"。不具有造血功能的"社会基础设施建设"其特点是"不可量化非物质性""项目性"和"不可规划性"。所以,欧盟对非洲国家的援助不可能具有国别和跨国意义的规划;而具有造血功能的"经济基础设施建设"其特征是"可量化物质性""整体结构性"和"可规划性"。在此过程中,欧盟只是作为国际组织的非政府机构,不可能像国家开发银行那样根据国家发展战略需要,以国家金融行为带动企业"走出去"采取正向国别和跨国规划的方式进行投资。这种"授人以渔"式的"正向规划"共赢模式正日益受到众多非洲国家和中国"走出去"企业的欢迎。

与此同时,中国的开发性金融机构将对亚非拉进行大规模的经济投资和社会援助,也就是"经济基础设施建设"与"社会基础设施建设"两种类别的事一起做。但是,问题的关键是,有国家信用的国家开发银行等开发性金融机构与非国家信用的世界银行、欧盟等国际组织金融机构相比较,我们将如何融合"经济投资"与"社会援助",这两个问题需要同时回答。因此,我们应该制定超越经济的改革议程,将经济投资与社会援助等方面的重要因素一同纳入国家发展战略。同时,中国也应不断扩大进口市场,为其他发展中国家提供新的出口市场,增强其与中国经济的黏合度,分享中国经济增长的成果,消减"中国威胁论",实现互利共赢,从而逐步改变在国际经贸合作方面,特别是在投资亚非拉地区和国家投资过程中出现的"政经二元化"格局。

展示对改革的信心和决心:推动"一带一路"向西开放,推进欧亚战略。中国经济正处在转换增长阶段和寻求新平衡的关键期。增长阶段的转换实质是增长动力的转换,是原有竞争优势逐渐削弱、新竞争优势逐渐形成的过程,也是原有平衡被打破、需要重新寻找并建立新平衡的过程,经济运行总体比较脆弱。在这一战略背景下,中央提出的"加快转变经济发展方式,促进经济长期平稳较快发展,主攻方向是调整经济结构,战略基点是扩大内需"的发展目标,必将成为传统发展方式向经济社会发展综合规划转变,而寻求经济增长动力和再平衡的重要战略，更是中国向世界展示对改革与发展的信心和决心。

从中国未来十年、几十年甚至更长时间的发展情况来看，在经济转型发展与扩大内需重要战略过程中，工业化、城镇化、现代化与国际化的发展，必由蓝海战略、陆权战略与欧亚大陆经济整合战略和向西开放相辅相成。其中，推动"一带一路"向西部地区开发，利用高铁作为基本交通连接手段，促进欧亚大陆经济整合，将带来一个陆权时代，使国家得以确立与蓝海战略相匹配的对冲态势。我们应该顺应新的形势，在继续提升沿海开放、向东开放的同时，加快沿边开放、向西开放，拓展开放发展、合作发展的空间，新一轮的援疆工作也应在这一大背景下加以谋划和推动。

建设由中国通往中亚、南亚、中东、东欧、俄罗斯最后直至西欧的各条高铁路线将有力地带动"丝绸之路经济带"与欧亚大陆的经济整合。贯通欧亚大陆的交通大动脉将把沿线各国的生产要素重新组合，在各国制造出新需求，吸引来新投资。这将为地域经济一体化打下一个基础。在欧亚大陆经济整合的过程中，中国可以成为东部推动力，欧盟可为西部推动力，俄罗斯可为北部推动力，印度可为南部推动力，各个方向的进展在中东汇合。

在推动"一带一路"欧亚大陆经济整合大战略下发展西部，使其变成中国经济发展的一极，必然会引起向西部的移民。这种移民将缓解东部土地使用的压力，并为严格控制可耕地的商业开发创造条件。这将把开发西部的意义提到一个新的高度：开发西部将不再是沿海地区经济发展的一个自然延伸，也不再是一个单纯解决地域发展不平衡的社会政策，更不再是为了维稳而不得不采取的必要措施，它将成为中国国际大战略的重要支柱；西部开发将促进传统发展方式向经济社会发展综合规划的转变，也将成为中国经济均衡发展的重要驱动力。这一陆权战略将从根本上扭转过去40年来由于单纯依赖蓝海战略而带来的一系列经济结构不平衡和社会发展不均衡，以及由此产生的政治与社会问题。

综上所述,建设高铁推动"一带一路"欧亚大陆经济整合将带来中国西部的迅速发展。西部的经济发展与对外开放将为中国经济的长期均衡发展装上第二台发动机。不仅如此,它还将帮助中国解决过去30～40年来蓝海战略带来的严重的发展失衡问题。这是一个值得中国在21世纪认真考虑的大战略。

|第二节| 中国经济应对当前挑战的五个支点[①]

2019年末2020初突如其来的新冠疫情对中国经济产生了重大影响。中国面临的真正挑战在于经济增长率的不可持续性,其原因是需求不足。要解决扩大需求和持续增长问题,需从多个方面推进改革。第一,现行财政体制在促进经济增长方面发挥了重要作用,但在收支结构、中央地方财政安排以及信息收集能力等方面存在问题,而财政体制改革是解决问题的有效方法。第二,中国经济将会经历自2009年以来最低迷的季度,在软滑坡过程中不断减速。因此,应实施竞争中性原则,打破垄断,使私营企业发挥更大作用。第三,积极稳妥地推进城镇化,提高城镇化质量。第四,当前中国已进入全面建成小康社会的决定性阶段,内外部经济环境正发生深刻变化,机遇和挑战并存。因此,中国在增加内部需求的同时,必须要全面提升外向型经济发展水平。第五,推动新时代的中国经济高质量发展,科技创新是引领发展的第一动力。"十四五"时期,是我们国家从高速发展迈入高质量发展阶段的第一个五年,因此,高质量发展所需要的发展模式、发展格局和发展的制度基础,在"十四五"时期需要有进一步的改革和提升。

---

① 刘卫平,陈继勇. 中国经济应对当前挑战的四个支点[N]. 人民日报·人民论坛,2020-05-11.

中国经济增长面临换挡转型，一些长期积累的社会问题越来越突出，原有的社会结构与制度面临挑战。

以体制变革推动结构调整，实现产业升级与转型，从而完成经济与社会的双重转型，是中国走出中等收入陷阱的基本思路。然而，推进经济与社会转型，目前还存在两个相互冲突的发展趋势，值得高度关注。

首先，体制问题越来越突出，而体制变革的动力越来越弱。当前，中国改革已经进入深水区和攻坚期，遗留下来的改革热点和难点在根源上都与现行体制有着千丝万缕的关联，中国的体制改革远未完成。随着中国进入中等收入阶段，经济起飞时的粗放式增长方式已经不再有效，亟须针对社会结构和利益格局进行体制层面的改革。然而，在体制改革越来越迫切的时候，来自体制内部的改革动力却变得越来越微弱。

其次，改革初期没有解决的问题，后来解决的难度越来越大。与激进式改革不同，中国改革采用渐进式模式，其各项改革内容的确定往往遵循收益大、阻力小的原则。比如，改革最初的突破口选择了改革成本更小的农村，而不是改革成本更大的城市。渐进式改革存在一个问题，即将那些最难啃的"硬骨头"向后拖延，最终使得最难改的领域全部集中在一起，形成牵一发而动全身的复杂局面，导致改革难以下手。改革初期没有解决的问题，其改革成本不仅没有减少，反而有可能不断扩大，最终形成尾大不掉的局面。

鉴于推进经济与社会转型过程中这两种相互冲突的发展趋势，以及由新冠疫情、中美经贸、经济下行、就业等因素叠加影响而导致的总需求下降，需以五个方面为支点推进改革。

○ 一、完善财政制度，以弥补放缓的经济增长和变弱的出口市场

社会主义经济体的特点是能够拥有和控制关键性资源并主导主要

战略活动，而中国财政总预算只占国民生产总值的28%，这个比例与其他类似国家或经济体相比较小（中上收入国家为35%，经济与合作发展组织大多数经济体为40%～45%）。世界银行发布的《2040年的中国》报告指出，与其他类似国家或经济体相比，中国财政预算提供的社会服务及其他消费需求占GDP的百分比位列世界倒数第三。这解释了中国总体消费比例（家庭和政府）比其他类似国家或经济体低10%～15%的原因。如果实施财政预算改革，增加政府在社会服务及其他消费需求方面的预算支出（占GDP的4%～5%），就能够确保中国有足够的需求，进而维持年均6%左右的经济增长率。具体而言，应从以下三个方面着手。

第一，控制财政规模，优化税收结构。一是调整增值税税率。按2019年增值税改革有关事项公告，"增值税一般纳税人发生增值税应税销售行为或者进口货物，原适用16%税率的，税率调整为13%；原适用10%税率的，税率调整为9%"。二是完善企业所得税和个人所得税征收制度，提高这两个税种在政府收入中所占比重。三是完善收入分配，建立遗产税和赠与税。

第二，完善财政支出结构，提高失业保险。失业保险支出占GDP比重需要从"十一五"期间的0.07%提高到"十三五"期间的0.5%，"十四五"期间仍要进一步健全完善失业保险金标准调整机制，适度提高失业保险待遇水平。此外，应提高城乡"低保"的补助标准。为改善收入分配、促进经济增长，需建立贫困家庭儿童补助项目，以解决贫困代际传递问题。与此同时，为了更好地解决新冠疫情带来的社会安全问题，政府还需建立覆盖全国的统一的社会保障号码和公民信息系统，为宏观调控和收入分配调整服务。

第三，调整中央政府职能，构建新型中央政府与地方政府关系。以政府转型为重点，调整中央与地方关系，明确各自职能。中央政府在调控经济波动、改善收入分配、应对紧急重大事件以及治理生态环

第一章 深化改革与扩大开放的新阶段：再平衡与战略机遇

境等方面承担更多的职能。地方政府可以将更多精力集中在本地教育、消防等事务上。"企业所得税和个人所得税必须由中央政府负责；失业保险、养老保险、医疗保险、社会救助等由中央政府负责，建立覆盖全国所有人群的常规和应急制度。"

二、实施竞争中性原则，打破垄断，使私营企业发挥更大作用

实施竞争中性原则，打破垄断，使私营企业发挥更大作用，有益于中国经济获得更多的增长。市场经济的精髓、灵魂就是竞争中性，即对所有经济主体一视同仁。

鉴于目前私营部门约占经济总产出和就业的四分之三，中国有理由推行反垄断议程，从而开放更多经济部门。但真正的问题是，中国是否真的愿意让经济朝此方向发展。目前来看，答案是否定的。但随着经济增速的持续走低，中国政府应该重新考虑这个问题。如果做出了正确选择，中国经济增长的空间仍然很大。

尽管我们已经意识到改革的必要性，但来自国有企业的抵抗比预期的还要强劲，仍然是实施改革的主要障碍。过度投资是扎根于中国经济增长模式中的结构性问题。解决这个问题，需要分析和理解中国经济失衡的整体框架。

一是经济调整过程。经济增长会在一定程度上导致经济失衡，而经济失衡最终会造成经济衰退。衡量发展中国家经济能力的标准并非是经济增长的表现，而是经济调整的能力。经济调整所需要的开销比预想的还要高出很多。因此，相较于如何使经济增长，经济学家和政策制定者更应该考虑如何处理好经济调整问题，将调整成本降至最低。

二是债务和资产负债表。概括来讲，总额和债务期限结构是经济调整成本的"最大头"，其度量方法基本上采用长期债务占总债务的

比率即资产负债表法。为此,经济学家理解国家资产负债表和主权财务危机,必须要达到公司财务专家理解公司资产负债表及公司财务危机的水平。

三是储蓄失衡问题。资本市场为储蓄转化为生产性投资提供了直接渠道,尽管生产性投资的机会多如牛毛,但各个国家的制度约束大大降低了生产性投资的能力。收入不均和制约中等家庭收入水平(与国民生产总值的增长息息相关)的机制经常会导致过剩储蓄。过剩储蓄的结果包括投机资产繁荣、贸易不平衡、失业以及债务的不可持续增长。

四是全球化。全球化使得所有国家经济彼此互相影响。如果某一国家或地区出现了经济失衡现象,那么在另一个国家或地区一定会出现与之相对应的不平衡。一个国家的经济越开放,就越有可能受到其他地方经济失衡的影响。

三、积极稳妥地推进城镇化,提高城镇化质量

城镇化是经济社会发展的必然趋势,也是工业化、现代化的重要标志。新时代开放型经济形势下,积极稳妥地推进城镇化、提高城镇化质量,是全面建成小康社会、发展中国特色社会主义事业的基本途径和主要战略。中国城镇化发展的核心是如何在较短时间内推动农村传统经济社会结构向现代化转型。这就要求将大中小城市、城镇和农村之间的人力、物力和财力高度关联,在不断强化城镇化结构互利效应的同时,形成以中心城市为"龙头"、以中等城市为主体、以小城市和中心城镇为基础的城镇体系,不断提高城镇化的聚集效应。

城镇化聚集效应的提高应该包括两个层次的含义。一是产业聚集,以形成"龙头"城市和中心镇。城镇化应该以产业发展为基础,没有产业没有就业,"龙头"城市和中心镇是发展不起来的。一个区域没有"龙头"城市和中心镇的发展,就不可能形成带动区域内城乡经济

和社会发展的推动力和辐射力。二是城市聚集和城镇聚集相结合。城市和城镇的聚集发展是城镇化的保证和基础,只有在一定区域内实现大中小城市、中心城镇和小城镇的聚集发展,才能使产业高度融合,进而推动广大农村经济社会结构的现代化转型。

为此,应择优发展中心城市和中心镇。以中心城市发展为"龙头",大力发展中型城市,着力打造以县城为中心的县域城镇增长核,繁荣县域经济,把县城发展为城区人口达10万～20万的小城市,形成以中型城市和县级小城市为区域的中心大城市的卫星城市、以中心城镇为依托的城镇网络体系,不断提高城镇体系对农村的辐射和扩散作用,从而推动农村经济社会结构的现代化转型。

城镇化发展不只是城镇规模的简单扩张,还应该包含城镇化质量的提高。如果只有城镇规模的简单扩张,没有城镇产业质量的提高和城镇对农村影响力的强化,那么,这样的城镇化不是真正的城镇化。"摊大饼"式地、粗放式地扩张城镇规模,与城镇化发展的内在要求相违背。要实现城镇化发展的近期、中期和远期目标,应在重视提高城镇化结构的互利效应、开放效应和聚集效应的基础上,高度重视城乡产业的技术创新和生态环境保护,提高城镇化的结构升级效应。

城镇化质量的提高主要体现在以下方面:一是城镇产业技术创新能力增强,技术升级换代速度加快;二是城市先进技术产业促进农村产业改造和融合的速度加快,农村产业技术水平提高,农村产业和城市产业技术创新的合作关联性不断强化;三是伴随城乡产业融合,城乡的教育、社会保障、户籍等制度性壁垒逐渐消除,最终实现城乡制度资源共享;四是城乡生活方式逐渐融合,随着城乡经济文化的融合,农民"去农村化"更趋强化,传统农民向现代化农民转变,农民真正成为产业工人的一部分;五是城市和农村生态环境不断改善,人与自然和谐发展。

目前中国有2亿～3亿左右的半城镇化居民(农民工),就消费来讲,这是一个潜力极大的资源。加快农民工向完全市民的转化，将会大大地促进消费需求的增长。加快农民工向市民转化的进程，应从以下几个方面入手。一是促进城市房价合理化，高房价之下无城镇化，中国目前的房价水平与收入水平相比严重偏高，若降低房价，则会释放出巨大的购房需求，也会相应地加快城镇化进程。二是实施大规模的农民工安居工程，主要是利用政府力量建立农民工保障性住房。三是鼓励沿海劳动密集型产业向中西部转移，促进中西部地区的城镇化发展。

保持农民土地承包经营权的稳定，使农民在城乡之间能够双向流动，这对城市化的健康发展至关重要。印度和巴西的经验教训提醒我们，城市化的健康发展与农村的土地制度有很大关系。中国的基本国情决定了在相当长时期内，土地仍然是农民最基本的生活保障。外出打工的农民大多处于不稳定状态，家乡的土地是农民维持生计的最后一道防线。在农民到城镇落户未取得稳定的就业以及社会保障前，保留他们的土地承包权，让农民在城乡之间双向流动，有助于防止大量农民集中于城市而形成贫民窟。扩大农地规模，推动农业产业化经营，不能拔苗助长，不能剥夺农民的土地承包经营权，不能制造无地农民。

调整城市建设的思路，在城镇规划、住房建设、公共服务、社区管理方面考虑进城就业农民工的需要。印度和巴西的情况表明，农村人口进城，除了就业问题外，安居问题是较大的问题。与之相比，中国农民进城有很大不同，一些农民没有工作还可回到农村。但有相当一部分人将长期拖家带口在城镇就业和生活，对此，城市应把他们视同常住人口，将其对住房、教育、医疗等设施的需求纳入城市建设规划。

四、全面提升外向型经济发展水平，提高开放的层次、水平和效益

当前，中国已经完成全面建成小康社会的重要阶段，内外部经济

环境正发生深刻变化，机遇和挑战并存。要实现全面建成小康社会和成功跨越中等收入陷阱的宏伟目标，需要进一步扩大对外开放，不断完善开放型经济体系，充分发挥对外开放的强大动力。

从国际上看，今后一个时期，世界经济可能陷入长期低迷，外需疲弱很可能常态化，各种形式的保护主义上升，经贸摩擦将进入高峰期。各国围绕市场、资源、人才、技术、规则、标准等方面的竞争更加激烈，中国在传统优势产业方面与发展中国家的竞争加剧，在中高端产业方面与发达国家的竞争逐渐增多，发展面临的外部环境更加复杂。

从国内看，经过加入世界贸易组织十余年的发展，中国的社会生产力、综合国力、人民生活水平大幅度提升，形成了相对完备的产业体系，参与国际竞争与合作的能力增强，已经具备了进一步扩大开放、提升开放水平的基础和条件，国际社会对中国承担更大国际责任也寄予更高期望。但是，中国现有的经济发展方式相对粗放，资源环境约束强化，传统优势被削弱，新优势尚未建立，转变发展方式和优化经济结构的任务艰巨，制约开放型经济发展的体制机制障碍仍然较多，对外开放面临的风险增大，开放的层次、水平和效益亟待提高。

未来全面提升中国对外开放水平，重点需要突破以下三方面。

第一，努力转变对外贸易增长方式。一要改变出口主要依靠低成本和拼数量的方式，改变粗放型和数量型的经济增长方式，使出口主体形式和贸易形式多样化。努力创造具有自己知识产权、自己品牌的商品和服务出口，控制资源性、高耗性、高污染产品的生产和出口，扩大新技术产品和附加值高的产品出口。提高加工贸易的层次，改变产品贸易量增加而贸易增加值低的现状，加快产品的升级换代，使出口贸易从数量扩张向质量提升转变。二要调整进口产品结构和市场结构，优先进口国内发展必需的、重要的、紧缺的高新产品、高新设备、高新技术和战略性资源，实现战略物资进口的来源多元化、方式多样化和渠道稳定化。三要发展绿色产品贸易，要严格控制高耗能和高污染产品的贸易，形成有利于节约资源和保护环境的贸易结构。

第二，努力提高利用外资的质量和水平。一要将引进外资同提升国内产业结构和技术水平相结合，同促进区域协调发展和提高企业自主创新能力相结合。通过引进外资，对现有企业进行改造、提高，依靠技术的优化升级实现规模经营，努力提高结构优化效益、规模经济效益和区域分工效益。从主要依靠增加资金投入转变为主要依靠提高生产要素质量，增加综合要素生产率对经济增长贡献的份额。二要合理利用外资，发展开放型经济，改变结构不合理、产品质量差、附加值低的状况，通过引进一批高附加值、高技术的产品，加速产业结构的优化升级，做好引进技术的转化、吸收和创新。三要加强对外资产业和区域投向的引导，抓住国际产业转移的机遇，扩大外资直接投资规模，引导外商参与国家鼓励的基本建设项目，包括农业综合开发和能源、交通、重要原材料的建设项目，拥有先进技术、能改进产品性能、节能降耗和提高企业经济效益的项目，能综合利用能源防止环境污染的技术项目等。

第三，努力实施中国企业"走出去"战略。实施"走出去"的发展战略，是新阶段对外开放的重要举措，是实施可持续发展战略的必然要求。党的十六大报告明确提出，"鼓励和支持有比较优势的各种所有制企业对外投资，带动商品和劳务出口，形成一批有实力的跨国企业和著名品牌"。为此，一要更好地在全球范围内优化资源配置，充分利用国外自然资源、科技资源和人才资源，实施战略性的海外投资，创立中国自己的世界级名牌产品。二要把技术设备、产品带出去，提高其在国际市场的占有率，发挥比较优势，在互利互惠的共赢中促进国家经济的发展。三要积极参与国际经济竞争与合作，开展跨国经营和跨国投资，培育跨国公司，在对外投资中做到以企业为主、以市场为导向、以提高经济效益和增强国际竞争力为目的。投资的重点要放在能源、原材料、高技术等领域。

五、推动新时代的中国经济高质量发展，科技创新是引领发展的第一动力

"十四五"规划报告提出，由于中国经济仍处于工业化、信息化、城镇化和农业现代化的历史阶段，实体经济发展仍然是经济增长的主体部分。因此，中国的人力和人才资源规模庞大，供给充裕。技术供给，一方面市场引导的应用技术研发日趋活跃，正在成为重要的技术供给源泉；另一方面，国家主导的重大核心技术攻关正在加快布局，成为重要的技术供给潜力。中国经济现代化，也是在核心技术方面从追赶到超越的过程，技术创新将始终保持活跃状态。

因此，我们必须清醒地看到，中国40年来一直奉行的发展道路还存在着各种隐忧和挑战，中国发展道路还不是一个完整的发展模式，社会经济和政治方面的有些问题并没有因为经济的快速发展而得到根本解决。"十四五"规划提出，要系统强化科技创新和制度创新，高质量发展的核心是提高效率，提高创新能力。科技创新是引领发展的第一动力，是推动高质量发展、建设现代化经济体系的战略支撑，是"十四五"期间的核心任务。制度创新是推动发展的不竭动力，是激发全社会创造创新活力的源泉，是科技创新的体制保障和动力源泉。因此，"科技"是推动创新的驱动力，"人才"是激发更大活力的保障。"提高创新能力"这一经济核心增长动力的转变，需要对原来的分配格局、激励机制进行重大调整，建立新的分配格局和新的激励机制，同时加快对制约产业升级、内需扩大的重要经济体制的改革。

一是鼓励科技创新，提高产业竞争力，走创新驱动的发展道路。"十四五"时期，是我们国家从高速发展迈入高质量发展阶段的第一个五年，因此，高质量发展所需要的发展模式、发展格局和发展的制度基础，在"十四五"时期需要有进一步的改革和提升。

中国进入中等收入阶段后，经济的低成本优势将会逐步丧失，必

须提高研发能力和重视人力资本,进行产业升级,培育新的竞争优势。20世纪80年代韩国和巴西的差距并不大。1978年爆发的能源危机同样对韩国造成较大冲击,使韩国丧失了劳动密集型产业的比较优势,但韩国主动求变,通过实施"科技立国"战略,推动产业升级,最终完成了从轻工业向技术密集型的重工业的转型,实现了从"技术模仿"到自主创新的转换。现在,科技创新对韩国经济增长的贡献率高达70%以上。

依靠科技进步,通过提升科技创新能力来转变经济发展方式,需要从以下两个方面入手:第一,加强教育和科研的投入力度,提升教育质量,培养优秀的科技创新人才和队伍,积累雄厚的科研创新基础;第二,需要改革教育和科学管理体制,创新科研的激励方式和方法,一方面为科研人员提供良好宽松的科研环境;另一方面,由政府主导型的科研管理体制向市场驱动的企业自发创新机制转变,基于市场需求大力发展高等职业技术教育,加强高等院校、科研院所和企业间研发的沟通互动,提升科研成果的推广效率。

鼓励自主科技创新,主要是减少对非自主创新方面或领域的过度激励,因为只要存在比对自主创新更多的激励(如对外资的过度激励、对房地产的过度激励),那么,自主创新投入就不可能增加,而是减少。所以,政府要改善激励环境或方向。第一,降低战略竞争力行业的国有资本比重,发挥民营资本对产业升级的重要作用。第二,利用资本市场推进自主创新。将过剩的社会资金导入实体经济,使其与产业升级相结合,促进工业竞争力的提高。

二是推动新时代的中国经济高质量发展。当前,大国之间的战略竞争取代反恐,世界进入"竞争性合作"时代,中美两国的关系走向影响着世界地缘政治竞争中的政策与立场。中美两国GDP占全球的41%,占全球经济增长的50%,中美商品贸易占全球的35%。中美两国应该认识到,现阶段的中美经济关系存在一些不确定因素,如贸易逆差问题、贸易规则的分歧以及知识产权争端等，这是"竞争性合作"时代不可避免的。

因此，我们必须清醒地看到，中国40年来一直奉行的发展还存在着各种隐忧和挑战，中国经济发展还不是一个完整的发展模式，社会经济和政治方面的有些问题并没有因为经济的快速发展而得到根本解决。党的十九大报告指出，"中国特色社会主义进入新时代。我国社会的主要矛盾已经转化为人民日益增长的美好生活需要和不平衡不充分的发展之间的矛盾"。在中国特色社会主义新时代完善中国经济的高质量发展，其核心就是解放思想和解决发展的可持续性问题，基本思路是由"两个过度依赖"转变为"两个依靠"，即经济增长主要依靠扩大内需，内需的扩大和升级主要依赖于扩大消费需求，同时主要依靠自主创新能力而不是资源、资本的过度投入。这一增长动力的转变，需要对原来的分配格局、激励机制进行重大调整，建立新的分配格局和新的激励机制，同时加快对制约产业升级、内需扩大、"双循环"的重要经济体制的改革。

世界经济百年起伏动荡的历史表明，让所有国民获益是实现有效扩大需求和促进经济健康发展的关键。对于已经完成"基础设施建设"和"工业化经济"阶段的"消费型"经济的美国等经济发达国家来说，所谓有效扩大内需，就是让钱尽可能少地流入存钱的高收入群体腰包，尽可能多地流入需要花钱的低收入群体手里，以解决贫富差距带来的社会问题。实现这一目标，需要决策者在效率和公平的双重原则下，精心设计财政政策、货币政策、税收政策和公共服务政策。对于处于"基础设施建设"和"工业化经济"双型"刚性型"经济的中国等发展中国家来说，所谓扩大内需，就是要"补短板"，让资金尽可能多地投入不重复的基础设施建设，尽可能快地促进国家工业化的进程，让更多的国民从国家经济发展中受益，解决经济发展不平衡带来的社会问题。实现这一目标，需要中美等经济大国决策者在计划和市场的双重调整下，遵循市场原则、发挥国家宏观调控的作用，制定出更有效的社会机制，进一步观察各个国家和经济体的振兴经济方案，在全球的供求关系必将发生根本性变化的情况下保障"自救"，用大智慧和新眼光随时审视全球经济的变化。

三是中国经济高质量发展需要深化改革。

一要深化经济体制改革，转变政府职能。党的十八届三中全会及十九大报告明确指出，深化经济体制改革是加快转变经济发展方式的关键。经济体制改革的核心问题是处理好政府和市场的关系，必须更加尊重市场规律，更好地发挥政府作用。规范、成熟的市场经济中政府的作用主要体现在以下几个方面：调解收入分配；纠正市场失败；维护司法公正；制约垄断、鼓励竞争；提供公共物品和服务；进行宏观调控。当前政府的缺位主要表现在：对收入分配的调节还不到位；对市场失灵的监控力度以及效益需要提高；对公共物品和公共服务的提供需要加强；服务型政府的文化有待建立；公平的市场规范和规则须得到更好的维护；独立于行政干预的司法体系有待建立。政府的越位主要表现在：对没有自然垄断属性也不涉及国家安全的产业和资源干预过多。

因此，首要是明确企业和政府的关系及其权力的边界。政府需要改变过去身兼多职的角色定位，作为社会服务的提供者，维护公平游戏规则的顺畅运转。政府的作用主要从以下几个方面体现：一是在不涉及国计民生的领域，降低市场准入的门槛，引入多元化的投资主体。二是更有效地提供公共物品和服务、减少市场失灵和降低试错成本。三是建设具有中国特色的社区服务、社会治理，进一步提升在危机状况下调动资源和组织应急的公共管理能力和模式。四是在尊重民主的基础上引导健康文化和社会风气。五是建立完善的法律法规体系和更加高效公正的司法体系。

二要缩小收入、城乡、地区三大差距。改革开放以来，经济高速增长虽然在一定程度上掩盖了三大差距对社会发展的巨大负面影响，但我们可以相信，随着中国从高速进入中高速发展阶段，这些差距将会成为经济持续增长的一个重大障碍。经济发展到一定阶段，主要增长动力将来自技术进步和居民消费，而缩小差距具有明显的帕累托改进效应，缩小一个点的差距可能比增加许多点的投资的增长效应更大。如果收入、城乡、地区的差距长期得不到改善，将对扩大消费形成明显的约束。

三要鼓励科技创新，提高产业竞争力，走创新驱动的发展道路。中国进入中等收入阶段后，经济的低成本优势将会逐步丧失，必须提高研发能力和重视人力资本，进行产业升级，培育新的竞争优势。依靠科技进步，通过提升科技创新能力来转变经济发展方式，需要从以下两个方面入手：一是加强教育和科研的投入力度，提升教育质量，培养优秀的科技创新人才和队伍，积累雄厚的科研创新基础。二是需要改革教育和科学管理体制，创新科研的激励方式和方法，一方面为科研人员提供良好宽松的科研环境，另一方面由政府主导型的科研管理体制向市场驱动的企业自发创新机制转变，基于市场需求大力发展高等职业技术教育，加强高等院校、科研院所和企业间研发的沟通互动，提升科研成果的推广效率。

四要全面提升外向型经济发展水平。我国改革开放的实践证明，改革和开放作为中国发展的两大根本手段，两者相互促进，不可分割。当前我国改革进入攻坚期和深水区，面对深层次的矛盾和发展瓶颈，需要通过更高水平的对外开放，进一步促进国内体制改革，为我国经济持续发展再造一个开放红利期。

|第三节| 开放型经济与中国新的战略机遇期

○ 一、中国经济的现状与改革的方向

（一）国际金融危机下中国的经济状况

国际金融危机使中国实体经济下滑，外需降低，出口发生了困难。"十四五"时期由于实体经济下滑，再加上能源和大宗商品价格在2008年下半年暴跌，使得中国企业存货调整的压力非常大；同时也造成消费需求萎缩和制造业生产萎缩，因此，对于能源和运输的需求迅速收缩。对于工业部门来说，需求下降，库存量非常大，从而制约了进一步的投资。这个调整期可能是相当长一段时间。

尽管如此，中国经济的基本面依然向好，增长的趋势没有改变。截至2011年年底，居民在银行的存款达到22万亿元以上，负债大约是3.7万亿元，资产负债率很低，消费潜力很大。企业的平均资产负债率大约在59%。虽然由于金融危机的冲击，增长速度放慢，实现利润会有一些困难，但企业没有过度负债，因而总体的基本面还是好的。金融业方面，过去几年中国银行业的改革力度非常大。大银行上市，资本充足率在历史的高位，不良资产率在历史的低位。证券市场也在稳步前进。保险市场也是稳健的。国债余额约占GDP的20%，相比欧美国家70%左右的占比，还有很大的空间[1]。

此外，与包括发达国家在内的其他市场相比，中国现在的流动性非常充裕。这些都是中国经济复苏的标志。中国面临着出口的压力，但因为中国的经济规模大，又处在发展阶段上，完全可以用刺激消费、积极的财政政策、适度的宽松货币政策，使得中国保持一个相对平稳

---

[1] 刘卫平.中国"战略机遇期"应有的战略思考[N].中央党校《学习时报》2012-03-12：04版.

（二）改革的方向

与出口相比，中国在增加国内需求方面的潜力更大，在未来40～50年，中国要加快城镇化的步伐，有很多方面需要进行投资，而且也更多地走向城市型的经济，环保、高效。除全球金融危机时期4万亿元人民币的投资计划之外，中国需要一个长期的更高层次的公共投资。因此，中国需要更好的战略来对公共支出进行融资。

近几年来，中国需求结构中外部需求的比重是持续上升的，并伴随消费率回落，投资率上升。决定中国的高投资率和进出口率的主要因素是中国储蓄率水平比较高。虽然高储蓄率是和人口结构相关的，但更重要的还是制度和政策层面的因素。社会保障制度的滞后、资源价格的扭曲、落后的金融和资本市场、低汇率的安排以及资产所有制度都是中国储蓄率高的原因。

在国际金融危机的背景下，能否将国有企业红利制度用于社保体系建设，进一步加大社保力度，并且进行资源要素价格的改革，进一步完善资本市场，是中国经济能否实现可持续发展的关键。但需要认识到，任何制度层面上的调整都必须从中国的国情和基本现实出发，这也就决定了中国的这种经济转型是一个渐进的过程。

经济发展要求政府以发展为导向并承担多种角色。必须识别出最优发展的基础设施建设项目并对其提供融资社会服务。在这方面，需要发挥开发性金融服务于国家重大基础项目和地方政府合作的金融开发平台的作用。在"十四五"时期应使开发性金融得到更大、更好、更快发展，在服务于国家发展的同时向世界展示中国的形象。

（三）金融对贸易不平衡的影响

发展中国家，包括中国，现在还非常热衷于美元，希望能够把美元作为外汇储备的主要货币,这也是我们希望美元的价值不要那么快贬值的原因。对中国和其他发展中国家来说,想要脱离盯住美元的汇率制度是存在困难的,因为一些国家起初一直都是实行这样的政策,另外,中国的金融市场也不是特别成熟。

在汇率、储备等问题上中国是可以向世界有所贡献的。但是有几点需要注意。首先是关于中国的金融开放,因为市场可能存在失灵,而且中美之间协调一致的救市措施意味着政府会采取更多的干预和控制,这可能使中国在放松管制和开放金融方面放缓步伐。其次是中国的货币政策,这也是一个稳定的力量。从亚洲金融危机中可以发现,中国的政策和亚洲的政策有着非常大的外部影响。中国和日本携手,帮助那些有问题的金融机构。还有人民币国际化的问题,现在是提出这个问题的最佳时期,并且要想国际化我们需要多样性,这是一个最好的选择。只要中国继续成长,市场就会继续为中国所用,并且我们的可兑换性会增强,人民币很有可能成为未来世界的主要货币之一。

(四)环境与能源

中国在能源发展方面主要有以下两个问题:第一,能源消费增长过快。能源消费的增长是由经济发展决定的,但能源消费增长过快也会引起其他问题,例如能源供不应求,同时对世界能源格局产生的影响也比较大;能源价格高涨,以及环境问题等。第二,能源没有实现多元化,以煤炭为主的趋势在加强。

至于中国对环境问题的处理,正处于环境与发展的战略转型期。这种战略上的调整不仅仅是中国独有的现象,世界其他国家也曾经出现过,只是相对来说,中国的环境资源问题有如下特点。

第一,快速扩张的经济总量带来了大量的污染排放,我们现在二氧化碳和二氧化硫的排放,远远超过环境自净的能力。

第二,整个经济发展、工业化发展的阶段决定了目前环境污染的态势。当我们处在解决中国人的吃、穿问题的发展阶段，基本上是局部污染，然而进入重化工业以后，污染形势整体上在加剧。另外，压缩型的工业化过程有可能带来复合性的环境问题。

第三，二元经济发展的特点，决定了我们现在的环境问题在东西部之间、城乡之间、流域上下游之间，也出现了二元化这样一种趋势。

第四，中国的资源利用效率、环境效率或者生态效率之低是人所共知的。

第五，转移排放问题。世界银行有一个非常好的研究结果，说的是在28个行业里，重污染的七大行业，其排放的比例40年没有变化，所变化的是从一个地方到另一个地方，现在这些行业已经转移到中国。中国在拥有巨大贸易顺差的同时，其实遭受着巨大的生态逆差。中国进出口产品的内含能源占到一次能源消费的1/3左右，它产生的二氧化碳的排放量相当于目前日本温室气体排放的总量。同时还有二氧化硫和其他污染问题。总之，全球化也带给中国巨大的废气越境转移问题。

经济危机对能源产业产生很大影响，因为金融危机，世界实际能源消费增长下滑，但有可能再过几年后，当危机缓解时，世界能源又出现一个高增长期。对于中国来讲，还有一些新的趋势，这些趋势影响到当前的能源供求关系，进而影响到宏观经济的发展。

第一，能源需求下降。特别是电力石油煤炭等需求下降非常快。一是电力的设备利用小时数在急剧地下降，蕴含着劳动生产率也要下降，同时因为这个需求下降，过去提出来的一些优化发展结构、清洁能源等政策就受到冲击。二是石油需求由前段时间的供不应求转化为目前的需求略不足，出现了石油公司压库等问题。这也会带来一些影响。像石油的成品油是由炼油行业提供的，现在炼油行业很多产能的扩张受到了很大压制。三是煤炭需求下降。

第二，能源价格下行。国际的价格在下行，但是国内的价格下降幅度不是很大，给政策的选择带来了一些问题。例如从2003年、2004

年开始，中国希望通过经济刺激，调整和理顺能源价格，进一步体现资源的稀缺性，从而促进节能减排，推动能源资源的节约等。但能源价格现在下降，就为政策的选择出了难题。

第三，能源行业的效益也在下滑。有一些能源企业经营困难，这些企业的困难对能源投资是一个长期的挑战，因为能源行业的投资是周期性的，有些需要比较长的时间，如投资一个电力企业要两三年，海上石油投资周期时间更长。效益下滑就影响新一轮的投入，这样对能源的可持续发展会产生影响。

（五）机遇与挑战

在当前的金融危机下，中国能源发展也是有一些机遇的。

第一个方面是扩内需保增长，它给加大能源行业的投入带来了机会。国家确定了扩内需保增长的政策，也确定了货币政策、投资政策，在投资领域已经把能源确定为一个投资的重点。

第二个方面就是投资要考虑长远，考虑能源行业今后的发展，比如对石油行业的投资，要考虑中国以后要利用国际资源。

第三个方面是对能源结构的调整也是一个机遇，有利于能源体制的改革。前几年能源供求关系比较紧张，国家注意力全都集中在应付煤、电、运这些应急的事情上，现在可以静下心来考虑推出一些体制机制方面的改革措施。

中国的经济发展靠的是出口拉动、投资驱动，由此不可避免地大量消耗资源乃至破坏环境。在目前金融危机的背景之下，出口的下降、外资的减少应该对中国的资源环境，有着一个正面的效应。最近几个月发电量的减少、钢铁生产的减少、建筑材料生产的减少，无疑减少了污染物产生的总量和速度。这的确为中国环境的保护提供了一个难得的喘息机会，但与此同时，也提出了挑战。

第一，地方政府对保护环境和治理污染的投资的减少，原因可能是企业利润的减少,政府税收、排污收费的减少和对于其他投资的挤占。

第二,支持环境保护的队伍和能力建设方面的资金的减少。

第三,方兴未艾的环保产业可能变得更加脆弱。

第四,需要考虑中国应对经济下滑的这些措施对于环境保护的影响。中央政府的4万亿元投资计划和地方政府的18万亿元的应对措施,应当包括环境、公共设施的投资,节能减排的投资以及能力建设的投资。而旨在拉动经济增长的基础设施建设投资,会刺激诸如钢铁、水泥、建材等行业,并迅速地传导到电力、交通、煤炭等国民经济的命脉部门。而这些行业,几乎无一例外地都属于高投入、高消耗、高排放、高污染的行业。如果不加控制,应对经济下滑的这些措施会为中国的环境问题雪上加霜。此外,我们现在大规模地快速上项目的过程中,无论是发改委还是环保部,已经倍感压力,其项目环境评价的标准、质量和措施,有可能会大打折扣。

(六)应对措施

中国目前既要应对金融危机,同时又要坚持能源的可持续发展,在能源领域需要选择一条比较好的道路,因此,下述政策选择就是必需的。

第一,政策着眼点首先要注意到能源行业的可持续发展,既要防止能源消费的快速增长,同时又从宏观的角度,不要让它下降很快,否则,就会积累更多的问题,同时也对当前刺激经济不利。

第二,坚持节能减排的政策。这一政策在金融危机以后遇到了很大的挑战。比如过去抑制高耗能行业出口的政策,抑制高污染行业出口的政策,危机后都在放松,致使节能减排的力度在减少。坚持节能减排就是不能放松这些政策,或者重新调整已经放松了的政策。

第三,把调整能源结构作为一个主攻方向,作为一个主线。增加新的投资,必须要考虑能源结构调整。

二、人民币进入 SDR 的挑战：保持汇率稳定与发挥市场力量

在中国倡议"一带一路"的战略机遇期，人民币进入国际货币基金组织（IMF）的特别提款权（SDR）标志着全球金融体系的转变，这是中国经济融入全球金融体系的重要里程碑，也是世界对中国改革开放 40 多年来在货币和金融体系改革方面所取得的进步的认可。但我们必须清醒地看到，此举在很大程度上仍然是象征性的，人民币要真正成为国际重要货币还需时日。从长期来看，人民币资产的吸引力将在很大程度上取决于中国经济的实力。从近期来看，人民币进入 SDR 的主要挑战是必须保持汇率一定程度的稳定，同时允许市场力量发挥作用。

（一）进入 SDR 是人民币迈向国际舞台的新起点

后金融危机时代的国际金融规则改革，必将以实现国际储备货币多元化、提高新兴市场在规则制定中的话语权，以及建设以维护全球金融稳定为目的的全球金融安全网为要点。人民币成为国际储备货币尽管是一个相对长期的过程，但是国际储备货币多元化的趋势已经成为后金融危机时代不可逆转的进程。

尽管人民币在真正意义上成为全球储备货币仍有很长的路要走，但进入 SDR 无疑是人民币和中国金融市场迈向国际舞台的新起点。分析认为，储备货币的主要功能通过保持足够数量的外汇，用以应对在发生外部冲击和危机时出现对外融资困难；用以提供偿还外债以及用外部资产提供本国货币支持；为政府提供应对外债以及应对国内自然灾害的手段。然而，为了保证上述功能的正常实施，适度的外汇储备管理十分关键。适度的外汇储备管理，一是确保适度的外汇储备规模；二是确保外汇储备的流动性，控制外汇储备对市场和信贷风险的暴露；

三是在中长期确保流动性和风险有效控制的前提下提供一定的盈利性。然而，2008年全球金融危机对外汇储备持有国的储备管理带来重大的挑战。由于美元一直以来是各国外汇储备中的主要货币，美元长期贬值使得外汇储备保值成为各国面临的重要难题。可以预料的是，国际货币体系改革在未来5～10年间将以美元霸权削弱，国际货币多元化为主要特征。

国际金融危机后，全球的金融格局虽然从总体上看并未发生根本性的变化，但是经过危机的震荡，各国的金融业均在反思中做出相应的调整，从而引起了全球金融格局的一些新变化。在这种变化的金融环境中，中国的金融业如何进一步发展，如何在发展中尽可能地避免危机的发生，从而更好地服务于实体经济，成为危机后必须回答的重要课题。

（二）人民币资产的吸引力取决于中国经济的实力

理解人民币被纳入特别提款权（SDR）这一决定的重要性，需要了解以下四点。

第一，人民币纳入国际货币基金组织（IMF）的货币篮子，意味着现存的金融体系可以适应中国以及其他新兴经济体的崛起。当前发展中国家经济总量已占世界经济总量的一半左右。因此，包括IMF在内的国际制度需要改革，以跟上当今世界的步伐。当然，IMF也需要做出其他改革，尤其是使其配额向快速增长的发展中经济体转移。

第二，人民币被纳入SDR的直接影响比较有限。世界各地的投资者不会仅仅因为人民币成为SDR的一部分而自动地重新配置他们的资产，他们的投资决策主要还是依赖于人民币资产的可靠性以及预期回报。即使人民币被纳入SDR，投资者也不会立即大量地采用人民币作为计价、结算和储备货币。

第三，从长期来看，人民币资产的吸引力将在很大程度上取决于中国经济的实力。中国在经历了较长时期的两位数增长率后，正面临经济增长方式的艰难转型。新型的增长方式将减少对高投资率的依赖，转而更多地依靠生产率的提高。

第四，完善金融体系改革将促进经济增长，也有利于人民币国际化进程的持续。中国积极推进经济与金融领域的改革符合中国的切身利益。同时，通过促进贸易、投资和人民币进一步国际化，也会给世界其他国家带来溢出效益。

（三）中国要推进体制改革，减少政府对市场的干预

此次人民币被列入国际储备货币，是对中国长期以来依照国际货币基金组织的要求，对金融市场和货币改革付出努力的肯定。这是中国所梦寐以求的。尽管如此，中国在市场经济这条路上仍有很长的路要走。

如今，中国正试图在自由市场和政府竭力维持的"稳定和秩序"之间进行调和。最近股市的动荡和人民币币值的不稳定，在很大程度上反映出改革初衷虽良好，执行却不佳。中国政府正在进行的金融领域的改革，将有助于中国更好地管理经济，并将大量储蓄分配给生产力更高的投资机会。

中国投资者似乎很看重自由市场的好处，但每当情况恶化时，他们仍然指望政府出面进行干预。目前中国领导人所面临的挑战在于必须让中国民众在习惯市场自由和好处的同时，也明白背后的风险。

中国政府面临的最根本的问题是，能否通过更广泛的措施来坚定地推进金融部门改革，完全开放市场并配以更加稳固的制度基础。否则，在开放市场的同时维持国家干预，将只会使经济更加不稳定，并且带来极少的预期收益。这无益于中国和世界经济。

| 第四节 | 中国开放型经济为世界带来新机遇

经济是一片大海，不是一个小池塘。面对疫情冲击，全球供应链上的中国之环表现出非凡的抗压韧性，为遭受疫情"冻伤"的世界经济注入暖流。习近平总书记强调，中国在世界经济中的地位将持续上升，同世界经济的联系会更加紧密，为其他国家提供的市场机会将更加广阔，成为吸引国际商品和要素资源的巨大引力场。在新冠疫情严重冲击全球经济的大背景下，中国经济拾级而上、优化升级，帮助稳定和修复全球供应链，推动生产要素跨境自由流动，为世界经济海洋贡献活水之源和发展智慧[1]。

○ 一、向开放型经济迈进

深化改革开放，构建发展新体制。发展根本上要靠改革开放。必须全面深化改革，坚持和完善基本经济制度，建立现代产权制度，基本建成法治政府，使市场在资源配置中起决定性作用和更好发挥政府作用，加快形成引领经济发展新常态的体制机制和发展方式。"一带一路"建设取得重大进展，国际产能合作实现新的突破。对外贸易向优进优出转变，服务贸易比重显著提升，从贸易大国迈向贸易强国。全面实行准入前国民待遇加负面清单管理制度，逐步构建高标准自由贸易区网络，基本形成开放型经济新体制新格局[2]。

从经济发展与经济形态的关系来看，未来20年中国将处在大力推进开放型经济的发展阶段。笔者认为，中国应该推行"大力消除边境壁垒，积极推进开放型经济"的两步走战略。从经济发展与经济形态

---

[1] 新华社，2021年8月12日。
[2] 李克强. 基本形成开放型经济新体制新格局. 新华网，2016-03-05.

分析，可分为"工业文明时期的经济形态与落后国家发展中经济形态的演进"。

（一）工业文明时期的经济形态

在人类从农耕文明进入工业文明，并形成民族国家的世界大格局之后，从开放的程度和水平上看，一个国家的经济形态可以区分这样几种，即封闭经济、内向型经济、外向型经济和开放型经济。

封闭型经济，或称自给自足型经济，是指基本上不和外界进行贸易、投资以及人员往来的经济形态，整个经济活动处于自给自足的状态。

内向型和外向型经济的共同特征是，内外经济之间有一条明显的分界线：内向型经济是以内部经济的发展为主，并实行相应的经济战略和政策。比如，作为这类经济典型特征的高额关税保护措施以及高估的汇率制度等；而外向型经济则是以内部经济发展为主，同时兼顾外部经济的发展，并实行相应的政策，比如实行低估的汇率——货币贬值，以及出口激励等。

开放型经济，则是内外统一，没有差别的一种经济形态，它和封闭型经济相对立。这时，整个经济内部的资源、要素都和全球经济联系在一起。典型政策，比如，国内产品与外国产品的无差别对待；对于外国企业的国民待遇；取消关税以及非关税限制，甚至内部规章制度的相互协调和统一；本地货币的国际化，等等。开放型经济是一国经济发展的最高形态，其最终形成需要一个长期的过程。根据开放型经济发展的水平和程度，可以区分为不同阶段。本研究为了方便起见，将其区分为开放型经济的低级阶段以及开放型经济的高级阶段两种。其中，前一阶段主要推行消除最终的边界壁垒的政策；后一阶段则进一步整合边境内的规制和制度，形成内外相统一、相融合的无差别经济。

这四种经济形态之间，也存在着开放范围不断扩大、开放水平不断提高的演进关系。

（二）落后国家发展中经济形态的演进

西方世界凭借着工业文明的优势强势崛起后，从某种程度上，整个世界和人类的进程都发生了根本的改变。从此之后，落后国家，或者说非西方国家的发展，就是西方化。这种走势，在很多国家中，都是从血与火中、从众多人民的生命代价中被注入人们的头脑中的。"落后就要挨打"，是中国式的一种总结。

这种西方化，本质上就是向西方开放，向西方学习的过程。因此，从发展的角度来看，发展中大国的对外开放、经济形态的演进，大体上会经历以下几个阶段。

在经济发展之初，由于自身的产业和企业的竞争力弱小，发展中大国更多地通过与世界的尤其是世界强权的隔离，甚至是封闭自己来保护自我；而当自身的实力强大以后，则会逐渐地开放本国经济，甚至推行开放经济形态。

为什么会是这样的一条演进路径呢？首先，落后国家的发展，很大程度上就是一种学习过程，就是一种向发达国家，尤其是西方国家的学习过程。因此，采取封闭经济形态，就是断绝了和先进国家保持联系的通道，也会被拉得越来越远。其次，是不是落后国家也要采取完全的开放经济形态呢？也不尽然。在经济发展初期，如果实行完全的开放经济，则会在国际竞争中，甚至是在本地市场的竞争中完败于发达国家，从而不能够发展起来。这时，实行有限度的开放，比如内向型或者外向型经济都是比较好的选择。最后，在本国的经济发展达到可与发达国家相竞争的水平时，则可以逐步推进开放程度，实现开放经济形态。

（三）推行开放型经济是大国崛起的必由之路

开放型经济具有什么样的特征呢？从经济方面来看，开放型经济至少应该具有这样几个特征：①国际贸易上，在自由贸易的条件下，能够实现更高水平上的专业化分工。在这类分工下,本国的参与,不仅能够实现资源的配置的优化,更重要的是,能够实现贸易规模的扩大以及经济水平的提高,并与其他发达国家之间形成各具特色而又相互依赖的分工体系(宋泓,2008)。②在直接投资上,达到了净对外投资的新阶段,开始在全球范围内实现本国企业和产业的所有权优势以及竞争优势。③在国际金融上,本币实现了国际化,无须进行外汇的积累,并和国际金融市场密切联系在一起。④在国际治理上,是国际社会主要影响大国,能够发挥国际影响,并承担国际责任。至少是在事关本国利益的事务中,能够坚定维护本国的全球利益。

与此相关的另一个问题是,一个国家的经济发展到达怎样的水平时,才可以实行开放型经济呢?需要强调的是,开放型经济的实现,是一个渐进的过程,正如一国的经济发展一样,因此,并没有一个统一的、不变的标准,一旦到达这个标准就要马上实现转型。即便如此,我们还是能够找到一些进一步推进开放型经济进程的标志性变化来。比如,一个国家已经成长为世界重要的制造业大国,如已经和世界上的最大、最先进的制造业大国——美国、日本和德国等相抗衡的时候;或者一部分产业已经从国内向外转移,并在海外建立起一定规模的制造基地的时候。从对外投资的角度来看,如果一个国家在引进外资的同时,也在进行大规模的对外投资,尤其是制造业对外投资的时候,就有可能逐渐转变成一个对外净投资国家。再比如,一个国家积累的外汇储备远远超出金融风险防范的需要,并积极推进本币国际化的时候,等等。

最后一个问题是,为什么一个国家要发展开放型经济呢?主要两个方面的原因:其一,是自身发展的需要。在一个国家的经济发展到达某种水平后,实行开放型经济可以获得更多的经济利益。这种经济利益,既来自参与国际分工而来的贸易所得以及效率改进,也来自本国企业全球投资所获得的超额利润,更来自对于国际事务影响力以及全球规则的制定权。其二,是跟上国际变化的需要。一个国家发展所面临的国际环境千差万别。国际环境也处在不断的变化之中。比如,在开放的条件下,如果一个国家作茧自缚,闭关锁国,则会被边缘化。因此,在国际社会的开放步伐加快的条件下,一个国家也要跟上这种节奏;反之,在国际社会倾向相互封闭的情况下,根据本国的利益以及影响力,可以扭转或者推动这种趋势,等等。

二、从内向型经济到外向型经济的转变

新中国成立 70 多年以来,中国的经济形态经历了内向型经济、封闭型经济和外向型经济等几种。

(一)改革开放前中国经济形态的变动

在新中国成立初期,随着抗美援朝战争的开展,以美国为首的西方国家对新中国进行了经济封锁和禁运。中国被迫实行了"一边倒"的外交政策,并和苏联为主导的社会主义国家保持比较密切的经济来往关系。20 世纪 50 年代的"一五"期间,更是通过从苏联引进 156 个大型项目活动,初步建立起比较完善的国民经济体系。西方国家的封锁禁运给当时的中国国民经济恢复带了不少困难,但是也促使中国人民发扬独立自主、自力更生的精神,主要依靠自己的力量建设新国家[①]。从此,中国走上了内向型的经济发展之路。

到了 20 世纪 60 年代,由于中苏关系恶化,加上和西方国家的关系没有改善,中国陷入同时和苏联、美国相对抗的境地,甚至和一些新独立的国家的关系也出现了波折,也被迫陷入类似于对外封闭的状态之中。比如,1962 年 10 月中印边境爆发冲突,1964 年 8 月美国轰

---

① 中共中央党史研究室. 中国共产党历史 第二卷(1949—1978)上册[M]. 北京:中共党史出版社,2011:122.

炸北越,将越南战争升级,并将战火扩展到中越边境地区,苏联也在新疆的边境地区挑起纠纷,加上盘踞台湾的蒋介石集团也蠢蠢欲动,中国周边环境开始恶化①。只是在1962年,通过努力和日本建立了半官方的经贸关系,1964年1月与法国建立了外交关系,维持了零星的对外交往关系。又比如,1966年、1967年,受"文化大革命"的影响,"中国对外关系出现了严重倒退,对外政治、经济、文化交流和合作基本中断"②,中国与其他国家之间元首和政府级的访问急剧减少,几乎退出了所有的国际组织,也不参加国际会议;国际贸易大幅度下降;派出的留学生全部撤回,也不接受外国留学生。总体来讲,这一时期,中国对外经济、科技和人员交往极其有限,基本上处于封闭状态。

20世纪70年代初期,随着中美关系的改善以及中国在联合国合法席位的恢复,中国与西方国家的关系蓬勃发展。比如,60年代末期,中国只与西欧的法国等六个发达资本主义国家建立外交关系,而70年代初期,则同美国以外的所有发达国家的关系都获得了全面发展。1978年,随着中日和平友好条约的签署,以及中美正式建交,中国与西方世界的关系基本实现正常化。中国外交上这种突破性发展,虽然主要是在政治、外交领域内取得的,但是,却大大改善了中国的安全环境,拓展了中国外交活动的舞台,并且为"文革"结束后中国的改革开放和更加积极地参与国际事务创造了前提,打下了坚实基础。实际上,这一时期,整个经济政策的格调仍然延续了前期的内向型经济,有限的对外贸易活动(比如出口创汇,以及成套设备的引进等)主要是为了支持国内经济的需求和发展。

---

① 中共中央党史研究室.中国共产党历史 第二卷(1949—1978)下册[M].北京:中共党史出版社,2011:650.
② 中共中央党史研究室.中国共产党历史 第二卷(1949—1978)下册[M].北京:中共党史出版社,2011:880.

(二) 改革开放后至加入世界贸易组织时期

1978年12月召开的十一届三中全会,开创了中国经济发展的新篇章。它所确定的改革开放政策,不仅标志着整个国家工作重心向经济建设上转移,而且,也标志着中国经济发展的形态由过去的内向型向外向型转变。

这种转变,也经过了以下几个阶段。

(1) 1978—1985年,经济转型的关键时期。这一时期,中国首次推出了在深圳、珠海、汕头和厦门建立经济特区的举措,更是调整了原来内向型经济发展时期高估的汇率制度,大幅度贬值汇率以利于出口。同时,发展加工贸易,大力鼓励出口,吸引技术先进性和出口导向型的外国直接投资的政策也纷纷出台。短短的几年内,就初步促使中国经济实现了从内向型经济逐步向外向型经济的转型。

(2) 1986—1991年,出台了专门鼓励港澳台对大陆投资的政策(俗称"22条"),为这些地区的劳动密集型产业向珠江三角洲转移进一步创造了条件。同时,这一时期,中国大陆也和台湾地区缓和了关系,台湾当局也改变过去禁止台湾企业对大陆投资的做法;中国也和韩国、新加坡等国改善了关系,逐步建立起正式的外交关系。尤其重要的是,中国开始有意识地推进沿海大开发战略,利用亚洲地区产业转移的机遇,积极出台政策吸引和接纳这些投资。这使得大陆经济开始和亚洲经济融合。

(3) 1992—2000年,随着邓小平南方谈话的发表,中国对外开放进入一个新的阶段。沿海地区的开放城市和地区不断扩大,初步形成了沿海、沿江和沿边全方位开放的格局。关税水平也在自发地、大幅度削减,短短几年时间内,就从1994年的40%的水平,降低到2000年的15%左右。也就是从这个时期开始,中国外向型经济的格局已经基本形成,对外贸易、引进外资以及对外经济技术合作蓬勃发展。

（三）加入世界贸易组织以后

2001年，加入世界贸易组织（WTO），开辟了中国外向型经济大踏步发展新阶段。为加入世界贸易组织，中国进行了长达15年之久的马拉松式的谈判，进行了大幅度的关税削减，并承诺逐步废止非关税措施。其中，在四个方面最具有代表性。

第一，开放了电信业、银行业、保险业和专业服务业四个新的投资领域，为外国直接投资的进入提供了新的可能。在这四个领域中，之前，中国都严格禁止外国直接投资的介入，或对其业务范围和经营地域有严格的限制。加入WTO后，中国将逐步撤除这些限制：在2～3年内，股权比例放宽；5～6年内，业务种类或地域限制取消，并承诺将为外资的进入创造良好的条件。

第二，入世承诺加深了中国对外开放的程度。这主要体现在三个方面：其一，完全的贸易和分销权的授予将大大加深中国市场开放的程度。长期以来，中国对三资企业的贸易权（进出口权）和分销权（批发、零售、维修、运输等）进行比较严格的限制：不允许外国公司在中国境内分销在海外制造的产品，或拥有或管理分销网络、批发市场或货仓等；限制产品内销的比例；通过发放商业许可证的方式，限制外国公司进行市场推销、售后服务、维修和顾客支援活动等。这些措施有力地减缓了外国商品和服务对中国市场的冲击。在贸易和分销权利方面，中国的入世承诺涉及上述所有方面。譬如外国商人可以分销进口产品和在中国制造的产品，这为扩大外国商品的进入提供了重要机会。其二，在视听产品的分销和旅游业的经营中，将允许外资更多地进入。外国企业不仅可以分销视听产品，而且可以在分销合资企业中占有49%的股份。同时，中国也允许资信较好的大型旅游跨国公司不受限制地进入中国市场，允许在合资企业中占有多数股份。其三，汽车、电子和化学工业中的关税和非关税减让承诺将促使现有的外资投资项目进行大规模的调整活动。其中，汽车和化学工业属于中国的资本、技术或资本技术双密集型行业，投资额比较大。这两个产业的关税和非关税水平均比较高，外国直接投资的进入主要是为了满足中国的内部市场，属于"市场寻找"型投资。因此，随着中国关税和非关税水平的降低，国内市场不断开放，现有的这些投资将要作比较大的结构调整，如需要在贸易进入还是投资进入战略之间做出重新权衡等。

第三，中国入世大大改善了跨国公司及其直接投资在中国的经营环境。在"入世"承诺中，中国公开声明要加入《与贸易相关的投资（TRIMs）协定》和《与贸易相关的知识产权保护协定》。这两个协定的执行有利于改善外国直接投资在中国的经营环境。入世之前，中国在为外国直接投资提供各种优惠的同时，也为他们的进入及经营附加了种种绩效要求。譬如，产品出口和内销的比率，转让技术要求，创造就业要求，国产化或当地含量要求，外汇平衡要求，等等。应该说，这些绩效要求对引导外国直接投资进入中国需要发展的行业和地区，补充中国经济建设的短缺资源，促进中国经济有序发展起了非常重要的作用。但是，不可否认，这些绩效要求也在国内企业和外国企业之间造成许多差异。譬如，在税收方面，对外国企业有诸多减免和优惠，提供了"超国民待遇"；另一方面，在经营范围和绩效上，又对它们附加了种种限制。加入世界贸易组织就彻底改变了这种状况，对所有企业一视同仁，实施国民待遇。《与贸易相关的投资措施协定》是乌拉圭回合的重要成果之一。它要求任一成员方不得实施与1994年版《关税与贸易总协定》的国民待遇原则（第3条）和取消数量限制原则（第11条）不相符的任何投资措施。在最后达成的协议中正式列明的不得采取的投资措施有：当地采购或国产化率要求；将企业的进口与其出口挂钩；一般性地限制企业进口；将进口用汇量与该企业的出口创汇量相联系；限制企业的出口或出口销售。中国做出的入世承诺实际上已经超出了TRIMs所达到的程度。TRIMs只是针对"与贸易相关的"

投资措施，而中国的承诺不仅包含了 TRIMs 的要求，而且还做出了不强迫转让技术或要求在中国进行 R&D 活动等方面的承诺。这些条款都大大改善了外商在中国的投资环境。与外国企业及其直接投资在中国的经营环境直接相关的一个非常重要的因素是对知识产权的保护问题。到现在为止，中国对知识产权的保护主要是通过参加知识产权保护组织及其国际公约，或通过双边协定的形式实施。客观地讲，这种保护不是非常有力。入世后，知识产权的保护要受到 WTO 争端解决机制强有力的约束。

总之，加入世界贸易组织，是中国对外开放领域中的里程碑式的大事件。它不仅标志着中国对外开放的程度大大提高，范围不断扩大，而且也标志着中国开始在世界贸易组织的争端解决机制的约束下以及各个成员的监督下，对国内外的产品实施非歧视性待遇（即最惠国待遇和国民待遇）。而这种非歧视待遇，尤其其中的所谓"国民待遇"也包含着转向开放型经济的因素。

从中国产业和产品目前以及未来一段时期的竞争力状况来看，距离建成完全的开放型经济还需要大概 20 年的时间。研究认为，我们应该分两个阶段来推行这种开放型经济的建设，即：大力推进边境壁垒的降低和削减，实现重点突破；远期（"十五五"和"十六五"期间）积极推进边境内壁垒的降低和削减，实现全面开放的两步走战略。

第一，贸易上，边境上的壁垒仍然存在；边界内部的限制则需要进一步协同和统一。近期，应该根据产业竞争状况，削减货物上的关税水平；在卫生、教育以及金融等服务部门中，积极推进市场开放，促进这些部门的竞争力提高以及管理水平的改善。与贸易壁垒的削减相联系，也要进一步改进贸易便利化。远期，应该推进边境内规制的协调和统一，以及与贸易相关的知识产权保护等事宜的推进。

第二，投资上，内企与外资之间，仍然界限分明，我们依然对于外国直接投资采取产业指导目录管理的方式。近期中，我们应该根据产业和企业竞争力的状况，逐步推进产业部门的更多对外资的开放，在适当的时候，推进负面清单管理模式；对于外资也逐步实行准入前国民待遇，取消对于外资的各种绩效要求，给予相应的优惠措施；改善内外资的竞争环境，反对垄断。远期中，不再区分内资和外资，一律实行国民待遇。

第三，金融上，人民币仍然没有国际化，仍然储存大量外汇资源。近期中，我们需要适度开放金融业，提高金融企业的竞争力和管理水平；积极推进金融业的市场化改革，稳步推进资本账户的开放，推进汇率以及利率的市场化改革；积极推进人民币国际化进程。远期中，促使人民币成为主要国际储备货币之一；推进本币的对外投资规模。

三、中国开放型经济为世界带来新机遇

中国共产党十九大所部署的国家发展战略，引起了国际社会的广泛关注，特别是美国战略界的高度关注。美国对中国未来发展的总体思路是"遏制但不孤立"的政策。美国政客的观点客观上引导了华盛顿对华政策的新选项。中美经贸 11 轮谈判仍未得到落实的现实情况就是一个佐证。在全球经贸增长缓慢和中国经济调整时期，中国更要增强深化改革开放力度，应对经济全球化的新形势，中国是经济全球化的捍卫者。一要打造开放型经济新体制。二要以"一带一路"为平台扩大对外开放。三要深化金融体制改革，加快资本账户开放。四要推动人民币国际化，扩大中国国际影响，增强中国参与全球资源分配和政策协调的能力。五要加强实体经济建设，服务实体经济的结构转型升级。六要加强服务业改革，提升就业率和提高收入目标。

第一，打造制度型对外开放经济新体制，必须改革利用外资、对外投资管理体制。从国际趋势看，贸易政策的重心正从"第一代贸易政策"（如关税、许可证等）转向"第二代贸易政策"（如投资、竞

争政策、贸易便利化、放松管制、环境等）。而中国利用外资仍然以专案审批加产业指导目录的管理方式为主。这种管理方式的优点是产业政策导向性强，缺点是审批环节多，政策稳定性不足，行政成本和营商成本都较高。而在对外投资领域，我们多年来的重点是引进来，现行的审批体制容易束缚住企业海外投资并购的手脚。在继续主动开放国内市场、提高利用外资质量的同时，要秉承利益互换、对等开放的原则，消除中国对外投资合作的障碍，促进国际国内要素有序自由流动，不断拓展中国经济发展空间。

第二，以"一带一路"为平台扩大对外开放。总结起来，在中国经济新时代，全球经济基本上可以保持平缓增长的态势；同时，在这一整体趋势下，发达国家和发展中国家在价值链上的部分环节将出现大幅重叠，从而加剧国际市场竞争；与之对应的国际产业结构，将呈现以"软化""先进化"和"绿色化"为方向的大调整；区域经济一体化，无论是在数量还是在质量上，均将大幅提升。另外，贸易保护主义也将保持快速上升的态势，且中国仍会是贸易保护主义最大的受影响国家。尽管这些都对全球经济治理体系变革提出了更高要求，但是，处于制度层面的全球经济治理体系变革仍将步履维艰。

结合国内外的形势，中国应重点谋划好以下工作：一是主动参与新一轮贸易投资规则制定，在亚太、北美、拉美、中东欧、欧亚经济联盟、非洲、阿拉伯等国家和地区，对中国自贸区的全球布局进行有针对性的推进。二是以"一带一路"为抓手，加快沿线国家基础设施互联互通，加强与沿线国家的能源资源开发合作，加强人文交流，推动国际产能合作。三是在积极吸引全球高端要素集聚、提高利用外资质量和综合效益的同时，大力推动中国企业海外直接投资，培育世界级跨国企业。四是积极参与国际和区域金融合作，稳步推进人民币国际化和资本账户开放，建立安全、高效、开放的国际金融体系。

第三，深化金融体制改革，加快资本账户开放。中国资本账户开放的目的之一，就是要有效地利用国际资源，在更加开放和公平的环境中提高中国企业的国际竞争力，调整经济结构，改变经济发展方式，以达到可持续发展。因此，只有深化金融体制改革，才能改善中国的金融环境，使资本账户开放发挥最大作用。同时，资本账户的开放所带来的诸多挑战也有助于中国金融体制改革的进一步深化。

中国金融改革的一个重要任务就是一定范围内利率市场化改革，通过放开对金融机构的利率管制，使金融机构能够独立决定金融产品的利率，并根据变化调整利率。利率市场化程度的提高会减少同外国的利差，有助于减轻套利、套汇和投机性资本流动的程度，为资本账户开放和人民币国际化营造更稳定的环境。目前，中国利率市场化虽然在进行改革，但是金融机构仍然不能独自决定利率。尽管利率管制不利于经济发展，利率市场化改革依然需要一个渐进的过程。历史经验表明，过早放开对利率的管制会给经济带来负面影响。利率市场化是中国金融改革的最终目标之一，同时也是资本账户开放的支撑条件。所以，资本账户开放进程要与利率市场化进程配合。

第四，推动人民币国际化，扩大中国国际影响，增强中国参与全球资源分配和政策协调的能力。人民币成为主要国际货币后，中国在国际事务中可以获得更大的话语权。对于国内经济而言，人民币国际化有利于产业结构的调整，使国内企业进一步融入世界市场，通过国际竞争推动技术进步，提高生产效率。同时，它又使国内企业享受国内和国际两种资源要素市场和产品销售市场，促进生产要素的合理配置和充分利用。

第五，加强实体经济建设，金融服务实体经济的结构转型升级，推进供给制结构改革。我们的金融要坚定地服务实体经济，保持实体经济合理的利率水平，不是说是企业就给贷款，要和当前的供给侧改革结合起来。去产能、去库存、去杠杆、降成本、补短板。去产能的产业我们给他的资金提供就要有所考虑了。很大程度上是因为我们金融业的资金一是地方扶持，这是服务实体经济，可以说是金融业的第一要务。二是防范金融风险，系统性金融风险是我们的底线，一定要坚守住。因为我们现在经济对金融风险的承受力还不够高。

第六，加强服务业改革，提升就业率和提高收入目标。当前，虽然中国经济速度整体放缓，但是中国经济在就业、服务业和消费等方面仍然存在潜力。中央经济工作会议决定支持私营企业参与服务业，将会提高生产效率，增加产值并提升就业率。相反，如果没有放开服务业，将会面临低增速、低就业率所带来的风险。不论选择哪条路，服务业都将在未来中国经济转型中扮演重要的角色。

提高服务业的比重将为中国经济带来诸多好处。首先，中国政府希望保证一定的经济增速以创造足够的就业岗位。其次，服务业单位产值能源和资源的消耗量低于工业的消耗量，有助于中国完成治理污染的目标。再次，如果未来的改革能在更大程度上对私营企业和外资开放，所获得的经济利益有助于中国完成提高收入的目标。

另外，平衡国内经济需要减少对投资的依赖度，尤其是工业和房地产等产能过剩的行业。如果中国能够克服改革中的种种困难，那么中国经济将获得立竿见影的效果。目前的经济增速并不是一个让人失望的数据，虽然比预期的要低，但按照国际标准还是非常不错的。数据背后有一定积极的内容：服务业增速超过整体经济增速，新增就业量创新高，强势的消费增长和可支配收入增长。因此经济数据释放了很多积极的信号，而绝大多数人都只关注经济整体增长数字。尽管中国为经济再平衡做出的努力是一个漫长的过程，但效果已经开始显现。

第二章

金融改革与数字经济的新格局：
多元化与加强监管

在国际金融危机之后变化的金融环境中，中国的金融业如何进一步发展，如何在发展中尽可能地避免危机的发生，从而更好地服务于实体经济，成为危机后必须回答的重要课题。比如金融结构不尽合理、金融业核心竞争力尚未形成等方面亟须深化改革和加强。中国的金融业已经在国际竞合中不断发展和壮大，正在汇率、储备等方面向世界做出贡献。

后金融危机时代的国际金融规则改革，必将以实现国际储备货币多元化、提高新兴市场在规则制定中的话语权，以及建设以维护全球金融稳定为目的的全球金融安全网为要点。人民币成为国际储备货币尽管是一个相对长期的过程，但是国际储备货币多元化的趋势已经成为后金融危机时代不可逆转的进程。尽管人民币在真正意义上成为全球储备货币仍有很长的路要走，但进入SDR无疑是人民币和中国金融市场迈向国际舞台的新起点。

目前，我国正处于跨越中等收入陷阱的重要阶段，金融行业必须让金融回归主业和实体，以实体为基础，必须要毫不动摇地坚持以推进供给侧结构性改革为主线。从历史上看，曾经陷入中等收入陷阱的国家在其最困难的时期往往都面临较为严重的通货膨胀和经济增长放缓问题，金融体系处于动荡边缘。为此，要实现经济成功转型，必须加快推进金融体制机制改革，鼓励发展多元化金融，管控系统性风险，更好地服务实体经济。同时，要防止房地产泡沫和高债务引发的经济危机。随着我国金融市场发展、金融创新增强、金融产品丰富、竞争压力加大，尤其是我国经济发展进入中等收入阶段后增速放缓后债务率上升等因素，使得我国金融监管的难度加大，金融风险上升，亟须完善金融监管，防范金融风险。

国家开发银行践行的开发性金融伴随着中国改革与发展的历程，创立了开发性金融服务国家战略的一系列科学方法，严密地构建了开发性金融理论体系的结构。构成开发性金融以国家战略为服务对象、方法和结构问题上重大突破的内在势能，就是开发性金融理论。随着中国逐渐成为国际政治经济格局中的重要影响因素，开发性金融已经成为服务于国家发展战略的重要手段。

| 第一节 | 　全球金融变革与新时代中国货币政策

金融体制是社会主义市场经济体制的重要组成部分。改革开放以来，中国社会主义市场经济体制逐步建立健全，适应市场经济要求的金融体制基本建立，金融宏观调控和金融监管体制不断完善。金融资源是现代经济的核心资源，要使市场在资源配置中起决定性作用，应该健全商业性金融、开发性金融、政策性金融、合作性金融分工合理、相互补充的金融机构体系；构建多层次、广覆盖、有差异的银行机构体系；推动一批具有国际竞争力和跨境金融资源配置权的中资金融机构快速稳健成长；依托合作经济组织，引导合作性金融健康发展，形成广覆盖、可持续、补充性组织体系；提高金融机构服务质量，降低企业融资成本；完善国有金融资本管理制度，增强国有金融资产的活力、控制力和影响力[1]。

---

[1] 刘卫平.全球金融变革与新时代中国的货币政策[J].人民论坛·学术前沿，2018年2月下.

后金融危机时代,中国在未来国际货币政策与金融体系改革中,应在应对国际货币体系由美元体制向多级体制过渡中出现的不确定性的同时,从中国改革开放自身需要出发,坚持参与国际金融机构治理、扩大东亚区域货币合作以及人民币国际化这三大对外金融战略并行。从金融学的角度来说,中国在改革伊始是需要外汇储备的,而美国当时是可以印刷美元的唯一的国家,所以最初就有了这样一个契合点,两个国家才走到了一起。发展中国家,包括中国现在还是非常热衷于美元,希望能够把美元作为中国外汇储备的主要货币,这也是现在希望美元能够不要那么快贬值的原因。但无论是中国还是其他的发展中国家,如果想要脱离盯住美元的汇率制度是存在困难的,因为这些国家一直都是实行这种政策,而且中国的金融市场也不是特别成熟。

从亚洲金融危机中可以发现,中国的政策和亚洲的政策有着非常大的外部影响,中国的贡献对于美国具有非常重要的意义。还有人民币国际化的问题,现在是提出这个问题的最佳时期。只要中国继续成长,市场就会继续为中国所用。并且人民币的可兑换性会增强,未来人民币很有可能成为世界的主要货币之一。

◎ 一、全球金融变革与中国金融定位的启示

国际金融危机后,金融格局发生了一定的变化,中国在全球金融业不断调整的过程中需要重新定位。

危机前的全球金融格局。二战之后,世界各国在政治、经济、军事等方面的实力发生了重大调整。自 19 世纪 70 年代在此基础上建立起来的布雷顿森林体系实际上是一个以美元为中心、带有明显等级性质的全球金融格局。其特点是美元充当国际货币并且与黄金挂钩,其他国家的货币则与美元挂钩。通过国际货币基金组织、世界银行、国际清算银行,以及关贸总协定等国际组织的协调,布雷顿森林体系在

一定程度上保证了世界金融和经济秩序的暂时稳定。在这一时期，美国还充当了资本积累发动机的角色，它所提供的广阔市场和投资机会吸引了大量的商品资本和货币资本。但是由于特里芬难题、国际竞争、种族主义、冷战等诸多因素，这一阶段在1970年前后终结了。

取而代之的是1976年达成的"牙买加协定"。尽管此时美国的超群地位已经随着欧洲和日本的复兴以及新兴国家的崛起而不断下降，但是牙买加体系还是极大地保留了布雷顿森林体系所确立的美元的垄断地位。更为重要的是，在美元停止与黄金兑换之后，国际货币体系自此失去了坚实的物质基础，一下子滑入了以美元这一信用货币作为主要储备货币的阶段，从而摆脱了在金本位和布雷顿森林体系下国际储备货币发行的硬约束。通过以美元为中心的浮动汇率机制，美国还获得了向其他国家征收铸币税和通货膨胀税的权力，这进一步加剧了美国与世界经济多元化发展之间的矛盾。

20世纪末21世纪初欧元的诞生，是欧洲国家不断提升其政治和经济地位的结果和诉求，是国际金融体系自19世纪70年代布雷顿森林体系瓦解以来最重要的一次调整，它取代了已经衰落的日元并极大地挑战了美元的主导地位，改变着各国中央银行储备货币的构成以及私人投资的方向，促使欧盟内部和外部大量的美元资产转化为欧元资产，因而对全球金融市场，尤其是货币市场影响深远。

此外，金融的全球化与自由化和经济的金融化也在不断地重塑着全球金融格局。过去40多年在微电子、信息技术和现代信息学领域的技术革命，帮助在银行内和银行间建立起了广泛而复杂的联系，在实现信息共享的同时，降低了交易、结算等业务的成本，并且使之变得更为迅速；各种非银行金融机构，如投资银行、保险公司、共同基金、互助基金、退休基金等大量涌现，并成为全球金融市场上的重要参与者。它们在追求利润最大化的过程中，刺激了金融产品与金融市场的创新，据不完全统计，证券化的债券几乎是全球GDP的1.4倍，而金融衍生工具超过了全球 GDP 的 8 倍。同时，欧洲美元市场的快速发展和新兴国家市场的逐步开放又为资本的全球流通提供了便利，但也在客观上造成金融和经济风险在世界范围内的累积和扩散。在这种情况下，如何在世界范围内建立起有效的监督和检查机制，以及防范危机的联动机制，成为国际金融体系不可或缺的重要组成部分。

总之，在 2008 年国际金融危机爆发之前，全球金融格局从国际货币的角度看，欧元成为美元在国际市场上的主要竞争对手，如果算上"失去"的日元，国际货币实际上存在着"两大（美元、欧元）一小（日元）"相互博弈的局面；从经济区位的角度来说，欧美尤其是美国的金融机构和金融市场仍然占据着主导地位，而科学技术的进步和金融自由化与全球化的发展已经将世界各国的金融部门联结成为一个整体，并将后者的积累逻辑作为一种普适价值向全社会推广，使得资本能够超越时间、空间、物质形态以及自身的局限实现利润最大化。但是在这一格局背后，始终隐藏着美国经济地位下降与美元垄断地位、发达国家与发展中国家以及实体经济与虚拟经济之间的矛盾，这些矛盾的长期累积为危机的爆发和全球金融格局的重新调整创造了条件。

危机后的全球金融变革。全球金融理念、模式和格局在此次危机中进行了深度反思，从长期来看，需要通过进一步变革才能为经济的可持续发展提供坚实的基础。

全球金融的规模和经营方式将发生剧烈变化。在金融危机的冲击下，这些金融资产的名义价值大幅缩水，银行资产的规模也将快速收缩。金融衍生产品交易、债券交易、杠杆融资等表外业务会逐渐减少。随着花旗银行被分为花旗银行和花旗控股，传统银行极力追求全能银行的经营模式也受到了质疑。

全球金融市场将发生结构性变化，国际金融的多元化趋势不可避免。美国在金融危机中受到的冲击较大，大批企业破产，失业加剧，其经济实力明显下降。欧元区为了应对此次危机，纷纷采取了扩张性的财政政策和货币政策，在一定程度上推动了该地区经济的整体复苏。但是由于经济增长乏力以及财政赤字增加，欧元区国家如冰岛、希腊等，很快又陷入了主权债务危机的泥潭，欧元的崛起仍有待时间的进一步考验。经过多年的努力，亚洲正在成为世界经济增长的中心，这与美国、欧洲和日本经济增长率的下降形成鲜明对比。与此同时，亚洲在国际金融市场中的地位也逐渐上升，其数额巨大的官方外汇储备对全球金融市场的影响举足轻重，而主要国家如中国等在数次危机中的负责任态度更是受到国际社会的充分肯定和赞扬，因此，在全球重新定义金融市场结构之际，亚洲将会受到更多关注，东京、香港、上海等主要城市将迎来新的发展机遇，全球金融格局呈现不可避免的多元化发展趋势。

主权基金异军突起，正在成为国际金融市场的新兴力量。长期以来，国际金融市场一直是西方私人金融资本的舞台。在金融危机的影响下，这些私人金融机构的实力在去杠杆化和国有化的过程中大大削弱了。2007年金融危机爆发之后，西方发达国家主要金融机构纷纷寻求主权基金的注资，包括阿布扎比投资委员会、科威特投资委员会、中国投资有限责任公司、新加坡政府投资公司等在内的非西方主权财富基金相继入股花旗、高盛等金融巨头，其投资规模达到数百亿美元，极大地稳定了国际金融市场。

全球金融监管框架亟待重建。此次危机充分暴露了原有巴塞尔协议的弱点和漏洞，使各国都认识到并表监管、统一监管和全球间监管的重要性。目前，几乎所有金融股机构、金融市场和金融工具都将得到适度监管，这一思想已经在美国和欧盟出台的金融监管改革方案中得到体现和落实。此外，针对资本的快速、大规模流动，国际社会在监管方面的磋商与协调也会空前紧密，双边和多边金融合作将成为国际金融的重要形式。

当然，全球金融格局在上述四个维度的发展将是一个各种经济、金融、政治、军事势力之间复杂的竞合与动态博弈过程,涉及世界本位货币、国际储备和国际收支等核心和敏感问题,需要各国不断在竞争中谋求合作,求同存异,共同避免全球性金融危机的再次爆发,促进世界经济的可持续发展,也需要主要发达和发展中国家承担起推动协商、建立国际金融新秩序的责任和义务。

危机后中国金融在全球的定位。受国际金融危机和国内诸多因素的影响,中国在宏观经济总体形势、经济增长方式、对外直接投资以及出口贸易等方面仍面临着较大挑战。但中国经济和金融整体规模和发展水平在过去几十年来的稳步提高也是一个不争的事实,美国和美元相对地位的下降更是为中国金融的加快发展打开了"机会之窗"。未来10至20年,全球经济、金融格局均会发生巨大转变,作为世界上最大的发展中国家,中国必须未雨绸缪,尽早筹划,努力建立与大国地位相适应的国际话语权,积极推动国际金融新秩序的形成,展示出作为一个崛起中大国理应具备的责任心和领导素质。为此,中国金融应该在全球金融新格局的不断变动中找准定位,实现跨越式发展。

中国应努力成为全球性金融中心之一。中国已经是世界第二大经济体和第一大出口国,并且拥有3万亿美元的外汇储备,因此需要建立与自己的经济发展水平相适应并服务于自身发展需要的国际金融中心。为此,需要积极按照国际金融业经营管理的基本原则来规范国内金融机构的日常运作,加快金融基础设施和配套设施的建设,促进金融产品的研发,提高金融服务的效率和水平,并努力保证金融系统的稳定性,积极推动将香港、上海等地发展成为区域性乃至全球性的金融中心。

人民币应成为世界主要货币之一。大国货币成为世界货币是历史的必然趋势,从英镑到美元、欧元,都说明了这一点。自人民币汇改重启以来,人民币兑美元已累计升值5.5%,表示出国际市场和主要机构对人民币乃至中国经济金融未来发展的信心。世界银行于2011年6

月 15 日公布的预测报告也宣称,在今后 10 到 15 年内,人民币有望和美元、欧元一道,成为主要的国际货币。但是,基于中国经济长远发展的考虑,人民币国际化的进程应该在尽力保证国际收支平衡的同时,促进周边地区的经济发展,因此必然是渐进式的,并在很大程度上取决于国际金融新格局的发展状态和趋势。目前,人民币已经实现经常项目可兑换和资本项目的部分可兑换,下一阶段可以在适当的时候探索人民币资本项目可兑换的实现方式和路径。

中国应有一批实力雄厚的金融机构跻身世界同行前列。中国金融地位的巩固,离不开一批在世界范围内都有一定影响的金融机构的支持。在美国银行业遭受危机重创以及欧日银行休养生息之际,中国工商银行于 2009 年 6 月底以 2 570 亿美元的市值成为全球最大的银行,建行与中国银行亦分列第二、三位。但是,中国也要充分认识到,金融竞争力更多地依赖于人才、技术、管理、文化等软实力乃至政府监管能力的全面提升,在这些方面中国与发达国家仍然存在着不小的差距。因此,中国的金融企业在扩展全球业务和网络、抓住机遇尽快"走出去"的同时,应该着力培养和提高自身的管理水平和创新能力。

中国应成为维护全球金融稳定的积极因素。多年来,中国经济保持了高速增长的态势,在经济总量、增长潜力和对世界的贡献度等方面均举足轻重。依靠这一强大的经济后盾,中国金融为区域和世界金融体系的稳定贡献了力量。早在 1998 年的亚洲金融危机中,中国政府从维护本地区稳定和发展的大局出发,做出了人民币不贬值的承诺,有效地遏制了危机的进一步扩散,展现出了一个金融大国的风范;面对 2008 年全球性金融危机的严峻考验,中国经济和金融继续保持运行平稳,增强了世界各国走出低谷和危机的信心。

中国应成为区域金融合作的主导者和全球金融新秩序建立的推动者。广大发展中国家已经并将继续在全球经济中发挥越来越大的作用,中国应依托不断崛起的新兴市场,在"10+1""10+3"、上海合作组织、"金砖国家"等合作框架和机制内，进一步促进区域间的金融合作，实现各方的互惠、互利、共赢。同时，中国还应积极参与世界各国应对危机的联合行动，增进与发达国家在金融领域的互动，加强国际金融新秩序建立的谈判、磋商、协调与合作，努力为发展中国家争取更多的话语权。这既是国际金融竞争发展的趋势所在，也是提升中国国际地位、促进世界经济可持续发展的必然要求。

二、中国金融实现全球战略定位的挑战

在世界金融格局调整变化的格局中，中国金融业要实现全球的战略定位必须厘清面对的主要困难与挑战。

金融市场化程度有待提高。一方面，麦金农和肖在20世纪六七十年代的研究就已经指出了金融发展与经济增长之间存在着相互推动和相互制约的关系，认为发展中国家应该实施金融市场化和自由化改革，以解除金融抑制，推动金融深化，促进经济增长。另一方面，不适当的金融市场化和自由化又会威胁金融系统的稳定，进而引起经济衰退和社会动荡，此次国际金融危机充分说明了这一点。尽管如此，从国际金融体系的演变和发达国家的历史经验来看，一国尤其是像中国这样由计划经济向市场经济转变的发展中大国，要想在全球金融格局中占据一席之地，实现后危机时代金融的战略定位和跨越发展，一个自由而开放的宏观金融环境必不可少，因此，在今后一段时期内，中国应不断深化金融改革，提高金融市场化程度，努力克服以下三大障碍。

一是利率市场化障碍。 利率是金融产品和服务的基本价格，是其他众多金融创新和衍生产品定价的参照基准，因此在发挥市场配置资源作用方面有着极为重要的意义。通过利率市场化，金融机构能够自主地提供多样化的金融产品和服务，并在消费者的自由选择中实现优胜劣汰，从而平衡差异性金融产品和服务的供求关系，帮助企业对风

险做出正确的判断和定价，促进资金的优化配置。此外，市场化的利率还是建立顺畅、有效的货币政策传导机制的基本保证，反映了经济宏观调控的需要。中国的利率市场化是一个承上启下的过程，经历了放开国内外币存贷款利率，扩大银行贷款和存款利率的浮动范围，在企业债、金融债、商业票据方面以及货币市场交易中全部实行市场定价，扩大商业性个人住房贷款利率的浮动范围等阶段，但这远未达到社会主义市场经济对资金价格市场化的内在要求，因此必须继续有规划、有步骤、坚定不移地推进利率市场化改革。

二是资本流动障碍。随着中国经济改革的稳步推进和经济空间的逐步拓展，资本市场也获得了长足发展，其重要性日益明显。目前，中国在国际经济方面发挥的作用越来越大，而在国际资本市场中的影响力却微乎其微，其中一个重要原因就是资本市场的开放程度不高，从而阻碍了国际资本的流入。尽管对资本流动的管制能够有效地防止资本快速流动引发的风险，但是也失去了在全球范围内优化资源配置的好处。未来中国要想在经济发展和资源利用间找到平衡点，扩大在国际金融市场上的作用，就要适当地解除资本的流动障碍，保证在市场经济条件下的公平竞争。

三是汇率障碍。根据克鲁格曼的"不可能三角"模型，一国不可能同时实现资本的自由流动、货币政策的独立性和汇率的稳定。未来中国要想在实现资金全球配置的同时，拥有独立的货币政策，汇率的市场化改革势在必行。更为重要的是，汇率制度改革还能够为人民币的国际化创造良好的货币环境。今后仍需进一步推动人民币汇率形成机制改革，增强人民币汇率的弹性，提高在资本开放过程中的抗风险能力，为人民币成为世界主要货币之一的战略目标奠定基础。

金融结构不尽合理。目前，中国的金融结构系统仍然以银行为主，这突出表现在：银行资产在全部金融资产中占有绝对优势，资本市场的发展尽管增加了直接融资的比重，但间接融资的主导地位仍未得到根本性转变，保险业、信托和金融租赁业发展缓慢，社会融资风险高度集中于前者。过多的货币性资产无疑会压缩社会融资的途径和空间，降低金融创新的能力和动力，使得企业的负债水平居高不下，不利于金融结构的优化和实体经济的发展。其资源分配又主要集中于国有企业和大型企业，从而将大多数中小企业和民营企业排斥在有组织的金融市场之外，这在客观上催生了各种形式的民间金融市场，在加剧金融系统不稳定因素的同时，增加了金融监管的难度。

中国金融城乡二元结构明显，东西差距较大。一方面，农村和欠发达地区产业化程度低，经济效益不明显，信息成本较高，又缺乏足够的抵押担保品和防范风险的可替代手段，从而导致金融机构往往不愿意在上述地区开展业务，造成"市场非均衡"；另一方面，通过政府补贴和非营利性组织捐助等形式注入的资金，由于逆向选择和道德风险等原因，在实践中使用效率较低，违约情况时有发生，影响了资金的循环使用，并降低了农村和欠发达地区的整体信用状况，造成"政策落实非均衡"。上述两种"非均衡"反过来又会产生明显的虹吸效应，引起资金从农村到城市、从西部到东部的逆向流动，进一步阻碍当地的经济发展和合理、均衡的金融结构的形成。

因此，中国金融要在国际金融危机后实现战略崛起，必须首先着力解决自身存在的结构性难题，不断优化金融业的内部结构，建立统一的全国金融市场，推动金融系统的健康发展。

金融业核心竞争力尚未形成。通过20多年的金融改革，中国的银行业、证券业和保险业都有了长足进步，但是金融业的国际竞争力仍然较低。在2010年由英国《银行家》杂志联合英国品牌顾问公司发布的"全球金融500强"排行榜中，国内最大的工商银行位列12，较2009年初下降了7名，这一变化充分说明了金融机构的品牌价值和核心竞争力并不完全取决于市值和资产，而是硬实力和软实力的综合较量，涉及产品开发、市场影响、人力资源、信息技术、风险管控、公司治理等多个方面，中国的金融业恰恰在这些维度上与发达国家存在不小的差距。

主要商业银行资产质量不高。银监会逐季披露的《商业银行不良贷款情况表》显示，近年来虽然中国商业银行的不良贷款余额呈下行趋势，不良贷款率也从曾经的10%以上降至1%左右，但这主要归因于2005年启动的不良资产剥离和整体改制，以及新的经济周期，而非经营能力的实质性改善，其资产结构和质量有待进一步优化和提高。

金融创新相对比较落后。金融创新和金融产品研发的出发点是活跃金融市场交易，有效提高金融业的服务水平和效率。在此次国际金融危机之后，西方国家开始重新审视金融创新和金融衍生产品的交易减缓。因此，金融创新是一把双刃剑。但就中国当前的情况而言，金融创新还处于"初级阶段"，很多改善金融机构经营管理、促进资本市场和提高金融系统效率的创新还没有出现或形成规模，在现阶段大力推动金融创新，丰富金融产品，有助于提升中国金融业的核心竞争力。

风险管理能力不强。随着金融自由化和经济全球化的发展以及信息技术的突破，资本流动的规模和速度日益增加，金融创新和衍生产品交易不断膨胀，金融风险变得更为复杂多样，因此对金融风险的识别、度量和控制显得格外重要。中国大部分金融机构还没有独立的风险管理部门，内部组织结构和治理结构尚未完善，再加上缺乏有效的信息披露机制和分散风险的金融创新产品，从而在客观上增加了风险管理的难度。另一方面，中国金融机构的风险防范意识较为淡薄，在国际金融市场的交易中对金融产品和金融风险的理解和认识不够深入，往往造成金融风险在其内部的积累和巨大的投资损失。

中国的金融业要在国际竞合中不断发展和壮大，至少需要在以上三个方面关注自身的发展，努力培养和形成自己的核心竞争力，参照国际标准，借鉴国际经验，不断学习、提高和创新，以期在危机后的世界金融格局变革中占据一席之地。

三、国际货币体系改革与人民币国际化的策略

人民币已经成功加入国际货币组织（IMF）的特别提款权（SDR），IMF 总裁拉加德在发布会上表示："人民币进入 SDR 将是中国经济融入全球金融体系的重要里程碑，这也是对于中国政府在过去几年在货币和金融体系改革方面所取得的进步的认可。"这距离上一轮 IMF 对人民币评估历时整整 5 年，IMF 终于批准人民币进入 SDR。

后金融危机时代的国际金融规则改革，必将以实现国际储备货币多元化、提高新兴市场在规则制定中的话语权，以及建设以维护全球金融稳定为目的的全球金融安全网为要点。人民币成为国际储备货币尽管是一个相对长期的过程，但是国际储备货币多元化的趋势已经成为后金融危机时代不可逆转的进程。

尽管人民币在真正意义上成为全球储备货币仍有很长的路要走，但进入 SDR 无疑是人民币和中国金融市场迈向国际舞台的新起点。分析认为，储备货币的主要功能是通过保持足够数量的外汇，用以应对在发生外部冲击和危机时出现对外融资困难；用以提供偿还外债以及用外部资产提供本国货币支持；为政府提供应对外债以及应对国内自然灾害的手段。然而，为了保证上述功能的正常实施，适当的外汇储备管理十分关键。适当的外汇储备管理，一是确保适当的外汇储备规模；二是确外汇储备的流动性，控制外汇储备对市场和信贷风险的暴露；三是在中长期，在确保流动性和风险有效的控制的前提下提供一定的盈利性。然而，本次金融危机对外汇储备持有国的储备管理带来重大的挑战。由于美元一直以来是各国外汇储备中的主要货币，美元长期贬值使得外汇储备保值成为各国面临的重要难题。可以预料的是，国际货币体系改革在未来 5～10 年间将以美元霸权削弱、国际货币多元化为主要特征。

利用美国 QE 政策退出，继续推动人民币国际化。人民币国际化

本身发展也面临着前所未有的机遇，同时人民币在后金融危机时代，也必将成为国际货币体系改革的重要组成部分。人民币国际化既有收益，也有成本，但收益整体上远远大于成本。因此，应该利用美国QE政策退出之机，积极创造国际化的有利条件，逐步稳妥推进人民币国际化。

与此同时，加大从新兴经济体收购或并购大宗商品及战略资源。随着大宗商品价格下跌，人民币的持续升值，中国的对外商品贸易和战略资源条件显著改善。从需求的角度来看，尽管中国正处于经济结构调整、需求下降的关键时期，但随着经济改革的不断深入，中国的城市化和基础设施资源仍有较大的需求空间。因此，现在正是合并或收购海外新兴经济体大宗商品和战略资源的好时机。

全球金融市场将发生结构性变化，国际金融的多元化趋势不可避免。美国在金融危机中受到的冲击较大，大批企业破产，失业加剧，其经济实力明显下降。而为稳定市场、刺激经济而发行的大量债券和美元会牵连美元的垄断地位，从长期来看，势必导致美元的贬值，给现行的主要盯住美元的浮动汇率体系造成巨大压力。欧元区为了应对此次危机，纷纷采取了扩张性的财政政策和货币政策，在一定程度上推动了该地区经济的整体复苏。但是由于经济增长乏力，以及财政赤字增加，欧元区国家如冰岛、希腊等，很快又陷入了主权债务危机的泥潭，欧元的崛起仍有待时间的进一步考验。经过多年的努力，亚洲正在成为世界经济增长的中心，这与美国、欧洲和日本经济增长率的下降形成鲜明对比。与此同时，亚洲在国际金融市场中的地位也逐渐上升，其数额巨大的官方外汇储备对全球金融市场的影响举足轻重，而主要国家如中国等在数次危机中的负责任态度更是受到国际社会的充分肯定和赞扬，因此，在全球重新定义金融市场结构之际，亚洲将会受到更多的关注，东京、香港、上海等主要城市将引来新的发展机遇，全球金融格局的多元化趋势不可避免。

美元面临的新挑战。"特里芬难题"仍未解决,"双逆差"难以持续。特里芬难题指出,任何一国的货币要充当国际货币,必然会处于两难境地:一方面为满足国际贸易、支付和储备的需要,该国必须保持长期国际收支逆差;另一方面为保持币值稳定,该国又必须是一个长期顺差国。在当前国际美元本位的货币体系下,特里芬难题仍未得到解决。金融危机爆发后,大量资金转向亚洲和欧洲金融市场,使得美国双逆差的局面难以持续。不断扩张的美元输出与相对缩减的美元回流无法达成平衡,美元贬值的压力日益增大。

美国享受着由美元本位带来的经济、政治、文化等各方面的诸多好处,而在责任承担方面一方面缺乏相应的约束机制。以"中心—外围"理论来解释,各国将原材料、石油及各类价格低廉的工业产品出口到"中心国"美国,获得国际货币——美元,而美国则凭借发达、完善的金融市场将债券等金融产品"出口"到各国,以此形成美元的回流。两方面结合的结果是美国金融业飞速发展,虚拟经济极其发达,实体经济方面呈现"去工业化"的趋势,在国际分工中处于绝对的优势地位。由于这种严重的不对等,其他国家也不愿意长期维持现状,而是致力于探索和建立新的国际货币体系。

由于世界经济发展的不平衡性,近年来美国经济霸主的地位逐渐动摇,欧洲国家、日本和以中国为代表的亚洲国家利用后发优势奋起直追,这些国家的货币也走上了国际化道路,美元的首要国际货币地位正在受到欧元、日元、亚洲新兴货币等其他国际货币越来越大的冲击。

金融危机之后,世界各国对美元的霸主地位提出了质疑。第一,尽管美国的经济总量仍然居于世界首位,但其债台高筑、财政和国际收支双赤字不断恶化的经济情况使得国际社会对美元的信心产生了动摇,对于美国偿债能力的担忧影响了国际社会对于美元的长期预期。第二,在缺乏监管和限制的情况下,美国长期靠印发货币维持其高消费、高赤字的发展模式,不注重承担国际货币应承担的义务,也引发了诸多质疑。这种单一主权货币主导的货币体制的不稳定性日益凸显，使得国际社会希望尽快打破这种制度，建立更为稳定、合理的国际货币体系。

国际货币体系改革方向。目前主要存在两类观点：一个方向是寻求一种超主权货币来替代当前国际货币体系中美元的地位，从而彻底解决特里芬难题。其终极形态是将国际货币基金组织特别提款权（SDR）设立为全球储备货币，并推进SDR的全面应用。另一个方向是建立多元化的国际货币体系，接纳更多主权货币进入全球主流货币，包括欧元和未来的亚洲货币等。

超主权货币——SDR取代美元成为国际储备货币的可能性。SDR作为国际货币既有优点，也有缺点。SDR作为国际货币具有以下优点：第一，使用SDR作为国际储备货币完全避免了主权国家货币充当国际货币时所必须面对的"特里芬难题"。第二，以SDR为国际储备货币有利于规避汇率风险。第三，以SDR为主要国际货币更有利于公平。使用SDR作为国际货币后，IMF发行SDR所获得的铸币税等收入可以由全球各国共同分享，有利于世界经济的共同发展和前进。尽管如此，SDR本身仍存在一些问题，使其作为国际货币的功能受到了限制。首先，SDR的发行额度很小，使用非常有限。其次，SDR的分配范围小而且不合理。当前SDR的大部分额度分配给了以美国为首的发达国家，发展中国家分得的额度很小。再次，SDR的定值货币篮子范围较窄。当前SDR的定值货币只有美元、欧元、英镑和日元四种，范围非常有限，代表性不强。最后，SDR要成为国际储备货币，其发行机构必须具备强大的控制力和决策能力，完全的独立性、公正性和非主权性，不受任何主权国家的干涉和左右。而当前的IMF在这方面显然做得不够。

针对SDR目前存在的问题，学术界探讨了一系列涉及各个方面的改革方案。概括而言，主要包括以下三个方面的建议：第一，扩大SDR的使用范围，提高发行额度；第二，改革SDR篮子组成，将诸如

"金砖四国"等新兴市场国家的货币也纳入其中;第三,设立替代账户,具体做法是允许各国央行将该国的部分外汇储备兑换成 SDR,并以 SDR 的形式存放在 IMF 的"替代账户"中,在需要的时候再兑换成外汇。

综合以上分析,以超主权货币取代当前美元本位的国际货币体系改革方式可谓是困难重重,即使最终能够实现,也需要经过一个非常漫长的时期。

与在 SDR 基础上创建超主权货币相比,国际货币多元化的改革思路相对更为脚踏实地,也更易于实现。未来国际货币体系必将会继续呈现出多元化的发展趋势。首先,美元将会在较长一段时间内继续保持其在国际货币体系中的主体地位,但其地位会逐渐衰退。其次,欧元的国际影响力将会继续扩张。尽管欧元长期的发展潜力也不如人们想象的那么大,但欧元区一直走的是脚踏实地、稳扎稳打的发展道路,其作为国际货币的地位在长期是呈现平稳上升趋势的。最后,人民币作为最具有发展潜力的货币,在亚洲关键货币的地位将会稳步提升。应该抓住后金融危机时代全球国际货币体系改革的这一大好机遇稳步推进。当然,构建多元化国际货币体系需解决如下问题:第一,要创建独立、公正、专业的国际监管机构;第二,建立更加合理、有序的汇率约束机制;第三,尽快推动亚洲关键货币——人民币的国际化进程。在未来主要国际货币——美元、欧元、亚洲货币形成三足鼎立的格局中,人民币将会作为关键性货币,在亚洲货币中起中流砥柱的作用。建设多元化国际货币体系新格局的进程中,必须稳定、有序地推动人民币国际化,使其尽快具备与其他两"足"鼎立的能力和地位。

综合以上论述,笔者认为在创建超主权货币和国际货币体系多元化两种改革方案中,后者是更具可行性的。而国际货币体系多元化则是一种更贴合现实的改良主义的变革方式,有利于平衡各方利益、缓解这些矛盾和冲突。在长期,可以将国际货币多元化的体系看作是实现创建超主权货币的理想状态之前的一个过渡阶段。

人民币的历史机遇。金融危机是人民币走上国际舞台的一个良好契机，削弱了美元作为首要国际货币的地位，也为人民币国际化营造了更为开阔的国际环境。中国应抓住机遇，积极主动地推进人民币的国际化。

国际货币体系改革与人民币国际化的战略机遇。全球金融危机对金融市场和经济产生的深远影响的同时，也暴露了以美元作为主要国际货币体系的缺陷。这对于作为世界第二大经济体的中国来说，人民币的国际化面临着前所未有的机遇，更是国际货币体系改革的重要组成部分。

全球金融危机爆发的同时，也暴露了国际货币体系的内在缺陷。2008年，由美国次贷危机所衍生的全球金融危机的爆发打破了国际金融市场原本的繁荣。美联储前主席格林斯潘公开表示，这场金融危机百年一遇，其引发经济衰退的可能性正在增大。关于此次金融危机爆发的原因，不同学者从不同角度给出了不同的判断，可谓众说纷纭。概括起来，有金融创新过度说、评级机构推动说、金融监管不力说以及国际会计准则失效说，等等。总体而言，这些对金融危机爆发原因的分析大体上都是从某一个侧面入手，基于金融危机爆发的现实状况抽象归结出危机爆发原因。辩证地看，各类学说都有一定的道理，但都没有将研究深入危机爆发原因的本质问题。可以说，现行国际货币体系的缺陷是危机爆发的最重要的原因之一。全球金融危机所揭示的最根本的问题就是现行国际货币体系存在内在缺陷。那么，如何认识当前的国际货币体系？当前国际货币体系存在何种内在缺陷？为什么说现行国际货币体系的内在缺陷是全球金融危机爆发的最重要的原因之一？

现行的国际货币体系，一个是"布雷顿森林"国际货币体系（1944年）。该体系确立了美元独霸天下的国际地位，使得美元成为全球唯一的本位币,并以美元为中心,构建了全球美元与黄金挂钩"双挂钩"金汇兑的本位币制。此举确立了美元的超级储备地位。另一个是"牙买加协议"。1976年该协议使早已出现的黄金体制兑换、汇率自由浮动行为得到了法律性的认可。"协议"的核心也可以概括多元本位币和浮动汇率机制两条。理论上讲,"牙买加协议"旨在打破美元作为单一本位币的国际货币体系,同时确立一个多元本位加浮动汇率的国际货币体系。然而,现实的情况往往超出"协议"设计者的想象。

基于私人产品与公共产品视角的分析表明,国际货币与主权货币存在深刻矛盾。美元作为主权货币单一承担国际货币的职能,这也是世界各大国政治经济博弈的历史选择。这一结果体现了美国国家的利益,同时也在一定时期内和一定程度上被世界各国所接受。可以说,美元国际化在一定程度上便利了国际贸易和投资,促进了经济全球化以及世界经济的繁荣增长。然而,同样必须强调的是,这种单一主权货币国际化的安排实质反映了主权货币和国际货币的矛盾。分析这一矛盾,可以从多种角度展开。从其本质来讲,可以借鉴私人产品与公共产品理论的基本框架进行分析。从世界各国范围看,一国的主权货币及在此基础上衍生的货币制度具有极其明显的私人产品属性。主权货币在该国范围内行使流通手段、价值尺度、贮藏手段和支付手段的职能。央行的货币政策服务于本国的经济增长、充分就业、物价稳定以及国际收支平衡。不同的货币政策工具产生不同的政策效果,并且这种效果只作用于本国范围内的居民,其他国家无论有任何的政策诉求都无权干预该国的货币政策的实施。主权货币及主权货币制度的私人产品属性说明,一国政府的货币制度供给是基于本国的政策边际成本和边际收益权衡的结果。从理论上分析,主权货币制度的均衡供给,应当满足于政策的边际收益与边际成本相等。然而,充当本位货币的国际货币及在此基础上衍生的国际货币体系具有极其明显的公共产品属性。国际货币是在世界范围内充当价值尺度、支付手段、流通手段、贮藏手段以及世界货币职能的货币。

二者之间存在明显的矛盾。具体就美元与国际货币而言，则反映为两个方面不可调和的矛盾。一方面，主权国家政策成本与国际经济运行成本的不对等；另一方面，政策理性促使"搭便车"行为恶性循环，最终导致流动性泛滥下的全球经济失衡。不可否认，在此制度安排下的任何主权国家的经济政策都是理性的。美国为了攫取"美元本位"的经济利益，理性的政策促使其屡试不爽地搭载"美元超发"的便车，通过连续启动 QE1、QE2、QE3，刺激本国实体经济的振兴，转嫁高额美元债务的成本；其他国家为了繁荣本国的资本市场，获取廉价资金的超额利益，也不假思索地乘载"美元超发"的便车，通过国内资本市场的开放，充实本国虚拟经济的资金，畅通国际资本流动的渠道。这种恶性循环的"搭便车"行为，以及即期获取的"搭便车"利益，使得美国与其他主权国家在短期利益上达成了高度的默契。而在长期，这种恶性循环的"搭便车"行为成为一种固化模式，形成世界经济运行的基本格局。其最终造成的结果是全球流动性泛滥；资本流出国产生大量的经常账户收支逆差，资本流入国形成巨额的经常账户收支顺差和资本金融账户收支顺差，同时伴随着超额的外汇储备；国际游资充斥着全球主要经济体的市场，不断地催生、吹大资本市场泡沫，形成严重的全球经济失衡。

近年来，由于国际经济形势的变化和美元本位的自身缺陷，国际货币体系改革已经成为国际社会的共识。

人民币国际化的对策与建议。强化对跨境资本流动的监管，推进人民币资本项目可兑换。新兴市场动荡主要是由于美联储的量化宽松政策退出而引发资本外流。中国的资本项目在尚未完全开放的条件下，受到的影响冲击比较有限，但中国不能孤立地推迟资本项目可兑换的进程。监管部门应加强对国际短期资本流动的完整性监控，改变热钱，提高中国资产的热钱流入市场机制的统计分析，并形成一个完整的监测系统交叉跨境资金流动,切实防范金融风险。加强海关、外汇、工商、央行监管部门合作,以防止进入外汇交易套利的陷阱。

审慎推进人民币汇率改革机制。目前人民币汇率接近均衡水平,在短期内,新兴市场货币汇率波动的增加,可以带来一定的人民币汇率贬值的预期,以及双向波动。应该抓住这一有利时机,推动实现由市场供求确定的利率市场化改革的目标和需求决定的汇率形成机制。继续推进汇率市场化改革,提高国际地位和影响力。中国应密切关注人民币汇率变动的能力,继续扩大人民币汇率波动的范围,并进一步提高人民币汇率的灵活性;人民币汇率形成机制的完善中间价,真实地反映市场供求关系;扩大外汇市场参与者和交易。

利用美国 QE 政策退出之机促进人民币国际化。在新兴经济体的背景下,美国的量化宽松政策面临流动性压力,因此造成了紧张局势。在这个时候,中国可以有条件地开始签约国之间的货币互换,如金砖国家建立了 1 000 亿美元外汇稳定基金,推出了一系列以人民币计价的金融产品和信贷,借此机会加强广泛使用人民币跨境结算和投融资,迫使各国政府认识到人民币作为东南亚一些国家、东欧和非洲的储备货币之一的重要作用。虽然人民币国际化是一个漫长的过程,但可以利用 QE 的退出之机以及缩表的过程,全面推进人民币的结算、储备和投资三大要素的国际化水平。

适当调整外汇储备的投资策略。中国应积极主动调整外汇储备的投资策略,稳步推进外汇储备资产多元化。从长远的角度来看,应该遏制不断增长的外汇储备,以减少外汇储备占外币资产的比重,"隐藏"变革的方向。同时,创新外汇储备的运用,大力支持中国企业"走出去",建议在养老和能源方面设立一个主权财富基金,在全球范围内展开另类投资,以提高外汇储备的投资回报。

加大从新兴经济体收购或并购大宗商品及战略资源的力度。随着大宗商品价格下跌,人民币的持续升值,中国的对外商品贸易和战略资源条件显著改善。从需求的角度来看，尽管中国的经济结构调整，需求下降，但随着经济改革的不断深入，中国的城市化和基础设施资源仍是空间较大的需求。因此，现在仍是合并或收购海外的商品和战略资源的好时机。

| 第二节 | 多元化金融发展：防范金融风险，服务实体经济

习近平总书记曾指出：维护国家金融安全，不能"脱实向虚"，要居安思危，防金融风险要警钟长鸣。必须要做强实体经济，对国内外经济金融形势和风险进行透彻分析，做出科学判断。习近平总书记的重要讲话为维护金融安全指明了战略性方向。目前，我国正处于跨越中等收入陷阱的重要阶段，金融行业必须让金融回归主业和实体，以实为基础，必须要毫不动摇地坚持以推进供给侧结构性改革为主线。从历史上看，曾经陷入中等收入陷阱的国家在其最困难的时期往往都面临较为严重的通货膨胀和经济增长放缓问题，金融体系处于动荡边缘。为此，要实现经济成功转型，必须加快推进金融体制机制改革，鼓励发展多元化金融，管控系统性风险，更好地服务实体经济。同时，要防止房地产泡沫和高债务引发的经济危机。

○ 一、鼓励金融多元化发展，服务实体经济

我国应不断优化多元化金融的体系格局，破除触发或引起潜在重大金融风险的各种危机因素，为实体经济取得长期健康良性发展保驾护航。

首先，要建立多元化金融发展合作体系，形成多层次多品种并具

有综合协调性的金融改革开放格局。

其次,要加强风险防控机制建设,不能过于依赖间接金融体系,尤其是银行业,要更多通过多元化金融格局建立良好的风险分散机制。毋庸置疑,中国金融体系发展改革历程说明间接金融体系与中国长期以来的社会文化发展是一脉相承的,银行在全社会信用体系中发挥了核心导向作用。但是,从防控金融系统性风险看,多元化金融发展合作体系本身就是要建立一个跨市场、跨领域的风险分散系统,破解各种可能引起触发陷入中等收入陷阱的通胀危机因素。尽管当前中国面临进入通缩的危险,但这主要是由于阶段性经济结构调整及外部环境相对复杂和需求疲软导致,并不是长期风险。相反,从前景看,如果货币超发刺激经济的短期性政策没有顺利实现过渡,不能找到有效的货币政策引导渠道,则可能在未来会引致通胀因素发展。例如,日本当前面临的发展困境就与其相对欠发达的直接融资体系有关,企业长期难以实现"去杠杆",在老龄化深度趋势下的低利率政策引致经济增长相对缓慢。解决这一问题的核心手段之一就是要加快直接融资体系建设,尽量增强间接融资的资本补充机制,加快多元化直接融资金融工具开发,不仅限于股票市场,要从资产证券化、多层次股权交易市场、可转换资本工具、长期债券市场创新、互联网金融等角度寻找新路,逐步形成可持续的中国特色"去杠杆"运作模式。

第三,要通过多元化金融发展体系促进经济转型和社会转型的矛盾问题得到解决,防范系统性金融危机。当前,经济转型和社会转型的主要矛盾体现在贫富差距加大,经济发展的新动力和新优势不足,产业没有完成有效升级,社会财富分配没有实现公平有效,社会保障体系没有有力跟上。为此,要助力形成多层次资本市场格局,有效降低实体经济"债务杠杆率"。与此同时,要始终加强多元化金融发展体系对提高就业率、降低资金成本、优化产出效率等方面的贡献度,通过"一带一路"倡议和长江经济带等国家战略,打通国内东中西产业价值链合理布局，形成连接海内外的跨区域金融合作网络。如考虑在上海自贸区搭建开发性金融批发式互联网金融合作平台，依托自贸区合作机制，加快与沿线国家构建新型产业经贸投资国际合作关系，形成经济发展的新动力和新优势，加强社会保障体系的实体经济支撑基础，有效提升人民币在全球范围内的价值内涵，逐步摆脱对美元外汇储备的过度依赖，寻找和建立新的基础货币投放渠道，加强在稳增长战略实施过程中对货币供应量的动态监控，实现对潜在通货膨胀系统性危机的有效防范。

二、完善金融监管，防范金融风险

随着我国金融市场发展、金融创新增强、金融产品丰富、竞争压力加大，尤其是我国经济发展进入中等收入阶段后增速放缓后债务率上升等因素，使得我国金融监管的难度加大，金融风险上升，亟须完善金融监管，防范金融风险。

金融风险的特点。金融风险是复杂的，既有宏观层面的系统性、全局性风险，也有中观层面的金融业务风险，更多的是微观层面的具体机构或个人的行为操作风险。金融风险既有内生性引发的，也有外部冲击引发的。金融风险区别于其他行业风险的特点是其复杂性、高杠杆、传染性和危害大。首先是复杂性。相比其他行业，金融业的市场规模大、金融产品复杂、参与机构和人员广泛，几乎渗透到各行各业。虽然金融理论不断完善发展，但随着世界经济的发展，金融危机发生的频率反而不断增加，这说明金融风险的复杂性也在不断增加。其次是高杠杆，金融企业负债率偏高，财务杠杆大，导致负外部性大。再次是传染性，金融工具创新，衍生金融工具等也伴随高度金融风险。2008年的金融危机就首先由美国次贷危机再通过国际金融市场最后传染至全球。最后是危害大。金融业是经济的血脉，相比其他行业，其外部性巨大。金融风险一旦演化成金融危机，不仅会导致经济衰退，还会引发社会危机甚至政治危机。最典型的是 20 世纪 90 年代，拉美金融过度自由化，外债过度，引发金融危机，最终导致严重的经济危机和社会动荡。

我国面临的金融风险。随着我国十多年的经济高速发展，金融业改革发展也取得了巨大成就。截至 2016 年 6 月末，我国银行业金融机构总资产超过 200 万亿元，广义货币供应量 M2 余额达 133 万亿元。在金融机构方面，建立起以银行为主导，包含保险、证券、信托、租赁、小贷、基金、互联网金融等种类齐全的多元化体系。在金融市场方面，建立了银行间市场、外汇市场、证券交易市场、商品期货市场、股权交易市场等较丰富齐全的各类市场，且规模不断壮大。在金融产品方面，随着金融业的发展和开放，各类金融产品日益更新，品种繁多，发达国际市场复杂的金融衍生品也在我国市场不断涌现。然而随着金融业的繁荣，各类风险也不断积聚。

宏观层面，在十多年的经济高速发展期，我国 M2 一路高歌猛进，2014 年的 M2 已突破 155 万亿元。中国社会科学院经济学部"中国国家资产负债表研究"课题组 24 日发布的《中国国家资产负债表 2015》显示，2014 年末，中国经济整体负债总额为 150 万亿元，占 GDP 的比重从 2008 年的 170% 上升到 235.7%。剔除金融机构，中国实体部门债务为 138.33 万亿，占 GDP 比重从 2008 年的 157% 上升到 2014 年的 217.3%。报告认为，无论取何种口径，中国杠杆率快速上升都是确定无疑的事实，需保持高度警惕。报告显示，2008 年之前，非金融企业杠杆率一直稳定在 100% 以内，全球金融危机后，加杠杆趋势非常明显。非金融企业负债占 GDP 比重从 2007 年的 195% 上升到 2014 年的 317%。非金融企业杠杆率由 2008 年的 98% 上升到 2014 年的 149%，扣除地方政府融资平台债务，杠杆率提高到 123%。报告认为，中国非金融企业杠杆率水平在所比较国家中最高，隐含风险值得关注。

一旦经济增长速度长期持续下滑，我们所面临的债务风险将不断增大。

中观层面，近几年我国的证券市场、债券市场、期货市场、房地产市场等金融市场均出现剧烈波动。2014年以来，银行业不良贷款率普遍上升，2015年的股灾余波未平，2016年以来，房地产市场高烧不退，下半年债券市场形势突然扭转直下，保险业却不断出现"野蛮人"利用万能险的恶意并购，而证券业则出现国海证券"萝卜章"事件。互联网金融业更是出现"e租宝"、中晋资产及大批P2P平台跑路事件。

微观层面的风险也不断增多。2016年票据理财扎堆出事，多家银行等相继暴露出票据风险事件，涉及风险金额逾百亿，暴露出监管漏洞、银行内控不严、票据中介违规操作等一系列问题。大量房地产中介则违规提供"零首付"产品。

当前，我国金融的风险不断积累，既有经济增速减缓、金融市场日益复杂的因素，也有监管体系、监管制度不完善的原因。这也说明了我国金融监管体制及部门协调机制的内在缺陷，体现出我国对金融机构行为研究和监管的不足，亟须在今后的金融监管体制改革中进行补缺。

我国的金融监管。金融危机后，我国金融监管改革的进展主要体现为央行的差别存款准备金率动态调整和银监会的四大监管工具。

一是2011年，央行结合宏观审慎理念和流动性管理需要，引入差别存款准备金率动态调整。目标是：引导货币信贷平稳适度增长，提升金融体系风险防范能力。原理是：基于银行信贷偏离经济增长加物价指数的程度，同时考虑各银行对整体偏离的影响以及各自的系统重要性程度和稳健性状况，引导并激励银行自我保持稳健和调整信贷投放。在差别准备金动态调整下，信贷偏离度越小、稳健性程度越高的银行，可相应少存放准备金，多放贷款，反之就需多存放准备金，减少贷款投放；超过达标要求后，可视情况反向释放已存放的差别准备金。差别存款准备金动态调整是央行在构建逆周期的金融宏观审慎管理制度框架方面的核心工作之一。差别准备金动态调整具有宏观审慎监管工具的两个主要特征，即信贷投放偏快时上调、对系统重要性机构更严格。

二是近年来银监会陆续出台了《中国银行业实施新监管标准的指导意见》《商业银行杠杆率管理办法》《商业银行资本管理办法》《商业银行流动性风险管理办法（试行）》《商业银行资本管理办法（试行）》。这些办法与巴塞尔Ⅲ在精神上一致，即在资本充足率之外引入流动性风险监管，在微观审慎监管之外引入宏观审慎监管，监管标准略高于巴塞尔Ⅲ，实施时间也有所提前。

另外，其他监管改革还包括：①银监会加强了对银行表外贷款和信托理财等我国特有的影子银行体系的监管；②银监会加强了对地方政府融资平台贷款和"铁、公、基"贷款的监管；③在一行三会中均成立与金融消费者保护有关的部门；④明确央行对信用评级业的监管；⑤明确了银监会、证监会、地方政府对互联网金融监管的职责。

总的来说，我国金融业以银行业为主体，而银行业又以传统信贷业务为主，产品结构较为单一，高风险、复杂的衍生品和证券化产品不多；金融危机前资本充足率较高，而且资本质量较高，次级债务、优先股以及混合资本工具应用不多，也没有使用高杠杆；国际业务规模和占比不高，所以受金融危机的冲击没有欧美银行业大。相应地，金融危机后我国金融监管改革也没有达到欧美的深度和广度。

我国在监管的技术层面与国际趋同，对银行表外贷款、信托理财以及地方政府融资平台贷款和"铁、公、基"贷款等我国特有风险点采取了市场化监管手段，差别存款准备金率动态调整在逆周期调控方面有创新意义，这些都是值得肯定的地方。但也存在几个不足。

第一个不足是在对监管协调的需求提高的情况下，金融监管的方式和力度不足。金融危机后，各国积极推动加强金融监管协调机制，设立实体化、制度化的监管协调机构。比如，美国设立跨部门的金融稳定监察委员会，英国将 FSA 的监管职能合并到英格兰银行中。我国已经形成了"一行三会"的金融分业监管格局，但一行三会"各自为战"，信息不畅通，管理难协调。而实施宏观审慎监管需要银、证、保三个监管当局之间以及中央银行与三个监管当局之间有效协调。

第二个不足是我国"主动介入"提前监测的行为监管制度尚不够健全。审慎监管侧重于遵循审慎经营的监管指标和要求（比如资本充足率、资产流动性和风险集中度等），而行为监管注重于"主动介入式"提前监测、关注产品和业务分析以及纠正金融消费者行为偏差等，二者缺一不可。2008 年国际金融危机后行为监管在世界范围内得到了广泛实践。近年来，世界银行、国际货币基金组织、国际消费者联盟、二十国集团、金融稳定委员会都发布了加强行为监管和金融消费者保护的相关指引和调查报告。例如世界银行的《金融消费者保护的良好经验》、二十国集团的《金融消费者保护高级原则》。

加强金融监管的建议。金融监管体制是一个世界性难题。从金融危机后的改革看，金融监管体制主要受两个关键问题影响。

第一个问题是如何设计宏观审慎监管框架，包括在应对顺周期性上逆周期金融监管和货币政策的协调，在应对系统重要性金融机构上中央银行、财政当局、监管当局和存款保险机构的协调，特别是货币政策与金融监管要加强协调。IMF 评估了各国做法，发现有的国家成立专责机构，有的国家成立协调委员会，各种模式均有利弊，建议：①央行应在宏观审慎监管中发挥重要作用；②复杂而分割的监管体制不利于有效管理系统性风险；③系统性风险防范和危机处理是不同职能，在制度上应分开安排。2015 年底，央行宣布从 2016 年起将差别准备金动态调整和合意贷款管理机制升级为宏观审慎评估体系（MPA）。MPA 体系的主要构成包括：重点考虑资本和杠杆情况、资产负债情况、流动性、定价行为、资产质量、外债风险、信贷政策执行等七大方面，其中资本充足率是评估体系的核心。MPA 关注广义信贷，将债券投资、股权及其他投资、买入返售等纳入其中,以引导金融机构减少各类腾挪资产、规避信贷调控的做法。同时利率定价行为是重要考察方面,以约束非理性定价行为。

第二个问题是审慎监管和金融消费者保护的关系。越来越多的国家采取审慎监管与行为监管分离的模式,设立了专职负责行为监管的部门。例如,美国在《多德-弗兰克华尔街改革与金融消费者保护法案》(*Dodd-Frank Wall Street Reform and Consumer Protection Act*)中把原来多个部门负责的金融消费者权益保护职能进行了合并,设立消费者金融保护局(CFPB);英国根据2012年《金融服务法案》(*Financial Service Act 2012*),对英国金融监管体系进行了彻底改革,建立了负责银行业金融机构在内的所有金融机构经营行为的金融行为监管局(FCA)。中国香港金融管理局则在2011年对其部门进行调整和重组,新设立银行操守部,重点在于对违法违规行为加大处罚。

我们对理顺金融监管体制提出几点建议。

第一,坚持分业经营、分业监管模式,审慎试点综合经营。商业银行和投资银行在商业盈利模式、资金来源、风险承担、文化等方面有本质区别。金融危机暴露出混业经营模式的两个突出问题:一是在存款保险体制下,银行可用低成本的存款作为高风险、高杠杆投资银行业务的资金来源,相当于存款保险为投资银行业务提供了补贴,有道德风险;二是一旦投资银行业务出问题危及了存款、汇款、支付清算等基础性商业银行业务,可能动摇金融体系基础。美国沃尔克规则引入对银行投资对冲基金和私募基金以及从事自营交易的限制,英国独立银行委员会提出分离零售银行和投资银行,都是对格拉斯-斯蒂格尔法案的部分恢复,对过度混业经营的纠正。

第二,在分业经营、分业监管模式下,为促进监管协调,可在目前金融旬会的基础上设立由国务院分管领导、人民银行、财政部、三个监管当局等领导组成的"金融稳定委员会",对涉及我国金融稳定的重大事项实行票决机制,明确问责制,也可减少事事上报国务院的压力。IMF 2011年对我国金融系统稳定性的评估报告中,对监管体制提出了类似建议:成立一个由高层领导人负责的关于金融稳定的常设委员会,负责识别和监控系统性风险、提出应对措施;人民银行负责委员会秘书处工作,成员还包括财政部、三个监管当局以及相关部委。

第三,加强央行在宏观审慎监管和防范系统性金融风险方面的职能。央行有宏观经济分析能力、决定利率和贷款总量等重要货币政策变量、参与并了解资本市场和保险市场、负有最后贷款人职能以及监督支付清算系统,应成为宏观审慎监管体系的牵头人。这在全世界范围内都是一个普遍趋势。

第四,借鉴美国 Dodd-Frank 法案提出的金融研究理事会,在央行内部成立类似机构,系统地收集和整理关于我国金融系统的数据和信息,为系统性风险监测提供分析支持。美国的金融研究办公室设在财政部内部,目标是向政策制定者提供关于金融系统的高质量数据和深度分析,主要有两个运营中心。第一个是数据中心,负责标准化、验证和维护有助于监管当局识别金融系统脆弱性的数据。第二个是研究和分析中心,负责实施、协调和资助有助于改善金融机构和市场监管的研究项目。金融研究办公室的数据和分析报告提供给政策制定者和监管当局,包括美国国会和金融稳定监察委员会,也以一定形式向公众开放,有助于促进金融稳定和市场纪律。

三、推进"一带一路"中的欧亚区域人民币国际化

随着中国走出去战略和"一带一路"倡议的全面推进,欧亚区域内人民币国际化迎来新的历史机遇。人民币贸易结算体系和人民币投融资体系建设是欧亚区域内人民币国际化发展的重点,在搭建政策协调机制的同时,积极推动合作平台建设,创新人民币国际化合作模式。

以规划为先导,搭建人民币国际化政策协调机制。根据国际和地区金融市场的特点和需求,以及"一带一路"倡议构思对我国金融业对外开放与合作的要求,将欧亚区域金融合作与推进人民币国际化工作相结合,制定以推进人民币国际化为重点的"一带一路"欧亚区域金融合作中长期规划,建立欧亚区域人民币国际化信息共享系统。完善上合组织金融合作委员会定期会晤和协商机制,深化各国金融机构间的沟通联系和信息交流,建立欧亚区域性信用评级机制和投融资担保机制,加强政策制度、合作项目及合作机制等方面的沟通协调。鼓励和支持中国金融机构在"一带一路"欧亚区域国家设立分支机构,推动人民币跨境支付系统(CIPS)的建立和完善,扩大人民币跨境贸易和投资结算,实现区域金融服务网络全覆盖。全面推动欧亚区域内人民币资金融通工作,增加人民币贷款额度,扩大人民币货币互换规模。

全面拓宽人民币信贷合作领域,创新人民币国际化合作模式。从落实人民币国际化中长期发展目标的角度看,在"一带一路"欧亚区域以人民币为主要融资货币开展信贷合作具有广泛前景,未来我们应该将人民币融资支持的重点领域从传统的能源资源领域逐步向基础设施、高新科技、新能源等非资源领域、绿色经济及民生领域扩展。要加强重点合作领域人民币融资支持力度,以跨境基础设施互联互通和区域内产业合作为支点,推动区域内国家产能合作优势互补,强化产业和项目对接。积极创新人民币信贷合作模式,搭建人民币投融资体系,将人民币跨境投融资与国家经济外交战略相结合,将援外资金与贷款资金相结合,整合项目融资、银行授信、银团贷款等多种金融合作方式,推进人民币贷款、信贷资产证券化,加快离岸人民币市场建设,开展离岸人民币业务,支持俄罗斯、哈萨克斯坦等国信用等级较高的企业及金融机构在中国境内发行人民币债券,并在中国香港、上海和深圳等地上市融资。

区域金融合作机制不断充实和完善。中国积极开展与"一带一路"沿线国家的多方位合作，共同组织了中印财金对话、孟中印缅地区合作论坛、中国—东盟博览会、中国—南亚博览会、中国—亚欧博览会、中阿博览会、中亚区域经济合作机制、博鳌亚洲论坛、中国—东盟征信研究中心、中国—巴基斯坦投资有限责任公司等区域金融合作平台。

此外，中国部分省区地方政府也积极搭建与毗邻沿线国家的金融合作平台，促进区域金融合作。例如，通过在新疆设立中哈霍尔果斯国际边境合作中心开展跨境人民币业务创新。中国、老挝两国还先后签署了《中国老挝磨憨—磨丁经济合作区建设共同总体方案》《中国老挝磨憨—磨丁经济合作区共同发展总体规划》，在中国云南省和老挝南塔省建设"中国老挝磨憨—磨丁经济合作区"。

| 第三节 |　政策性银行需从产业金融角度服务重大科技创新

政策性银行，本质上是国家长期资本银行，可以在重大科技创新、专精特新发展等方面发挥作用。需要从产业金融角度，顶层设计商业模式，不只是融资模式，即设计产业链及产业生态龙头企业、专精特新企业、政府等利益相关者的交易结构，有效降低企业的经营风险和财务危机风险，构建风险分担和补偿机制。

○ 一、专精特新企业融资问题

科技创新是引领发展的第一动力。产业链及产业生态龙头企业、专精特新企业、政府等利益相关者的技术供给，一方面市场引导的应用技术研发日趋活跃，正在成为重要的技术供给源泉；另一方面，国家主导的重大核心技术攻关正在加快布局，成为重要的技术供给潜力。中国经济现代化，也是在核心技术方面从追赶到超越的过程，技术创新将始终保持活跃状态。

（一）问题提出

当前，我国推动中小微企业高质量发展，特别是"专精特新"企业发展，提高专业化能力和水平，是国家发展战略的重要政策导向。一是借助数字智能技术的供应链金融，可以为专精特新中小企业提供营运资本融资。二是专精特新中小企业通常进入或拟进入产业链龙头企业供应商体系，或者电商平台生态圈，往往需要专用设备和生产线。三是大多数专精特新面临固定资产融资难。一方面，其市场规模、成长率、收益率，不符合 VC 投资和上市标准，股权融资难。实际上，大多数专精特新企业也不应该追求上市；另一方面，抵押质押资产少，不满足固定收益融资工具市场的风控要求，举债难。

（二）解决思路

由行业龙头企业的金融平台主导，联合银行、租赁公司等，对已进入或拟进入供应商名单的专精特新中小企业提供固定资产融资；设计风险分担和补偿机制。

政策性银行作为政府和市场沟通的桥梁，以独特的方法培育市场和完善市场，为国家中长期战略规划提供稳定和高效融资支持，发挥我国经济建设中长期融资的先行者和主力军作用，是贯彻国家宏观战略意图、获取国家战略意义的战略工具，这必然要求把政策性银行上升到国家战略层面进行定位。因此，政策性银行需从产业金融角度服务重大科技创新，以适应新全球化时代和地缘政治新格局。

二、重大科技创新金融模式

（一）问题提出

近年来，美国政府对我国日益敌视，对我国科技企业的制裁变本加厉，对核心技术供给进行丧心病狂的封锁。例如，芯片、高端机床、光刻机等等。妄想通过核心技术断供、科技产业链脱钩，遏制我国经济发展的步伐。因此，加快核心科技攻关日益迫切！对国家国防和经济安全、产业升级，对建设创新国家、实现中华民族的伟大复兴至关重要！

党的十九届五中全会再次明确提出："把科技自立自强作为国家发展的战略支撑，要强化国家战略科技力量，完善科技创新体制机制。"各级政府及相关机构正在积极出台应对措施。例如，设立科创板、降低上市的业绩门槛、IPO 注册制改革，鼓励更多的科技创新企业上市融资；中国科学院宣布将美国"卡脖子"技术和国外出口管制技术转化科研任务攻关清单。"卡脖子"科技属于追赶型科技，其有利之处在于：国内市场需求确定并且规模大，如果能够推出性价比达到竞品水平的产品，就不愁销路。

（二）中美高技术贸易反比较优势之"谜"及其主要特征

传统比较优势理论认为一国应出口有比较优势和要素禀赋优势的产品，进口有比较劣势的产品，最终通过分工和专业化实现自身利益。然而 21 世纪初以来，中国在对美国有高技术创新劣势情况下，却在对美高技术贸易上呈现明显的"反比较优势"态势：即作为技术落后方的中国，却对有技术优势的美国大规模出口，且中国对外高技术贸易顺差主要集中在美国，对其他国家则相对偏少。

目前在"反比较优势"基础上发展起来的中美高技术贸易，主要特征有三：

其一，中美高技术贸易顺差绝对额增长迅猛，美国在中国高技术

出口目的地中一枝独大。2002—2013 年中美高技术进出口总额从 284 亿美元增长到 1750 亿美元，年均增长率高达 18%，其中，对美高技术出口增速远快于进口增速，导致中美高技术贸易顺差从 2002 年的 118 亿美元增加到 2013 年的 1168 亿美元，2013 年其占中国高技术贸易顺差的比重高达 114%，占美国高技术贸易逆差比重甚至达到 144%。

其二，中美高技术贸易顺差高度集中于信息通信技术，自美进口的高技术很少。美国商务部将高技术贸易产品分为 10 类：生物技术、生命科学、光电技术、信息通信、电子产品、柔性制成品、高新材料、航空航天技术、武器与核技术。而中美高技术贸易高度集中于信息通信技术，2013 年中美信息通信技术贸易总额高达 1375 亿美元，其中中国对美出口高达 1329 亿美元，其他 9 类高技术对美出口则相比偏低，最多的光电技术出口仅为 52.81 亿美元；同时中国自美进口 10 类高技术产品额均偏低，最多的航空航天技术进口仅为 126.7 亿美元，这也使得中国对美信息通信技术出口在中美高技术贸易中独占鳌头。

其三，中美高技术贸易以加工贸易为主要贸易方式，而进料加工在其中占据绝对核心地位。2002—2013 年，加工贸易一直在中国对外高技术贸易中据主导地位，尤其是进料加工出口在中国对美高技术出口中据绝对核心地位，占比 60% 以上。而 2013 年的中国高技术贸易数据也显示，中国进料加工出口总额高达 4030 亿美元，实现贸易顺差 1941.4 亿美元，占中国对外贸易顺差总额的 190%，稳居中国高技术贸易顺差核心来源。

三、重大科技创新的风险

重大科技创新工程项目不同于一般企业技术创新，投入大，技术开发成功及从投入到实现现金流盈亏平衡的时间不确定，经营风险高，一般企业自身的盈利难以承受。即使是上市公司，在现行会计准则下，大部分科技开发投入计为费用，减少企业净利润，还可能导致企业长期亏损，对企业的信用等级、股票市场估值造成负面影响，使企业面临丧失融资能力，甚至退市。例如，京东方2003年收购韩国显示技术企业后，进行消化吸收。期间多年亏损大，银行信贷、股票市场都难以融资，多次濒临财务危机境地。通过资产变现、政府补贴和创新向政府投资平台定增股票的量产融资模式，用了15年时间，从进入者、追赶者晋身到挑战者。不少企业因为重大创新陷入财务危机，例如，沈阳机床开发i5高端机床项目，紫光集团的芯片项目。商业化金融市场，包括银行、债券市场、股票市场也会避而远之。商业化金融市场，包括银行、债券市场、股票市场也会避而远之。

（一）"卡脖子"追赶型科技创新面临四大风险

1. 技术研发风险。包括产品技术和工艺技术。研发难度大，技术难题攻克和达到与竞品的性价比优势的时间不确定。例如，芯片系统，需要光刻机等一系列关键设备。其次，还可能面临技术路线威胁。

降低技术风险唯一的办法，就是继续投资。这需要耐心资本持续投入，特别是股权资本。谁有意愿和能力投资呢？

2. 市场需求风险。初期工艺不成熟，产品品质不稳定，良品率低、成本高，用户购买意愿低。导致对国内科技创新产品的有效需求规模小，阻碍产品迭代升级。

3. 产业链及生态配套风险。产业链配套不完整，需要时间形成闭环。

4. 产业链经营主体不配合的风险。因为风险大，配套企业不愿意投资；其次，重大科技创新项目参与的机构众多，利益诉求不一致，协调成本高，容易从利益相关者转变为利益冲突者，影响项目的进展。

降低技术开发风险，一方面，需要高水平的技术研发团队；另一方面，需要持续的长期耐心资本支持和用户订单。但上述风险导致卡脖子技术研发很难从商业资本获得足够的耐心资本。

四、对策思路

从经营活动的利益相关者交易结构角度分析，需要设计用户、产业链经营主体和政府之间的利益相关者交易结构，给予用户和产业链配套经营主体足够的激励，分享"卡脖子"技术攻关和量产成功的收益，共同参与降低技术研发和经营风险。

策略1：选择中低端市场，逐步提升产品品质和技术升级。

策略2：给大用户增强激励，把用户从纯粹的买方交易关系转变为利益高度相关。例如，给用户成本补贴，补贴金额折算为科技创新公司股份；其次，与大用户长期购买协议，按照购买量折算为科技创新公司股份；第三，政府投资；第四，吸引大用户参与投资；第五，以国家情怀，吸引超级富豪参与投资。

策略3：调整引资结构，加大产业金融对国内战略性新兴产业的政策支持。外资在华企业高技术出口是中国对美高技术贸易顺差的主要来源，国内企业不是中国高技术贸易顺差的实际受益方。中国需适当调整外资引入待遇，即将高技术企业外资能否引入与是否能加强内外资企业技术合作或技术溢出结合，有区别地引入外资。同时，加强国内知识产权保护，完善创新体系建设，加大政策银行的产业金融对战略性新兴产业的政策支持，尤其是重点鼓励和支持国有企业中产业链及产业生态龙头企业、专精特新企业、政府等利益相关者"专精特新"企业的技术创新，使其在战略性新兴产业发展中占领先机，逐步扩大其在高技术贸易中的实际作用。

策略4：针对当前政府和金融机构在合作推动"产业金融"发展过程中存在的突出问题，我们建议：国家政策银行应尽快出台推动"产业金融"发展专项支持政策。国家政策银行制定出台推动"产业金融"的专项支持政策，是地方政府和金融机构开展合作的政策依据。没有强有力的国家政策支持，地方政府和金融机构在推动"产业金融"合作上就缺乏积极性和主动性。为此，国家政策银行应尽快研究出台制定促进"产业金融"发展相关支持政策以及相关的专项发展规划，在年度政府投资预算中专门设立"产业金融"发展专项，加大国家政策银行对"产业金融"的投入力度，为地方政府和金融机构开展各类合作创造良好的政策环境。

| 第四节 | 数字经济：健康发展与有序竞争

快速增长的数字经济规模和不断涌现的创新型企业已成为中国向全世界展示社会主义市场经济建设成就的重要名片，同时也成为中国全面落实"双循环"新发展格局，抢抓高质量发展新机遇的制度保障。但与此同时，数字经济在数据流通、技术壁垒、资本扩张等多种因素的作用下，从根本上颠覆了传统市场竞争的特性和规则，造成市场资源向头部平台倾斜，产生了一定的平台垄断风险和隐患。近期，国家市场监管总局、工信部、网信办等部委纷纷针对互联网平台开展了一系列专项整治工作，重点整治扰乱市场秩序、侵害用户权益、威胁数据安全、违反资源和资质管理规定等四方面问题，以确保互联网生态开放共享，形成开放互通、安全有序的市场环境①。

一、发展数字经济仍需坚持"市场决定论"和"更好政府论"

习近平总书记在党的十八届三中全会中强调，让市场在资源配置中起决定性作用。市场经济通过价值规律实现资源的高效配置，我国改革开放以来的经济奇迹正是充分发挥市场作用的结果。在以数字经

---

① Zhou Wei. Healthy online sector key to long-term growth[N].China Daily, 2021-09-27.

济为优秀代表的新发展阶段,市场要素及机制的完善仍然应当是我国经济高质量发展的主要抓手。然而,由于资本天然的趋利性,为保证盈利,头部企业会自发地构筑市场壁垒,滥用其优势地位。在数字经济大发展的背景之下,互联网头部企业滥用市场优势地位的现象尤其突出,他们通过拒绝交易、限定交易、自我优待、大数据杀熟等方式,不断冲击着市场竞争的正常秩序、损害了广大消费者的合法权益。历史已经充分证明,没有"看得见的手"进行调控,市场在自由发展的情况下始终存在失灵的风险。仅仅依靠市场的自我调节功能已无法纠正互联网市场的竞争困境,而应充分发挥国家、政府在资源配置中的积极作用。促进数字经济的高质量发展,并非放任市场无序竞争,而应在监管下有序竞争,才能最大限度地发挥市场作用。与工业经济时代相比,数字经济的交易成本大幅降低,市场交易愈加便捷,这导致市场竞争愈加激烈,市场矛盾愈加突出,无序甚至破坏性的竞争行为愈加频繁,这就愈加需要发挥市场监管的作用,防止资本无序扩张,规范市场主体的竞争行为。

二、互联网市场的健康发展离不开市场经济的普适性规则和行业特殊管制

统一开放、竞争有序的市场体系是市场良好发展的前提。互联网市场是数字经济发展的主战场,我国数字经济战略的成败仰仗于互联网市场的良好发展,应当重视互联网市场竞争体系的构建。一方面要重视市场经济基本规律和普适性规则作用的发挥,提高网络、数据、算法等关键资源的配置效率,引导市场主体充分地遵守市场竞争的基本准则和商业规范;另一方面也应充分发挥监管作用,避免互联网企业之间的竞争走向无序。基于互联网行业的特殊性,公平竞争环境的营造需要多管齐下,维系竞争机制的市场监管手段与填补竞争机制功

能缺陷的行业监管工具均有其特点与作用,不可偏废,而应协同推进,相互补充,形成合力,共同促进我国互联网行业乃至数字经济的高质量发展。

三、互联网市场的健康有序发展是构建网络空间命运共同体的关键一环

互联网市场的健康发展不仅是数字经济的核心命题,更是构建网络空间命运共同体的关键一环。习近平总书记曾在第二届世界互联网大会上提出了构建网络空间命运共同体的五点主张,这不仅对互联网产业的健康发展提出了若干要求,更是将数字经济与国家发展战略紧密地结合在一起。

第一,互通互联是互联网的本质,而不应成为平台企业"跑马圈地"的门槛。平台之间相互屏蔽链接的行为,严重影响了消费者的使用体验,妨碍了信息流畅流通,扰乱了市场竞争秩序。对互联网领域违法行为的规制不应特殊对待,互联网也从来不是法外之地。网络的本质在于互联,信息的价值在于互通。在数字经济的发展规划和商业博弈中注入互联互通的底层逻辑是"市场决定论"和"更好政府论"在数字经济中的最佳实践。

第二,信息共享助推文化交流与繁荣。数字经济的发展不仅是物质文明的发展,也是精神文明的发展。维护互联网市场的公平竞争秩序,促进数字经济的健康有序发展不仅关涉竞争政策的强化与推进,更影响着全球文化的相互交流与融合发展,是造就数字文明新时代、构建网络空间命运共同体的"黏合剂"。

第三,创新是数字经济发展的第一动力。新兴信息技术的广泛应用、多维创新主体的充分参与悄然改变了科技创新的基本范式。竞争是激发创新活力的重要前提。从"封闭式创新"到"开放式创新",互联

网市场良好的竞争机制是促进创新范式变革，推动数字经济创新发展的"助推剂"。

第四，应当保障网络安全，创造数字经济发展的外部环境。互联网市场的无序竞争容易导致企业过度挖掘用户数据信息，滥用大数据和算法等信息工具，不仅侵害了广大消费者的个人信息权益和消费者的自由选择权，还会抑制行业创新活力。安全是发展的保障，发展是安全的目的，强化竞争执法和行业监管能够维护国家网络安全秩序，为社会经济的持续稳定创造良好的环境。

第五，构建互联网治理体系，促进公平正义。市场经济发展的前提是竞争主体之间独立平等的地位，网络空间命运共同体的构建同样需要确保网络空间各主体之间的平等与独立。反垄断法和竞争政策的实施并不仅仅针对互联网领域的头部企业，同时也不过度追求竞争效率而牺牲中小企业的合法权益。互联网领域的竞争规制和资源配置需要多方参与，共同谋划，以确保中国数字经济的发展在克服市场失灵与避免过度干预市场之间获得平衡。

破除市场垄断，引入公平竞争是充分激发市场主体创新活力和发展动力，进一步提升我国数字经济整体竞争力的必由之路。虽然实现的过程偶有曲折，但重塑竞争品格后的中国数字经济也必将以有序竞争和健康发展的全新形态融入构建网络空间命运共同体的伟大历史进程中。

四、防范互联网企业垄断风险，加强数字经济监管

2021年政治局会议提出的"强化反垄断和防止资本无序扩张"让人关注。我们一直在鼓励数字经济发展，但是这次首次强调强化反垄断和防止资本无序扩张，对现在一些科技巨头、平台经济的垄断风险在哪里？是否意味着很多中小企业都得依托这些平台生存？一些科技企业在垄断之后对经济影响巨大的情况下，是否还蕴含着金融风险？

明年对这些科技企业与平台是否意味着更多监管措施？现行法律有哪些作为调控依据？

促进数字经济发展已成为我国重要经济政策。不可忽视的是，作为数字经济的重要载体，互联网企业的市场垄断和资本无序扩张已到了令人警醒的地步。大型互联网企业利用自身数据资源优势，正在从市场规模扩张期向市场垄断期转变，市场的内卷化竞争日趋明显，将对社会经济产生极大危害。

（一）数字经济寡头垄断的主要危害

1. 数字经济的寡头垄断趋势不利于中小企业的发展、降低互联网领域的创新能力。 当前，中国互联网巨头公司的移动互联网渗透率达到90%以上。互联网巨头利用自身市场支配地位和数据技术优势在市场中实施不正当竞争，例如，要求商家"二选一""大数据杀熟"等，严重损害了中小企业的经营利益和消费者利益。同时，具有潜在创造性的互联网中小企业也在不断被大型互联网企业恶意挤压或收购，一些看似在市场激烈竞争的互联网中小企业，其背后都有巨头企业的身影。疫情期间，互联网企业巨头又纷纷进驻社区团购，采取传统的烧钱竞争模式，抢占卖菜市场，造成底层菜贩面临生存压力。

因此，互联网寡头趋势不利于互联网中小企业的培育和消费者利益的保护，而且资本向低端行业的无序扩张，不利于互联网企业集中力量在关键技术领域的创新，损害了互联网领域的创新能力和助推实体经济的目标。

2. 互联网寡头企业的无序扩张存在系统性金融风险。 由于资本市场缺乏有效的金融监管，大型互联网公司通过消费贷、货币性基金等方式不断涉足金融，引发我国金融领域影子银行的泛滥。例如，蚂蚁金服以30亿元的原始资本，通过银行贷款和资产证券化的不断循环，达到了3000亿元的放贷规模，杠杆率达到100倍，已触及金融监管的红线。然而，由于大型互联网企业涉及用户广泛、资金庞大，形成了"大而不能倒"的局势。如果大面积欠款逾期达到一定程度，可能造成多米诺骨牌效应，最终形成系统性金融风险，引发类似2008年的次贷金融危机。

（二）现有监管措施及其完善建议

我们建议：我国在鼓励数字经济发展的同时，必须加强对互联网企业的监管，以法律手段打击互联网市场的垄断行为，遏制互联网领域资本的无序扩张，引导数字经济向正确的"赋能"方向发展，服务于国家的供给侧经济性结构改革。

1. 加快反垄断立法修订，明确互联网领域的反垄断认定与处罚标准。现行《反不正当竞争法》《反垄断法》和《电子商务法》是规范数字经济有序竞争的法律基础。但是，传统垄断行为的认定标准难以适用于互联网企业的行业特点。近些年，相关部门加快了对数字经济领域企业的反垄断认定制度。例如，2009年《禁止滥用市场支配地位行为暂行规定》第十一条规定，认定互联网等新经济业态经营者具有市场支配地位，可以考虑相关行业竞争特点、经营模式、用户数量、网络效应、锁定效应、技术特性、市场创新、掌握和处理相关数据的能力及经营者在关联市场的力量等因素。2020年11月10日，市场监管总局发布了《关于平台经济领域的反垄断指南（征求意见稿）》，该修订草案中新增互联网经营者市场支配地位和经营者集中的审查标准，加大了对违法行为的处罚力度。例如，该《征求意见稿》第18条强调，涉及协议控制（VIE）架构的经营者集中，属于经营者集中反垄断审查范围。第19条规定，即使无法达到营业额的申报标准，如果参与集中的一方经营者为初创企业、新兴平台，或者参与集中的经营者因采取免费或者低价模式导致营业额较低等情形，国务院反垄断执法机构将依法进行调查处理。2020年12月14日，国家市场监管总局对阿里巴巴、阅文、丰巢三家经营者集中未依法申报的顶格处罚，预示着互联网企业反垄断执法的常态化趋势。

2. 加强互联网金融监管，确保资本有序扩张。2015年，我国政府已经意识到互联网金融的风险。《关于促进互联网金融健康发展的指导意见》强调"互联网金融本质仍属于金融""加强互联网金融监管，是促进互联网金融健康发展的内在要求"。随后，银监会发布了《网络借贷信息中介机构业务活动管理暂行办法》，拉开了对对网贷金融的监管。2020年9月，中国人民银行印发了《金融控股公司监督管理试行办法》，以加强对非金融企业等设立金融控股公司的监督管理，防范系统性金融风险。《网络小额贷款业务管理暂行办法（征求意见稿）》也已推出，将进一步加强对网络小额贷款业务的监管，特别是对对外融资和贷款金额的额度、贷款用途、联合贷款规则等做了明确要求。这些措施有利于加强对互联网资本无序扩张的规范，有必要及时出台相关政策，升级法律层次，加大执法力度。

五、互联网金融发展与风险监管的相关建议

互联网金融近年来以破茧而出的发展态势，成为新兴金融领域的关注焦点。通过互联网与金融的深度融合，互联网金融促进了普惠金融发展，提高了金融资源配置效率，但同时也增加了金融市场风险的涉众性与复杂性，近两年爆发的一系列风险事件对行业声誉造成了较大负面影响，存在的问题不容忽视。2016年以来，随着互联网金融领域的监管启动并且不断深入，行业规范发展的总体态势已初步形成，但仍存在很大的完善空间。

（一）互联网金融发展现状及趋势

1. 互联网金融起源于国外，发展于国内。1995年全球第一家网

络银行 SFNB 在美国诞生，标志着互联网金融时代的到来，各种新金融业态随后不断涌现：1998 年首家互联网第三方支付公司 PayPal 成立；2005 年全球第一家 P2P 网络借贷公司创建于英国伦敦，个体借贷通过互联网逐步形成庞大市场；2007 年上海出现第一家 P2P 公司，我国就此迈入互联网金融时代，随着 2013 年"余额宝"的上线，我国互联网金融行业进入了高速发展期。无论从当前互联网金融平台数量，还是从活跃用户人数、累计交易额看，中国互联网金融行业规模已稳居世界第一。

2013 年以来，我国互联网金融交易规模迅猛增长，年均复合增长率超过 150%。早在 2016 年末，中国互联网金融用户人数超过 5 亿，市场规模 12 万亿～15 万亿元，占 GDP 的近 20%[1]；全国正常运营的网贷平台数量 2649 家，贷款余额 8034 亿元，全国贷款累计发生额 19975 亿元，同比增长 103.3%。广东、北京、上海、浙江、山东、江苏六地运营平台数占全国平台总数 70%，贷款余额占全行业贷款余额 93.7%[2]。

面对互联网金融的竞争与挑战，传统金融机构开始觉醒并越来越多地涉足互联网金融领域。工商银行、招商银行、兴业银行等纷纷成立互联网金融专职部门，不断加大对互联网金融的投入。传统金融机构的互联网化，使其服务实体经济、促进普惠金融的能力不断增强。但另一方面，互联网金融因其涉众性广而产生影响社会稳定的隐忧；因其创新性活跃而增加了风险复杂性和交叉传染的概率；很多中小互联网金融机构甚至已将核心系统放在云服务上，而基于互联网的核心技术在境外，也是一大风险隐患。较之传统金融，互联网金融呈现出隐蔽性增强、突发性更为迅速、涉众性更广、可控性变差、破坏性更大等风险特点，是亟待关注的灰犀牛风险之一。

---

[1] 数据来源于麦肯锡报告。
[2] 数据来源于中国互联网金融协会。

2. 我国互联网金融由鼓励支持转向规范与整顿。从 2014 年两会《政府工作报告》首次提及互联网金融，到 2016 年"规范发展互联网金融"，互联网金融行业已逐步从快速发展阶段转向初步规范发展阶段。2015 年 7 月人民银行会同十部委发布《关于促进互联网金融健康发展的指导意见》（银发〔2015〕221 号），明确了"鼓励创新、防范风险、趋利避害、健康发展"的监管原则，并且确定了"一行三会"分业监管模式。当前的互联网金融监管包含三个层次：政府的监管、第三方市场化机构的介入、协会规范及行业自律。

2016 年 10 月，国务院办公厅发布的《互联网金融风险专项整治工作实施方案》，重点整治"P2P 网络借贷和股权众筹业务""通过互联网开展资产管理及跨界从事金融业务""第三方支付""互联网金融领域广告"等问题。至 2018 年 6 月，为期两年的互联网金融风险专项整治工作即将结束。届时，网贷机构将按照合规性、风险程度、违法违规性质、社会危害程度等因素，明确划分为合规类、整改类、取缔类，并分类实施差别化处置：获得备案的合规平台将拥有较完善的信息披露、资金存管制度和较高的网络信息安全保障水平，而问题平台将被清理出局。

（二）互联网金融行业主要存在问题：规范发展态势已初步形成，但监管长效机制尚未建立

1. 行业基础设施不适应监管要求。大部分从业机构尚没有接入国家金融信用信息基础数据库，行业缺乏信用信息共享机制，现行法规下惩戒力度不足，造成一些违规经营者的欺诈和违约成本较低；从业机构的经营状况游离于国家金融统计体系之外，而现有第三方数据的定义口径、覆盖范围、精准程度存在缺失，特别是资金流向方面几乎空白，对金融监管和调控提出很大挑战。不同从业机构在业务操作、系统运维、产品定价、合同要素、合格投资者认定等方面标准化、规

范化程度较低。

2. 法律制度体系尚不健全。我国在互联网金融方面的立法工作不够与时俱进，在时间上存在滞后性。现有法律未对以互联网理财、互联网资产管理等为名的各类互联网金融公司属性做出明确规定。互联网金融反洗钱、反恐融资、个人信息保护等方面也亟待立法。现行互联网金融业态监管规则的法律位阶较低，效力层级不够，导致执行中存在行政处罚力度不够、风险处置手段欠缺等问题；现有金融管理类法律法规以及民商事、刑事法律体系是以传统金融机构和金融业务为适用对象制定的，将其扩展到互联网金融领域，难免存在适用不匹配，使得一些创新业务模式存在一定的法律障碍。例如：中国人民银行2010年出台的《管理办法》尽管确定了第三方支付平台是非金融机构，可以从事网络支付的业务，却与《商业银行法》第三条相关规定存在矛盾；现有法律法规在互联网金融消费者保护体系方面尚未建立完善，特别是在互联网环境下，涉及的法律关系比传统金融服务更加复杂，法律关系主体广泛，对于互联网金融消费者应有的基本权利以及各方责任认定缺乏具有统一性和适用性的法律法规。

3. 监管体制有待完善。互联网金融业务边界模糊，缺乏有效监督机制。互联网金融处于互联网与金融之间，不少从事互联网金融的企业违法违规现象突出，分业分段监管难以适应互联网金融行业跨界混业经营、贯穿多层次市场体系的业务特征，容易产生监管套利；从业机构注册地与业务经营地往往不一致，资金端和资产端来源地也不一致，存在跨区域监管挑战；互联网金融业态多、模式各异、创新速度快，金融风险复杂性、多样性特征明显，给现有监管资源和技术带来挑战；中央与地方、地方与地方之间对互联网金融监管目标不统一、规制不一致，甚至存在监管过严和过宽的两极分化的态势，各方责任分工有待进一步细化和明确。

(三)相关建议

1. 以多元化方式促进互联网金融基础设施建设,完善互联网金融统计监测。在网联、百行征信基础上,加快建设互联网金融信息系统。一是探索运用大数据、云计算、区块链等科技技术,将游离于国家金融统计体系之外的互联网从业机构经营数据、个人投资者交易数据、资金流向数据等纳入信息系。二是从行业自律方面出发,通过互联网金融协会促进不同从业机构业务操作、系统运维、数据报送的标准化、规范化,从而保障信息系统数据全面精准、口径统一,可支撑信用评价体系,可覆盖互联网统计相关需求;参照金融行业的规范标准,运用互联网思维,滚动完善互联网金融事前、事中、事后的全方位统计监测。互联网金融统计既要遵循金融统计的规律和要义,也要体现互联网思维和互联网精神,包括去中心化,统计监测要渗透至互联网金融的各个领域,包括不断出现的创新业务;应强化准入管理和功能监管,把互联网金融的资金来源、中间环节与最终投向穿透联结起来,监测重点聚焦于资金流等交易信息。完善行业黑名单共享机制、风险监测预警体系,提高风控水平。

2. 建立互联网金融长效监管机制,促进长期规范有序发展。研究推出互联网金融专项立法,从法律层面保障互联网金融的经营和监管。一是专项立法应明确互联网金融产品法律权属关系,明确以互联网理财、资产管理为名的互联网金融公司属性;二是将互联网金融反洗钱、反恐融资、个人信息保护等纳入立法;三是完善消费者保护权益,明确和统一互联网金融消费者的基本权利及各方责任认定、纠纷处理、损害赔偿等;四是专项立法应建立定期或不定期动态完善修订机制,以适应互联网金融不断创新的特征;在一行三会分业监管基础上,建立中央和地方监管协调机制,充分发挥地方作用。要抓住"牛鼻子",中央和地方在监管的关键点、关键指标上要确定统一标准,监管区域应侧重于互联网金融行业集中度高的北京、上海、广东、浙江、江苏、山东等6省市;加强中央对地方金融办的垂直领导和指导;完善中央与地方的金融监管分工;以行业自律来弥补监管资源不足的现状。依托互联网金融协会的行业地位,通过对行业规范标准的制定,从业机构、人员资质的认证、培训教育指导等,提升互联网金融行业整体从业水平,规范行业长期发展。

第三章

发展主义：开发性金融与经济平衡增长

"开发金融"是在开发性金融实践与国家经济平衡增长理论的基础上进行的分析、研究和概括并提出的科学。作为开发性经济金融理论，是介于宏观经济与微观经济、政府与市场之间、货币政策与财政政策的理论，属于发展经济学理论范畴。开发金融学的特点是辐射宏观经济学和微观经济学，理论的核心在于它是政府与市场之间的"桥梁"，其核心要义是开发性金融理论与实践在长期为国家发展战略服务的过程中逐步形成的一门经济金融理论科学。

平衡增长理论为发展中国家迅速摆脱贫穷落后的困境、实现工业化和经济增长提供了一种发展模式，对一些发展中国家的实际经济发展产生了一定的影响。然而，平衡增长过分依赖于计划和国家干预，而忽视了政府失灵的可能性，一旦计划失误，大规模投资所造成的损失往往是灾难性的。更为重要的是，这种模式限制了市场体系的发育和发展，其直接后果是导致了经济效率的丧失。无论是马克思理论还是其他西方经济增长理论，都强调了金融发展对经济增长的作用和功能。在全球化的背景下，如何有效利用国际贸易积累的大量财富，推动我国持续健康发展，是一个非常重要的问题。从实践和理论看，开发性金融比较好地回答了这个问题。从理论框架看，开发性金融是一种介于政府与市场之间、政策性金融与商业性金融之间的金融形态和金融方法，以服务国家战略为宗旨，以开发性金融为手段，依托国家信用，通过市场化运作，缓解经济社会发展瓶颈制约，维护国家金融稳定，增强经济竞争力。随着中国逐渐成为国际政治经济格局中的重要影响因素，在中国经济社会发展的重要阶段，开发性金融成为"国家发展战略的重要保障，人民币国际化的重要媒介，国家金融外交的重要工具，全球资源整合的重要力量。"在中国特色社会主义新时代，把中国国情和国际先进金融原理相结合，探索实践有中国特色的开发性金融的方法和路子，卓有成效地支持经济社会的高质量科学发展，具有重要意义。

立足于中国开发性金融，探讨中国和全球经济失衡，是结构性问题一个显而易见的层次。中国开发性金融发展对均衡经济失衡传导机制和影响，对于中国经济再平衡和全球发展战略有更为深刻的含义，这也更有利于中国经济结构的合理调整。

| 第一节 |　开发性金融促进我国经济平衡增长的不可或缺性

作为政策目标与市场化运作相结合的产物，国家开发银行自成立以来，积极服务于国家战略，以政府信用为基础，以市场业绩为支柱，同时还能够把政府信用、政府组织协调能力与企业和市场的力量结合起来，有效运用和放大政府信用在市场建设中的功能，从而为促进我国经济总量和结构平衡协调发展提供了持续的资金支持。当前我国经济发展面临的国内外严峻挑战和重要战略机遇表明，在当前及今后一个相当长的时期内，我国仍需要开发性金融作为国家应对挑战和实施重要战略的有效工具，开发性金融的独特功能和运作机制也正好适应了当前我国转变经济增长方式，促进经济平衡增长的需要。

一、开发性金融在我国的发展演变

开发性金融的产生与发展具有历史必然性，它既是经济发展的产物，又反过来促进经济的发展。各个国家基于经济发展战略和所处经济发展阶段的差异，在不同时期分别引入了开发性金融。

（一）开发性金融的世界演变

开发性金融的起源，可以追溯至一个多世纪以前。那时便有了开发性金融的萌芽，只是无论从理论基础和实践情况来讲都比较初级，未能引起人们的重视。开发性金融真正作为一个重要的金融分支登上历史舞台是在"二战"以后。当时战争对战胜国和战败国的经济都造成了严重的打击，重建金融市场的融资体系以带动经济复苏，成为大多数国家的首要目标。在此目标实现过程中，开发性金融作为一种融合政策性金融和商业性金融优势的特殊金融形式，得到了大力发展。

20世纪70年代以来，出现了经济全球化的趋势，金融市场的竞争更加激烈。世界各国纷纷进行金融改革，重组金融机构，开发性金融机构也发生了深刻的变化。总体来说存在着三种情况：第一种是一些开发性金融机构由于不再对融资体制的建设具有战略性的意义，或者被兼并，或者由于自身经营效率的低下被关闭；第二种是一些完成了历史使命的开发性金融机构转变成为商业性金融机构或全能银行；第三种是一些开发性金融机构继续保留下来，只是进行了相应的业务调整和重组以后，继续发挥其原有的开发性金融功能。

1997年亚洲金融危机发生以后，开发性金融机构的作用再度显现，商业性金融和政府的行政措施都难以应对严重的市场失灵，这给了开发性金融一个新的发展契机。面对银行倒闭，信用破坏，坏账增多、企业破产和失业率上升的局面，受危机影响的国家政府再次发挥开发性金融的作用重振本国经济。开发性金融机构将资金大规模用于恢复经济，通过贷款投向表明政策的意图，恢复投资者对本国经济的信心。

整体而言，开发性金融的发展经历了三个发展阶段：第一阶段是初级的政策性金融阶段。在此阶段，开发性金融作为政府财政的延伸，以财政性手段弥补市场失灵；第二阶段是制度建设阶段。此阶段，开发性金融以国家信用参与经济运行，推动市场建设和制度建设；第三阶段是开发性金融作为市场主体参与运行阶段。随着市场的充分发育，各类制度不断完善，国家信用与金融运行分离，经济运行完全纳入市场的轨道、框架，开发性金融也就完成基础制度建设的任务，作为市场主体参与运行。

（二）我国开发性金融的引入和发展

20世纪90年代初期，我国经济发展面临着人口众多、基础薄弱、经济与社会发展任务繁重的客观环境。从整个工业化进程来看，我国正处于经济起飞阶段，追赶世界发达国家，缩小与发达国家的差距，面临着一系列需要解决的问题，其中基础产业和基础设施"瓶颈"制约体现得尤为明显。基础产业部门构成整个经济发展的基础，其产出量的增加构成整个经济增长的先决条件，其价格是经济中一切其他产品成本的组成部分。而基础设施建设一般周期长、规模大、风险高且附加值低、直接经济效益不高，使得商业性投资主体不愿或无力涉足其中，因而需要通过专门的政策性金融机构进行运作，并以信用方式诱导和吸引更多的企业和商业银行的参与。

根据日本、德国、韩国等国家的经验，在国家处于经济发展或起飞阶段，尤其需要政策性金融作为政府的一个调控工具来支持经济发展。一方面，基础设施和基础产业的发展急需大量资金；另一方面，由于金融体系的不完善，资本市场不发达，缺少将短期资金转化为长期投资的必要手段。因此，需要政策性金融工具来加大长期投资。政策性银行的这种作用具有不可替代性，对于解决我国工业化进程中面临的问题、提高国民经济整体素质和综合国力具有重要意义。所以，国家为了更有效地集中资金和力量保证国家重点建设，解决经济发展中的"瓶颈"制约，增强国家对固定资产投资的宏观调控能力，决定成立国家开发银行。

1994年国家开发银行成立以来，其发展按照业务运行模式可分为两个阶段。第一个阶段是传统政策性金融阶段（1994-1998）。此阶段我国处在计划经济向市场经济体制转轨的关键时期，经济运行基本处于短缺经济，各个方面都存在瓶颈制约。国家开发银行在这种背景下成立和运行，重点支持"两基一支"产业发展，为国家重点建设做出了积极贡献。第二个阶段是开发性金融阶段（1998至今）。此阶段我国市场经济体制基本建立，经济运行已从短缺经济过渡为过剩经济。国家开发银行根据国家经济发展战略的需要，积极探索创新政策性金融体制，提出并践行了开发性金融的经营理念和运作模式。

自1998年以来，开发银行以国家信用为基础，在服务于国家战略目标实现的前提下，适应于我国经济社会发展不同阶段对金融资源配置的需要，不断改革和调整其服务于我国社会经济发展的功能，促进了不同阶段国家战略目标的实现。

在成立之初，开发银行就承担起"两基一支"领域金融支持的拓荒任务，积极筹措资金支持国家重大项目建设，极大地缓解了经济社会发展的资金瓶颈制约，促进了社会资本的形成。20世纪90年代末期，服务于国家城市化发展重大战略的需要，开发银行将其金融支持的领域拓展到城市基础设施领域，通过构建"政府入口、机构孵化、市场出口"的融资机制，逐渐把城市公共设施领域培育成为成熟的商业领域，并不断从大城市向中小城市、县域延伸，在我国城市化发展中发挥了不可替代的作用。亚洲金融危机期间，开发银行充分发挥了作为国家宏观调控工具的"顺市隐于市，逆市托举市"的逆周期调节功能，实现了国家宏观调控的目标。本世纪以来，服务于国家加快经济发方式转变的重大战略，开发银行拓展服务领域，积极支持新农村建设、中小企业发展和信用体系建设、绿色信贷和低碳金融、中低收入家庭住房改善、助学贷款等民生领域，认真履行开发性金融的社会职责，助推了民生改善、促进了民生发展。与此同时，为维护国家资源和能源安全，开行积极服务于国家对外开放和"走出去"战略，支持了一大批龙头骨干企业"走出去"开展能源资源合作，建立了与能源资源生产国之间的横向联系，发挥了金融服务国家安全和对外战略的引领作用。

二、开发性金融在我国金融布局中的独特性

多年来，开发银行通过服务国家战略的实践，探索了一种联结政府与市场、弥补商业性金融与政策性金融缺陷的新的开发性金融形态，建立了其在中国金融布局中的独特地位，凸显了其在中国金融布局中的不可或缺性和不可替代性。具体地，开发银行在我国金融布局中的独特性主要体现在以下几个方面。

（一）经营目标的政策性

开发性金融的政策性具体体现在开发性金融的作用领域，对内支持国民经济的发展和产业结构的升级，完善和培育市场体制，缓和与解决经济发展中的矛盾，提高全民福利；对外支持国际经济合作，助推国家经济安全和外交战略的视线。开发性金融是服务国家政策的工具，还不可避免的使其具有较强的"政治性"。

开发性金融存在的最基本理由就是作为政府意志的载体，帮助实现政府的战略目标。政府借助开发性金融，作用于市场机制不予选择的空白领域或不予选择的薄弱环节，从国家战略高度上实现资金的有效转移和配置，使得社会瓶颈领域得以建设。具体而言，开发性金融

贯彻国家政策目标，对内支持对国民经济发展有重大影响和政策鼓励的产业和项目建设；对外积极支持国际经济合作。在支持国内经济建设过程中，开发性金融统筹安排金融机构的信贷计划，及时调整经营战略和方向，始终坚持贷款投向体现国家产业政策和结构调整的要求，更好地服务于我国经济的发展，最终是为了提高全民的生活水平。

开发性金融作为贯彻政府政策目标的工具，它成功的首要因素是取决于政府为促进经济发展而制定的政策是否明确，为开发性政策银行等金融机构确定的政策目标是否正确。政策明确、政策目标确定合适，才能保证通过开发性金融机构对经济起到积极的促进作用。发展经济学认为，后起国家为实现经济腾飞，在比较短的时间内完成工业化、现代化，赶上甚至超过发达国家，国家必须强烈地介入经济活动，有意识地引导经济的发展，其中非常重要的手段就是制订产业政策，通过政策引导产业结构合理化和迅速升级，而不能放任市场调节、经济自由发展。开发性金融的资金投向显示的不仅仅是当期政府的调节手段，更重要的是表露出政府对于未来产业发展的规划和经济趋势的判断。可以说，成功的开发性金融机构是以金融手段贯彻政府意图和计划的先驱者。

（二）业务领域的针对性

开发性金融具有"政策导向"的特点，其业务领域的选择一般不遵循商业性原则，有较强的针对性。在发达国家中，政府通过独立的立法来限定开发性金融机构的业务范围。随着经济状况的发展与变化，开发性金融机构的经营领域可能出现调整，但调整的依据也是国家发展战略目标的变化，在这种情况下，法律通常也会进行相应的调整。

从国际实践看，开发性金融一般不直接进入已经高度成熟的商业化领域，而是从不成熟的市场做起。在没有市场的地方建设市场，在有市场的地方充分利用和完善市场，以融资为杠杆，引导社会资本投向国家重点支持领域,有效填补薄弱环节和落后领域的金融市场空白。无论是发展中国家还是发达国家,只要存在瓶颈领域,市场机制配置资源存在缺陷,就需要开发性金融发挥作用,完成单纯依靠市场和商业性金融无法完成的任务,实现政府目标,促进经济社会协调发展。

在经济发展的初期阶段,市场基础不健全,为了实现"赶超战略",政府必须集中一部分财力,投资于经济基础领域,引导经济的发展。在发展中国家经济发展的初期,存在着一个恶性循环,即发展中国家由于经济落后,国民收入低,低收入导致低储蓄,低储蓄进一步导致低投资,低投资反过来又导致低收入。落后国家要想打破经济落后的恶性循环,必须集中有限财力支持基础产业和重点行业的优先发展,在工业化初期基本上奉行重工业先行战略。基础产业和重工业等行业的特点就是投资大,资金回收期较长,具有巨大的正的外部效应,巨额的长期资金是实施这个战略的根本保障。而在资金极其短缺的金融环境中,一般商业性金融机构的资金运用倾向短期化和暴利化。因此需要开发性金融机构贯彻国家政策,为这些领域提供长期贷款,促进经济的发展。

开发性金融在对社会瓶颈领域提供强大的信贷支持、促进经济社会健康协调发展的同时,还在不断进行推进体制的完善,市场体系的健全和经济运行环境的改进,力求形成开发性金融的活动与市场建设、机制转变、体制改革之间的良性循环。

(三)经营行为的市场化

当今世界,市场机制是经济资源配置的主要方式。尽管存在失灵和失败,市场机制是社会资源配置最有效率的方式。开发性金融机构成功的一个重要原因是它们尊重市场,弥补市场失败或失灵,而不是试图替代市场或干扰市场。如前所述,开发性金融机构具有双重经营目标。它在努力完成政策目标的同时,追求一定的盈利性,保证机构的可持续运营。但开发性金融机构自始至终坚持补充性、中立性和不亏损的原则，这是其有效发挥作用的重要保证。

开发性金融的政策性决定了它不同于商业性金融机构的融资原则。开发性金融法定享有准主权级的国家信用，国家信用是开发性金融市场化运作的基础。开发性金融主权级信用运用到资本市场和债券市场，保证其在资本市场上发行风险小、易为市场接受的债券，筹集到长期稳定、成本低的资金，对国家重点发展领域提供融资帮助，在建设市场的过程中发挥资金导向作用，吸引商业性资金的进入。从这个角度看，开发性金融的一个重要作用，就是以国家信用为支点，在尚不成熟的领域和将来成熟的市场之间搭建一座桥梁。开发性金融还可通过组织增信发挥国家信用的积极作用。国家及政府组织增信是开发性金融机构与政府的一种合作方式，双方以国家信用为基础，共同构建资源配置的新平台，该平台将政府的组织优势与开发性金融的融资优势相结合，依靠信用制度体系的重新整合控制风险和损失，以实现政府特定经济和社会发展目标。

由于开发性金融的主要使命是实现政策意图，对社会瓶颈领域提供融资帮助，而且提供的贷款比商业性金融更优惠，所以开发性金融的经营不以盈利为主要目的。纯政策性业务往往是非盈利的或低盈利的，所以政府对开发性金融机构盈利与否承担最终责任。但是，不以盈利为目的并不意味着开发性金融机构不顾利润或者干脆就不盈利（政策性金融机构的经营往往容易陷入了这个误区）。开发性金融在实际经营中必须维护和增强国家信用，因此，只有以优良的市场业绩、良好的资产质量和稳健的经营管理，才能获得市场的信任，提升国家信用等级。优异的市场业绩也是维护和增强国家信用的重要保障，是实现开发性金融持续发展的重要的、基本的手段。事实上，为了不给国家财政造成负担，也为了自身扩大经营规模，很多开发性金融机构也注重自身盈利的提高。盈利可以改善开发性金融机构的日常运营，扩大其规模和影响力,从而可以更好地执行政策性业务,服务国家战略目标。

(四)经营理念的诱导性

因为开发性金融的主要使命是贯彻国家政策意图和战略目标,作用于市场瓶颈领域,弥补制度缺陷,所以开发性金融机构的资金投向表明了国家未来的长远发展目标。商业性金融资金认为开发性金融机构融资的背后有政府方针政策的支持,对政策信息享有一定的优势,所以,开发性金融机构融资本身对商业性金融机构事前参加辛迪加贷款具有诱导性作用。由于有国家强大的支撑作为后盾,商业性金融机构就会降低对瓶颈领域项目的审核门槛,加大对此领域信贷的投放。开发性金融可以导致间接地吸引商业性金融机构从事符合政策意图或国家长远发展战略目标的重点产业的放款。同时,在有些情况下,如果某个项目通过了开发性金融机构的融资审查,商业性金融机构也会跟随投资,即"搭便车",形成事后协调融资,同样显示了诱导性。

开发性金融机构首先做诱导性投资,商业性金融机构也随之投资,开发性金融机构再转移投资方向,并开始另一轮循环;同时,开发性金融机构利用其在信息生产上的优势,筛选优良企业,提高企业在融资市场上的声誉,形成开发性金融对商业性金融投资取向的诱导机制。开发性金融提供的信贷资金虽然在数量上与一般商业性金融机构无法比拟,但是却能引导整个社会资金流向,从而对实现产业结构调整,发展重要经济领域,以及建立社会公共福利事业等,起到了关键的作用。

三、开发性金融促进我国经济平衡增长的独特优势

针对我国经济再平衡增长中面临的总量和结构性失衡,开发性金

融由于将国家信用与市场运作相结合,将先进的开发性金融理念与中国国情相结合,因而,其在我国经济再平衡增长中具有不可替代的优势。

(一)缓解经济社会发展中的"瓶颈"制约,促进社会资本形成

前述表明,开发性金融以国家信用为基础,服从于国家经济发展战略和目标,用各种现代金融工具,筹集和引导境内外资金,向基础设施和基础产业等具有社会资本公共性质的项目进行投融资,同时引导商业资本和社会资本的流向,促进社会资本的形成,从而成为突破社会经济发展瓶颈制约的重要工具;同时,开发性金融坚持市场化方式运用资金,形成地方政府和企业的"预算硬约束",提高了社会资本的投资效率;再者,开发性金融能够充分利用国家信用的融资优势和组织优势,加速财政资金和民间资本向建设资本的转化,促进社会资本的规模扩张和质量提升。从我国开发银行践行开发性金融的实践来看,在公共财力有限的情况下,可借助于开发性金融的投融资功,来弥补政府公共财力的不足,缓解经济发展中的"瓶颈"制约,促进社会资本的形成。

(二)促进市场和制度建设

实现经济平衡增长,促进经济增长方式的转变,必须处理好社会经济资源配置中市场调节与政府干预的关系。在经济发展中,政府与市场之间的关系不是相互替代、截然分开的,而是互相补充、互相渗透。在保证市场对资源配置起基础性作用的前提下,在市场运作的范围内,配以适度的政府干预,从而实现市场调节和政府干预两者的最优组合。长期以来,我国经济发展中面临的突出问题不仅仅是市场失灵,更为重要的是市场制度的空白、缺损和落后。特别是在金融市场领域,由于微观制度和金融基础设施落后,合格的市场主体缺失,基

础的信用制度不完善，导致大量的社会储蓄资源无法向投资转化，只能通过扩大外需来实现经济平衡。解决这些问题，不能仅靠市场自发调节，而要立足于主动的制度建设。而开发性金融能够通过融资推动，把政府、市场和金融等力量结合起来形成合力，完善微观制度和金融基础设施。开发性金融的政府信用特征决定了其并不进入高度成熟的市场领域与商业性金融竞争，而是从不成熟的市场做起，即进入那些市场缺损、法人等制度缺损而又有市场前景的投融资领域，主动运用和依托国家信用来培育市场、完善市场条件和市场环境，进行项目、法人治理结构、市场、制度和信用建设等。通过参与和培育健全的市场主体和完善的市场，开发性金融发挥着为商业性金融"铺路""搭桥"的作用，促进储蓄向投资的转化。

在正外部性方面，开发性金融更多地追求社会整体效益，选择"市场失灵"的空白领域或薄弱环节提供融资支持，包括可以主导建立、健全中小企业融资服务体系和支持高新技术产业融资平台，有效地服务于政府目标，因此具有更大的公共品性质的正外部性。在负外部性方面，商业性金融机构的负债资金直接来源于居民，一旦发生危机或损失，容易导致挤兑狂潮，可能引发经济和社会动荡。相比之下，开发性金融机构以发行金融债券为主要资金来源，债权人风险承受能力较强、专业水平较高，因此危机扩散范围和链条要远小于商业性金融。

（三）提升资源配置效率

实现经济的平衡增长，促进经济增长方式的转变，必须解决经济和金融资源配置中存在的城乡、区域和产业结构不平衡的问题，提升资源配置的效率。解决这一问题的途径包括财政融资、商业性金融和开发性金融等。财政融资受财政收入和预算规模的约束；而商业金融由于受到盈利动机的驱使，其资源配置有可能会更进一步加剧资源配置的不平衡。相比较而言，开发性金融在资源配置的目标、功能、效率等方面都有助于实现资源配置的平衡。第一，开发性金融始终站在国家战略和全局的高度，以实现国家战略而不是组织盈利为目标，将资金投资于经济发展中资源短缺的领域，如支持城市化发展、促进落后地区经济建设、扶持高新技术支柱产业等；第二，开发性金融既以政府信用融资促进市场建设和项目建设，又以优良的市场业绩和对经济社会发展的支持来体现和增强政府信用，同时还能够把政府信用、政府组织协调能力与企业和市场的力量结合起来，有效运用和放大政府信用在市场建设中的功能，从而为促进城乡、区域和产业结构的平衡协调发展提供持续的资金支持。

开发性金融还能够有效服务于国家经济战略目标，促进微观金融机构的稳健和宏观金融体系的稳定。从国际经验看，由于开发性金融在信息、交易成本等各个方面具有商业性金融所不能比拟的优势，使其能弥补商业性金融供给不足造成的缺口。特别是在存在利率管制、准入限制等金融抑制政策的情况下，商业性金融通过信贷合约筛选借款人、屏蔽风险的能力和激励受到限制。同时，由于在统一监管体系下商业性金融风险有同质化特征，使风险容易产生"共振"，带来风险集中爆发的隐患。而开发性金融能较好地弥补这一监管缺陷，发挥纠偏作用。

（四）烫平经济周期

近年来，在经济发展的过程中，经济增长的不确定性加大，周期性的特征日益明显，经济的波动表现出明显的"不平衡"增长特征，即在每轮经济周期中，经济总量的扩张与结构分化相伴随；反之，经济发展不平衡结构亦随经济回落而缩小。本次金融危机也表明，包括资本市场、商业银行等在内的各类金融组织均具有顺周期的行为特征。因此，构建逆周期的宏观审慎政策框架体系也就成为当前世界各国的当务之急。传统的以财政政策、货币政策和金融监管为主的逆周期宏观经济调节手段和微观干预措施,因其调节主体为政府部门,其效果受多种因素的影响,具有较大的不确定性。开发性金融由于其信贷政策的导向性而非趋利性,使其能够按照政府宏观调控的需要,灵活增加或减少放贷规模,调整信贷结构,具有逆经济周期调节的直接性和掩蔽性,能更好地适应信贷投放微调的需要。同时,开发性金融在外部性、资源配置以及危机救助等方面具有不同商业性金融的特点和要求,能满足主动调节经济周期的需要,使其可以在逆经济周期调节中发挥重要而独特的补充作用。

同时,作为市场主体的开发性金融的"政府选择项目入口、开发性金融孵化、实现市场出口"的融资机制,在逆经济周期调节中还具有示范效应的功能。在经济处于下行或萧条期,商业性金融因其亲经济周期性而采取紧缩信贷政策时,开发性金融机构能够按照政府宏观调控的需要,选择政府急需支持的企业和领域予以信贷支持,缓解企业的融资约束,促使其投资和生产活动的正常化,进而对商业性金融的信贷投放产生示范效应,引导商业性金融机构增加对这类企业的贷款。由此可见,开发性金融作为直接的微观市场主体在逆经济周期调节中所具有的直接性、及时性和示范效应有效地弥补了以政府部门为主体的间接调控的不足,是政府宏观调控的补充。

(五)助力国家对外战略目标的实现

前述研究表明,我国经济的不平衡增长不仅表现为对内失衡,而且表现为对外失衡。因此,在经济再平衡增长的过程中,要调节对外失衡,除需要解决内部失衡外,还必须实施更加积极主动的开放战略,进一步加大"走出去"战略的实施力度,通过"走出去"战略,加强与亚非拉等能源资源强国的合作,确保经济发展的能源资源供给;同时,带动我国重大装备、设备等出口以及过剩产能转移,在激烈的国际竞争中赢得主动和优势，为经济结构调整和产业升级创造有利条件，提高安全高效地利用两个市场、两种资源的能力。世界各国开发性金融的实践表明，开发性金融在服务国家安全和对外发展战略方面具有其他商业性和政策性金融所不可替代的优势。这包括借助国家信用进行国际并购的中长期项目运作优势、遵循国际规则、为国际惯例所认可的开发性机构优势、在商业性金融难以涉足的国家能源和资源领域进行合作的项目先行优势等。

综上所述，正是由于开发性金融是以国家信用为基础的市场主体，在日常的经营活动中，以执行国家经济政策为己任，其信贷政策以国家目标为目标，使其能够自觉地按照政府宏观调控的需要，增加或减少放贷规模，调整信贷结构。开发性金融贷款投向的领域主要是基础设施、基础产业、国家支柱产业、高新技术产业及其配套工程建设以及中小企业贷款等，这些领域属于基础性、源头性行业，均处于产业链的首端，有很强的联动效应。由于开发性金融能够通过产业之间的有效联动，渗透影响经济社会的各个领域，充分放大资本积累的贡献程度，因此开发性金融的乘数效应十分显著。与此同时，开发性金融还能够通过金融创新过程，不断推动信用建设、市场建设、制度建设等，经济外部性显著。在很大程度上，开发性金融能够显著提高投入要素的产出率，使得总量生产函数表现出极强的规模报酬递增效应。其对经济增长的基本作用路径充分说明，开发性金融能够从更深的层次和更广的角度长期持续地影响经济增长，引导社会资源配置，提升社会资源配置的针对性和有效性，在我国经济平衡增长中具有不可替代的作用。

| 第二节 | 充分发挥开发银行在我国经济再平衡增长中的作用

一、新形势下经济再平衡增长对开发性金融的内在需要

以科学发展为主题,以加快转变经济发展方式为主线,坚持稳中求进的工作总基调,把稳增长放在更加重要的位置,以扩大内需为战略基点,以发展实体经济为坚实基础,以加快改革创新为强大动力,以保障和改善民生为根本目的,统筹当前与长远,更加注重拓宽增长空间,更加注重提高增长质量,更加注重激发发展活力,更加注重共享发展成果,着力破解经济社会发展中的难题,促进经济平稳较快发展,保持社会和谐稳定,是党的十七大以来我国经济发展的重要战略任务之一。

在当前错综复杂的国际形势下,发达国家经济复苏缓慢,世界经济发展中的不确定性增强,我国加快经济增长方式转变,促进经济平衡增长既面临严峻的挑战,也面临着巨大的机遇。抓住机遇,迎接挑战,顺利实现经济发展方式的转变,构建以扩大内需为主的内涵式经济发展模式对开发性金融的服务提出了客观的内在要求。

(一)破解经济发展方式转变中的"瓶颈"约束需要开发性金融的介入

经过30多年的发展,我国市场经济发展中存在的体制缺陷、资本市场缺失、基础产业和基础设施发展滞后等一系列问题逐步得到解决,与市场经济相适应的社会主义市场经济体制也得以初步形成。在经济发展的过程中,出于经济快速发展的需要,我们采取了工业

化优先和出口导向的经济发展战略,并逐步形成了对工业发展、投资和出口过度依赖的经济增长模式。然而,随着经济规模的扩大和金融危机之后全球经济增速的放缓,这一增长模式不仅不具持续性,而且带来了能源、资源、环境、市场和技术等要素资源配置的恶化和紧张。加快经济发展模式转型,实现以内需为主的内生式经济增长刻不容缓。

转变经济发展方式必须扭转原有经济增长模式下能源、资源、环境、市场和技术等要素资源配置恶化和紧张导致的瓶颈制约,着力于改善民生,构建人与自然和谐共处的和谐社会。由于能源、资源、环境、技术等要素资源领域的投资具有超前性、社会性、公益性的公共产品的特征,并且投入量大、建设周期长、沉淀成本高、需求弹性小等特点,商业性金融和政策性金融作用和能力有限,难以满足需求。这就需要开发性金融进一步发挥其服务国家政策,突破社会经济发展瓶颈制约的功能。

实现以内需为主的内生经济增长方式的转变,必须千方百计扩大消费,消除制约消费发展的各种因素。这包括:第一,大力推进能够有效推动消费发展的与就业、医疗、教育、保障性住房等领域相关的城市基础设施的建设和基础产业的发展;第二,加快城市化进程,进一步促进城乡和区域经济协调发展,缩小城乡、东中西部地区居民收入差距,以此推动农村和中西部地区消费市场的扩展;第三,重视社会事业发展和改善民生,构建覆盖全社会各领域的全民医疗和社会保障体系;第四,推动中小企业发展,缓解就业难压力。显然,这些领域的建设均是"保本微利"领域,在其早期的发展阶段,商业性金融一般不愿介入。而开发性金融"保本微利"与"承担社会责任"的经营理念使其在支持民生业务、"三农"发展、资源开发等薄弱环节和瓶颈领域,具有自主、自愿的天然内生动力。因此,通过开发性金融的支持和服务,逐步消除城乡、区域经济发展的不平衡,改善民生,缩小收入差距，扩大居民消费能力，是当前我国经济发展方式改变对开发性金融功能发挥的内在需求。

（二）经济平稳和平衡的协调发展需要开发性金融的调节

平衡增长是相对的，而不平衡增长是经济运行的常态和客观规律之一。平衡增长本身就是一个从不平衡到平衡再到一个新的不平衡的动态调整过程。在市场经济条件下，经济的平衡增长能够通过市场调节下经济主体自发的行为调整和资源要素的重新配置得以实现。但在中国转轨经济条件下，经济的发展和增长更多地体现为一种政策主导型的特征。因此，制定一套能得到有效实施的确保经济平衡增长的宏观经济政策体系显得尤为重要。但是，随着中国经济市场化程度的提高和经济全球化和一体化进程的加快，中国经济发展中面临的来自内部和外部的经济冲击也越来越频繁，经济增长的不确定性加大，周期性的特征日益明显。为烫平经济波动周期，确保经济平稳增长，政府宏观经济政策的调整也就越来越呈现出逆周期调整的特征，而且随着周期的缩短，调控频率也越来越快。与发达国家相对平衡的经济运行不同，中国经济的波动表现出明显的"不平衡"增长特征，即在每轮经济周期中，经济总量的扩张与结构分化相伴随；反之，经济发展不平衡结构亦随经济回落而缩小。因此，当经济增长面临较大的内外部冲击时，宏观政策的调整就需要在短期的快速平稳增长和长期平衡增长之间做出权衡和抉择。当面临巨大的就业压力时，逆周期政策的制定和实施也就不得不偏向于短期的快速增长，其结果则有可能进一步加剧经济的不平衡增长。

因此，在当前加快经济增长方式转变，实现经济平衡增长的过程中，必须处理好经济平稳增长和平衡增长的关系。对于中国这样一个发展中的人口大国而言，经济的平衡增长必须建立在平稳增长的基础之上，否则，平衡增长难以为继。平衡增长必须以经济的快速平稳增长为前提条件。

但是，本次金融危机以来的世界经济走势表明，在经济全球化不断加深的进程中，各国经济发展越来越容易受到外部冲击的影响，经济发展周期性波动频率加快，波幅加大。不仅如此，随着全球金融市场的发展，包括资本市场、商业银行等在内的各类金融组织的顺周期行为特征日益明显，并由此进一步加剧世界各国经济的波动。平滑经济周期，维持经济平稳快速发展就成为当前世界各国的当务之急。传统的以财政政策、货币政策和金融监管为主的宏观经济周期调节手段和微观干预措施，因其调节主体为政府部门，其效果受多种因素的影响，具有较大的不确定性。构建逆周期的宏观调控政策体系和创新调控手段是当前包括中国在内的各国宏观经济调控面临的重大挑战之一。

为此，为给经济发展方式的转变创造必要的前提条件，促进经济的快速平稳增长，在实现经济平衡增长的过程中，除需要充分发挥财政、金融等宏观经济政策对经济波动的逆周期调节功能外，还必须发挥开发性金融在逆周期调节中的补充性功能和作用。

（三）战略性新兴产业的发展需要开发性金融的扶植

加快产业结构调整，大力扶持和发展战略性新兴产业是促进经济增长方式转换，缓解我国经济发展中面临的资源、能源、技术等要素约束的根本性途径。

本次金融危机之后，加快发展战略性新兴产业已成为世界主要国家抢占新一轮经济和科技发展制高点的重大战略。战略性新兴产业是引导未来经济社会发展的重要力量，加快培育和发展以重大技术突破、重大发展需求为基础的战略性新兴产业，对于推进产业结构升级和经济发展方式转变，提升国家的自主发展能力和国际竞争力，促进经济社会可持续发展，具有重要意义。正因为如此，美国、英国、欧盟、日本和俄罗斯等科技发达国家在危机之后都制定了相应的战略性新兴产业发展规划，并为此展开了抢占科技制高点的竞赛，全球进入了空前的创新密集和产业振兴时代。战略性新兴产业的发展为我国走创新驱动、内需为主的经济发展道路提供了重要机遇。为抓住这一机遇，国家在2010年9月发布了《国务院关于加快培育和发展战略性新兴产业的决定》，明确将节能环保、新一代信息技术、生物、高端装备制造、新能源、新材料、新能源汽车等产业作为当前重点培育和发展的行业。

战略性新兴产业的投资具有前期投入大，后期产业溢出效应明显，但产出不确定，风险较大等特征。发达国家和新兴市场国家开发性金融发展的实践表明，在战略性新兴产业发展的金融支持方面，开发性金融具有其他金融形态所不可比拟的天然优势，即利用国家信用所赋予的中长期债券银行的优势，为其提供低成本、大规模可持续的信贷资金支持优势。因此，要抓住当前国家发展战略性新兴产业发的重大机遇，为我国产业结构调整提供创新驱动的动力，就必须充分发挥开发性金融的扶植作用。

（四）后危机时代国际经济新秩序的构建需要开发性金融的支撑

金融危机之后，一方面，改变以美国为代表的发达国家占主导地位的全球经济治理结构，增加包括中国在内的发展中国家在全球经济治理中的话语权，维护发展中国家在全球经济贸易往来中的利益，构建同舟共济、合作共赢的全球经济秩序已成为应对金融危机、促进全球经济复苏的必然选择。另一方面，受次贷危机和欧债危机的影响，欧美等发达国家在全球经济中的地位已相对下降，以中国为代表的新兴大国群体的地位和作用正在逐步增强；以美元为中心的国际货币体系的改革已提上议事日程，IMF与世界银行的改革已迈出实质步伐，新兴发展中国家的份额和投票权上升、话语权增加。面对复杂多变的国际形势，各国之间、不同区域性组织之间的合作和联系日益加强，改变现有的国际政治经济秩序，使其朝着更加公正、合理、共赢的方向发展，已成为国际社会的广泛共识。全球经济治理和国际经济秩序的变革，为中国参与国际合作，发挥在国际经济秩序重构中的应有作用提供了重要的战略机遇。

面对国际经济秩序重构中的重大战略机遇，我国要科学把握国际政治经济发展规律，主动适应环境变化。要统筹国内国际两个大局，把握好在全球经济分工中的新定位，遵循互利共赢的开放原则，围绕市场、资源、人才、技术、标准等关键要素以及气候变化、能源资源安全、粮食安全等全球性问题，加快实施"走出去"战略，进一步提高对外开放水平，积极参与全球经济治理和国际经济合作，营造新的竞争优势，构建以中国为中心，为中国发展服务的新的国际政治经济体系。

发达国家经济发展的经验表明，在国际经济秩序重构的过程中，要确保一国的经济安全，就必须有一个强有力的金融机构作为实施国家对外战略的有力工具。而世界各国开发性金融的实践表明，开发性金融在服务国家安全和对外发展战略方面具有其他商业性和政策性金融所不可替代的优势。这包括借助国家信用进行国际并购的中长期项目运作优势，遵循国际规则、为国际惯例所认可的开发性机构优势，在商业性金融难以涉足的国家能源和资源领域进行合作的项目先行优势等。

因此，在当前国际经济秩序重构的过程中，为确保我国经济和外交安全，就必须进一步发挥国家开发银行作为我国实施对外战略的有力工具所具有的独特优势和功能。

二、以开发性金融服务经济发展方式的转变

（一）发挥开发性金融负债和资产经营的独特优势，加大对国家重点和重大项目以及战略性高新技术产业的支持力度

"十二五"以来，为推动我国经济平稳快速发展，为经济增长方式转变奠定重要的物质基础，我国制定和确定了一大批事关国计民生、对经济平衡增长中的社会资本形成具有重要战略意义的重点和重大项目。另一方面，前述表明，为推动我国走创新驱动、内需为主的经济发展道路，国家制定了加快培育和发展战略性新兴产业的规划，计划将节能环保、新一代信息技术、生物、高端装备制造、新能源、新材料、新能源汽车等产业作为当前重点培育和发展的行业。

国家重点和重大项目的实施和战略性新兴产业的培育需要国家财政投入巨额的资金，更需要各类金融机构的信贷资金支持。开发性金融在资产负债业务方面所具有的独特性使其在这类项目的信贷支持中具有内在的独特优势。一方面，开发性金融所具有的中长期、批发性债券银行的优势，使其能够在这类项目的信贷支持中解决常见的期限错配风险，为其提供大规模、低成本、长期稳定的融资支持。另一方面，在资产业务上，开发性金融具有多元化、综合性经营的"协同效应"优势。在多年的开发性金融实践中，开发银行在传统信贷业务的基础上，创新性地开发了股权投资、债券承销、银团合作、信托债权、融资租赁和证券经营等多元化、综合性金融业务，成为国内首家同时具有"投贷债租证"等多元化综合经营优势的金融机构。多元化、综合性经营的优势使开发性金融在服务于国家重点和重大项目、新兴战略性产业的过程中能够满足其对包括证券承销、财务和技术咨询、资产风险管理等在内的多元化的综合性金融服务的需求。

正因为如此,在当前经济增长方式转变的过程中,国家开发银行应在继续做好原有的"两基一支"业务的基础上,加大对国家重点、重大项目的支持力度。针对战略性新兴产业在技术、市场、团队,以及现金流"前低后高"等方面的特点,制订区别于传统产业的评审办法,创新信用结构,以支持有成长前景、有自主知识产权的科技型企业做大做强,推动绿色经济、低碳经济和海洋经济的发展。与此同时,通过运用多种金融服务手段,通过支持战略性新兴产业发展来推动和提升制造业的核心竞争力,促进现代产业体系发展壮大。

(二)秉承"保本微利"和"承担社会责任"的开发性金融理念,促进保障和改善民生

以水利为重点的农村基础设施建设、"三农"事业发展、保障性安居工程、节能减排、中小企业发展等民生领域既是当前我国经济发展中薄弱环节,也是缓解经济结构不平衡发展的瓶颈领域。这类领域的发展既存在资金不足,也存在制度、信用、规则和市场不健全导致商业性资金难以涉足和持续的问题。对于这类领域的金融支持,开发银行应在总结现有经验的基础上,进一步秉承"保本微利"和"承担社会责任"的开发性金融理念,进一步加强人人享有平等融资权的金融体系建设,从建设市场、信用和制度入手,努力探索以批发的方法解决零售问题、用统一的标准模式解决千家万户的共性问题。一方面,将通过国家信用筹集的资金资源优先用于这类经济发展急需解决的薄弱环节和领域;另一方面,充分发挥开发性金融在制度、信用和市场建设方面的先导作用,通过开发性金融带动这类薄弱领域的信用、制度、法人治理结构等一系列外部环境和微观金融基础设施的建设,培育适合商业资本投资的主体,扩宽商业资本投资领域,降低商业资本投资这类领域的风险,为这类领域的投资创造可持续的商业性资金来源。

（三）发挥开发性金融的逆周期调节功能，把握信贷支持的重点、力度和节奏，加大预调微调力度

作为国家宏观经济逆周期调控补充的工具，在当前转换经济增长方式的过程中，国家开发银行应积极配合财政金融等逆周期宏观调控政策的实施，避免宏观经济因受外部冲击而出现较大的波动，为经济再平衡增长创造良好的条件。

具体而言，当前开发银行要在资金总量和资金结构配置上承担宏观调控的职责，充分发挥开发性金融"顺市隐于市，逆市托举市"的逆周期调节功能，在支持国家重大项目、基础设施建设、保障性安居工程、以水利为重点的农业农村基础设施、自主创新能力建设和战略性新兴产业发展等领域过程中，合理把握信贷资金支持的重点和力度，并根据宏观经济形势的发展来把握资金支持的节奏，以提高逆周期调控政策的针对性、前瞻性和有效性。

与此同时，在支持国家和地方财政政策实施的过程中，开发银行必须加强规划先行工作，以规划先行作为科学发展的手段和与各方合作的切入点。规划先行是开发性金融的核心原理，也是其区别于其他金融形态的重要特征。规划先行保证了开发性金融合作建立在符合经济社会发展方向和财力增长趋势、有融资规划保证的基础之上，并能够在支持中央和地方经济发展的过程中从全局和长远着眼，突出战略重点，把握关键环节，有效整合各方资源和力量，统筹区域、城乡、产业、社会事业、生态环境、市场发展和跨国合作等领域协调发展。因此，开发银行必须以规划先行来保证其在支持经济发展方式转变的同时，合理引导其投资领域和方向，提升其投资效率，避免盲目重复建设和国家及地方债务风险的积累。

（四）拓宽开发性金融服务城市化的领域，提升城市化金融服务水平，推进城市化发展

城市化是推动我国经济长期可持续发展的持久动力，也是我国市场经济发展的长期任务和目标。发达国家和发展中国家经济发展的经验表明，城市化不仅推动了技术创新、人力资本累积和产业结构的变化和升级，而且有助于促进投资、消费和就业需求的扩大和升级。就我国而言，城市化的发展对于缓解当前经济不平衡发展中的城乡、区域和收入分配不平衡均具有重要的战略意义。

城市化的发展包括扩展城市平面面积、提高城镇人口占比的外延型初级城市化和强调空中、地面、地下综合、立体的内延型都市化发展两个阶段。在初级阶段，城市化发展注重的是城市规模的扩张。衡量指标主要是城镇人口占比、人均 GDP 水平和居住面积、人均寿命和受教育程度、第三产业占比等；但在都市化的发展阶段，城市化的发展强调的是包括空中、地面、地下在内的综合、立体的发展，特别是地下层面的发展，例如，多层次交通系统建设、城市排水系统建设等。其衡量指标侧重于经济活动的频率和密度，如每平方公里人的活动频率度、公路密度等。因此，从外延型城市化到内延型都市化发展将是一个漫长的过程。

经过多年的改革和发展，我国城市化水平有了大幅度的提高，但是，无论是与发达国家相比，还是就我国现阶段经济发展的要求来看，城市化的水平和内涵均有待提高。2022 年我国城市化率为 65.2%，与发达国家 80% 以上的水平还有很大的差距。不仅如此，由于我国采用的是以"常住的流动人口"为主要推动力的现行城市化模式，城镇人口统计由城市常住人口和建制镇人口构成，使得近 2 亿左右已经离开乡村到城市就业与生活，但在劳动报酬、子女教育、社会保障、住房等许多方面并不能与城市居民享有同等待遇的农民工和相当数量的、

居住在郊区的农业户口人口被统计在城镇人口之中。这一群体及他们的家人并没有享受到与户籍相联系的城市公共福利和政治权利，事实上处于"半城市化"的状态。因此，如果考虑中国城市化中存在的"半城市化"人口，则现阶段我国的城市化率会更低，与发达国家的差距更大。这个差距决定了我国未来50年～100年发展的空间和动力，也决定了未来我国经济发展的方式和路径。与此同时，城市化率反映的仅仅是城镇人口占总人口的比例，并不能反映城市化发展的质量。我国目前的城市化发展尚处于沿着平面面积扩展的外延型发展的初级阶段，都市化的进程尚未开始。即使是城市化水平较高的北京、上海和广州等一线城市，其城市化建设离都市化的发展相去甚远。特别是在城市地下层面的发展方面，多层次交通系统、完善的城市地下网管和给排水系统等领域的建设相对较为落后。近年来，我国各大城市在恶劣气候环境下所暴露出来的排水、交通等问题已充分说明了这一点。因此，当前我国城市化的发展不仅面临着提高城镇人口占比、加快中小城镇外延化发展的初级城市化任务，而且面临着北京、上海等一批特大型城市都市化发展的重任。

城市化的发展涉及机场、道路、多层次的公共交通系统、城市地下网管和给排水等一系列公共基础设施的建设，需要长期、大规模、可持续的资金支持。由于建设项目的公共产品属性，这类领域的投融资主要由中央或地方政府的财政资金负担。在发达国家，城市化过程中所需巨额资金的筹集主要采用了地方政府发行市政债券筹集资金的市场化方式或中央财政直接投入的方式。但目前这两种方式在我国均不具有现实的可操作性。在解决我国城市化发展资金供给问题的过程中，要实现政府主导和资金供给可持续的统一，就必须创新城市化的投融资体制，还原政府在城市化进程中的正常功效，充分发挥开发性金融作为一种介于市场化与政府行为的准政策性金融手段的功能，将地方政府信用与市场化的操作结合起来，满足城市化基础设施建设的投融资需要，为城市化的发展提供高能量的动力驱动。

因此，在转变经济增长方式，促进经济再平衡增长的过程中，开发银行除要进一步做好中小城镇和中西部地区城市基础设施建设的金融支持工作外，还要在东部发达地区和大城市都市化的进程中充分发挥开发性金融衍生的"投、贷、债、租、证"协同优势，拓宽市场化金融服务的领域和范围，积极支持这类地区城市化水平和质量的提升。

（五）服务于国家能源资源和经济外交战略，提高安全高效地利用两个市场和两种资源的能力

前述表明，在资源、能源、技术和市场等要素面临国内外一系列客观条件约束的背景下，要实现经济发展方式的转变，增强我国经济可持续发展的潜力，就必须实施更加积极主动的开放战略，进一步加大"走出去"战略的实施力度，通过"走出去"战略，加强与亚非拉等能源资源强国的合作，确保经济发展的能源资源供给；同时，带动我国重大装备、设备等出口以及过剩产能转移，在激烈的国际竞争中赢得主动和优势，为经济结构调整和产业升级创造有利条件，提高安全高效地利用两个市场、两种资源的能力。

因此，在推进经济再平衡增长过程中，开发银行应在进一步发挥其国家经济安全和对外战略工具的优势，继续围绕国家安全和发展大局，加强国际合作，特别是与亚非拉国家的合作，以贷款换资源、换能源、换市场，缓解经济发展的瓶颈制约，为转变发展方式腾出空间。通过建立双边或多边发展基金、开展股权投资、提供大额外汇贷款等方式，支持有实力的金融机构和企业"走出去"，拓宽外汇储备资金的运用渠道。同时，通过扩大货币互换、境外人民币贷款以及资源能源等关键领域贸易的人民币结算，推进人民币国际化的进程，推动构建以中国为中心、为中国经济发展服务的国际体系，争取在国际金融体系重构中的主动权和话语权。

三、开发银行服务于经济平衡增长的基本原则

在上一节，我们结合当前我国经济发展方式转变面临的机遇和挑战，提出了开发银行以开发性金融服务于国家产业结构调整和经济发展方式转变的政策建议。这些建议能否取得预期的效果，取决于开发银行自身在服务于国家战略的过程中能否将中国金融实践与国际开发性金融原理的有机结合。长期以来，国家开发银行之所以能够在实现国家战略意图的过程中，有力地推进了国家不同阶段经济发展战略的实现，主要得益于其坚持国家信用与市场化运作的有机结合。因此，为更好地实现以开发性金融服务国家经济发展方式转变，促进经济平衡增长的战略，我们认为，国家开发银行在自身的业务发展中，必须坚持以下两个原则：

（一）战略性：国家导向，谋划全局，立足长远

战略性原则要求开发银行在支持经济发展方式转变的过程中，以国家战略需要为导向，以实现政府意图和国家利益最大化为目标，而非自身利益最大化，体现出开发性金融服务国家战略的针对性。

中国并不缺乏好的商业银行，缺少的是能为国家中长期发展战略服务的开发性金融机构。本质上，开发性金融是以国家信用为基础，在服务于国家战略目标实现的前提下，适应于国家经济社会发展不同阶段对金融资源配置的需要，不断改革和调整业务重点的载体。因此，其业务发展重点和经营方向都要体现国家战略导向，想国家之所想，急国家之所急，围绕国家中长期战略目标的实现发挥作用，而不是刻意追求商业化经营业绩。

在当前国家大力推进经济发展方式转变和确保宏观经济"稳中求进"的背景下，开发银行的业务发展必须适应国家经济发展大局，坚持金融服务于实体经济的本质要求，优化信贷结构，主动承担起富国

惠民的社会责任，促进实体经济和民生事业发展。

谋划全局，立足长远，要求开发银行的业务发展必须具有前瞻性，注重把握开发性金融的基本规律，提前预判经济形势的变化，通过规划先行来引领业务发展，强化经营行为的可持续性。

（二）市场化：以市场化机制运作，自主经营

市场化原则要求开发银行将服务国家战略与优良经营业绩相结合，按市场规律办事，自主经营，自负盈亏。对开发银行而言，坚持市场化原则将有利于：

1. 促进业务发展和经营机制的完善

1998年3月，开发银行提出"在市场环境下、银行框架内"办银行的思路，开始了政策性金融的市场化探索并树立了"国家信用和市场业绩相统一"的办行宗旨。多年来，开行在"两基一支"、金融普惠、国际合作等领域的成功实践以及良好的市场经营业绩表明，无论是在政策性银行框架下，还是在商业银行框架下，开发性业务与市场化运作能够有效融合、相互兼容。开发银行只有坚持以市场机制运作的方式服务社会经济发展，才能建立可持续发展的经营机制和激励约束机制，增强创新能力和竞争力，更好地发挥中长期投融资优势，提升金融对经济发展的支持力度。开发银行的业务发展要以更为市场化的手段、机制和工具去配合国家大的战略目标在风险可控的前提下得以实现。

2. 弥补市场缺陷，调节市场失灵，促进市场和制度建设

坚持市场化原则不仅仅体现为开发银行在服务国家战略的过程中要以市场业绩为支撑，更重要的是要通过开发性金融功能的发挥，将项目建设与市场建设相结合，针对市场缺失领域，培育市场，推动市场、信用与法人制度建设的发展。特别是，信用建设是开发性金融的核心，信用建设既是开发性金融业务发展的基础又是风险控制的后援力量。

积极宣传信用文化，融资推动信用建设，调动政府能动性是开发银行市场化运作的重点。而在市场成熟领域，利用国家信用，通过信贷总量和结构的合理配置，调节市场失灵，促进经济平衡发展。

| 第三节 | 以金融创新推动生态型城镇化建设的路径[①]

当前，中国经济发展面临经济发展不均衡、能源和环境问题的瓶颈，以及日益扩大的贫富差距三项重大发展挑战。党的十八届三中全会确立的新型城镇化战略，已经成为改革开放顺利推进的核心与关键。推进中国生态型城镇化的关键是要找准城镇化问题的重要和全局性问题并提出创新性的解决方案。因此，如何构建市场化运作的投融资模式，有效推动金融服务城镇化建设，创新和推动新型城镇化与工业化、信息化、农业现代化相结合，统筹考虑，协调推进，并且实现绿色、低碳发展，实现"生态、社会、经济"综合效应，将成为中国新型城镇化建设、改善民生和推动工业现代化的重要任务。

○ 一、新型城镇化建设离不开投融资模式的创新

开发性金融作为中国金融体系中独特的金融形态，区别于中国金融体系中现存的政策性金融和商业性金融。作为政府和市场沟通的桥梁，开发性金融以独特的方法培育市场和完善市场，为国家新型城镇化战略规划提供稳定和高效的融资支持，发挥中国经济建设中长期融资的先行者和主力军的作用，是贯彻国家的宏观战略意图、获取国家战略意义、促进国家经济社会发展强有力的战略工具。

---

① 刘卫平. 以金融创新推动生态城镇化建设的路径 [J]. 环境保护，2014，（7）.

1. **突出新型城镇化"新"的内涵**。新型城镇化的核心是人的城镇化。城镇化的主体是人,根本目的是为了人,如果用一句话来形容:城镇化就是人们对城市美好生活的向往。人们来到城市,就是希望有更多的就业机会、更高收入、更好发展。完善城镇功能,提升城镇化质量,必须围绕人的需求来做文章。一是新型城镇化不再是简单城市基础设施建设,更不是"造城"运动,其核心是人的城镇化。提升城市承载能力,完善城市服务功能,改善居住环境,增强社会保障机制,推动教育、医疗、住房、社保等民生领域建设,坚持环境友好,走资源节约、低碳环保的发展道路。以工业化支撑城镇化,坚持产城结合,以信息化提升城市管理效率,强调城市建设质量和发展内涵。坚持城乡统筹发展,以城镇化建设带动实现农业现代化。二是推动新型城镇化建设要与国家制定的区域性发展战略和规划充分衔接。因地制宜,发挥金融机构规划先行的先进理念和金融创新优势,通过合理设计和科学论证,正向构造城镇化建设项目群使项目组合实现资源合理配置和收益平衡。三是真正实现金融机构在服务中国城镇化过程中"项目自身的战略必要性、整体业务的财务可平衡性和机构发展的可持续性"的战略目标。

2. **新型城镇化建设离不开政府的规划引领、政策支持和积极参与**。政府举债支持新型城镇化建设的前提是科学准确地测算地方政府的可支配财力和规范举债行为。政府动态可支配财力要与债务结构、期限相匹配。在此基础上继续完善政府融资主体的法人治理结构,注入优质资产,增强自我造血功能,以市场化的手段和契约化机制实现政府委托的项目建设和运营。推动地方政府在特许经营权基础上的政府采购服务,探索政府指导、市场化运作的投融资模式。

3. **发挥金融机构的金融创新优势和先锋先导作用,引导地方政府探索完善投融资机制和拓宽融资渠道**。从中国工业化、城镇化和农业现代化的大背景下来看,地方政府的融资平台的存在和发展有着客观性和必然性。地方政府融资平台的出现，一定程度上顺应了中国地方经济发展的需要，顺应了中国城镇化过程中基础设施建设的需要，是具有中国特色的经济现象。在推动与地方政府合作建设新型城镇化的银、政、企多方合作的过程中，国家开发银行引导建立"三个专项（专项债券、专项基金、专项贷款）"资金来源，创新以"四个统一（统一规划、统一评级、统一评审、统一授信）"为基础的项目开发评审模式。尝试环境治理与一级土地开发及基础设施建设结合的模式、"统借统还"和"预授信+核准"模式、企业间 BT 和委托代建模式、收益差项目捆绑商业配套设施增强收益模式、政府购买服务模式。

二、生态城镇化建设投融资模式创新的实践

政策性银行在不同的历史阶段根据经济社会政策目标的不同需要和侧重点，通过政策性金融活动，充当政府对经济与社会调节管理的工具，促进了国家经济社会的发展。人口城镇化需要大力加强社会公共事业建设，但长期以来该领域由于融资成本高、风险大、操作难等问题，面临严重的融资瓶颈制约。社会公共事业建设具有投资规模大、建设周期长、风险集中以及社会性和公益性较强等特征，需要有长期、大额、稳定的融资支持。城镇化过程中除了财政拨款外，开发性金融支持是解决资金不足的有效途径。国开行通过探索和创新金融服务，对"巢湖治理"和"淮南市采煤塌陷区治理利用规划"进行项目试点，充分发挥开发性金融的导向作用，探索和创新有利于实现"生态、社会、经济"综合效应的投融资模式，助力解决公共财政难题、缓解经济社会发展瓶颈制约、服务国家重大发展战略。

1."巢湖治理"模式——创新新型城镇化市场融资主体

新型城镇化建设离不开政府的规划引领、政策支持和积极参与。

在开行以金融创新探索和推动"巢湖流域综合治理项目"的过程中，所运用的"政府主导、市场化运作，提升城市综合承载能力"融资发展模式，就是在国开行胡怀邦董事长提出的"规划先行、科学发展，创新模式、建设市场，融资引领、创新驱动；防范风险、稳健运作"的指导思想下来开展的具体工作。同时，要求开发性金融必须遵循项目自身的战略必要性、整体业务的财务可平衡性与机构发展的可持续性三个原则。

一是项目自身的战略必要性。开发性金融整体制度设计本身便决定了其服务国家战略的使命。巢湖治理是国家治理"三河三湖"战略的重要组成部分，也是国开行与安徽省"五大领域"合作中的重点项目。国开行与合肥市政府按照流域治理、国土整治的思路，将水利建设、生态保护、土地整理和城市开发有机结合，全面推进巢湖周边入湖河流治理、移民安置、湿地建设、乡镇污水厂建设、村庄整治等项目实施，使巢湖治理成为合肥新型城镇化建设的重要内容。

二是整体业务的财务可平衡性。必须加强经济核算，做好项目的综合效益分析。在具体规划和实施办法上，第一，将巢湖治理与合肥滨湖新区规划建设融为一体，使合肥新区环境优美、生态宜居、设施完备、医疗教育配套、城市管理水平提升、新型城镇化建设优质高效；第二，巢湖治理搬迁河堤居民与安居房、保障房建设紧密结合；第三，河道清污治污的同时，拓宽河道，完善港口设施，改善了水运，带动了合肥周边水运物流；第四，沿湖环境治理，建设湿地公园和森林公园，改善环境的同时，给合肥市民提供了一个休闲观光旅游的优美场所，也为湖边、河道周边居民提供了就业选择；第五，巢湖蓝藻归集处理变废为宝，生产优质有机肥。通过土地开发、产业整合、政府补贴等方式，达到综合财务效益平衡。

三是机构发展的可持续性。开发性金融不是直接按照国家战略进行资金分配的预算财政部门，也不是单纯负责帮扶救助的社会福利机构。在政府采购和融资规划方面，从2012年到2013年期间，国开行为巢湖治理一期和二期项目共计承诺贷款200亿元，设计实施了政府主导、市场化运作的方案：一是做实借款主体，推动合肥市政府向借款人巢湖城市建设投资有限公司注入近11 000亩经营性土地（价值近400亿元）；二是依托公司自身实力落实还款和担保，以借款人拥有的数千亩经营性土地作为项目还款来源和抵押担保；三是加强组织增信，推动合肥市人大批准设立合肥市环巢湖地区生态保护修复工程专项资金，每年筹集资金不少于22亿元，同时由合肥市财政局与借款人签订《还款差额补足协议》，为项目配套资金和还款来源提供双层保障。

2. "淮南市采煤塌陷区治理利用规划"——实现"生态、社会、经济"综合效应的城镇化建设

全方位策划项目。淮南淮北市是华东重要煤炭资源地，煤炭开采后形成的塌陷不断吞噬有限的耕地，塌陷区的居民搬迁司空见惯，缺少长远规划和安排。安徽省政府、淮南市政府打破传统做法，把淮南塌陷区治理统筹规划，与淮南山南新区新型城镇化规划建设紧密结合起来。国开行总行会同分行多次与淮南市政府座谈，全方位策划该项目。第一，塌陷区治理宜水则水，宜耕则还耕，水面整治与周边绿化环境治理结合起来，带动养殖业和旅游业发展；第二，环境治理与宅基地复垦、用地指标流转结合起来；第三，居民搬迁与保障房建设、山南新区新型城镇化建设结合起来；第四，新区规划建设注重生活设施完善和可持续发展，医院、学校、文化场馆、社区服务设施配套完善，建设淮南矿业配套产业园区为搬迁居民提供就业选择。

构造项目实施主体和投融资主体。淮南市政府和淮南矿业各出10亿注册资金，成立完全市场化的新型城镇化建设公司，负责经营开发塌陷区治理、土地开发、基础设施建设、承担其他项目市场化运作的建设委托。金融机构承担融资顾问和主力银行角色。对淮南新城投（暂定名）评级、一揽子项目统一评审、统一授信、分项签订借款合同。

三、投融资模式创新对实现"生态、社会、经济"综合效应的城镇化建设的启示

在金融服务安徽省的新型城镇化过程中，将新型城镇化建设与国家"三江三湖治理"规划中的巢湖治理紧密结合，将环境治理、生态建设、民生改善融入合肥市新型城镇化规划和建设中；把资源型城市的转型与新型城镇化建设结合起来；把城乡结合部改造、安居保障房建设与新型城镇化结合起来，打造城乡一体化和美丽乡村建设。正是开行以金融创新探索和推动生态城镇化建设的成功路径，为环巢湖生态保护和旅游发展，以及实施淮南市采煤塌陷区治理规划，提供了较为全面的综合性金融服务。这一投融资模式的创新，为中国新型城镇化实现"生态、社会、经济"综合效应带来了如下启示。

第一，巢湖治理是国家治理"三河三湖"战略的重要组成部分，也是安徽省、合肥市建设良好生态环境，奠定经济社会长远发展基础的重要工程。同时，环巢湖地区（合肥）经济社会快速发展、财政收入的稳定增长以及投融资环境的改善为巢湖生态环境保护修复和旅游开发提供了良好的外部环境和财力支撑。

第二，只有通过融资模式不断创新，融资工具和手段不断丰富，支撑环巢湖生态保护和旅游开发的投融资保障能力才能得到不断加强，实现规划目标和任务。2012—2015年投向巢湖生态保护修复与旅游开发的重点项目投资达到850亿元以上，信贷投资达到305亿元以上，财政预算内资金投资达到171亿元以上，利用外资达到8亿美元以上，企业自筹、资本市场等其他渠道资金来源投资达到323亿元以上。

第三，为保障规划的落实，需要金融机构推动省市政府不断规范和建设政府融资平台，完善相关配套产业政策、财税和金融政策、土地政策，健全风险管理与监控、防范系统性投融资风险等领域进一步深化发展和改革，在政府财政支出规划、项目融资规划、政银企沟通协调机制等方面不断得到加强和保障。

第四，国家开发银行作为开发性金融机构，在环巢湖生态保护修复和旅游开发中发挥了重要而独特的作用。通过深化与地方政府开发性金融合作，以中长期贷款为主要工具和依托，带动了投、债、租、证等业务发展，为环巢湖生态保护和旅游发展提供全面的综合金融服务。

第五，通过淮南市采煤塌陷区治理规划的实施，将改善采煤塌陷区的耕地减产和绝产的状况以及塌陷区30万失地人口的居住及就业问题，缓和塌陷区的社会矛盾，提高区域人民的收入，改善区域的环境，推进城镇化进程，拓展城市发展空间，将华东地区的"工业粮仓"打造成未来的"淮南水乡"。有利于调整产业结构，升级转型，促进区域经济发展。

| 第四节 | 开发金融：政府与市场之间的融资平台

如何重新实现经济增长成为世界各国共同面临的难题，能够带来资本投资的金融手段就成为各国发展经济的重要手段。然而现实中往往会出现由于金融投资不均衡带来的世界不平衡发展，即"穷国金融悖论"。商业性金融作为一种纯市场化的手段，受限于控制风险的要求，往往仅为能够提供有价值抵押品的项目提供金融资助，而急需资金帮扶的发展中国家的不发达地区以及最不发达国家往往难以获得金融支持。古典经济学认为在完全竞争的环境下，市场是资源配置的有效手段，但事实证明市场的信息不对称会造成"市场失灵"现象，为了改善这一问题，往往政府会进行干预，但寻租等问题又严重阻碍了政府资源配置的效率，造成"政府失灵"的问题。开发性金融通过政府介入金融市场解决信息不对称的"市场失灵"现象，改善财政补贴等资金效率低下的"政府失灵"问题，同时融合了商业性金融与传统政策性金融的优点，是适应制度落后和市场失灵，为维护国家金融安全、增强经济竞争力而出现的一种金融形式[①]。

国际经验表明，对发展中国家来说，开发金融在弥补体制落后和市场失灵方面具有特殊作用。在发展中国家，政府面临十分突出的结构引导任务和鲜明的结构优化目标，特别需要通过开发金融对其国民经济的基础性产业和战略性产业给予为数可观的、持续性的、强大的信贷支持。开发性金融作为政策性金融的一部分，产生于19世纪的欧洲。20世纪六七十年代开发性金融机构陆续在全球范围内成立，相比于商业性金融对风险性、抵押物等严格的要求，这些开发性金融机构主要由政府出资，向贫困或者商业性银行不能服务的行业提供贷款。20世纪90年代，开发性金融已然发展成为一种金融投资的重要模式[②]。日本开发银行、德国复兴信贷银行和韩国开发银行是二战后三家具有代表性的开发性金融机构，其投资领域重点集中在电力、煤炭、钢铁等基础设施建设，致力于战后恢复经济。但是此时的开发性金融机构难以通过市场手段维系政府资金的有效运营，其运营机制一度受到公众社会的质疑。

中国作为世界上最大的发展中国家，一直致力于通过开发性金融服务为发展中国家及最不发达国家提供金融解决方案，中国国家开发

---

① 刘卫平，刘大任. 开发性金融：政府与市场之间的融资平台 [J]. 英文期刊 ISTANBUL UNIVERSITY JOURNAL OF SOCIOLOGY（伊斯坦布尔大学社会科学学报），2020，（12）.
② 袁乐平，陈森，袁振华. 开发性金融：新的内涵、理论定位及改革方向 [J]. 江西社会科学，2012，（1）.

银行（简称国开行）以开发性金融服务于国家产业结构调整和经济发展方式转变取得了重大的效果。1994年分税制改革后国开行正式成立，1998年开始，其从中国国情出发，探索出一条基于国家及政府组织增信的融资手段，充分发挥政府与市场在投融资过程中各自不同的竞争优势，通过银政合作的形式，一方面通过市场手段解决融资问题，缓解传统政策性融资资金主要来源于政府财政补贴的压力，另一方面通过国家及政府组织增信的方式，降低投资风险，确保投资效率及投资收益。国开行前董事长陈元指出："开发性金融就是运用政府组织优势的资源和高能量，以市场化融资推动市场和制度的建设，在政府和市场之间，促进良性互动发展，使完善的市场机制成为拉动经济发展的内生动力。"[1]

那么，开发性金融作为政策性金融的一种延伸，是如何借助政府与市场优势实现融资的？开发性金融与传统的政策性融资及商业性融资又有哪些区别？国开行作为中国开发性金融的实践者，在具体的融资过程中如何在实现政策目标的同时解决自身风险问题的？随着开发性金融机构不断地"走出去"，这种降低风险的方式是否同样适用于海外项目？本书通过文献法与访谈法相结合的方式，获取大量一手资料，并在归纳总结的基础之上，比较开发性金融与商业性金融的区别，并在此基础之上，以国开行"芜湖模式"和马来西亚"旗滨模式"两大代表性案例为例，剖析开发性金融的中国模式，同时引发对开发性金融"走出去"风险的讨论。

一、中国特色的开发性金融特征

开发性金融是政府与市场的桥梁，能够对技术性、市场性风险较

---

[1] 陈元. 政府与市场之间——开发性金融的中国探索 [M]. 北京：中信出版社，2012.

高的领域进行引导性投资,对前景不十分明朗、不确定性较大的新兴产业或国家战略领域进行倡导性投资,对投资回收期较长、收益率较低的项目进行补充性融资,对成长中的幼稚产业提供优惠利率贷款,能够以间接融资活动或担保来引导商业性金融的资金流向与规模,针对商业性金融,以提供中短期贷款为主的情况,向有关项目提供中长期乃至超长期贷款等特性[①]。可见,开发性金融作为政策性融资的一种延伸,其既和政策性融资一样主要依托国家及政府组织增信,在经营目标、投资领域、投资期限、资金来源及信用支撑上区别于商业性金融,但又与传统的政策性融资并不完全相同(如表3-1所示)。

表3-1 开发性金融的特征

项目	政策性融资	开发性金融	商业性金融
经营目标	无盈利目标	保本微利	利润最大化
信用支撑	政府信用	银政合作下的政府组织增信	抵押担保
投资领域	政府划定	政府指导下的市场选择	市场自主选择
投资期限	长期及中长期	长期及中长期	短期
资金来源	政府财政	资金来源多元化	银行储蓄资金

就经营目标而言,政策性融资在运营过程中并不追求自身业绩,对投资回报率的要求很低,几乎不考虑盈利问题,而商业性金融则以追求利润最大化为目标,获取盈利是其主要目标。相比之下,开发性金融则实现"保本微利"即可,既不像传统政策性融资完全不考虑盈利,也不像商业性融资以盈利为目标,相比于利润,开发性金融更加注重资金的使用绩效。在信用支撑方面,不同于商业性金融以抵押物为基础的信用担保体系,开发性金融与传统的政策性融资一样,主要依托的是政府提供的信用担保,但是与传统的政策性融资不同,开发性金

---

① 陈元.改革的十年,发展的十年——开发性金融实践与理论的思考[J].求是,2004,(13).

融通过"银政合作"的形式,让政府组织增信。在政府组织增信过程中,政府化被动为主动,银行与政府的关系也从相互分离转变为二者合力。政府组织增信的核心是通过"银政合作"的方式共同建立一个风险控制机制和信用体系,使被增信的一方能够有效防范风险和减少损失。就投资领域而言,商业性金融为了追求利润最大化,往往选择市场发展相对成熟的领域进行投资,政策性融资项目则在政府划定的投资目录中进行投资,而开发性金融主要是在政府政策指导下,面向市场自主开发,投资领域主要集中在市场发育程度低、前期投入大、收益前低后高、风险难控的基础设施建设等领域。就投资期限而言,商业性金融受到资金流动性的限制,贷款发放主要以短期贷款为主,避免引发流动性危机。而开发性金融延续了传统政策性融资的投资期限特征,具有筹集和放贷长期资金的特征。在资金来源方面,商业性金融主要来源于各商业银行的储蓄资金,政策性金融则主要来源于政府补贴资金,开发性金融则通过国家及政府组织增信的方式,通过银行与政府合作的形式,以政府信用为保证,不断运用和扩大政府信用在市场建设和制度建设中的功能与作用,保证资金来源的多元化。开发性金融是政府信用而尚未被市场分化的融资性形态。[1]

(一)开发性金融以政策导向取代风险导向选择投资对象

开发性金融基于"保本微利"的经营目标和政府信用的依托,因此在投资领域的选择上,以政府导向取代商业性金融的风险导向。开发性金融强调市场业绩,并不是为了个体利益和机构部门利益,而是把财力集中用于新的瓶颈领域,实现经济社会发展目标。开发金融的

---

[1] 陈元.政府与市场之间——开发性金融的中国探索[M].北京:中信出版社,2012;"中国特色开发性金融实践研究"课题组.中国特色的开发性金融理论与实践[J].开发性金融研究,2017,(4).

盈利有利于维护政府信用的市场形象，进一步巩固和增强国家信用，更好地服务于政府的政策意图。

正如上文所言，商业性金融的经营目标就是在收益和风险平衡的基础上追求利润最大化，尽可能降低投资风险成为其选择投资对象的重要依据。基于抵押担保的信用支撑体系，商业性金融在投资对象的选择上往往是以盈利前景较好、风险较小、信息较为透明的大企业或者成熟的市场领域为主。对于市场经济欠发达的农村和落后地区、信息不对称程度较严重、财务状况较差、盈利前景不明、风险较大的中小企业和高新技术产业，以及前期投资较大、投资回报周期较长的大型基础设施领域，商业性金融一般不愿涉足。

开发性金融作为政策性融资的一种延伸，"政策性"是其本质属性，与商业性金融基于盈利的唯一动机而配置微观金融资源不同，开发性金融的资源配置功能，主要是基于资源配置的宏观目标，从政策性投融资和社会资本形成的角度，向需要国家优先扶植照顾、具有社会资本公共性质的项目领域，如大型基础产业等提供资金，解决商业性金融在投资领域中的"市场失灵"问题。但开发性金融又不同于传统的政策性融资不计投资收益，其以"保本微利"为经营目标，更加关注资金的使用绩效，通过资金供给的形式引导民间经济活动，促进社会资本的形成，发挥其资源配置的功能，解决"看得见的手"在投资过程中的效率低下问题。

开发性金融作为政府和市场沟通的桥梁，是贯彻国家的宏观战略意图、获取国家战略意义、促进国家经济社会发展强有力的战略工具。开发金融不直接进入已经高度成熟的商业化领域，而是从不成熟的市场做起。在没有市场的地方建设市场，在有市场的地方充分利用和完善市场，以融资为杠杆，引导社会资本投向国家重点支持领域，有效填补薄弱环节和落后领域的金融市场空白。

（二）开发性金融解决大额长期信贷风险问题

开发性金融投资领域往往集中在需要大额、长期资金的基础设施建设领域，如何应对"集中大额长期"风险成为开发性金融首要解决的问题。开发性金融通过构建"银政合作"的新型合作关系，借助政府组织增信的方式，有效地解决了大额长期信贷风险问题。

由于商业性金融在其经营过程中必须做到"安全性、流动性和盈利性"的"三性"统一，出于资产负债结构期限匹配的考虑，一般不愿也无法对于基础设施、基础产业等具有规模经济效应和正外部性的准公共产品领域提供大额、长期持续的信贷支持。而这类领域的建设和发展在经济发展的初级阶段对经济的平衡发展和快速增长具有决定性的作用。若单纯依赖于商业性金融，经济的发展和起飞过程中一大批具有社会资本形成作用的投资项目和建设领域就会受到严重的融资约束。这也是发展中国家金融深化过程中所面临的问题之一。

此外，从商业性金融对经济平衡增长的作用路径来看，商业性金融的主要业务包括工商放款、消费者放款、农业放款、房地产抵押放款、同业间拆借以及其他放款等，这些投资领域属于短期利润相对较高的消费领域，均处于产业链的末端，对相关产业的影响范围和力度都十分有限。由于商业性金融不能有效利用产业之间的联动作用，使得资本的积累效应得不到充分发挥，乘数效应有限，影响强度较弱。此外，商业性金融的外溢效应有限。虽然商业性金融有责任、有义务协助政府去实现某些社会目标，但这种责任和义务不能取代商业性金融的核心目标——利润最大化，其社会功能十分有限。

因此，开发性金融的中长期投资有效地解决了商业性金融短期投资的不足。但是开发性金融又是如何解决经济周期的风险问题呢？开发性金融通过"银政合作"方式建立的政府信用和市场融资机制为解决这一问题提供了制度保障。首先，依托国家及政府组织增信的形式，借助政府承诺、政府信用和政府协调弥补投融资过程中的体制性风险。其次,将政府协调、开发性金融、资本市场和国家宏观调控等多种手段综合运用,应对中长期大额贷款带来的经济周期风险。最后,将国家信用证券化,开发性金融债券以国家信用为保证,其安全性、风险性仅次于国债,被称为"银边债券",优于商业银行零售储蓄覆盖风险的能力[①]。

开发性金融作为政策性融资方式的延伸,它以服务国家战略为宗旨,以中长期融资为手段,依托国家信用,通过发行金融债券筹集大额资金,以市场化方式支持国家经济社会发展的重点领域和薄弱环节,发挥中国经济建设中长期融资的先行者和主力军的作用。

(三)开发性金融的信用支撑体系有助于缓解财政支出压力

政府组织增信是开发性金融信用支撑的核心,这种银行与政府特殊的合作关系有效地弥补了抵押担保体系的不足,充分发挥政府的组织优势和政治优势。政府的信用背书方式帮助开发性金融实现融资来源的多元化,有效地缓解了传统政策性融资单纯依托财政补贴造成的政府财政支出压力的问题。

发展中国家经济建设初期,需要投入大量的基础设施建设,而基础性产业是强位弱质产业,受到风险性影响,很难获得商业性融资,需要得到政府直接财政补贴与政策性金融的支持。对于大多数国家而言,在经济发展的复兴和初级阶段,由于经济发展和起飞的基础条件薄弱,金融体系不发达,经济发展中所需要的基础和重要产业的投资难以通过金融市场筹集,主要依赖于政府的财政投入,政府通过政策性金融对其国民经济的基础性产业和战略性产业给以巨额的、持续的、

---

① 陈元.发挥开发性金融作用 促进中国经济社会可持续发展[J].管理世界,2004,(7).

强大的直接信贷扶持。但大规模、持续的财政投入则有可能增加政府的负担，使政府陷入财政危机之中。在此背景下，建立开发性金融机构，通过发行政策性债券来筹资经济发展所需要的巨额资金，有利于缓解财政支出的压力，减轻财政支出负担。

开发性金融通过政府组织增信的信用支撑体系，有利于带动民间投资，极大地缓解了地方财政的支出压力。财政投资的投资主体是中央政府，由于其身份和职责的限制，容易产生诸多不便，而且在与其他经济主体合作时也容易产生不协调的现象。同时，政府的管理方式也不适宜在市场中运用。开发性金融机构是规范的金融主体，同其他市场主体之间是一种平等的关系，因而项目选择较为灵活，管理较为规范，可采用市场化方式运作，包括与民间投资者之间进行合作、参股。开发性金融对民间资金的吸引主要是通过市场行为，让民间资金感到有利可图，只要运作成功，就能够对民间资金起到很好的吸引和示范作用，就能真正起到拉动经济平衡增长的作用。开发性金融机构吸引民间投资主要通过直接融资和间接融资两种方式。所谓间接融资就是通过信息生产活动间接地吸引民间的投资，即开发性金融机构首先做倡导性投资，民间商业性金融机构随之投资，开发性金融机构再转移投资方向，并开始另一轮循环。同时，开发性金融机构利用其政策性金融在信息生产上的优势，筛选优良企业，提高企业在融资市场上的声誉，这就形成一种政策性金融对商业性金融投资取向的倡导和诱导机制。由于政策性金融机构的融资伴随着信息的生产和传递活动，降低了企业从外部融资的代理成本，提高了企业的市场价值，能够诱导民间银行向其融资。

总结来看，开发性金融是介于政策性融资和商业性金融之间的一种融资模式，其核心是通过政策性银行与政府合作的形式，依托政府组织增信，构建政府信用体系，形成"政府选择项目入口，开发性金融孵化、实现市场出口"的融资机制。开发性金融机构一方面积极贯彻落实政府发展战略，由地方政府按照国家产业政策和地区战略规划需要，确定投资项目，即政府选择项目入口。另一方面借助政府组织增信方式，解决自身运营过程中的风险问题，在政府协调下以融资推动项目建设和融资体制建设，即开发性金融孵化。最后，实现市场出口就是针对不同的借款形式、用途和使用情况，设计不同的偿还机制，包括正常信贷还款、母公司回购、资本市场发行股票等多重市场化手段，实现"保本微利"的经营目标①。接下来，本文将以安徽"芜湖模式"和马来西亚"旗滨模式"两个案例为依托，阐述开发性金融的具体运行机制，明确开发性金融机构在融资过程中是如何破解风险难题的。

二、"芜湖模式"：运用政府组织增信破解城镇化融资风险难题

随着中国经济的快速发展，中国正面临着城镇化带来的一系列问题，与西方相比，中国城市化涉及的人口规模大，复杂程度前所未有。在面对的众多问题中，都绕不开"钱从哪里来"这个核心问题。传统城镇化中，地方土地财政等非正式制度安排，"要地不要人"的发展模式引发了诸如地方债务风险、社会矛盾等诸多问题。新型城镇化过程中，需要建设强健、高效的中长期融资体制和融资市场。然而城建项目普遍具有超前性、社会性、公益性等公共产品属性，以及资金投入量大、建设周期长、沉淀成本高、需求弹性小等特点，这与商业性金融追求短期盈利的目标存在明显错位，而这种错位造成了中国城建融资领域的空白。

国际上有两种较为成熟的城市基础设施建设融资模式：其一是美国的市政债券模式，由地方政府发行城市市政债券，信用担保公司进

---
① 陈元.开发性金融与中国城市化发展[J].经济研究，2010,（7）.

行担保，吸引广大个人投资者参与到城市基础设施建设中；其二是以中央或地方税收收入投资为主的日本模式，中央财政为每个地区指定发展蓝图，通过直接介入或财政补贴的形式。然而市政债券模式的顺利推行需要构建有效的制度保障，保障融资和偿还中的代际平衡问题，而中央财政模式则需要强大的财政收入作为保障[1]。但是对于中国的大多数地方政府而言，制度建设尚有不足，大规模发行市政债券极易造成地方政府债务失衡问题。另外，大多数地方政府也没有强大的财政收入作为支撑，长期大额的政府补贴会进一步加重地方财政赤字问题。国开行与安徽芜湖地方政府合作开创的开发性金融"芜湖模式"通过"银政合作"，政府组织增信的方式，有效地解决了城镇化建设中的资金来源问题。

芜湖是有着两千多年悠久历史和深厚商贸传统的皖南名城，20 世纪 90 年代末期芜湖正处于新一轮经济社会发展的起飞期，城市基础设施建设亟待推进，但由于城建类项目自身经济效益不明显，政府财力也不足，资金紧张成为制约芜湖基础设施建设的瓶颈，"芜湖模式"是开发性金融助推中国城市化发展的一个缩影。国开行与芜湖地方政府合作的开发性金融"芜湖模式"，最大的特点就是构建起一种新型的银政合作关系，运用组织增信的方式，通过将地方城投公司打造成融资平台的形式，借助"打捆贷款"的形式，将国开行的融资优势和地方政府的组织协调优势结合起来，破解了长期以来困扰地方政府的城建融资难题。

（一）地方政府组织增信，化解大额长期贷款风险问题

"芜湖模式"所构建的新型银政关系破解了地方政府在城镇化过程中资金来源困难的问题。正如前文所言，商业性金融对风险性较为敏感，往往都需要有价值的抵押物才能提供资金。但是对于城市建设

---

[1] 陈元. 开发性金融与中国城市化发展 [J]. 经济研究，2010，(7).

而言，需要大量的基础设施建设，而这些项目不仅周期长，效益低，很难符合商业性金融短期收益的要求。"芜湖模式"中的新型银政合作关系开创了政策性银行与地方政府的合作关系，通过地方政府为项目背书的形式解决项目信用问题，充分发挥政策性银行的融资优势和地方政府的组织协调优势。

20世纪80年代后，在国家投融资体制改革的推动下，各地方政府纷纷成立城市建设投资公司，为"芜湖模式"中政府组织增信提供了平台。1998年8月10日，国开行与安徽省政府在北京签署投融资服务合作协议，通过与地方政府签订金融合作协议的形式，共同建设信用支撑体系，承诺还款来源和方式。国开行与芜湖市政府成立基础设施建设融资委员会，共同讨论总体发展规划、实施方案及评估总偿债能力。芜湖市政府成立芜湖市城市建设投资公司，作为芜湖城市建设过程中的贷款主体，地方政府通过融资平台向国开行贷款，将地方政府征信与融资行为融为一体，信用结构参照世界银行模式，由地方财政提供担保或兜底承诺。就在这一年国开行与芜湖建投签订了10.8亿元十年期贷款协议。这笔资金主要用于芜湖市6个基础设施建设项目，有公路建设、城市供水系统改善以及废物处理填埋场建设等，贷款担保和还款来源采用芜湖市财政预算内、外安排建立偿还资金，芜湖市财政全面兜底偿还的模式。

"芜湖模式"的核心就是强化地方政府在融资过程中的作用，通过组织政府增信的形式，建立风险控制机制和信用体系，从而缓解了开发性金融为城市建设提供大额长期贷款的经济风险。

（二）"打捆贷款"拓宽融资渠道，缓解财政支出压力

正如前文所言，城市基础设施建设由于其沉没成本高、见效慢，很难从市场中获取融资，往往都是依托地方财政补贴，这就给地方财政支出造成很大压力。

国开行在芜湖推行的开发性金融模式的独特之处就在于资金来源不再是依靠传统的财政资金支持，而是通过"打捆贷款"的形式获取多元化的融资。"芜湖模式"中，通过"打捆贷款"的形式，将这类商业性金融不愿意投资的城建项目"打捆"，由市政府指定的融资平台作为统借统还的借款法人，由财政建立"偿债准备金"作为还款来源，这种模式被外界称为"打捆贷款"。这些城建项目一经"打捆"，将多个项目组合在一起，其中优质项目可以"救济"劣质项目，以丰补歉，以盈补亏，最终整体上变成了优质项目。另外，由地方政府财政提供担保及兜底承诺，为融资项目提供政府背书。

地方政府在组织增信的同时，积极出台一系列倾斜政策，吸引外来资金投资，"打捆"项目因为有了政府信用的背书，有效地消除了民间投资的风险顾虑。另外，由政府财政组建的"偿还准备金"也为作为统一借款法人的城投融资平台提供偿还能力证明。

（三）"土地+金融"的担保模式强化贷款信用支撑体系

2002年"芜湖模式"推出"土地+金融"模式，即政府授权借款人以土地出让收益质押作为主要还款保证，并经芜湖市人大批准，在借款人不能及时偿还贷款本息的情况下由市财政补贴偿还。国开行与芜湖市政府共同讨论决定，成立芜湖市土地储备中心，统一管理和经营芜湖市的土地储备、开发和市场化拍卖[1]。政府授权城投公司这一借款人以土地出让收益质押作为主要还款保障，并经芜湖市人大批准，在借款人不能及时偿还贷款本息的情况下，由市政府补贴偿还。

这一创新在原有政策性银行加地方政府的基础上，充分发挥土地的巨大价值，完善贷款信用结构，缓解城镇化进程中的融资难问题。

---

[1] 国家开发银行研究院.开发性金融的"芜湖模式"[J].上海城市发展，2011，（1）.

这种模式将基础设施贷款还款来源与土地增值收益有机结合,将基础设施融资机制与"经营城市"理念有机结合,通过规范土地转让制度、建立融资平台等一系列制度设计,以土地收益权作质押,以土地增值收益覆盖城市基础设施建设成本,培育了市场化运作主体,不仅使政府的基础设施资金产生良性循环,而且降低了财政风险,带动了相关产业发展。

可见,在开发性金融的"芜湖模式"中,国开行通过地方政府组织增信和"土地+金融"的质押模式,降低自身提供中长期贷款的经济风险。另外,借助"打捆贷款"的项目形式,将优质项目与劣质项目组合,配以政府信用背书,在市场上获取多元化的资金来源,实现资金流的良性循环。"芜湖模式"构建了良性循环的城市基础设施投融资机制,培育了市场化的投融资平台载体,打通了城市基建融资通道,引领了商业银行等社会资金的积极介入,为持续、快速、高效推进芜湖市城市基础设施建设奠定了雄厚基础。

三、"旗滨模式":开发性金融解决国际产能合作的融资问题

随着"一带一路"倡议的不断推进,中国政府鼓励优势企业以多种方式"走出去",优化制造产地分布。国开行借助开发性金融手段帮助旗滨集团在马来西亚投资建厂的"旗滨模式",是开发性金融支持国内民营企业优势产能"走出去",服务国家"一带一路"倡议的典型案例,为国际产能合作的融资问题提供了借鉴价值。

旗滨集团是中国一家主要生产优质浮法玻璃、节能玻璃、太阳能玻璃、超薄玻璃等高端玻璃产品的大型企业集团,生产基地分布在湖南省、福建省、广东省和浙江省。2014年为了响应国家"一带一路"倡议及优势产能"走出去",漳州旗滨玻璃有限公司成立全资子公司

旗滨集团（马来西亚）有限公司（以下简称"旗滨马来公司"）投资11.8亿元人民币，在马来西亚森美兰州芙蓉市新建集团首个海外玻璃生产基地。但是由于马来西亚当地的政商环境与中国存在较大差异，中国企业在投资建厂过程中往往会遇到信用结构、境外税负、境外行政效率低下、外汇"控流出"等问题。"旗滨模式"中，国开行借助开发性金融手段，帮助民营企业解决海外投资建厂过程中遇到的相关难题。

（一）开发性金融运用政府与市场双重手段解决融资信用风险问题

中国企业境外投资项目，一般通过设立当地项目公司运营项目。由于当地金融机构对国外企业不熟悉，项目公司很难得到项目所在地金融机构的信贷支持。而国内银行出于风险评估的考虑，一般不接受企业境外投资形成的土地、房产、股权、设备等资产作为贷款抵押物。由于境外投资项目风险相对较高，加上民营企业自身实力不强，境外投资项目很难获得银行信贷支持。旗滨集团为自然人控股的民营企业，且本项目为纯市场化项目，如何搭建合理的信用结构存在着较大的挑战，如果仅为项目资产抵押，远远达不到信用结构要求。此外，本项目融资金额大，回收期长，普通商业银行无法提供满足该种融资需求的产品。

要解决这一问题，关键在于市场建设与信用结构搭建。在市场建设方面，国开行聘请行业专家出具了专家意见，同时走访当地马来西亚投资发展局（MIDA）、平板玻璃行业协会及上下游进出口商等，多维度了解当地市场，并协同开行该产业的评审部门对马来西亚平板玻璃市场开展尽职调查。此外，还对国内旗滨集团公司运营和财务状况进行了调研，走访了漳州东山的旗滨集团总部，对集团上下游市场进行调查。信用结构方面，开行专家和旗滨集团充分排查了目前可抵押担保的资源，包括集团母公司提供担保、矿权抵押、土地厂房和机器设备抵押、实际控制人个人连带责任担保和项目资产抵押等，最终双方通过谈判，设计了合理的抵质押方案，满足了信用结构要求，同时也降低了开行的信用结构风险。

（二）开发性金融发挥国家政策支撑解决境外税负问题

马来西亚对境外金融机构实行预提税制度，预提税税率为10%至15%。非居民公司来自马来西亚的利息和特许权使用费缴纳预提税。虽然中马两国于1985年签署了《中华人民共和国政府和马来西亚政府关于对所得税避免双重征税和防止偷漏税的协定》（以下简称"协定"）约定，缔约国一方政府（包括政府全资所有的机构）从缔约国另一方取得的利息，在该缔约国另一方应免予征税。但按照马来西亚目前的税收规定，开发性银行未纳入免税名单，贷款利息需缴纳10%的利息预提税，增大了借款人的融资成本和负担。

为了解决这一问题，国开行主动作为，在总行财会局、国合局的大力支持下，协调国家税务总局和福建省税务局，帮助与马来西亚政府协商，将开行纳入中国与马来西亚避免双重征税名单，用于免除马来西亚征收国开行利息预提税。2016年11月，在李克强总理和马来西亚首相的共同见证下，国家税务总局与马来西亚财政部分别代表两国政府签署《关于中马税收协定的换函》并纳入中马双方联合声明，确立了中马双方包括开行在内的"7+7"国有机构的免税地位。本次协定将直接节约开行旗滨集团本项目贷款在马贷款免征10%的预提税。

（三）"银团贷款"形式为民营企业走出去提供中长期贷款

在国开行与旗滨集团合作的过程中，由于马来西亚政府机构行政效率较低，迟迟未能向借款人颁发购买土地的土地证，无法满足中长期合同签订条件。这就使得旗滨集团面临无法签订中长期合同，然而项目建设又迫切需求大额资金的支持。

国开行通过银团贷款、出口信贷、项目融资等多种方式，争取中非发展基金、非洲中小企业发展专项贷款、大型成套设备出口融资保险专项安排等各类专项资金，加大对国际产能合作的融资支持力度。同时积极创新信贷产品满足企业国际产能合作融资需求，推进抵（质）押融资产品创新，探索运用股权、境外资产等作为抵质押物进行融资，通过履约保函、融资保函等对外担保方式为项目融资提供信用保障。

面对中国外汇资金的管控压力，2016年起中国严格控制外汇资金流出。然而对于旗滨集团这类需要在海外投资建厂的民营公司而言，此时项目正处于建设关键阶段，而企业的自有资金以及开行贷款面临出境困难，项目建设资金支付捉襟见肘，直接影响了项目正常建设。为充分考虑借款人用款需求，在"旗滨模式"中，国开行提供的贷款币种为双币种，即境外人民币或等值美元，便于企业使用资金。

马来西亚"旗滨模式"是国开行借助开发性金融手段，响应国家"一带一路"倡议的重要创新，通过银团贷款、出口信贷、项目融资等多种方式解决中国民营企业"走出去"过程中的融资难问题。可见，利用国家或政府组织增信的方式，是中国特色开发性金融规避风险的重要手段。那么这种方式是否适用于开发性金融的所有海外项目？存在怎样的风险呢？接下来将在总结中国特色开发性金融特征的基础上，探讨开发性金融"走出去"过程中可能遇到的潜在风险。

四、中国式开发性金融的海外政治风险

前文两个案例的阐述都证实了开发性金融运营的一个基本逻辑，

即开发性金融机构通过国家或地方政府组织增信的方式来保证其"保本微利"的经营目标。但是需要指出的是,这种运营逻辑之所以能够成立,一个核心前提是负责组织增信的国家或政府首先需要是一个发展型政府,这就意味着政治体系能够在其中获得充分的空间来发挥主动权。回到上文提及的"芜湖模式",国开行通过与芜湖市地方政府合作,以地方政府组织增信的方式为城市建设中所需的中长期贷款兜底。一旦发生违约行为,便通过地方财政建立的"偿还准备金"进行偿还。地方发展与官员升迁常年遵循地方锦标赛制度,如果发生政策性贷款违约现象,将极大地影响地方官员的政绩,进而影响官员升迁。而且,大多数地方政府财政支出都存在软预算约束问题,即使相关地方财政支出难以对项目兜底,也会通过中央政府补贴或转移支付的方式筹集资金,保证项目顺利运行。因此,作为地方政府而言,非常愿意通过地方财政支出来为开发性金融的城市基础设施建设等项目兜底。

可见,一个愿意"兜底"的政府,是保证开发性金融运营逻辑实现良性循环的前提条件。但是,中国式开发性金融在承接海外项目时,直接复制在国内的运营机制有可能因为国家治理逻辑的差异,遭遇债务违约的风险。中国在斯里兰卡汉班托塔港口(以下简称汉港)的开发性金融实践就遭遇此类问题,甚至以此为导火索陷入"债务陷阱"的国际舆论质疑中。

那么,为什么中国进出口银行(简称口行)认为这个项目是一个开发性金融可以支持的项目?实际上在汉港项目开始之初,斯里兰卡政府先找到了日本和印度两国进行融资,但是两国基于短期投资的风险性问题,均拒绝投资。于是,斯里兰卡政府转向寻求中国投资,口行在对项目进行综合性评估后,认为其符合开发性金融的投资要求。

首先,汉港项目是一个由斯里兰卡政府推行的中长期国家战略项目,符合开发性金融战略性中长期投资的要求。自1983年起,斯里兰卡已经经历了长达20余年的内战,国内经济发展严重受挫。为了振兴经济，拉贾帕克萨政府 2005 年上任后，便提出了斯里兰卡中长期发展规划《斯里兰卡：亚洲新兴奇迹——马欣达愿景》，致力于将斯里兰卡发展成为亚洲知识、航空、投资、商业和能源中心。其中汉港项目是"马欣达愿景"中"两翼一带"战略的重点项目，"两翼"是指科伦坡和汉班托塔，"一带"是指科伦坡与汉班托塔之间的经济带，该战略致力于将汉班托塔地区打造成为斯里兰卡的工业基地与科伦坡联动，汉港项目也应运而生。

其次，口行经过综合评估认为这个项目有巨大发展潜力。汉港的地理位置距离印度洋最繁忙的国际航运线仅有 10 海里，大量船只定期穿梭于此航线，汉港能够作为重要的船舶中转枢纽和加油基地。事实上，2003 年和 2006 年加拿大 SNC- 兰万灵集团和丹麦工程咨询公司 Ramboll 分别对汉港项目进行评估，也都认为港口发展前景较为乐观。

最后，斯里兰卡政府愿意以国家主权信用担保借债。所谓主权贷款就是指一国以自己的主权信用为担保向外借款，这一点与开发性金融在中国国内的运营逻辑是相一致的，口行也正是借助国家主权信用为此次开发性融资行为组织增信。

因此，口行决定以开发性金融的形式为汉港项目提供融资。但是出于谨慎投资的考虑，2008 年口行一期投资仅以商业贷款的形式为汉港项目提供 85% 的费用，合计 3.06 亿美元。这是由于斯里兰卡正处于内战激烈期，国内局势发展并不明确，且"马欣达愿景"刚刚提出，发展前景尚不确定，能否顺利推行有待验证[①]。但是汉港作为物流交通枢纽的发展潜力确实存在，而且汉班托塔又是拉贾帕克萨总统的家乡，作为新上任的总统，他非常希望通过在汉班托塔的基础设施建设投资来提振经济，这在一定程度上为汉港的发展提供了保障。2009 年斯里兰卡内战结束，拉贾帕克萨政府推出"马欣达愿景 2.0 版"，升级版的

---

① Koh King Kee. 斯里兰卡汉班托塔港问题的真相 [M]. 北京周报，2018-09-29，http://www.beijingreview.com.cn/shishi/201809/t20180929_800143048.html.

发展计划更加切实具体，此时汉港发展前景更加明确。于是，口行在项目二期建设投资时，将投资额提升至 9 亿美元。

然而，由于政体性质的不同，在中国国内能够实现良性循环的开发性金融逻辑，在海外有可能遇到因为政权更迭而造成的潜在政治风险。2015 年斯里兰卡总统大选后，前任总统拉贾帕克萨未能连任，新上任的总统西里塞纳指责前任总统通过大举借债的方式刺激经济，造成巨大的财政压力，新任政府认为汉港项目需要重新审视，因而该项目停工。再加之由于斯里兰卡港务局经营管理不善，缺乏工商业务，无法吸引过往船只停靠港口，汉港经营常年处于亏损状态。但是西里塞纳政府并不否认，汉港等基础设施建设会对斯里兰卡经济发展有促进作用。故 2016 年斯里兰卡政府决定以市场化改革方式重新推动汉港经营发展，将汉港的经营权以招标形式打包出租，以期扭转亏损状况，并且在招标过程中再次优先询问了日本和印度两国公司的意向，但又遭到了拒绝，进而才转向寻找中国的企业。最终通过招标形式，中国招商局集团下的招商局港口控股有限公司（简称招商局港口）中标，与斯里兰卡政府共同组成合资公司运营汉港。协议约定，招商局港口收购汉班托塔国际港务集团（HIPG）85% 股权和汉班托塔国际服务公司（HIPS）49.3% 股权，总体股比约占 70%，招商局港口拥有以上两家公司的运营管理权以及港区土地约 11.5 平方公里租赁、开发权，特许经营期限为期 99 年。招商局港口共向斯里兰卡投资 11.2 亿美元，其中 9.74 亿美元用于收购 HIPG 85% 的股权，余下的 1.46 亿美元将存入招商局港口名下的斯里兰卡银行账户，用于拓展汉班托塔港口及海运相关业务。自特许经营协议生效日期起 10 年内，斯里兰卡港务局有权根据各方都认可的条件回购 HIPG 20% 的股权。生效 70 年后，斯里兰卡港务局可按照双方任命的估价师确定的合理价格收购招商局港口持有的 HIPG 所有股权。协议满 80 年之际，斯里兰卡港务局可以 1 美元的价格收购招商局港口在 HIPG 持有的股份，使招商局港口在 HIPS

保留 40% 的股份。协议满 99 年终止时，招商局港口将把所持 HIPG 和 HIPS 的所有股权，以象征性 1 美元的价格转交给斯里兰卡政府和斯里兰卡港务局。

然而，由于中国公司的中标，中国式开发性金融被部分媒体质疑是"债务陷阱"。那么，实际的过程究竟是怎样的？

首先，汉港项目并非是由中国设下的债务陷阱，这个项目是基于斯里兰卡前任总统的政治意愿发起的，而非中国提议建设的。斯里兰卡政府之所以会向中国借债，是因为它未能从日本和印度两国获得融资，而且金融危机后，相比于其他国家深陷经济危机的旋涡，中国稳定的经济增长成为最有可能进行海外投资的国家[①]。中国口行之所以愿意为斯里兰卡的汉港项目提供贷款，并非是基于所谓的战略统治目标，或者部分舆论所说的将其作为中国的军事基地，而是出于对汉港所在印度洋航运物流市场地位的发展可行性的认可。而且，出租后的港口经营权是由招商局港口和斯里兰卡政府组成的合资公司共同经营，斯里兰卡政府占 30% 的股份，也并不是用于军事用途[②]。

其次，斯里兰卡政府是为了推行市场化改革而自愿决定转让港口经营权，招商局港口承接经营权也并非债转股。汉港项目以来，由于当地经济管理不善，常年亏损。新上任的西里塞纳政府希望通过出租港口经营权的市场化形式，改善港口常年亏损的现状，与中标公司组建合资公司，共同运营汉港。招商局港口中标后，共支付 11.2 亿美元用于购买合资公司 70% 的股权。这部分资金一部分用于填补港口经营亏损，另一部分用于偿还其他债务，并非将汉港的贷款转换成为租约

[①] Meera Srinivasan, It's China That Happens to Have The Cash Now, Says Sri Lanka Minister, The Hindu Website, Oct 19 2020, https://www.thehindu.com/news/international/its-china-that-happens-to-have-the-cash-now-says-sri-lanka-minister/article32895560.ece.

[②] Koh King Kee. 斯里兰卡汉班托塔港问题的真相 [N]. 北京周报，2018-09-29, http://www.beijingreview.com.cn/shishi/201809/t20180929_800143048.html. 毛鉴明. 中国企业投资汉班托塔港口的实践及经验探析 [J]. 印度洋经济体研究，2020，(3).

的股权，口行所提供的开发性金融贷款已转移给斯里兰卡财政部，仍需要全额偿还①。

最后，造成斯里兰卡政府陷入主权债务危机的并非来自于中国的债务压力，事实上是来自西方主导的资本市场的过度借贷②。斯里兰卡自爆发内战以来，经济发展严重受阻，军备武器采购等非生产性投入急剧上升，导致财政赤字问题严重，常年依赖借债模式维持发展。过去斯里兰卡主要的债权国是日本、欧美以及 IMF 等国际多边金融机构，直到斯里兰卡内战结束前后中国才真正成为斯里兰卡的主要债权国，但相比于其他债权国，中国债务占比非常小。截至 2016 年，中国贷款仅占斯里兰卡政府债务的 9%，而且 2/3 以上都是享受优惠利率的中长期贷款，不足以造成所谓的债务危机。真正造成斯里兰卡债务危机的是其在主权债务平级被下调后，无法再获得其他国家的优惠贷款后，不得已从英国和美国等银行借贷的高额利息的短期商业贷款③。

大量的事实已经证明，斯里兰卡汉港项目并非"中国的债务陷阱"。斯里兰卡现任总统戈塔巴雅在韩国、德国、罗马教廷和瑞士新任命大使递交国书时，特意指出由中国提供资金建造的汉港项目是一个具有重大发展潜力的项目，并非"债务陷阱"④。澳大利亚 Lowy Institute 研究中心的 Shahar Hameiri 教授在其研究中也证实，并不存在"中国

---

① Shahar Hameiri, *Debunking The Myth of China's "Debt-Trap Diplomacy"*, The Interpreter Website, Sep. 9 2020, https://www.lowyinstitute.org/the-interpreter/debunking-myth-china-s-debt-trap-diplomacy, 毛鉴明．中国企业投资汉班托塔港口的实践及经验探析 [J]. 印度洋经济体研究，2020，（3）.
② Shahar Hameiri, *Debunking The Myth of China's "Debt-Trap Diplomacy"*, The Interpreter Website, Sep. 9 2020, https://www.lowyinstitute.org/the-interpreter/debunking-myth-china-s-debt-trap-diplomacy.
③ 宋颖慧，王瑟，赵亮．"中国债务陷阱论"剖析——以斯里兰卡政府债务问题为视角 [J]. 现代国际关系，2019，（6）.
④ "President defends China investment in H'tota port", The island website, Oct. 1 2020, https://island.lk/president-defends-china-investment-in-htota-port/.

的债务陷阱",斯里兰卡主权债务危机并非由中国投资造成①。

但是,汉港开发性融资项目所遇到的问题以及引发的国际舆论也为中国的开发性金融"走出去"提供了前车之鉴。开发性金融"走出去"过程中,如何在完全不同的政治体系下避免政治风险,仍是一个有待解决的问题,是当前中国开发性金融发展急需攻克的课题。

|第五节| 推进中国中长期融资与立法体系建设

2010年,上海作为先行试点自主发行地方债券的城市,成功发行了71亿元的地方建设债券。接下来,浙江、广东和深圳也将自主发行地方债。在中国经济社会处于城市化、工业化、国际化建设的重要发展阶段,投资项目资本金匮乏,巨额的"储蓄资金"和"社会资金"不能转化为集中、大型、长期建设资金的现状,已经成为中国投融资格局中的基本矛盾。在国家推动利率市场化金融改革的重要时期,如何以创新思维和创造性工作方式加快推进中国中长期融资体系的建设,大力发展政策性、开发性金融,对中国经济能否平稳较快发展,将起到十分关键的作用②。

一、推进中国中长期融资体系建设

(一)国家发展战略对中长期融资的内在需求

多年来,开发性金融机构在国际业务大发展过程中,紧密围绕国

---

① Shahar Hameiri, *Debunking The Myth of China's "Debt-Trap Diplomacy"*, The Interpreter Website, Sep. 9 2020, https://www.lowyinstitute.org/the-interpreter/debunking-myth-china-s-debt-trap-diplomacy.
② 刘卫平.对加快推进中国中长期融资体系建设的建议[J].中央党校《学习时报》,2011,(11).

家"走出去"战略，主动发挥金融杠杆作用，在促进缓解中国能源资源约束、服务国家发展和安全战略中做出了积极贡献。同时，中国也需要通过多种途径参与国际合作，从中熟悉国际规则并寻求与掌控其发展空间。开发性金融机构在积极参与国际合作的同时，不仅能为国家"走出去"战略带来机遇，也能把开发性金融理念和平台带到亚非拉国家。这种模式不仅挑战了传统的国际援助理念，而且大大影响了南南交往的模式，并将日益成为亚非拉国家间交往的新的理论基础。

城市化创造需求，工业化创造供给，国际化拓展空间，所有这些都离不开政策性、开发性金融集中、大型、长期资金的投入，加快推进中长期融资体系建设已成必然之势。

（二）开发性金融需加快推进中长期融资体系建设

纵观全球经济发展历程，作为弥补市场失灵的重要政策工具，不论在发展中国家还是发达国家，不论在经济稳定发展阶段还是在应对金融危机阶段，政策性、开发性银行作为中长期投融资主力军，都是金融体系中不可或缺的组成部分，发挥着撬动市场的重要作用。与此相承，政策性、开发性金融的任务就是通过发行中长期债券直接融资，解决开发性业务领域贷款常见的期限错配风险，为基础设施建设等领域提供长期稳定、持续快速的融资支持。

这些规定性和发展要素决定了在中国中长期融资体系建设方面，国家金融政策制定部门和开发性金融机构需要从国家发展战略规划的要求出发，在对中长期项目进行财政性、债券类开发性金融投入的同时，必须带动"储蓄资金"和"社会资金"对中长期融资体系建设的投入，以有效统筹国内国际全局和市场。

（三）中长期融资是均衡社会融资总量的关键途径

从2011年开始，中央要求货币政策要综合运用多种工具，保持合理的社会融资规模和节奏，用社会融资总量替代信贷指标为中间变量，以符合中国融资结构的变化趋势。人民币贷款以外的社会融资超过人民币贷款，这是中国融资结构发生变化和直接融资快速发展的必然趋势。

不论是以人民币贷款总量作为货币政策中间变量时期，还是在以社会融资总量作为货币政策中间变量时期，政策性、开发性金融机构以发行金融债券为主体、企业存款及其他来源为补充的筹资机制，动员和吸收大量长期和相对低成本的社会资金，用于国家重点项目建设，有力地支持了国家宏观经济政策的实施和国民经济的增长，也保证了开发性金融可持续发展。中长期投融资体系已经成为平抑国家经济周期波动和均衡社会融资总量的关键途径，更是均衡国家经济社会建设与发展整体稳健向上的重要杠杆。

（四）中长期融资体系建设面临的挑战与机遇

在中国金融业实行分业经营和分业管理的制度背景下，资金盈余者（储蓄者）、社会资金和资金短缺者（投资者）不通过银行间接融资中介机构而直接进行资金交易已经成为显著的金融现象。这种"金融脱媒"的变化对中国的金融运行和宏观调控的影响是多方面的，微观方面压缩了银行传统的收入来源，宏观方面使得调控部门欲通过管住"信贷闸门"来抑制高投资的政策意图失去了得以实施的基础。我们需要认识到的是：在经济体系全面转向市场化轨道的背景下，发展直接融资已经构成中国金融改革和发展的重要内容。根据其他经济体的经验教训，决定了中国利率市场化将采取一贯的渐进式改革方式，完全的利率市场化仍需较长时间。

这种金融格局的变化对于中国以"债券直接融资"为主的政策性、开发性金融机构来说，如何充分把握从"间接融资"向"直接融资"与"利率市场化"金融改革发展过程中带来的机遇与挑战，将是一个非常重大的历史课题。

（五）借鉴国外"打通"经验，创新债券融资体系

在 20 世纪 80 年代中期之前，美国货币当局对金融业采取严格的分业经营与分业管理的实践显示，这种做法不仅徒劳无功，而且危害了金融现代化的进程，致使美国经济长期处于比德国和日本相对落后的境地。80 年代中期之后，美国货币当局改变了思路，一反在金融业中实行"严格分业"的传统，逐渐致力于"打通"银行和市场间的联系通道，日益模糊直接融资和间接融资的界限，美国才最终摆脱了"分业经营"的困扰。基于这个新的金融体系，美国重新获得了在金融业中世界领先的地位。美国的经验告诉我们，一个国家金融体系的现代化通常都会经过从"分业经营"到"混业经营"的过程，只有通过最终打通直接融资和间接融资的界限，实行金融混业经营，金融体系才能实现现代化。

当前，中国正在推行发展直接融资战略的过程中，事实上已经允许金融混业过程的展开。这使得中国可能避免其他国家在严格分业的背景下大力发展直接融资所带来的问题。依此来看，中国金融业的现代化发展目前正面临难得的战略机遇。

在目前中国各地方政府隐性负债已成为普遍行为的情况下，降低商业银行信贷比例，发展更为透明的政策性、开发性金融与地方政府平台的债券融资，不仅有利于地方债务的透明化，减少中央和地方政府的信息不对称；而且能有效降低地方政府隐性债务规模，促进融资渠道的多元化，减轻目前融资结构给商业银行体系带来的巨大压力。同时，将地方政府评级引入城市投资类债券的发行中，从而更为准确地反映发行企业所在地域的经济发展水平以及财政收支状况，以形成多层次的信用评级框架，为城市投资类债券的准确定价提供参照体系。

（六）政策建议

中国的发展没有现成经验和模式可循，中长期融资体系建设的发展，取决于金融制度的健全程度。我们必须以创新思维和创造性的工作方式加快推进中国中长期融资体系的建设，以制定出符合中国国情和发展需求的政策和方法。

第一，制定有利于债券类银行发展的政策。在目前高储蓄率、流动性充裕、银行融资为主的金融格局中，要解决巨额储蓄资金和社会资金转化为中长期建设资金的问题，金融政策和监管部门就需要制定加强债券类银行发挥重要的转化作用的发展政策，管理和控制中长期风险，防范短存长贷期限错配导致的系统性风险。国际上，以债券为主要融资方式的政策性、开发性银行是一种长期的客观存在。中国的国家开发银行、进出口公司银行、农业发展银行的发展说明，债券类银行的运行是成功的有效的，债券类银行不仅起到了为国家筹集大型、集中、长期建设资金的作用，而且促进了债券金融市场发展。

以发债筹资为主的债券银行，其业务特点与储蓄类银行有很大区别，难以适用储蓄零售银行的监管和绩效评价标准。为了更好地促进债券类银行的发展，金融政策制定和监管部门应该借鉴国际上对债券类银行专门分类、统计、管理及立法的做法，建立与之相适应的、系统的制度安排，包括监管、绩效考核评价标准等，创造有利于债券类银行生存发展、业务运行和风险控制所必需的基础条件。

第二，促进储蓄和社会资金向中长期资金转化。在中国银行分业经营与分业管理格局目前不能完全改变的情况下，在形成从银行的间接融资向社会的直接融资金融改革和市场发展过程中，可以建立起其间的债券投融资的"缓冲地带"，促进储蓄和社会资金向集中、大额、长期资金的转化，以加大对重点领域和薄弱环节的融资支持。

在利率市场化改革实施过程中，金融政策制定和监管部门对于存款利率的浮动区间设计，建议考虑给予大额、长期存款更大的浮动范围，设计"储蓄资金"和"社会资金"转化为符合中国城市化、工业化、国际化发展阶段，亟须集中、大型、长期建设资金的金融改革方案，以缓解投资项目资本金匮乏的基本矛盾。

第三，加强国际合作，拓展海外金融市场。在经济全球化的格局下，金融市场基本上主宰了一切经济活动的风险。政府实体是中国债券市场的主要发行方，而中国国有银行则是主要的投资者，政府应该建立一个更强大的债券市场。随着向海外投资者发行人民币债券的发展，建议国家财政、金融管理部门和开发性金融机构考虑到海外发行中国中长期融资债券，将全球的资金吸引到中国来。

中国财政部于2011年8月在香港发行200亿元人民币债券。此次虽然吸引了人民币的需求，但可惜吸收的是与美元直接挂钩的港币，无法引导美元转换成人民币。中国如果选择在国内增发国债，滞留在外的美元贸易盈余，仍将受阻于流动性与外汇管制两个因素，结果反而是在国内回收人民币。中国必须在美元资金充沛的资本市场，发行以人民币计价之特别国债，才能发挥抵挡美元资产膨胀的作用。

由于人民币后市高度看好特别国债之投资价值，可以克服种种发行及经销上的成本顾虑。在欧美市场，特别国债可回收部分美元贸易盈余，在中国积极推动以人民币结算贸易的国家或区域，更可供国外进口商储存所需之长期人民币资金，在实质上助推人民币跨境结算。人民币计价的海外特别国债，可吸引人民币往外移动，有了货币的承载工具，人民币国际化才不会落于空谈。在海外发行国债所得人民币，可提供贸易结算融资需要，也可满足投资者对人民币账户的需求，中国应对主要出口贸易往来国家积极推动中长期债券，协助各国在美债、欧债外，另辟管道储藏高潜在价值的人民币，双方互惠互利。

二、构建政策性金融体系与立法建设

当前,中国经济社会处于新型城镇化、工业化、信息化和农业现代化建设的重要发展阶段。一方面是基础设施建设任务艰巨,产业基础薄弱,消费还未成主要拉动力;另一方面是投资项目资本金匮乏,巨额的"储蓄资金"和"社会资金"不能转化为集中、大型、长期的建设资金,已成为中国投融资格局中的基本矛盾。作为政府和市场沟通的桥梁,政策性金融发挥中国经济建设中长期融资的先行者和主力军的作用,为新型城镇化、工业化战略规划提供稳定和高效的融资支持,是贯彻国家的宏观战略意图、促进国家经济社会发展强有力的战略工具。因此,构建一个合理、有效的政策性金融体系和推动立法体系建设,发挥政策性银行的优势和作用,支持实现国家发展战略目标,将起到十分关键的作用[①]。

(一)新形势下政策性金融的客观必然性和重要性

政策性金融有别于一般商业性金融,是政府针对"市场失灵"参与资金和资源配置,有力地服务于中国贯彻国家现代化赶超战略,具有"政策性目的、市场化运作、专业化管理"等特征。其主要功能包括:填补瓶颈领域融资空白或不足,发挥前瞻性、战略性投入的先行者作用;在市场不足和制度缺失的领域,培育、建设和完善融资市场和制度,发挥制度建设者作用;吸引、带动社会资金进入资金短缺的领域,发挥民间资本引导者作用;服务于政府的某些特定发展目标,促进社会公平,并协助化解金融风险,发挥公共利益和社会稳定的支持者作用。

政策性金融体系可以有效降低实现国家政策目标的社会成本,促进社会公平和贯彻特定的战略意图。从经济发展史、经济成长的内在

---

① 郭濂,刘卫平. 中共中央党校《理论动态》,2015年2月20日总第2022期。

逻辑来看，发展政策性金融体系都具有长期的必然性。从国际经验来看，政策性金融机构不仅广泛存在于发展中国家，也存在于金融体制完善的发达国家，成为市场机制有益的和必要的补充，在英国、德国、法国、日本、巴西乃至美国，都存在着较大规模的政策性金融机构。对于实施现代化赶超战略的发展中国家来说，发展政策性金融的必要性和战略意义更为显著。从中国的情况来看，政策性金融在短期内不仅不应弱化，还应该进一步加以发展、完善并寻求创新。

从总体来看，中国政策性金融的框架体系还不健全、不完善。存在一些问题，诸如缺乏法律规范、政策性银行和商业银行的业务存在交叉、风险补偿和补贴机制不健全、政策性银行评价标准的缺失、政策目标的弱化、功能的模糊、监督架构不健全、筹集资金方式单一等。政策性业务与商业性业务之间的矛盾化解和政策金融体系改革过程远未结束，政策性金融体系可持续运行的制度保障尚未有效建立。此外，政策性担保融资、城投债融资、基础设施建设特许权授予融资等领域仍然存在一些问题。

构建一个合理、有效的政策性金融体系，基本思路上，首先要力求明确政策金融的政策目标及其与商业性金融的边界；其次应积极以市场性目标解决政策性金融机构的经营机制问题；再次是大力构建风险共担机制和完善利益补偿机制，支持市场性目标的实现；最后，还应合理构建绩效评价体系，保障政策性目标的实现。由此，总体框架的主要内容一是确定中国政策性金融的业务范围；二是中国政策金融包含的各项业务的实现方式；三是为了实现政策性金融的各项业务，中国需要构建哪些和何种治理结构的政策性金融机构；四是合理设置政策金融的监督管理机构。

有效的监督是政策性金融健康发展的必要条件，不同国家和地区需要针对政策性金融机构发展情况做出相应的监管制度安排。就中国而言，首先要逐步建立政策性金融的法律框架；其次是建立和完善政策性金融的监管委员会制度。在法人治理模式上建议吸纳德国、美国和日本模式三者的优点,并结合中国的实际,建立以利益相关人为基础的法人治理结构,业务开展实施专业化分工、政策性金融机构与商业性金融机构合作的市场化动作模式。

(二)要从战略与长远的角度看待中国政策性金融改革

世界各国的政策性金融机构呈现出多元化发展的一般态势,既有以商业化为取向脱离政策性金融领域的模式,也有继续恪守经营准则、严禁与商业性金融机构竞争的模式。国际上对政策性金融机构的商业化改革正处于不断试验之中,其理论基础并不成熟,最终的结果更是难以预料。在这种充满不确定性的潮流中,我们应试图从中总结经验用于指导中国政策性金融改革的实践。

从政策性金融的发展历程看,中国对其认识从一开始就并不清晰,其发展定位也存在明显错位,仅仅将政策性银行当作专业银行商业化改革的"副产品",其功能只是承担各专业银行留下的某些特定政策性融资业务包袱,基本上没有从国家经济发展战略角度规划政策性金融的长远发展问题,对国家开发银行、中国进出口银行、中国农业发展银行三家政策性银行所从事的政策性业务范围的界定始终不清晰。这对中国政策性金融的发展带来很大影响,不仅影响到政策性金融体系构建的完整性,而且也影响到决策层对政策性金融存在必要性的判断。

基于此,设计中国政策性金融体系改革思路,需要具备战略思维,要从长远的眼光看待这一问题。从政策性金融体系的战略发展角度而言,根据中国经济发展所处阶段和政策性金融需求的实际情况,政策性金融体系所包括的领域应该是非常广泛的,现有的业务范围是远远不能包含的,因此,要从经济发展战略高度认识政策性金融的重大意义,从长远角度考虑中国政策性金融体系的设计,更加重视发挥政策性金融的作用，合理规划政策性金融发展的业务领域，不断完善政策性金融体系，增强政策性金融机构的作用。不能只顾眼前，片面强调政策性金融机构造成的不公平竞争、利润化导向不足等负面效应，更不能将此作为确定政策性金融改革路径的主要因素与考量依据。

中国政策性金融体系需要积极建设、合理发展、长期存在。2007年以来中国开始进行的政策性银行改革中，一个值得重视的倾向是希望通过改革将政策性银行逐步转型为以商业银行为主、政策性业务为辅的运营模式，而在字里行间则透露出一种似乎政策性融资已经过时、希望商业性融资渠道基本能够覆盖所有融资需求的信息，这种想法应用到实际操作中会对中国金融体系建设带来不利影响。

对于处在"全面深化改革"和"经济转型与产业结构调整"的中国，必须立足于中国长期处于社会主义初级阶段这个最大实际。政策性金融的存在，首先要满足其在进出口、农业、中小企业等领域产生的政策性金融业务传统需求目标，这是因为，中国经济对外依存度不断提高，中小企业融资难问题也一直难以解决，"三农"领域的发展长期滞后，城乡差距日益扩大，这些领域存在的问题比其他国家更为严重，在发展过程中出现的巨大资金需求很难获得商业性资金的支持，带有较明显的"市场失灵"特征，迫切需要政府政策性资金的介入。其次，在锁定"新型城镇化"和"走出去"战略目标的情况下，中国仍需要借政策性金融大力促进经济结构升级和发展方式转变。中国下一步要重点发展的高科技产业、新能源产业、绿色产业以及循环经济中的合理产业链建设等，都需要巨额投资，这些产业投资风险大，商业性银行业务不愿涉足，因此，需要国家不断通过政策性金融机构予以扶植。

（三）借鉴国际成功经验推动政策性金融立法

与大多数发达国家不同，中国政策性银行是在缺乏完整法律法规制度的条件下不断发展的、至今也未形成关于政策性银行的明确法律定位，这造成了中国政策性银行运作无法可依、监管无章可循的尴尬境界。而国外的政策性银行有法可依。如战后日本依据《日本复兴金融库法》建立了日本复兴金融公库，依据《日本政策性银行法》建立了日本政策性银行，依据《中小企业信用保险公库法》设立了中小企业信用保险公库等。德国根据《复兴政策性银行法》成立德国复兴信贷银行。韩国也根据《韩国中小企业银行法》《农业协同组织法》《韩国进出口银行法》等组建了具有不同功能的政策性金融机构。国外政策性银行立法有如下特点：一是根据制定的国家政策性银行法成立相应的政策性银行，二是对不同的政策性银行进行独立立法，三是形成了一国特色的国家政策性银行法律体系。

中国政策性（债券类）银行法的长期缺位导致衍生出各种问题，如市场定位不明确、业务手段单一、行政干预较多、融资能力较低、与政府关系不顺畅等。因此，政策性银行立法具有切实的必要性和紧迫性，应当尽快提上立法日程。

建议借鉴国外成功经验，制定《政策性银行法》，应给予明确的几个问题：第一是债信问题。无论是显性还是隐性的，继续保持国家主权债券评级是非常必要的。国外的债券类金融机构，例如德国复兴银行、韩国产业银行、日本政策投资银行等都是维持零风险权重。给予长期国家信用支持：通过制度性安排，明确政策性银行长期主权信用等级，确保政策性银行更好地履行服务国家战略职责，维护金融市场的平稳运营。第二是税收减免政策问题。国家应该给予政策性银行税收减免政策，让经营利润全部作为资本补充金滚动发展。第三是监管问题。国外对债券类银行的监管是区别于商业银行的，如对资本充足率的要求比商业银行要低等。实行政策性银行监管标准，享有平等化监管政策：鉴于政策性银行的特殊性和战略性，实行政策性银行监管标准是应有之义，而不是政策性银行要求"差别监管"。第四是经营业绩考核问题。国家对政策性银行的经营业绩考核导向，要区别于国有控股商业银行，实行分类考核。实行政策性银行考核标准：鉴于政策性银行服务国家战略的任务，以及筹资和业务的特殊性，应在绩效考核上给予政策性银行以政策性银行监管的平等待遇。《政策性银行法》作为规范债券类银行的统一立法，必须对上述问题给予明确清晰的规定，为债券类银行的健康、稳定发展提供法律保障。

第二部分

生态与社会

第四章

新发展路径：低碳、需求侧与生态文明建设

中国作为世界第二大经济体，经济发展受到环境因素的严重制约。因此，第一，"碳中和"任务不是简单的技术和经济问题，还是影响广泛的社会问题，可能会导致巨大的系统性转型风险。这个问题目前虽然已得到足够重视，但社会各界应该形成共识，找到解决方案。氢能被作为21世纪的"终极能源"，已经成为世界各国新能源竞争发展的核心领域。第二，本书提出"需求侧：重塑消费需求是实现低碳发展的关键"的观点，从需求侧入手，分四种情景探讨技术进步、消费需求、进出口贸易对中国中长期能源消耗与碳排放的影响，为中国实现经济低碳转型提供借鉴。第三，实现"生态、社会、经济"综合效应，将成为中国新型城镇化建设、改善民生和推动工业现代化的"人的城镇化"的重要任务。探索和创新投融资模式，有效推动金融服务城镇化建设与绿色、低碳发展相结合，将是中国新型城镇化发展的必然趋势。第四，生态环境保护和中国城镇化就是人们对城市美好生活的向往，当前，中国生态形势严峻，构建"绿色金融"体系刻不容缓。

|第一节| 碳中和的转型问题与氢能源革命

2020年9月22日,国家主席习近平在联合国大会上宣布:"中国将力争2030年前实现碳达峰、2060年前实现碳中和。"作为全球最大的二氧化碳排放国,中国这次表明对脱碳的坚定决心,意味着全球变暖国际合作迈出了重要的一步。为实现碳中和,中国必须在应用新技术的同时,加快摆脱以煤炭等化石燃料为主的能源结构和偏向重工业的产业结构。这将会推动各个领域的创新和投资[①]。

一、"碳中和"的转型风险和潜在的社会问题

目前,大家都在满怀希望地期待实现"碳中和"这一天的到来,以终结地球气候变暖的趋势,却很少有人关注在推进"碳中和"的进程中所蕴含的真实存在的巨大社会风险。我们要清醒地认识到,"碳中和"任务不仅仅只是简单的技术和经济问题,还是有影响的社会问题,需要深入思考[②]。

(一)从能源领域的角度看,首先面临的是能源保障风险,主要是电能的安全可靠保障供应风险

在所有的电源中,风电和太阳能光伏发电几乎完全不可控地送入电网中,因此电网能够安全接纳的风电和太阳能光伏发电总量等于其他电源(包括电池储能,抽水蓄能等储能电源)总的调峰能力和用户侧负荷调节能力的总和。由于调峰电源主要(估计90%以上)来自于

---

① 关志雄.中国的碳中和之路——关键在于能源结构和产业结构的脱碳化, https://www.rieti.go.jp/users/kan-si-yu/cn/c210813.html.
② 刘卫平."碳中和"的转型风险和潜在的社会问题[J].经济日报,2021年11月《信息专报》.

煤电和天然气火力发电，而煤电和天然气发电正好是最主要的碳排放源头，而在碳中和进程中，减少碳排放最主要的措施就是煤电和天然气发电逐步退出，显然，从硬币的另一面看碳中和，减少煤和天然气发电就是减少为风电和太阳能发电安全送入电网提供保障的调峰电源。

从全社会供电最安全可靠的角度看，风电和太阳能光伏发电之外的电源供应总量应该能够满足全社会电能消费总量，而且这个总量平衡必须是实时的，因此，风电和太阳能光伏发电的市场份额，本质上是其他电源为了碳中和目标而出让的市场份额，并且其他电源在让出这部分市场份额的同时，还必须为风电和太阳能光伏发电提供安全运行的调峰保障。因此，煤电和天然气发电快速退出与风电和光伏发电快速进入，是一对矛盾。

除非有另外一种可靠的电源，比如植物能源发电，或者其他目前人类未知的可靠可控电源，完全替代煤电和天然气发电承担的供电保障和调峰职责，否则，风电和光伏发电发展装机越多，需要的煤电和天然气发电调峰电源越多。因此，如果在风电和太阳能光伏发电快速大量进入电网的过程中，不能同步增加煤电和天然气调峰机组，反而以碳中和名义，以减碳名义让煤电机组快速大量退出，就有可能酿成巨大供电风险，进而影响到全社会的风险。

另一方面的风险，来自碳中和推进过程中，必然发生新旧能源供应系统转换或是能源革命。在这个转换过程中会产生社会承受能力问题，以及新的能源供应保障问题。这两个问题，其中只要任一不能得到妥善解决，轻则造成碳中和进程受阻，重则引发社会矛盾爆发。因此，对于这个转换，有关部门必须要做好充分准备，谋定后动。

（二）碳中和转型中的风险以及解决碳中和的问题，是影响广泛的社会问题，要从多方面进行综合、系统考虑

第一，实现碳中和，是人类社会为保护地球生态的必然选择。人

为活动引起的温室气体排放导致了当前全球气候变暖，给地球的生态安全带来很大的威胁，因此应对全球的气候危机就是维护人类的共同利益。最主要的措施就是减少人为活动的碳排放，最终实现碳的净零排放，也就是通常说的碳中和。这是世界的发展趋势，也是实现人与自然和谐发展、建设全球生态文明的必经之路。

第二，在实现碳中和过程中，每个国家的战略和技术的选择都不同。每个国家发展阶段和国情不同，为国际社会带来了如何公平实现转型的问题。在《气候公约》和《巴黎气候协定》当中共有的基本的原则就是，共同但有区别责任的原则、公平原则和各自能力的原则。发达国家和发展中国家存在着共同但有区别的责任。在奔向碳中和转型的路径中，每个国家的不同区域和不同行业如何实现可持续或公平转型，也是每一个国家考虑的问题。欧盟在它的成员国内或不同行业之间也提出"公平转型"的概念。例如对于像波兰这样以煤炭为主的国家，对于煤炭行业的转型有一些资金支持，这对于我们国家也很重要。确定2060年前实现碳中和的目标，不同的区域与行业需要不同的方案以处理好这一转型。

第三，必须解决好转型过程中社会发展和稳定问题。例如涉及类似煤炭将来要大量退出的问题，在能源体系的变革当中，煤炭的比例会越来越低，最终要建成以新能源和可再生能源为主体的、低碳的能源体系。在这个过程中每个行业的转型，特别是一些高耗能行业，必须对其扩张进行限制。

首先，要给出转型的方案以及对实现转型相对应的政策。在转型过程当中，如何实现社会的稳定和经济的可持续发展仍然是个问题。总体来看，我们提出在2060年前中国实现碳中和的目标，是我们对国际社会的庄严承诺，也体现了中国身为大国对全人类共同事业责任的担当。每个地方都要做好本身的规划路线图或施工图，同时也要避免工作当中盲目的行为，避免导致一些不必要的负面影响。要把资源碳中和和深度脱碳的发展路径作为国内经济社会可持续发展的新发展理念，实现绿色低碳循环的发展路径和建设产业体系，建成清洁低碳安全高效的能源体系并进行结合，在世界范围内打造我们的核心技术竞争力。

其次，实现碳中和也要求有切实措施和计划。当前气候变化的负面影响比原初预想的来得更快，而且影响的程度和范围更加广泛。2021年中国河南与欧洲的大雨，去年澳大利亚和美国加州的大火都与气候变化大的背景有很大关系。极端气候变化形成极端气候事件发生的概率越来越大，发生影响的程度也愈发剧烈。目前，国家发展改革委也正在制订防风险的行动计划，中国在这方面要做扎扎实实的工作。首先要推进能源转型，建设清洁低碳安全高效的能源体系和绿色低碳循环发展的产业体系，能够及时促进中国可持续发展和环境质量的改善，以及应对全球变暖。同时，也对全球的生态文明建设和应对地球的生态危做出中国的贡献。将两者进行协调是非常艰巨的工作，需要中央、地方和各个行业做统筹协调监控努力才能够实现。

（三）在世界范围内打造中国的核心技术竞争力

当今世界大多数国家在实现碳中和的目标过程中都把实现低碳转型作为长期经济社会发展战略中的重要组成部分。谁具备了低碳转型的能力和先进的深度脱碳技术，谁就具备了核心竞争力，就会引领世界技术创新和经济社会发展方向，谁就有影响力和话语权。因此，这是一个大国将来竞争的重要方面。中国自身要在低碳转型当中努力适应全球形势，并在多方面发挥引领作用，掌握先进核心的深度拓展技术，也是我们打造世界范围内大国竞争力非常重要的一点。同时，我们也要看到新的发展机遇，很多先进的技术是新的经济增长点和新增就业的机会。因此要顺势建立低碳的核心竞争力，这是大国的战略取向，也是大国博弈的重要领域。

需要特别指出的是，中国身为发展中国家，生态环境较为脆弱，受气候变化的负面影响也较为强烈。气候领域也可能成为美国G7的由头，以联合其他国家将中国孤立，在一些重要领域采取类似碳边境调节税这样的相应措施。目前，欧盟已经提出中国这样的发展中国家要向欧盟出口一些高耗能的产品征收碳边境调节税，美国可能也在酝酿跟进。所以，在这方面也有可能展开大国博弈。问题的核心在于加快中国的碳发展能力建设以及向低碳的转型，这样中国才能在大国博弈当中更好地占据主动，促进国内的可持续发展。

中国目前既不缺煤炭，也不缺燃煤发电厂，但现状是电力这么缺乏而燃煤电厂又全面亏损。目前太阳能、风能发电的装机容量已近6亿kW，已达到煤炭发电装机容量（12亿kW）的50%，且投资巨大，但发出的电量却只有煤炭发电的10%，因为太阳能风能的年发电时间只有1000～2000h，而且发电时间不可控。只要政府一句话：不要逼迫燃煤电厂强行给太阳能风能让路，中国的煤炭、电力供应还是很便宜、很充足的。但全球气候变暖引起的自然灾害已越来越频繁、地球气温上升的压力也越来越严峻。所以只有大力发展植物能源产电、产氢，既挽救了燃煤电厂，又能大规模、低成本生产化工交通用的绿氢，同时还可彻底解决碳中和问题。

（四）政策建议

第一，注重能源保障风险。目前调峰电源主要来自煤电和天然气。在当下火力发电和未来可再生能源发电、太阳能发电越来越多时，储能起到重要的调峰和稳定电网作用。世界与国家可大力发展抽水蓄能电站。另外一点是电化学储能，保障电网稳定运行。发电的电源、电网、储能以及力的负荷需要统筹一体化、智能化管理。未来电动车数量不断增多，其电池也可作为储能设备。

在电力低谷时期利用可再生能源充电，在高峰时期作为储能电源放电给电网，也是解决方向之一。将来的调峰主要依靠煤电和天然气发电。

第二，应对、防范与化解风险的政策与建议。中国的双碳目标不能因为风险的存在而放弃,这也是全球趋势。我们要打造能够协调经济增长、能源安全、环境保护以及应对气候变化、多方共赢的格局,来探索绿色低碳的发展路径。

我们需要转变经济发展方式与产业结构,进行战略性调整与布局,发展绿色低碳循环产业体系和以新能源、可再生能源为主体的清洁、低碳、安全、高效的能源体系。长期碳中和的目标需要坚定地实现,在过程中着力防范和化解风险,提出解决问题的方法与途径。

第三,若只谈风险而不谈如何解决,将导致经济发展模式无法转型。现在需要贯彻新的发展理念,创新驱动,绿色发展,实现经济的高质量发展。构建绿色低碳循环的产业体系,需要实现减污降碳的协同效应,提升环境质量,减少碳排放。保护全球气候安全,建设全球生态文明,构建人与自然和谐发展格局。

未来的电力系统当中,依然可能保留一定量煤炭和天然气这类化石能源的发电,但其运行时间短,发电量并不多,主要用于调峰。此外,我们必须推进技术创新发展。化石能源发电要普及 CCUS 技术,即碳的去除技术。将二氧化碳封存到地下,与大气隔绝,不再产生温室效应,进行二氧化碳的普及利用和埋存。电力系统需要实现二氧化碳零排放。

○ 二、植物能源革命将影响世界能源格局

我国积极推进双碳战略,既是体现维护人类命运共同体使命责任的大国担当,又蕴含应对国际博弈竞争的格局与智慧,更要推动以新型能源革命为契机带动中国科技、经济、社会全面转型升级与换道超车的战略部署。这一关系中华民族伟大复兴的宏伟战略的实现,需要全国上下坚定扎实的不懈努力,需要科技突破做支撑、体制机制创新做保障,实现化危为机。我国企业和科学家协同自主创新,研发成功真正的能源植物——"超级芦竹"。已有的试验和示范已能表明:利

用超级芦竹作为植物能源，发挥其零碳、负碳作用，既可以用于生物基火力发电替代燃煤火力发电，为我国转换新旧能源系统、建立新型电力系统补上安全、足量的重要环节，又可以生产负碳的绿色天然气、绿色氢气、绿色液氨、绿色甲醇、绿色航空煤油、绿色烯烃、绿色芳烃、绿色煤炭等，在助力我国提前实现双碳目标的同时挽救大量存量的燃煤火力发电装备；也能更经济、高效地生产氢及氢能源载体，为迎接未来氢能源时代到来做好衔接；还可较经济高效地制取炭基肥、碳基土壤修复改良剂、碳基材料等，为我国农业、材料、建材的可持续零碳、负碳大发展提供重要支撑。建议国家采取有效措施，大力支持超级芦竹的创新研究及大规模推广应用，鼎力支撑双碳战略的实现。

当今世界正在经历一场消减化石能源、发展清洁高效环保型新能源的革命。它以改善地球生态环境为直接目标，并将带来人们生产方式、生活方式、世界经济和政治格局等多方面的改变。我国的双碳战略需要通过科技突破和体制、机制创新，来解决现有技术经济条件下的难题，特别是目前新能源还难以持续、稳定及足量的供应，导致火电装备还不能快速退出等问题；并能通过能源革命带动我国换道超车，实现产业升级、经济发展、社会转型，全面完成工业化、现代化进程。

（一）植物能源革命将会带来世界地缘政治经济格局的改变

1. 能源转型将重塑世界地缘政治格局。自人类进入工业社会以来，能源就成为命脉，成为热点、焦点，深刻影响生产发展、社会进步、国家间的竞争与博弈，也不乏引发战争冲突。

地球上所有的能源（化石能源、太阳光伏发电、太阳热发电、风力发电、水力发电、核能发电、生物质能）均来自太阳能。当前，世界能源体系的基础正在从开发稀缺、不可再生、危及人类生存环境的地下化石能源，向潜在的地上绿色太阳能资源转变。这对世界来说是一次根本性的变化,也给人类带来了巨大的挑战和机遇:首先,化石能源生产国必须适应一种新的、多样性的能源经济模式;第二,可再生能源发电及产氢将为化石能源生产与消耗国带来巨大的挑战和机遇;第三,在全球能源转型的过程中,南美洲、亚非等新兴经济体积极寻求发展,已经取得一定进展。过去四年中可再生能源发电装机已经占到总发电量相当大的比重,而且大多数可再生能源的产量增加都来自新兴经济体和发展中国家;第四,能源转型可降低因争夺化石能源而产生冲突的风险;第五,可再生能源在应对气候变化战略中发挥着至关重要的作用。可再生能源可以减轻更广泛的社会经济压力,通过少污染、少排放和促进可持续发展来创造就业机会,改善全球 10 亿能源贫困人口的处境,减少各国对既稀缺又危害人类生成环境的化石资源的争夺。

2. 我国开发和进口海外石油天然气面临的挑战。我国是一个缺油、少气、富煤的国家,石油对外依存度已达 71%,天然气对外依存度已达 45%,随着经济的快速发展,我国对石油天然气的需求量还在增长。在当下国际能源格局发生变化、能源地缘政治形势紧张、中美关系愈发复杂的情况下,我国依靠长期开发和进口海外石油天然气面临着诸多威胁和挑战,包括国际安全局势日趋动荡、西方国家敌视和阻挠、一些产油国政权反复更迭等。如东海的中日关系问题、南海的中菲中越关系问题、中国与新加坡的关系问题、与中巴经济走廊样板工程建设有千丝万缕联系的中印边界对峙问题、瓜达尔港建设问题等,本质上都与能源争夺、确保能源供给通道畅通及安全息息相关。如果我们不能提早确定可以代替石油、天然气的大规模、低成本、稳定供应的新能源方向,中国在能源、军事、社会和地缘政治经济领域的发展将一直受制于人,后果十分严重。

3. 我国迫切需要绿色、高效、安全、足量、经济、可靠的能源保障。尽管目前太阳能、风能、核能、水力等新能源在我国开发利用的增长势头猛、潜力大,但在相当长的时间内,由于其单位投资强度大、波动性、间断性、储存输送成本高等系列难题有待技术突破，难以在短时间内担当我国能源供应的重任。但全球气候变暖的压力不能等，我国对国际社会的庄严承诺不能等，因此充分利用我国国内资源条件发展务实、经济的绿色清洁能源，显然是确保我国能源安全之必须。要想彻底摆脱对海外石油天然气的过分依赖，同时又实现应对全球气候变化的承诺和中国经济的可持续发展，目前看来，只能在"绿氢、绿电、绿炭"等新能源技术领域再寻找新的颠覆性突破口。一旦中国把"绿氢、绿电、绿炭"等新能源技术大规模、低成本、快速地应用到各个领域，不仅可以免受我国石油天然气进口安全的长期困扰，还能绝地反击成为全球新能源领域的引领者、输出者。

(二)氢能源将占据未来能源世界制高点

1. 氢能被作为21世纪的"终极能源"。与储能电池相比，氢能具有热值高（是液化天然气、汽柴油的3倍以上）、可再生、可发电、可燃用、零污染、零排放等优势。当然，也存在生产成本高、运输储存成本高、体积能量密度小等问题，所以氢能源是21世纪的终极能源，但氢气、液氢不一定是。目前全球各种储电装置的体积能量密度都太低，很难成为未来大规模储能的方向；氢气和液氢是质量能量密度最高的能源，但这一优点带来不了实际的经济价值，因为它的体积能量密度又太小。只有大规模发展体积能量密度高、运输及储存成本低的绿色氢能源载体（如绿色甲烷、绿色甲醇、绿色液氨、绿色汽柴油、绿色航空煤油等），才是未来全球大规模绿色能源和绿色储能的发展方向。纵观国内外科技前沿，目前看来只有超级芦竹是直接生产绿色甲烷、绿色甲醇、绿色液氨、绿色汽柴油、绿色航空煤油、绿色烯烃、绿色芳烃、绿色煤炭最经济的原料。绿色氢能产业很有可能成为继信息技术后带动全球经济复苏的"新技术革命"的核心内容，成为世界新的经济增长点之一。

过去十年来，氢能与氢燃料电池正在成为全球新一轮科技革命和产业变革的重要方向，已经成为世界各国未来能源发展与竞争的核心领域。谁能开发出"低成本、大规模、负碳氢能源生产技术"，谁将有望成为未来全球能源的领导者。

2. 我国氢能源的发展现状。我国政府高度重视清洁能源技术的研发和推广，自2019年"两会"首次将"氢能源"写入《政府工作报告》以来，我国构建氢能社会的进程正在飞速发展。

我国已经是产氢大国，2021年的产量已达3300万吨，占全球氢产量的36%，基本都是由化石能源生产的灰氢；目前全球91%、我国95%的氢气主要用作工业原料。由新能源生产出的绿氢，在全球的占比还不到1%，但只有这种绿氢才是未来工业、电力、交通、建筑、家庭需要的能源。专家预测，2030年以后我国绿氢需求量将达到6000万吨以上。目前石油、天然气制氢成本在16.7元/kg以上，煤炭制氢成本在11元/kg左右，均属于灰氢、蓝氢，均存在二氧化碳排放大的世界性难题；电解水制氢虽然无污染，但如果是基于传统化石能源（煤炭、石油、天然气）的电力来电解水制氢，那只是污染物和温室气体排放的转移；如果是基于可再生能源（太阳能、风能、核电、水力、生物质）的电力来电解水制氢，由于电耗达50度/kg氢气以上，导致电解水制氢成本高达25元/kg以上，目前暂不具备大规模市场化的商业可行性。因此迫切需要开发出"低成本、大规模、负碳氢能生产技术"。

（三）发展"低成本、大规模、负碳植物能源"将是我国从容应对全球气候治理的战略机遇、实现双碳目标的主体能源路线之一

1. 我国和全球的减排目标面临巨大压力。目前全世界170个缔约方都已提出了包含减缓目标或行动的国家自主贡献方案（NDC）。研究表明：即使这些方案全面实施，到2100年，全球气温升幅仍将达到

2.7℃～3.1℃，无法满足协定确定的 2℃温升目标；如果进一步实施 1.5℃温控目标，那么全球排放在 2050 年左右就必须达到近零排放，比实施 2℃温控目标提前 10～20 年。研究表明，为实现全球 2℃控温目标，发达国家每年需要向发展中国家支持 3000～10000 亿美元的资金。我国作为目前的排放大国，将要承受更大的减排压力。

根据目前全球的产业结构及技术路线判断，尽管近年来低碳技术进步很快，市场普及率逐年提高，但仍很难全面支撑世界范围的实质性减排。全球大多数气候专家和活动人士都已经看到，要实现《巴黎协定》的目标，短期内仅仅依靠提高能效、依靠太阳能风能核能等近零碳的发展路线，还是远远不够的，必须要有一种经济上更可行的负碳电力、负碳能源、负碳交通燃料、负碳工业材料的重大技术解决方案。但至今为止，这些解决方案大多被认为在短期内难以实现，尤其认为中国这样高度依赖煤炭的大国更难实现。

2. 发展植物能源是负碳工具箱中少有的工具之一，也是最有希望快速发展成为我国主体能源的路线之一。我们目前所看到的农林行业的废弃物、残留物、剩余物等生物质秸秆，因其量小分散、来源不可控、种类不可控、水分不可控、成本不可控，还不能叫植物能源。

能源植物与普通植物类似，都是以二氧化碳、水为原料，通过植物光合作用将二氧化碳转化为含有机碳的有机物和氧气。但能源植物可以更高效、快速、大规模地转化为含有机碳的高生物量植物和氧气，氧气供人类和动物呼吸，含有机碳的高生物量植物可采用常温发酵、生物化学及高温热化学等转化工艺，完全代替化石能源，生产冷、热、电、高端能源（氢气、天然气、汽柴油等）、高端化学品（氨、甲醇、乙醇、乙二醇、烯烃、芳烃等）、冶金还原剂、纸浆、人造板材、土壤修复改良剂、生物基材料等。目前我国通过提高煤炭燃烧效率、传热效率、优化锅炉和汽轮机结构和材料、强化脱硝脱硫，超低排放的燃煤电厂每度电二氧化碳的排放已可降到 650 克，而传统的生物质直燃或者生物质气化发电厂已可实现二氧化碳的近零排放，先进的生物质热解多联产冷、热、电、氢气、天然气、生物炭等已可实现"负排放"二氧化碳350克以上，因为能源植物中近一半的碳已可通过热解工艺，固化在生物炭（及其下游产品中）几十年、甚至几百年。所以只有开发出负碳、大规模、低成本的植物能源，才能真正推动我国绿色能源的大发展，推动人类绿色生产力的发展。这一革命性新技术的实现将会颠覆石化能源和现有新能源产业，颠覆中东、俄罗斯、甚至美国等石油天然气输出国的供应地位，同时也会颠覆美元的霸权地位，更会带来世界地缘政治和地缘经济格局的改变。

3. 我国已开发出"高效率、大容量、负碳蓄热式辐射热解制绿氢、绿天然气、绿炭技术及成套装备"，并已开始工业化。近年来，武汉兰多生物科技有限公司（简称兰多公司）的科学家们发现了本土野生芦竹潜在的经济及环境价值，它在替代化石能源、保障能源安全、加快碳达峰碳中和、修复改良土壤、治理生态环境等方面有巨大的开发潜力。兰多公司的科学家们根据已经收集的600多种国内外野生芦竹种质资源，采用细胞培养、物理化学诱变、分子设计等生物育种技术，对野生芦竹种质资源进行驯化、筛选，优选出多种不同应用场景的超级芦竹新品种，实现了在边际土地上的规模化示范种植，并可就地高效清洁深加工，生产热、冷、电、氢气、天然气、甲醇、液氨、生物炭及各种高端能源、高端化学品等。

目前，兰多公司开发的"蓄热式辐射热解制绿氢、绿天然气、绿炭技术及成套装备"已开始工业化示范推广。

（四）对植物氢能源创新技术成为新能源发展驱动力的政策建议

政府是制度的供给者，在科技规划、战略和政策制定、平台打造、资源配置等方面发挥主导作用，政府通过制定政策可以解决"植物氢能源"这些颠覆性技术在市场推广中面临的失灵问题。技术创新、推广的主体是企业，政府通过制定政策、搭建平台等手段为企业营造良好的环境、引导鼓励企业创新。

第一，政府要起到引导作用，鼓励企业创新，允许失败。要有针对性地为一些"植物氢能源"创新失败承担必要的成本，起到缓释风险的作用。在企业科技创新之初，统一规划园区，在手续办理、土地、人才等方面提供便捷服务，在投入资金上提供政府担保支持，为技术推广市场提供中介服务，搭建交易平台。

第二，建立完善企业与政府部门的沟通平台。加强政府对"植物氢能源"创新性企业技术研发和推广进展的了解，从而引导、完善相关政策的制定，从政策层面推进创新性技术的研发与推广。

第三，现在我国的科技研发资金主要投向科研机构和高等院校，但作为"植物氢能源"技术创新主体的企业却得不到足够的研发和示范资金的支持，尤其是民营科技创新企业。国家应将政策扶持、资金支持的重点逐步转向支持企业"植物氢能源"创新，可设立"植物氢能源"技术创新企业的认定管理办法，对达到要求的企业予以认定并给以相应的资金、政策支持；国家应当出台专项政策、配套专项资金对"植物氢能源"产业的关键节点重点支持。

第四，"植物氢能源"创新性技术在技术示范和推广前期存在较多困难，建议对通过国家级鉴定的"植物氢能源"新技术新成果实行政府采购。采取公开公正公平的方式，由政府统一采购，向国有大中型企业推荐使用；

第五，引导社会资本进入"植物氢能源"全产业链的创新。建议制定相关政策，促进企业"植物氢能源"技术创新。围绕鼓励、扶持、保护各个层面为"植物氢能源"技术创新发展提供二重政策支持，建立对"植物氢能源"全产业链发展的支持体系，如政府大额科研项目必须有一定比例由企业承担。

| 第二节 | 需求侧：重塑消费需求是实现低碳发展的关键

本节研究从需求侧入手，分四种情景探讨技术进步、消费需求、进出口贸易对中国中长期能源消耗与碳排放的影响，为中国实现经济低碳转型提供借鉴。研究发现，单纯依靠技术进步可在2050年实现11亿吨标准煤的节能量，而通过消费需求转型实现适度消费可在2050年实现28亿吨标准煤的节能量。另外，进出口贸易使中国的能源消耗和碳排放增加约15%，通过出口贸易结构升级亦可大幅减少能源需求。因此，中国需要从技术进步、调整消费需求与优化出口贸易结构三方面入手来控制能源需求与碳排放，且调整消费需求的节能减排潜力远远大于技术进步和出口贸易升级的节能减排潜力，是实现中国低碳发展的关键[①]。

这是一项关于消费的研究，而归根结底是一项关乎幸福的研究。现代社会中，人们汲汲营营于财富积累，无非是为了满足更多的消费需求。这似乎正应了保罗·萨缪尔森（Paul Samuelson）经典的幸福方程式，即幸福＝效用（utility）/欲望（desire），其中"效用"几乎可以被视作消费的代名词。如此看来，20世纪中期以来消费主义的兴起似乎不足为奇，因为消费与幸福成正比。然而，消费的增长果真会带来幸福吗？答案似乎并不那么简单。幸福方程式告诉我们，幸福不仅取决于消费的丰俭，还取决于欲望的多寡。与需求不同，欲望不仅包含维持人类生存所必需的需求（need），还囊括了被文化、社会习俗等外部环境所塑造的欲求（want）。简言之，欲望是需求与欲求的总和。当欲望无边膨胀时，人们就不得不增加消费才能保持原有的幸福感。

---

① 齐晔.低碳发展蓝皮书——中国低碳发展报告（2015—2016）[R].清华－布鲁金斯公共政策研究中心、清华大学能源环境经济研究所.

倘若消费的增长无法抵御欲望的膨胀,幸福感便会消失殆尽。这同样意味着,当我们执着于从消费中获取幸福感的同时,往往忽视了通向幸福的另一条路径,即控制欲望,更准确地说,控制需求之外的欲求。当欲求减少时,即便将消费维持在较低水平,人们依旧可以坐拥幸福,享受人生。

那么,我们到底需要消费多少就可以满足需求呢?为维持这一消费水平,又需要消耗多少能源和产生多少碳排放呢?本研究从需求侧入手,分四种情景探讨技术进步、消费需求、进出口贸易对中国中长期的能源消耗与碳排放的影响,为中国实现经济低碳转型提供借鉴。

一、消费、能源需求与碳排放

最早关注消费问题的是经济学家,这是因为消费是经济活动中与生产、流通、分配相并列的一个重要环节。所以最初关于消费的定义是经济学消费的经济学定义,即消费是对物质产品和服务的消耗与使用,用于满足人们的需求和欲望。然而,消费并不仅仅是一种经济行为,它也是一种文化现象,是一个被社会价值观约束的对象。因此,越来越多的学者开始从社会学、文化学、心理学、哲学等视角研究消费问题,并指出消费不是受生物因素驱动,也不纯然由经济因素所决定,而是更带有社会、象征和心理的意味,并且其自身成为一种身份和地位的建构手段。人类的消费行为和消费观念也经历了长期的演变。

在人类社会发展早期,由于受到资源的稀缺性和生产能力的限制,人们在长期物质生活极度匮乏的条件下养成了勤俭节约的观念,而这一时期绝大多数人们对物质的消费也仅限于消费其使用价值。然而,需要指出的是,尽管这一时期物质财富非常匮乏,人们并不贪恋于并已淡漠对物质的追求,而是更加向往崇高的精神境界。拜物主义被所有哲人谴责,从释迦牟尼到穆罕默德,每一种宗教都充满了对过度之罪恶的告诫。历史学家汤因比指出,这些宗教的创立者在说明什么是宇宙的本质、精神生活的本质、终极实在的本质方面存在分歧,但他们在道德律条上却是意见一致的,他们都用同一个声音说,如果我们让物质财富成为我们的最高目的,必将导致灾难。进入20世纪中期以后,福特将大规模标准化生产模式推广开来,随之产生了两方面的重大影响。一方面,大量的物质产品在短期内被生产出来,因而怎样将这些产品销售出去从而实现资本的快速增值成为一个新的问题;另一方面,产品种类极大丰富,新型消费品不断出现,都促进了社会生活的变迁,并使生活质量不断提高。西方社会从而进入了大众消费时代,这意味着消费也不再限于消费物品的使用价值,而是转向对所购物品象征意义的关注。在各种传媒的极力诱导下,一种不以使用价值为目的,追求炫耀、奢侈、时尚的消费思潮应运而生;它倡导无节制的物质享受和消遣,并以此作为生活目标和人生价值,甚至形成了一种流行的生活方式,这就是当今盛行的消费主义。

以财富积累为目的的社会化大生产和消费主义的出现,给人类社会的发展和所赖以生存的环境带来了深刻的影响。财富的积累要求不断扩大现有的消费量,生产出新的需要,即发现和创造出新的使用价值和象征意义。一方面,这样必然要求大规模地深入探索整个自然界,以便不断发现自然物的新属性以及加工自然物的新方式,以不断开发和满足社会的新需要;而另一方面,大规模的物质生产需要消耗大量的资源和能源,从而造成资源的加速消耗和碳排放的增加。自1965年以来,世界人口增加了1.2倍,收入(以2005年不变价GDP为度量)增长了3.8倍,而一次能源消费增加了2.5倍,碳排放增加了2倍(World Bank,2015;BP,2015;United Nations,2015)。反过来看,在实践中,无节制的消费也将带动资本的极度扩张,必然衍生出大量投入、大量消耗的增长模式。二者之间的相互作用,导致了资源、环境、能源和碳排放问题的出现。

研究认为,"消费"是一个广义的概念,它指的是经济发展中的资源投入和环境代价,与直观的"消费"概念不同。具体来说,消费指的是除中间投入之外的所有产品与服务,包括居民消费(能源、商品与服务)、基础设施建设(房屋、道路等居民直接使用的设施),以及进出口与存货变化等,没有包含消费种类的消亡与替代。需要指出的是,国内居民的总消费是一个包含客观与主观的概念。在客观层面,居民消费是为了满足生理与安全需求;而在主观层面,居民消费是为了满足情感与尊重需求,甚至自我实现需求。前者往往对应着一定的物质产品与服务水平,弹性较小;而后者往往受文化、教育等因素影响,这些因素往往随着时间而变化,对应着不同的物质产品与服务标准,这导致后者的弹性远远大于前者。

二、消费主义在中国的兴起及其影响

近年来,中国逐渐从生产大国转变为消费大国。但是,过度消费和浪费现象也随之出现,全社会逐渐进入了一个"大量生产—大量消费—大量浪费—再大量生产"的恶性循环。这一恶性循环与中国现阶段以物质拥有和享受为主导的消费主义文化密不可分。除了满足基本生存需要的衣、食、住、行、用的消费外,越来越多的商品被人们当作生活必需品。人们开始依赖物质消费,并以此来定义生活方式。

中国消费主义文化的兴起建立在三个文化层面上:一是传统面子文化的根植;二是现代美式消费文化的传播;三是新兴互联网购物的普及。从传统文化到文化新趋势,中国就在这些变化中逐渐走向了消费社会。

1. 传统面子文化在现代中国社会仍然根深蒂固。面子是中国传统社会关系中的重要特点,是个人通过他人获得的社会尊严或经他人允许、认可的公众形象。面子文化很大程度上影响了中国居民的消费行为,这种消费的特点是将他人或社会的评价作为消费行为的主要动因。攀比消费、炫耀消费、礼品消费、节日消费等都是消费活动中面子文化的一种体现。消费在此是一种符号,代表了消费者的地位、阶层、财富等。为了面子需要,人们较容易产生过度消费和浪费。

食物浪费现象在中国最为突出。2013年人民网发起的"舌尖上的浪费"调查显示,中国东北部外出就餐食物浪费现象最严重,西部浪费现象最少;商务宴请中食物浪费现象最严重,家庭聚餐浪费最少。究其原因,调查显示面子文化是外出就餐浪费的主要原因之一。亲友聚餐中,近五成被访者表示"习惯多点些,不剩就没吃好";商务宴请和公务吃请中,表示因"讲排场"而导致剩下饭菜的被访者比例分别高达44.2%和60.1%。

住房与汽车消费是中国居民消费支出的最主要部分。由于价格高昂,购车购房成为人们最凸显面子的消费活动之一。在经济条件宽裕的情况下,人们多以大型住宅和多处房产显示自己的财富。1997年以来中国别墅、高档公寓的销售呈井喷式增长,由1997年的254万平方米增长到2009年的4626万平方米。1997—2007年,年均销售面积增长率达到33.5%。与住宅相比,由于汽车的展示性更强,其对于面子的体现也更为明显。在中国,汽车作为代步工具的意义在其次,更重要的是其背后隐含的社会意义。是否拥有汽车、拥有多少辆汽车、拥有什么品牌的汽车都成为个人面子的象征,代表着财富与阶层,甚至连车牌号也成为富人或特权阶层标榜自己的一种途径。调查显示,约有44%的"80后"和55%的"90后"认为汽车是生活必需品。汽车消费逐渐从一线城市向二线、三线城市以及县城和农村地区转移,交通拥堵等城市病也在全国各地逐步蔓延。

受到面子文化的影响,汽车消费者更倾向于选择国外品牌而非国产品牌。调查数据显示,2014年约有75%的购车者选择国外品牌。中国汽车流通协会有形汽车分会副会长苏晖曾表示,消费高价进口车很重要的原因就是面子问题。另外，富裕人群偏好购买豪华汽车。目前中国是全球第二大豪车消费市场。由于豪车一般排量较大，相应油耗也较普通车偏高。例如最耗油的车型法拉利599，其油耗高达34.8升/百公里。总之，在面子文化的影响下，消费者很难分辨自身对消费品的真实需求。

2. **美式消费文化的传播与影响深入中国社会**。美国是典型的大众消费社会，居民消费率基本维持在70%左右。在全球化进程中，美国强势的消费文化输出深刻地影响了中国居民的消费方式。"大房大车"是美式生活方式的象征。对这种生活方式的向往和模仿进一步加强了对别墅及大排量SUV车和房车的消费。独门独院的别墅小楼在精英阶层中广受欢迎，其不仅是身份地位的象征，同时也是美式生活的标志之一。自驾游是美式休闲方式的代表，近些年这种旅游方式在中国风靡，代替了以火车、飞机为主的旅游方式。2012年国内旅游人数中约有46%的乘客采取了自驾车出游的旅游方式。自驾游的兴起使得汽车成为主流的旅游交通工具，从而使得消费者购车时不仅考虑汽车在日常通勤中的作用，也往往将其长途自驾性能作为重要指标。这又增加了居民对大排量SUV车的消费，SUV车型的销售份额呈现大幅度增长。

对美式生活的推崇加快了中国消费主义的发展，同时也意味着更多的能源消耗和碳排放。美国85%的碳排放都是由消费行为引起的，考虑到人口和资源因素，中国将难以承受这种消费生活方式的普遍化和常态化。

3. **网络购物作为全新消费方式的快速兴起**。网购是消费方式的革命性变化。传统的线下消费受限于时间和空间，而网络购物使这些限制完全消失，让全天候的消费成为现实。中国是全球最大的网络零售市场。移动设备的高度普及为网络购物提供了极大的便利。2014年智能手机的市场渗透率高达92%，手提电脑的市场渗透率为82%。中国的移动电子商务规模已超过美国，渗透率达20%左右，80%的网购消费者使用移动设备进行消费（驻马来西亚经商参处，2014），通过智能手机便能轻松实现消费。从城市到农村，网购已经成为中国消费者的主流消费模式。2012年中国的网购消费者平均将收入的31%用于网购，远高于22%的世界平均水平。

2009年起，天猫等电子商务购物平台发起的"双十一"购物节成为消费者一年一度的消费狂欢，"双十一"当日的销售额以几何级数的态势增长。2009年"双十一"当日天猫平台销售额仅为5 200万元，到2015年该数据已经高达912亿元，已高于中国日均社会消费品零售总额。2015年中国社会零售总额保持了10%～11%的增长率，其中电子商务的增长率达到35%～40%（高盛，2015）。在全民狂热地"买买买"之后，我们也应当回归理性，思考网购这种便捷的购物方式对低碳发展的负面影响。首先，网购易引起冲动消费。网购的便利性缩短了消费者理性思考的时间。据统计，使用淘宝移动客户端购物从选购到最终支付成功最快只需要9秒钟，但是许多商品都因为这种非理性的消费成为家中的闲置产品，或难逃退货的命运。报道称，2014年淘宝网商家的最高退货率甚至高达69.8%。虚高的销售额向生产端传递了错误的信号，生产出超过市场实际需求的产品，从而造成了额外的能源消耗。其次，网购更容易重量不重质。网购中存在更多信息不对称，削弱了消费者对产品质量的判断。由于缺乏严格的质量监管体系，网购中存在大量低质和假冒伪劣产品。2014年国家质检总局对几家主要网购平台进行了质量抽检，发现三成产品质量不合格。低质量或假冒伪劣产品往往被消费者直接丢弃，缩短了产品生命周期，消费品淘汰浪费增加。

最后，快递的过度包装问题突出。目前，快递业日均产生的废弃包装已达千万件，每年的包装胶带纸连起来能够绕地球200多圈。按2014年的快递业务量估计，快递包裹共使用了近30亿个纸箱，上百吨的透明胶带、气泡袋等塑料包装材料。这种做法既不节能也不环保，但目前还未有明确的解决办法。

中国不但进入了消费社会，即"大量生产、大量消费"，更是进入了"大量淘汰"的"丢弃社会"。丢弃社会是指全社会过度生产和消费短寿命的产品，这些产品在使用后很快被淘汰、丢弃。由此不仅仅产生大量废品、垃圾，更是浪费生产过程中的能耗。以移动设备为例，智能手机惊人的更新换代率使得其已越来越像快速消费品。根据德勤的调查报告，97%的受访者在过去五年更换过手机，53%的受访者甚至更换过三次。

此外，有一半的受访者表示不会更改他们的手机更换频率。而这些平均使用年限可能不足两年的手机多数都闲置在家或者被简单拆解成为对环境有害的电子垃圾。

从消费文化现状中不难看出，中国居民对幸福生活的定义依旧停留在大量的、不断增长的物质消费、拥有甚至浪费之上。中国消费主义的快速发展是由多方面因素促成的。首先，它满足了消费者对物质拥有的无限欲望；其次，大量的物质消费和浪费更是满足了生产者对利润的追求；最后，由于消费与经济增长的密切关系，不断增长的消费也满足了政府对经济增长的期待。但是，物质上的过剩无法代替精神上的满足，我们更不能忽视过度消费对自然资源、能源和环境所造成的影响。要尽快地实现中国碳排放峰值的目标，现有的消费文化必须转型，重塑消费是目前中国经济社会可持续发展的必由之路。

○ 三、重塑消费

由于消费与温室气体排放的密切关系，我们尝试根据消费品的需求度与碳排放优化消费选择。每一类消费品对消费者而言都存在着相应的需求度，横坐标右侧的消费品更多满足的是欲望，左侧的消费品满足的是基本消费需求；纵坐标为消费品全生命周期碳排放。第一象限中的消费品属于高碳排放的欲望消费，例如人们对于超出自身需求的"大房大车"的消费。该部分是低碳消费情景下最应该摒弃和控制的消费。第二象限属于高碳排放的必需消费，例如满足日常必要需求但能耗较高的消费，包括生活用电、采暖、私家车出行等。这部分产品只能寻求改善能源结构，提高能效来降低产品的碳排放。第三象限中是极简主义所倡导的消费，也是低碳消费情景最鼓励的消费模式。人们清楚了解自己必需的物质需求，并以简单、高品质的消费满足这部分需求。第四象限属于低碳排放的欲望消费。这一部分消费既能满足人们对于身份、地位、品位等符号性消费的需求，同时又不会产生过多碳排放，例如人们对于钱包、手表等时尚奢侈品的消费。由于这些消费品的高经济价值和低资源消耗，这部分欲望消费不需要过多控制，甚至可以加以鼓励。

因此，要优化消费方式，增加消费者对于"极简主义"的认同，"重塑消费"是必要和紧迫的。我们既不能一味提倡少消费，也不能任由消费无限度地增长。"重塑消费"并非是打压、批判消费，而是对现有消费方式进行全面深入的改革。"重塑消费"并不意味着为了环境保护牺牲经济发展，而是让消费者过得更加舒适、健康和幸福的同时，更好地实现经济稳步增长及生产结构转型。为实现2050年向低碳消费转变，我们必须开始重塑消费目的，重塑消费需求以及重塑消费结构。

1. 重塑消费目的：以满足自身生存、生活需求，提升生活舒适度为主要目的。在近现代社会发展中，资本主义和凯恩斯主义都对消费主义的兴起和发展产生了重要的推动作用，政府和社会都乐于看到消费量的增长。对生产者而言，消费量的增加意味着更多的生产和利润。由于资本的趋利性，生产者不仅仅满足人们的消费需求，更是通过广告宣传等手段创造巨大的消费欲望。对政府而言，消费量的增长是经济繁荣的标志，而刺激消费是宏观经济调控的重要措施。消费原本的目的日益模糊，成为生产者创造利润的工具及政府促进经济增长的政策手段。另外，尽管需要考虑环境约束，但减少对环境的影响也并不能成为消费的主要目的。因此，"重塑消费"首先要重塑消费目的：消费的主要目的既不是满足生产者的利润增长需求，也不仅仅是为了刺激经济发展，更不是单纯减少对环境的影响，而是满足人们自身生存、生活需求，提升生活舒适度。

2. 重塑消费需求：满足欲望的过度消费难以实现真正的幸福。需求与欲望有着很大的不同。人们对一件商品可能有需求，但不一定有欲望；对某些商品，则可能有强烈的欲望但却并不需要。问题在于，需求与欲望难以找到清晰的边界，人们往往难以分辨自身需求和欲望。一般来说，需求过度就变成了欲望。

在马斯洛的需求层次中，生理需求作为生存最基本的需求最容易分辨。超过自身生理需求的消费都是欲望的体现。安全需求除了住房等维持基本生命安全的物品外，还可能存在心理上的不安全感。不断地消费也可能是一种安全感的缺失，需要大量的物质拥有来填补。归属需求、尊重需求以及自我实现需求最难以与欲望区分。炫耀消费、攀比消费及模仿消费等现象均来源于这些需求层面，容易产生过度消费。

人们之所以会过度消费，是将幸福的体验感受建立在不断满足消费欲望之上。弗洛伊德说，人类是充满欲望和受欲望驱使的动物。欲望根植于人类的天性中，但人类又不断与其做斗争。从古至今，从最伟大的思想家到民间智慧，都劝说人们克制自身欲望以获得持久的幸福感。古语有云，欲壑难填。一味追逐欲望的满足，最终难以实现真正的幸福。经济学家萨缪尔森提出幸福的经济学公式：幸福 = 效用 / 欲望，也表明欲望与幸福成反比。许多研究显示，人们并没有因为消费和拥有更多商品而增加幸福感。

3. **重塑消费结构：提高生活必需品消费品质，减少欲望消费**。"重塑消费"并不一定意味着减少消费，而是消费结构的调整。消费品可以分为有形产品和无形产品。有形产品是指实体的物品，包括食物、衣服、汽车、住房等需要经过生产的产品；无形产品是指非实体的消费品，包括体验式消费、服务、互联网、文娱体育活动等。假设消费支出一定，消费者可以减少使用型商品的消费，弱化这些商品中传递出的符号、标志信息，注重其实用性，以满足生理需求及安全需求为主；而另一方面，加大服务型商品的消费，并从中获得更多生活乐趣，将归属需求、尊重需求及自我实现需求更多建立在精神层面的富足之上。消费的目的是让人们的生活更加舒适，这意味着消费应当将产品的质量作为优先考虑，而非只是简单满足消费欲望的快速消费、快速淘汰。质量高的产品虽然价格相对高一些，但同时使用寿命更长，良好的品质也可以提升生活的舒适度，消费者也会更加重视其维修保养，与此相关的服务业便能得到进一步发展。消费不能成为生活的一种负担。为了满足消费欲望，人们常常购买超过自己收入范围的产品，但生活并没有因为这样的消费而提升舒适度和幸福感。"慢消费""品质消费"应当代替"快消费""数量消费"成为未来消费的主流形式。

总之，"重塑消费"的根本目的是要鼓励人们减少消费欲望高且碳排放高的消费品，鼓励消费提高生活舒适度同时碳排放低的必需品。针对碳排放高的必需品，我们可以通过调整能源结构和提高生产侧能效的途径共同降低这些消费品的碳排放。而降低消费欲望，提高消费品质永远是走向低碳消费的不二途径，幸福与金钱和物质的丰盛并无必然联系。一个温馨的家、简单的衣着、健康的饮食，就是幸福之所在。漫无止境地追求奢华，远不如简朴生活那样能带给人们幸福与快乐。

|第三节| 推进"环境污染第三方治理"产业投资基金建设

"环境污染第三方治理"[①]作为一种减排治理中普遍应用的有效手段,早已在经济发达国家广泛推行。随着经济全球化的深化,中国作为一个制造业大国,深受世界经济结构中所处位置与角色的局限和束缚,中国已经成为世界上污染最严重的国家之一,中国的环境污染总体上仍处于"爬升"阶段,主要污染物排放总量居高不下,远远超过了环境承载能力,环境污染已经成为严重制约中国经济社会的可持续发展、严重影响国民健康和生活水平提高的主要因素之一。因此,构建集财政融资、政府采购、金融和税收等全方位"环境污染第三方治理"的产业投资基金体系,不仅是贯彻和落实党的十八届三中全会提出的建立吸引社会资本投入生态环境保护的市场化机制,推行"环境污染第三方治理"环保战略的重要任务,更是打造中国经济升级版的有效手段和实现可持续发展战略的历史使命[②]。

○ 一、国家财政在"环境污染第三方治理"产业投资基金建设中的政策、作用和意义

虽然目前中国已经进入工业化中期阶段,但一方面,按照国家发展战略和宏观经济政策,还有大量的重点领域和薄弱环节需要融资建

---

① 环境污染的治理有三种方式,一种是国家治理、一种是社会治理,还有市场治理,"第三方治理"指的就是市场治理。所谓第三方治理,就是由专业环保公司负责企业的污染治理及其他环保事项,换句话说工业企业为治理设施找了个"管家",将自己不熟悉的治污交给专业公司。
② 刘卫平.积极推进"环境污染第三方治理"产业投资基金建设[J].环境保护,2013,(6).

设；另一方面，在转变经济发展方式和调整经济结构的重要阶段，我们需要解决的一个突出问题就是如何使长期处于高能耗、低附加值的生产产品向低能耗、高附加值水平转变。问题的关键在于在环境保护成为中国基本国策的背景下，需要政府先期对环保治理进行直接投资，加速推进"环境污染第三方治理"的市场治理。

所以中国亟待解决产业结构升级、经济结构调整的重大问题，这是关系国计民生的重要战略性问题。

"环境污染第三方治理"作为中国经济结构调整和产业结构升级战略的实施，依靠中国市场制度不断完善和发展，企业自主经营能力提升，但是，在中国经济尚不发达、市场制度尚不健全的阶段，政府政策仍将起到至关重要的作用。忽视政府的作用，单纯依靠市场的力量将有可能因市场失灵而使整个经济的发展面临危害，也可能贻误中国经济发展的时机。

政府政策对经济发展的主要促进作用表现在三个方面：一是依靠行政和立法的权利，不断完善中国社会主义法制建设，为市场经济的运行提供良好的环境。二是制定国家经济发展的总体战略和指导，引导市场中的主体，如各行政部门、企业、组织和个人等积极实践，按照政府制定的原则和战略，层次实施，最终实现经济社会的不断完善和改进。三是依靠对财政政策、税收政策和货币政策的制定和实施，运用经济手段不断激励和引导市场主体，自觉形成发展动力，推动经济向更高层面的发展。以上三个方面的作用有些需要政府直接参与实践，主导发展；有些需要政府利用手中的政策杠杆，间接推动实施。

现阶段，中国政府已经具备了利用行政、法制和经济工具引导经济发展的能力。经历改革开放四十年的经验积累，中国政府已经具有较为成熟的市场经济调控经验，也具备了相当的经济实力和储备。未来宏观经济发展的健康性和平稳性，在很大程度上依靠政府与市场力量的协调,这是决定中国经济持续健康发展的重要推动因素和内在动力。

综上所述,如何在新的国际和国内经济形势下加快深化金融、财政制度改革的步伐,理顺政府职能与市场功能之间的关系,增强政府宏观调控的能力,已经成为中国优化产业结构、转变经济发展方式的重点内容,也是中国在后金融危机时期,保证经济可持续健康发展的必要途径和必然选择。实现上述改革,推进经济持续健康发展的途径是依靠不断的体制、机制和方法的创新与发展。其中,"环境污染第三方治理"产业投资基金的兴起与运作是中国重要的方式之一。

"环境污染第三方治理"产业投资基金是新兴的投融资机制改革的产物,是中国经济发展方式不断深化的表现和必然结果,产业投资基金的产生和大发展是中国经济结构调整的重要工具。其表现如下。

第一,"环境污染第三方治理"产业投资基金的发展有助于推动产业结构的优化。"环境污染第三方治理"产业结构优化的重要内容之一就是逐步提高高新技术产业的比重,以技术进步推动经济增长质量的提高。高新技术产业的特点是投资风险大,且投资回收期长,资金的可获得性和资本回报率的稳定性必然成为"环境污染第三方治理"高新技术产业发展的先决条件。大力发展"环境污染第三方治理"高新技术行业只依靠国家行政拨款不足以解决资金困难;完全依靠商业贷款,一方面是增加高新技术企业融资的成本和难度,另一方面也增加商业银行运行风险。"环境污染第三方治理"产业投资基金是集合产业投资与基金于一身的金融创新产品,既可以随时满足上述产业的巨额资金需求,又能通过基金运营约束企业,减少投资风险,协助企业持续成长。此外,国家政府还可以通过限制"环境污染第三方治理"产业投资基金的发行和投向来保证国家急需发展的瓶颈产业、基础产业的发展,实现国家"环境污染第三方治理"产业发展的战略意图,以及保障经济、产业和金融领域的安全。

第二,"环境污染第三方治理"产业投资基金的发展有利于健全完善投融资体制,从而产业投资基金以其资金来源的多元化和资金运用的市场化,有助于培育新型投资者,实现投融资结构体制的健全和完善。"环境污染第三方治理"产业投资基金不仅仅是满足投资资金来源的多元化,还保证社会多元化的资金投资回报率的不断提升,是社会资本运营的重要手段和途径。"环境污染第三方治理"产业投资基金的发展不仅是为国家战略产业的发展提供资金,其对资金利用效率的要求也是中国当前流动性充裕、资本投入渠道单一、容易产生通货膨胀风险的现实问题的解决途径之一。产业投资基金是搭建了资金和项目之间的平台,让更多的资金可以与有前途的产业相结合,既解决过剩资金流向和盈利的问题,也引导资金流向符合国家经济发展战略要求的产业。可见,产业投资基金的发展不仅仅是解决现实经济问题的必然选择,也符合国家经济长期健康发展的需要。

第三,"环境污染第三方治理"产业投资基金有助于在经济发展过程中理顺政府和市场的关系,真正将市场的资源配置手段和政府的行政引导机制有效地结合,既实现资源的有效配置,也保障"环境污染第三方治理"经济产业发展的长效机制,是有效规避市场失灵与政府失灵的科学方式。政府通过财政、税收等宏观政策可以引导和把握经济发展的方向,而市场机制是实现经济增长、顺利运行的关键手段。结合政府与市场的力量,实现协调发展是"环境污染第三方治理"产业发展基金健康运行的关键。

综上所述,"环境污染第三方治理"产业投资基金是现代化的金融创新工具,是推动宏观经济持续健康发展、产业结构升级的有效工具和手段,研究"环境污染第三方治理"产业投资基金的发展和建设极具理论和现实意义。中国经济、金融领域的发展水平不高,还不具备发展的经验和教训,难以依靠市场力量推动"环境污染第三方治理"产业投资基金的健康发展,在发展的初期需要政府政策予以扶持。如何发挥政府对"环境污染第三方治理"产业投资基金的扶持作用是"环境污染第三方治理"产业投资基金健康发展的关键。政府在产业投资基金发展中的作用体现在各个方面：如建立法律制度保障、设立准入标准、监管和防范风险、直接的资金支持、税收优惠政策、建立孵化器、培养人才、提供上市退出渠道，等等。

二、政府参与"环境污染第三方治理"产业投资基金投融资中的模式和作用

政府财政直接投资型融资，是指由国家使用财政收入或者财政部门管理的国有资产及其收入资金直接作为投资者，对所需资金项目进行投资的投资融资方式。"环境污染第三方治理"的政府财政直接投资型融资的目标是实施国家环境治理的发展政策、抵御"环境污染第三方治理"产业发展中的外部不经济性、树立"市场治理产业化"的典范示范、保证国家在关键"环境污染第三方治理"领域的公共性和控制力。其具体方式有：直接出资设立"环境污染第三方治理"企业。中央财政或地方财政直接出资设立企业。目前各国中央财政由于原有国有经济的调整任务负担重和公共事务投资负担重，已经极少出资参与设立新的企业。由于"环境污染第三方治理"产业具有的对地域经济的巨大带动作用，所以最多的形式是地方财政利用土地批租的租让金通过地方国有资产经营投资公司进行投资，出资设立"环境污染第三方治理"环保企业。

国家财政直接投资。从财政融资模式的分析，国家财政直接投资"环境污染第三方治理"，实际上是从原来的谁污染谁治理方法，到现在的污染者付费给第三方来解决问题的过程中所产生的"市场缺陷"或为技术创新提供"公共物品"而实施的。国家财政直接环保科技投入相对应的支持对象就是"公有技术"或"一般知识"，主要包括：

环保基础研究领域；能满足国家发展和公共利益需要的环保技术创新领域；为提高国家竞争力而需要着重发展的环保领先或关键技术创新。由于前者是国家财政直接环保科技投入的支持对象，后者是国家财政间接环保科技投入的支持对象，因此，国家财政直接投资大部分财政"环境污染第三方治理"科研经费投入一般用于研究机构和高等学校，小部分补贴环保企业的技术创新活动。

政府采购政策。在实施"环境污染第三方治理"产品或产业生命周期处于初创阶段，由于市场需求尚未成熟，政府采购有效地降低了产品早期进入市场的风险。政府采购与环保科技需求有关，中国有效环保科技需求不足主要表现于两个方面，一是环保科技成果转化率低下，二是环保企业技术消化能力差。通过采取政府采购政策来创造国内"环境污染第三方治理"的科技需求，可以推动中国环保科技发展，这不仅是可行的，而且也是必要的。

税收优惠政策。税收优惠政策就是在"环境污染第三方治理"企业创立和成长的过程中给以税收优惠以支持环保技术产业的发展，主要包括：房地产租售优惠，政府可以采取土地租售价优惠和办公用房、厂房或其他配套房租售价优惠的办法；税收优惠减免，对列入国家计委、科技部或省、自治区、直辖市计委、科委的新产品给予减免产品税、增值税 1~3 年的税收优惠，同时给以所得税优惠政策。加速折旧的政策。按照国家规定，对高新技术企业购置的试制关键设备、测试仪器、可采取加速折旧，或者一次或分几次摊入管理费用等优惠政策措施。对环保新产品开发或工业产品的国产化实行税收减免。如国有企业开发在减免产品税、增值税后，无论盈利还是亏损，一律不征所得税，全部留作企业用于专项技术开发或新产品开发费用。

财政直接出资的具体形式有：国有独资企业，即财政全资出资组成的企业或者独资公司。国有股份制公司，即几个国有独资企业联合出资组成的股份制公司。国有经济控股企业：一个单独的国有资金出资单位单独出资占最大份额，联合其他经济成分企业组成的股份制公司。其中，国有绝对控股企业是一个单独的国有资金出资单位单独出资占51%份额的股份制公司。国有相对控股企业是一个单独的国有资金出资单位单独出资占相对最大份额的股份制公司。国有经济参股企业：国有资金出资单位出资，定份额，联合其他经济成分企业组成的股份制公司。

财政对于产业项目的投资额补贴。国家中小"环境污染第三方治理"企业创业基金模式：地方政府利用土地出让金减让、土地租金减免进行贴补。

利用财政债券投资项目，增加股本。利用财政债券进行基本建设投资项目，增加股本；利用财政债券进行"环境污染第三方治理"技术改造投资项目，增加股本。

依靠国家对经济活动的全面干预和参与。从国家主导的财政投资的理论机制分析，为了实现高积累和投资结构的高度倾斜，必须依靠国家对经济活动的全面干预和参与。国家主导的产业化"环境污染第三方治理"机制要实现的首要目标是极限积累，即要把超过劳动者生活必须的消费需要之外的一切经济剩余尽可能多地转化为资本积累，实现尽可能高的物质资本形成率。而实现极限积累的手段，则是行政型纵向筹资机制。

国家财政投资是一种低价资金提供机制。财政拨款不仅不计私利、而且是无须偿还的。对于"环境污染第三方治理"资金需求者来说，获得财政投资就是获得无偿的资金'赠品'。因此，无论是资金供给方还是资金需求方都无须遵循效益最大化的经济性原则。在这一方面却是有悖于"环境污染第三方治理"产业化的轴心原则——追求效益（或效率）最大化。作为行政型纵向筹资机制伴随物的以财政为主渠道的投资体制，最主要的长处是便于办成一些大事，可以集中力量搞"大会战"。从这一方面看又是有力地推进着"环境污染第三方治理"

产业化进程的，至少可以为"环境污染第三方治理"产业化奠定一个具有较雄厚实力的基础、一个较完整的"环境污染第三方治理"工业经济体系，并使主要"环境污染第三方治理"工业部门形成相当可观的生产能力。

三、推动政府、企业和金融机构合作方式，创新和推动"环境污染第三方治理"的政策建议

针对当前政府和金融机构在合作推动"环境污染第三方治理"发展过程中存在的突出问题，我们建议：

国家应尽快出台推动"环境污染第三方治理"发展专项支持政策。国家制定出台推动"环境污染第三方治理"的专项支持政策，是地方政府和金融机构开展合作的政策依据。没有强有力的国家政策支持，地方政府和金融机构在推动"环境污染第三方治理"合作上就缺乏积极性和主动性。为此，国家应尽快研究出台制定促进"环境污染第三方治理"发展相关支持政策以及相关的专项发展规划，在年度政府投资预算中专门设立"环境污染第三方治理"发展专项，加大国家对"环境污染第三方治理"的投入力度，为地方政府和金融机构开展各类合作创造良好的政策环境。

探索设立政府和金融机构合作的"环境污染第三方治理"发展基金。在推动政府和金融机构合作设立"环境污染第三方治理"发展基金上可采取分级分类的方式进行，一是由政府和大型金融机构合作设立具有政策导向性"环境污染第三方治理"引导基金，这类基金作为母基金，以保本经营和适当盈利为原则对各类商业性的"环境污染第三方治理"发展基金（公司）提供股权和债权融资支持，推动商业性的"环境污染第三方治理"发展基金的设立和发展。二是由政府和大型金融机构合资合作设立股份制、按商业化运作的政金合作基金，或由政府提供

优惠政策支持,由国内银行、保险、投资公司等金融机构联合设立的专业化、商业化的基金。通过政策性和商业性的各类"环境污染第三方治理"发展基金的设立和发展,努力缓解当前"环境污染第三方治理"发展,尤其是"环境污染第三方治理"的建设资金短缺的瓶颈问题。

加快推动政府和金融机构双方的合作能力建设。首先,应切实加强基层政府与金融机构开展合作的能力建设。一是要鼓励有条件的政府根据本地"环境污染第三方治理"发展需要,加快设立促进"环境污染第三方治理"发展的政府投融资平台(公司),为地方政府与金融机构开展合作、承接金融机构贷款构建合法、合规的承贷主体,促进目前政府与金融机构信贷合作的规范化运作。二是要积极推动财政体制改革,为政府建立稳定的税收收入来源渠道,提高政府在现有"分税制"财税体系的分享比重,切实提高政府对"环境污染第三方治理"发展的财政资金投入能力。三是切实整合目前政府与"环境污染第三方治理"建设资金来源渠道,把来自国家和各级政府的"环境污染第三方治理"发展资金、基础设施建设资金、产业化贷款和自身用于支持环境保护发展的相关资金整合起来,统一安排和集中使用,切实增强直接承贷金融机构贷款或鼓励、引导金融机构向从事"环境污染第三方治理"发展的中小型环保企业发放贷款的补助、补贴、贷款贴息等政策性投入能力。

其次,要切实增强金融机构促进推动"环境污染第三方治理"发展与政府开展合作的能力建设。一是要加快适合"环境污染第三方治理"企业发展提供信贷金融服务的中小型商业银行、小额贷款公司、信用社的发展,健全完善为环保企业发展的中小型金融服务体系。二是要积极促进金融机构信贷模式和运作机制创新,鼓励商业银行重新抵押贷款运作方式,允许中小型环保企业的土地使用权、房屋、设施或设备等资产向银行申请抵押贷款的试点规模和比重,拓展中小型抵押贷款担保品范围。三是要积极探讨在政府支持下,国内大银行和中小银行、农村信用社联合开展"小额银团贷款"的运作模式和运作机制,切实增强金融机构、企业与地方政府在"环境污染第三方治理"发展上开展合作的运作能力。

努力拓展政府和金融机构合作的深度和广度。首先,要努力将目前政府和金融机构合作领域由目前局限于项目贷款合作领域向有关地方"环境污染第三方治理"发展规划、投融资建设规划、重大项目投融资规划和投融资政策等前期工作领域延伸。金融机构尤其是大型金融机构对国内外环保产业发展趋势、运作经验和国家相关政策比较熟悉的优势,积极参与地方基层政府环保相关发展规划的研究和制定工作,协助地方政府围绕发展规划制定具有可操作性、可实施性的环保发展投融资规划、重大项目融资规划和相关的投融资促进政策,将地方政府促进环保的发展设想与金融机构拓展业务的需求紧密结合起来,在推动地方政府将"环境污染第三方治理"发展设想具体化、落地化的同时,努力解决金融机构、企业与政府合作的信息不对称问题。

其次,要不断加大目前已经起步且卓有成效的政府和金融机构合作多领域力度和深度。拓展和完善金融机构和政府提供"环境污染第三方治理"财务顾问、与地方政府合作推动中小企业信用体系和信用平台建设、投资担保体系建设、融资租赁服务、项目转贷、合作处置不良贷款、合资合作进行股权投资等广泛领域和新兴领域的合作模式、合作方式和实施机制,切实提高政府、企业和金融机构现有合作水平。

努力改善政府和金融机构合作的外部环境。首先,要积极推进规范政府和金融机构合作领域的法律法规建设。一是要对现有环保企业投融资领域不利于推动政府、企业和金融机构开展合作的现有法律法规进行清理和修订工作,逐步放松对政府和金融机构合作领域不合理的限制和管制。二是要加快制定适应"环境污染第三方治理"新形势、新环境,有利于促进政府、企业和金融机构合作的新型法律法规建设,努力将政府、企业和金融机构合作纳入规范化、法制化管理轨道。

其次,要积极大力推进"环境污染第三方治理"领域对国外和国内民营资本和民营企业的开放,为金融机构参与和积极介入创造良好的进入环境。从实践看,环保发展过程中的具有一定经济回报的准经营性领域和纯经营性领域吸引民间资本和民营企业参与,不仅能够有效解决投资资金来源短缺问题,也由于民营企业相对灵活的管理体制和机制,经营效率和效益会更高。为此,今后应加快推动"环境污染第三方治理"发展领域的对内对外开放,吸引国内外私人资本与金融机构采取商业化经营方式进行投融资建设活动,努力提高投融资建设经营效益和效率。

最后,要积极推动"环境污染第三方治理"发展的产业化经营等领域的投融资体制改革进程,加强金融支持,促进信贷政策和能源产业政策的衔接配合。第一要创新金融产品和服务,为"环境污染第三方治理"投资多元化提供便利。第二要拓宽企业投融资渠道,提高环保企业直接融资比重。相关"环境污染第三方治理"企业应考虑逐步参与金融衍生品领域,对冲风险,增加定价话语权。第三应大力加强"环境污染第三方治理"金融监管,鼓励"环境污染第三方治理"投资多元化,推动形成"环境污染第三方治理"的竞争性开发机制。

四、中国城乡生活垃圾处理行业创新路径

当前,中国城乡生活垃圾产生量及清运量逐年上升,传统填埋及堆肥方式无法持续,垃圾处理方式向焚烧发电转变。近年来,凭借垃圾处理与可再生能源利用的双重身份,垃圾焚烧发电受到多重经济优惠政策的支持,但也存在会产生二噁英、含重金属飞灰等二次污染,行业经营的排他性、垄断性等问题。因此,在追求垃圾"减量化"的同时更应注重垃圾处理的"无害化";在"源头分类—垃圾焚烧"的

基础上，改变垃圾处理补贴政策单一化的现状，加大对垃圾绝氧热解等新技术的政策扶持力度，从根本上实现垃圾减量化、无害化、资源化的处理目标。

城乡生活垃圾处理是社会文明、发达程度的重要衡量标准，是城市治理和环境保护的主要内容之一，同时也关系到人民群众的切身利益和健康安全。近年来，中国城乡生活垃圾收运网络日趋完善，处理设施不断建设，处理能力快速提升，城乡环境质量有了较大改善。然而，伴随中国城镇化的快速发展，城乡生活垃圾的清运量不断增加，截至2018年年末，中国生活垃圾清运量达到近3亿吨，其中，城市清运量2.28亿吨，垃圾清运量保持4%左右的年增长率，且主要增长集中在城市区域。生活垃圾的无害化处理方式过去以卫生填埋和堆肥为主，近十年来主要以焚烧发电为主。相较于卫生填埋和堆肥方式，焚烧发电处理具有占地面积小、处理效率高、污染物排放小、容易控制等特点，并且还能够利用产生的热能发电，实现生活垃圾的资源化。因此，生活垃圾焚烧发电也成为目前政策鼓励发展的主流生活垃圾处理方式。但是，从发达国家引进、消化、改进的这种垃圾焚烧发电方式，在当前却面临着二噁英、重金属灰渣、垃圾处理费、发电补贴、融资难、融资贵等一系列问题，存在着可持续运行及生存问题，必须要有新的创新技术和政策制度来突破目前垃圾处理行业的处理环节复杂、路线长、财政负担重、对百姓素质要求高等问题，真正实现"垃圾处理前不需分类、处理后不产生二噁英、不产生含重金属飞灰，并能在新的政府财政补贴政策下真正实现减量化、无害化、资源化"目标，才能根本性地解决长期困扰各级政府和老百姓的城乡生活垃圾处理难题。

垃圾焚烧发电技术虽然能实现减量化，但其发展严重依靠政策扶持，产生的二次污染物难以解决；另外，中国现阶段垃圾分类政策推进困难；再加之往往一个区域内产生的有机固体废弃物除生活垃圾外还有各种废旧轮胎、农林生物质废物、污泥、畜禽粪便、医疗危废等；还有一些垃圾具有周期性、季节性，若逐一建设不同的垃圾处理设施不仅经济性不可行，而且难以实现高效规模化处理和循环利用。因此，研究和开发一套适合对多种类、多品种有机固体废弃物协同处置，同时又能真正实现减量化、无害化、资源化的技术和工艺，对解决当前城乡垃圾处理行业面临的难题具有更加深远的意义。

2018年4月，国家发改委、科技部、工信部等八部委联合发布《促进首台（套）重大技术装备示范应用的意见》，旨在以首台（套）示范应用为突破口，推动中国重大技术装备水平整体提升，此项技术作为全国固体废弃物处理新装备的五项之一入选2018国家《首台（套）重大技术装备推广应用指导目录2017版》。已获得专利近550项，承担国家和地方科研课题8项，入选国家及地方其他产业目录8项，并通过了工信部组织的国家级科技成果鉴定，鉴定结论为"达到国际领先水平"。

采用该技术的示范项目"河北霸州6万t/a垃圾热解处理项目"于2016年6月投入试运营，其设备作业率达到95%以上，热解炉热效率>80%，二噁英检测结果0.007 2ngTEQ/Nm^3，远低于《生活垃圾焚烧污染控制标准》（GB 18485—2014）规定的0.1ngTEQ/Nm^3。同时，生物质、生活污泥、轮胎、电器拆解废物等有机固废也在该示范生产线上完成了工业化示范生产，充分验证了该技术对各种有机废弃物单独和协同处理的可靠性和适应性。目前，该技术已经可以进入推广阶段，但由于受到目前垃圾发电行业的垄断及政府政策的限制，至今无一订单。

为此，对垃圾处理行业提出如下政策建议。

第一，要看清垃圾处理技术创新的重要性和紧迫性。发达国家采取的"居民源头分类—垃圾焚烧"路线，不适合中国国情，需要很高的人均GDP（国民素质）、极高的政府垃圾处理费补贴（目前中国垃圾焚烧平均处理费不到日本、欧洲的1/10）才能实现。而在投入和政府财力不足的情况下,加之二噁英难以在线监测的特性,垃圾焚烧发电行业会造成极为严重的持久性大气污染,直接关系到周围老百姓的生命健康和安全。目前已有越来越多的垃圾焚烧发电厂在运行,几乎全是社会资本投资,利益的驱动,会导致污染被人为忽视,这样的例子在世界历史上并不罕见。所以推广适合中国国情的垃圾处理新技术,非常必要,而且时间紧迫。

第二,要改变目前在垃圾处理上只追求"减量化"为主导的现状。中国垃圾处理任务重,财政经费不足,导致政府官员只是过分追求垃圾的"减量化",以为把垃圾焚烧了、减量了,看不见就好了。从而忽视了垃圾焚烧产生二噁英及重金属飞灰的巨大危害性。中国人口多,垃圾产量大,并且垃圾处理产业无法转移到国外,垃圾处理一日不解决好二次污染,二噁英和重金属飞灰便会天天在累积,祸及国民,因此,把"无害化"放在首位来推进中国垃圾处理的技术创新和产业发展,才是功在千秋的正确做法。

第三,要改变垃圾处理补贴政策单一化的现状,通过政策引导实现垃圾处理的真正资源化。目前垃圾处理的发电补贴,推动了垃圾焚烧发电行业的迅速发展,抛开二噁英和重金属飞灰污染不谈,中国发电产能本身过剩已很严重,不应该再继续补贴产电,而应该补贴产氢气、天然气、燃油、生物炭、生物炭基肥等。例如若政府政策转为对绝氧热解技术进行有针对性的政策支持,可以获得中国急缺的氢气、燃油、燃气等能源产品,引导全社会重视垃圾绝氧热解产业方向的发展。

第四,要对垃圾处理行业创新技术的研发及产业化进行专门配套的政策支持,包括补贴政策,待技术创新成功后再配套支持成果产业化示范的政策。目前现存的垃圾焚烧的发电补贴,使得其他非垃圾焚烧发电路线的先进垃圾处理技术无法发展、无人投资。新的垃圾处理技术在进行示范时,项目立项和手续审批也碰到政策的制约,难以落地。制定相关的配套政策,能极大地加快创新技术示范推广的速度。

第五，要针对垃圾处理行业的重大技术方向，选择完成度成熟度较高的技术进行重点扶持，尽快解决中国垃圾处理行业的发展难题。中国近年来对垃圾处理新技术的研究如火如荼，出现了一大批新技术和成果，也有不少技术进行了示范和产业化推广，但由于垃圾处理行业的垄断性和政策的特殊性，一些垃圾处理重大技术无法获得补贴收入，其工艺的清洁性、先进性无法在收益上获得体现，导致其不能在纯市场化条件下迈出产业化的关键一步。需要政府参考扶持新能源、人工智能等行业的政策思路来对垃圾处理行业的重大新技术进行重点扶持和支持。例如垃圾绝氧热解已是学术界公认的重大新技术发展方向，但至今并未有政策支持其实现产业化，其中因素不完全属于技术层面，单靠技术开发企业也很难再更进一步，需要政府的手来扶持。

| 第四节 | 构建中国特色"绿色金融"体系

"绿色金融"作为一种普遍应用的有效金融手段，早已在经济发达国家广泛推行。构建集财政、金融和税收等于一体的全方位"绿色金融"信贷体系，是建立吸引社会资本投入生态环境保护的市场化机制、打造中国经济升级版的有效手段和实现可持续发展战略的历史使命[①]。

○ 一、构建"绿色金融"体系的紧迫性

当前，中国生态形势严峻，构建"绿色金融"体系刻不容缓。中国作为世界第二大经济体和污染较重的国家，经济发展受到环境因素的严重制约。2014 年，中国 74 个主要城市中只有 8 个城市空气质量

---

① 陈继勇，刘卫平. 加快构建中国特色"绿色金融"体系 [N]. 光明日报，2015-09-30.

达标，75%的饮用水源水质超标，19%以上的耕种土地面积污染超标。中央经济工作会议指出，中国"环境承载能力已经达到或接近上限"。面对如此严峻的环境形势，我们亟须推动集财政、金融和税收等于一体的全方位"绿色金融"体系建设，释放市场力量。这是中国解决产业结构升级、经济结构调整过程中的重大问题。金融业作为信贷资源配置的行业，构建"绿色金融"体系，引导资金从高污染高耗能产业退出，可以实现釜底抽薪的效果。

生态环保资金缺口明显，需要"绿色金融"体系支撑。根据有关资料显示，中国"十三五"期间绿色产业每年将至少投入2万亿元以上，近5年内治理大气污染投资需求约为1.7万亿元，其中政府财政资金仅能提供10%～15%，大量的资金缺口需要一个金融渠道给予支撑。同时，支持节能环保产业，也开启了中国经济新的增长点，为中国实现"双目标、双结合、双引擎"的宏观目标提供了有效途径。

在构建"绿色金融"体系过程中，还存在一些问题。一是政策尚未形成合力，政府主管部门的职责交叉与缺失同时存在，使得金融支持生态环保项目时难以形成政策合力；二是"绿色金融"缺少能力建设，政府对项目的环境影响监管不力和执法不严，不能支撑碳排放权交易、排污权交易等"绿色金融"产品创新；三是现行政策体系忽视环境外部性，价格信号扭曲，难以激活、引导民间资本向绿色产业流动；四是金融监管缺少激励机制，监管部门没有对"绿色金融"项目在资本占用、存款准备金和损失拨备、风险容忍度等方面给予优惠政策，财政税收政策也没有对生态环保项目提供贴息或税收减免优惠政策，不能很好地调动金融机构推进"绿色金融"的积极性；五是信息不对称，金融机构难以及时、准确掌握企业环保信息和环境执法结果；六是生态环保项目存在散、乱、小的特点，缺少成熟的商业模式，项目经济效益不突出，企业缺乏主动性，金融业支持较为困难。

二、"绿色金融"体系的基本架构

推动生态文明建设需要有一个体系完整、机制完善、政策配套、运转良性的"绿色金融"体系支撑。要做好顶层设计,推动构建机构、政策、金融基础设施、法律基础设施较为完善的"绿色金融"体系架构。

"绿色金融"机构组织建设。一是成立新的金融机构专司"绿色金融"业务,或在现有金融机构中的银行、保险、基金、券商、担保、贷款公司设立"绿色金融"业务部门。二是参照"赤道原则""全球契约组织",制定中国的"绿色金融"规则,引导金融机构提升绿色环保意识,履行社会责任,按照"绿色金融"规则要求开展金融业务。三是创新"绿色金融"服务产品,提供绿色信贷、绿色债券、绿色保险、绿色基金,创新投融资模式支持绿色产业发展。目前银行在社会融资中具有突出作用,可通过建立绿色银行体系,充分发挥绿色银行在绿色信贷和投资方面的专业能力、规模效益和风控优势。可尝试PPP模式推动绿色产业发展,以有限的政府资金撬动民间资本股权投资。四是加强与世界银行、亚洲开发银行等组织的协作,推动中国主导或参与的丝路基金、亚洲基础设施投资银行、金砖国家新开发银行等对外投资和开发性机构达到"绿色金融"准则要求,在国际金融业务中建立高标准的环境风险管理制度。

完善财政政策和金融政策。一是健全财政对绿色贷款的高效贴息机制;二是由主管部门发布绿色债券有关指引,允许和鼓励银行和企业发行绿色债券;三是强化股票市场支持绿色企业的机制。

绿色投资的金融基础设施建设。一是加快排污权和碳汇交易市场建设;二是建立绿色评级体系,建立公益性的环境成本核算体系和数据库,提高环境评估方法和数据的可获得性,引导地方政府建立绿色GDP测算体系,为第三方提供节能减排效益测算和环境评估咨询服务;三是建立绿色IPO保荐机制,推动绿色股票指数的开发和运用,引导资本市场更多地投入绿色产业;四是建立绿色投资网络,引导社会投资者投向绿色产业。

建设"绿色金融"的法律法规体系和保障机制。一是在更多领域实现强制性绿色保险,利用保险市场机制制约污染性投资并提供环境修复;二是明确银行环境法律责任,允许污染受害者起诉向污染项目提供资金的、附有连带责任的金融机构;三是证监会和证券交易所应建立上市公司环保信息强制披露机制,为上市公司环境风险评估和准确估值提供基础。

三、着力构建"绿色金融"体系

尽快出台推动"绿色金融"发展专项支持政策。这是地方政府和金融机构开展合作的政策依据,有利于调动地方政府和金融机构的积极性与主动性。为此,国家应尽快研究出台相关支持政策和专项发展规划,在年度政府投资预算中专门设立"绿色金融发展专项",加大国家对"绿色金融"的投入力度,为地方政府和金融机构开展各类合作创造良好的政策环境。

探索设立政府和金融机构合作的"绿色金融"发展基金。一是由政府和大型金融机构合作设立具有政策导向性的"绿色金融"引导基金,这类基金作为母基金,以保本经营和适当获利为原则对各类商业性的"绿色金融"发展基金(公司)提供股权和债权融资支持。二是由政府和大型金融机构合资合作设立股份制、按商业化运作的政金合作基金,或由政府提供优惠政策支持,由国内银行、保险、投资公司等金融机构联合设立专业化、商业化的基金。通过政策性和商业性的各类"绿色金融"发展基金的设立和发展,努力缓解当前"绿色金融"建设资金短缺的瓶颈问题。

加快推动政府和金融机构双方的合作能力建设。一是鼓励有条件的地方政府加快设立促进"绿色金融"发展的政府投融资平台（公司），为地方政府与金融机构开展合作、承接金融机构贷款构建合法、合规的承贷主体，促进目前政府与金融机构信贷合作的规范化运作。二是要积极推动财政体制改革，为政府建立稳定的税收收入来源渠道，提高政府在现有"分税制"财税体系中的分享比重，从而增强政府对"绿色金融"发展的财政资金投入能力。三是整合目前政府"绿色金融"建设资金的来源渠道，把来自国家和各级政府的"绿色金融"发展资金、基础设施建设资金、产业化贷款和自身用于支持环境保护发展的相关资金整合起来，统一安排和集中使用，切实增强直接承贷金融机构的贷款能力，以及鼓励、引导金融机构向从事"绿色金融"发展的中小型环保企业发放贷款的补助、补贴、贷款贴息等政策性投入能力。

第五章

经济社会转型：社会与国家治理改革

跨越"中等收入陷阱"，需要同时完成经济转型与社会转型。由于中国在进入中等收入阶段后，既具有发展中国家的特征，也具有转型国家的特征，面临多重挑战。因此，中国跨越"中等收入陷阱"，必须一切从实际出发，从国情出发，借鉴国外有益经验，勇于推进理论和实践创新。第一，我们要深刻地认识到中国的经济社会转型之路格外复杂，我们一要将经济社会领域的矛盾化解，二要在经济社会领域进行秩序重建，三要以国家治理机制促进、优化社会转型。第二，我们也要认识到中等收入陷阱总是与经济停滞和社会危机联系在一起，社会矛盾的积累和激化，既成为陷入中等收入陷阱的一个突出表现，同时也构成了跨越"中等收入陷阱"必须解决的一个核心问题。第三，我们更要认识到矛盾冲突的解决和社会秩序的建立，在发展中国家和转型国家遭遇中等收入陷阱时，又往往与其他社会危机叠加在一起，形成一种问题盘根错节、无处着手的复杂局面。①

---

① 刘卫平，刘子赢. 经济社会转型中的若干问题与治理对策 [J]. 开放导报，2022(6).

第一节　中国经济社会转型发展道路的基本思路

习近平总书记强调，在高质量发展中促进共同富裕，统筹做好重大金融风险防范化解工作。《"十四五"规划纲要》要求根据"创新、协调、绿色、开放、共享"的"新发展理念"，构建"双循环"发展格局，力求在今后5年内实现高质量发展目标；同时将防控各类有可能威胁发展的风险，将在国防建设、经济金融、对外关系、粮食、能源等领域的安全发展能力列为新的优先任务。

一、中国经济转型的重要领域

"十二五"和"十三五"期间中国经济实现可持续发展，转变经济发展道路的基本思路是：由"两个过度依赖"转变为"两个依靠"。所谓两个依靠就是经济增长主要依靠扩大内需，内需的扩大和升级主要依赖于扩大消费需求，同时主要依靠自主创新能力而不是资源、资本的过度投入。这一增长动力的转变，需要对原来的分配格局、激励机制进行重大调整，建立新的分配格局和新的激励机制，同时加快对制约产业升级、内需扩大的重要经济体制的改革。

当前，中国正处于"十四五"和跨越"中等收入陷阱"向现代化转型的关键时期，未来经济增长面临诸多挑战。美国等主要经济体的发展道路对中国未来经济增长和结构调整的启示主要在于：建立鼓励创新与知识产权保护的宽松环境，提升科技进步和人力资本对经济增长的拉动作用；为各类型企业的发展营造一个公平公正的竞争机制；通过产业结构的动态调整为城市化提供持久动力；根据本国经济特征适时调整对外贸易政策，以适当方式适度推进世界自由贸易进程；采取针对性措施有效缓解未来人均收入差距进一步拉大的压力。

（一）深化经济体制改革，转变政府职能

党的十八大报告明确指出：深化经济体制改革是加快转变经济发展方式的关键。经济体制改革的核心问题是处理好政府和市场的关系，必须更加尊重市场规律，更好地发挥政府的作用。广义地说，任何发展方式都是一种制度安排，即动力机制的塑造和利益分配体系的安排。好的体制机制，就会有好的发展方式，机制体制不顺，发展方式也很难合理。体制状况影响利益分配格局，利益分配格局引导人们的行为，人们的行为决定发展方式的取舍。如果没有机制体制上的重大突破，就不可能有发展方式的根本性转变。因此，中国经济的进一步发展，需要进一步深化改革，着力释放改革红利，积极促进结构优化，充分发挥市场机制的作用。党的十八大报告主要提出在以下重点领域和关键环节深化经济体制方面的改革。

首先，需要加快转变政府职能。处理好政府和市场关系是经济体制改革的核心问题，十八大报告强调必须更加尊重市场规律。需要深入推进政企分开、政资分开、政事分开、政社分开，从制度上更好地发挥市场在资源配置中的基础性作用，更好地发挥公民和社会组织在公共事务管理中的作用。加强政府公共服务和社会管理职能，强化政府促进就业和调节收入分配的职能。改善经济调节和市场监管职能，减少行政审批事项，减少政府对微观经济活动的干预。规范、成熟的市场经济中政府的作用主要体现在以下几个方面：①调节收入分配；②纠正市场失灵；③维护司法公正；④制约垄断、鼓励竞争；⑤提供公共产品和服务；⑥进行宏观调控。从目前来看，要建成高效、规范的政府管理体系，中国需要进一步解决政府缺位和越位的问题。政府的缺位和越位主要表现在：对收入分配的调节还不到位；对市场失败的监控力度需要提高；对公共物品和公共服务的提供需要加强；服务型政府的文化有待建立；市场规范和游戏规则须得到更好的维护；对

没有自然垄断属性、也不涉及国家安全的产业和资源的垄断应该停止；独立于行政干预、更加高效公正的司法体系亟待建立等。

其次，完善基本经济制度，进一步推动国有垄断企业的改革。一方面，巩固和完善公有制经济是社会主义市场经济的根基，全面推进国有经济战略性调整，加快国有大型企业改革，充分发挥国有企业在促进产业升级、参与国际竞争、提升综合国力等方面的重要作用。为促进统一、开放、有序竞争的现代市场体系的形成，必须进行有针对性的改革：①明确企业与政府的关系。企业和政府的关系及其权利的边界界定是需要着力解决的核心问题，政府要改变过去那种身兼多职的角色定位，应该作为社会服务的提供者，维护公平游戏规则的顺畅运转。②降低市场准入的门槛，引进投资主体。投资主体多元化是形成竞争性市场体系的关键。有步骤地引进民间资本和外资资本，逐步降低市场准入的门槛。③建立明确的法律法规。深化垄断行业改革涉及经济、政治和社会发展领域利益关系的调整，必须建立适合的法律法规作为指导，否则会引起混乱。

（二）缩小收入、城乡、地区三大差距

贫穷不是社会主义，社会主义的本质是共同富裕。清华大学文科资深教授李强认为，中国目前已经从"倒丁字形"社会结构转变为"土字形"[①]。收入、城乡、地区三大差距的持续扩大，已经严重影响和制约了中国经济的可持续发展，严重影响到了整个社会的和谐稳定。三大差距的持续扩大已经成为转变经济发展方式迫切需要解决的问题。差距扩大会压制社会生产力，缩小差距就是解放生产力。经过40年的经济建设，中国极大地缩小了与发达国家总体上的差距，但没有缩小国内的收入、城乡和区域三大内部差距。

改革开放以来，经济高速增长虽然在一定程度上掩盖了三大差距

---

① 李强. 21世纪以来中国社会分层结构变迁的特征与趋势 [J]. 2021，（5）.

对社会发展的巨大负面影响,但可以相信,在"十四五"时期,随着中国进入中速发展阶段,这些差距将会成为经济持续增长的一个重大障碍。中国进入人均收入水平达到中等国家水平后的增长的主要动力是技术进步和居民消费,在这个阶段即经济增长将改变过度依赖于投资增长的老方式,转为主要依赖消费需求的释放。而收入、城乡、地区差距的扩大及长期得不到改善,将对扩大消费形成明显的约束,因此,缩小差距在新阶段具有明显的帕累托改进效应。缩小一个点的差距可能比增加许多点的投资的效率还要大。目前,中国主要是需要根据公平原则缩小三大差距,建立经济增长的分享机制,政府的发展目标由单一的追求 GDP 的高增长转为共享型的稳定增长。

首先,可以采取以下政策措施来缩小居民收入和城乡差距:第一,要消除机会的严重不公平问题,主要是加快实现基本教育、医疗服务等的均等化,同时增加政府对国民在岗和离岗的培训投入,建立城乡平等的社会保障、社会医疗和失业保险制度。第二,扩大就业是缩小收入差距、建立分享型增长机制的最有效途径,要加大对企业扩大就业的刺激,同时,要建立支持中小企业发展的政府金融服务机构,鼓励非政府的社会中介服务组织的发展。第三,促进劳动力市场充分发育,严格执行新劳动法,提高职工工资,规范收入分配秩序,取缔、打击非法和灰色收入,完善公务员工资正常增长机制。第四,提高垄断行业和一些非创新型暴利行业的税收,加大收入的再分配调节。第五,降低高收入者个人所得税的税率,扩大征税面(减弱逃税的动机),最终起到扩大税源的目的。第六,提高农民收入,完善土地制度和土地流转制度的改革,加大对农业的补贴。

其次,缩小地区发展不平衡。扩大内需、缩小区域差距要培育新的区域增长点,在新阶段大力促进中部地区崛起具有十分重要的战略意义,应将中部崛起战略上升为新时期的国家发展战略。中部地区资源丰富、交通便利、产业基础较好、市场潜力巨大,已经具有加快发展的有利条件。中国要保持劳动密集型产业的竞争力,有效的出路就是将劳动密集型产业加快向中西部地区转移,特别是向临近的中部地区转移,利用其丰富的自然资源优势和劳动力优势,让其重复沿海20世纪八九十年代的发展过程,与此同时,促进沿海地区产业升级,再过20多年中国便能实现地区全面振兴和均衡发展。促进中部地区经济崛起,不仅能显著地扩大内需,而且也是有效地解决"三农"问题、缩小地区差异的最有效途径。要尽快制定支持中部地区崛起的政策:一是制定大力促进沿海地区劳动密集型产业向中部地区(包括部分重点西部地区)转移的优惠政策;二是加快中西部地区(特别是其农村地区)的基础设施建设;三是加快推进中部地区城镇化进程,加快服务业发展,增加就业。

(三)鼓励科技创新,提高产业竞争力,走创新驱动的发展道路

通过多年的艰苦努力,中国经济总量已跃居世界第二位,各项事业发展取得历史性成就,但社会生产力水平总体上还不高,发展中不平衡、不协调、不可持续的问题很突出,经济结构问题已经成为一个带根本性、全局性的问题,转方式、调结构的要求十分迫切。经济的结构问题与科技创新的能力和结构、人才队伍的水平和结构密切相关。中国以较少的人均资源占有量和脆弱的生态环境,承载着巨大的人口规模和实现可持续发展的压力,面临着节能减排、应对气候变化等严峻的挑战。发达国家曾经拥有的资源环境等有利条件,是目前中国所不具备的。中国的根本出路在于科技创新、产品创新、产业创新、商业模式创新和品牌创新。科技创新处于核心地位,负有自身发展和带动其他方面创新的使命。没有创新能力特别是科技创新能力的大幅提升,就难以完成经济结构的调整和发展方式的转变。

中国进入中等收入阶段后,经济的低成本优势将会逐步丧失,必

须提高研发能力和重视人力资本，进行产业升级，培育新的竞争优势。20世纪80年代韩国和巴西的差距并不大。1978年爆发的能源危机同样对韩国造成较大冲击，使韩国劳动密集型产业的比较优势丧失。但韩国主动求变，通过实施"科技立国"战略，推动产业升级，最终完成了从轻工业向技术密集型的重工业的转型，实现了从"技术模仿"到自主创新的转换。科研投入保持了持续高速增长态势，并于2007年占到GDP的3.47%，超过美国、日本等国家。科技创新对韩国经济增长的贡献率高达70%。

尽管改革开放以来，中国在科技进步和人才教育方面取得了巨大的成就，但经济增长方式没有得到根本性转变，仍是主要依赖廉价的生产要素和大规模投资，经济发展带有明显的高投入、高能耗和高排放的特征，科技进步和创新对经济的增长贡献与发达国家和一些新兴经济体相比仍然有明显的差距。产生这一现象，一是现实原因，即资源和劳动力的比较优势；二是在选择发展道路的决策层面，过度追求经济增长的速度，注重数量的快速扩张而忽视经济效益和质量的提升；三是长期发展道路的路径依赖问题比较严重，经济发展方式短期内很难扭转。

依靠科技进步，通过提升科技创新能力来转变经济发展方式，需要从以下两个方面入手：一是加强教育和科研的投入力度，提升教育质量，培养优秀的科技创新人才和队伍，积累雄厚的科研创新基础。二是需要改革教育和科学管理体制，创新科研的激励方式和方法，一方面为科研人员提供良好宽松的科研环境；另一方面，由政府主导型的科研管理体制向市场驱动的企业自发创新机制转变，基于市场需求大力发展高等职业技术教育，加强高等院校、科研院所和企业间研发的沟通互动，提升科研成果的推广效率。

鼓励自主科技创新，主要是减少对非自主创新方面或领域的过强激励，因为只要存在比对自主创新更多的激励存在（如对外资的过度激励、对房地产的过度激励），那么，自主创新投入就不可能增加，反而会减少。这里也包括威廉·鲍莫尔提出的政府要严厉打击非生产性的"企业家行为"（"寻租活动"）。所以，政府应该大力改善总激励环境或方向，改变自主创新刺激政策。

第一，要改变把房地产作为支柱产业的政策导向。减少对房地产的过多激励，消除房地产市场暴利，阻止社会资金过度流入房地产市场。逐步开始征收房地产税，鼓励一个家庭拥有一套住房，对一套以上的住房采取严格的抑制政策（附加征税和严格贷款条件等）。对外资的激励要严格限定，取消一般性的优惠，对内资实行同等国民待遇。

第二，降低战略竞争力行业的国有资本比重，发挥民营资本对产业升级的重要作用。促进民营资本的充分发展和国际化，将使中国企业在参与全球竞争中处于更为有利的地位，因此，战略产业的发展一定要把民营资本纳入。

第三，利用资本市场推进自主创新。将大量过剩的社会资金导入股市，使其与产业升级相结合，促进重化工业竞争力的提高。如制定产业差别化的上市融资和再融资政策，主要是明显放宽对升级型的重化工业企业上市融资和再融资的条件，促进重化工业的资本扩张和竞争力的提高；成立一批支持升级型重化工业发展的产业投资基金（股权型、债权型）；制定针对性强的优惠政策支持升级型重化工业兼并重组。

第四，确定激励自主创新的正确导向。主要是要鼓励企业围绕节能节资搞自主创新，产品的自主创新要坚持"紧凑化"的取向，产业政策重点是鼓励紧凑型的产品创新，如鼓励经济型汽车的消费和生产，鼓励紧凑型的住房（90平方米以下）消费和生产，鼓励建设紧凑型的城市等。

（四）走城镇化道路，提高城镇化率

城镇化是经济社会发展的必然趋势，也是工业化、现代化的重要

标志。积极稳妥地推进中国城镇化，是全面建设小康社会，解决中国特有的"三农"问题、发展中国特色社会主义事业的基本途径和主要战略之一。推进农村富余劳动力转移就业是发展中国家在城镇化进程中都共同面临的一大难题。

中国城镇化发展核心是如何在比较短的时间内，推动农村传统的经济社会结构向现代化转型。这就要求重视大中小城市、小城镇和农村之间的人力、物力和财力的高度关联，在不断强化城镇化结构互利效应的同时，形成以中心城市为"龙头"、以中等城市为主体、以小城市和中心城镇为基础的城镇体系，不断提高城镇化的聚集效应。

城镇化聚集效应的提高应该包括两个层次的含义：一是产业聚集，形成"龙头"城市和中心镇。城镇化应该以产业发展为基础，没有产业没有就业，城镇是发展不起来的。一个区域没有"龙头"城市和中心镇的发展，就不可能形成能带动区域内的城乡经济和社会发展的推动力和辐射力。二是城市的聚集和城镇的聚集相结合。城市和城镇的聚集发展是城镇化的保证和基础，只有在一定区域内实现大中小城市、中心城镇和小城镇的聚集发展，才能使大中小城市与小城镇之间产业高度融合，充分发挥城市和中心镇对农村的辐射力和影响力，才能促使中国广大农村的经济社会结构向现代城市转型。

由此可见，择优发展中心城市和中心镇，以中心城市发展为"龙头"，大力发展中型城市，着力打造以县城为中心的县域城镇增长核，繁荣县城经济，把县城发展为城区人口达 10 万～20 万人的小城市，形成以中型城市和县级小城市为区域中心大城市的卫星城市，以中心城镇为依托的城镇网络体系，不断提高城镇体系对农村的辐射作用和扩散作用，从而推动农村经济社会结构的现代化转型。

城镇化发展不仅仅是城镇规模的简单扩张，而且应该包含城镇化素质的提高。只有城镇规模简单空间上的扩张，没有城镇产业素质的提高和城镇对农村影响力的强化不是真正的城镇化。"摊大饼"式的粗放式城镇规模简单扩张,是与城镇化发展的内在要求相违背的。要实现城镇化发展的近期、中期和远期目标,在重视提高城镇化结构的互利效应、开放效应和聚集效应的基础上,还要高度重视城乡产业的技术创新和生态环境保护,提高城镇化的结构升级效应。

党的十九大提出了乡村振兴战略,明确要坚持按照产业兴旺、生态宜居、乡风文明、治理有效、生活富裕的总要求,建立健全城乡融合发展体制机制和政策体系,加快推进农业农村现代化。这一战略是新时代中国经济社会现代化发展的全新思维,对促进农村现代化与新型城镇化协调发展的实现具有理论和现实意义。在这一战略背景下,正确把握农村现代化与新型城镇化之间的关系,将有助于人们正确看待新时代农村与城市的融合发展。

如何处理乡村振兴与新型城镇化之间的关系非常重要,我们要双轮驱动,不可偏废,不能只抓农村不抓城市,或者只抓城市不抓农村。前几年国家就提出要城市反哺农村、工业反哺农业,这是一脉相承的。在这个过程中,需要国家加大投入力度。对此,著名社会学家陆益龙教授认为,当前,乡村振兴已成为一个时事热点问题,对于这一热点问题,人们通常关心的是能不能找到一条理想的、简便易行的通道,或是有没有一种成功经验可用来复制推广,这样的想法其实具有机会主义的倾向,在现实社会中往往行不通。受现代性的发展意识和话语体系的影响,欠发达地区乡村的边缘意识在增强,而主体性的自觉、自信意识在被削弱。推进和实施乡村振兴战略,要解决乡村内生发展动力不足问题,就必须树立起乡村社会主体的道路自觉和道路自信,即唤醒乡村居民共谋具有自己特色的振兴之路的意识,用自己的实际行动去创造经验,而不是依赖于对所谓成功或先进经验的总结和效仿[1]。

---

[1] 陆益龙.村庄特质与乡村振兴道路的多样性[J].北京大学学报(哲学社会科学版),2019,(5).

城镇化素质提高主要体现在以下方面：一是城镇产业技术创新力增强，技术升级换代速度加快；二是城市先进技术产业对农村产业改造和融合的速度加快，农村产业技术水平提高，农村产业和城市产业技术创新的合作关联性不断强化；三是伴随着城乡产业的融合，城乡的教育、就业社会保障、户籍等制度性壁垒逐渐消除，最终实现城乡制度资源共享；四是城乡生活方式逐渐融合，随着城乡经济文化的融合，农民"去农村化"现象更趋强化，传统农民向现代化农民转变，农民真正成为产业工人的一部分；五是城市和农村生态环境不断改进，人与自然和谐发展。

目前中国有2亿左右的半城镇化居民（农民工），就消费来讲，这是一个潜力极大的资源，加快农民工向完全市民的转化，也将会大大地促进消费需求的增长。加快农民转为市民的进程，应从以下几个方面入手：一是促进城市房价的合理化，高房价之下无城镇化，中国目前的房价水平与收入水平相比，严重偏高，降低房价将会释放出巨大的购房需求，也会相应地加快城镇化进程。二是实施大规模的农民工安居工程。主要是利用政府力量，建立农民工保障性住房。三是鼓励沿海劳动密集型产业向中西部转移，促进中西部地区的城镇化。

保持农民土地承包经营权的稳定，使农民在城乡之间能够"双向"流动，对城市化的健康发展至关重要。印度和巴西的经验教训提醒我们，城市化能否健康发展，与农村的土地制度关系很大。中国的基本国情决定了在相当长的时期内，土地仍然是农民最基本的生活保障。外出打工的农民，大多处于不稳定状态，在家乡有一块地，仍然是农民维持生计的最后一道防线。在农民到城镇落户未取得稳定的就业、收入保障以前，保留这部分农民的土地承包权，让农民在城乡之间"双向"流动，有助于防止大量的无地农民集中于城市，形成贫民窟。扩大农地规模，推动农业产业化经营，都不能拔苗助长，不能剥夺农民的土地承包经营权，不能制造无地农民。调整城市建设的思路，在城镇规划、住房建设、公共服务、社区管理上考虑进城就业农民工的需要。印度和巴西的情况表明，农村人口进城，除了就业之外，较大的问题是安居问题。中国农民进城就业与印度和巴西无地农民进城有很大区别，一些人没有工作干还可回去，但相当一部分人，将长期拖家带口在城镇就业和生活，城市应把他们视同常住人口对待，把外来人口对住房、就学、医疗等设施的需求纳入城市建设规划。城市的财政支出和各种公共服务不能仅考虑城市户籍人口的需要，应该有效服务于全社会。

（五）全面提升开放型经济发展水平

中国已进入全面建成小康社会的阶段，内部和外部经济环境正发生深刻变化，机遇和挑战并存。要实现全面建成小康社会的宏伟目标，需要进一步扩大对外开放，不断完善开放型经济体系，充分发挥对外开放的强大动力。

从国际上看，今后一个时期，世界经济可能陷入长期低迷，外需疲弱很可能常态化，各种形式的保护主义上升，经贸摩擦将进入高峰期。各国围绕市场、资源、人才、技术、规则、标准等方面的竞争更加激烈。中国在传统优势产业与发展中国家竞争加剧，在中高端产业与发达国家竞争也在增多，中国发展面临的外部环境更加复杂。

从国内看，经过加入世界贸易组织10余年的发展，中国的社会生产力、综合国力、人民生活水平大幅度提升，形成了相对完备的产业体系，参与国际竞争与合作的能力增强，已经具备了进一步扩大开放、提升开放水平的基础和条件，国际社会对中国承担更大国际责任也寄予更高期望。同时，中国现有的经济发展方式粗放，资源环境约束强化，传统优势被削弱，新优势尚未建立，转变发展方式和优化结构的任务艰巨，制约开放型经济发展的体制机制障碍仍然较多，对外开放面临的风险增大，开放的层次、水平和效益亟待提高。

未来全面提升中国对外开放水平，重点需要做好以下三方面突破：

一是努力转变对外贸易增长的方式。①改变出口主要依靠低成本和拼数量的方式,改变粗放型和数量型的经济增长方式,使出口主体形式多样化和贸易形式多样化。努力创造具有自己知识产权、自己品牌的商品和服务出口,控制资源性、高耗性、高污染产品的生产和出口,扩大新技术产品和附加值高的产品出口。提高加工贸易的层次,改变产品贸易量增加而贸易增加值低的现状,加快产品的升级换代,使出口贸易从数量上的扩张,向提升质量方面转变。②调整进口产品结构和市场结构,优先进口国内发展必需的、重要的、紧缺的高新产品、高新设备、高新技术和具有战略性的资源,实现战略物资进口来源的多元化、方式的多样化和渠道的稳定化。③发展绿色产品贸易,适应国际环境保护的潮流,严格控制高耗能和高污染产品的贸易,形成有利于节约资源和保护环境的贸易结构。

二是努力提高利用外资的质量和水平。①引进外资同提升国内产业结构和技术水平相结合,同促进区域协调发展和提高企业自主创新能力相结合。通过引进外资,对现有企业进行改造、充实和提高,依靠技术的优化升级实现规模经营,努力提高结构优化效益、规模经济效益和区域分工效益。从主要依靠增加大量资金投入,转变到主要依靠提高生产要素的质量上来,提高综合要素生产率对经济增长贡献的份额。②合理利用外资,发展开放型经济,改变经济中的结构不合理、产品质量差、附加值低的状况,通过引进一批高附加值、高技术的产品,加速中国产业结构的进步,做好引进技术的转化、吸收和创新。③提高利用外资的质量,加强对外资产业和区域投向的引导,抓住国际产业转移的机遇,扩大外资直接投资规模,引导外商参与国家鼓励的基本建设项目,包括农业综合开发和能源、交通、重要原材料的建设项目,拥有先进技术、能改进产品性能、节能降耗和提高企业经济效益的技能项目,能综合利用能源防止环境污染的技术项目等。

三是努力实施中国企业"走出去"战略。实施走出去的发展战略,是新阶段对外开放的重要举措,是实施可持续发展战略的必然要求。要"鼓励和支持有比较优势的各种所有制企业对外投资,带动商品和劳务出口,形成一批有实力的跨国企业和著名品牌"。①更好地在全球范围内优化资源配置,在国际市场中求生存谋发展,充分利用国外自然资源,科技资源和人才资源,实施战略性的海外投资,创立中国自己的世界级名牌产品。②把技术设备、产品带出去,发挥比较优势,积极开展对外经济合作,在互利互惠的双赢中促进国家经济的发展,带动商品、技术和服务出口,提高商品在国际市场的占有率,在国际分工与合作中提高占领国际市场的能力。③参与国际经济竞争与合作,开展跨国经营和跨国投资,培育中国的跨国公司,在对外投资中做到以企业为主,以市场为导向,以提高经济效益和增强国际竞争力为目的。投资的重点要放在能源、原材料、高技术等领域。

第二节　经济社会领域矛盾化解与秩序重建

不同国家在经济社会转型阶段面临的问题各有差异,但是比较来看,在某些领域表现出来的核心问题具有同质性。以下从生产、消费及生活、社会结构、社会秩序、政治和社会心态几个方面分别进行探讨。

一、生产与创新领域

在经济社会转型阶段,不同国家在生产领域遭遇的核心问题主要表现为产能过剩和双重挤压。而考察成功跨越中等收入陷阱的国家的发展经验,可以看到他们的应对之道主要表现为外延型创新、内涵型升级和合作共赢式的投资。在西方的语境里,"新常态"指的是宏观经济在危机之后缓慢而痛苦的恢复过程。中国经济发展的新常态,则是指中国经济在经历了过去40年的高速增长之后，出现的增速"换挡"下降的现象。在新常态里要跨越中等收入陷阱的关键任务是经济发展转型升级，经济增长方式从粗放式的、投资驱动的增长转变为创新和消费驱动的增长。在生产领域，中国经济面临的突出问题是"产能过剩"和全球分工体系的"双重挤压"。我们提出，应对和解决这些机构问题的关键在于大力推动"外延型的自主创新""内涵型的产业升级"和"合作共赢的对外投资"。

（一）生产领域面临的问题

1. 产能过剩。以结构性减速为特征的中国经济"新常态"面临着"投资、增长、过剩"的悖论，即经济的增长高度依赖投资，而投资恰又正是造成产能过剩的原因。2008年国际金融危机之后，中国推出的刺激政策造成投资过度，形成了巨大产能，脱离了国内外实际的需求水平。钢铁、煤炭、平板玻璃、水泥、电解铝、船舶、光伏、风电、石化等传统产业和新兴产业均出现严重的产能过剩现象。在以GDP增速为核心的政绩考核体系和分税制下以生产型增值税为核心的税收体系之下，再加上对非预算内的资金使用缺乏有效的约束机制，各地政府不断加大本地区的投资规模，造成产业同构化、重复建设、产能过剩等。

产能过剩带来的金融风险也正在逐渐显现。产能过剩行业集中在重工业和国有企业部门，一般为资本密集型企业。政府直接或隐含的担保使得银行忽略了在这些行业的放贷风险，这些行业资产负债率普遍较高。产能过剩行业资金链断裂可能引发系统性金融风险。近来屡屡爆出的信托、信用债项目的违约和兑付危机，有相当一部分与产能过剩行业相关。

2. 双重挤压。新兴工业国家陷入"中等收入陷阱"在产业结构方面的原因是，对简单的劳动密集型产业来说，这些国家的成本已经变得太高，而又不能实现向高附加值的、创新产品的转变。从全球价值链分工角度来看，中国经济总体上尚处于全球价值链的低端，整个产业结构能否向高端升级，能否延伸到"微笑曲线"的高端位置，是避免陷入中等收入陷阱的产业基础。

中国经济面对产业链高端向发达国家回流，产业链中低端向低收入国家转移的双重挤压，结构调整和转型升级的任务十分紧迫。放眼全球，美国、欧盟等发达国家和地区力图在重塑制造业，确保其在新技术和高端装备的竞争优势。奥巴马政府第一任上台不久，就把"再工业化"作为美国整体经济复苏的重大战略逐步推出。其目的在于推动美国制造业的脱胎换骨，造就类似于信息革命那样的大趋势，掀起所谓的"第四次工业革命"。德国作为全球制造业中最具竞争力的国家之一，为进一步增强国际竞争力，从而提出了"工业4.0"概念。以物联网和制造业服务化来提高制造业水平。在制造业的中低端，一些新兴国家依靠资源、劳动力等比较优势，大力发展加工制造业，以更低的劳动力成本吸引劳动密集型产业的转移，与中国形成直接竞争。有的跨国资本直接到这些国家投资设厂，有的则考虑将中国工厂迁至这些新兴国家。中国面临着发达国家"高端回流"和发展中国家"中低端分流"的双重挤压。

（二）产业升级的应对之道

1. 外延型创新。在博鳌亚洲论坛2014年年会上，2006年诺贝尔经济学奖得主、哥伦比亚大学教授埃德蒙·菲尔普斯指出，中国需要大幅度提升自主创新能力来规避中等收入陷阱。菲尔普斯提到，美、英、德等国在遇到收入增长瓶颈时，社会各层面和绝大多数产业都在进行创新，在规避中等收入陷阱的同时，还引发了其他欧洲国家竞相追赶及模仿，虽然竞争更加激烈，但是由此产生的集群效应却进一步提高了整个欧洲的经济发展水平；同样，中国的多产业创新也将带动整个经济马车的前进。

中国必须走外延型的创新之路。创新包括知识创新、技术创新、服务创新、制度创新、组织创新、管理创新等。创新驱动型的经济需要教育、科研、法制多方面的体系支撑,外延型创新将提升科技创新能力和应用转化能力放在核心位置,对创新型、充满活力的中小企业和新兴产业给予更多的支持。同时要继续深化科技和教育体制改革,加快建设以企业为主体、市场为导向、产学研相结合的国家创新体系。

2. 内涵型升级。从韩国经验看,20世纪80—90年代是韩国从中等收入国家向高收入国家跨越的关键时期,韩国面对更具成本优势的中国、印度等国家的激烈竞争,实施"科技立国"的国家战略,加大研发投入力度,充分依靠科技创新来促进经济发展方式转变和产业结构转型,产业结构由劳动密集型产业主导转向知识密集型产业主导,培育了一批创新能力强劲的本土企业,占据了经济发展制高点。韩国人均GDP在1995年达到11496美元,仅用8年时间就成功跨越"中等收入陷阱"。

产业升级是未来中国经济增长的重要方式,其中的关键是中低端工业产业向能源资源节约型、提升附加值以及自主创新的方向升级。只有专注于质量提升、居民福利提高的内涵式增长才能从根本上解决中国经济的结构性隐患,由粗放式增长过渡到内涵式增长才能有效避免陷入中等收入陷阱,重新开启新一轮经济增长周期

3. 合作共赢式的投资。解决"投资、增长、过剩"悖论的关键不是限制投资,而是投什么、由谁投、如何投的问题。中国应该对4万亿外汇储备进行更有效率的配置和使用,一方面可以在海外购买包括矿山、能源、港口码头,投资或收购高科技企业等战略性资产;另一方面在亚非拉等地投资基础设施,将中国相对先进的过剩产能转移出去。同时,加快推动"一带一路"建设,利用好"丝路基金""亚洲基础设施投资银行"等工具和APEC会议、东亚峰会、博鳌论坛等平台,积极参与全球经济治理,同时推进产业结构的升级。

二、消费与生活领域

尽管在不同类型的国家表现形式有所不同,从发达国家、发展中国家和转型国家等不同类型国家经历经济社会转型阶段的历史过程来看,消费结构的转变起着重要的作用。向大众消费社会的转变,构成拉动经济转型的一个关键因素。消费主导型的经济增长模式是各国经济发展的共同方向[①]。这一转变并非自然而然地实现的。面对周期性经济危机的爆发,全球市场的形成部分解决了发达国家生产过剩的问题。然而,更重要是的,经济发展进入人均国民收入 3000～10000 美元的中等收入阶段,消费结构调整需要的条件一系列支持性制度与社会结构的转变。

(一)不同国家的经验

发达国家在经济社会转型阶段正在经历消费结构从"日常生活必需品"向"耐用消费品"转变的阶段。消费结构从数量高、单价低、没弹性到数量少、单价高、消费有弹性转变。"大众消费"时代的形成,在社会结构上需要有中产阶层支撑,以及一系列制度支撑,包括福利制度、信贷消费,等等。

实质上,在消费结构转变的背后,是制度(尤其是收入分配制度)以及社会结构的一系列变化。收入分配直接决定着消费水平和结构,消费结构转变背后是收入分配的问题。罗斯福新政第二阶段,重

---

① 根据对美国、日本、澳大利亚等国家的实证研究,消费对 GDP 拉动的主导地位在人均国民收入达到 3000～4000 美元之间得到确立或加强。各国经济增长的第一阶段对应的人均 GNI(国民总收入)大致在 1000～3000 美元,在这一区间内投资、出口对经济增长的拉动作用比较明显,甚至与消费的拉动作用持平;在人均 GNI 达到 3000 美元后,投资、出口对 GDP 的影响呈下降趋势,消费毫无争议地成为经济增长的主要动力。郭其友、芦丽静.经济持续增长动力的转变——消费主导型增长的国际经验与借鉴[J].中山大学学报(社会科学版),2009,(2).

点通过社会变革实现社会进步,建立社会保障制度、规范劳资关系,通过建设福利国家法案(1935)等,创造了走出大萧条的条件。日本1961—1970年间面对需求不足、生产过剩等问题,推行"国民收入倍增计划",用国民收入的增长来带动经济总量的增长,出现"消费革命"和"大众消费社会"。与此同时,产业结构的升级,国际竞争力大大增强。

从社会结构的角度,以中产阶层为主体的社会结构的形成是这一转变至关重要的条件。发达国家经历日常生活必需品的消费到耐用消费品的消费的转变,正是伴随着中产阶层形成及其消费方式的确立。在美国,在1947—1972年,每个中等家庭的年平均收入从3031美元增为10285美元。全年收入15000美元以上的家庭,1950年还占不到全国家庭总数的5%,但到1971年已接近20%。

另一方面,从一些陷入"中等收入陷阱"的国家经验来看,由于受制于既定的利益结构,未能实施体制改革,尤其是收入分配改革,国家发展战略只能以投资或者出口为主导,未能形成中产阶级为主体的有效需求。部分发展中国家,由于多数国家贫富分化严重,社会结构中间阶层较弱,富裕阶层边际消费倾向低,阻碍了内需的提升。长期推行的"出口替代战略"外向型经济,损害了内在需求的形成。在苏联和东欧转型国家,中央计划体制和人们多样化的需求之间存在结构性矛盾,重工业偏向导致生活必需品短缺,消费整体呈现短缺特征。再分配体制下,不同阶层之间消费上也呈现差异。社会结构中也不存在一个典型的中产阶层。

(二)当代中国在经济社会转型发展阶段的消费瓶颈

经过40多年的改革开放,中国经济已经摆脱了"短缺经济"的局面。在某些领域,甚至出现了过剩的状况。

当前中国处在一个全球化、市场转型和现代化不同维度叠加的格局之中。中国通过开放、入世,充分利用了全球化红利,推动了经济快速增长，但内需启动还是一个亟须解决的重大问题；作为发展中国家和转型国家，面临着如何通过改革，将经济增长动力从投资、出口导向调整到消费主导的维度上来的问题。这无疑增加了转型的复杂性。

中国目前仍然是投资主导的模式，经济发展存在的一个突出问题是整体性内需不足。从数据来看，从2000年以来，中国消费、投资和出口对经济增长的拉动作用明显出现失衡，消费对GDP的贡献率持续下降的趋势，与投资率的不断攀升形成鲜明对比。中国的消费率水平不仅明显低于世界平均水平，也低于低收入国家和中等收入国家平均水平。尤其，在最终消费构成中，政府消费率总体呈上升趋势，而居民消费率则相对下降。最终消费对GDP增长的贡献率也呈现降低趋势。

从世界上不同类型国家跨越在经济社会转型的经验教训来看，能否实现消费主导的转变起着关键作用。当前中国的消费问题正处于一个显著的"瓶颈期"，内需久提不振。究其根源，主要在于以下几个方面的原因：

1. 生产财政、投资主导体制对消费产生了"挤出效应"。由于政府主导的投资体制，政府在公共服务与社会保障投入相对不足，也是导致内需不足的一个重要因素。一些实证研究表明，在长期内，政府总体支出对全国及城乡不同群体消费都具有挤出效应或替代效应。

2. 收入分配、消费支出严重分化。初次分配中，经济增长成果分配不合理，普通民众消费需求增长面临瓶颈。市场经济成熟国家的劳动分配率一般在54%～65%之间，中国则在15%～21%之间，而资本收入份额占到70%，英美等资本主义国家正好相反，劳动的份额占70%。另一方面，消费结构分化严重。消费的分化与财产、收入分化密切相关。贫富差距、收入分化严重是导致内需不足的重要因素。同时，再分配中居民内部分化严重。2013年国家统计局公布了近10年中国居民收入的基尼系数，其中2003年0.479、2006年0.487、2008年0.491、2009年0.490、2012年0.474。从财富来说，2014年7月25日北京大学中国社会科学调查中心发布《中国民生发展报告2014》指出,中国的财产不平等程度在迅速升高:1995年中国财产的基尼系数为0.45,2002年为0.55,2012年中国家庭净财产的基尼系数达到0.73,顶端1%的家庭占有全国1/3以上的财产,底端25%的家庭拥有的财产总量仅在1%左右。无论采取哪个标准,中国已经是国际上最不平等的国家之一。收入差距对居民消费尤其是耐用消费品消费产生了抑制作用。

中国一方面成为最大的奢侈品消费国,同时也存在规模庞大的贫困人口。富裕阶层虽然占据大量收入财富,但边际消费倾向低,财富收入高度集中,无助于内需整体提升。另一方面,消费外流现象严重。《中国奢侈品报告》称,2013年中国人奢侈品消费总额将达1020亿美元,而当年全球奢侈品市场总量将达到创记录的2170亿美元,中国人买走全球47%的奢侈品。中国人2012年在海外旅游消费额达1020亿美元,创下历史纪录,同时比2011年的730亿美元海外旅游消费额增长了40%。对大陆食品安全问题,导致食品品质信任下降,也是促使消费外流的一个重要因素。

3. 公共产品短缺,公共财政投入不足,税负等因素抑制了消费需求增长。目前,中国宏观税负处于较高水平,财政收入增长远远超过GDP增长率。同时,社会保障替代率相对较低。按照2012年由世界社保研究中心发布的《中国养老金发展报告2012》对城镇基本养老保险替代率进行的测算,中国养老金替代率由2002年的72.9%下降到2005年的57.7%,此后一直下降,2011年为50.3%。按世行的建议,要维持退休前的生活水平不下降,养老替代率需不低于70%,国际劳工组织建议的最低标准为55%。褚福灵的测算2011年中国企业养老金替代率仅为42.9%,低于国际警戒线。

同时,在民生方面公共财政投入仍然不足。加之货币超发导致的货币贬值、通货膨胀,某些与居民生活密切的商品或服务(如住房、教育、医疗)的价格扭曲,导致人们实际收入下降,严重牵制了消费能力提升的空间。一些商品出现价格倒挂，中国大陆价格已经超出发达国家的价格。尤其是住房在一些地区呈现过剩的局面，但整体价格偏高，甚至出现"一套房消灭一户中产阶级家庭"现象。虽然消费信贷有助于提升人们的消费倾向，但住房、教育、医疗等公共必需品方面的较高的支出对其他领域消费产生了严重挤出效应，是居民消费增长的巨大障碍，抑制了居民潜在的需求转化为现实需求。而且，这些领域的支出也削弱了居民未来预期和信心，居民预防性储蓄动机很强，储蓄率居高不下（但人均储蓄率低），即期消费倾向降低。此外，人口结构老化，老年人消费趋于保守，消费倾向也会降低。公共服务在城乡、地区、不同社会群体之间的差异也限制了消费能力提升，掣肘了消费结构的转型。

中国目前产能过剩属于投资性过剩，内需仍然不足。投资主导、出口导向型增长的结果是产能严重过剩，效率下降，经济增长的内生动力弱，抗风险能力差。如何扭转投资拉动模式，形成消费主导的格局，是跨越"中等收入陷阱"一个重要的任务。

从经济方面来说，解决内需不足的问题，关键要进行收入分配改革，包括初次分配和再次分配，推进结构性减税，提升消费率，调整收入结构，解决收入分化。同时，通过公共服务提供来释放消费能力，促进基本服务均等化，提升人们的消费意愿。

从社会结构方面来说，内需的问题涉及如何培育中间阶层。现代社会结构一般是以中间阶层为主体。以中间阶层为主体的社会结构，意味着收入分配相对公平，可以形成支撑以国内需求为主的消费结构和消费能力，意味着更广泛的维护社会稳定的阶层力量。然而现阶段，阶层结构从形状上来讲更接近于金字塔形，而不是以中间阶层为主体的橄榄形或纺锤形结构。另外，阶层基本结构呈现定型化的趋势，阶层之间的边界开始形成，阶层之间的流动开始减少。这种情况对于未来社会阶层结构无疑会产生重大的影响，不利于形成以中间阶层为主体的社会结构，也无法为顺利实现消费结构的升级创造社会条件。

更根本的，改革相关体制，实现消费结构的转变，涉及利益格局的根本调整。不论是收入分配结构、公共财政支出方面的变革还是实现社会结构的优化，相关改革措施的落实都必须以利益结构的调整为前提。正如奥尔森所言，特殊利益组织或分利联盟减缓社会采用新技术的能力，减缓为回应不断变化的条件而对资源的再分配，并且因此降低经济增长率。由于受到特殊利益集团的阻挠，政治和社会领域的改革难以实现。一些正当的利益诉求因为稳定的考虑而被压制，相关改革被悬置或阻断。

目前，财政、货币政策等方面修修补补的调整，长期来看只是权宜之计，而且贻误改革的时机。中国延续投资主导体制，推出"一路一带"等过剩产能输出措施，面临着发达国家当时截然不同的国际形势和地缘政治格局。同时，由于受到国内环境资源压力、人口红利结束、劳动力资源成本上升等因素制约，出口优势也正在逐步减弱，传统经济增长模式难以为继。只有改变现有利益分配格局，限制特殊利益集团，让大多数人得到经济增长带来的好处，才能真正推动中国内需的形成，实现经济长期持续增长的动机的转变。

三、社会秩序

中等收入陷阱总是与经济停滞和社会危机联系在一起。社会矛盾的积累和激化，既成为陷入中等收入陷阱的一个突出表现，同时也构成了跨越中等收入陷阱必须解决的一个核心问题。而矛盾冲突的解决和社会秩序的建立，在发展中国家和转型国家遭遇中等收入陷阱时，又往往与其他社会危机叠加在一起，形成一种问题盘根错节、无处着手的复杂局面。

（一）社会矛盾与危机叠加

发展中国家在转型中，往往会同时遭遇认同危机、合法性危机、政府渗透危机、参与危机、整合危机以及分配危机。这些危机在发达国家的现代化进程中也都出现过，但次序与影响却与发展中国家大相径庭。英国的现代化进程中，这六个危机均依次出现，下一个危机总是在上一个危机得到解决之后才会出现。危机的依次出现，使得政府与社会有足够的时间和空间着手解决当前的主要危机。在其他欧洲国家，如法、德、意，这些危机的出现次序与英国并不相同，出现了危机叠加的现象。而种种危机的叠加，导致了这些国家现代化的道路和权力的分布都与英国存在显著差异。在发展中国家那里，危机的叠加往往更加严重。政府可能在多重危机之中左右为难。比如，政府可能要利用经济分化的手段来解决认同危机，但这一做法却很可能带来分配危机。参与危机还未过去，分配危机接踵而来，严重的贫富差距，尖锐的阶层矛盾，使得政府难以开放政治参与渠道，从而导致参与危机的不断积累，甚至可能导致合法性危机与认同危机的出现。

对于发展中国家和转型国家，冲突与秩序的一个核心问题，体现在上述各种危机的叠加效应。从中等收入陷阱的角度看，与英美不同，这些国家的社会转型，很大程度上都是由经济增长推动的。随着经济的高速增长，国民财富不断积累，如果利益关系没有调整好，分配危机就可能跟参与危机和整合危机同时出现，相互强化，形成一种放大和叠加的效应。穷人对分配格局不满，中产阶层对缺乏参与不满，而富人和精英之间也可能因为整合不足而心生不满。于是出现贫富对立、官民对立的情况，甚至导致国家权威丧失、政府能力衰弱、基本秩序溃败的混乱局面。而这样混乱的局面，又使得任何走出中等收入陷阱的努力都可能腹背受敌、左右为难。

(二)"惊险一跃"的制度条件和政策路径

"惊险一跃"指的是,在原有的解决社会矛盾和冲突的方法渐渐无效、社会矛盾大量积累、群体冲突愈演愈烈的背景下,政府全面变革和调整处理矛盾和冲突的思路与办法时,可能会出现一个矛盾和冲突的"井喷期"。当社会矛盾的类型和规模与中等收入陷阱紧密联系在一起时,对中等收入陷阱的跨越,也就要求对社会矛盾和冲突处置思路和方法的一次全面变革。对于许多国家而言,跨域中等收入陷阱,既是一个结构的变迁,也是一个制度的变革,同时更是一个处置社会矛盾与冲突的思路和方法的重大转变。如何平稳有序地度过这一矛盾井喷期,如何完成转型过程中的"惊险一跃",这是所有试图超越中等收入陷阱的国家都必须面对的一个挑战。

不同类型国家在面对"惊险一跃",形成了多样的经验和教训,可以为中国提供有益的借鉴。

1. 美国的"惊险一跃"。美国在大萧条期间,出现了较为严重的社会失序。一方面,基本的生活和社会秩序得不到保障。1932年,美国跌入大萧条以来的谷底,当年全美约有两百万人无家可归,四处流浪。社会秩序也出现了动荡,法律的效力在下降。1932年的春夏之交,数万名退伍军人在首都聚集,寻求政府帮助,但却遭到陆军的残酷镇压。觉得受到了不公正对待的农民自我武装起来。同时,一向被认为是最保守的艾奥瓦农民拿起木耙和猎枪,封锁道路,不准运送牛奶的车辆通过,顺便将赶来的警察解除武装。取消农场抵押回赎权的律师被农民私刑处死。另一方面,人们对制度的信心也在不断降低。无论是政府,还是民众,都认为社会处于普遍的动荡之中。有人甚至认为,革命的气息在四处飘荡。艾奥瓦的封路农民反问记者,他们说封路违法,但当初波士顿倒茶叶,也不见得合法吧?1931年1月,美国农业服务社联合会主席说:"除非给美国农民想点办法,不然的话,不出一年,农村就要闹起革命来了。"全国农民协会的主席甚至告诉参议院农业委员会:"规模最大、最美好的革命,已经在全美各地露头。"

面对诸多社会冲突和矛盾,美国的做法是修订法律、成立机构、扩大政府开支,通过扩大就业和提供福利来解决生计问题。换言之,在不触及基本制度的前提下,美国通过政府和民间的公共努力,以法律和政策的调整,使社会和政治问题用经济手段得到解决。

以美国工会为例。在 19 世纪末,美国的劳资冲突相当激烈,劳方与资方的冲突成为整个社会矛盾的一个突出代表。由于法律强调对私有财产的保护,工人的罢工往往无法像欧洲那样,通过工人纠察队封锁工厂而使资方就范,而是要利用暴力和流血冲突才能逼迫资方回到谈判桌前。历次铁路工人大罢工,往往都会导致伤亡惨重的流血冲突。同时,资方还在一战后发起了"开放工厂"运动,要求在雇佣工人时,不应因为工人是否是工会成员而有区别对待,实质上是削弱工会代表工人进行集体议价的权利。罗斯福新政中通过的《全国劳工关系法案(瓦格纳法)》,为工会的集体议价提供了一个有保障的框架,成为美国工人运动历史上的一次重要转折。

美国工人运动史上是否出现了"惊险一跃"?我们可以看到,劳工相关法律出台后,一方面工会的数量和规模都有了明显增加,而停工、罢工事件的数量也处于上升势头,出现了所谓的美国工人运动在 1936 年和 1937 年的"大跃进";另一方面这些法律虽然招致资方的反对,但工会的扩张和罢工的增加并未从整体上影响到社会的基本秩序。实际上,罢工的烈度还有了显著下降。

2. 发展中国家。在拉丁美洲,出现了政治民主化与民粹主义的同时兴起与激烈竞争。

3. 转型国家。转型国家与中国有着较为相似的历史,在转型过程中出现了政治制度和权力结构的全面变革。"惊险一跃"可谓是全方位的。

中国的情况最为特殊，既不像发达国家那样，基本的制度和结构并未发生根本性变化，通过法律和政策调整，就能逐步解决积累的矛盾和激化的冲突，整个过程是一个调整完善的过程，也不像转型国家那样，基本的制度和结构发生了剧烈变革，新体制可以跟旧体制完全切割，只存在如何清算的问题，而不存在是否清算的问题。中国解决秩序问题，既要进行大规模的制度创新，同时又要避免东欧那样的巨变。

（三）中国社会秩序的故事

1. 增长与稳定话语下的社会矛盾。中国除了面临发展中国家所要面临的叠加危机之外，还面临着总体性社会这一传统如何适应现代社会这一艰难任务。对中国而言，市场化驱动的社会转型是一个不完整的转型，一方面经济的市场化如火如荼，另一方面政治的现代化却步履维艰。结果形成了过去几十年中中国政治生态中最为核心的两个关键词，一个是增长，一个是稳定。在较长一段时间内，社会矛盾和冲突可以部分地通过经济增长来解决，即大部分社会成员都可以从经济增长中获益，虽然程度存在差别，某些群体获得了更多的收益。

目前，中国面临着危机的相互叠加和相互放大。主要是分配危机，经济增长的成果并未得到公平公正的分配，导致收入差距不断扩大，城乡二元结构还未消除的同时，城市二元结构已经隐隐出现。

在处理这些危机的时候，政府面临着多个层面的左右为难：既要平衡利益关系、减少贫富差距，又要整体维持目前的利益格局、保持一定的增长速度；既要减少不同利益群体之间冲突又要保持一定的社会秩序；既要不断扩大政治参与的范围与深度，又要担心扩大的政治参与可能带来的社会动荡；最为突出的，就是民众对于公平和参与的双重诉求。

2. 政治现代化：矛盾化解与秩序重建。中国在经济社会转型时，在社会矛盾和社会秩序方面，需要解决以下问题：首先，利益表达，保证各个利益群体均有渠道、有能力进行利益整合与利益谈判;其次,基础秩序重建,恢复基本的系统信任和社会规范,减少社会戾气,形成社会共识。

第三节　以国家治理机制优化促进社会转型发展

党的十八大以来,以习近平同志为核心的党中央立足决胜全面建成小康社会的历史进程,勇于实践、善于创新,形成了一系列治国理政新理念新思想新战略。党的十八届三中全会提出,全面深化改革的总目标是完善和发展中国特色社会主义制度,推进国家治理体系和治理能力现代化。全会提出"创新社会治理,必须着眼于维护最广大人民根本利益,最大限度增加和谐因素,增强社会发展活力,提高社会治理水平,全面推进平安中国建设,维护国家安全,确保人民安居乐业、社会安定有序"。随着改革开放进程的不断推进,中国经济、政治、社会面临着一系列转型升级的问题。传统的社会管理方式已经逐渐不适用于现在的环境,政府的强制性管理亟须转变成政府管理与社会自治相结合的模式。这昭示着中国的治理方式正在发生深刻变化。正确处理和调整政府与社会关系核心就在于进一步深化行政体制改革,转变政府职能,并且将政府与公众参与在社会治理方式中的角色重新定位。

一、加强国家治理体系和国家治理能力认识

以习近平为总书记的党中央十分重视国家治理问题,党的十八届三中全会《决定》首次提出了推进国家治理体系和治理能力现代化的战略目标,成为党中央执政的重要理念。"治理"的提出,表明治国

理政所倡导和主张的是"治"而非"管",更非"统"。与"统治"和"管理"相比,"治理"旨在体现法治的价值导向,尊重治理主体广泛而有序地参与,实现治理各方的权责平衡,无论在内涵、外延还是实际操作价值意义上,都最接近现代,最贴近民主和最亲近法治。

国家治理的理想状态,就是善治。古希腊哲学将"善"作为人类社会和国家治理的最高标准,"善"包括公平正义等一系列价值元素。人们为什么需要有国家,是因为国家能够使人类生活得更美好。国家治理体系和治理现代化的目标是"善治",是为了改善国家治理,提升国家治理水平,使人们通过良好的国家治理获得更美好的生活。善治是对整个社会的要求,是公共利益最大化的治理过程,本质特征就是国家与社会处于最佳状态,不仅要有好的政府治理,还要有好的社会治理。

党的十八大报告提出"公平正义是中国特色社会主义的内在要求",要将公平正义的价值理念作为国家治理价值理念的核心,把公平正义理念与国家治理实践高度统一起来,以促进社会公平正义、增进人民福祉为出发点和落脚点,推进国家治理体系和治理能力现代化。

首先,国家治理不是被动应付新兴公共事务的"救火队员",而是"体系化"的社会公共事务管理和政治建设。国家治理体系意味着对各个领域的管理与建设都应该革除积弊、相互借鉴、创新治理模式,实现系统性、整体性和协同性治理。其次,治理相对于统治的最大优势在于其灵活性、包容性以及参与性,但是也因此容易导致治理活动的碎片化,大多数治理实践难以有效、持续、健康地发展。因此,要在中国共产党的领导下,建立一种长期、持续、平等、开放、包容的国家治理机制,社会各个主体可以通过理性的交流与互动,超越个体自我利益与局限,超越经济理性的束缚,逐步形成清晰明确的公共理性,为推动国家治理体系的现代化奠定坚实基础。再次,要主动适应时代特点,通过加强制度和法制建设促进社会的公平正义,推动经济、政治、文化、社会、生态文明和党的建设等各领域制度、法律法规的日益完善，着力实现国家治理的制度化、规范化、程序化。

从公平正义的实质内涵出发，国家治理的各种制度设计应该科学合理，能够获得普遍的社会认同，能够为保障公民的权利不受侵犯、促进实现公民的利益、推进国家治理体系的现代化保驾护航。但历史实践证明，实质上的公平正义是很难实现的，因此，为了更接近于实现实质上的公平正义，最大限度地保障公民权利和促进实现公民利益，应该将国家治理制度设计的重点放在实现程序的公平正义上。程序上的公平正义，要体现出十八大报告提出的"权利公平、机会公平、规则公平"，也就是说，在国家治理过程中，努力建构出能够保障每一个公民享有平等的权利，享有平等的机会，并能够不断地促进实现公民利益的治理程序和治理制度，在实践过程中，不断地修正、完善和发展公平正义的程序和制度。

同时，需要特别强调的是，政府公平治理能力是国家公平治理能力的中枢，实现国家治理公平化的重心就是要全面提升政府公平治理的能力，也就是增强政府通过公平施政和公平行政促进社会公平正义的能力。要从深化行政体制改革和加快转变政府职能的角度，增强政府公平治理能力，包括：①深化行政审批制度改革，继续简政放权，推动政府职能向创造良好发展环境、提供优质公共服务、维护社会公平正义转变。即是要切实转变政府职能，建设公共服务型政府，推进基本公共服务的均等化。②处理好政府和市场的关系，使市场在资源配置中起决定性作用和更好发挥政府建立公平市场规则、保障公平竞争的作用。③按照统一税制、公平税负、促进公平竞争的原则，深化财税体制改革。④通过健全城乡发展一体化体制机制，推进城乡要素平等交换和公共资源均衡配置。⑤建立畅通有序的诉求表达、心理干预、矛盾调处、权益保障机制，使群众问题能反映、矛盾能化解、权益有保障，增强及时反映和协调人民群众各方面各层次利益诉求的能力。

国家治理体系体现了三个层次的科学内涵。

从政治属性来看，国家治理体系是在党的政治领导和政策推动下治理国家的一系列制度和程序，其本质是中国特色社会主义制度体系的集中体现。

从治理结构来看，国家治理体系主要包含经济治理、政治治理、文化治理、社会治理、生态治理和党的建设六大体系，且这六个体系不是孤立存在或各自为政的，而是有机统一、相互协调、整体联动的运行系统。其中，经济治理体系中的市场治理、政治治理体系中的政府治理和社会治理体系中的社会治理，是国家治理体系中三个最核心要素。

从治理目标来看，就是要实现国家治理体系的现代化。一是规范化，无论政府治理、市场治理和社会治理，都应该有完善的制度安排和规范的公共秩序；二是法治化，任何主体的治理行为必须充分尊重法律的权威，不允许任何组织和个人有超越法律的权力，真正"把权力关进制度的笼子里"；三是民主化，即各项政策要从根本上体现人民的意志和人民的主体地位，各项制度安排都应当充分保障人民当家做主；四是效率化，国家治理体系应当有效维护社会稳定和社会秩序，有利于提高经济效益和行政效率；五是协调性，从中央到地方各个层级，从政府治理到社会治理，各种制度安排作为一个统一的整体相互协调，密不可分。在这五个目标中，能否实现法治化对于推进国家治理体系现代化是至关重要的。在第十二届全国人大二次会议闭幕会上，全国人大常委会委员长张德江强调指出：要坚持依法治国、依法执政、依法行政共同推进，坚持法治国家、法治政府、法治社会一体建设，充分发挥法治在国家和社会治理中的重要作用。

一个国家选择什么样的治理体系，是由这个国家的历史传承、文化传统、经济社会发展水平决定的，是由这个国家的人民决定的。我们的国家治理体系和治理能力总体上是好的，是有独特优势的，是适应中国国情和发展要求的。只有以提高党的执政能力为重点,尽快把我们各党和国家机关、企事业单位、人民团体、社会组织等的工作能力都提高起来,国家治理体系才能更加有效运转。

国家治理能力就是运用国家制度管理社会各方面事务的能力,包括改革发展稳定、内政外交国防、治党治国治军等各个方面。国家治理能力是国家治理体系在实践中的绩效彰显,是检验国家治理体系是否科学、合理的重要杠杆。

总之,与以往的国家管理不同,"国家治理"涉及政府、市场和公民社会三者之间的关系,并确认三者关系此消彼长的零和博弈。"国家治理"强调政府、社会、民众一起面对公共问题,用一种合作的、商谈的方式来解决,在这三者之间建立整体和谐、相互促进的联合机制,获得"1+1+1>3"的效果。

二、理顺治理体系和治理能力的内在逻辑关系,把握国家治理体系与治理能力现代化

把两者结合起来看,"国家治理体系现代化"和"治理能力现代化"作为全面深化改革的总目标,明确和理顺两者的内在逻辑关系,是推进深化改革的逻辑起点。"治理体系"是"治理能力现代化"的前提和基础,"治理能力"是"治理体系现代化"的目的和结果。要想实现真正的治理能力现代化,首要任务是建立健全一套完整、合法、有效的国家治理体系,有了科学的国家治理体系才能孕育高水平的治理能力。治理体系和治理能力是国家制度和制度执行能力的集中体现,两者相辅相成、内在统一。从某种意义上说,国家治理体系与治理能力的现代化决定着改革的成败。目前,全面深化改革已经到了攻坚阶段,如何突破利益固化藩篱、破除体制机制弊端、打破思维定式等,都需要强有力的治理体系和治理能力予以推进和保障。

（一）正确认识和把握治理能力现代化

从治理主体角度讲，有效的治理，突出强调社会公共事务的多方合作治理。过去我们的社会管理存在一个根本性的问题，就是管理主体的政府一家独揽，市场、社会、民众的力量比较薄弱，甚至缺席，这导致了社会治理的过度行政化，造成了社会资源配置效率的低下。通过改革，从政府与市场关系而言就是要回归市场本位，充分发挥市场在资源配置中的决定性作用，这是治理能力现代化的关键；从政府与社会关系而言就是要回归人民本位，让人民群众以主体身份参与到社会治理中去，实现自我治理，这是治理能力现代化的突破点。

从权力运行角度讲，有效的政府治理，必须合理定位政府职能。原来政府承担了其他主体的许多职能，现在要通过简政放权，放权于市场、放权于企业、放权于社会，明确政府与市场、政府与社会权力的边界范围。在此基础上，顺应经济社会发展的形势和要求，推动政府职能向创造良好发展环境、提供优质公共服务、维护社会公平正义转变。

从组织结构角度讲，有效的治理，必须以科学合理的政府组织结构为基础。重点是要优化政府职能配置、机构设置、工作流程，完善决策权、执行权、监督权既相互制约又相互协调的行政运行机制，用机制再造流程、简事减费、加强监督、提高效能。

（二）强化治理机制，重视民生保障

加大民生投入，增加公共服务。中国财政体制目前仍以生产建设型财政为主，改变投资为主的经济结构、促进内需发展，为成功跨越"中等收入陷阱"创造条件，有赖于推进公共财政改革，减少财政支出竞争性领域投入，大幅度增加公共支出，扩大民生投入比例，增加公共服务供给，加大对城乡劳动者社会保障的转移支付力度。

为全体社会成员提供教育、医疗、社会保障等公共服务，不仅为经济生活正常运转提供了最基本的运行条件，也是促进社会建设的重要内容，体现了社会的公平正义。然而，目前而言中国社会保障面临着投入水平低、资源配置不公平的问题。面对社会保障和公共服务方面的现实差距，建立健全公共服务体制，统一城乡公共服务制度，扩大公共服务的覆盖面，为城乡居民提供大致相当的基本公共服务必然是当前社会建设的一项紧迫任务。

从制度建设上来说，这要求深化财政体制改革，加大基本公共服务投入，平衡各级政府财力、事权，构建公共财政体系，加快公共财政立法，提高财政预算的透明度，强化人大对财政的监督职能。

关注弱势群体，加大扶贫力度。随着市场化的发展，社会分化问题也越来越突出。贫困地区农民、下岗失业工人、低收入农民、因病致贫的城乡居民、进城务工的农民工等人群构成当前弱势群体的主体。各种资源的分布在地区、城乡之间的不平等最终表现为社会群体之间的不平等。弱势群体在公共资源获得、自身的发展方面处于劣势。关注弱势群体，才有社会公平。这需要政府、社会各方面加大对弱势群体的扶持力度。

基本公共服务是人的可行能力全面发展的重要的条件。对于城乡弱势群体来说，需要从基本公共服务方面着手，加大扶贫力度和社会保障水平，健全公共就业服务体系、提升他们的可行能力。同时，推进教育公平，促进阶层流动，防止贫困代际传递、加剧社会分化。

因此，在加大对弱势群体扶贫力度的同时，还要畅通诉求渠道，构建利益表达的多元渠道，维护法律公正，提升弱势群体可行能力，保护弱势群体正当权利，是关注弱势群体、维护社会公平正义的核心要义。

推动公共资源分配公正合理。目前，中国居民保障水平低的同时，不公平问题也非常严重。城乡之间公共资源分布的不平等问题十分突出，城乡二元体制尚未根本打破，城乡公共物品供给制度不一致的问题一直客观存在。区域间经济发展不平衡，区域间的财政能力差异大，也造成了地区之间公共资源分布的差异悬殊。

加强民生保证，缓解矛盾，要求以医疗、教育资源等为重点，提高公共资源分配公平性，实现城乡基本公共服务制度的对接，推进城乡基本公共服务均等化，降低公共资源在城乡、地区之间的分配的差异。其中也包括农民工社会保障的问题。在快速工业化、城镇化的背景下，由于农民工群体的特殊性，要把农民工作为一个重点群体来考虑，统筹解决农民工的基本公共服务问题。

推动公共资源分配公正合理，需要强化政府基本公共服务职能。在政府绩效考核体系中，强化对基本公共服务项目的考评，改变纠正"重经济指标，轻公共服务"的倾向，加强在义务教育、基本医疗和公共卫生、失业保险、养老保险、最低生活保障、社会救助、公共就业服务等基本公共服务方面的考核。同时，在特定基本公共服务领域，善于运用市场力量与民间社会组织的灵活性，形成多元供给的格局。

提高应急管理水平，处理社会突发事件。公共危机是对一个社会系统的基本价值、行为准则、社会秩序等产生严重威胁，并且在时间压力和不确定性极高的情景下，需要由以政府为主导的公共危机治理体系做出决策来加以解决的事情。公共危机的具体表现类型有自然灾害、事故灾难、突发公共卫生事件和群体突发事件等。建立和完善公共危机治理体系是推动国家治理体系和国家治理能力现代化的重要组成部分。

为此，需要改变传统的只"管"不"治"的思维和事后救火式的应急机制，重视和深刻认识公共危机的社会根源和扩散机制；杜绝"花钱买平安"的权宜性治理方式，贯彻依法治国，依法行政；改变政府单一部门、单一主体、单一危机的条块分割的应急组织体制，建立政府—市场—社会三维结合的多元治理体系。

三、推进理论和实践创新，顺利实现社会转型

中国跨越"中等收入陷阱"，需要同时完成经济转型与社会转型。由于中国在进入中等收入阶段后，既具有发展中国家的特征，也具有转型国家的特征，因此同时面临多重挑战。中国的社会转型之路也格外复杂难解。因此，中国跨越"中等收入陷阱"，必须坚持解放思想、实事求是、与时俱进、求真务实，一切从实际出发，从国情出发，借鉴国外有益经验，勇于推进理论和实践创新。

顺利实现社会转型，要坚持以下四条原则。

（一）顶层设计

社会转型的目标，是建构和完善适应高收入阶段的制度与社会条件。这些制度与社会条件包括良好的利益关系、均衡的分配格局、稳定的社会结构以及有效的治理能力。这涉及一个国家的政治、经济、文化等方方面面，往往牵一发而动全身，因此必须站在全局高度，通盘考虑，进行顶层设计。

第一，社会转型的核心目标，明确迫切需要改革的领域。核心目标的确立，既需要广泛吸取发达国家、转型国家和发展中国家在社会转型过程中的经验教训，也要充分考虑中国独特的国情与发展阶段，两者不可偏废。改革共识的凝聚、治理能力的增强、利益格局的调整以及社会结构的改善，这些核心目标的确立，需要更为详尽的研究和慎重的论证。

第二，社会转型的主要措施。确定在每个改革领域中，实现核心目标的政策与做法：将推进"公平正义"作为改革的核心价值和基本目标，重新凝聚社会共识；产业结构优化，调整利益格局，扩大中产阶层，改善社会结构；信任重建，道德重塑，加强政府治理能力，应对社会道德滑坡危机；加大民生投入，推动公共资源合理分配，消解

潜在的社会矛盾与冲突。

第三,社会转型的推进次序。将改革视为一个整体,确定推进路径,判明启动次序。社会转型所涉及的领域,往往互有重叠、彼此影响。比如,分配格局与社会结构会相互作用,社会结构与利益关系也会相互影响。这些领域的改革,孰先孰后的次序安排,不仅会影响改革的难易程度,甚至还可能影响到改革的最终成败。因此,社会转型各个领域的推进次序的确定,一定要慎之又慎。

(二)法治先导

以法治替代人治,重树市场的资源配置作用,营造透明有序、公平正义的市场环境才是确保公平和跨越"中等收入陷阱"的先导条件。全面推进依法治国,用法治思维和法治方式深化各项改革,有序调整各种社会关系,合理分配各种社会资源,既是新形势下社会转型发展的必然要求,也是中国法治发展的历史责任和时代使命。

法治的建设不仅仅在于法律体系和法律制度等硬件条件的建立、完善,也在于全社会能够形成对于宪法和法律权威的普遍尊重、服从与发自内心的信仰和拥护。国家治理体系现代化的任何一个方面都离不开法治的轨道。必须逐步夯实市场在资源配置中起决定性作用和更好发挥政府作用的法治基础,健全现代产权制度,形成企业依法经营、依法竞争的现代市场体系。全面推进依法治国,必然大大推动技术创新和管理创新。规范社会转型,必须以良好的法治来保障与协调。要实现政治清明、社会公平、民心稳定、长治久安,根本还在于实现政府管理行为的法治转型。

依法治国和以德治国两者不可偏颇,不可分割。导致中国社会道德滑坡的原因,既包括社会结构的因素,也包括道德文化的因素。必须重视和加强社会道德文化建设,重建基础道德和基本伦理,重建社会规范和社会秩序,助力实现社会转型。

（三）政府推动

世界各国的经验表明，在跨越"中等收入陷阱"的努力中，政府扮演着越来越重要的角色。与最早进入高收入阶段的美英相比，德法等发达国家的经济转型和社会转型中，政府的作用有了明显的增加。而日韩这样的发展中国家，之所以能较为顺利地进入高收入阶段，政府的积极介入和有效引导更是功不可没。而长期陷入"中等收入陷阱"的拉美国家，一个突出的共同特征就是政府能力的低下与政策的无效。作为发展中国家，中国在经济和社会转型的过程中，政府的关键作用自然无法替代。

第一，政府需要具有超越性。现代社会中，国家都具有自主性，有着独立的利益与诉求，而不是特定阶层或群体的利益代言人。拉美国家的一个突出教训，就是政策的制定与实施，均被特殊利益集团控制，政府实质上丧失了自主性和超越性。避免像拉美国家那样落入"中等收入陷阱"，政府就必须主动与特殊利益集团切割，从而较为公正地代表各个社会群体和利益集团的利益。

第二，政府需要具有包容性。这意味着政府如何处理与民众的关系。具有包容性的经济发展，才是有效而又可持续的。同样，具有包容性的社会发展，也才是有效而又可持续的。在这里，包容性具有两层含义。一方面，政府应当寻求改革的最大公约数，将尽可能多的社会群体吸引进改革的支持阵营，从而将改革的阻力尽可能减小。另一方面，政府应当充满自信，主动容纳不同的利益诉求，听取不同的意见表达，为普通民众提供更为有效的表达渠道。

（四）民众参与

跨越"中等收入陷阱"，民众的参与和支持同样不可或缺。一些国家落入"中等收入陷阱"的教训表明，由于缺乏权力的制衡，缺乏舆论的透明，缺乏普通民众对自己的利益进行保护的权利和能力，市场化与私有化方向的改革往往会演变为对社会和民众财富进行掠夺的过程。而那些成功跨越了"中等收入陷阱"的国家的经验又表明，民主监督必不可少，民众参政议政的制度化、规范化、程序化至关重要。因此，无论是经济的转型，还是社会的转型，都需要来自普通民众的积极参与和全力配合。

第一，开展形式多样的基层民主协商。推进基层协商制度化，建立健全居民、村民监督机制，促进群众在城乡社区治理、基层公共事务和公益事业中依法自我管理、自我服务、自我教育、自我监督。加强社会组织民主机制建设，保障各类企业中职工参与管理和监督的民主权利。

第二，激发社会组织活力。正确处理政府和社会的关系，加快实施政社分开，推进社会组织明确权责、依法自治、发挥作用。对于适合由社会组织提供的公共服务和解决的事项，稳妥有序地交由社会组织承担。支持和发展各级志愿服务组织，同时积极培育和发展公益慈善类、城乡社区服务类社会组织，完善居民自我服务和自我管理。

第三，创新预防和化解社会矛盾的制度化渠道与方式。认可和容纳不同利益群体的合法诉求，健全重大决策社会稳定风险评估机制，建立畅通有序的诉求表达、心理干预、矛盾调处、权益保障机制，使群众问题能反映、矛盾能化解、权益有保障，从源头化解矛盾与冲突，实现社会的长治久安。

第四节 以道德文化建设促进经济社会平稳转型

加强道德文化建设是治国理政极为重要的战略任务，也是推进国家治理体系和治理能力现代化的重要基础。习近平总书记在不同场合多次谈到道德建设。他指出："国无德不兴，人无德不立。"要坚持依法治国和以德治国相结合，把法治建设和道德建设紧密结合起来，把他律和自律紧密结合起来，做到法治和德治相辅相成、相互促进[①]。

在为何强调"德"这个问题上，习近平总书记在纪念孔子诞辰2565周年国际学术研讨会上指出："当今世界，人类文明无论在物质还是精神方面都取得了巨大进步，特别是物质的极大丰富是古代世界完全不能想象的。同时，当代人类也面临着许多突出的难题，比如，贫富差距持续扩大，物欲追求奢华无度，个人主义恶性膨胀，社会诚信不断消减，伦理道德每况愈下，人与自然关系日趋紧张，等等。"

总体来看，改革开放40年间，中国的社会道德在20世纪80年代改革初期、世纪之交的深化改革时期以及近年来经济社会迅速转型时期，分别表现出不同的阶段性特点。80年代改革初期，社会道德是基于普遍"不平衡感"的积极共识。需要特别强调的是，那一阶段大众的"不平衡感"并不是由于人们对改革开放政策不满意，相反是基于社会大众对改革的认可，是与认为改革开放政策有希望有奔头的感受联系在一起的。与改革初期的普遍"不平衡感"不同，20世纪90年代末与21世纪初的"深化改革、扩大开放"带来了社会大众在社会道德认知上的明显分化。也就是说，在深化改革阶段，不同群体出现了明显分化，阶层间差异为人们所感知，不满情绪开始蔓延。近年来，中国的社会道德观念又出现了一些新的变化趋势，呈现出与改革初期、深化改革时期不同的特点。社会阶层分化、缺乏共识的状况有所减弱，呈现出与改革初期民心汇聚相类似的状况，但与改革初期大众普遍对改革满意、期望进一步推动改革的积极的社会观念有着显著的不同。当前的社会道德问题，既具有"经济高速增长带来社会道德危机"的

---

① 刘卫平.道德文化促进经济社会向中高收入阶段平稳过渡[J].中国社会科学网，2018-10-29.

普遍性，也具有中国自身在"不同历史阶段面临不同道德问题"的特殊性。

在新时代预防和化解社会道德滑坡，可以从以下方面着力。

一、政府与社会双向努力，建构支撑基础道德的制度支持——加强社会道德文化建设的前提

基础道德指的是个人在寻求自身利益时，不侵犯、不损害他人和社会的权利与利益。与之相对应，积极道德指的是个人主动为他人和社会的权利与利益而行动。简单地讲，基础道德让人不做坏事，积极道德则要求人们做好事。积极道德曾经是中国社会的主流道德观念，强调集体高于一切，个人应该为公共利益而做出牺牲。近些年来，积极道德有所"隐退"，基础道德也出现了明显的滑坡，最终导致社会上一些负面情绪和负面现象的发生。就现代社会而言，基础道德是正常社会秩序的基础，也需要通过各种形式加强正面传播力量。现代互联网和信息社会的发展，对社会道德文化基础结构和价值取向的传播起着十分重要的作用。

建立良好的社会秩序和道德实力，不仅要靠教育和宣传引导，还要靠法律和制度的规导。仅靠道德本身的力量，无法从根本上杜绝道德缺失问题的发生。如果违反道德的行为不受惩罚，遵守道德的行为得不到奖励，那么道德自身的规范力量就会大为削弱。比如对食品、药品这样一些关乎人的生命健康安全的特殊产业，社会应建立并实行重点监管、严格责罚的制度，零度容忍，零风险管制。

对造假、欺诈、腐败等失德者，不仅应给予"直接责罚"，还应让其承担"间接责罚"，可通过建立社会主体的道德资质评估机制，做道德品质状况的"黑白名单"记录，使有德者因道德享受回报，而道德失信"记录"由于放大了责罚范围和时间，加大了缺德成本和风险，

使无德者对"间接责罚"后果"望而生畏"并放弃违规和不道德的选择。缺乏规范力量的道德，是无法成为社会秩序的基础的。只有社会制度相对完善、社会公正得到基本维护，道德的力量才会真正强大起来。

建设道德文化的制度支持，需要改革社会治理体系，增加国家治理能力，完善社会基础秩序。具体而言，应当建立和完善一系列简单而重要的基础制度。比如，实施全面规范、公开透明的政府预算制度；建立有效的收入记录制度；规范现金管理制度；严格票据管理制度和账目管理制度；完善规范性文件、重大决策合法性审查机制；以及健全惩治和预防腐败体系等。这些基础制度的作用之一，就是对经济社会生活的各个环节进行清晰而准确的记录。事实上，这种记录是社会秩序的基础。只有当这些基础制度可以有效运转时，个人、企业和政府的行为才能真正做到有章可依、有迹可循，道德文化的规范作用也才能真正发扬光大。

二、改革社会治理体系，增进社会信任——加强社会道德文化建设的保障

一个国家经济社会发展必然会带来社会信任模式和信任机制的变化。增进社会信任，既需要政府自上而下的积极介入——通过思想教育、媒体宣传以及相关的制度变革和制度创新来大力提倡道德观念，强调互信互敬互谅，也需要社会自下而上的积极参与——通过群体压力、公众舆论来形成惩恶扬善、增强信任的社会氛围。

对于政府介入而言，增进社会信任，首先在于正视当下社会大众对社会不公的不满，发现其中的制度症结，确认那些可以化解这些不满的制度变革，进而逐步建构制度化的长效机制。匡扶社会公正能够提高社会凝聚力。关于公正世界的信念，能够帮助民众明确相信社会是稳定有序的，并帮助民众遵循公正的规则、规范和道德，这样整个

社会才能实现整合。

增进社会信任,还需要政府和官员的表率作用。树立正确的价值观,应当以日常生活中人人都能身体力行的基础道德和基本伦理为出发点,并且应当首先从公职人员身体力行开始。干部道德修养高,则正面表率作用明显。干部如能使用手中权力全心为人民服务,则人民群众受惠,干部受拥戴。政府不仅应当大力推进社会信任的重建,同时应当成为在日常生活和工作中践行基础道德的表率。每个人都应该助人为乐,但在提倡人人"与人方便与己方便"之前,应当先强调政府及公职人员"尽职尽责,与民方便";惩恶扬善很重要,但政府及公职人员"不说假话"更基础;要求人人遵纪守法,提倡社会大众"红灯停绿灯行"的前提,应当是政府及公职人员不"公车私用";要求社会大众爱国家,应当从提倡"爱家庭""爱社区"做起,而公职人员在这些方面更应当"行为天下先"。

对社会参与而言,增进社会信任,应当增加社会参与,并赋予各社会阶层利益相关者表达利益和参与政治的权利。正如党的十八届三中全会决议所明确强调的"让人民监督权力,让权力在阳光下运行,是把权力关进制度笼子的根本之策"。只有有效的相互监督,才能带来真正的相互信任。

三、壮大中等收入群体力量——预防和化解社会道德滑坡的中流砥柱

夯实基础道德,离不开中等收入群体的发展。跨越"中等收入陷阱",需要通过推动社会转型。而社会转型中的重要环节,就是社会阶层结构的发展与转型。那些从中等收入阶段平稳过渡到高收入阶段的国家,社会阶层结构基本呈"橄榄形"。中等收入群体占总人口的一半以上,居于"橄榄形"结构的中部,是社会基础道德和基础伦理的中流砥柱。

在一个国家，中等收入群体生活相对较富裕，收入水平相对较稳定，并拥有一定数量的资产。"有恒产者有恒心"，中等收入群体为了保护自己的财产，确保自己生活水平的稳定，会强调伦理道德对社会秩序维持和社会发展的重要作用，主动与各种违反良俗公序的行为划清界限，甚至旗帜鲜明地反对道德滑坡。因此，增加中等收入群体数量，能够增强维护社会基础道德和基础伦理的社会力量，有助于遏制道德滑坡危机的发生。

此外，中等收入群体的受教育水平也相对较高，相对见多识广。他们对优秀文化有更强的认同感，推崇公平正义；在面对社会现实问题时，他们也有能力进行横向和纵向的比较，会历史地看待困难，也能与其他国家做比较，对道德滑坡能做出更客观的评价，因而对夯实基础道德有更强的信念。也就是说，中等收入群体对基础道德和基础伦理建设有更迫切的需求，有更强的责任感，也有更坚定的信心。中等收入群体是基础道德建设的重要结构性力量，对经济转型和社会转型能够起到积极作用。

就世界范围的各国发展经验来看，一个国家进入中等收入阶段，社会和文化诸领域相对于低收入阶段都会发生根本性变化。"中等收入陷阱"实质上不单纯是经济结构转型的"陷阱"，而是整个社会的"陷阱"。一旦落入"中等收入陷阱"，就可能出现道德滑坡、信任丧失、社会整体失序的重大危机。

目前中国处于中等收入阶段，从中等收入阶段向高收入阶段过渡，意味着社会心态与社会秩序、社会阶层与社会流动以及社会劳动力年龄结构等方面的重大转变。完成这一转变，需要加强道德文化建设，以恰当的个人预期与行为规范，减少机会主义，降低交易成本，稳定社会秩序。只有夯实基础道德，并辅之以有效的监督机制，才能树立正确的价值观念，真正做到惩恶扬善、遏制贪腐、防止社会整体失序。

四、夯实基础道德，完善基础秩序——加强社会道德文化建设的关键

道德是社会向心力的基础。需要关注基础道德和基本伦理建设。一方面，应当直面问题，鼓励思想解放，借鉴和汲取人类社会一切有价值的文明成果；另一方面，也要尊重民众的权利表达，关注社会成员的想法、需求、价值偏好。道德建设的初衷，就是改善社会秩序、保护民众权益。

夯实基础道德，离不开政府大力倡导。政府应当通过各种方式，激发人们形成善良的道德意愿、道德情感，培育正确的道德判断和道德责任，提高道德实践能力尤其是自觉践行能力，引导人们向往和追求讲道德、尊道德、守道德的生活，形成向上的力量、向善的力量。政府大力提倡道德规范时，应当借鉴和发扬中国传统文化中的精华。

夯实基础道德，离不开发扬优秀文化。比如，儒家文化就提供了丰富的道德资源。经过两千多年的发展，儒家文化已经形成一套成熟的道德体系，推己及人、内圣外王，将个人道德与社会秩序紧密结合在一起。东亚国家的经验表明，在现代社会中，儒家文化的道德观念依然能对个人行为和社会规范产生积极而又重要的影响。具体而言，一方面，可以借鉴儒家塑造人格的方式。"修身养性"以"克己"开始，止于"慎独"，面对外在各种诱惑，即使没有监督，也不会产生心动的欲望，能够泰然处之。另一方面，也可以借鉴儒家提倡的人生目标，即"齐家治国平天下"，国家兴亡，匹夫有责，在日常互动中，个人道德准则外化为社会行为规范。

夯实基础道德，离不开保护个人权益。道德的一个核心基础是社会公正。无法有效保护社会成员合法权益的道德，是虚假的道德。现代社会高度多元，利益分化日趋明显，利益的差异和冲突在所难免，甚至成为现代生活的一个正常组成部分。道德之所可以化解矛盾，就

是因为道德也可以保护合法权益，特别是那些在社会中处于相对弱势地位的群体的合法权益。道德建设，更应当关注弱势群体，倾听其呼声，保护其权益，让弱势群体成为道德建设的获益者，让道德真正成为社会各阶层的黏合剂。

只有以朴素的社会价值观为基础，从要求政府开始，夯实基础道德和基本伦理，完善社会规范和社会秩序，才能促进良好社会道德的形成，进而顺利实现经济和社会转型。

| 第五节 | 社会信任：债务的信用条件变化与政策调整

清华大学资深教授、著名社会学家李强指出：社会信任是经济社会良性运行和健康发展的重要基石。[①] 随着信息经济和知识经济的发展，一方面现代社会环境和社会发展条件有了新的变化；另一方面财富原始积累的方式更加复杂。因此，一是仅仅依传统货币管理工具和常规办法是不够的，需要政策创新，改善货币条件。信用包括的范围比金融资产要广泛得多，不仅仅包括货币、等于货币以及可以代替货币，也不仅仅包括金融资产、等于金融资产以及可以代替金融资产。二是信用还可以在更广泛的范围、更深的层次创造价值。三是现代市场经济是信用经济，信用在"生产—交换—消费"循环往复运动过程中起到血脉的作用：传递氧气，排泄废物，输出健康。但是信用发挥作用是有条件的。我们的问题是：什么是信用发挥作用的条件呢？在新形势下信用条件有些什么变化呢？本节拟从货币条件、金融条件、信用条件逐层进行分析。

---

① 李强，社会信任是经济社会良性运行和健康发展的重要基石 [E/OL]. 中国社会科学网，http://econ.cssn.cn/jjx/jjx_xzyc/202205/t20220507_5407157.shtml.

一、信用条件变化与政策调整

（一）货币条件与货币政策

货币条件，原本指将某种东西视为货币的条件，本节这里着重指货币转化为资本的条件。一件东西只要具备"交易媒介、计量单位、价值贮藏、支付手段"功能，就可充当货币。货币的发明对社会经济发展是必不可少的。但是，货币要转化为资本，还必须具备创造价值的特殊作用，这是市场经济发展的重要条件。

马克思在《资本论》中曾对这个问题作过深刻和精辟的分析，指出："货币和商品，正如生产资料和生活资料一样，开始并不是资本。它们需要转化为资本。但是，这种转化本身只有在一定的情况下才能发生，这些情况归结起来就是，两种极不相同的商品所有者必须相互对立和发生接触：一方面是货币、生产资料和生活资料的所有者，它们要购买别人的劳动力，来增值自己所占有的资产总额；另一方面，是自由劳动者，自有劳动力的出卖者，也就是劳动的出卖者。"[①] 马克思在这里讲得很清楚，货币转化为资本的最重要条件是要有可雇佣的劳动力。如果没有可雇佣的劳动力，那么货币只能是一般的商品，只能是一张借条。只有劳动者和他的劳动条件所有权相互分离，直接生产者转化为雇佣工人，货币才能成为一种特殊商品，才能在使用中转划为资本。因此，从所有制角度看，社会分工是货币存在的前提条件：只有社会分工，劳动者才可能占有劳动产品；只有剩余产品的出现，才会有交换行为和借贷行为的发生。翻阅原始积累的发端，特别是在资本主义产生和发展早期，建立可雇佣的劳动力市场，或者说创造资本关系的条件，是一场残酷的革命。进入近代和现代市场经济，虽然劳动力市场得到普遍发展，劳动者自由地支配自己的劳动权利，早已不是一个

---

① 马克思.资本论（第一卷，下）[M].北京：人民出版社，1976：782-783.

严重的问题，货币转化为资本成为一件比较容易的事。但是，原始积累和原始创造仍然是很复杂的，有勤劳致富，有资源禀赋，也有暴力、欺诈和偷窃，也就是说财富原始积累从来就不是田园诗式的东西。为了维护市场秩序，控制社会资本流通总量，货币管理当局需要创造和应用 M1、M2 等基本政策工具，使社会总需求和总供给基本达到平衡。

随着信息经济和知识经济的发展，一方面现代社会环境和社会发展条件有了新的变化。比如：劳动力向人力资本转化，技术因素对劳动者影响很大，劳动者技能和效率差异很大，创造财富的能力差异很大。另一方面财富原始积累的方式更加复杂。比如：劳动资本股份化、个人入股、家庭入股、职业经纪人占股成为市场经济的重要现象；人力资本网络化，劳动者可在全球范围寻找自己的职位，在世界各地创造资本关系。因此，仅仅依传统货币管理工具和常规办法是不够的，需要政策创新，改善货币条件。比如，货币条件除了考虑传统的因素之外，还可能需要考虑互联网金融给传统货币带来的影响，特别是要考虑互联网金融流通速度加快对基础货币倍增功能的影响。对此，我们在后面还会进一步分析。

（二）金融条件与金融政策

金融条件，原本指为获得对有价值东西索取权的条件，我们这里着重指金融资产转化为金融资本的条件。这个条件不仅反映了金融资产的一般索取权，而且反映了金融资产创造价值的特殊作用，这是现代金融市场发展的重要特征。

金融资产是一种金融索取权，只要拥有对某件有价值东西的索取权，你就拥有这种金融资产，也就意味着你对某人可以进行索取，让他向你支付有价值的东西。[①] 目前，金融资产主要包括货币、股票、债

---

① 参阅：[美] 格伦·哈伯德，安东尼·P. 奥布赖恩. 货币金融学[M]. 2 版，刘启，蓝波涛，王引，译. 北京：清华大学出版社，2014：4.

券、外汇、证券化贷款五大类资产。其中货币存储银行可以生息,股票有股息,债券有利息,外汇有汇率,证券化贷款也可生息。这些资产在条件具备时都可以转化为资本。所谓条件具备,主要有三方面:一是资产必须有增值能力;二是对这些资产有索取权,就是拥有对金融资产在增值后所占有价值总额的索取权;三是流动性。其中,流动性是金融资产转化为金融资本的特殊条件。流动性反映各种资产按要求兑现的能力,决定了市场的认可程度。我们在考察金融资产时,光看资产生值能力和价值总额是不够的,还必须看流动性。市场很在意金融资产的流动性。在其他条件相同的情况下,对流动性较高的投资,投资者愿意接受的利率水平可以低一些。反之亦然。比如,对流动性较差的债券,为了补偿流动性方面的损失,投资者希望得到比较高的收益。

目前金融市场五类主要资产,由于市场交易的难易程度不一样,其市场兑现的能力特征是不同的。如果一个部门拥有的金融资产都是货币,那么可以说这个部门的资产有较高的流动性。如果一个部门的资产都是一些长期债券等不易转换为现金的资产,那么可以说,这个部门的资产流动性较差。在国际收支中,流动性反映了一个国家或地区填补对外收支余额的能力,也反映了必要的外汇储备情况。在商业银行系统,流动性反映了商业满足储户兑现的能力,也反映了银行持有的现金和短期资产的情况。在证券市场,流动性反映了可交易的产品市值,发行的股票数量越多,市场的缔造者就越多,持股面越广,市场中股票的流动性越强。在货币市场,流动性反映了货币总量和经济活动中短期金融资产的情况。在金融管理,不同的国家或地区,根据其金融市场和金融资产的情况,制定有不同的宏观金融政策,比如:M1、M2、M3 政策等,对市场进行指导和调整。[①]

随着金融市场的不断发展,金融衍生产品越来越多,金融资产结

---

① 参阅:邹力行.金融帝国——美国的发展与启示[M].长沙:湖南大学出版社,2009:129.

构越来越复杂,金融流动性越来越难掌控。2007年6月,由美国次级债引发的全球金融危机使人们清楚地看到,如果对金融创新和金融条件把控不妥当,很容易引起金融危机。美国次级债,促进了美国住宅市场的繁荣,也造就了住宅市场的泡沫。这个教训是深刻的。为了避免这种现象,有必要改进金融条件。比如:一是提高诸如抵押贷款的标准;二是衍生金融产品的价格不能高于基本价值;三是要求金融企业储留一定的信用风险金(美国不少于5%)等。

我国金融资产总规模早在2013年就已达到GDP的3倍以上,超过120万亿元人民币,且历年来还在不断增加。如何用好这笔资产,使这笔资产不断创造更多的财富;特别是如何根据形势的发展,在复杂多变的环境中,既维护好金融资产的安全,又适时地创造价值,这是金融行业的根本问题。回答这个问题,不但要创造条件,鼓励金融创新,不断完善金融市场、丰富金融产品、增加投资产品,还要掌控条件,规范市场,强化监管体系,掌握各种金融资产运动规律和特点。比如,根据流动性变化的新特点,有必要考虑制定监视市场的"正常、预警、异常"区间和监控手段;根据电子现金、电子货币发展的趋势,有必要把单个的公司支付整合起来,建立综合的公共的安全支付体系等。对此,我们在后面也还会进一步分析。

(三)信用条件与信用政策

信用条件,原本指交易过程中相互信任的条件,我们这里着重指信用转化为资本的条件。这个条件不仅反映诚信在信用交易中的重要性,而且反映信用创造新的价值的特殊作用,这是现代经济社会发展的基本条件。信用作为资本,使国家的财富概念发生重大变化;信用作为财富,使国家的经济实力发生重大变化;信用作为实力,使国家的综合竞争力发生重大变化。

信用包括的范围比金融资产要广泛得多,不仅仅包括货币、等于货币以及可以代替货币，也不仅仅包括金融资产、等于金融资产以及可以代替金融资产；信用还可以在更广泛的范围、更深的层次创造价值。信用价值在形态上除了实体形态的生产资料、生活资料外，还有虚似形态，比如：商标、品牌、声誉等。信用价值在功能上除了传统的保值、交易、储存、支付之外，还有使用增值的功能，比如，不动产、版权、专利等。现代信用体系是由信用工具、信用形式、信用机构和信用管理体系等多方面共同构成的。

因此，信用转化为资本的条件，除了需要具备货币条件和金融条件之外，还需要考虑"可靠性""规范性"两个特殊条件。

信用的可靠性反映了信用功能在正常情况下无障碍地发挥作用的可能性，具有"优质""安全""赔偿"三个基本要素。"优质"体现于信用在设计和产生过程中的质量要求，"安全"体现于信用在使用过程中的寿命和无故障情况，"赔偿"体现于对信用采取的保险措施。因此，建立在"优质""安全""赔偿"基础上的可靠性是信用产生和发展的基本条件，也是信用转化为资本的基本条件。信用，无论是以一件产品的形式出现，还是以一项制度协议或其他形式出现，都应该是可信赖的、可信任的、可靠的。信用可靠性反映了信用的虚拟价值转化为实体价值程度，也反映了社会对信用价值的认可程度。信用可靠性可通过信用发展度等重要指标进行调查、分析和评级。目前，美国标准普尔公司、穆迪投资服务公司、惠誉国际信用评级有限公司三大国际评价机构占据了国际信用评级的制高点，它们不时地发布信用评级报告，对一个国家、一个地区、一个公司的财富成本有重要影响。

信用的规范性反映了信用价值在市场中的稳健程度，也反映了信用产品、信用工具、信用形式在正常环境中的规矩和标准性。信用产品、信用工具和信用形式呈现出多样性，但是，不论式样如何，信用从设计到运行，每个环节、每个步骤、每个流程，都应该有一定的规矩和标准。无规矩不成方圆。标准化有助于信用的培训、扩散和推广，有助于增强信用的稳健性和公允价值，有助于建立职业经理制度，有助于代理人在代理权范围内开展代理业务，有助于拓展一些比较专业的信用业务。因此，规范、规矩、标准是信用发展的重要条件，也是信用转化为资本的重要条件。现代经济本质上是一种具有扩张性质的经济，这个经济需要借助规范、规矩、标准的信用手段进行扩大生产规模、改进工艺、更新设备、推销产品。无论是国内债权债务关系，还是国际经贸合作关系，都有赖于信用的规范性。随着全球经济一体化深入发展，信用规范性在信用创造资本和财富过程中的意义和作用更加突出。

信用是一种特殊的稀缺资源。特殊在于：第一点，这种稀缺资源"用进废退"，越是使用，越多越丰富，而不像一般稀缺资源一样，因使用而会减少；第二点，这种稀缺资源与人格的魅力、政治的智慧以及友谊的情感和时间的锻炼密切相关；第三点，这种稀缺资源，是社会健康发展的基础，没有信任的基础，任何社会的发展成本都会大大增加，很多方案很可能因为成本太高（或不愉快）而无法实施；第四点，这种稀缺资源，是自由地存在，是网络化地联系，不存在强制和义务。信用之为物，无声无色无形，不像劳动力可以时间计算，不像商品可以数量计算，信用交易完全是一种相互信任的交流。比如，顾客把工资存入银行，是信任银行，银行收入的是信任，顾客得到利息，这种利息实质是因信任而得到的特殊报酬。

我国信用缺损现象比较严重。近70多年来，特别是改革开放40多年来，我国在赶超比我们早启动300多年的西方现代化列车方向上取得了令人瞩目的成绩。我们这个曾经饱受凌辱和积贫积弱的古老东方大国，如今焕发出令世界赞慕的发展生机，展示了中华民族至深至伟的生存发展能力。同时，我们在近40多年市场为导向的发展轨道上，市场经济极端化现象比较严重，存在着比较严重的信用缺损问题，表现为社会诚信意识和信用水平偏低，履约践诺、诚实守信的社会氛围尚未形成，商业欺诈、制假售假、偷逃骗税、虚报冒领、学术不端等现象屡有发生。其原因，一是市场价值不适合地延伸到社会生活各个方面，包括政策、教育、科学、宗教、文化等，只重追求个人利益，成为普遍现象，发财就受到羡慕，不论财是怎样发的；二是片面追求高速度、洋跃进，忽视了统筹兼顾，综合平衡的规律；三是政府忙于招商引资、抓项目，对规划、监督、保障和服务职能重视不够；四是没有做到两个文明一起抓；五是在引进资金技术和市场的同时，忽视了制度变革，造成"形似神不是"，以信用为核心的市场经济真谛并没有真正实现。

在新的形势下，信用条件以及影响信用条件的重要因素还在发生变化，主要表现在以下方面。

1. 市场的不确定性增加。 随着科技革命和经济社会的发展，人们参与市场活动的机会和活动越来越多，在人们大脑中的认识功能不断受市场各种信息影响的同时，大脑中的主宰功能对市场的影响也越来越大，其结果，完全有可能偏离参与者的意图，因而增加了市场的不确定性。与此同时，科技革命的重要成果，如网络化技术，虽然改变了人们获得信息的手段，也极大地增加了市场的复杂性。这种复杂性，在加重社会经济不平衡的同时，还制造了许多难以预测的新的不确定因素，比如，市场跟风羊群、情绪化的赌博行为，从而增加了市场的不稳定性，降低了信用的可靠性。市场调节产生的冲撞力加大，市场情绪加重，市场系统风险增加。

2. 市场的动态需求增加。 随着信息技术的深入广泛应用，在市场的前端有可能会安置更多的智能，信息采取、处理和回馈越来越简洁方便，数据有可能像土地、石油、资本一样成为经济运行中的根本性资源，激发人们更多的与众不同的想法。在信息化时代，大量的快速的碎片信息也会充斥人们的头脑，容易使人产生奇异的联想和独特的闪亮，形成动态需求和欲望。这种动态需求不一定有长久固定的目标，完全是在变化中提出，而且只能在拓荒式的行进中得到满足，为我们研判形势、制定政策带来难度。在动态需求增加的同时,传统货币的一些功能确实有一定的弱化。比如,传统的货币交换、储存功能有一定程度的弱化。很多年青人喜欢随身带信用卡,而不愿带现钞。通过货币借贷形成的负债与商品之间的替代关系受限趋多。比如,美元是美国央行的负债,我们拿到美元,说明我们可以用美元购买所需要的东西。但实际上美元的购买力紧紧控制在美国人手里,不是你想买什么就可以买到什么。

3. **市场的不对称性增加**。比如:虚拟经济与实体经济不对称性增加。虚拟经济增长速度过快于实体经济,影响经济的稳定性和可持续发展。美国等发达国家也存在这个问题,正在通过"再工业化"进行调整。我国这个问题要显得更严重些。还比如:城市金融与乡村金融不对称性增加。金融机构市场化运作,以追求利润为首要目标,造成资金从欠发达地区流向发达地区,向大城市、大企业和优势行业集中。再比如:不对称代理问题突出,代理人的利益与委托人的利益分离倾向加重,代理人更感兴趣的是赚其手续费,而不是保护委托人的利益。

4. **市场的波动性加大**。在国际市场,全球股票市场波动性增加,原油等大宗商品价格屡创新低。比如:2015年8月24日,道琼斯工业指数下跌3.6%,S&P500指数下跌3.9%,原油价格下跌5.4%,每桶跌到38.2美元。2015年9月1日,道琼斯指数再下跌2.8%,S&P500指数再下跌3.8%,再创2012年4月以来新低。其表面的原因是缺乏鼓舞人心的经济信息和政策,其深层原因是全球经济结构调整进入关键时期,东西方市场博弈加大,市场不稳定因素增加。在国内金融市场,异常波动幅度大、时间长。上证指数曾一天下跌8.5%,对经济运行构成新的压力。其原因,除国际因素影响之外,还有两个管理制度上的原因:一是对资金流入、流出资本市场缺乏有效的管控手段,外资流入、场外配资、公司资金进入股市,处于失控状态;二是融资融券业务缺乏有效的管控手段,杠杆融资比例扩大,助长了赌博行为,规模失控,结构化资产管理业务中的杠杆偏高,上涨时使劲让客户融资,下跌时恨不得让客户赶紧还钱,增加了市场的系统性风险。由于问题的缘由与制度和结构调整有关,因此市场激烈的波动性可能不是短期的,而将是伴随经济转轨的一个重要现象。

5. 市场文化内涵正在发生调整和变化。突出表现在:分期贷款、网络金融成为消费文化的重要内容。虽然以分期贷款为主要内容的消费信贷在美国等西方国家有近一百年的历史,但在中国还是近十年的新事。中国消费信贷后发优势很强,在互联网金融的协同支持下,有很大的市场,特别是"八零后""九零后""零零后"新一代市场生力军,正在成为推动消费信贷大力发展。中国实际上正在发生一场消费信贷和互联网金融的革命,家庭的理财模式,特别是年轻家庭的理财模式正在发生根本性变革。

6. 金融资本向社会资本转化的趋势明显。随着第三次工业革命的深入发展,特别是在新型分散合作式的微型制造业和网购市场,扁平式的经济模式日益成熟,企业和个人分散的财富可以社会资本的形式,通过"桌面工厂"和"社会制造",将创新创意转化为实物产品,并从中获得新的价值。在互联网和智能网中创业,企业家和合作者所需要的成本比较低廉,社会资本所发挥的作用要大于金融资本。而且社会资本不断改进资本市场的核心功能,存量资产的再配置以及规模定制的生产流通消费模式有可能代替增量融资和随之而来的市场规模扩大。这是因为全球性供应链有可能发展到"无尺度"阶段,可以为大众和小众同时提供服务,可以及时调配全球范围的供求关系。在这个过程中,商品所有权的关系逐渐被租约所取代,买卖关系向供租关系转换、所有权交换向网络内特定时间获得服务转换。在一个使用权的重要性大于所有权的世界中,财产虽然掌握在供应者手中,但通过租借、分时共享、定点以及其他临时性分时段出租等方式,就可以及时得到所需要的产品和服务,社会资本的作用和意义越来越大。如果说传统的经济模式强调纪律和勤奋的价值,遵循至上而下的权威,注重金融资本的话,第三次工业革命带来的经济模式更多看重互动、社会资本参与、开放共享以及加入全球网络。集资工具大众化,公众筹资(众筹)、公众制造(创客)正在成为经济发展新引擎和价值创造新源泉,同时,也对传统信用的规范性提出了新的挑战。

此外,国际金融形势变化,对我国的信用条件和政策也有重要影响。比如,新型经济体主导的新的金融机构建设加快,金砖银行、亚投行成为现代国际金融体系的重要补充;世界银行IMF股权结构发生变化,发展中国家份额增加;金融危机后,国际监管制度相应进行重大调整。这些重大事项,一方面有利于加强两个市场互动、互利的关系,促进国内信用体系的改善和政策的完善;另一方面也对我国的信用条件和市场建设增加了很大的压力。

二、关于加强信用建设的思考

因应新的形势和市场信用条件变化,我们有必要调整和完善相关政策,进一步加强信用建设,始终把握工作主动权,提高管控风险的能力。

(一)在思想层面

我们亟需对金融市场有新的认识和解释。我们需要清醒地认识到:不管金融形态和市场形式如何变化,不管金融产品如何新潮,金融以信用为核心的基本内涵和本质没有变化,也不会发生变化。因此,我们有必要进一步强调信用建设是市场建设的基础性工作,强调以诚实这样的内在价值作为自我行动的指南。我们在市场中还需要有自知之明,虽然科技手段越来越发达,但是人类认识的局限性仍然存在。我们不可能完全理解客观现实的存在,更不可能完全主宰客观现实的核心。监管者也是市场构成的一部分,在识别风险方面,不可能超越市场。因此,我们需要牢固树立风险防范意识。

我们国家正处于深化经济体制改革和完善社会主义市场经济体制的攻坚期,正处于加快转变发展方式的战略机遇期,经济社会转型的关键期,以及在更大范围、更宽领域、更深层次上提高开放型经济水平的拓展期,加快推进社会信用体系建设,建立健全社会信用体系,是整顿和规范市场经济秩序、改善市场信用环境、降低交易成本、防范经济风险的重要举措,是促进资源优化配置、扩大内需、促进产业结构优化升级的重要前提,是增强社会诚信、促进社会互信、减少社会矛盾的有效手段,是深化国际合作与交往,树立国际品牌和声誉,降低对外交易成本,提升国家软实力和国际影响力的必要条件,是推动建立客观、公正、合理、平衡的国际信用体系,适应全球化新形势,驾驭全球化新格局的迫切要求。

市场信用体制状况反映了一个国家和一个地区的发展水平、发展环境和发展条件。大凡市场经济比较发达的国家,都是市场信用体制比较健全的国家。中国正处在社会主义市场经济初级阶段,特别需要市场信用体制的支持,很难想象一个市场信用体制落后的国家,它的经济体制的转型和经济的发展会非常顺利。在以信用为核心的现代经济中,信用活动是社会活动价值形态的反映,是金融活动的最重要特征,也是社会和谐发展的基础。

(二)在战略层面

一是需要进一步明确深化金融体制改革的任务和目标。今后 20 年和相当一个时期,我们可能需要把加强信用体制建设作为金融体制改革发展的中心任务,以法律、法规、标准和契约为依据,以健全覆盖社会成员的信用记录和信用基础设施网络为基础,以信用信息合规应用和信用服务体系为支撑,以树立诚信文化理念、弘扬诚信传统美德为内在要求，以守信激励和失信约束为奖惩机制，大力提高全社会的诚信意识和信用水平。二是需要大力宣传和培育社会的契约精神。坚持契约实际上是依法办事的集体体现，无信不立，这是市场经济的基本原则。在对待契约问题上，需要一种热情和能力，需要有足够的动机和压力，需要有很强的守约意识。三是需要营造帮助履行契约的环境，灌输严格的行为规范，建立互利的关系。履行契约的环境至少包括五个方面的内容：对违约的严厉惩罚，让其赔不起；二是社会言论的谴责，让其在社会无立身之地；经常稽核检查，让其保持经常的警醒；符合现实的契约条款，让其有能力履约；明确的契约价值和重要性，让其增强责任感。

（三）在政策和技术手段层面

需要改进和丰富我们的工具箱。比如：在货币政策方面，为了防止资产泡沫，仅控制货币供给是不够的。因为控制货币供给，增加或减少货币供应的手段，增加或减少供给是一个生硬的手段。还可以考虑更多地利用证券化手段对资产市场的存量和增量进行调控。可以考虑通过调节流动性来控制规模，比如定向借贷、倾斜政策、控制渠道等。

在股票市场方面，为了降低市场波动性，在加强信用建设基础工作的同时，有必要进一步完善熔断机制。比如：适当缩小涨跌停板幅度，由目前正负10%的熔断点调整为正负7%，提高熔断机制对市场的灵敏度；适当细化熔断机制内容，有效控制程序化交易可能产生的现货与期货市场风险"互灌"；大力强化跨市场的协同运作，当A股市场股指期货启动熔断而暂停交易时，相关的衍生市场也应该暂停交易，以便维护市场的统一性。近期股市涨得太快，跌得太重，均非正常。原因：投机多、投资少；散户多、集群少；激情高、理性少；非专业多、专业少；求胜心切，市场建设（基本功）不够。投机成分包括：国内外游资、机构，急功近利、想一夜暴富的市民。基本结论是：市场不成熟，七分投机，三分信心；需高度重视，但不至于乱了分寸。应对措施：不随舆论起舞，在市场教训投机者时，加强思想引导和知识教育，严控资金流向，严控场外配资，适当放慢IPO，控制融资融券规模，严格控制头寸转手频率和规模，特别关注建仓和斩仓的间隔波段情况，信贷违约互换情况，合成证券发行情况，以及证券集中持仓规模所可能产生的系统性风险。

针对大而不能倒的金融机构，可能要有一些明确的政策。比如：控制杠杆率；对储蓄存款使用有必要的限制，储蓄存款不能用做自营交易；提高银行持有证券的风险评级；不同市场之间应该有防火墙。完全分业经营不太现实，但应该有内在的机制，将各种市场的自营交易彼此分开。

应对扑朔迷离的形势和信用条件的变化，我们有必要统筹考虑，坚持四个结合：一是坚持战略目标坚定与战术手段调整相结合。在坚固我们战略定力的同时，增加我们工作的弹性，讲究实效；二是坚持虚拟经济与实体经济相结合。资本市场出现的问题可能还要从实体经济找原因，在加快建立股市平稳基金、完善相关政策、严格监控资金流入流出的同时，大力加强创新母子资金，创建国家土地基金，建立劳保食物供给体系，为弱势群体提供基本保障，避免股市波动影响改革开放大局；三是坚持短期政策与长期政策相结合的原则。欲进先退，近期政策和长远战略可能完全相反，为了稳定经济，我们近期增加货币基数和流动性是必要的，但是需要适时以同样的速度控制流动性，防止出现通货膨胀；四是，坚持国际与国内市场相结合。坚持以国内市场为立足点，大力实施扩大"内需、内供"战略，充分利用国际市场和地缘政治的各种机会，拓展市场，深耕细作，合作共赢。

党的十八大提出要"加强政务诚信、商务诚信、社会诚信和司法公信建设"，党的十八届三中全会提出要"建立健全社会征信体系，褒扬诚信，惩戒失信"，2014年6月14日，国务院印发了《社会信用体系建设规划纲要（2014—2020年）》。大政方针已经有了，关键在于落实。在金融领域，深入分析信用条件的变化，有利于针对性地采取行动，把中央的大政方针落实到实处，改进和创新社会治理手段，加快信用体制建设，提高信用水平，完善社会主义市场经济体制。

三、化解地方政府债务风险及构建规范有效融资机制的建议

国家审计署2013年12月30日发布了全国政府性债务审计结果，地方政府投资行为带来的地方债务问题引起各方关注。经研究分析，我们认为中国政府债务整体规模与国际相比尚处于合理水平，中短期内地方政府债务违约集中爆发的可能性不大，现阶段其大规模融资具有合理性，但地方政府债务近年增长较快，相关风险隐患逐渐显现，需抓紧采取措施化解存量债务风险，并构建较为规范的融资机制。建议国家从完善制度设计、化解存量风险和有效管理增量三方面同时入手进行"标本兼治"。

（一）政府债务整体规模与国际相比尚处合理水平，但地方政府债务近年增长较快，相关风险隐患逐渐显现

1．政府债务规模尚处合理水平。根据审计署公布的数据，至2013年6月底我国中央政府负有偿还、担保和救助责任的债务总和为12.4万亿元，以2013年GDP为57万亿元计算，中央政府债务占GDP比重约为21.8%。我国地方政府以上三类债务总和为17.9万亿元。中央与地方政府债务余额合计为30.3万亿元，占GDP的比重为53.2%（若将其中担保与救助责任债务进行适当折算，则占比更低），低于60%的国际公认的债务安全线。从主要发达国家情况看，2012年末日本公共债务占GDP比重在209.7%，美国在104.9%，英国在90.0%。

2. 地方政府债务近年增速较快。 从总额增长率看，2010 年国家审计署公布的地方政府债务总额为 10.7 万亿元，据此计算，2010 末至 2013 年 6 月末地方政府债务余额的年均复合增长率在 22.9%，明显高于 12% 左右的 GDP 名义增速。从占 GDP 比重上看，近年来我国的政府债务占 GDP 的比重逐步上升，已由 2010 年的 43.5%，上升为近年来的 50%~60% 水平。

3. 地方政府债务相关的风险隐患逐渐显现。 尽管整体安全可控，但部分地方政府平台的风险隐患逐渐显现。一是部分平台公司财务上严重依赖财政支持，债务可持续性较弱。这些平台公司自身盈利能力不强，现金流紧张，需要通过财政援助、借新还旧等手段偿还债务。部分平台公司杠杆率偏高，需依靠地方政府注入新资产来保障其资产负债表的健康；二是地方政府为规避政策限制不断创新融资方式，加大了潜在风险。在地方政府强烈的融资需求与中央出台限制政策的博弈中，部分金融机构通过信托等融资工具创新融资方式，利用表外融资方式继续向地方政府放款，导致债务关系更加隐蔽和复杂，其风险和传导效应逐步累积；三是当前的宏观环境正在放大地方政府平台的风险。当前政府财政收入出现下降趋势，全社会利率水平上升，二三线城市房价下跌可能导致土地价值重估，部分融资平台信用评级遭到下调加大融资难度等，都可能对政府债务带来冲击；四是创新融资手段导致政府债务融资成本上升。从利率水平来看，城投债为 3.75% 左右，商业贷款为 5.5% 左右，信托理财在 8% 以上，BT 回购、PE 和 P2P 为 12% 左右，表明政府融资渠道的创新在不断推升其债务成本。

（二）地方政府大规模融资具有其合理性，其主要用于经济建设等特点可保障债务总体可持续

1. 我国经济所处的阶段需要地方政府适度负债发展。 从发展阶段看，对于急需发展和赶超的欠发达经济体来说，高速增长中的负债

不是最大风险,不发展才是最大的风险。与欧美主要发达国家不同的是,我国当前正处于建设阶段和赶超阶段,需要依靠较高的投资率支持大规模的基础设施建设,以实现工业现代化和高速城镇化发展,这必然需要举债融资。从财务角度分析,虽然杠杆率升高意味着风险增大,但杠杆率较低也意味着资本使用效率低下。我国由于市场化与金融深化程度不够,与欧美国家相比,政府部门杠杆率长期偏低。在整体风险可控的前提下,提高政府部门的债务率是我国在公共建设领域激发市场活力和金融创新的结果,可提高政府撬动资金杠杆的能力和资本的使用效率,并有效推动经济的快速发展。

2. **地方政府负债主要用于经济建设而非一般性支出**。我国地方政府债务主要用于基础设施的建设,既可形成较高质量的资产(包括升值后的土地以及优质的国有资产),也可在促进经济发展同时,逐步形成保障政府债务偿还的良性运转机制,而发达经济体的债务主要用于一般性政府开支。从国际经验看,历史上发生过的政府主权债务危机,尚无由大规模负债投资基础设施建设而引发的先例。

3. **我国政府负债以内债为主、外债负担较低,以及高外汇储备、高储蓄且持有大量可变现国有资产的特点,将在很大程度上保障我国债务总体上可持续**。历史经验表明,一国发生主权债务危机,基本都具有外债规模过大,本国公债境外持有率过高的特点,而这一情况在中国不存在。参照中国社科院、德意志银行等有关研究机构编制的我国国家资产负债表的"国外负债"项看,2013年末我国外债余额估计将达到1万亿美元左右,约占GDP的10.5%;从"国外资产"项看,中央政府拥有3.7万亿美元(2013年11月)的外汇储备,整体来看我国的外债负担很低。从地方政府的债务形成渠道看,主要为国内银行贷款、地方债和信托等国内债务,国外负债很少。从地方政府的还款来源看,除预算内税收收入外,其还持有地方国有资产约35万亿元以上、土地资产50万亿元以上,足以覆盖现有债务。

（三）化解地方政府存量债务风险，构建规范有效融资机制

为有效化解地方政府当期债务风险，并构建中长期可持续的地方政府规范有效融资机制，建议国家从完善制度设计、化解存量风险和有效管理增量三方面同时入手进行"标本兼治"。

1. 完善顶层设计，加强地方政府负债管理。通过立法规范地方政府的负债管理。我国《预算法》《担保法》分别规定地方政府不得负债、不得为债务担保，这既是地方政府通过"平台公司"、影子银行等工具融资的主要动因，也是导致地方政府平台的债务问题难以得到有效监管的制度缺陷。为此，建议国家尽快研究制定地方政府债务管理法规，修订《预算法》与《担保法》的相关条款，在给予地方政府负债合法化的同时，将原先隐蔽的债务问题"阳光化"。

建立地方政府债务总量控制制度。由中央政府督促地方政府抓紧落实十八届三中全会《关于全面深化改革若干重大问题的决定》中提出的"编制全国和地方资产负债表"的要求，并根据各地区社会经济发展情况和政府债务现状等因素，量化分析评估未来一个时期政府融资的合理规模，并以此作为对地方债务进行总量控制的主要依据。

建立健全债务使用绩效管理、评价和监督制度。对地方政府性债务进行全过程监督评价，即从举借、使用、管理、偿还等各个阶段进行事前、事中、事后的全程监督。

建立健全地方政府债务的风险预警与信息披露制度。首先，建立从地方到中央的双层同步的风险预警系统，按照债务率、偿债率、逾期债务率和借新还旧偿债率等相关指标，结合具体财政、经济、社会发展情况，形成一整套评判标准和工作机制；其次，建立地方政府融资平台的信息披露制度，并形成定期而非突击性的审计制度。

加快财税体制改革。地方债管理制度的建立要与分税制改革相匹配，强调权责的对等，明确中央政府和地方政府在地方债运行过程中充当的角色。一方面适当上移部分事权和支出责任，一方面释放财力

到县区政府。适当提高增值税、企业所得税等共享税中地方政府的比例，适时开征房产税。

转变政府职能，更好地发挥市场作用。建设服务型政府，降低地方政府过度负债的源动力。

2. 多措并举，化解存量债务风险。对存量债务进行清理分类。通过全面审计，对存量债务进行清理和分类。根据债务的是否公益属性、偿还能力、流动性等不同情况设计风险化解方案。

对不良债务实施重组和化解。对于具有较大正外部性的公益性质项目所对应的债务，可通过政府发行长期债券进行债务置换。其本质是将长期的正外部性收益对应的债务分摊到较长时间内由社会公众进行消化。对于因盈利性不足、效率低下而产生的非公益性不良债务，可通过地方注入优质资产、加大政策支持力度、盘活存量资产、提升效率和盈利性等方式改善偿债能力。对于收益确实无法改善的项目所对应的债务，首先可由地方政府出售一定的国有资产和土地，直接偿债，其次可通过成立资产管理公司，剥离坏账处理，最后可通过银行债转股或直接核销坏账处理。对于这部分债务，在损失暴露后，必须明确相关责任并采取惩罚性措施，一方面起到应有的警示作用，另一方面也是防止"国家兜底"思想引发的道德风险。

对可偿还债务的处理。对于项目具有一定盈利性，现金流可覆盖债务成本，但有"还长借短""借新还旧"问题的债务，其风险并非盈利性，而是流动性，根源在于缺乏阳光化的长期债务工具。首先可通过地方政府发债进行债务置换，其次可通过债转股，并向市场出售部分股份，吸引民间资本的投入。对于项目优质、债务期限匹配的债务（如长期政策性贷款项下的优质项目），既可以保留债务不变，也可通过资产证券化腾挪出低成本的信贷空间，以服务于其他项目，为降低社会整体债务成本，化解其他政府债务创造良好的宏观条件。

3. 构建规范有效融资机制，支持新型城镇化建设。

在规范地方政府平台公司的基础上完善"市政信贷",继续发挥国家开发银行等金融机构在支持新型城镇化进程中的融资主渠道作用。与欧美发达国家主要依靠发行"市政债"提供城市基础设施融资相比,我国目前主要由银行向地方政府投融资平台提供"市政信贷"的模式符合中国国情,特别是符合中西部欠发达省份的需要,且具有多方面的优点:一是债权债务关系体现在银行与平台公司之间,银行与政府之间通常不构成直接债权债务关系,因此与现有法律法规没有直接冲突;二是经过多年的发展和规范,由国家开发银行等金融机构提供"市政信贷",已发展成为较成熟的融资模式。与政府直接发债相比,其有利于提高地方政府的风险意识、效益观念和还款意识,且对项目可行性及收益有评估、对资金使用有监督,资金运用及管控效率相对较高;三是融资难度小,综合成本低。一方面由于我国债券市场发育不完善,且地方政府的债信等级总体偏低,发债难度较高;另一方面,债券发行是直接融资手段,需要通过信用评级、定价、承销、二级市场流通等完善的金融中介提供支撑,涉及相关费用较高。此外,由于我国的财政管理体制是"一级财政、分级管理",在此情况下大量发行基于审批制的"市政债券",可能引发地方政府向各部委部门联络关系,达到要项目要资金目的现象。

建议可采取有效措施对当前基于平台公司的"市政信贷"模式加以规范:一是从资金供给端入手,控制各金融机构向平台公司发放的信贷总量。为解决由于信息不对称而导致的逆向选择和道德风险问题,采取由银行业监督管理部门负责逐一明确"平台公司"银团牵头行的方式加以解决,即由牵头行负责统一与地方政府沟通,以避免恶性竞争、多头授信、重复授信;二是从资金需求端入手,控制平台公司的债务总量。通过审核地方政府资产负债率、平台公司资产负债率中的"净资产额",进行反算后确定平台公司的债务上限及融资空间;三是规范银行、平台公司、地方政府三者之间的法律、财务关系。在法律关系层面，要将现有的一定程度上实质存在的"银政之间的直接债权债务关系"，规范、拆分为银行与平台公司之间基于《公司法》《银行法》之间的"银企关系"，以及地方政府国有资产管理机构与平台公司之间基于《国资法》《公司法》的注资与被注资、控股与被控股关系；在财务层面，地方政府国有资产管理部门运用土地、税收等收入形成的现金流，向平台公司注资后，可获得相应股权（与直接还债或担保代偿有本质不同）；平台公司获得注资后，该资金的性质即不再是政府的财政资金，而是转化为可合法用于还款的"法人财产资金"，债务偿还后，平台公司的净资产相应增加，对应于地方政府国有资产管理机构持有的股权。

逐步探索、完善地方政府的发债机制，作为"市政信贷"的重要补充。随着我国资本市场不断发育成熟，以及相关法律法规的修改出台，可逐步完善地方政府的发债机制，东部发达省市可先行试点。当前可从改革、规范"城投债"入手：第一，延长城投债的偿还期限，将用于长期基础设施建设的城投债偿还期限放宽至20年甚至更长；第二，在总量控制的前提下，适当扩大城投债发行规模，使成本低、期限长的债券融资成为继信贷后的又一主要方式，降低高成本债务比重；第三，建立类似美国的"一般责任债券"制度，对于长期的纯公益性建设债券，由财政资金负责偿还；第四，加强城投债及发行主体的信息披露，避免"黑箱"带来场内交易恐慌，波及一级市场发行。

鼓励社会资本进入基础设施建设领域，降低地方政府负债融资压力。通过大力发展非债务融资，鼓励社会资本进入基础设施领域，促进投融资主体多元化。包括：一是通过资产证券化，将收益较好的债务向社会资本出售；二是通过出让国有资本股权，吸进社会资本进入；三是积极引入公私合营（PPP）的模式，具体包括BT或BOT等方式；四是向社会开放能源、通信、教育、医疗、养老和文化事业领域，降低进入门槛。

第三部分

命运共同体

第六章

命运共同体：重塑走向世界的地缘经济与政治

人类只有一个地球，各国共处一个世界，在全球化纵深发展背景下，国际社会日益成为"你中有我，我中有你"、休戚与共的"命运共同体"。然而，正如丹尼·罗德里克所著《全球化的悖论》所指出的：政府是每个国家的政府，市场却是全球性的，这就是全球化的致命弱点。这一致命弱点使得全球化历程中总面临着"逆全球化"的挑战核危机，以致国际经济社会乃至政治的动荡不安。近年来，"二战"后以"联合国宪章""布雷顿森林体系"为基础而开启的这轮史无前例的全球化浪潮开始不断遭遇"逆全球化"的挑战，一直以来西方经验和理念主导的全球化思维在这场"逆全球化"危机面前越来越显得捉襟现肘，国际社会迫切需要新的价值理念和思想观念来引领全球未来发展方向。党的十八大以来，习近平主席在国际国内多个重要场合提出和阐释了构建人类命运共同体的伟大理念及其实践路径。

当前，中国经济已经走向世界并成为举世瞩目的第二大经济体，为世界的发展做出了巨大贡献。但是中国对全球及各个区域的经济、社会、法律、政治和文化等基本层面的认知和研究却远远不够，还没有相匹配的知识储备与智力资本，由此导致在全球博弈中处于不利地位。

历史的经验告诉我们，如果不对投资对象国进行充分的研究，则无法在世界范围进行有效投资，一旦遭遇突发情况，则面临巨大的风险。

从历史看，各大国在崛起时都曾花巨资进行知识储备与发展智力资本。

相形之下，中国在大国快速发展过程中的知识和智力储备显然不足。我们处理危机变故多半依靠常规智力和权变策略，欠缺中长期的设计以及重大的、具有长远战略影响的问题研究。

| 第一节 | 地缘政治与贸易保护收缩策略的机遇与挑战

2016年，美国总统大选特朗普胜出，从他竞选时提出的"让美国重返安全时代""让美国人有工可做"和"让政府重新为人民服务"的三大治国政策框架，到他提出的"退出 TPP、TTIP"、界定"中国是汇率操控国"和"对中国商品征收45%的关税"等竞选策略，勾勒出特朗普"地缘政治"与"贸易保护"的收缩策略，其对全球地缘政治、经济的变化和中美关系的变化等一系列不确定性产生怎样的影响？整体来说，特朗普的收缩策略对中国倡议的国际业务和"一带一路"发展带来多种影响。因此，我们要从战略的高度进行分析和观察，主动应对规避风险，寻找对策有效加以利用，更好地为国家经济与金融外交服务[1]。

○ 一、"逆全球化"背景下的美国大选与英国"脱欧"公投

1. **精英和民众社会价值观念的冲突。** 特朗普之所以能够胜出，与英国"脱欧"公投的成功从本质上讲是一样的，都是代表国家的精英

---

① 刘卫平，沈继奔. 特朗普时代："地缘政治"与"贸易保护"收缩策略的机遇与挑战 [J]. 开发性金融研究，2016，（1）.

阶层与普通民众社会的价值观念冲突问题。从这个角度上看，特朗普赢得选举的成功是普通民众社会对于代表国家的精英阶层的胜利。这就引申出一个问题，国家如何才能代表社会？国家如何才能有效引导社会？国家是生长于并运行于社会当中的，而不是凌驾于其上的。只有当国家有效吸纳社会的意志，并将其上升到国家意志时，国家与社会才是一体的，否则就是对立的。这是时下国家治理体系和治理能力现代化所要解决的根本问题。因此，特朗普的胜出和英国"脱欧"公投的成功，其实是国内精英阶层和普通民众之间的社会价值观念关系出现了根本性转变。

2. 逆全球化的钟摆运动从释放市场力量向保护社会的方向转变。 从历史的周期演变可以看出。第一，每次全球化的周期都始于生产和贸易的扩张。当生产和贸易的扩张发展到一定阶段，各国对跨国界流动资本的争夺必然导致金融和财政的扩张。一旦出现世界性的金融扩张，资本主义早晚要面临一个全球规模的金融危机。在这种危机中，旧的经济秩序被新的所取代。研究证明，国际秩序从荷兰霸权，到英国霸权，再到美国 20 世纪的霸权，每一次更替都走过了相似的历史过程。第二，资本主义经济的长程运动是受着两个方向完全相反的力量作用的，一个要释放市场力量，另一个要保护社会。19 世纪末西方各国积极释放市场力量的努力，到了 20 世纪初制造了资本主义的一场重大危机，而西方各国在大萧条前后保护社会的努力则直接导致了法西斯主义、社会主义和罗斯福新政的出现。第三，导致全球化逆转的两个原因都与支撑全球化的制度缺陷有关：国际金融秩序的失序导致全球性的金融危机，而商品和人的跨国境流动对发达国家一部分群体在生活水准和就业机会的负面影响引发他们对自由贸易与移民问题的强烈政治反弹。这一趋势告诉我们，当强烈的反自由贸易和反移民的倾向出现时，它背后显示的实际上是全球化也许就要发生逆转。

3. 逆全球化趋势显现，根源或仍在贫富差距。 美国总统大选候选人，无论民主党还是共和党，都是贸易保护主义和逆全球化趋势予以确认的典型代表。特朗普的减税计划将扩大贫富差距，而希拉里的增税计划或将缓和贫富差距。其变化的根源仍在于贫富差距的扩大和各阶层利益的不可调和。共和党一贯主张减税，不惜以贫富差距的扩大来"以公平换效率"，但本轮美国经济复苏动能偏弱，效果存疑。而中等技能、中等收入群体是特朗普最重要的目标选民，他们已受损于日益扩大的贫富差距，特朗普的减税计划实际上对他们是不利的。为了抵消这个影响，特朗普不得不改变共和党的一贯主张，对自由贸易和自由移民政策采取收缩策略。而相反，希拉里的目标选民阶层相对广泛，从上层华尔街精英到最底层依赖社保的穷人，调节贫富差距主要由税收和福利政策来完成，而贸易对经济发展的促进作用不可忽视，希拉里虽然大概率坚持民主党一贯的强硬贸易政策，但不会激进地全面否定对外贸易。

二、特朗普政策对地缘政治的挑战

特朗普地缘政治"收缩战略"，将给亚太地区的地缘政治、军事安全和经济合作方面带来巨大的不确定性。从经济的考量分析，虽然跨太平洋伙伴关系协定（TPP）已经注定不能发挥很大效果，但国际自由贸易也不会中断，而可能以另一种自由贸易的形式进行。美国即使是放弃了TPP，但绝不可能放弃对亚太地区的利益和控制，也可能会提出比TPP更加重要的亚太控制战略以制衡中国作为世界第二大经济大国的发展。与此同时，也不排除中国"一带一路"倡议的成功，迫使美国与中国签订自由贸易协定，中国将以更为有利的地位参与环太平洋的地域经济整合，真正意义上的以中美之间的G-2为基础治理国际事务的制度性安排也将成为可能。

三、特朗普政策对全球经济的挑战

1. 特朗普地缘经济"基建+减税+加息"战略。 特朗普经济政策的核心是"基建+减税+加息",有助于再通胀和经济复苏,利空债市,利好股市和商品。但是这个政策组合存在内在的矛盾和冲突,基建和减税面临债务上限约束,而加息将增加财政扩张的融资成本,财政扩张与货币收紧难以并行。经济政策方案有助于再通胀和经济复苏,利空债市,利好股市和商品。首先,特朗普的财政刺激政策会同时拉高通胀水平和财政赤字率。债务水平的上升推升美国长期国债收益率。特朗普上台以及相应的刺激计划引发投资者对通胀的重估,通胀预期上升导致全球债市齐步下行。其次,再通胀和财政刺激使得美国股市基本面得到改善,利好周期性行业。减税刺激消费也有利于消费行业。在废除多德弗兰克法案的预期下,股市的风险偏好修复,市场投资者情绪上升。第三,如果美国财政刺激加码,经济持续复苏,那么大宗商品需求将迎来边际增长。

2. 特朗普政策对长期经济不利。 特朗普推行的是"美国优先"的经济政策,这将对全球经济不利。特朗普的核心政策是:更高的贸易关税、抑制非法移民、增加联邦刺激、给企业和个人减税。而这只能短期地促进美国 GDP 增长,但长期来说,对经济不利。具体来说,短期内特朗普政策能够提振需求,对其他经济体有正面的溢出效应。然而更长时间来看,随着财政刺激缓和,以及高贸易关税、降低移民、更收紧的货币政策的推进,经济增长将受到抑制。特朗普的政策对其他经济体有负面的溢出效应。对于部分固定汇率或是美元化的新兴市场经济体来说,尤其如此。之所以说特朗普政策的影响比较大,是因为他的政策会导致美国利率走高,推动美元走强。然而,特朗普的政策是存在不确定性的。财政刺激虽然短期可以刺激经济,但可能让经济有过热风险,使得美联储政策进一步收紧,最终导致经济衰退。

3. **央行对银行存款实施负利率是货币政策的新招**。特朗普非常清楚，金融危机之后，美联储实施了一系列非常规货币政策，负利率只是略低于零，进一步下降的空间很窄，非常规货币政策工具都已经快触及上限了。通过资产购买，对利率、量化宽松的前瞻性指导有效降低了借款成本，但央行资产负债表的扩张似乎已达到极限，尤其是考虑到这些政策可能对金融市场造成的扭曲，央行对银行存款实施负利率是货币政策的新招。

四、特朗普时代的中美经贸关系

1. **特朗普的"收缩策略"对中国有利有弊**。一方面，特朗普反对TPP，分析认为，当时的全球化策略并没有能够解决美国企业的困境。另一方面，特朗普表示要对中国商品征收45%的关税。如果特朗普政府界定"中国是汇率操控国"和对中国进口商品征收高额关税，对中国贸易部门将是重大打击。而退出TPP和东亚战略收缩将可能为中国的"一带一路"倡议腾出空间，这有利于中国在该地区的产业转移和贸易增长。与此同时，随着美联储加息、中国货币回归中性，全球正告别过去八年货币扩张的旧时代，迎来财政扩张的新时期。

2. **贸易保护"收缩策略"面临考验**。特朗普贸易保护"收缩策略"是在国际金融危机和欧债危机相互交织的背景下产生的，但是，特朗普的经济"收缩策略"式的自由经济体系仍面临考验。第一，美国如何从"世界工厂"的中国手中获得更多的市场份额，这对于美国将是一个难题。第二，增加关税、指控中国为"汇率操纵国"，但问题是中国市场已经形成了完整的产业链和产业梯度，美国希望获得产品竞争力，必须要对基础设施进行大规模的投入，并重建很多已经消失的基础产业。其中的难度可想而知，因为短期之内难以看到实际收益，政府难以通过鼓励私人部门实现这些投资。第三，如果特朗普政府通过政府主导的方式来提高制造业的竞争力,这又不完全符合其"小政府"的经济主张。美国长期存在经常项目逆差,如果既减税,又搞大规模的基础设施建设,美国的债务问题则又会浮出水面。所以,特朗普这样的"收缩策略"仍然是一套自相矛盾的体系,需要进一步梳理。但无论如何,在经济议题上,美国更倾向于把中国看作是对手,而非是可以互相配合的伙伴。

3. 对华经贸关系上,特朗普政府带来的变化。从美国总统选举中就可以看出特朗普更侧重于国内经济。在他上任初期为了站稳脚跟应该在对华经贸方面暂时不会有太大变化,但以后可能会从经济上寻找与中国建立一种新型关系。在中美国双边投资协议(BIT)谈判方面面临诸多问题。第一,奥巴马政府把BIT谈判的后一半留给了特朗普政府,但特朗普应该不会很轻易地跟中国达成,基于特朗普可能代表美国另一些利益集体的诉求,他应该会在BIT谈判中争取更大的利益,尽管民主党代表中产阶级利益,可能导致特朗普政府不会彻底丢掉此前奥巴马政府的谈判成果,但有可能原来已经达成的成果他却反应不积极,但原来美方没答应的条款反倒答应。第二,特朗普政府美国经济振兴政策需要世界上最大规模的资金来支撑,而中国是目前全球外汇储备最多的国家,他必须寻求中国在资金投资和基础设施建设等方面的支持。但由于中国对美国出现井喷式的投资,特朗普政府对中国出现要价高并可能要求补充修改BIT条例的趋势,特朗普和拜登政府会朝着达成BIT协议的方向发展。第三,中美经贸是一个有利于双方战略的利益,特朗普的对华经济政策会有一个磨合的过程,但无论如何他要维护美国的国家利益,而跟中国闹翻绝对不符合美国的战略利益。

|第二节| 减少中国经济走向世界进程的文化认同风险

历史经验告诉我们,中国在全球化过程中走向世界不能没有相关的知识储备和智力资本,否则将无法指导中国在世界范围的有效投资,也无法保全中国的全球利益。①

时下中国参与新一轮全球化和第三次工业化革命面临的重大困境在于:中国经济已经走向世界,但是对全球及各个区域的经济、社会、法律、政治和文化等基本层面的认知和研究却严重不足,由此导致在全球博弈中处于不利地位。如何保全中国的全球利益业已成为不容忽略的重大现实问题。

一、日渐崛起的中国走向世界的风险会越来越大

从经济增长率、贸易增长率到近年来对外投资这些硬指标来看,中国的确在崛起。然而,中国正在经历的大国崛起与历史上其他国家的大国崛起有一个很大的不同,那就是还没有与崛起相匹配的知识储备与智力资本。中国对外部的了解尚处于十分单薄的程度。这种状况带来的困境必然是:全球投资带有一定的盲目性,主要表现为无法全面估量投资对象国的"社会和政治"风险。一旦遭遇危机,投资的中国资产就会风雨飘摇,甚至难以保全。

今天中国在非洲有巨额投资,但是有多少中国人真懂非洲,对非洲的政治经济社会进行过实地研究?在利比亚,中国一百几十亿美金的工程项目损失惨重。在缅甸,中国企业的水电建设投资陷入困境。

---

① 刘卫平.中国经济如何减少走向世界的风险[N].中央党校《学习时报》,2013-02-25.

此外，今后中国在全球经济活动中必须与伊斯兰世界长期打交道，但又有多少人了解伊斯兰世界的宗教、文化、政治、经济和历史？所有这些都表明：如果不对投资对象国进行充分的研究，中国崛起，走向世界的风险会越来越大。如果在一个相对稳定的国际局面下，知识准备不足的影响可能还不那么显著，但是，我们这个世界目前正处于"二战"以来国际政治经济秩序最深刻的大变化时期，即使像美国这种国际研究十分发达的国家尚且在苦苦探索，像中国这种"知识准备"与"智力储备"不足的国家必将面临更大的风险。

二、近现代各大国崛起中海外研究的历史经验值得借鉴

从历史看，各大国在崛起时都曾花巨资进行知识储备与发展智力资本。早期英国遍及海外领地的文化人类学研究，当代美国维基百科的地域研究，就是古今两个例证。尤其需要提及的是20世纪40年代前后日本的调查研究。日本占据中国东北后，建立了"满铁调查部"，负责对中国东北、华北地区及苏俄进行调查。在那个时代，日本人在中国进行了最全面的县志调查，调查内容遍及地方的经济、社会、政治和文化、习俗、民风等，为其长期统治打下基础。20世纪80年代日本岩波书局出版的满铁调查资料达数十册之多。日本人对苏俄的研究当年在世界上也可谓首屈一指，光是在20世纪40年代翻译的俄文出版物就达80多册，居于当时苏俄研究的前列。二战后，美国为了打赢冷战，在社会科学的各个领域普遍建立了当时占主导地位的"地域研究"。美国的综合性大学都设立了关于世界各地区、各主要国家的研究中心。仅在华盛顿地区的各类智库就有成百上千之多。这些研究机构及其成果为美国奠立全世界的霸主地位提供了知识和智

力的支撑①。

相形之下,中国在大国快速发展过程中的知识和智力储备显然不足。这是我们亟待加强的方面。

三、中国亟须积累四大板块知识②

根据上述判断,笔者认为,中国经济走向世界所需的知识板块至少包括以下几方面。

第一,关于投资对象国的一般民族志资料,包括该国历史、宗教、人文、经济、社会和政治等诸多方面。这方面研究现存的主要问题是:相当一批专家欠缺现代社会科学背景,少有当代问题意识,外语水平很可能也普遍不高。第二,地域研究,即以一国为单位的政治、经济、外交(双边关系)、军事等方面的综合研究。在这些层面已经有一些人力资本的储备,存在的问题是过度向发达国家,特别是欧洲和美国倾斜。对中国有重大战略影响的其他众多国家的研究力量十分贫瘠。第三,超出一个民族国家范围的政治、经济、军事、外交现象的研究,特别是对那些民族国家联合机构和组织的研究,如联合国、欧盟、东盟、"上合组织""金砖5国"、北大西洋公约组织、阿盟、非盟,等等。第四,重要的国际政治经济学的有关政策领域。如国际贸易、国际金融、环境问题、粮食问题、能源问题、资源问题、种族与族群问题、移民问题等。

只有系统地积累和掌握了至少上述四个版块的知识,并形成一支有能力从事高质量知识生产的研究队伍,才能真实帮助中国经济走向世界,实现大国复兴的战略目标。

---

① 刘卫平.中国如何减少走向世界的风险——关于开展海外民族志研究的建议[R].《求是内参》2012年第24期(总第378期).
② 刘卫平.中国亟须积累四大版块知识[J].人民论坛,2014-10-08.

当前，中国参与全球经济战略面临的重大困境在于：中国已经走向世界并成为举世瞩目的第二大经济体，为世界的发展做出了巨大贡献，但是中国对全球及各个区域的经济、社会、法律、政治和文化等基本层面的认知和研究却严重不足，由此导致在全球博弈中处于不利地位。如何保全中国的全球利益，业已成为不容忽略的重大现实问题。以下几大课题值得我们重点研究。

课题一：选择投资对象国开展调查研究。

近期可以考虑精干队伍，在非洲、拉美、亚洲选择少数投资对象国，选择若干中资企业，开展海外民族志调查，待评估成败得失经验之后，再做推广。之后再考虑逐步向与中国利益相关的国家派遣学生、学者，按照国家经济走向世界的需要来研究对象国家的政治、经济、社会和文化，经过长期积累，达成对中国大国崛起所需的知识储备，并借此形成一支庞大的专家队伍。

课题二：投资"向西开放"，推进"陆权战略"。

在中国未来十年的经济转型发展与扩大内需重要战略过程中，工业化、城镇化、现代化与国际化的发展，必由蓝海战略、陆权战略与欧亚大陆经济整合战略相辅相成，其中，向西部地区开发，利用高铁作为基本交通连接手段，促进欧亚大陆经济整合，将带来一个陆权时代，使国家得以确立与蓝海战略相匹配的对冲态势。我们要顺应新的形势，在继续提升沿海开放、向东开放的同时，加快沿边开放、向西开放，拓展开放发展、合作发展的空间。新一轮对口援疆工作，要在这一大背景下加以谋划和推动。

课题三：经济投资与社会援助国际新秩序研究。

援助与投资可分为"社会基础设施建设"与"经济基础设施建设"两种类别。欧盟、世界银行、美国国际开发署等国际开发性金融机构侧重的是"社会基础设施建设"，以国开行为代表的中国开发性金融正向规划投资亚非拉的主要方向是"经济基础设施建设"。"社会基础设施建设"的特点是"不可量化非物质性""项目性"和"不可规划性"。所以,欧盟对非洲国家的援助不可能具有国别意义的规划,而"经济基础设施建设"的特征是"可量化物质性""整体结构性"和"可规划性"。

课题四：中长期投融资与国家发展战略研究。

中国的发展没有现成经验和模式可循,中长期融资体系建设的发展,取决于金融制度的健全程度。我们必须以创新思维和创造性的工作方式加快推进中国中长期融资体系的建设,以制定出符合中国国情和发展需求的政策和方法。

当前,中国经济社会处于城市化、工业化、国际化建设的重要发展阶段,投资项目资本金匮乏,巨额的"储蓄资金"和"社会资金"不能转化为集中、大型、长期建设资金的现状,已经成为中国投融资格局中的基本矛盾。同时,研究经济社会发达国家的发展思路,为更好地服务国家发展战略、参与全球资源配置与经济治理的一系列问题整体规划提供理论研究基础。

四、中国经济走向世界亟须"智力资本"[1]

当前,中国经济已经走向世界并成为举世瞩目的第二大经济体,为世界的发展做出了巨大贡献。但是中国对全球及各个区域的经济、社会、法律、政治和文化等基本层面的认知和研究却远远不够,还没有相匹配的知识储备与智力资本,由此导致在全球博弈中处于不利地位。历史的经验告诉我们,如果不对投资对象国进行充分的研究,则无法在世界范围进行有效投资,一旦遭遇突发情况,则面临巨大的风险。

从历史看,各大国在崛起时都曾花巨资进行知识储备与发展智力资本。早期英国遍及海外领地的文化人类学研究,当代美国维基百科

---

[1] 刘卫平.中国经济走向世界亟须"智力资本"[N].光明日报,2014-08-23.

的地域研究，就是两个例证。日本人对前苏俄的研究当年在世界上也可谓首屈一指，光是在20世纪40年代翻译的俄文出版物就达80多册，居于当时苏俄研究的前列。二战后，美国为了打赢冷战，在社会科学的各个领域普遍建立了当时占主导地位的"地域研究"。美国的综合性大学都设立了关于世界各地区、各主要国家的研究中心，仅在华盛顿地区的各类智库就相当之多。

中国走向世界的知识储备迫在眉睫。为长远考虑，根据国家"走出去"战略的需求，应建立长期而相对稳定的研究机制，开展对投资对象国的民族志调研。建议政府建立一个系统的、可持续的研究平台，以监管中国的投资状况（包括问题、需要、规模、类型等）。国家政策性金融机构应与外交部、教育部等部门及大学机构紧密合作，建立长期而相对稳定的海外民族志调研合作机制。

五、中国在非洲投资战略面临挑战[1]

（一）中国对非洲投资战略需要调整

必须看到，对非的投资方式是有所不同的。大致说来，援助与投资非洲可分为"人道主义救助""社会基础设施建设"与"经济基础设施建设"三种类型。与中国在非洲的投资相比而言，西方国家的跨国公司多半只注意与业务领域直接有关的产业投资。然后由政府出面进行"人道主义救助"和"社会基础设施建设"的投资，比如治理水污染、投资学校和医院等，其特征是不具备任何经济上的造血功能。中国在非洲的投资侧重经济基础设施，也进行了大量的社会基础设施的建设。中国开发性金融投资非洲的最大特点是借用双方政府信用找到合作的共同点，在此基础上构建交易平台，再注入项目和资金流，其特征是

---

[1] 刘卫平.中国在非洲投资战略面临挑战[J].《求是》内参，2013(4)，总第392期。

具备造血功能。非洲经济发展长期落后,急需对经济基础设施的投入。在这样特殊的历史背景下,中国与非洲得以以资源和基础设施一揽子新型合作的方式下,实现非洲基础设施的提升与中国获得国内发展所需要的资源。从这层意义而言,中国在非洲的投资体现着共赢的精神。

然而,最近中国在非洲投资面临的不同意见显示,中国侧重的经济基础设施建设又可以分为两个不同的方向。一种是有利于投资国获取资源的经济基础设施建设,另外一种则是有利于投资收入国经济实现可持续性发展,或建立其内源性发展能力的投资。

(二)中国亟须改变对非投资的建议

针对以上问题,中国有两种选择:一种是对这些新变化不做出特别的反应,坚持过去长期以来的说法,即强调中国投资对非洲经济的发展做出了巨大的贡献。另外一种是在指出中国投资在过去对非洲经济发展做出了巨大贡献的基础上再进一步,指出我们的投资还可以做得更好,我们的投资方式有进一步改进的空间,中国愿意为非洲国家未来的可持续发展与内源型发展做出自己的贡献,把中非的合作提升到一个更高的阶段。显然,如果持第一种立场,中国可能将失去这次访问非洲这一宝贵的机会去化解部分非洲领导人心结,使他们以后产生更强的逆反心理。如果持第二种立场,中国将会强化与非洲的关系,并有效地抵消西方国家的指责。

从长期的观点而言,建议今后关注以下事宜。

第一,我们不仅要着眼于对非洲国家的经济投资,也要注重投资对象国的民生、就业和经济社会综合发展。中国在非洲的投资要向经济社会发展综合规划转变。最近中东北非出现的政治动荡,尤其是中国在利比亚、苏丹等国的投资命运显示,只帮助资本受入国实现经济增长还不能解决这些国家在经济增长后产生的一系列政治与社会问题。这些发展规划还必须加进社会发展的各项指标。只有在经济增长的同时，解决分配的问题，保证各社会群体共享增长的果实，才能期待这些国家政治稳定，从而减少中国投资的风险。

第二，我们不仅要与当地的政府、官员建立良好的关系，也要与学者、大众传媒以及意见领袖建立良好的关系。中国对非洲做出如此巨大的贡献，在中国被西方指责时却没有多少非洲人在国际上为中国说话。这其中的一个重要理由是中国与非洲打交道时眼睛只向上看，没有在其学术界和大众传媒中培养自己的同盟。建议政府今后拿出专款作为在非洲的公关费用。中国大使馆也应该给所有中国投资者及在非洲居住的中国人提供有关当地法律、社会和文化的信息。国内的有关机构甚至可以提供培训。

第三，开展对投资对象国的民族志调研。中国走向世界的知识准备的迫切性中国走向世界，严重的"知识准备"与"智力储备"不足将对中国的发展形成巨大的威胁。为了做长远的考虑，要对投资对象国进行民族志的调查，对海外民族志作深远运作。我们应该建立一个系统的、可持续的研究平台，以监管中国的投资状况（包括问题、需要、规模、类型）。并建立联合机制。在党中央和国务院等机构的指导和支持下，建议国家开发性金融机构与外交部、教育部等机构紧密合作，建立长期而相对稳定的海外民族志调查研究合作机制。

六、国家"走出去"战略的建议

根据国家"走出去"战略的需求，建议国家开发性金融机构联合外交部、教育部紧密合作，建立长期而相对稳定的合作机制。当前亟待开展的工作包括下列五项。

1. 尽快建立一个面对全球战略问题的综合研究机构。根据调研，建议与一流大学社会科学学院进行联合，建立此种机构，以开展相关研究工作。我们选择社科学院的理由是：近十年来，在一流大学聚集了一支素质较高的社科科学研究队伍，并在国际社会科学界形成了广泛的人员网络。尤为重要的是，人文社会科学学院机构建立时间较短，相比国内其他机构，暮气较少，因此比较容易开展新兴社会科学研究。

2. 搜罗顶尖人才，参与研究工作。这既包括那些在海外顶尖大学任教、从事相关研究并已经获得成果的华裔教授，也包括国内大学的相关学者，并邀请社会学顶尖学者进行座谈和项目研究合作。

3. 动员和组织高校社会学、人类学、经济学等相关学科的博硕士研究生，到投资对象国开展为期至少一年的"海外民族志"调研工作。从当前情况看，教育部每年出全资派出至少 7500 个博士生，让他们到海外待一年，但是目前这种人员的派出更多地集中在发达国家，尤其是美国。文科学生出来研究的题目大部分是关于中国。不是说到国外来研究中国不能学到新的理论和研究方法。但是这种花费大量资源到外国研究中国的做法可以说是没有把资源用对地方。中国应该考虑每年向与中国利益相关的国家派遣学生、学者，按照国家经济走向世界的需要来研究对象国家的政治、经济、社会和文化，经过长期积累，达成为中国大国崛起所需的知识储备，并借此形成一支庞大的专家队伍。

4. 培育专业人员队伍。中国应该每年向与中国利益相关的国家派出学生、学者，从宏观和微观两个层面上，研究有关国家的政治经济社会文化。这样才能为形成合理投资并妥善保护中国的海外利益奠立知识储备。建议与教育部留学基金委合作，每年从国家留学生基金委派出名额中留出 200～300 名，通过课题公开招标的形式竞争选拔，出国之前接受有关机构举办的短期培训，学习和强化民族志调查手段，以便出国后开展田野工作。回国后通过硕博士论文和博士后出站报告等方式，提供研究成果，资料纳入相关数据库，以作投资咨询准备之用。我们相信，如果在这方面坚持做 5 年，中国就会建立起一支 1500 人左右的了解各主要国家情况的年轻的研究队伍。这将对未来的中国走出去的知识与人力资本储备建立坚实的基础。

5. 金融机构先行投入研究资本。目前中国的银行在全球近 200 个国家和地区设立了工作组，却没有任何机构投入专门的海外民族志研究力量，也没有专门的资金投入。在国家尚未形成明确政策的前提下，建议由国家海外投资主体单位等政策性金融机构先行投入资本，尽快推动海外民族志的调查和研究。

| 第三节 | 以"社会型与经济型"基础设施建设投资非洲

援助与投资非洲可分为"社会基础设施建设"与"经济基础设施建设"两种类别。国际机构侧重的是"社会基础设施建设"，其特征是不具备造血功能；开发性金融投资非洲的主要方向是"经济基础设施建设"，其特征是具备造血功能。一方面，欧洲西方国家对非洲国家所采取的"竭泽而渔"式的模式与中国这种"授人以渔"式的共赢模式截然不同；另一方面，欧盟只是作为国际组织非政府机构，它不可能像国家开发银行代表国家，以国家金融行为带动企业"走出去"的方式进行援助和投资。从实际效果来看，这种"授人以渔"式的共赢模式正日益受到了众多非洲国家和中国走出去企业的欢迎。

○ 一、"正向规划"是非洲"自我中心"体系建设的共赢需求

援助与投资非洲国家，中国与欧盟国家所采取的方法是不同的。欧盟西方国家在整个非洲大陆实施的所谓"结构性项目"，事实上更多的是过渡性的而非结构性的，其最终的结果正是全球体系危机进一

步深化所导致的欠发达国家开始出现经济停滞的结果。

从非洲的立场来看，新的替代方式应该把建立自我中心的经济和社会与参与全球体系结合起来。这一总体性法则适用于今天的非洲，正如其在现代历史的全时段中适用于全世界的所有地区一样。开发性金融理论正向规划投资非洲的战略，正是建立在以正向规划"双向"自我中心的"有我"与"有你"的共赢、可持续方法。

"社会基础设施建设"其特点是"不可量化非物质性""项目性"和"不可规划性"。所以，欧盟对非洲国家的援助不可能具有"国别"意义的规划；而"经济基础设施建设"其特征是"可量化物质性""整体结构性"和"可规划性"。所以，国家开发银行对非洲国家投资所做的"国别"规划，是可行的，更是"前无古人"的创新理念。更为重要的是欧盟只是作为国际组织非政府机构，不可能像国家开发银行代表国家，以国家行为带动企业"走出去"采取正向"国别""国际"规划的方式进行援助和投资。

现实证明，中国经济未来的长期增长，内在地包含了非洲国家的发展要素。在投资非洲的策略上，我们不仅没有照搬别人的模式，更没有落后于人，反而是欧盟正在借鉴我们"投资经济基础设施建设"的经验模式，并正在逐渐形成"中、欧、非三方合作机制"。

"社会基础设施建设"与"经济基础设施建设"是欧盟和中国投资非洲国家两种不同的动作方法。在欧盟的援助资金分配条目中，社会基础设施包括教育、卫生、人口、水资源以及治理和公民社会等。对欧盟投入非洲社会基础设施的具体分析表明，欧盟在社会基础设施各领域的投入中，对治理和公民社会的支持占据了最大份额。欧盟重视对"治理和公民社会"的支持，在很大程度上受到其对非援助经验的影响。其援助重点经历了从援助初期关注经济基础设施到更加关注社会基础设施的变化。该变化与欧盟内部不断变化的援助理念相关。

在中国的援非政策优先中，中国虽然同样关注对教育、卫生等基础设施的投入，但比较而言，中国进入非洲的援助资金，更多以无息贷款和让利贷款的形式，投入非洲经济基础设施的建设中。根据世界银行提供的报告显示，中国与非洲经济基础设施方面的援助合作，33.4%和33.2%的贷款分别流向了电力和交通设施领域。

与欧盟对非援助重点更多与其在非洲援助的相对负面的经验有关不同，中国援助重点则由以下三方面的因素所决定。

首先是非洲的需要。长期以来，由于欧盟援助重点的转移，非洲落后的基础设施已经成为减贫和发展以及非洲经济进一步一体化的首要障碍。25%的非洲人用不上电，非洲的货物运输成本是亚洲的2～3倍，发电能力仅是南亚地区的一半。因此非洲急需对经济基础设施的投入。非洲实现千年发展目标的机会在很大程度上取决于该地区解决经济基础设施薄弱的问题。经济基础设施建设将减少贸易成本，扩大市场并促进农业的发展，进而促进地区和全球经济一体化。

其次是中国作为发展中国家的发展经验，中国基础设施的快速发展是推动中国经济快速增长的重要因素。中国的经验同样体现在中国对非洲援助合作的实践中。

最后，是中国在经济基础设施领域内具有比较优势，并且该领域的合作提供了实现合作共赢和共同发展的最大空间。如前述，非洲方面在基础设施方面有很大缺口，中国则在该领域内拥有比较优势，在中非资源和基础设施一揽子新型合作方式下，非洲实现了基础设施的提升，中国也获得了国内发展所需要的资源，体现出真正意义上的共赢。

二、欧盟对非援助的历史形成

（一）在21世纪前欧盟对非洲援助概况

国际社会自20世纪50年代以来便开始对非洲提供援助，虽有一定成效，但一直不能从根本上改变非洲贫困状态。欧盟是当今世界上最大的对外援提供者，对外援助是欧盟及其成员国外交极其重要的组成部分，其用于官方发展援助的拨款占到全球发展援助总额的一半以上，在数量和观念上影响着世界外援的主流。欧盟进行援助的国家遍布全世界，在众多的援助对象中，非洲国家是接受援助时间最长、援助范围最广的地区之一，对非洲的援助是欧盟对外援助的重要组成部分。

欧盟对非洲的援助至今已有50多年的历史，经历了《欧共体与海外国家和领地联系专约》（以下简称《联系专约》）、2个《雅温得协定》、4个《洛美协定》和《科托努协定》等阶段。作为欧非经贸合作的重要组成部分，欧盟国家对非洲的援助由来已久。

20世纪50年代到70年代初，英联邦的利益被考虑进来，但是欧盟对外援助的地理范围还是局限于某些非洲国家，援助的出发点也是为了维护欧盟成员国与其传统殖民地和势力范围的联系，在共同体层面上仍未形成独立的对外援助政策。此时的欧盟对非洲援助并没有一个统一的政策和机构框架，只是建立在各成员国协商的基础上，不具有超国家的性质。

70年代到90年代，欧盟的对外援助有了较大发展，主要表现在地理规模的扩大和援助方式的多样化。从援助的地理范围看，欧盟的对外援助开始突破非洲，延伸到地中海国家、亚洲国家和拉丁美洲国家，在援助总额上也有大幅度增加。在援助方式上，除了发展援助外，欧共体开始重视和落实人道主义援助和粮食援助等，并从1986年起开始向中东欧地区和独联体国家输出官方援助。

（二）欧盟对非援助种类

欧盟对非洲的援助主要分两类，即可规划性援助和不可规划性援助。可规划性援助属长期的，且具有稳定性，主要有欧洲发展基金和欧洲投资银行提供的低息贷款。不可规划性援助的特点是根据具体情况提供资金,主要是稳定出口收入制度(Stabex)和矿产品特别基金(Sysmin),前者用于稳定非加太国家[①]的农产品出口收入,即通过提供资金弥补因农作物歉收或价格下降造成的损失;后者主要用于资助严重依赖某种矿产品出口并遭受出口损失的非加太国家,即通过提供贷款以减少有关国家对矿产品出口的依赖。

（三）21世纪初欧盟对非洲援助政策的调整

2005年6月25日,非洲与欧盟成员国按规定对《科托努协定》进行了修订,签署了《科托努修改协定》。新协定增加的内容包括:加强双方政治对话、消除贫困、加强经济和贸易联系、联合反恐和反对大规模杀伤性武器的扩散等。为了适应形势的变化,欧盟还拓展了新的援非领域,对非援助的项目和领域更为广泛。具体包括:债务和结构调整支持、在出口收入出现短期波动时提供的支持、为减轻非洲国家的债务负担和解决收支平衡问题而采取的措施、宏观经济和结构改革政策、部门政策和改革、制度和能力建设、技术合作计划、投资和私有部门发展,民主、人权及人道主义紧急援助,包括对难民和残疾人以及预防灾害等援助。

三、欧盟正借鉴中国的经验模式：加强经济基础设施建设

欧盟方面对中国援非政策的另一指责主要指向中国利用优惠贷款,

[①] 非洲、加勒比和太平洋国家集团（简称"非加太"。英语：African, Caribbean and Pacific Group of States，ACP）是一个国家集团（截至2008年有79个成员：48个非洲成员，16个加勒比成员，以及15个太平洋成员），1975年通过《乔治敦协定》成立。该集团的主要目标是在其成员国中推进可持续发展和消除贫困，并且促进其成员国在世界经济中进一步一体化。

实施工程援建和资源开发的一揽子合作模式。但对欧盟近年针对非洲经济基础设施建设所采取的措施进行分析，不难发现，欧盟正借鉴中国的经验模式成立非洲基础设施投资基金，注重利用贴息手段，吸引私人资本进入非洲的基础设施领域。虽然欧盟的主要目标是出于同中国竞争市场的考虑，但欧盟同样认识到非洲经济基础设施在非洲可持续发展中的重要性，认同中国在非洲经济基础设施领域内所发挥的积极作用。与此同时，中国从与非洲共同发展的目标出发，同样关注中国企业在非洲的社会责任，包括环境问题、当地就业技术转让以及非洲的债务偿还能力等问题。

上述分析表明，虽然双方在援非政策方面有很多的分歧，但分歧并不意味着双方必然发生冲突。只要转换视角，积极建构，从非洲的发展需要出发，加强对各自政策中新动向的了解，中欧双方可在支持和促进非洲发展方面，营造优势互补，实现合作共赢。

四、欧盟在对非洲援助中存在的问题

欧盟在对非洲援助中存在的问题是影响援助效果的重要原因。从技术层面看，问题主要表现为如下四个方面。

1. 管理部门职能不清晰造成的问题。根据欧盟的有关调查，一些本该由非加太国家政府确定并做出安排的项目，却交给了欧盟进行安排，结果所制订的计划不能反映现实，实际效果大打折扣。相比之下，一些由民间社会紧密参与的项目计划反而取得很好效果。这也正是《科托努协定》强调民间社会参与的重要原因。

2. 援助国与受援国的意见分歧影响科学决策。如1996年津巴布韦政府通过的"农业服务和管理工程"，在与作为援助方的欧盟和世界银行进行的讨论中，就工程的目标和所有权问题产生严重争议。虽然由于津巴布韦政府立场坚定，项目最终反映了政府的意愿，但暴露的问题是双方过于强调各自的利益,决策的科学性显然受到影响。

3. 援助国之间的竞争削弱了受援国政府的能力。一些非洲国家的政府本来就处于弱势地位,但一些援助国出于尽快实施其项目的目的,雇用当地的平行机构进行合作,由于这些机构高薪雇用最好的当地咨询人员,而政府部门则缺少这样的条件,结果其能力受到削弱。

4. 一些技术性因素影响援助的有效实施。如在项目准备阶段的磋商与设计、实施阶段的拖延、来自资金和行政管理方面的控制,以及对在建项目的监督检查和技术援助管理不当等都不同程度地影响了援助的有效实施。从政治层面看,由于非洲及非加太国家制度方面的弱点和欧盟援助重心向其他地区的倾斜,非洲国家讨价还价的能力在下降,同时欧盟不断附加的政治条件也使双方的合作受到影响。当然,政治稳定和良好的政府行政能力无疑是援助有效实施的根本保证。从这个意义上讲,从《洛美协定》到《科托努协定》欧盟所施加的民主、良政和人权等政治条件,不仅是贯彻其价值观的手段,也在一定意义上反映了援助的实际需要。

从总体上看,尽管存在问题,尽管援助资金和效果还很有限,但基本的事实是:在稳定的历史延续性和规范的法律、条约框架下,非洲在欧盟对外援助中占有重要地位,广泛的援助领域、项目及成功的案例表明了欧盟对非洲援助相对积极的成效。虽然对非加太地区援助的资金数量在相对比例上有所下降,但总体上保持了持续稳定的态势,且由于赠款比例占有突出地位,援助的性质就更加突出。

另外,宏观效果不尽如人意不足以完全否定欧盟对非洲援助的重要作用。应当看到,非洲的落后并非仅仅靠援助能够解决问题,非洲的发展需要多方面的共同努力,根本上要靠非洲国家自身的努力。欧盟的援助毕竟在不同程度上缓解了非洲国家的困难和需求,仅就欧盟作为全球对非洲最大的援助方,就是其他国家或机构难以比拟的(当然也是欧盟的利益所在)。欧盟援助对非洲发展的相对意义值得肯定。

另外，在存有争议的承诺与兑现方面，尽管1998—2000年的资金兑现率曾大幅下滑，但2001年的支付额超过承诺资金额。从1995—2001年的情况看，7年承诺资金总额为134.01亿欧元，兑现104.25亿欧元，兑现率为78%，情况并不悲观。

五、中、欧对非援助与投资理念和原则上的差异

从历史上看，中国和欧盟与非洲之间的关系有本质不同。殖民的历史已成为欧非关系中的负担，严重阻碍欧非建立平等伙伴关系，也使得双方关系难以超越"发展"维度和"援助—受援"模式。与欧盟不同，中国与非洲都有被殖民的历史，当前作为发展中国家，都面临着相似的发展关切，因此在主权问题、经济发展与政治改革之间的关系问题上更容易相互理解并达成共识。由于对非关系的不同起点，中欧双方在过去60年，依据各自不同的经济和政治发展道路，形成了不同的对非援助政策原则和理念。

（一）单向"赐予"与双向合作

1975年首期《洛美协定》规定了欧盟与非洲加勒比海以及太平洋岛国（以下简称非加太国家）之间的平等伙伴关系。但实践中，伙伴关系原则一直难以真正体现，不仅仅由于双方之间在资源实力以及能力方面的非对称关系，更重要的是因为殖民历史的烙印以及双方一开始就形成的援助—受援关系行为模式。尽管欧盟对非洲援助同样有现实的利益和战略考虑，但在该模式下，欧盟主导观念认为援助是单方面的"给予"行为，"援助"的功能不是促进非洲的发展，而是能够直接"给予"非洲发展。结果，欧盟逐渐从最初的"推动者"的角色转变为"决策者"。《洛美协定》最初被认为是欧盟与非加太国家之间关系的重大突破，因为其初衷意在建立更加平衡和平等伙伴关系。

欧盟从发达国家的视角，为非洲国家量身定制发展方案，制定政策重点。欧盟上述单方面主导援助合作政策的做法被非洲国家认为是援助政策中最大的缺陷，援助国就发展战略向受援国施压援助管理体系更多考虑援助国而并非受援国的需求，被非洲国家认为是当前西方援助政策中存在的首要问题。虽然，随着千年发展目标以及援助有效性问题的凸显，欧盟2005年《欧盟发展政策共识》文件进一步强调了援助政策中的保证受援国自主性和参与性原则，但欧盟面临的挑战是如何将上述原则落实在政策实践中，实现真正意义上对援助观念的重塑。

中非援助合作从一开始就被明确为是双向合作，而并非单方面赐予。双向合作包含平等性相互支持和共同发展三点基本含义。周恩来总理首次提出中国对非援助双向合作原则时，一方面意在强调双方关系的平等性，即作为援助方的中国并不因此在非洲享有特权；另一方面合作本身意味着双方之间的相互支持，这与中国当时需要非洲国家政治支持的背景密切相关。随着国际形势的不断变化以及双方之间依赖的不断加深，双向合作原则内涵不断丰富。如今，双方的相互支持与合作，远远超越了政治范畴，朝着更加多维度和深度的方向发展。

在此背景下，中国对非援助合作的根本目标已被明确规定为通过合作实现共同发展。中国将援助视为一种双向合作行为，不仅有利于实现双方之间的平等关系，保证受援国的自主性和有效参与，从而保证援助的有效性，而且，从双向合作的角度理解援助，既被实践证明是成功的，也符合当今相互依赖的国际关系现实。中国作为受援国的实践表明，援助合作中的合作经验，对于中国的发展推动远大于援助本身。并且，在相互联系的世界中，任何国内问题都具有溢出效应，对于欧非之间的关系问题更是如此，任何有关非洲的和平与发展问题都与欧盟的和平与发展密切相关，因此欧盟迫切需要形成援助过程中的合作意识。最后，双向合作的原则还能够实现援助形式的灵活性，保证援助政策的可持续性。

（二）共担责任与互利共赢

共担责任和互利共赢原则的差异源于在长期对非政策的不同经历中，欧盟和中国对非洲以及与非洲的援助合作过程中形成了不同认识和期待。总的说来，欧盟对非洲的认识相对悲观，非洲被认为是负担，并在多方面对欧洲的安全和发展构成威胁。

中国虽然也认为非洲在实现可持续发展的道路上将面临诸多挑战，但与欧盟的悲观主义相比，中国对非洲的认识总体是积极和乐观的。互利共赢原则既是不附加条件和双向合作原则的自然结果，也是中国对非援助政策演变的反映。事实上对于经济援助而言，如何利用有限资源实现有效援助，历史经验证明，单纯的赠予对双方都不利。因此与双向合作原则相比，互利共赢更强调双方在经济领域内的合作。当然，它的提出同样与中国在援助与投资领域内逐渐引进市场机制密不可分。

六、欧盟对非洲政策中的中国因素

非洲作为部分欧洲国家的前殖民地，在欧盟对外关系中占有重要地位。近年来，欧盟积极调整对非洲政策，并将中国因素纳入欧盟发展对非洲关系的政策框架中。欧盟委员会2008年10月17日在布鲁塞尔发表的关于《欧盟、非洲和中国：走向三边对话与合作》的文件，提出了一系列有关加强中、欧、非三边对话与合作的建议。文件对中国进行"经济基础设施建设"的投资策略表示肯定，明确表示：这可促进欧洲委员会和中国开发银行间进行更紧密的机构合作。这是欧盟对非洲政策的一次新调整，是对中非关系深入发展做出的一个新回应，也为中非关系进一步深入发展提出了新课题。在此背景下，中、欧、非三边合作既有机遇，也面临挑战。

中非关系迅猛发展引起了国际社会中关于"欧洲模式"和"中国

模式"哪一种更能促进非洲发展的争论。

欧盟通过贸易、发展合作等途径，以力促非洲国家实现政治、经济改革，推广人权、法治、民主、市场经济等制度模式和价值理念，并将此作为欧盟向非洲国家提供援助的前提条件。可以说，在对非洲关系上，欧洲国家的传统思维有时依然起作用。欧洲一直难以割舍其"殖民情结"，动辄对非洲国家内部事务指手画脚。在政治领域，欧洲习惯用自己的价值观去观察和衡量非洲，因而当非洲国家在人权、良政等方面没能达到"欧洲标准"时，欧洲就会以制裁或者军事手段进行干涉。在经济领域，欧洲常常把自己应承担的责任与援助义务视为恩赐与施舍，并把西方经济运作模式强加给非洲国家。

中国与非洲国家同属发展中国家，有相似的历史命运和共同的发展目标。这使中非双方在和平与发展的许多重大问题上，诸如南北关系、建立国际政治经济新秩序等，具有一致或者相近的看法。中国的对非洲政策是建立在平等、互助、不干涉内政原则基础上的。

欧盟担心中非关系的深入发展会影响欧盟长久以来向非洲国家宣扬的"民主""法治"等理念的推广，而且随着中国在非洲影响力的提高，中国所主张的诸如平等互利、互不干涉内政等原则和理念得到非洲国家的认可与接受，非洲国家对中国的发展道路和模式也表现出很大的兴趣。

七、中、欧、非三方合作的可行性及意义

展望中、欧、非三方合作的前景，机遇主要表现在下列方面。

第一，现实利益的需要。随着中、欧、非三方间双边关系日益深入发展，三方间的利益摩擦不可避免，这就需要加强彼此的沟通与协调，尤其是三边对话与合作。欧盟与中国分别是非洲第一、第三贸易伙伴和投资者，双方与非洲国家的合作涉及多个领域，只有加强三边合作，

才能减少利益摩擦和冲突，并最终实现三方互利共赢。

第二，建立三方的对话与合作。为了建立三方的对话与合作，三方之间，尤其是中欧双方之间进行了一系列讨论，这为三边合作提供了沟通的平台，并为进一步机制化合作做了准备。

第三，三边合作的可行性。欧盟发表的文件提出了一些中、欧双方在非洲问题上可以进行深入合作的重点领域，如能源、环保、发展合作、基础设施建设等。目前，中国正在积极落实关于帮助非洲等发展中国家加快发展的五项举措，继续将对非洲合作重点放在农村与农业发展、基础设施建设，通信技术、医疗卫生等领域。欧盟亦正推动建立欧非网络与基础设施伙伴关系，拟投资56亿欧元支持"欧非基础设施合作协议"，推动欧非大陆间的一体化进程。这表明，中国与欧盟在非洲有相近的关注重点，有进行合作的潜能。

中、欧、非三边合作也将面临一些挑战，其主要表现在下列方面。

首先，《欧盟、非洲和中国：走向三边对话与合作》文件提出的三边合作原则和目标，是从欧盟自身的角度出发，而不是与中、非双方共同协商后达成的共识，因此带有浓重的"欧洲色彩"，更多的是在强调欧盟对非洲事务的主导性，某种程度上还是以"非洲代言人"的角色对非洲事务予以干涉。欧盟大力提倡欧非关系的转型，主张建立"平等的政治伙伴关系"，声称要改变过去那种"支配与被支配"的不平等的、依赖性的附属关系，但在实践中，欧盟并没有真正地转变观念。如果欧洲国家不能真正地与非洲和中国进行平等友好合作，那么中、欧、非三边合作就无从谈起。

其次，尽管各方政府和学者已经就三边合作问题进行了一系列对话与讨论，但中欧之间仍缺乏必要的互信，并在对非洲问题上有重大的理念差异，如有关非洲发展模式、援助的条件及作用等方面。这种理念差异是中欧双方发展对非洲关系的一个重要区别，也是中、欧、非三边合作面临的一个重要挑战。

欧盟对中非关系态度的部分转变，并不代表欧盟将从根本上改变它对中非关系发展的担忧，而只是改换了一种方式，即以合作代替指责和对抗，其担忧和防范之心并未改变。

总之，欧盟调整对非洲政策并将中国因素纳入对非洲政策框架中，这对建立新型欧非战略伙伴关系具有深远影响，也为中国制定新的对非洲政策和中非关系进一步深入发展提出了新课题。

八、开发性金融平台正向规划投资非洲的可行性

近几年来，中国经济大幅增加，已经成为全球经济中重要的参与者。中国已经成为世界第二大接收投资国和对非洲大陆的第二大投资者。事实上，"自我中心"的理念就是正确认清以我为主的国家发展的方向，而方向的确定，就是需要从"自我中心"的角度来"正向规划"其经济和社会的国家发展战略。

众所周知，经济全球化作为现代市场经济发展的新形式，大大突破了资源配置的界限，使资源配置由一国范围扩展到国际范围。世界上大多数国家积极地参与经济全球化过程，就是期望本国资源或要素能在世界范围内获得最优配置；经济全球化也确实为各国资源或要素配置的最优化提供了现实可能性。

在当前经济全球化趋势下，国家开发银行的"正向规划开发性金融贷款非洲"国际金融业务，作为现代市场经济发展的新形式，参与全球资源或要素的最优配置，这不仅是在经济形式方面进步的重要表现，更是从"生产力"层面向"国际生产关系"层面的转换，同时也是参与全球治理的具体体现。这种"授人以渔"式的"正向规划"共赢模式正日益受到众多非洲国家和中国"走出去"企业的欢迎，开发性金融理论正是21世纪中国站在世界全局的角度，通过合作国整体性地规划把"网"建好，对合作国的政治、经济、社会制度、资源状况

等要素进行全面研究和整体性设计，逐步形成全球资源配置双方内向与外向有效结合、以我为主导的"全球多中心价值网"理念。

九、充分认识国际规划在国际业务大发展中的重要性

首先，国际规划是国际业务的先导。国际业务大发展是国家开发银行服务于国家战略和外交大局的重要任务，是国家开发银行的第二次创业，是当前工作的重中之重。在当前经济全球化趋势下，国际规划作为现代市场经济发展的新形式，参与全球资源或要素的最优配置，这不仅是我们在经济形式方面进步的重要表现，更是从"生产力"层面向"国际生产关系"层面的转换，同时也是参与全球治理的具体体现。

实现国际业务的大发展，国家开发银行本着**"规划先行"**的理念，踏实做好国际规划和国际业务工作。国际规划是配合与服务于国家对外战略的先导和前提，只有科学地做好国际规划和国际业务，我们才能更好地掌握国际业务的主动权，进而为国际业务大发展提供服务。

其次，国际规划是开发性金融理论在国际业务领域的延伸和应用。开发性金融理论是国家开发银行最为宝贵的财富之一，规划先行是其精髓和立行之本。在中国城市化、工业化和国际化发展的大背景下，以规划先行构造与中国未来发展相匹配的国际环境，为开行国际业务大发展创造先期条件，这是开发性金融服务于国家战略与科学发展观的最好体现，在服务于国家发展的同时向世界展示中国的崭新形象和软实力。

最后，国际规划是增强核心竞争力的有效工具。国际规划最终有两个出口：第一是体现国家开发银行的智力优势，同时增强与合作国自主发展规划的能力；第二是体现国家开发银行在有效项目上的融资优势。我们认为，国际规划不是狭义的项目"走出去"，而是更具战略意义的"走出去"。因此，我们应该从国际关系、政治、外交、经

济等多视角着手,从而构成思想总体要素的范畴,整合国内外优势资源,使其形成核心力量,在促进目标国或地区经济社会发展的同时,为中国的未来发展提供市场和资源的需求,以实现合作双方共赢的目标。

我们知道,目前世界上大多数国家都在积极地参与经济全球化过程,期望本国资源或要素能在世界范围内获得最优配置,国际规划也确实为各国资源或要素配置的最优化提供了现实可能性。

可以肯定地说,良好的国际规划不仅能有效推动开行为海外目标地区的融资服务活动,而且还能大大增强国家开发银行在国内外金融界的核心竞争力和国际影响力。

从国际经济形势分析,相似的起始条件和世界政治地位,使中国与亚、非、拉国家的经济社会发展有着内在的互补性和一致性。我们知道,中国经济未来的长期增长,内在地包含了亚、非、拉国家的发展要素,亚非拉国家要实现自身发展也与中国经济的发展息息相关,甚至是必须依靠中国经济的发展。我们认为,这种经济发展的内在一致性为我们加快实施互利双赢的"走出去"战略提供了难得的机遇。

随着中国改革开放的纵深推进和经济的高速发展,中国与西方在"国际市场"和"国际资源"两个方面的竞争矛盾也日益显现。因此,统筹国内外两个市场、两种资源来支持中国的经济快速发展,是中国"科学发展"与"国家战略"的重要内容,更是未来几十年甚至更长时间内中国经济可持续发展的根本出路,也是国家开发银行新时期的中心任务和历史使命。

| 第四节 |　构建欧非中三边对话与合作新机制

近几年,欧盟加快重返非洲后院的步伐,并提出把中国纳入"欧、非、中三边对话与合作"机制。三边合作的机遇与挑战,非洲、欧洲和中国仍需就共同和竞争的利益以及全球合作伙伴等方面取得共识，以作为联合行动的基础。中国在积极参与三边合作的同时，不仅能为"走出去"的国家战略带来机遇，也能将开发性金融理念和平台带到非洲国家，使之成为人民币国际化和国家可持续发展战略的重要工具。

在当前国际政治经济格局大调整中，欧盟加快了重返非洲后院的步伐，提出把中国纳入"欧、非、中三边对话与合作"机制。

一、欧盟对非政策背景

欧洲与非洲交往历史悠久，欧洲老牌帝国主义国家数百年对非洲大陆的殖民运动，使欧非两个大陆形成了特殊关系。在公开场合，贸易与发展一直是欧盟对非政策的关注核心，欧盟作为非洲最大的贸易伙伴，获得了无量的好处。当然，非洲作为欧盟对外援助的重点地区也有所获益。但总的结果是欧盟通过贸易与发展，获得了对非的主导地位并影响着非洲的政治和经济议程[①]。

自20世纪90年代之后尤其是进入21世纪以来，欧盟对非政策正在超越原来的思考框架，成为具有全球视野和战略导向的、系统而全面的综合性政策。欧盟发现非洲人有了更多的外交选项。因此，开始强调权利平等、责任共担、非洲发展的"自助"原则以及非洲的"能力建设"等。欧洲试图通过新的标榜有道德优势的议程来引导欧非关系的发展，从而使非洲继续成为欧洲的后花园并维护其自身战略利益。为实现这一战略目标，欧盟声称将致力于建设以法治、开放、对话与合作为特征的国际新秩序，强调国际社会的非对抗性和相互依存性。

近年来，世界各大力量纷纷介入非洲，不断冲击着欧盟对非洲传

---

① 刘卫平.关于"三边对话与合作"初步研究[R].研究报告，2013年第9期（总第996期），2013年2月6日。

统的控制关系。在这一背景下,欧盟加快调整其对非政策,从过去更多强调贸易与发展的内容,日益扩展到与双方利益相关的和平与安全、能源、贸易、民主与人权、气候变化等各个领域。这些合作领域在2007年里斯本举行的第二届非欧首脑会议上通过的《非欧联合战略》政策报告中得到了充分体现,目前双方已进入深化合作阶段。

二、三边合作的主要意图、基本内容及合作模式

(一)主要意图

在欧盟对非新战略中,欧盟主动把中国拉入对非合作战略,形成"欧盟—中国—非洲"三边合作模式。经初步分析,主要有三个意图。

一是,在国际结构大调整中,占据战略和道德制高点。欧盟一改在对非政策中通过附加政治条件、文化交流、文化吸引、发表研究报告等方式传播其规范与观念,通过提倡和推进多边合作,谋求对非战略的新思路,实现其同化非洲的战略目标,占据战略和道德制高点。同时约束美国等新旧大国在非洲的进一步扩张。

二是,将新兴大国尤其是中国的对非政策纳入其战略框架。随着全球经济一体化进程的加快,中国等新兴国家在非的投资越来越多,影响也越来越大,这对欧盟的传统战略——"视非洲为欧洲的后花园"势力构成了威胁。长期以来,中、欧双方对各自援助非洲政策的认知一直存在差异,中国和欧盟围绕对非援助有效性的争论也持续已久。如今,欧盟转换视角,发现中国在非的模式生命力强大,通过与中国合作,既可以借鉴中国经验改善欧盟传统模式的不足,同时又可以把中国约束于一定框架之中。

三是,设立非洲发展及其国际地位的新标尺。三边对话提出合作应遵循实用与渐进性、共享性和有效援助的原则,加强在非洲和平与

安全、基础设施建设、环境与资源的可持续利用以及农业与食品安全等领域的合作。欧盟认为，欧中之间展开有效合作、共同承担起国际责任是未来国际秩序建设和全球治理的关键。因而，欧中双方在非洲发展事务方面的对话和合作是欧—中战略伙伴关系的试金石，也为欧盟通过多边主义实行全球安全与治理的战略以及为中国是否成为负责任的大国提供了标尺，更是非洲的发展及其国际地位的标尺。

（二）基本内容

在三边政策的基础设施建设合作中，提出了以下五个方面的基本内容。

（1）将中国纳入非洲联盟委员会、区域经济共同体、欧洲委员会和欧盟成员国开展的大陆和区域对话中，并与欧盟—非洲基础设施伙伴关系计划合作；

（2）与中国在区域层面合作，确定多式跨非洲联运通道（公路、铁路和港口）和电力、电信网络的优先介入事项；

（3）建立非正式的联合技术小组，以分享政策、战略和好的做法，从而改善区域通道手段和国家联系手段；

（4）在各个国家借助持续的基础设施合作关系；

（5）可考虑在未来建立程序化体系，允许在具体方案/项目（特别是在基础设施部门）上开展合作，从而为大型基础设施项目的平行和联合融资创造可能性。

（三）合作模式

从三边合作政策层面分析，欧盟和中国可在非洲基础设施建设等方面与非洲开展对话，并且通过各种方式在联合行动上达成一致。在适当情况下可在国家或区域层面进行磋商。总部官员之间的交流和各合作方专家举行研讨会可以更好地了解工作方法、手段和程序。

三、三边合作的机遇与挑战

欧洲和中国对非洲持续的强烈兴趣,虽然存在竞争,但亦存在合作的机会。从整体看,非洲的建设最主要还是要依靠非洲国家自身的需求和定位。同时,中国也需要通过多种途径参与国际合作,从中熟悉国际规则并寻求与掌控其发展空间。三边合作机制的方式是可行的,中国可以通过非盟基础设施建设委员会机制,充分利用欧盟对非已有的规划和方案,加快"走出去"步伐。但是,道路不可能平坦,我们需要深入分析其利弊关系,从思想上、战略上和行动上充分利用机遇、应对挑战。

(一)机遇

1. 三边合作为中国提供了与欧盟对话的机会。中国与非洲的合作完全是建立在平等互利基础上的。但是,欧盟不一定这样认为,欧盟有些人士往往戴着有色眼镜看中国,把中国看成是新殖民主义者。因此,充分把握三边合作的机会,与欧盟积极对话是很有必要的。对话的议题可以包括安全与稳定、能源与环境安全、社会基础设施建设,以及经济增长和可持续发展。通过对话,欧中非三方在国际事务处理上扮演好各自的角色,有助于全球统筹管理,促进共同利益的发展。

在处理欧盟—中国—非洲三者关系的方向和政策选择中,最基本的考虑应该是:帮助非洲国家正确确立其国际地位。非洲需让这两大政治和经济巨头为自己的利益服务,并让自己在与欧盟和中国的政治经济合作关系中,成为一个引领地位的风险管理者。

2. 三边合作为中国参与国际议程提供了机会。中国积极参与国际竞争,需要认真考虑相关区域政策的制定问题。在一定程度上,中国需要参与三边合作共同的议程设置的协商,将国家的外交和贸易利益与各国共有的和全球的需求相结合,从而使得政策的制定可以更为有效地避免相互的冲突和摩擦，实现一种可持续的发展以及良好的管理标准。具体来说，参与三边合作议程设置有以下三大利处。

一是，有利于避免与老牌帝国主义形成直接对抗。三边合作文件的出台，一定程度上标志欧盟政策的务实性调整，体现欧盟与时俱进，在政策形式与实施手法上更加灵活。不过，三方合作迄今仍难以真正启动，欧盟方面认为主要原因是非洲方面对合作附加价值缺乏共识。事实上，中国和欧盟同样难以超越观念、原则以及方法和手段上的分歧，实现互信合作。因此，共同设置议程和协商很有必要。

二是，有利于借鉴国际上一些好经验，形成协同效应。一直以来，非洲的基础设施建设需求巨大。欧盟—非洲的基础设施伙伴关系计划以欧盟非洲战略和非洲的基础设施行动计划为基础，通过规划和确定在大陆、区域和国家层面的互通互联需求制定方法。中国也有投资非洲和支持基础设施发展的全面战略，主要是在水力发电、铁路、道路和供水部门。因此，三边合作不但有市场基础，也有现实可能。

在基础设施建设领域，欧盟、非盟和中国既可以自行推动，更有必要加强合作，发挥协同效应，有助于实现庞大的非洲基础设施需要和共同目标，促进互通互联和区域一体化。

三是，有利于形成紧密的三边工作关系。在国家层面通过有针对性的对话与中国部级机构和投资银行合作，并将设立非正式联合技术小组，以分享政策、战略和较好的做法。对话将首先确定共同利益和问题，然后解决问题，从而巩固投资的可持续性和享受基础设施和服务改善所带来的好处。

总体而言，在非洲机构、欧洲委员会、中国和其他援助和投资者间发展更紧密的工作关系可降低交易成本和提高基础设施建设的援助和投资效率，从而让非洲伙伴受益。

3. 经济互利是中非合作的主要动力和特点。由于中非之间的历史和政治纽带、曾经遭受西方侵略的共同经历以及中非双方在经济上的互补性，中国人自然而然地将非洲看成自己的合作伙伴。如今，中国已经放弃了早先的意识形态外交政策，不再积极推广社会主义和介入非洲政治进程，转而推行务实的政策，如市场经济、发展援助、维和行动和多边外交等。中国相信这些做法与西方国家长期以来对它的要求也是一致的。从根本上来说，经济互利是中非合作的主要动力和特点，这种互利关系也通过全球价值链传导到了西方市场中。

4. 基础设施建设提升了非洲的互通互联，也为中国提供了参与空间。 基础设施是发展、贸易和投资的支柱，非洲、欧盟和中国共同战略的发展和协同效应的提高将有助于实现庞大的非洲基础设施需要和共同目标。根据三边合作内容，当时提出了8个短期优先合作旗舰项目，包括：①刚果（金）因加水电站一期和二期建设；②西部和南部非洲联合电力网；③西非输气管道；④西非公路运输和过境方案；⑤东非贸易和运输便利化项目；⑥中部非洲（中部非洲国家经济与货币共同体）贸易和运输便利化项目；⑦区域通信基础设施计划；⑧尼罗河和塞内加尔河盆地开发计划。

（二）挑战

三边避免相互误解是合作的关键。在欧盟呼吁加强合作的背景下，欧盟需要更具建设性视角。事实上，欧盟和中国对非援助的政策方法，是相互矛盾还是相互补充，取决于分析的视角。如果从援助国国家利益的视角出发，则冲突和竞争大于合作；反之，从非洲的需要和发展出发，则双方在对非援助领域内互补性增强。在此视角下，双方才可能建立有效对话机制，调整融资政策和消除误解，实现真正意义上的合作共赢。

1. 建构非洲事务的普遍概念和"参与规则"。 未来的挑战在于，在中欧共同参与非洲事务的基础上，中欧如何利用双方都寄望于促进非洲发展的合作意愿，最终建构起关于非洲事务的一套普遍概念和"参与规则"。这些规则需要在逐步成形的非洲安全共同体和非洲联盟，或者在非洲发展新伙伴关系计划（NEPAD[①]）的治理和发展原则的基础上促进非洲持久和平。同时，对发展政策的国际共识将发生演变，而中国的参与将丰富这一共识的内涵。

2. 中欧双方非洲问题发展与合作的主要挑战：①寻找一种共同的方式和理念，而不仅仅是一种狭隘和短期的国家利益；②协调实施战略，发展共同的意图；③在不损害各自的利益、维护竞争的经济环境的前提下，制定切实可行的举措；④组织所谓的三边合作，甚至可以在欧盟、中国与非洲区域性组织之间开展战略会谈。

3. 重新定义在非洲问题上的战略和政策。如何将商业和政治利益与非洲近期、中期和远期的发展相结合，是中国和欧洲共同面临的问题。在过去几年里，欧盟与非洲的关系进行了重新定义，开始致力于发展一种稳定的伙伴关系。与此同时，中国需要重新考虑在非洲问题上的战略和政策。

非洲、欧洲和中国仍需就共同和竞争的利益以及全球合作伙伴等方面取得共识，以作为联合行动的基础。

四、工作对策建议

中欧双方在过去60年，依据各自不同的经济和政治发展道路，形成了不同的对非援助政策原则和理念。三边合作机制作为目前国际对非合作的重要现象，双方需要转换视角，积极建构，从非洲的发展需要出发，加强对各自政策中新动向的了解，中欧双方在支持和促进非洲发展方面，营造优势互补，实现合作共赢。

[①] "非洲发展新伙伴计划"（the New Partnership for Africa's Development, NEPAD）是2001年7月在赞比亚首都卢萨卡召开的第37届非洲统一组织首脑会议上一致通过的。它是非洲自主制定的第一个全面规划非洲政治、经济和社会发展目标的蓝图，旨在解决非洲大陆面临的包括贫困加剧、经济落后和被边缘化等问题，其核心内容是"21世纪可持续发展战略"。

我们认为，中国在积极参与三边合作的同时，不仅能为"走出去"的国家战略带来机遇，也能将开发性金融理念和平台带到非洲国家，使之成为人民币国际化和国家可持续发展战略的重要工具。事实上，这种投资非洲的外交逻辑和交往思维完全摆脱了西方国家与非西方国家交往的模式，形成了一种基于开发性金融理念的新的国际援助与投资模式。这种模式不仅挑战了传统的国际援助理论，而且大大影响了南南交往的模式，并将日益成为亚非拉国家间交往的新的理论基础。

为此，我们应将三边合作研究作为重要工作，纳入国际规划业务进行整体部署，为国开行"走出去"业务服务。建议如下。

第一，密切跟踪欧盟作为三边合作机制发起者的动向，特别是在合作中存在的深层次问题。从思想上、战略上作充分的准备，引导中国企业正面而策略地参与三边合作。

第二，对三边合作机制中的 8 个基础设施最优先项目进行深入分析，逐步纳入我行对非投资的工作计划之中，必要时组织全行各有关部门对三边合作及 8 个最优先项目进行深度交流。

第三，积极开展与欧盟、非洲国家的三边对话与合作务实工作以及中欧领导人峰会的务虚工作。及时掌握和审慎处理三边合作发展情况，形成合作对策，供领导决策和业务发展参考。

| 第五节 | 建设性参与全球治理必须注重国家主权博弈

英国"脱欧"公投成功，证明了这是一次"逆全球化"的典型事件。从投票的结果分析，所谓的精英派并没有影响平民的投票选择。分析这一事件的背景，一方面是全球化的钟摆运动正在从释放市场力量向保护社会的方向转变，凸显资本主义国家政策的脆弱性；另一方面是国家主权和全球化治理之间的矛盾日益突出,在具体问题上如何平衡民众与国家大局原则的矛盾依然存在严重的问题。在全球化日益发展的时代,国家主权和全球化治理之间的矛盾日益突出,传统的主权观念和国际组织的发展与维持之间的关系引起了越来越多的关注。尤其对于英国"脱欧"公投"逆全球化"这样的事件,如何处理好国际组织和国家主权之间的关系,建立可持续的全球治理框架,已经成为一个重要的问题。随着 21 世纪全球化程度加深与"逆全球化"事件的发生,国与国之间相互依赖性的增强,传统主权观念的落后已经导致了当今国际组织的功效失灵。一方面,国际组织的发展与维持是全球治理的重要问题;另一方面,传统主权理论中的零和博弈亦决定了它必将被一种更强调共赢的理念所取代①。

一、英国"脱欧"公投与全球化的钟摆现象

全球化的钟摆运动正在从释放市场力量向保护社会的方向转变这一冲击,我们可以研究历史得出的结论,构成我们理解目前国际局势时一个完整的分析框架。

第一,每次全球化的周期都始于生产和贸易的扩张。当生产和贸易的扩张发展到一定阶段,各国对跨国界流动资本的争夺必然导致金融和财政的扩张。一旦出现世界性的金融扩张,资本主义早晚要面临一个全球规模的金融危机。在这种危机中,旧的经济秩序被新的所取代。研究证明,国际秩序从荷兰霸权,到英国霸权,再到美国 20 世纪的霸权,每一次更替都走过了相似的历史过程。

第二,资本主义经济的长程运动是受着两个方向完全相反的力量作用的,一个要释放市场力量,另一个要保护社会。19 世纪末西方各

---

① 刘卫平.全球化与国家主权的博弈——从英国"脱欧"公投看全球治理[J].中央党校《理论动态》,2016 年第 2082 期。

国积极释放市场力量的努力,到了20世纪初制造了资本主义的一场重大危机,而西方各国在大萧条前后保护社会的努力则直接导致了法西斯主义、社会主义和罗斯福新政的出现。

第三,导致全球化逆转的两个原因都与支撑全球化的制度缺陷有关:国际金融秩序的失序导致全球性的金融危机,而商品和人的跨国境流动对发达国家一部分群体在生活水准和就业机会的负面影响引发他们对自由贸易与移民问题的强烈政治反弹。这一研究告诉我们,当看到强烈的反自由贸易反移民的倾向出现时,它背后显示的实际上是全球化也许就要发生逆转。

我们目前在美国和欧洲看到的正是商品与人跨国境自由流动对发达国家部分群体的生活水准和就业机会形成的威胁所带来的愤怒。欧洲国家在难民危机后普遍出现的反移民倾向,以及英国存在的日益增长的脱离欧洲的倾向,反映的都是与上一次全球化逆转时极为相似的公共情绪。

二、英国国内政府与社会关系出现了根本性转变

英国脱欧的具体投票过程及其投票构成。分析认为,从本质上讲,英国脱欧是国家与市民社会的关系问题。在西方思想史上,国家与社会关系的思想流变经历了国家与社会混同论、社会先于国家论、国家决定社会论和市民社会决定国家论几个主要阶段。马克思关于国家与市民社会的思想逻辑由黑格尔国家决定社会的理性国家观倒向市民社会决定国家观,其演进经历了幻灭、动摇、追求、建构四个主要过程。从其拨乱扶正的解构与重构历程中可看出如下启示:其一,市民社会决定国家,不一样的市民社会就会衍生不一样的国家,同时国家又反作用于市民社会;其二,国家与社会的统一不是无条件的;其三,在治理与善治的框架下只有国家、社会组织、市场的三足鼎立才是达成

社会善治的理想形态。

因此,从这个角度上看,"脱欧"公投成功是市民社会对于国家的胜利。因此,这就引申出一个问题,国家如何才能代表社会?国家如何才能有效引导社会?这才似乎是当下中国迫切需要社会治理创新的根本性问题。

《社会中的国家》一书的研究告诉我们,国家是生长于并运行于社会当中的,而不是凌驾于其上的。只有当国家有效吸纳社会的意志,并将其上升到国家意志时,国家与社会才是一体的,否则是对立的。或许,这才是时下国家治理体系和治理能力现代化所要解决的根本问题。是什么使一个国家可以称得上是现代国家?现代国家成败的关键,是其所能取得服从的关键,也即国家与被统治者之间的关系,经济和信息系统的全球化对国家的影响,就像欧盟一样的超国家组织对国家的挑战……所有这些都要受到国家与其人民的关系的深刻影响。因此,从社会科学的眼光看,英国脱欧公投,其实一定是英国国内政府与社会关系出现了根本性转变,似乎跟其他关系不大。

三、地缘政治经济格局带来挑战

1. 可能出现多米诺骨牌效应。从中长期影响看,英国"脱欧"会激发欧元区成员国之间的分歧和羊群效应,甚至造成欧盟解体,但也不排除是欧盟推进改革的一次机会。一方面,欧盟其他国家有可能接下来效仿英国采取"公投"的方式脱离欧盟;另一方面,可能导致英国分裂。目前苏格兰和爱尔兰都宣称要进行独立公投,苏格兰将寻求一切可能确保欧盟成员身份。同时,随着英国脱欧,不排除欧洲各国"效仿"英国,特别是在欧盟经济体地位下降的情况下,必然会让世界贸易的格局从西方向东方偏离。英国"脱欧"对美国倡议的TPP,特别是对TTIP的地缘政治带来影响和挑战。

2. **可能会给中国政治经济带来一定冲击**。近年来在欧盟内部,英国是"亲中国"的支持者。在欧盟国家中,英国不仅第一个表态加入以中国为首的亚投行,也是第一个支持在 2016 年底授予中国市场经济地位,并且支持欧盟与中国达成双边投资协定。在欧盟内部失去这样一个支持的声音,意味着中国与欧盟之间的关系会变得更加复杂,脱欧后的政治动荡和欧盟内部的互相指责将会导致欧盟与中国的贸易谈判进程搁置。将对人民币汇率有较大的冲击。英国脱欧对中国影响主要反映在汇率市场,对人民币汇率产生了显著的间接影响,对香港经济、社会是雪上加霜。同时可能会影响到中国的香港和台湾未来的发展,这是我们必须要严肃而慎重思考的问题。

3. **达成一个"好民主"的共识似乎更具现实意义**。从英国脱欧公投成功这一逆全球化的典型事件分析,可以认为一个关于民主的明确定义固然重要,但是达成一个"好民主"的共识似乎更具现实意义。众所周知,例如东欧部分国家由于经历了民主演变,人民生活水平持续下降,这样的民主变革,真的是一个国家的政府应该采纳的吗?其实,问题的关键在于权力精英的腐败。一场剧烈的变革经常导致当权精英将各种经济资源占为己有,而不是造福社会。而且变革也常常伴随着一场倾向于自由资本主义市场的运动,那看起来更像是当权者通过攫取特权而一夜致富。苏联国家的腐败丛生问题的确是一个令人失望的现实,但是问题不在于它们实行了民主,而是民主机构的功效发挥和根除腐败之间存在一个时间差。民主体制的转型因为短期利益的损失而的确变得相当艰难,但它通常是能够带来长期利益的。

◯ 四、对中国影响短期有利有弊

1. **对人民币汇率产生较大冲击**。英国脱欧对人民币汇率产生显著的影响,对香港经济社会发展更是雪上加霜。从短期看,欧元和英镑会出现较大贬值，可能引起暂时性的汇率市场波动，对欧元而言，将导致贸易方面出现复杂的调整，整个欧元区市场经济竞争力会受到一定影响，美元会上升，人民币会受到牵连，投资者将更加青睐避险货币，如美元和日元等，势必影响人民币国际化进程。

2. 有利于"一带一路"倡议的实施和自贸区谈判。英国"脱欧"反映全球区域一体化进程的顿挫，是一体化进程中国家的差异导致的内部关系紧张和撕裂，英国脱欧的示范效应将影响TPP和TIPP的实施，东盟内部也可能进一步分化，这将有利于中国与东盟、欧盟等区域一体化组织成员国进行单独谈判，一定程度降低美国对中国的压力。

3. 中国对欧洲的贸易和投资将受到影响。近年来中英关系密切，中国将英国视为贸易、投资和产品通往欧洲市场的桥梁。截至2015年，中国公司在英国的非金融类直接投资已超过130亿美元，成为中国在欧盟的第二大投资目的地，英国脱欧将导致一段时期内中国通过英国进入欧盟的桥梁作用受到一定阻碍。长期看，中国的国际地位将会得到提升。目前世界经济体格局排在前三名的分别为美、欧、中，货币排序为美元、欧元、英镑、人民币。英国脱欧后，英镑和欧元的货币地位必然会受影响，最大的经济体之争就剩下中国和美国，从长期来看对人民币的国际地位未必不是一种利好，同时随着英国脱欧，不排除欧洲各国"效仿"英国，特别是在欧盟经济体地位下降的情况下，将会使世界贸易的格局从西方向东方偏离。

4. 对中国外交是重要机遇。英国脱欧后有了自主权，中国外交应该抓住这一机遇，结成中英自由贸易区，谈判解除英国对中国的武器禁运，促使英国带头打破这一对中国的政治歧视。一旦英国和欧盟解除了对中国的武器禁运，将意味着中国的武器可以向欧盟28国出口，这将大大开拓中国武器出口市场。

五、主权的衰落：现有国际组织的失败与国家外交政策

21世纪具有科技创新、全球化和国与国之间的互相依赖等典型特征，但同时，人们也见证了恐怖主义、疾病、核武器扩散以及气候变化。处理这些跨国威胁需要一种更强有力的国际合作。以上的观察可谓显而易见——我们每一天都生活在一个互联网奇迹和跨国环境污染并存的世界中。

然而，"二战"后由主权国家为确立共同规则和体系而建立的国际组织已经不再能适应这些现实了。像世界贸易组织、世界卫生组织、国际货币基金组织和联合国这样的国际组织，在应对全球威胁和21世纪机遇的问题上已经远远落后了。产生这一矛盾的根源在于"传统的主权"或者称之为"零和主权"——即国际谈判被消极地认为是你的成功必将以我的牺牲为代价。这样的情况经常发生在贸易和气候变化的谈判桌上，当需要担负一定代价或者均不希望取得任何有成效的谈判目标时，各国通常都不愿意主动做出牺牲。尤其是通过英国"脱欧"公投事件，我们可以认为，政治领导人、社会精英和平民都没有充分意识到相互依赖对于共同繁荣的重要性。

1. 国际社会对民主、人权的认识和采纳。目前，大多数主权国家都同意一个普遍的民主定义：即它是一个建立在法治基础上的政府系统。在这个系统中，政府通过换届选举、议会以及其他负责任、透明的机制而对公民负责；在这个系统中，有一系列的机构和独立的司法，当公民的权利遭受侵犯时他们能够获得某种纠正和补偿；在这个系统中，存在着对相关权利、媒体独立和军队民主化的基本尊重。

事实上，民主已经在国际关系和联合国宣言中被确认为一个目标。地球上各地区越来越多的国家开始将民主和人权的推广作为它们外交政策和发展援助项目的核心因素。比如，联合国发展项目花费了30%

的基金来帮助民主政府提高它们在国际民主机构中的建设能力。一个新的联合国民主基金已经募集了9 000万美元来支持世界范围内的非政府组织。所以,在民主问题尤其是联结民主和发展的问题上,一个普遍的共识是:民主治理和透明能力是社会经济发展的核心要素。而这已经被一系列双边关系和地区性组织的发展所见证,这些组织包括非盟、欧盟和美洲国家组织、英联邦以及东盟等。国际范围内,所有的国家都在2000年联合国千年峰会中明确地确认了他们将不遗余力地支持世界上民主和人权的加强。

2. 民主与不干涉内政的四种平衡办法。然而,即便推广民主和人权是美国外交政策的一个既定目标,即便各国都从理论上承认民主的价值,但是,在具体问题上如何平衡民主的推广与不干涉内政原则的矛盾,依然存在严重的问题。比如在缅甸和津巴布韦,对干涉内政的怀疑很快地被直接的武装冲突所取代。国际法中民主和人权的张力是明显的,而且很多国家都接受了关于民主和不干涉内政的传统理解。

对此,可以通过一种更新的主权概念来达到两者之间的平衡。具体说来有四点:第一,民主的支持者应该在共同体和个人的行为中做出表率,遵守地方法规并且与寻求支持的政府开展合作。例如,美国的选举系统并不是很完善。美国的法律不允许非美国人来改变大选,如果那样就是违法的。但是,现在美国是欧洲安全合作组织的成员,所以它允许国际观察员来观察总统大选而且欢迎任何批评。第二,涉及文明社会的时候,民主的支持者要彻底拒绝武装暴力和任何通过违法方式推翻现政权的建议。第三,国际社会应该避免任何匆忙的大选,它们通常被作为冲突之后重构国家主权的快速解决办法。有太多的例子显示,当行事太匆忙的时候,结果总是不具备可持续性。非洲、拉美和欧洲都有太多的佐证。在竞争性竞选开始前拥有一个统一的转型期政府,通常是达成国内共识和建立后续基本政府机构的最好办法。

第四，独立的媒体对于民主是非常重要的一部分，训练恪守专业的、有道德的记者非常关键。

3. 民主没有模式。早在1948年联合国大会通过并颁布的《世界人权宣言》第21条规定："人民的意志是政府权威的基础，它应该通过定期选举、普选权和无记名投票来实现。"现实问题是，这句话虽然没有被完全贯彻，但几乎已经被世界上任何国家所接受。在过去的20年中，民主总体的趋势是积极而有持续性的。从国际法的角度来看待民主的定义，应该认识到民主是一个永不结束的目标，而且并不存在某一种普世的民主模式。再比如非洲的部落文化在政治决策中拥有民主商议、透明的公共参与等悠久传统，这些都是民主的核心特征。实际上，民主对于每一种文化都是原生的。民主就等于发展，这两者不可分割。同时，世界各国尤其是美国应当承认：民主具有不同的实现形式，国际合作的出发点应该基于如何通过不同的方式来实现最终的民主价值，而非纠缠在谁是、谁不是民主国家的问题上。相信只要民主从国际法出发，符合基本的人权精神，就一定可以通过不同的形式来实现。

第七章

"一带一路":"双循环"发展的机遇与挑战

"双循环"战略与"一带一路"建设两者是一脉相承、同频共振的关系。2020年7月21日习近平总书记在企业家座谈会上的讲话强调:"以国内大循环为主体,绝不是关起门来封闭运行,而是通过发挥内需潜力,使国内市场和国际市场更好联通,更好利用国际国内两个市场、两种资源,实现更加强劲可持续的发展。""双循环"与"一带一路"都是用循环来实现畅通,用畅通来创造价值。"双循环"战略将为"一带一路"的进一步发展形成强大的机遇和推动力,"一带一路"所实现的"互联互通"也为"双循环"提供了更为坚实的发展平台。

2013年,在习近平主席倡议"一带一路"建设和中国新型城镇化、工业化、农业现代化和信息化发展的重要阶段,一方面是基础设施建设任务艰巨,产业基础薄弱,消费还未成主要拉动力;另一方面是投资项目资本金匮乏,巨额的"储蓄资金"和"社会资金"不能转化为集中、大型、长期建设资金的现状,已经成为中国投融资格局中的基本矛盾。

中国的"双循环"发展格局必将与"一带一路"建设形成有效的相互促进作用。中国在构建本国21世纪大战略时必须要考虑到当前世界经济中结构性条件发生的重大变化。未来十几年,中国要推动经济转型发展与扩大内需,推进工业化、城镇化、现代化与国际化,必由蓝海战略"海上丝绸之路"、陆权战略"丝绸之路经济带"与欧亚大陆经济整合战略相辅相成。其中，向西部地区开发，利用高铁作为基本交通连接手段，促进欧亚大陆经济整合，将带来一个陆权时代，使国家得以确立与蓝海战略相匹配的对冲态势。

推动亚欧大陆经济整合，打通亚欧大陆桥南线的可能性。与南线有关的国家之间十分复杂的利益交错实际上为中国推动亚欧大陆桥南线的建设提供了一定的有利条件。

| 第一节 | "一带一路"：构建互利共赢的国际经济合作新体系

"一带一路"，全面推进"丝绸之路经济带"、21世纪"海上丝绸之路"和"全球经济一体化"是中国顺应经济全球化而提出的倡议，中国未来数十年的改革开放都将围绕这一倡议布局展开。中国将坚持奉行"共商、共建、共享"原则，坚持平等协商，充分尊重各国的自主选择，注重照顾各方舒适度，注重保持透明和开放，注重与各国发展战略的相互对接，注重与现有地区合作机制相辅相成。"一带一路"的理念是共同发展，目标是合作共赢。在推进"一带一路"过程中，我们要充分认识到：第一，"一带一路"是避免地缘竞争，寻求一种全新的、具有包容性的经济合作模式。第二，我们不仅要着眼于对"一带一路"沿途涉及65个国家的经济投资，也要注重投资对象国的民生、就业和经济社会综合发展。第三，"一带一路"倡议在"国际市场"和"国际资源"两个方面与一些国家的竞争矛盾也日益显现，我们要统筹国内外两个市场、两种资源来支持中国与世界的经济社会协同发展。第四，在实现"一带一路"倡议的过程中，中国对"一带一路"沿途国家的"知识准备"与"智力储备"严重不足必将面临风险。因此，对投资和舆论环境发生的重大变化做出准确的判断至关重要。

一、"一带一路"寻求全新经济合作模式

自2013年中方提出"一带一路"倡议以来,关于它最常见的疑问是,"一带一路"是不是为了应对美国的"亚太再平衡"和俄罗斯的"欧亚经济联盟"?提出这种疑问本身,就是从"对抗和竞争"的思想出发的。"一带一路"的提出,恰恰是为了避免地缘竞争,寻求一种全新的、具有包容性的经济合作模式。

中国要通过"一带一路"实现什么样的目标,未来的方向是什么,需要清楚、明白、可信地说出来。其中,不必讳言中国的利益所在,只有说清楚了才具可信性。对中国来说,目标是加速西部地区的发展。"一带一路"将使西部内陆地区成为对外开放的前沿,中西部发展机会增多,出现新的增长点。基础设施和法律服务等软硬环境的改善,将使中国与其他欧亚国家形成一个整体,既有利于能源资源的保障,也有利于中国东部的优势产业向中西部转移、向周边国家转移。

对地区而言,是提升亚洲地区在世界产业链上的地位。亚洲多数国家是发展中国家,经济发展明显落后于东亚和欧洲。通过产业园区等以点带面的合作,可以提升亚洲地区作为一个整体在世界经济中的地位。对中国与地区的关系而言,是形成命运共同体。形成利益共同体、发展和责任共同体、命运共同体是中国与沿线国家的三个阶段性目标。中国自古就有"唇齿相依"的思想。早在1997年亚洲金融危机期间,中国与东南亚国家就深刻体会到什么叫"利益共同体"。中国当时没有通过货币贬值来增加出口,虽遭受了一定损失,但周边国家经济迅速恢复也帮助了中国的发展。利益共同体是形成发展和责任共同体的基础,随着经济发展联动性进一步增强,双方就会逐渐形成休戚与共的命运共同体。

现在,世界经济失速,地区发展不平衡,欧亚大陆国家"合作谋发展"的诉求很强。而中国经济总量已位居世界第二,在不少领域中国已经形成了具有全球竞争力的优势产业和强大产能,具备了带动其他地区

发展的能力。因此，带动周边发展，提升亚洲的经济地位就成为中国的抱负，也是中国作为负责任大国最好的表现。

当前中国对外开放的外部环境有了一个重大变化，即经济全球化的重心从多边主义转到了区域主义。世界主要大国都从多边主义的倡导者转变为区域主义的支持者，构建和参与以自由贸易区为主体的区域经济合作机制已成为一个世界潮流，以至于世界贸易组织（WTO）都开始认同区域主义的发展方向。在这种背景下，中国新一轮的对外开放必须适应区域主义兴起的发展趋势。"一带一路"实际上就是通过区域经济合作参与经济全球化、扩大对外开放的一项举措。

"一带一路"是中国经济外交的新平台。习近平主席已经提出了"亲诚惠容"原则，它将成为指导经济外交的基本理念。为落实这一理念，仅仅依靠现有的经济合作机制是无法实现的。而"一带一路"的核心内容"五通"（贸易畅通、道路联通、货币流通、政策沟通与民心相通）及命运共同体目标则体现了"亲诚惠容"理念。

推进"一带一路"建设，是我国实施更加主动的对外开放政策、构建开放型经济体系和形成全方位开放新格局的客观要求，是我国顺应全球和区域发展格局新变化，培育我国国际竞争新优势的重大部署，是我国推进新一轮改革开放的重大平台，也是我国创新国际区域经济合作模式的东方大智慧。

无论国家的大小，无论国家的强弱，都是"一带一路"平等的参与者和建设者，在这个过程当中，大家是共同商议，共同建设和共同受益。不排斥有任何合作意愿的经济体加入。从这个意义上来讲，这个理念是创新的和包容的。

二、"一带一路"：调整经济结构与扩大内需

中国经济正处在转换增长阶段和寻求新平衡的关键期。增长阶段

的转换实质是增长动力的转换，是原有竞争优势逐渐削弱、新竞争优势逐渐形成的过程，也是原有平衡被打破，需要重新寻找并建立新平衡的过程，经济运行总体比较脆弱。在这一战略背景下，中央提出的"加快转变经济发展方式，促进经济长期平稳较快发展，主攻方向是调整经济结构，战略基点是扩大内需"的发展目标，必将成为传统发展方式向经济社会发展综合规划转变，以及寻求经济增长动力和再平衡的重要战略，"双循环"发展格局下的"一带一路"倡议，更是中国向世界展示对改革与发展的信心和决心。

一方面，实施"双循环战略"，形成强大的国内市场。从20世纪70年代末实施改革开放以来，中国利用丰富的劳动力和低工资优势，通过在技术、产品和市场方面都严重依赖海外的加工贸易飞速发展。然而近几年，随着劳动力由过剩转向短缺，海外保护主义抬头，以及美国实施与中国脱钩的政策，依赖以加工贸易为主的"国际循环"发展战略的局限性暴露无遗。为此，中国政府提出了"双循环战略"。《纲要》对其具体内容作了如下说明。

第一，把实施扩大内需战略同深化供给侧结构性改革有机结合起来，以创新驱动、高质量供给引领和创造新需求。破除制约经济循环的制度障碍，推动生产要素循环流转和生产、分配、流通、消费各环节有机衔接。第二，立足国内大循环，协同推进强大国内市场，扩大双向贸易投资，促进国内国际双循环。第三，为扩大内需，通过扩大中等收入群体等来促进消费，规范有序推进政府和社会资本合作（PPP）的同时增加投资机会。在扩大消费和投资的同时，力求实现两者的结构升级[1]。

另一方面，从中国未来十年、几十年甚至更长的时间发展情况来看，在经济转型发展与扩大内需重要战略过程中，工业化、城镇化、

---

[1] 关志雄.力求实现高质量发展的中国十四五规划，https://www.rieti.go.jp/users/kan-si-yu/cn/c210415.html。

现代化与国际化的发展，必由蓝海战略、陆权战略与欧亚大陆经济整合战略和向西开放相辅相成。其中，向西部地区开发，利用高铁作为基本交通连接手段，促进欧亚大陆经济整合，将带来一个陆权时代，使国家得以确立与蓝海战略相匹配的对冲态势。我们应该顺应新的形势，在继续提升沿海开放、向东开放的同时，加快沿边开放、向西开放，拓展"一带一路"开放发展、合作发展的空间，新一轮的援疆工作，也应将在这一大背景下加以谋划和推动。

建设由中国通往中亚、南亚、中东、东欧、俄罗斯最后直至西欧的各条高铁路线将有力地带动"丝绸之路经济带"与欧亚大陆的经济整合。贯通欧亚大陆的交通大动脉将把沿线各国的生产要素重新组合，在各国制造出新需求，吸引来新投资。这将为地域经济一体化打下一个基础。在欧亚大陆经济整合的过程中，中国可以成为东部推动力，欧盟为西部推动力，俄罗斯为北部推动力，印度为南部推动力，各个方向的进展在中东汇合。

在"一带一路"欧亚大陆经济整合大战略下发展西部，使其变成中国经济发展的一极，必然会引起向西部的移民。这种移民将缓解东部土地使用的压力，并为严格控制可耕地的商业开发创造条件。这将把开发西部的意义提到一个新的高度：开发西部将不再是沿海地区经济发展的一个自然延伸，也不再是一个单纯解决地域发展不平衡的社会政策，更不再是为了维稳而不得不采取的必要措施，它将成为中国国际大战略的重要支柱；成为从传统发展方式向经济社会发展综合规划的转变；成为中国经济均衡发展的重要驱动力。这一陆权战略将从根本上扭转过去40年来由于单纯依赖蓝海战略而带来的一系列经济结构不平衡和社会发展不均衡，以及由此产生的政治与社会问题。

综上所述，建设高铁推动欧亚大陆经济整合将带来中国西部的迅速发展。西部的经济发展与对外开放将为中国经济的长期均衡发展装上第二台发动机。不仅如此，它还将帮助中国解决过去40年来蓝海战略带来的严重的发展失衡问题。这是一个值得中国在21世纪认真考虑的大战略。

三、促进亚欧大陆经济整合，实现中国最大的战略利益

向西开放与中国的战略对冲。中国的蓝海战略在过去40年里得以成功离不开有利的外部环境。2008年全球金融危机使中国经济发展的外部环境发生巨大变化：人民币升值导致以劳动力密集型产品出口为主要特征的中国发展模式面临前所未有的挑战；发达国家市场尤其是欧洲市场的萎缩以及美国重返亚太战略引起的连锁反应，给中国带来了国际政治经济方面前所未有的压力。

中国应该利用自身优越的地理位置进行战略对冲。中国既可以成为一个海权国家，也可以成为一个陆权国家。如果中国通过渝新欧（重庆、新疆和欧洲）、中吉乌（中国与吉尔吉斯斯坦、乌兹别克斯坦）、中巴伊（中国与巴基斯坦、伊朗）等铁路项目的建设从北、中、南三个方向全面打通亚欧大陆桥，就可以促进亚欧大陆的经济整合，使之与美国主导的环太平洋经济整合之间形成战略对冲。亚欧大陆经济整合不仅不会使中国失去在亚太地区的利益，而且正好相反，最终将会促成中美自由贸易协定的诞生。只有把这两个地域整合中的地位互为筹码，中国才能获得最大的战略利益。

亚欧大陆经济整合还将为中国经济的发展在西部装上第二台发动机。通过建设铁路等向亚欧大陆内陆国家开放的重要交通基础设施，中国将把经济发展由主要依靠沿海地区向海洋国家开放的单向驱动转为同时依靠沿海与内陆、向海洋与内陆国家同时开放的双向驱动，以新丝绸之路战略对冲过去的蓝海战略。这样的发展将有助于全面消解各种由蓝海战略造成的地域发展不平衡。

俄罗斯与中国在中亚的博弈。无论是出于传统的能源安全和反恐的需要，还是从开辟新的国际市场，推动亚欧大陆经济整合从而带动中国西部地区经济发展的需要来看，中亚地区对于中国"向西开放"战略的顺利实施具有重要意义。俄罗斯自苏联解体之后，一直试图构建新的"欧亚联盟"，并通过"俄白哈"关税同盟等次区域经济合作组织加强其与中亚经济一体化的进程，成为中国进一步向西开放的阻碍。然而，俄罗斯试图主导的欧亚经济一体化战略也存在一系列缺陷和挑战，尤其是其开拓亚太能源市场和重建非资源类经济体系战略构想的实现都离不开中国巨大而稳定的市场需求、资金和技术的支持，这些条件为中国通过上合组织以及利用和搭建其他次区域经济合作组织，扩大在中亚的影响力以及中俄合作共同推动亚欧大陆经济整合提供了契机。

西部开发、对口支援与新疆内源性增长。新疆作为中国加快向西开放的桥头堡，在构建中国全方位对外开放新格局中占据重要位置。新疆维吾尔自治区自成立以来，在国家的支持下，建立起了初步的工业体系，培养了少数民族人才，并通过陆续实施扶贫攻坚计划、西部大开发战略以及对口援疆战略规划，其经济社会发展的落后面貌得到了很大改观。然而，中央政府的"输血式扶贫"和央企大规模"成建制入疆"并不能为新疆发展提供内源性动力。加快联通中亚、南亚和西亚乃至欧洲的交通基础设施建设，为在新一轮援疆过程中中央政府、援疆19省市以及央企和民企的大量投入和投资所形成的产能建立稳定的市场和原材料供应渠道显得迫在眉睫。构建一个向西开放的现代工业体系和交通运输体系，应该是第三次援疆的重要历史任务。

向西开放与新疆外向型经济体系的建构。新疆地处亚欧大陆腹地，历史上就是沟通东西方、闻名于世的"丝绸之路"要冲。如今，它成为中国向西开放的桥头堡和西部大开发的前沿阵地。经贸往来，通道先行。在新的历史条件下，新疆只有进一步建设"东联西出"的铁路、公路、民航、管道等综合交通运输体系,全面提升新疆在全国乃至中西亚地区交通运输格局中的国际大通道和交通枢纽作用,才能实现对内对外两个开放,进而充分利用国内国外两个市场和两种资源,才能构建起一个外向型的经济体系,真正成为21世纪中国经济新的增长极。在新疆发展外向型产业,不仅要考虑其资源优势和区位优势,更要顾及其生态特点和族群结构。在目前的新疆大开发、大建设过程中,不应简单地把地方GDP和财政收入的提高作为发展目标,也不应把引入外来资金开发当地矿产资源作为主要发展手段,这种发展理念和发展模式不利于培养当地民众的自我发展能力和新疆社会的长治久安。在新疆产业发展和内地企业入疆过程中,政府对经济和社会政策的制定一定要把促进当地民众的就业和创业放在优先考虑的位置。

四、当前外交环境下中国实现战略对冲的必要性

过去的30多年间,中国经济之所以能够快速发展存在着特定的有利外部条件。这些有利的外部环境随着金融危机的后续发展,特别是美国重返亚太之后,开始发生深刻的变化,中国国际环境的外部风险日益增加。面对当前复杂的外交环境,中国既不应该一味忍让,也不应该全面对抗,而应通过推动亚欧大陆经济整合进行陆权战略与海权战略的对冲,使外部环境重新向有利的方向转变。制定中国21世纪的大战略固然要以史为鉴,吸取历史上各个国家尤其是大国崛起的经验教训,但是更应该认清我们所处时代历史条件的特殊性并加以利用。

在过去的30多年,中国经济快速发展的战略机遇期得益于四个有利的国际环境。首先,美国长期以来将战略重心置于中东和欧洲,无暇东顾。直至奥巴马政府提出重返亚太前,美国的军事行为与干涉主要集中在欧洲及中东地区。由于在战后美国无暇东顾,中国无须面临来自美国重大的战略压力。其次,自苏联解体以来,俄罗斯一直忙于

应对北约东扩所带来的军事压力。由于北约成员国的扩张，导致俄罗斯始终在欧洲部分面临重大的战略压力，所以俄罗斯也无暇顾及远东地区。同时，由于俄罗斯长期以来战略重心集中在欧洲大陆，与中国接壤的西伯利亚和远东地区人口密度急剧下降，日渐凋敝。与俄罗斯接壤的广大中国东北部地区和新疆地区也没有面临来自俄罗斯的战略压力。

再次，自"9·11"事件发生以后，美国一直忙于在中东及中亚地区建立反恐军事部署，无暇顾及东亚及东南亚经济发展。而中国自亚洲金融危机后，一直致力通过东盟来推动亚洲地域经济整合。许多东亚国家，包括日本和韩国在内，在美国无暇东顾的情况下，都相继接受了中国推动的这种地域经济整合的建议，建立起以中国为主导的各种地域经济整合的机制。中国与东盟迅速地发展了双边贸易。最后，到2010年为止，欧盟是中国最大的贸易伙伴。中国与欧盟关系的发展在一定程度上转移了中美贸易之间严重的不平衡引起的政治关注。

简而言之，美国与俄国无暇东顾，再加之中国与东亚、东南亚各国以及欧盟发展的深度双边合作，形成了中国近年来经济快速发展的有利的外部结构性条件。

然而，这一切随着2008年全球金融危机以及美国的亚太再平衡出现深刻的变化。首先，欧洲主权债务危机的深化导致欧盟2009年失去中国最大贸易伙伴的地位。目前中国对欧盟区出口的下滑是拖累中国出口的最重要原因。其次，美国重返亚太为原有的保障中国经济稳健发展的外部性条件带来极为深刻的变化。随着美国战略重心重返亚太，中国面临的各种战略压力都集中在南海和东海地区。过去一直和中国紧密合作的东南亚国家以及日本和韩国现在都企图利用这次国际环境变化的机会向中国要价，争夺更多的战略利益。更值得关注的是在苏联解体之后，俄罗斯第一次面临可以与美国就中国问题进行战略利益交换的机会。

目前俄罗斯和中国在国际战略格局中的位置实际上已经与尼克松当年访问中国时苏联与中国的位置发生了互换。面对国际环境的急剧变化，中国的学术界、大众传媒以及各政府职能部门正在进行一场究竟是应该选择"海权战略"还是"陆权战略"的争论。海权与陆权的战略之争在目前的集中表现是前者主张中国彰显军事实力，全面反击中国在东海和南海面临的各种挑战，而后者主张中国在积极发展军事力量的同时，把政策的重点放在向西对外开放，化解目前聚焦在东海和南海的战略压力。

五、中国的大战略应该是建立海权与陆权的对冲

首先，陆权派并不反对海权。它主张建立陆权的目的恰恰是为了配合与策应海权的进一步发展。只有建立陆权才能减轻目前发展海权带来的战略压力。其次，陆权派也大力支持中国发展军事实力。但是与海权派不同的是，陆权派强调在大力发展军事实力的同时，不把领海冲突与军事对抗作为代表中国外交方向的突出点，而是主张在积极发展军事力量作为隐性威慑力的同时，把对外政策重点转到对外经济合作上来。同时，陆权派也主张，对东亚与东南亚国家有必要在一定程度上欲擒故纵，不应该对方越是要对抗，中国越是给予其更多的好处，而是相反，要向他们显示，如果他们选择对抗，中国将收回所有的经济上提供的支持。要达到这个效果，中国就必须显示自己有其他的选项，即把注意力放在亚欧大陆的经济整合上。

许多人认为中国在过去30年秉承的地缘经济学政策已经宣告失败。他们的主要依据是当美国重返亚太后，东南亚国家纷纷逃离中国主导的地域经济合作框架。但是，我们认为正相反。正是由于中国在过去的30年间与美国进行了深度的经济合作，双方的经济利益才紧密地捆绑在一起。正是由于中国与东亚、东南亚国家进行经济合作，他

们才不得不有所顾忌。如果没有过去30年中国在地缘经济学方面做出的这些努力，第二次冷战早就随着美国重返亚太爆发了。恰恰是因为中国在过去30年间推行的以地缘经济为主，以合作推动发展的策略，才使得中国今天还有进行战略转圜的余地。

笔者分析认为，目前中国的当务之急是建立陆权"丝绸之路经济带"与海权"海上丝绸之路"的对冲格局。只有当中国可以"两条腿走路"时，才有足够的战略空间根据每个特定的历史时期、特定的历史条件下进行选择和调整。相信只要中国通过陆权战略推动亚欧大陆的经济整合，不仅会把美国的战略重心重新引回中东，把俄罗斯的战略中心重新引回欧洲，而且还可以把印度和中国的共同利益捆绑在一起，从而建立打通亚欧大陆桥的南线的政治联盟。这样也会为中国最大的传统出口市场——欧盟提供新的走出危机的发展动力。一旦美国的战略重点离开亚太，或者是注意力减弱，东南亚和东亚国家才会有更强烈的意愿与中国进行深度的经济合作。否则，它们可以被关在亚欧大陆经济整合这一新的中国主导的新潮流之外。只有通过对冲稳住东亚和东南亚，才能为中国更加深入地发展海权打下坚实的基础。这里需要强调和主张的陆权是地缘经济学意义上的陆权，而非地缘政治学上的陆权。不是在主张中国非要向外国派军队，非要在外国建立军事基地，而是利用过去十几年里一直在东南亚地区执行的行之有效的地域经济整合、地域经济合作模式，在中亚、中东、南亚和北非地区增强中国的影响力。

六、向西开放推动亚欧大陆经济整合战略符合世界经济发展大趋势

中国之所以应该采取向西开放，以推动亚欧大陆经济整合为基础的陆权战略，一个重要原因在于它符合世界经济发展的大趋势。到21世纪中叶，世界上前7大经济体的3个将位于亚欧大陆。只要不发生

全球化过程的逆转和大国之间的战争，亚欧大陆发展中大国引领世界经济发展这一大趋势将成为中国在未来建构国际政治经济秩序时可以加以有效利用的重要的结构性条件[①]。

从世界各主要经济体在全球 GDP 中的比重可以看出，金砖国家所占比重在过去的 30 年里持续上升，未来将成为国际政治经济的重要力量。而美国、欧盟和日本三大传统发达经济体的 GDP 占全球的比重则在不断下降。根据高盛集团 2007 年著名的预测，到 2050 年，美国将成为目前发达国家七国集团中唯一的仍然能保持世界前七大经济体地位的国家。而到 2050 年，另外的六大经济体将是中国、印度、巴西、墨西哥、俄罗斯和印度尼西亚。未来世界面临的这样一种格局将对过去二三百年间以欧美为主导的国际秩序形成巨大的冲击。根据经济合作组织刚刚发表的预测，到 2060 年，中国与印度两国的 GDP 加在一起就将超过目前全部经合组织成员国的总和。

中国在构建本国 21 世纪大战略时必须要考虑当前世界经济中结构性条件发生的重大变化。我们应该解放思想，丰富自己的历史想象力，而不应该在精神上仍然"高看"西方，把国家发展战略的视角永远置于过去的历史中。

笔者分析认为，如果中国能够向西开放，推动交通基础设施为支撑的亚欧大陆经济整合，中国从东部，印度从南部，俄罗斯从北部，加上德国从西部推动的话，整个亚欧大陆将成为 21 世纪国际政治经济最重要的舞台。中国国内目前关于海权与陆权之间的争论，以及关于中国和平发展的讨论，必须以此作为最重要的一个历史背景。中国大战略的制定必须从未来国际局势的整体动态变化来把握，而不能抽象地、静态地讨论所谓的大国崛起的历史经验教训，否则将犯教条主义的错误。

[①] 刘卫平：《向西开放：构建 21 世纪中国经济新的增长极》，《红旗文稿》2013 年 15 期 / 总第 255 期。

结合当前国际局势的急剧变化，综合比较海权与陆权两种战略选择，我们可以看出，如果目前中国突出以军事对抗为特征的海权战略，相当于是集所有矛盾于一身，从而在东海、南海承受巨大的压力。但如果中国选择陆权战略，通过向西开放推动以交通基础设施为基础的亚欧大陆经济整合，将会化解转移当前中国在国际上面临的种种矛盾。如果在目前条件下中国追求以军事对抗为特征的海权战略，相当于中国是要与在经济上走向没落、但在军事上仍具有绝对优势的大国进行军事对抗，这等于是参与一场非己所长的博弈。反之，如果选择向西开放，利用交通基础设施为支撑，促进地域经济整合，那中国将以自己擅长的地缘经济手段扬长避短，主宰自己领导的博弈。海权战略的重点在于"破"，即打破，甚至摧毁现有的、西方主导的国际秩序。中国在这个过程中将面临与多个大国正面军事冲突的风险。相反，如果向西开放，相当于进行增量改革，无须与其他大国进行直接的抗衡，相对而言对存在的风险要好管理得多。况且中亚、南亚与西亚地区的国家都有意愿参与到这样一种地域整合之中。

综上所述，没有陆权"丝绸之路经济带"的掩护，中国海权"海上丝绸之路"的建立将会极为困难。如果中国能够成功建立陆权，就为确立海权创造了更为有利的条件。中国21世纪大战略的核心在于建立对冲，首先以陆权对冲海权，其次以通过中亚国家的亚欧大陆桥的中线和通过南亚、西亚国家的南线来对冲通过哈萨克斯坦和俄罗斯的北线。一旦确立了这种双重意义上的对冲，中国发展的外部环境将变得十分有利。只要能打通亚欧大陆桥的中线和南线，中国就可以说服俄罗斯成为亚欧大陆经济整合的推动者。

有了中线与南线，即使俄罗斯再反对亚欧大陆经济整合，中国可以完全没有必要再花力气与俄罗斯周旋。同样的道理，当中国有了亚欧大陆经济整合这一选项之后，东亚、东南亚国家必然要加速与中国的地域合作及经济整合。否则，一旦中国决定把主要的注意力从东亚、东南亚转移到亚欧大陆,他们将失去经济发展的重要引擎。有了亚欧大陆经济整合作后盾,有了中国与东亚、东南亚的地域经济一体化,美国将失去制衡中国的重要手段。

在这种条件下,中国与美国之间签订自由贸易协定的可能性将大大增加,中国将以更为有利的地位参与环太平洋的地域经济整合,真正意义上的以中美之间的 G-2 为基础治理国际事务的制度性安排也将成为可能。

| 第二节 | "一带一路":以主动的姿态全面融入全球化

中国在构建本国 21 世纪大战略时必须要考虑到当前世界经济中结构性条件发生的重大变化。TPP 在美国重返亚太战略意味着美国将书写 21 世纪的国际经贸规则。因此,一方面中国应该选择以"陆权战略——丝绸之路经济带"为主导,整合上海合作组织与丝绸之路经济带优势力量,化解美国重返亚太战略而聚焦在东海、南海地区的争端和在亚太地区的市场以及能源需求压力。另一方面,中国应该加入 TPP 并倡议"一带一路"与 TPP 相融合,形成合纵连横的"双循环"全球经济合作战略格局。

○ 一、TPP 给中美带来的机遇与挑战

亚洲正在成为世界上最大的区域投资和贸易市场,美国强力推进 TPP 重返亚太战略,旨在推动亚洲特别是东亚地区投资和贸易进一步自由化、便利化,为美国跨国公司获得更多投资和贸易机会创造条件。分析认为,TPP 给中国的发展特别是"一带一路"倡议的发展带来挑

战的同时也将带来机遇。

中国若缺席TPP,对中美两国都将造成巨大损失。对中国而言,TPP的确将对亚太地区国际分工、价值链、供应链产生巨大影响,TPP成员利用优先进入TPP市场的权利,将生产和制造做出适应TPP有关环境、劳动力和食品安全标准的变革,而中国作为TPP以外的国家,机会成本必将增加。

继2015年6月习近平与奥巴马会晤以后,中国已表现出更多有关TPP的兴趣,自此以后,争论焦点已变为中国是否应该加入TPP。中国加入TPP的挑战是必须依据协议规定做出相应改革,如在服务业和投资领域开放市场,在国有企业的角色、互联网行业准入等一些敏感领域适应新规。但实际上,为适应TPP协议要求做出改革与中国已经确定的金融改革、强化服务、鼓励创新等改革是一致的。

对中美两国而言,中国的缺席必将造成巨大损失。根据本书一项量化模拟研究结果显示,若中国不加入TPP,2025年前中国将损失460亿美元收入,而中国一旦加入TPP(与韩国、印尼、菲律宾、泰国一起),其可观的经济效益足以成为中美两国寻求经济融合的坚实基础。

亚太地区其他一些自由贸易协定是不可能替代TPP的。中国应该着眼于如何进一步整合经济融入亚太地区广阔的市场。中美两国走向深层次经济融合的第一和中间步骤将是结束中美双边投资协定谈判(BIT),据此可以判断中国是否会做出承诺和在多大程度上会适应TPP要求改革。因为BIT与TPP的改革要求有相重合的地方,包括市场准入、知识产权保护、法制改革。

TPP给中国带来如下挑战:一是展示了美国的领导力,即美国可以按照自身意愿设定一系列引领他国的规则;二是TPP改变了亚太地区内部的经济平衡和国家关系;三是中国在进行决定性的经济改革时面临更大的压力。分析认为,尽管TPP会削弱中国在亚太地区的经济优势，但中国也可以通过"一带一路"倡议增强自身的国际影响力。

此外，TPP显露了美国对华政策的矛盾性：一方面想通过地区盟友抵消中国在亚太地区的影响力，另一方面却不肯承认牵制中国的意图。对于美日地区联盟来说，TPP将有力刺激其经济发展；对于中国来说，中国的经济改革将会面临着巨大的外部压力。

二、以"陆权战略——丝绸之路经济带"为主导的政策建议

以"陆权战略——丝绸之路经济带"为主导的对冲战略，必须以与上海合作组织的金融、能源互动发展为切入点，并兼顾亚欧大陆经济整合的建设与周边国家互联互通基础建设相结合。在上合组织能源合作中，中国既具有市场优势、区位优势、国家关系优势，又具有资金优势和技术优势。我们要赢得与上合组织国家的能源合作主动权，促使"丝绸之路经济带"与上合组织成员国开展全方位的合作。上合组织国家间的能源合作，既是中国能源国际化、多元化战略的重要成果，也是在上合组织框架内能源合作之成功所在。建议如下：

第一，将"丝绸之路经济带"建设的金融需求与发挥上合组织银联体等作用结合起来。金融是建设"丝绸之路经济带"的重要支撑，如果全部依靠中国的金融支持显然不是最佳方案。因此建议，现阶段要充分发挥上合组织银联体和"一带一路"基金作用，今后更要发挥亚洲投资银行和金砖银行作用，形成"四位一体"的供给渠道为"丝绸之路经济带"提供金融保障。

第二，将"丝绸之路经济带"建设的金融需求与发挥上合组织银联体等作用结合起来。金融是建设"丝绸之路经济带"的重要支撑，如果全部依靠中国的金融支持显然不是最佳方案。因此，现阶段要充分发挥上海合作组织银联体、国开行和即将成立的"一路一带"基金

作用，今后发挥金砖银行作用，形成"四位一体"的供给渠道为"丝绸之路经济带"提供金融保障。这要比成立"上合组织银行"更容易运作，见效也更快。

第三，将"丝绸之路经济带"的建设与加强上合组织成员国之间能源合作结合起来。能源领域合作是上海合作组织成员国加强经济合作的优先方向。上合组织成员国既有能源资源国，又有能源消费国和过境运输国，具有巨大互补优势。能源合作是上合组织经济合作中最具吸引力、最有发展前景的领域。要争取早日建成能够惠及各成员国的多边能源合作平台，推动国际能源结构治理。

第四，将"丝绸之路经济带"的需求作为与中国周边国家互联互通的"八路"布局结合起来。形成"铁路、公路、输油管、输气管、电信线、水路、电力线、航空线"等八条线路，是中国周边国家互联互通的可能通道。具体开辟哪些通道，开通的优先顺序，如何构造线路综合通道等，都是急需事先明确的问题。由于"丝绸之路经济带"的建设非常务实和深入，因此，充分考虑"丝绸之路经济带"的要求，有利于增强"八路"决策和实施的科学性与实用性。

三、"一带一路"：以主动的姿态全面融入全球化

中国应该加入TPP，更应该首先倡议"一带一路"与"TPP"战略相融合，形成合纵连横的全球经济合作战略格局，以主动姿态全面融入全球化①。

中国过去40多年改革开放的成功离不开有力的外部环境，亚太地区的相对平稳与安全促进了亚洲经济的发展。加上亚洲人口最多，哪里人口最多哪里市场就最大，亚洲已然是世界上最大的市场，所以，

---

① 刘卫平：《以主动的姿态全面融入全球化》，第七届中国对外投资合作洽谈会新能源投融资国际合作分论坛2015年12月29日。

美国要重返亚太,重新构建全球经济发展的新格局。

首先,推动亚洲大陆经济整合战略是符合世界经济发展的必然趋势。到21世纪中叶,世界七大经济体有三个将位于欧亚大陆。欧亚大陆将成为21世纪国际政治经济的重要舞台,其中俄罗斯和印度因其经济发展和未来人口的增长将成为未来七大经济体里面的重要成员,而发展中国家的人口将成为中国政治经济的重要力量。

其次,亚太的经济整合是中国经济发展的发动机。中国未来10年经济转型和发展,无论是扩大内需,还是在工业化、城镇化、现代化、国际化方面都必须与"一带一路"及整个亚洲大陆的整合相辅相成。如果中国的"丝绸之路经济带"这个战略布局能够得到实施,我们就可以有很多的发展机会,那么,未来的中国将不仅仅是一个区域性的大国,而且是一个全球性的大国。

| 第三节 | "一带一路":"地缘政治"的挑战和经济机遇

新世纪以来,世界加速向多级化发展,尤其是新兴经济体和发展中国家的崛起使得世界重心不断从大西洋向太平洋地区转移。中国在构建与推进"一带一路"倡议时,必须要考虑当前世界政治格局与经济形势中结构性条件发生的重大变化,以及在实施"一带一路"和应对美国TPP重返亚太战略过程中,可能会带来双边和多边关系地缘政治的挑战。因此,中国需要强调和主张"地缘经济"的经济机遇,而非"地缘政治"的政治挑战。

中国在构建与推进"一带一路"倡议时,必须要考虑当前世界政治格局与经济形势中结构性条件发生的重大变化,以及在实施"一带一路"和应对美国 TPP 重返亚太战略过程中,可能会带来双边和多边关系地缘政治的挑战。因此,中国需要强调和主张"地缘经济"的经济机遇,而非"地缘政治"的政治挑战。利用过去十几年里一直在东南亚地区执行的行之有效的地域经济整合、地域经济合作模式,在中亚、中东、南亚以及东南亚、北非、欧洲、美国等国家和地区增强中国"地缘经济"的影响力[①]。

一、"一带一路"倡议可能挑战俄罗斯在哈萨克斯坦的地缘政治

中国在中亚地区尤其是哈萨克斯坦实施"一带一路"倡议时,可能会影响俄罗斯的地缘政治、经济利益和区域安全。

2015年11月"阿斯塔纳俱乐部"开幕会议在哈萨克斯坦首都举行,该会议反映出中亚地区大国政治的最新动态。一方是自信且冷静的中国,另一方是激进但疲惫的俄罗斯。分析家认为,中国正试图在国际秩序中扮演新角色并调动大量资源为此服务,而俄罗斯似乎在一定程度上有损失。中国向地广人稀的中亚国家发出倡议,这引发了俄罗斯对该地区传统控制的深深不安。

哈萨克斯坦作为中亚最大、人均收入最高的国家,尤其热衷于从中国的倡议中受益。中国展开了魅力攻势,强调"一带一路"倡议为中亚带来经济发展与繁荣。毫无疑问,在经济遭受油价下跌和西方制裁俄罗斯的连带损失之后,哈萨克斯坦政府迫切想成为该倡议的中心,希望大量中国投资涌入本国。它打算将阿斯塔纳打造成为区域经济中心,并形成新的自由贸易区,而不仅仅作为中国商品运往欧洲的主要通道。

然而,"一带一路"的倡议可能会带来地缘政治的挑战。首先,

---

① 郭濂,刘卫平."一带一路"倡议:地缘政治的挑战和经济机遇 [J]. 理论动态,2016(3).

俄罗斯参会人员对该项目表示担忧。如果当前途经俄罗斯的路线被代替，这将对俄罗斯地缘政治和经济利益产生潜在威胁。同时，在区域安全挑战的背景下，他们担心俄罗斯因此与中亚圣战主义者和中东其他极端分子存在潜在的联系。其次，除了总体乐观，哈萨克斯坦领导人对"一带一路"项目持谨慎态度。"一带一路"倡议或许会帮助哈萨克斯坦从俄罗斯经济和政治的掌握中解救出来，但似乎也意味着落入中国的控制。最后，美国和欧盟是否会加入中亚地区复杂的地缘政治斗争中，尚未可知。在可预见的未来，新型的双边、多边关系在地缘政治和经济利益产生方面的博弈可能会在中国与俄罗斯之间存留一个国家。这是否会符合西方和哈萨克斯坦的利益，值得思考。

二、中国、印度等国可通过多边合作平台促进阿富汗重建

"一带一路"倡议为中亚、南亚以及东南亚的基础设施项目提供基金，这将会为阿富汗的和平发展创造更好的地区条件。目前，中国、印度和巴基斯坦等该地区国家通过伊斯坦布尔进程和上海合作组织等多边平台，更加积极地参与到阿富汗的重建中。加强地区合作是阿富汗实现和平重建的重要保障。中国应积极鼓励阿富汗通过"一带一路"倡议参与地区经济发展。中国凭借相邻的地理优势、自身日益增强的实力以及维护地区稳定的意愿，能够在阿富汗的重建中发挥积极作用。

目前阿富汗没有形成本国的经济支柱，军阀势力混入政府，国内政治争斗严重，民众对政府丧失信心。地区安全形势持续恶化，反政府军和恐怖分子不断挑起事端。尽管联合国为维持阿富汗局势稳定做出了一定的贡献，但无法灵活运作。因此，具有地缘政治优势并熟悉地区特点的区域合作组织可以发挥更重要的作用，例如伊斯坦布尔进程和上合组织。

伊斯坦布尔进程创立于2011年，是一个致力于推动阿富汗及其邻国在安全、经济与政治合作的区域性平台。该组织旨在帮助阿富汗进行能力建设和培训，通过政治磋商建立信任，凝聚周边国家共识，推动有关阿富汗问题的地区合作，促进阿富汗和平进程。上合组织是最具活力、最有发展潜力、最具备援助阿富汗重建工作的支持方。它具有丰富的反恐经验，随着印度和巴基斯坦加入上合组织，可以帮助共同打击地区恐怖主义。

三、中欧关系："一带一路"很有可能改变欧亚大陆经济格局

在欧洲经济增长持续低迷的背景下，中国正凭借其资助基建发展的超强实力，在欧洲稳步推进其"一带一路"倡议。

1993年欧盟发起的"欧高亚走廊"计划，2011年美国提出的"新丝绸之路"计划，都表明并非所有的好点子都源自中国，即使它们和丝绸之路有关。但中国却能以其他国家无法企及的速度和规模实施自己的战略计划，其根本原因在于强大的资金支持和资金的合理利用。

只有当公开市场进入经济自由化的新阶段，或者中方甘为投资者而非参与者时，欧洲才能充分利用中国在基建项目上的资本融资。但目前，这两者都尚未发生。然而中国投资在基建方面做出的巨大贡献是符合欧洲利益的，从地缘政治的角度，投资欧洲对中国来说是安全之选。

"一带一路"计划很有可能改变欧亚大陆经济格局。若进行顺利，中国将证明其具有长期结构性投资的眼光和远见。中国分散的决策制定，发展双边关系的倾向，务实主义和机会主义的结合，并非新鲜事。但这并不会减弱"一带一路"计划成功的机会，因为"一带一路"显然是十分灵活的，并不完全符合上述特征。

四、中国经济放缓将会引发一系列地缘政治的结果，这将惠及日本、美国和东南亚等国

目前，中国经济放缓将会引发一系列地缘政治的后果，这将惠及日本，美国和东南亚等国。诸多大国的国家实力来源于军事、经济、社会和地缘政治，而中国的实力却与经济扩张紧密地联系在一起。中国的经济发展提升了自身的区域地位，然而成为地区领导或代替美国在亚太地区主导地位的目标远未实现。花无百日红，中国经济迅猛增长的日子正接近尾声，增长率降低、股市低迷、劳动力老龄化等问题突出。中国领导层正在谋求如何将国家的经济实力转变为在亚洲不断提升的影响力，为此亚投行和"一带一路"等经济方案应运而生。分析家认为，中国外交政策的重点在于说服邻国，即中国是一个友善且值得信任的领导，可以构建以中国为中心的新区域秩序。

然而，中国经济放缓会削弱其未来的地区作用。倘若小国无法继续享受中国经济带来的红利，它们则会更易反抗来自中国的威胁，维护自身利益。例如，在中国南海问题上，越南、菲律宾、马来西亚连同东盟成员国会形成坚定统一的政策，促使中国制定行为准则，保证按照国际法和平处理纷争。另一地缘政治的后果为中日关系，中国经济放缓使日本在中日关系中占得先机，创造缓和东海问题的可能性，维护脆弱但至关重要的地区安全。同样，这将会为美国重塑亚太地区政治、经济、军事地位提供机会。

五、中日输出基建项目的竞争及印度所面临的机遇

中日近年来经济上日益增长的对立，对印度而言是莫大的好消息，莫迪很有可能利用中日前所未有的资源支持，成为巨大的获利者。中国的"一带一路"倡议意在用强大的外汇储备和巨大的过剩产能推进

欧亚大陆及太平洋—印度洋地区的基础建设，因此令世人瞩目。日本政府已构建出框架，要与中国在基建输出上一决高下。印度总理莫迪目前正着手推进本国的基础设施建设，面对中日的竞争，很可能收获难得的机遇。

分析认为，尽管印度在中国筹建亚投行和金砖银行事宜上积极参与，但对中国将基建推销到印度，印度其实心存疑虑。与此同时，基建"高质"的日本积极与中国进行竞争，安倍晋三在2014年5月宣布今后5年投资约1100亿美元亚洲基础设施建设的计划。日本拒绝加入亚投行，并试图重振其领导的亚开行的影响。与此同时，日本试图在亚洲其他地区与中国一决高下——尽管日本在雅加达—万隆高速铁路竞标中败北，却在孟加拉国东南案开建玛塔巴瑞深水港项目上击败中国。日本执行对外开发援助的主要机构——国际协力机构此前推广的项目广泛，但缺乏战略性。不过，在安倍统治下，日本政府试图阻止中国扩张其在亚洲的经济、政治影响力，日本的对外援助已具有战略维度。分析认为，过去近十年，中国在印度及其周边开展的一系列基建工程令印方焦虑不安，而今与日本结成伙伴，印度可望在今后与中国谈判基建时获取更大筹码。

六、美国对亚洲正发生翻天覆地的变化毫无头绪，将有可能失去亚洲

分析认为，当前美国未能适应亚洲经济和制度上的巨变。美国面临在东亚、中亚和南亚地区错失良机的危险，并在地缘政治和商业上淘汰出局。

亚洲正发生翻天覆地的变化，而美国对此毫无头绪。该地区正紧密地结合在一起，这使得美国与亚洲变得更不相关了。中国旨在通过"一带一路"倡议等大规模基础设施建设项目，重新连接亚洲。"一带一路"

的努力将重启亚洲延伸到欧洲的古代丝绸之路，货物、人员和技术能够沿着大陆的商路和交通繁忙的航道进行运输。"一带一路"是中国的标志性外交政策，该倡议不久将包括数十亿的中方投资。中国资助的铁路、公路、管道、港口将遍布亚洲，从印度尼西亚到土库曼斯坦。

有分析家认为中国的目的是构建以中国为中心的亚洲体系，驱逐美国。但事实上，美国在亚洲面临更大、更广、更深的竞争挑战。坦率来讲，亚洲正在战略和经济上重组。该变化可追溯到数十年前，并且这反映出中国、日本、印度、韩国等许多亚洲国家的选择、行动与能力。但美国对此毫无准备。目前的问题不是美国是否重返亚洲，或在哪种程度上重返亚洲，而是美国能否在地缘政治与经济上接受亚洲巨大的变化。

| 第四节 | "一带一路"：亟须实施经济社会综合规划

在实施"一带一路"倡议的过程中，我们不仅要着眼于对"一带一路"沿途涉及 65 个国家的经济投资，也要注重投资对象国的民生、就业和经济社会综合发展。因此，开发性金融需向经济社会发展综合规划转变，这些发展规划还必须加进社会发展的各项指标。只有在经济增长的同时，解决分配的问题，保证各社会群体共享增长的果实，才能期待这些国家政治稳定，从而减少中国经济走向世界的风险。

"一带一路"是中国顺应经济全球化而提出的倡议，中国未来数十年的改革开放都将围绕这一战略布局展开。在实施"一带一路"倡议和"双循环"发展格局过程中，第一，我们不仅要着眼于对"一带一路"沿途涉及 65 个国家的经济投资，也要注重投资对象国的民生、就业和经济社会综合发展。第二，"一带一路"倡议在"国际市场"和"国际资源"两个方面与一些国家的竞争矛盾也日益显现，我们要统筹国内外两个市场、两种资源来支持中国与世界的经济社会协同发展。第三，在实施"一带一路"倡议的过程中，中国对"一带一路"沿途国家的"知识准备"与"智力储备"严重不足必将面临风险。因此，对投资和舆论环境发生的重大变化做出准确的判断至关重要。

一、"一带一路"倡议亟须向经济社会发展综合规划转变

实施"一带一路"倡议，与中国五年前投资环境相比发生深刻变化。以非洲为例，首先，非洲个别政客与政府官员已开始公开散布中国在非洲投资的负面影响。批评中国在非投资的负面影响主要集中在两个方面，一是中国廉价制成品对非洲本土相关产业的冲击。二是中国企业管理方式，尤其是劳工政策，与当地惯例在价值理念上的冲突。尤其应该引起中国警惕的是，这二者与西方国家关于中国在非洲推行所谓"新殖民主义"的指责开始合流。

实施"一带一路"倡议，美国和日本等国在"一带一路"沿途国家与中国正面角力的趋势进一步明显化。2008年全球金融危机以前，美国和欧盟国家忙于"反恐怖主义"，无暇顾及中国的国际投资战略。尽管西方政府与媒体一直在指责中国是"新殖民主义"，但是他们尚无余力在具体的实践上抗衡中国在"一带一路"沿途国家的开拓。

实施"一带一路"倡议，亟须开展社会基础设施建设。必须看到，中国对非洲的投资方式呈多样化趋势，主要为"人道主义救助""社会基础设施建设"与"经济基础设施建设"三种类型。与中国在非洲的投资相比而言，西方国家的跨国公司多半只注意与业务领域直接有关的产业投资。非洲经济发展长期落后，急需对经济基础设施的投入。

在这样特殊的历史背景下,中国与非洲得以以资源和基础设施一揽子新型合作的方式下,实现非洲基础设施的提升与中国获得国内发展所需要的资源。从这层意义而言,中国在非洲的投资体现着互利共赢的精神。但是,近期中国在非洲投资面临日益增多的批评。他们认为中国侧重的经济基础设施建设既有利于中国获取资源的经济基础设施建设,又有利于中国经济实现可持续性发展。这种投资不仅不会带来非洲国家的产业升级换代,而且会导致非洲国家的去工业化。这也是当年拉美国家的深刻教训。

"一带一路"亟须由开发性向经济社会发展综合规划转变。中国金融机构作为执行中国政府对外政策的重要行动主体通过在非洲国家主权评级低以及可抵押国家财富匮乏,争取国际金融支持的能力严重不足的条件下,创造性地为客户方构造信用结构,将没有直接回报、没有现金流的项目与由该项目引起的间接收益、现金流融组为一个新的主体,并对其进行融资信贷,既为中国锁定了巨量的矿产、能源和农林资源,又推动了非洲国家的经济复兴。

然而,"一带一路"倡议需汲取在非洲投资经验和教训,其投资规划须由开发性向经济社会发展综合规划转变。近年中东北非出现的政治动荡,尤其是中国在利比亚、苏丹等国的投资命运显示,只帮助资本受入国实现经济增长,还不能解决这些国家在经济增长后产生的一系列政治与社会问题。这些发展规划还必须加进社会发展的各项指标。只有在经济增长的同时,解决分配的问题,保证各社会群体共享增长的果实,才能期待这些国家政治稳定,从而减少中国投资的风险。但是这个问题恰恰又是中国在国内也没有能够很好解决的问题。未来中国的"一带一路"倡议周边国家投资的需要反过来要求中国必须先解决好自身在发展过程的社会问题。

二、"一带一路"需实施"经济型基础设施建设"与"社会基础设施建设"并举战略

以援助与投资非洲国家为例。中国与西方（如：欧盟）国家所采取的方法是不同的。西方国家在整个非洲大陆实施的所谓"结构性项目"，事实上更多的是过渡性的而非结构性的，其最终的结果正是全球体系危机进一步深化所导致的欠发达国家开始出现经济停滞的结果。

中国援助重点则由以下三方面的因素所决定。首先，是非洲的需要。长期以来，由于欧盟援助重点的转移，非洲落后的基础设施已经成为减贫和发展以及非洲经济进一步一体化的首要障碍。其次，是中国作为发展中国家的发展经验，中国基础设施的快速发展是推动中国经济快速增长的重要因素。中国的经验同样体现在中国对非洲援助合作的实践中。最后，是中国在经济基础设施领域内具有比较优势，并且该领域的合作提供了实现合作共赢和共同发展的最大空间。如前述，非洲方面在基础设施方面有很大缺口，中国则在该领域内拥有比较优势，在中非资源和基础设施一揽子新型合作方式下，非洲实现了基础设施的提升，中国也获得了国内发展所需要的资源，体现真正意义上的共赢。

"社会基础设施建设"与"经济基础设施建设"是欧盟和中国投资非洲国家两种不同的运作方法。在欧盟的援助资金分配条目中，社会基础设施包括教育、卫生、人口、水资源以及治理和公民社会等。对欧盟投入非洲社会基础设施的具体分析表明，欧盟在社会基础设施各领域的投入中，对治理和公民社会的支持占据了最大份额。欧盟重视对"治理和公民社会"的支持，在很大程度上受到其对非援助经验的影响。其援助重点经历了从援助初期关注经济基础设施到更加关注社会基础设施的变化。该变化与欧盟内部不断变化的援助理念相关。

必须看到，西方国家的跨国公司在海外投资中多半只注意与业务领域直接有关的产业投资。然后由政府和国际组织出面进行社会基础

设施建设的投资，比如治理水污染、投资学校和医院等等，其特征是不具备任何经济上的造血功能。而中国在对非洲等国家和地区的投资发展过程中，实行的是"社会基础设施建设"与"经济基础设施建设"同时并举战略。这是因为非洲等国家和地区的经济发展长期落后，急需对经济基础设施的投入。在这样特殊的历史背景下，中国与非洲等国家和地区得以在资源和基础设施一揽子新型合作的方式下，实现非洲等国家和地区基础设施的提升与中国获得国内发展所需要的资源。从这层意义而言，中国在非洲等国家和地区的投资体现着共赢的精神。

目前，中国在非洲的投资侧重经济基础设施的同时，也进行了大量的社会基础设施的建设。中国开发性金融投资非洲的最大特点是借用双方政府信用找到合作的共同点，在此基础上构建交易平台，再注入项目和资金流，其特征是具备造血功能。

现实证明，中国经济未来的长期增长，内在地包含了亚非拉等国家的发展要素，在"一带一路"倡议实施过程中，沿线国家也同样包含了与中国发展相关的发展要素。因此，在实施"一带一路"倡议过程中，我们必须汲取和借鉴对非洲等国家和地区投资的经验和教训，在"一带一路"沿线国家实行"经济基础设施建设"与"社会基础设施建设"并举的战略和政策。这些，都亟须针对"一带一路"沿线不同国家和地区做出详尽的海外调查和研究。

三、推进"21世纪海上丝绸之路城市棚户区改造"合作计划

总结中国棚户区改造的成功经验对于推进"21世纪海上丝绸之路沿线国家城市棚户区改造"的深入开展具有重要的战略价值，而且经济潜力很大。

（一）增加与海上丝绸之路沿线国家（简称"海丝国家"）的国家互信，加强城市棚户区改造合作

目前国际社会总体基础设施建设短缺，尤其是海丝国家棚户区改造基础设施建设的严重滞后，为中国与海丝国家加强城市棚户区改造合作提供了契机。由于海丝国家对本国的城市棚户区改造有着极其强烈的诉求，加之中国在城市棚户区改造方面积累了丰富的经验，具有雄厚的经济实力，因此中国在海丝国家城市的棚户区改造中将发挥更加重要的作用，以此推动与"一带一路"沿线国家的务实合作。因此，我们认为海丝国家城市棚户区改造合作计划能否成功实施不仅仅是资金问题，更重要的是海丝国家对城市棚户区改造产品的属性认识以及现行体制机制束缚问题[①]。

一是海丝国家作为"一带一路"倡议的重要组成部分，作为构建人类命运共同体和世界新秩序中不可或缺的重要支柱，海丝国家的走向极大地影响着"一带一路"倡议的推进和落实。从今后一段时间看，全球贸易和投资领域的摩擦将日益常态化，加之全球尤其是亚太地区安全环境的恶化也在一定程度上束缚了海丝沿线国家关系的顺利发展。现阶段的海丝沿线国家关系仍存在一些不确定因素，中国与海丝沿线国家必须在相互理解的基础上寻找共识，建立开放、透明、高效的经济体系，通过经济合作增强双方互信。海丝城市棚户区的改造将是我们开展务实合作的突破口。

二是中国可以采取经济效益适度的互利共赢原则与海丝国家城市棚户区改造开展经济合作。 21 世纪海上丝绸之路国家占中国原材料和进出口经贸总额 80% 以上，目前最重要的是双方寻找实现互利共赢的新的合作空间。海丝国家城市棚户区改造资金短缺，经验不足，已成

---

① 刘卫平：《推进"21 世纪海上丝绸之路城市棚户区改造"合作计划》，新华社《世界问题研究》2020 年 8 月。

为经济发展和民生整合的巨大阻碍，中国的城市棚户区改造优势作为一张牌，不但有多年的成功经验，而且还有巨大的产能、标准、施工、管理和创新技术。中国可以采取经济效益适度的互利共赢原则与海丝国家城市棚户区改造开展经济合作，这不仅可以缓解中国与海丝国家目前在多个方面的紧张关系，更能促进海丝国家与中国走向深层次的经济融合。因此，我们应该抓住机遇，以海丝国家城市棚户区改造合作为突破口，推动中国与海丝国家关系的健康发展。

三是以中国城市棚户区改造中的开发性金融模式为借鉴，充分发挥海丝国家市场的有效作用和政府的有为作用。 中国城市棚户区改造不仅是关系百姓切身利益的民生工程，还肩负着新形势下改善环境、促进发展等新使命。城市棚户区改造是中国政府为改造城镇危旧住房、改善困难家庭住房条件而推出的民生工程，也是助推新型城镇化建设的关键切入点。城市棚户区改造是一项规模浩大、跨期较长的国家战略，资金需求量大、投资风险高，再加上城市棚户区本身开发价值低等特征，使得传统商业金融缺乏对投资棚户区改造的激励，融资困境严重影响了棚户区改造的开展。为了确保国家战略的贯彻落实，开发性金融机构承担了棚户区改造的融资任务，凭借开发性金融的优势，通过部门联动、平台搭建、制度创新、模式创新等一系列措施，有效解决棚户区改造的融资困难，确保棚户区改造的顺利进行。在支持棚户区改造上也取得了巨大的成功，形成了一系列新的模式、体制和机制。

借鉴中国城市棚户区改造的开发性金融模式，通过独立决策，建立海丝国家城市棚户区改造项目和地方政府统借统还、以丰补歉的融资平台，引领社会资本投资。如在实际操作中，以海丝国家城市棚户区改造项目为基础发行长期项目收益债券等方式，为海丝国家城市棚户区改造项目在全球范围内寻找到长期、大额、可持续的低成本资金。

（二）推进中国与海丝国家城市棚户区改造潜力很大

中国每年棚户区改造投入上万亿元，至今为止，中国已有1亿多城市棚户区居民实现"出棚入户"，居民生活条件大为改善。海丝国家在政府执政能力、社会稳定程度、经济发展条件上虽然各不相同，但城市棚户区改造的发展空间很大。

从发展潜力看，城市棚户区改造，国外称贫民区改造，首先这是为城市众多困难群体改善居住条件、提高生活水平的民生项目，无论从道理上还是从实际效果来说，也会首先让沿线国家各个城市的广大中低收入民众直接受益，并得到他们热烈欢迎和大力支持。民心是最大政治。各国政府又非常关注民意，关注票仓，要争取选票，对城市棚户区改造这样的民生项目将会高度关注，积极支持。

从经济可行性看，城市棚户区改造也是一个发展项目。从中国的经验来看，只要被改造的区域具有商业价值，而且有比较好的拆迁的法律框架，城市棚户区改造项目收益就会很大。一般来说，东南亚国家城市贫民窟和棚户区占有高价值的土地，而且大量的棚户区是私搭私建的，很少有产权，拆迁上的法律阻力比较小，如果先建好搬迁房，大家有更好的安居之所，搬迁的阻力就更小。通过类比一下中国的城区，拆迁，土地收购或者土地的使用建设，建成一些商业用地、工业用地，土地价值就会增加很多，一般会带来很好的经济收益，开发空间很大。

推进城市棚户区改造，不是单纯去搞房地产开发，而是首先着眼于改善城市棚户区居民的居住条件，其次土地拆迁出来建一些符合当地经济需要的、商业的、工业的和其他的房地产，促进当地经济发展、改善民生，这样在推进过程中就会得到所在城市政府、企业、民众的越来越多的参与和支持，也会吸引更多的国际资源注入，取得经济和社会效益双丰收。

(三)政策建议

全国政协副主席,国家开发银行前董事长陈元指出,"一带一路"沿线多是新兴市场国家和发展中国家,这些国家一方面具有促进经济建设和社会发展的强烈愿望,另一方面又因资金实力和资本积累不足,难以推进城市棚户区和配套基础设施等重大项目建设。中国在推进城市棚户区改造中要坚持融资推动与规划先行并重,其成功经验可为海丝国家的城市棚户区改造提供借鉴。

第一,推进和实施海丝国家城市棚户区改造的公共外交与舆论战略,为海丝国家城市棚户区改造合作的展开构建良好的舆论和民意基础。中国以参与海丝国家城市棚户区改造合作作为突破口和切入点,构建中国与海丝国家的新型战略关系。从海丝国家城市棚户区改造与中国关系的总体态势来看,一是双方关系的实力基础已发生了重大变化,中国新时代的特征越来越明朗,合作中的战略优势越来越明显,合作的主动权也越来越大。这是推进与海丝国家互信关系的一大基础。二是双方在全面战略对话、密切经贸往来、利益深度融合的基础上完善磋商机制,把握、顺应、推动海丝国家城市棚户区改造经济发展的趋势。三是由于海丝国家精英舆论和普通公众舆论对中国的认知存在着很大的转换与提升的空间。因此,中国应全面推动海丝国家的公共外交,加强战略互信,避免误区。

第二,完善与加强中国与海丝国家政府间磋商和协调机制,促进政策沟通。借鉴中美经济战略对话等双边合作机制,中国与海丝国家应成立"棚户区改造"合作协调机制并纳入现有"东盟"已有机制中,把海丝国家城市棚户区改造合作作为重要议题,指导和推动海丝国家城市棚户区改造合作项目的实施。另一方面,尽快组建中国参与海丝国家城市棚户区改造的可行性研究团队,广泛吸收包括国家发改委、中改委、中财委、外交部、商务部、住建部、开发性金融机构、高等院校、科研机构、丝路研究机构、智库等组成的研究队伍,深入研究和总结中国城市棚户区改造的成功经验，形成《21世纪海上丝绸之路沿线国家城市棚户区改造合作计划研究报告》，与海丝国家政府、企业、金融机构等加强合作，共同为推进中国与海丝国家城市棚户区改造提供智力和平台支持。

第三，坚持规划先行，切实加强与海外金融机构的密切合作。一是坚持规划先行，注意编制好城市建设规划，做好与棚户区改造规划的衔接，同步规划市政配套基础设施和公共服务设施建设。同时，还要综合考虑经济、社会、人文、法律、金融等推进规划，不能只是简单地从工程承包的角度来测算需要多少投资、多少工期、多少人力技术支持，必须把各方利益的关注点及影响因素都充分考虑，预先形成有效对策。二是大力支持中国与海丝国家友好城市之间开展合作，利用多年形成的国内城市开发建设经验，与海丝友好城市共同组建城市建设投资平台，发挥企业主体作用，坚持市场化运作，协调各方利益，承担拆迁改造安置任务。三是以城市建设投资平台为载体，通过联合担保、购买保险或者申请亚洲区域投资担保机构的债券发行担保等方式，在中国大陆、中国香港、新加坡和欧洲市场发行债券或贷款，尤其是本地区货币计价债券，为城市建设提供投融资支持。四是鼓励国开行、进出口行、亚投行、丝路基金等逐步在丝路沿线国家的城市设立分支机构，加强与海外金融机构合作，打造海外金融控股平台，为友城合作提供投融资支持，为棚户区改造项目提供更加全面、高效的金融服务。

四、"一带一路"倡议实施经济社会综合规划的几点建议

第一，实施开展"一带一路"的经济社会综合规划。在当前经济全球化趋势下，经济社会综合规划作为现代市场经济发展的新形式，参与全球资源或要素的最优配置，这不仅是我们在经济形式方面进步

的重要表现，更是从"生产力"层面向"国际生产关系"层面的转换，同时也是参与全球治理的具体体现。因此，我们在"一带一路"国家的投资要向经济社会发展综合规划转变，应该从国际关系、政治、外交、经济等多视角着手，从而构成思想总体要素的范畴，整合国内外优势资源，使其形成核心力量，在促进目标国或地区经济社会发展的同时，为中国的未来发展提供市场和资源的需求，以实现合作双方共赢的目标。我们不仅要着眼于对"一带一路"沿线国家的经济投资，也要注重投资对象国的民生、就业和经济社会综合发展。在帮助资本受入国实现经济增长的同时，还必须加进社会发展的各项指标。只有在经济增长的同时，解决分配的问题，保证各社会群体共享增长的果实，才能期待这些国家政治稳定，从而减少中国投资的风险。

第二，实施开展"一带一路"的广泛公共外交战略。在"一带一路"倡议过程中，中国对外投资的企业对当地的政治、经济、文化和习俗很少了解。这其中的一个重要理由是中国与非洲打交道时，只注重与政府和官员打交道，却没有在海外的智库界、学术界和大众传媒中培养和建立重要的关系，更没有与之在公共外交层面进行深入的交流和沟通。因此，建议政府今后拿出专款作为在"一带一路"国家的公关费用。中国大使馆也应该给所有中国投资者及在"一带一路"国家居住的中国人提供有关当地法律、社会和文化的信息。国内的有关机构甚至可以提供公共外交方面的培训。

第三，实施开展"一带一路"的海外调研工作。严重的"知识准备"与"智力储备"不足将对中国的发展形成巨大的威胁。为了做长远的考虑，要对投资"一带一路"对象国进行调查，对海外调研作深远运作。我们应该建立一个系统的、可持续的研究平台，以监管中国的投资状况（包括问题、需要、规模、类型）。并建立联合机制。在党中央和国务院等机构的指导和支持下，建议国家开发性金融机构与外交部、教育部等机构紧密合作，建立长期而相对稳定的海外民族志调查研究合作机制。

第四,实施开展"一带一路"的实证研究与评估。当前,中国实施走出去和"一带一路"倡议进入务实发展新阶段,面临新的发展机遇,但仍有许多工作尚待进行实证研究、评估和调查。

首先,对中亚、西亚、中东等国家的经济结构、贸易结构现状,尤其是中国出口产品在这一市场的占有状况进行调查;其次,对中亚区域国家石油、天然气输出方向、OPEC国家的能源战略对中国经济发展的影响以及上海合作组织国家间经济联系与发展等问题开展实证研究;再次,对国家实现"一带一路"倡议可行性在实证数据支持的基础上进行充分的论证;最后,"一带一路"高铁和海路对沿线地区经济社会发展拉动效应的评估是必不可少的。尤其是中国已经建成通车运营的高铁线路,对沿线地区经济社会发展到底产生了何种影响,其机制和后果都需要通过实地调查进行评估等。

| 第五节 | 开发三都澳:构建"一带一路"新的经济增长点

"开发三都澳"是习近平总书记在福建宁德工作时期提出的战略思想。在"一带一路"倡议新的国际地缘政治经济局势下,应设立高级别的"福宁"开发新区,以适应新的发展需要。第一,我们应以"开发三都澳"为契机和以高铁赋能沿海县域经济的建设,融入"一带一路"重大战略支撑能力;第二,温福高铁是"八纵八横"国家骨干高铁网干线,作为国家"十四五"交通规划,这条南北走向的沿海高铁线路,将让中国海岸线中心点的霞浦成为连接长三角、珠三角的枢纽门户,服务和融入新的发展格局;第三,温福高铁是三都澳开发基础设施重要组成部分,三都澳深水港与福宁湾区的全面开发必将成为海峡两岸经济区乃至"一带一路"战略机遇新的增长点。

一、习近平同志在宁德工作时提出"开发三都澳"梦想的实现，有利于强化更好融入"一带一路"重大战略支撑能力

三都澳是世界级天然深水良港，也是连接东海和南海、保持海峡交通线畅通的重要节点。随着撤地设市、建设温福铁路的实现，闽东人当年的梦想——开发三都澳也正加紧推进。随着"一带一路"建设的展开，三都澳有望成为"一带一路"交汇的核心物流港。**开发建设三都澳对于连接中国最发达的长三角、珠三角两大经济区，西进中部，东出台海，带动内陆，辐射亚太地区具有重要的意义和作用。**

设立高级别的"福宁"开发新区，有利于作为中西部省份面向东南亚、走向世界的最近出海口之一，福建省宁德市借乘"一带一路"东风，提出"开发三都澳，建设新宁德"，并将之作为宁德新一轮发展的"龙头和引擎"。早在唐朝时期，它就已经被开发；明代在这里开辟了运粮航线，还在此设河泊所管理渔课；清康熙年间，在三都澳设了宁德税务总口，下辖9个口岸，每年征税达12000两银子。当时，它作为进出口物资贸易的集散地，推动了当地商业发展和经济繁荣。尤其是在茶叶出口方面，当时在全国占比很大，所以三都澳也被称为"海上茶叶之路"。随着海上商贸不断发展，1898年，清政府正式开放三都澳，使之成为对外贸易港口。1899年5月，清政府在三都澳设立福海关，成为福建省继闽海关、厦海关之后设立的第三个海关。自此，这里也成为福建省海上经济活动的重要阵地。作为闽东沿海'出入门户，五邑咽喉'，三都澳拥有容纳大型舰队的广阔海域，历来是'兵家必争之地'。是国家经略海洋、维护海权的"前哨"，具有重要战略地位。

设立高级别的"福宁"开发新区，有利于霞浦作为位于三都澳核

心区，拥有三沙、溪南、东冲等深水泊位；三沙渔港经济区列入全省首批渔港经济区建设规划，三沙口岸建格为国家一类口岸开放；溪南半岛、东冲半岛等地拥有宝贵的港口岸线和充裕的土地后备资源，深水岸线长 61 公里，可建 3 万～50 万吨深水泊位 100 多个。特别是坐福建省四大围垦工程之一的福宁湾垦区，围垦面积 3.41 万亩。具备打造宜居、宜业、宜游滨海现代城市的战略优势。

二、推动铁路军民融合深度发展，有利于贯彻国家总体安全观

建立健全高效协调机制，推进铁路建设发展与国防建设、军事运输、战时应战和应急保障、科技创新和标准规范等深度融合，将有力提升铁路对国防军队建设及国家总体安全的保障能力。

霞浦地处福建省东北部、台湾海峡西北岸，呈半岛型区域，曾是闽东的政治、经济、文化中心。按照宁德市创建国家军民融合创新示范区的总体部署，霞浦将成为部队机动集结、大宗战备物资装备投送、后勤保障服务的快速对外通道。因此，建设温福高速铁路线路经霞浦走向是高铁与军民融合深度发展的最佳契合点。

三、打造经济高质量发展新动力源，大力发展高铁＋与新型城镇、新型产业、文化旅游等现代经济体系深度融合的通道经济，发挥"高铁＋"的支撑引领作用

党的十八大以来，党中央高度重视交通运输业发展，做出加快建设交通强国的战略部署。党的十九届五中全会提出加快建设交通强国、完善综合运输大通道、综合交通枢纽和物流网络建设，加快城市群和

第七章 "一带一路"："双循环"发展的机遇与挑战

都市圈轨道交通网络化。作为劳动力、资本和技术在空间流动的重要载体，交通基础设施对推动经济增长，尤其是区域资源整合和协调发展具有关键作用。直观来看，铁路交通首先改变的就是城市之间的可通达性，使生产要素的长距离、高效率流动成为可能，打破了地区之间的空间壁垒，增强了地区之间的联系，使城市圈的范围不断扩大，让城市之间的空间关系呈现"收敛"的趋势。

当前，根据国家高铁规划的要求，主要采用 250 公里及以上时速标准的高速铁路网对 50 万人口以上城市覆盖率达到 95% 以上，普速铁路瓶颈路段基本消除。霞浦是福建省沿海大县，是宁德"一市多区"的重要核心区，也是福州都市圈重要组成部分。全县人口 56 万，其中城区人口 23.5 万。县域陆地面积约 1716 平方公里，海域面积、海岸线长度、浅海滩涂面积、岛屿个数等均居全省沿海县（市）首位。下辖 15 个乡镇（街道）和 1 个省级经济开发区，拥有独特的区位山海资源、深水港口等优势。

近年来，随着霞浦国际滩涂摄影和滨海旅游知名度日益提升，国内外游客逐年增多，2021 年上半年，霞浦县游客人数达到 379.88 万人次，同比增长 232%，正在成为全国乃至国际性全域旅游目的地。同时，随着霞浦核电、时代一汽、时代科士达、国网时代储能等一批新能源产业项目投产，文旅产业、农（林、渔）业种养殖与深加工产业链的大力发展，霞浦也将成为东南沿海重要的新能源产业和绿色富民产业示范基地。

四、实现"低水平均衡"到"高质量发展"转化，有利于接续全面推进乡村振兴

政协委员陈维开先生深入调研并介绍了霞浦县对海洋经济、全域旅游、乡村振兴可持续发展和三都澳全面开发奠定了良好的基础。

进入新发展阶段，必须深刻认识习近平总书记关于两大战略有效衔接系列论述的丰富内涵和重要意义，认识《乡村振兴促进法》和中央相关决策部署对推进两大战略有效衔接的指导作用，认识防止发生规模性返贫是推进两大战略有效衔接的底线任务。

克服脱贫攻坚战全面胜利后"告一段落"的思想，从"巩固""拓展""衔接"三个层面深化认识，在巩固拓展脱贫攻坚成果的基础上"乘胜前进"，接续全面推进乡村振兴。

地处福建省东北部的霞浦县占据三都澳海域面积的2/3，是福建省海域最大、海岸线最长、岛礁最多、浅海滩涂最广的沿海县份，集"山、海、川、岛、林"于一体，海上日出、海岸滩涂摄影享誉国内外，拥有"中国最美滩涂""2022美丽中国首选旅游目的地""2021中国最具文旅投资价值县"等荣誉称号。近年来，霞浦县巩固脱贫成果与乡村振兴有效衔接，坚持全域旅游与生态文明、乡村振兴同规划、同推进，通过海滩、海岸、海岛"点线面"结合，引导全域旅游差异化、特色化、一体化发展，形成以滨海旅游、摄影旅游、民宿旅游、历史文化旅游等为示范带的全域旅游发展新格局。依托优美的海岸线景观和摄影资源，霞浦县加快推动"旅游+摄影、民宿、文体、露营"多元业态发展，培育打造独具特色的绿色富民产业，实现年接待游客700万人次以上、旅游收入60亿元以上，直接和间接带动就业近6万人。文旅产业已成为霞浦推动经济社会高质量发展的重要增长点。坚持民宿精品化、品牌化、多元化发展方向，依托优美的海岸线景观，全力打造风光民宿，并融合渔耕文化、民俗文化等文化元素，让霞浦民宿成为旅游目的地。全县共有各类乡村民宿400多家、年接待游客量50多万人次，直接带动就业近2万人。

农（渔）业已成为三都澳富民产业，霞浦着力推动"8+1"特色产业发展，获评"中国海带之乡""中国南方海参之乡"，获得"霞浦海参""霞浦沙江牡蛎""霞浦大黄鱼""霞浦紫菜""霞浦白茶"等10多个地理标志和知名品牌。2021年全县农林牧渔业总产值达151.1亿元,水产品总产量47.9万吨,产值127.6亿元。直接带动就业近11万人。

温福高铁助力沿海地区经济高质量发展。温福高铁通车后,不仅能连接起长江经济带和海上丝绸之路经济带这两大国家战略,强化"两带"之间的互动与交流,还将打造"轨道上"的城市群和都市圈,服务支撑城镇化高质量发展和城乡融合发展。必将有利地带动沿海地区旅游、国民经济和社会各方面的可持续发展,对促进区域经济优势互补、协调发展具有重要意义。

五、开发三都澳,构建"一带一路"新的经济增长点的战略价值

(一)习近平总书记对"开发三都澳"长期以来的关心

习近平总书记在福建、在宁德工作期间,对霞浦尤为关注,在翻看《福宁府志》时,就讲到霞浦官井洋,"这是我们闽东很重要的一个资源,既要把它保护好,也要把以养殖业为代表的海上经济带动开发起来,让老百姓都富起来。"他先后12次到霞浦调研考察,对霞浦提出"要因地制宜抓改革开放,要充分发挥霞浦的优势,念好"山海经""福宁湾项目是环三都澳的排头项目,它的建设成功拓展了霞浦陆域,是关系到霞浦乃至整个闽东地区实现城市跨越式发展的重要轴点。"等重要要求,并亲自倡导推动"四下基层"工作制度,协调解决茅草屋搬迁、连家船民上岸等事关群众生存发展的重大问题,为霞浦的发展擘画了蓝图、指明了方向。

(二)建设海峡西岸经济区的战略构想

宁德位于福建东大门,是海峡西岸经济区的重要组成部分,且是福建省规划建设的四大港口之一。福建省委、省政府、宁德市委、市

政府按照港口、产业、城市三位一体、互动发展的总体思路,加快三都澳开发建设。

一是以科学规划指导港口开发。高起点编制港口发展总体规划,做好港区、渔业区、生态保护区、产业功能区和配套设施建设用地等规划,合理确定港口岸线、工业岸线、生态与旅游岸线和居民生活岸线,切实保护好岸线后方陆地资源,为港口陆续开发提供足够的用地空间。目标是:通过开发使三都澳成为福建省重要的综合性深水港,并建成我国沿海特大型深水港。

二是以快捷通道建设拓展经济腹地。按照基础设施适度超前的原则,加快建立和发展"西进东出、北接南联"的水、公、铁、空等衔接配套的现代陆海空立体交通运输网络。加快环三都澳港口群组成的国际航运中心、铁路货运枢纽、高铁客运枢纽、霞浦机场民用功能开通建设,配套完善各港区后方疏港路网,发挥港口与交通大干线的联动效应,使三都澳经济腹地延伸至中部内陆省份。

三是以临海产业发展支撑港口经济。大力发展海洋经济、新型产业、港口物流、滨海旅游、海洋高新技术等产业,并建立国际商品供应链与结算中心,国际海产品冷链交易中心、国际新能源材料交易中心、高端新材料交易中心、清洁能源储备与补给中心、新能源汽车研发创新中心、海洋文化创意中心、海洋科技文化会展中心。按照"生态宜居新城区、产业功能区、旅游休闲度假区、国际航运物流区"的空间布局,加快推进新区的建设,形成港城互动的一体化发展格局,逐步建设环三都澳与福宁湾城市群。

(三)全面"开发三都澳"的政策建议

推动点(霞浦中心站)、线(温福高铁)、面(深水良港、"福宁"开发新区)三位一体建设的政策建议。首先,一是建议设立高级别的"福宁"开发新区,以适应新的发展需要;二是建议设立中国海岸线中心点的霞浦成为连接长三角、珠三角、闽浙赣内陆地区的枢纽门户，服务和融入新的发展格局；三是建议三都澳深水港与福宁湾区的全面开发，构建成为海峡两岸经济区乃至"一带一路"战略机遇新的增长点。

其次，建议一方面从四十万吨级别深水港码头起步建设，填补国内超大型港口码头泊位不足，增强大宗商品进出口与大型运输船舶的装卸和转运能力，也解决现有港口为大型船舶通航每年需要航道疏浚所带来的近海生态的破坏。另一方面，以全面开发三都澳为契机，促进改变现有"一带一路"经济的发展格局，主动应对和化解环太经济局势的变化。通过从原有只利用自己的资源和劳动力为世界提供初级产品，向利用全球资源和高端人才为世界提供优质的产品及增值服务发展模式的转变，建立产品和技术中国标准国际化体系。

最后，建议尽快成立由党中央和国务院领导下的研究小组，对构建全面"开发三都澳"组织展开深入研究，确定可行性方案。

第四部分

合作共赢

第八章

合作共赢：中美经贸合作需要大智慧

2008年全球金融危机时期，中国在全球经济复苏过程中，发挥着任何一个国家或经济体不可替代的重要作用。面对金融危机，中美两国需要充分发挥大智慧，在共同调整贸易失衡、促进经济结构调整、解决各种社会问题等方面，为全球经济尽快恢复做出贡献。

长期以来，西方世界生活在"工业化经济体制"和所谓的"民主"政治体制统治之下。这两种制度，一种是经济制度，一种是政治制度，在西方世界取得了很高的地位。时过境迁，西方的体制出现了问题，我们首先应该分析的是问题的根源。以美国为首的金融体系导致了全球日益严重的经济衰退，究其原因绝非"缺乏自律"、"盲目追求利润"和"缺乏监管"等因素那么简单，当前美国金融危机表面是由次贷危机引起的，实质上是20世纪80年代以来美国社会收入差距不断扩大的结果，也是社会问题不断积累的结果。这个过分强调个人主义的政治和社会哲学伤害了美国，危及其国家的未来，危及其后代的发展，而且使那些试图实现美国梦的人变得更加艰难。美国经济学家嘉德·伯恩斯坦认为，以人为本和保证每个人能够分享发展成果的公平经济应当是发展政策的核心。而在已经过去的岁月里，美国有害的价值体系产生了一系列充满极度个人主义色彩的政策措施，它的核心不是通过政府来解决面临的经济社会问题，而是仅仅通过市场。金融危机的现实可以证明，社会经济体不论是"计划中的市场"还是"市场中有计划"，正确的价值取向才是社会问题解决方案的核心和关键。

世界经济百年起伏动荡的历史表明，让所有国民获益是实现有效扩大需求和促进经济健康发展的关键。对于美国来说，所谓有效扩大内需，就是让钱尽可能少地流入存钱的高收入群体腰包，尽可能多地流入需要花钱的低收入群体手里，以解决贫富差距带来的社会问题。实现这一目标，需要决策者在效率和公平的双重原则下，精心设计财政政策、货币政策、税收政策和公共服务政策。对于中国来说，所谓扩大内需，就是让资金尽可能多地投入不重复的基础设施建设，尽可能快地促进国家工业化的进程，让更多的国民从国家经济发展中受益，解决经济发展不平衡带来的社会问题。实现这一目标，需要决策者在计划和市场的双重调整下，遵循市场原则、发挥国家宏观调控的作用，制定出更有效的社会运行体制；要进一步观察各经济体的振兴经济方案，在全球的供求关系必将发生重大变化的情况下实行"自救"，并用大智慧开展经济合作。

┃第一节┃ 中美需实现互利共赢

随着世界进入"竞争性合作"时代，中美两国关系的走向改变着世界地缘政治竞争中的政策与立场。作为当今世界举足轻重的两个大国，中国与美国是世界秩序构建中不可或缺的两大支柱，中美关系的走向极大地影响着世界秩序的格局。美国等西方国家对中国崛起的担忧和偏见、在贸易和投资领域产生的摩擦，以及全球尤其是亚太安全环境的恶化，在一定程度上阻碍了中美关系的顺利发展，现阶段的中美经济关系存在一些不确定因素，如贸易逆差、贸易规则的分歧以及知识产权争端等，这是"竞争性合作"时代不可避免的态势。面对中国这个从未有过的强大竞争者，美国为了更好地保卫自身利益和价值观，将会持续地制造中美贸易摩擦和冲突，但中国经济独立且与世界经济深度融合，美国长期遏制和阻止中国的发展并不能解决问题。所以，在"竞争性合作"时代中美实现互利共赢才是必然的选择。

一、中美加强理解拓展合作，共同回答好世纪之问[①]

当前世界经济处于曲折复苏阶段，国际贸易和投资持续低迷，贸易保护主义和内顾倾向抬头，多边贸易体制发展遇到瓶颈与挑战，经济全球化进程中的风险因素依然严峻。中国一直坚持对外开放的基本国策，积极涌入全球化浪潮，近年来却频繁遭遇反补贴、反倾销的贸易制裁措施，其中尤以中美贸易摩擦备受全球瞩目，其主要形式是对自他国进口商品征收一定程度的惩罚性关税。

中美存在很大差异。从商业经济学角度来说，差异就是生产力，意味着互补、兼容和双赢合作，应努力确保两国间差异成为力量、增长和合作之源，而不是冲突之源。中美双边贸易关系整体较为紧密，贸易结构呈现出较强的互补性。中美贸易逆差更多地源于经济结构。从全球价值链视角分析，中国的产业仍处于中低端，而美国则处于中高端。从产业布局的角度分析，中美都需要调整经济结构，以应对全球供求变化。

习近平主席提出，中美能否处理好彼此关系，攸关世界前途命运，是两国必须回答好的世纪之问。现阶段中美经济关系存在一些不确定因素，如贸易逆差扩大、贸易规则分歧，以及知识产权争端，等等，这是竞争性合作时代不可避免的。研究发现，中国对美国产品的进出口贸易规模与关税税率呈现显著的负相关性，即关税税率越高，进出口贸易下降越严重。与中美贸易摩擦的潜在经济影响相比，中美双边

---

① 刘卫平.中美加强理解拓展合作，共同回答好世纪之问[E/OL].中国社会科学网，https://mp.weixin.qq.com/s/XbQYzg9GgXWNinwaw-2-bw, [2022-06-02].

实行关税减让甚至贸易自由化，更符合两国发展的共同利益。

关税税率的提高对进出口贸易具有直接的负面影响。分析认为，中国与世界其他经济体开展贸易自由化建设，有利于缓解或抵消中美贸易摩擦的负面溢出效应，因此中国应继续坚持对外开放的基本国策，积极发展全球伙伴关系，推动开放型世界经济的建设与繁荣，这对中国和世界的发展具有重要意义。

中美贸易摩擦对中国先进制造业的发展既是挑战也是机遇。挑战在于，美国加征关税计划明确针对"中国制造2025"战略，如果征税计划正式实施，中国先进制造业将首当其冲，该行业的进口规模和贸易条件将会恶化，转型升级可能进入阵痛期；机遇在于，这为中国发展自己的高端科技与核心技术提供了一个时间窗口，在供给侧结构性改革和"中国制造2025"战略的指导下，中国高科技企业应逐步走出严重依赖进口和代工生产的传统发展模式，增加研发投入，加大创新力度，推进国内产业迈向全球价值链的中高端，真正掌握国际竞争和开放发展的主动权。

未来时机成熟时，应该设定更大的中美贸易谈判格局，将"中美基建合作"纳入谈判计划。中美基建合作不仅可缓解在贸易方面的紧张关系，更能促进中美两国走向深层次的经济融合。美国大部分基础设施建成于20世纪60年代，许多已经达到最大使用期限。包括新能源投资在内的大规模基建计划，是拜登总统在竞选期间便提出的一个重要政治主张，也是其就任以来的主要努力方向。美国将启动基础设施建设的新政计划，这是自20世纪50年代以来美国规模最大的基础设施扩建和现代化改造。2021年8月，美国参议院通过了价值1.2万亿美元的两党基建法案，启动大约20万亿美元的美国经济要依赖庞大的基础设施网络，从道路、桥梁到货运铁路和港口，再到电网和互联网服务。这一法案是美国多年来最大型的公共建设计划之一。

在基础设施建设领域，中国不但有40多年的经验，而且还有巨大的产能、标准、施工、管理和创新技术。作为一个重要的全球性资本来源国和美国第二大贸易伙伴，中国处于有利地位，中国投资者可以通过参与美国基础设施建设拓展多元化业务，利用人工成本优势、规模效益和丰富的基础设施经验进入美国市场。同时，在合作中可使中国企业更加熟悉国际规则、学习国际先进技术和经验、适应发达国家严格的商业经营环境、全面提升国际竞争力。

此外，中美基建合作将促进合作两国走向深层次经济融合，也将使中美双边投资协定谈判朝着达成双边投资协定（BIT）的方向发展。中美基建合作使世界上两个最大的经济体之间的联系更加紧密，带来经济利益的同时，加强两国政治互信、民间互通，促进全球经济稳定与繁荣，对中国与世界的公共平台和中国的未来，都将起到未雨绸缪的作用。

中美两国面临一些共同的挑战，两国急需提高对不断变化的国际秩序的认识，继续寻找可能的合作领域。新冠疫情全球蔓延再次表明，对于国际重大突发公共卫生事件，没有任何一个国家能够独善其身。在全球忧心忡忡之际，中国"抗疫"实践获得世卫组织高度赞扬。中国应积极通过与国际社会加强防控合作，分享中国经验，推动全球公共卫生治理体系的发展与完善。中国和美国两个全球经济大国，在国际疫情防控方面应加大合作力度，积极分享"抗疫"经验。

西方国家与包括中国、印度及巴西在内的发展中国家，在农业保护与知识产权等议题上的谈判屡次陷入僵局，世界贸易组织（WTO）裁决全球贸易争端的能力受到质疑。美国常态性上诉WTO。中国也争取在WTO多边贸易体制框架下解决贸易争端。如果不能通过WTO对关税报复行为进行制止，各方的经济利益都将受到损害，多边贸易体制将受到影响。如果通过这一途径无法得到有效解决，对于美国对自中国进口商品大规模征收关税的计划，中国以同等力度还击，且以扩大对外开放来应对贸易摩擦，是一种有效策略。

2018 年 G20 峰会期间,习近平主席首次提出中美之间是"竞合关系",即竞争性合作关系。美国国务卿布林肯在乔治·华盛顿大学发表对华政策演讲称,美国决心避免与中国发生"新冷战"。中美两国 GDP 占全球的 41%,占全球经济增长的 50%,中美商品贸易占全球的 35%。中美需要更多接触与沟通、经济间的联系与文化上的理解。这是处理中美这一 21 世纪最重要关系的正确方式。

二、政策性银行需从产业金融角度服务重大科技创新[①]

习近平总书记在 2022 年 4 月 29 日中共中央政治局举行的第三十八次集体学习时指出,依法规范和引导我国资本健康发展,深化资本市场改革。政策性银行,本质上是国家长期资本银行,可以在重大科技创新、专精特新发展等方面发挥作用,需要从产业金融角度,顶层设计商业模式而不只是融资模式,即设计产业链及产业生态龙头企业、专精特新企业、政府等利益相关者的交易结构,有效降低企业的经营风险和财务风险,构建风险分担和补偿机制。

传统比较优势理论认为,一国应出口有比较优势和要素禀赋优势的产品,进口有比较劣势的产品,最终通过分工和专业化实现自身利益。然而,21 世纪初以来,中国在对美国有高技术创新劣势情况下,却在对美高技术贸易上呈现明显的反比较优势态势。作为技术落后方的中国,却对有技术优势的美国大规模出口,且中国对外高技术贸易顺差主要集中在美国,对其他国家则相对偏少。

目前在反比较优势基础上发展起来的中美高技术贸易,主要特征有三:其一,中美高技术贸易顺差绝对额增长迅猛,美国在中国高技术出口目的地中一支独大。其二,中美高技术贸易顺差高度集中于信

---

① 刘卫平. 政策性银行需从产业金融角度服务重大科技创新 [E/OL]. 中国社会科学网,2022-05-12. http://econ.cssn.cn/jjx/jjx_xzyc/202205/t20220512_5407879.shtml

息通信技术,自美进口的高技术很少。其三,中美高技术贸易以加工贸易为主要贸易方式,而进料加工在其中占据绝对核心地位。近年来,美国对我国科技企业的制裁变本加厉,对核心技术供给进行封锁,例如,芯片、高端机床、光刻机等等,通过核心技术断供、科技产业链脱钩,遏制我国经济社会发展的步伐。

党的十九届五中全会再次明确提出,把科技自立自强作为国家发展的战略支撑,要强化国家战略科技力量,完善科技创新体制机制。加快核心科技攻关,对国家国防和经济安全、产业升级,对建设创新国家、实现中华民族伟大复兴至关重要。各级政府及相关机构积极出台应对措施。例如,设立科创板、降低上市的业绩门槛、IPO注册制改革,鼓励更多科技创新企业上市融资。中国科学院宣布将美国"卡脖子"技术和国外出口管制技术转化为科研任务攻关清单。"卡脖子"科技属于追赶型科技,其有利之处在于,国内市场需求确定并且规模大,如果能够推出性价比达到竞争水平的产品,就不愁销路。

科技创新是引领发展的第一动力。中国经济现代化,也是在核心技术方面从追赶到超越的过程,技术创新将始终保持活跃状态。当前,我国推动中小微企业高质量发展,特别是专精特新企业发展,提高专业化能力和水平,是国家发展战略的重要政策导向。借助数字智能技术的供应链金融,可以为专精特新中小企业提供营运资本融资。专精特新中小企业通常进入或拟进入产业链龙头企业供应商体系,或者电商平台生态圈,往往需要专用设备和生产线。大多数专精特新企业面临固定资产融资难问题。其市场规模、成长率、收益率不符合风险投资公司(VC)投资和上市标准,股权融资难;同时,其抵质押资产少,不满足固定收益融资工具市场的风控要求,举债难。

产业链及产业生态龙头企业、专精特新企业、政府等利益相关者的技术供给,一方面市场引导的应用技术研发日趋活跃,正在成为重要的技术供给源泉;另一方面,国家主导的重大核心技术攻关正在加快布局，形成重要的技术供给潜力。政策性银行作为政府和市场沟通的桥梁，以独特的方法培育市场和完善市场，为国家中长期战略规划提供稳定和高效融资支持，发挥我国经济建设中长期融资的先行者和主力军作用，是贯彻国家宏观战略意图、获取国家战略意义的战略工具，这必然要求把政策性银行上升到国家战略层面进行定位。政策性银行需从产业金融角度服务重大科技创新，以适应新全球化时代和地缘政治新格局。可由行业龙头企业的金融平台主导，联合银行、租赁公司等，对已进入或拟进入供应商名单的专精特新中小企业提供固定资产融资，设计风险分担和补偿机制。

重大科技创新工程项目不同于一般企业技术创新，投入大，技术开发成功及从投入到实现现金流盈亏平衡的时间不确定，经营风险高，一般企业自身的盈利难以承受。即使是上市公司，在现行会计准则下，大部分科技开发投入计为费用，减少企业净利润，还可能导致企业长期亏损，对企业的信用等级、股票市场估值造成负面影响，使企业面临丧失融资能力，甚至退市。例如，某大型显示器企业于2003年收购韩国显示技术企业后，进行消化吸收。期间多年亏损大，银行信贷、股票市场都难以融资，多次濒临财务危机境地。通过资产变现、政府补贴和创新向政府投资平台定增股票的量产融资模式，用了15年时间，从进入者、追赶者晋身到挑战者。

"卡脖子"追赶型科技创新面临四大风险。（1）技术研发风险。包括产品技术和工艺技术。首先，研发难度大，技术难题攻克和达到与竞品的性价比优势的时间不确定。例如，芯片系统，需要光刻机等一系列关键设备。其次，还可能面临技术路线威胁。降低技术风险唯一的办法，就是继续投资。这需要耐心资本持续投入，特别是股权资本。（2）市场需求风险。初期工艺不成熟，产品品质不稳定，良品率低、成本高，用户购买意愿低。导致对国内科技创新产品的有效需求规模小，阻碍产品迭代升级。（3）产业链及生态配套风险。主要因为产业链配套不完整，需要时间形成闭环。（4）产业链经营主体不配合的风险。因为风险大，配套企业不愿意投资；重大科技创新项目参与的机构众多，利益诉求不一致，协调成本高，容易从利益相关者转变为利益冲突者，影响项目的进展。降低技术开发风险，一方面，需要高水平的技术研发团队；另一方面，需要持续的长期耐心资本支持和用户订单。但上述风险，导致卡脖子技术研发很难从商业资本获得足够的耐心资本。

从魏朱商业模式理论（经营活动的利益相关者交易结构）角度看，需要设计用户、产业链经营主体和政府之间的利益相关者交易结构，给与用户和产业链配套经营主体足够的激励，分享"卡脖子"技术攻关和量产成功的收益，共同参与，降低技术研发和经营风险。可以采取的策略：（1）选择中低端市场，逐步提升产品品质和技术升级。（2）给大用户增强激励，把用户从纯粹的买方交易关系，转变为利益高度相关，例如，给用户成本补贴，补贴金额折算为科技创新公司股份；与大用户签订长期购买协议，按照购买量折算为科技创新公司股份；政府投资；吸引大用户参与投资；以家国情怀，吸引超级富豪参与投资。（3）调整引资结构，加大产业金融对国内战略性新兴产业的政策支持。（4）针对当前政府和金融机构在合作推动产业金融发展过程中存在的突出问题，我们建议，国家政策银行应尽快出台推动产业金融发展专项支持政策。

外资在华企业高技术出口是中国对美高技术贸易顺差的主要来源，国内企业不是中国高技术贸易顺差的实际受益方。中国需适当调整外资引入待遇，即将高技术企业外资能否引入与是否能加强内外资企业技术合作或技术溢出结合，有区别地引入外资。同时，加强国内知识产权保护，完善创新体系建设，加大政策银行的产业金融对战略性新兴产业的政策支持，尤其是重点鼓励和支持国有企业中产业链及产业生态龙头企业、专精特新企业、政府等利益相关者"专精特新"企业的技术创新，使其在战略性新兴产业发展中占领先机，逐步扩大其在高技术贸易中的实际作用。

国家政策性银行推动产业金融的专项支持政策，是地方政府和金融机构开展合作的政策依据。没有强有力的国家政策支持，地方政府和金融机构在推动产业金融合作上就缺乏积极性和主动性。为此，国家政策性银行应尽快研究出台制定促进产业金融发展相关支持政策以及相关的专项发展规划，在年度政府投资预算中专门设立产业金融发展专项，加大国家政策性银行对产业金融的投入力度，为地方政府和金融机构开展各类合作创造良好的政策环境。

三、鼓励金融多元化发展 更好服务实体经济[①]

习近平总书记在中国共产党第二十次全国代表大会上的报告中指出：建设现代化产业体系，坚持把发展经济的着力点放在实体经济上。

我国正处于跨越中等收入重要阶段，必须让金融回归主业和服务实体经济，以"实"为基础，把实施扩大内需战略同深化供给侧结构性改革有机结合起来。从历史上看，曾经陷入中等收入陷阱的国家，在其最困难的时期往往面临较为严重的通货膨胀和经济增长放缓问题，金融体系动荡或处于动荡边缘。实现经济成功转型，必须加快推进金融体制机制改革，鼓励发展多元化金融，管控系统性风险，更好服务实体经济。

在金融机构方面，我国建立起以银行为主导，包含保险、证券、信托、租赁、小贷、基金、互联网金融等种类齐全的多元化体系。在金融市场方面，建立了银行间市场、外汇市场、证券交易市场、商品期货市场、股权交易市场等较丰富齐全的市场体系，且规模不断壮大。在金融产品方面，随着金融业的发展和开放，金融产品种类日益丰富更新，发达国家市场上复杂的金融衍生品也在我国市场不断涌现。随着金融

[①] 刘卫平，刘子赢. 鼓励金融多元化发展 更好服务实体经济 [E/OL]. 中国社会科学网，http://econ.cssn.cn/jjx/jjx_xzyc/202210/t20221028_5556545.shtml, [2022-10-28].

业的繁荣，各类风险也不断积聚。

我国应不断优化多元化金融体系格局，破除触发或引起潜在重大金融风险的各种危机因素，为实体经济取得长期健康良性发展保驾护航。建立多元化金融发展合作体系，形成多层次多品种并具有综合协调性的金融改革开放格局。加强风险防控机制建设，不能过于依赖间接金融体系，尤其是银行业，而要更多通过多元化金融格局建立良好的风险分散机制。

党的二十大报告指出，健全资本市场功能，提高直接融资比重。中国金融体系发展改革历程说明，间接金融体系与中国长期以来的社会文化发展是一脉相承的，银行在全社会信用体系中发挥了核心导向作用。但是，从防控金融系统性风险看，多元化金融发展合作体系本身就是要建立一个跨市场、跨领域的风险分散系统，破解各种可能引起触发陷入中等收入陷阱的通胀危机因素。

当前，经济转型和社会转型的主要任务体现在：缩小贫富差距，培育经济发展新动力和新优势，产业有效升级，社会财富分配进一步实现公平有效，社会保障体系进一步有力跟上。为此，要助力形成多层次资本市场格局，有效降低实体经济债务杠杆率。加快直接融资体系建设，尽量增强间接融资的资本补充机制。加快多元化直接融资金融工具开发，不仅限于股票市场，要从资产证券化、多层次股权交易市场、可转换资本工具、长期债券市场创新、互联网金融等角度寻找新路，逐步形成可持续的中国特色"去杠杆"运作模式。

与此同时，要始终加强多元化金融发展体系对提高就业率、降低资金成本、优化产出效率等方面的贡献度。通过共建"一带一路"、长江经济带等区域发展安排，打通国内东中西产业价值链合理布局，形成连接海内外的跨区域金融合作网络。可以考虑在上海自贸区搭建开发性金融批发式互联网金融合作平台，依托自贸区合作机制，加快与相关国家构建新型产业经贸投资国际合作关系，形成经济发展的新动力和新优势。加强社会保障体系的实体经济支撑基础。有效提升人民币在全球范围内的价值内涵,逐步摆脱对美元外汇储备的过度依赖。寻找和建立新的基础货币投放渠道,加强在稳增长战略实施过程中对货币供应量的动态监控,实现对潜在通货膨胀系统性风险的有效防范。

四、美国持续加息对人民币汇率影响及中国的应对策略[①]

2022年11月2日,美联储宣布上调联邦基金利率75个基点至3.75%~4.00%目标区间。这是美联储在本轮货币政策紧缩周期内,连续第四次加息75个基点,年内累计加息幅度已达375个基点;创下自1981年前联储主席保罗·沃尔克暴力加息对抗通胀以来,美联储最大幅度、最大密度的加息纪录。

美元作为世界货币,其货币政策具有很强的外溢效应。因此,美联储作为全球最重要的中央银行,其一举一动都颇受关注。利率调整是美联储最基本的货币政策,也是全球利率市场的风向标,在美国通货膨胀持续高企和全球能源危机压力日益增大的背景下,美国利率政策调整可能有什么趋势?在国际金融环境日益紧张的形势下,美联储利率调整对人民币汇率和中国经济将产生什么影响?中国应采取何种应对措施?这些都是我们值得关注和研究的问题。

(一)美国利率政策调整的未来走势

1. 通货膨胀压力下美国继续加息的可能性非常大

近年来美联储的持续加息政策主要是源于其国内经济增长、失业率和通货膨胀这三个主要经济变量的情况。首先,美国经济增长强劲,

---

① 刘卫平,王胜. 美国持续加息对人民币汇率影响及中国的应对策略 [N]. 经济日报, 2022年《信息专报》.

失业率持续下降，基本摆脱了新冠疫情对其经济的负面影响。按统计新规则，2021年美国经济增速从此前公布的5.6%上调至5.9%，提高0.3个百分点，进一步巩固了其全球主导地位。2022年第三季度折合年率增长2.6%，处于一个较好水平。美国失业率呈现出持续下降的趋势，2022年9月仅为3.5%，已经恢复到了新冠疫情前的正常水平，位于50年来更低的水平。其次，美国通货膨胀一直高居不下，控制通胀就成为美联储利率政策调控的首要目标。2022年10月13日，美国劳工部公布数据显示，2022年9月美国消费者价格指数（CPI）环比增长0.4%，同比增长8.2%。环比涨幅超预期，同比涨幅仍维持在历史高位。其中，核心CPI指数（不包括波动较大的能源和食品价格）同比增长了6.6%，创下自1982年8月以来的最大增幅。食品通胀率更是高达11.2%，连续5个月增幅超过了10%。

由于美国CPI增幅仍保持在接近40年峰值的高位，无论是现实需要还是美联储官员的表态，都预示着美国的加息节奏仍将维持。美联储会议声明显示，美联储仍将致力于恢复2%的通胀目标不动摇；同时表示，为实现这一承诺，短期内可能会继续上调联邦基金利率。

2. 美联储未来加息空间有限

首先，从经济发展的长期视角考虑，随着科技的进步和交易成本的降低，利率在长期呈现出一个逐渐下降的趋势。当前美联储联邦基金利率区间为3.75%~4.00%，虽然低于2008年金融危机前的水平，但已经是自2008年1月以来联邦基金利率的最高值。此外，多个机构都预期美联储2022年12月继续加息50BP，届时利率将高达4.5%，这样美联储在2023年继续加息的空间就相当有限。

其次，高利率需要强劲的经济增长所支撑。2022年10月美国制造业Markit编撰的PMI（采购经理指数）初值仅为49.9，创2020年6月份以来新低，两年来持续下降并且首次跌破枯荣线；服务业PMI初值46.6，不及预期和前值，连续四个月萎缩。PMI调查凸显美国经济在第四季度收缩风险加剧。此外，俄乌冲突升级、逆全球化趋势以及新冠疫情反复等各种突发事件的影响，使当前世界经济发展充满了相当大的不确定性，国际货币基金组织和世界银行等各种国际经济组织纷纷下调了明年的经济增长预期。2022年10月，IMF在最新一期《世界经济展望报告》中就预计美国经济增速在2022年仅为1.6%，在主要发达国家中最低；而且2023年其经济增长将衰退至1%。由此可见，美国经济的预期增长乏力将弱化美联储未来加息的基础。

（二）美国利率调整的可能影响

美联储连续大幅的加息行动，也给他国的决策施加了不小的外部压力。与此同时，英国、挪威、瑞士、瑞典等国也宣布大幅加息，全球掀起新一轮加息风暴。美联储货币政策不仅加剧本国经济"硬着陆"风险，而且还会对人民币汇率造成贬值压力，从而对中国经济产生诸多不利的影响。

首先，在美联储激进加息的情况下，人民币汇率贬值预期持续增强，容易使市场对人民币丧失信心。信心对国际资本市场尤为重要，一旦对人民币信心丧失，将极大危害人民币的国际化进程。人民币贬值预期会使国际结算中人民币使用意愿显著下降，我国进出口商都将趋向于使用美元结算，从而使境外人民币回流国内。贬值预期还会降低离岸人民币流动性，同样将加大境外人民币的回流，这些将进一步造成人民币贬值压力，从而形成贬值预期自我实现的恶性循环。

其次，中美货币政策分化进一步加深，美元持续走强，我国输入性通胀压力增大，货币政策调整受限。自2022年初，美元指数从95上涨到110以上，在不到一年时间内涨幅超过15%。以此同时，人民币贬值幅度超过15%。我国是制造业出口大国，需要进口大量的原材料和燃料，美元是国际结算的主流货币，人民币持续贬值会造成我国进口成本快速攀升，一方面会使我国进口企业的生存雪上加霜，另一方面也将国外的通货膨胀传导到国内，形成国内的通货膨胀压力。面对疫情反复冲击，我国经济发展面临需求收缩、供给冲击、预期转弱的三重压力，国内经济亟需宽松的货币政策给予支持，因此央行政策面临外部通胀输入和内部经济刺激的两难选择。

此外，人民币贬值对于我国出口的整体促进作用不宜高估。第一，美国仅为我国第三大贸易伙伴，占比约为12.3%，总体影响相对有限；第二，我国出口的汇率传递程度较低，人民币贬值的支出转移效应不大；第三，考虑到人民币后续贬值的空间较小，因此对出口的促进作用可能并不大。

再次，在美联储持续激进加息的情况下，中美国债利差倒挂现象加剧，导致资本大规模从发展中国家流出。2022年3月至7月，新兴经济体资本总流出幅度达到393亿美元，亚洲新兴经济体的投资组合净流出达到482亿美元，成为资本流出的重灾区。自2022年3月外资机构开始减持中国国债，而且呈现出逐渐加速的趋势。截止7月，中国资本净流出为548亿美元，其中股票净流出59亿美元，债券净流出488亿美元。之所以出现这种情况，与美国持续加息密切相关，今年4月中美债利差就开始出现倒挂。当前美国10年期国债收益率已经突破4.0%，高点达到4.24%，创造了2009年以来的新高。由于我国还将继续采取宽松货币政策以保证经济平稳发展，中美利差倒挂很可能进一步趋向严重，这对我国资本市场将造成相当大的压力。

最后，紧缩货币政策抑制全球需求，导致新兴市场整体经济增长放缓。美联储加息背景下，全球金融条件收紧，一方面会使我国生产和消费成本迅速上升，需求受到严重抑制；另一方面，国际融资环境恶化，还会抑制各种投资活动，从而导致我国经济增长乏力。

（三）应对美国利率调整的政策建议

现阶段中国货币当局已经采取了一系列措施来应对人民币的贬值，

也取得了一定的效果。但是在美联储继续紧缩的情况下，人民币仍然承压相当的压力，为此我们建议如下。

1. 传递央行态度，稳定人民币预期

要扭转人民币汇率近期疲软的局面，首要任务就是要打破人民币对美元持续贬值的预期，重新树立人民币坚挺的信心。首先，央行官员可以在不同渠道发言或发文，向市场传递央行对人民币汇率的态度，通过引导市场预期坚定投资者和广大公众的信心。其次，央行可以重启逆周期因子。人民币对美元汇率中间价主要由"收盘价＋一篮子货币汇率变化＋逆周期因子"组成，其中前两部分主要反映市场供求和一篮子汇率变化，"逆周期因子"起到稳定汇率波动的作用。"逆周期因子"在2017年5月被首次引入，往往在人民币汇率出现较大贬值压力时使用，但是具体实施时间透明性不强。当前，市场上有猜测央行已重启逆周期因子，不过央行还没有正式宣布。因此，央行在适当时候正式重启逆周期因子将极大程度有助于恢复市场信心，稳定人民币预期。

2. 央行审慎实行货币政策，加强对外汇流动性管理

我国目前面临着国内疫情反复和人民币汇率贬值的双重压力，基准利率已处于低位，为防止资本外流加大人民币贬值压力，央行对进一步降息应持审慎态度。货币政策应以保持流动性总量适度、结构改善为主，采用多种措施相互配合，不宜过度释放流动性。第一、作为资产市场价格标杆的利率政策应当审慎操作，可采用多次微调的方式提振国内经济发展的信心，同时实施结构性货币政策切实降低中小企业融资成本，刺激经济复苏。第二、采用多种措施增大外汇供给，缓解人民币贬值压力。2022年5月15号开始，央行将外汇存款储备金率由9%下调至8%；9月15日，进一步将外汇存款储备金率下调到6%，用以增大外汇市场的外汇供给。为了应对美国2015年加息政策，央行曾将外汇存款储备金率统一调整为3%，所以从历史操作来看，外汇存款储备金率还有较大的下调空间。第三、加强宏观审慎管理，避免汇率投机带来的汇率过度波动。央行从9月28日起将远期售汇业务的外汇风险准备金率从0上调至20%。这是央行为了抑制外汇市场过度波动，将银行远期售汇业务纳入宏观审慎政策框架，对开展代客远期售汇业务的金融机构收取外汇风险准备金。外汇风险准备金率屡次在外汇市场出现波动时发挥购汇行为"调节器"作用。第四，加大在香港市场的央票发行规模，收紧离岸人民币流动性。10月下旬以来，境内外人民币汇差一度接近600个基点，导致人民币汇率下跌预期有所升温。跨境汇差套利交易会令人民币承受较大的下跌压力，因此通过适当增发香港市场的央票可以收紧离岸人民币，从而减缓人民币下行压力。

3. 加强宏观审慎管理，引导跨境资本良性流动

当前形势下我国需要兼顾汇率的稳定性和货币政策的独立性，因此现阶段对资本项目的开放应采取审慎的原则，加强对资本流入流出的管理。国际资本流动将直接影响了外汇市场上的供给和需求，因此加强宏观审慎管理，引导跨境资本良性流动，防止国际投机资本对我国经济的冲击，无疑有利于稳定境内美元供给，保证外汇市场健康有序运行和人民币汇率稳定。首先，可以适当上调企业和金融机构的跨境融资宏观审慎调节参数，增加企业和金融机构跨境资金来源，引导其优化资产负债结构，有助于境外资金流入，增加境内美元流动性，稳定市场预期。其次，通过对国际资本外流进行审慎管理，调控金融机构和实体部门跨境行为，从而间接影响外汇市场流动性供需，继而影响汇率定价。例如可以调低企业境外放款的宏观审慎调节系数，从而减少在国际市场上的人民币供给，缓解人民币贬值压力。考虑到该业务较为小众，目前大部分企业境外放款额度并未完全用足，额度的下调更多起到了释放信号的意义，希望更好引导资金的良性流动，实现跨境资本流动的双向平衡。

4. 实施合理配套政策,推动国内经济发展

人民币能否继续重新走强,不单纯取决于美联储未来的利率政策,还很大程度上取决于中国经济能否实现一个合理的增长,能够保持一个经济恢复在全球领先的优势。近期人民币贬值的根本原因,在于当前我国经济面临的持续下行压力。因此应积极采取各种配套政策,强化国内经济增长的核心动力。第一,实施合理的财政政策。在财政收入增长放缓的形势下,相应的支出压力会有所增长。财政政策未来应更注重发挥其在社会经济结构调整、收入分配等领域的结构上的影响力,提升财政政策在结构调控方面的精准性。第二,加强金融基础设施建设,推动高水平的对外开放。研究推动出台数字人民币相关法律法规和行业配套政策,夯实数字人民币发展的法治和监管基础,发挥金融基础设施作用,稳步扩大数字人民币试点范围,推动人民币国际化。第三,推进供给侧结构性改革,加速化解过剩产能,鼓励创业创新,培育经济新增长点,促进产业升级,保持国际贸易的竞争优势。

五、中国亟须建立摆脱美国控制的国际支付系统

当前,中美贸易冲突尽管是暂时休战,但下一步的发展必将波及中美的货币冲突,要想摆脱中美之间的贸易壁垒和规避货币冲突带来的金融和经济系统性的发展风险,我们需要未雨绸缪、从长计议,尽快建立与中国对外经济发展相适应的国际结算体系,以摆脱美国的控制。

(一)中国建立国际货币支付系统的必要性

当前,人民币已经成为全球第三大贸易融资货币、第五大支付货币、第五大外汇交易货币。因此,中国亟待思考的已经不仅是如何增加出口的问题,而是如何使人民币强势化。但是,人民币尚未完全实现国

际化，或许正是中国不能如美国一般放开手脚的重要原因。中国目前只有人民币跨境支付系统，无以应对由美国控制的国际货币支付系统的挑战。特别是在中国与"一带一路"沿线国家和地区经常项目下人民币跨境贸易和投资使用加速拓展，中国央行与其他央行货币合作深化的形势下，建立一个不屈服于美元的多元国际结算系统是当务之急。

1. **建立国际合作的支付系统**。二十多年前，中国央行就探讨过开发国际货币跨境支付系统，但由于当年没有实力刺激美国，目前只是建立了人民币跨境支付系统（CIPS），现在看来，无以应对由美国控制的环球银行金融电信协会（SWIFT）系统的挑战。目前，美国已经拉开了经济开战架势，中国不能坐以待毙。另外，俄罗斯等与中国友好的国家，迫切希望中国尽快主导建立主要货币跨境支付系统（MIPS），将俄罗斯拉进来。与其由中国一家主导建立，还不如中国与欧洲法国、德国、英国（日本是否进来下一步再考虑）等国共建MIPS，这样更具有国际影响力。为此，我们需要建立一个没有美国参加的非美元的（或者说不对美元屈服的）多元的国际结算系统，以会员的形式让中国、英国、德国、俄国和欧洲等全世界的金融机构都参与其中。

2. **人民币跨境支付、结算和清算体系**正在加速建立。截至2016年8月20日，中国已与俄罗斯、白俄罗斯等多个国家央行签署了一般贸易本币结算协定，与吉尔吉斯斯坦、哈萨克斯坦等国家央行签订了边贸本币结算协定。截至2016年6月30日，人民币业务清算行已拓展到20个，其中7个在"一带一路"沿线国家和地区。2016年6月7日、25日，中国人民银行分别与美联储、俄罗斯中央银行签署了在美国、俄罗斯建立人民币清算安排的合作备忘录。新加坡、菲律宾于2016年6月、10月相继宣布将人民币纳入官方外汇储备，此举是对中国金融市场稳步开放的认可，也反映出机构投资者在其全球投资组合中对人民币资产的接受度日益提高。

3. **人民币不需要再恐惧美元**。人民币总量已大出美元许多，中国不再对外汇投机交易恐慌，开放资本及债券市场的前提是严格管制套汇。如果我们现在与欧盟联盟，实现人民币与欧元的完全互换，并实行相同的托宾税，只要互换的规模能达到整体的 1/3 乃至一半，就不需要再恐惧美元。这同时也引出一个重要问题——人民币跨境结算标准与国外的兼容。原来的支付系统只是其中很小一部分，若能将所有交易（包括消费和理财）上线，支付涉及的凭证、票据及证券均可追溯，还包括支付宝消费记录，这才可从根本上打击日益泛滥的造假行为。央行正在逐步扩大建设票据交易平台原型系统，但包括货币、支付和股票交易都还没有进入该系统。未来理财和消费记录若能进入这个系统，人民币就能实现在全世界的流通。

（二）美国控制的 SWIFT 系统是开展贸易经济战的杀手锏

SWIFT 的全称是"环球银行金融电信协会"，服务于全球范围内 200 多个国家及 9000 多家银行机构，是一个国际银行间非营利性的国际合作组织，目前全球大多数国家大多数银行已使用 SWIFT 系统。这一由美国控制的国际支付系统，虽然大大提高了银行的结算速度，但是在必要的时候还有可能成为一个政治工具，一旦美国不待见某些国家，它很可能要求 SWIFT 终止在那些国家的服务并进行经济制裁。俄罗斯、土耳其、伊朗、委内瑞拉等国家深受其害，这也是高悬在中国头上的一支利剑。目前，欧洲已经忍无可忍，法国、德国等已经积极筹备开发欧洲货币跨境支付系统。

2018 年，美国纽约南区法院首席法官麦克马洪做出决定，驳回中国农业银行、中国银行、交通银行、中国建设银行、招商银行和中国工商银行六家中国银行关于撤销财产调查令的申请，并命令 6 家银行自收到命令之日起 28 日内执行财产调查令。根据这个调查令，这些银行必须要把包括中国总行在内的全部交易记录向美国公开，否则将会禁止所有美国法人和自然人与之开展业务。目前几乎所有的中美贸易往来都依靠这六家银行进行。由此可见，这一全部透明的SWIFT系统，已经成为美国遏制其他国家金融系统的终极武器，让几乎所有的国家金融交易无处藏身。

因此，建立一个人民币自身或与欧元联系汇率的支付体系，中国央行需要和美联储沟通，人民币不是要与美元争霸，而是要保持自身的稳定。同时，还要与欧盟洽谈合作，以此保证欧元和人民币的汇率稳定，不合作，双方则可能都将遭受一定程度的伤害。

（三）超越SWIFT的全球支付管理系统跨境区块链交易

目前，由美国瑞波公司创建的现代支付网络—全球支付管理系统（GPSG）已经联合美国央行等多家大型银行共同创建打造SWIFT 2.0。尽管SWIFT的传统银行业跨境及跨行转账方式在40多年以来一直运作良好，但是GPSG代表着大型银行首次为区块链跨境转账的成立是至关重要的，因为GPSG旨在创建下一代现代支付网络。

GPSG的成立不是为了取代SWIFT。只不过它们的理念比较相似，而且相比之下，GPSG网络更加高效。目前GPSG的成员有美国央行、美林证券公司、西班牙桑坦德银行、意大利联合信贷银行、渣打银行、澳大利亚西太平洋银行和加拿大皇家银行。GPSG的规模可以说是世界首创。它为完整的现代支付网络打下了基础。同时，它还是世界唯一一个拥有明确规则及管理模式的区块链银行网络只要一次简单的合作就能让各大银行使用全球实时交易网络。有了支付规则及标准、流程支持和固定的社区，GPSG能为银行提供一个低风险的方法，即用区块链技术完成他们的支付目标。众多银行之所以加入GPSG是为了促成相关的标准和流程而这部分标准和流程正是银行业为创建完美的支付网络而必须做的。瑞波提议的GPSG则代表着该行业未来的发展方向。目前，GPSG系统已经对SWIFT系统产生威胁。

(四)政策建议

无论是传统的 SWIFT 系统还是基于区块链技术的全球支付管理系统(GPSG)均由美国控制。因此,为防范和化解国际支付领域的金融风险,维护金融安全是中国金融管理的重中之重。一方面国际支付体系安全已经成为金融安全乃至国家安全的重要基础,另一方面,推动国际支付系统的建设,推进人民币跨境支付系统与境外金融市场基础设施的互联互通,建立一个不屈服于美元的多元国际结算系统是当务之急。对此,建议我国尽快成立由党中央和国务院领导下的研究小组,对建立国际支付系统展开深入研究,并由中央金融稳定委员会、中央财委、央行、开行等机构牵头,各金融机构具体共同落实。

| 第二节 |　　基建合作:中美经贸新的增长点

目前美国国内通胀压力加剧,经济恢复乏力,拜登急需利用基建法案提振其支持率。拜登曾表示,美国的当务之急是缓解通胀和供应链僵局,基础设施法案将有助于缓解运输瓶颈。2021 年 11 月 15 日,随着万亿美元基础设施投资法案在国会通过之后,这个被称为最大规模的基建法案或将开始执行。据相关媒体报道,美国总统拜登在白宫签署了一项 1 万亿美元的基础设施法案,这也意味该法案正式落地。2021 年 8 月,美国参议院以 69 票通过了价值 1.2 万亿美元的两党基建法案,启动大约 20 万亿美元的美国经济要依赖庞大的基础设施网络,从道路、桥梁到货运铁路和港口,再到电网和互联网服务。这一法案是美国多年来最大型的公共建设努力之一。随着世界进入"竞争性合作"时代,中美两国的关系走向改变着世界地缘政治竞争中的政策与立场。美国大部分基础设施建成于 20 世纪 60 年代,许多已经达到最大使用期限。包括新能源投资在内的大规模基建计划，是拜登总统在竞选期间便提出的一个重要政治主张，也是其就任以来的主要努力方向。

据环球网 2021 年 11 月 15 日报道，美国媒体《布拉德福德时代报》13 日发文细数了美国基建到底比中国差在哪里。文章称，美国土木工程师协会 2021 年的报告中给美国基础设施的总体评分为 C-，其中航空业因延误和运力不够被评为 D+；水坝和堤坝为 D；老化的公共交通为 D-。"商业圆桌会议"引用的航空业排名显示，美国只有 4 个机场进入全球前 50。

美国基建对中国和全球经济的发展将起到直接的推动作用，其政治、外交和经济等方面的溢出效应很大，对中国企业走向世界的推动力更强。作为一个重要的全球性资本来源国和美国第二大贸易伙伴，中国处于有利地位，中国投资者可以通过参与美国基础设施建设拓展多元化业务，利用其人工成本优势、规模效益和丰富的基础设施经验进入美国市场。同时，中美基建合作将促进合作两国走向深层次经济融合，也将使中美双边解决双方贸易和投资协定谈判朝着达成 BIT 协议的方向发展[①]。

随着世界进入"竞争性合作"时代，中美两国的关系走向改变着世界地缘政治竞争中的政策与立场。特朗普时期，他曾在国情咨文中宣布将投资 1.5 万亿美元建设基础设施，这是自 20 世纪 50 年代以来美国规模最大的基础设施扩建和现代化改造计划。一直以来，中美经贸合作作为中美关系的压舱石和推进器，为中美关系发展创造了良好的外部环境。2017 年 11 月，特朗普总统访华期间签署 2 535 亿美元商业协议和合作意向，充分展现了中美合作潜力。基建合作计划作为中

---

① 刘卫平.中美基建合作：中美经贸新的增长点 [R]. 人民论坛·学术前沿，2018 年 2 月上.

美经济新的增长点,将使双方获得显著的经济效益,中美应抓住历史机遇,本着优势互补、互利共赢、经济效益适度的原则,构建机制、通道和平台,实现中美经贸新的增长。在基础设施建设领域,中国不但有40多年的经验,而且还有巨大的产能、标准、施工、管理和创新技术。中国与美国的基建合作,对中国与世界的公共平台和中国的未来都将起到未雨绸缪的作用。

一、中美基建合作计划符合中美两国的共同利益

中美两国是世界上两个最大的经济体,双边关系特别是经贸关系的走向,不但会影响中美之间的经济社会发展,而且还会影响全球贸易投资等各个方面。当前,中美两国人口占世界的23%,经济总量占全球的40%,出口占全球的32.8%,对外投资和吸收外资占全球的30%,所以,对于中美经贸关系的变化,各方的关注、担忧是正常的。我们可以看到,中美建交以来,双边的经贸关系始终沿着正确的方向发展。数据显示,2016年,中美双边的货物贸易达到了5196亿美元,和1979年两国建交的时候相比,增长了207倍。双边的服务贸易已经超过了1100亿美元,双向的投资累计已经超过了1700亿美元。可以说,中美关系已经形成了"你中有我、我中有你"的利益交融格局。

目前,美国在能源、公路、桥梁、隧道、管道、电网、铁路和高铁等基础设施方面的状况,可概括为:一是年久失修。美国大部分的基础设施几乎近40多年没有修缮。二是欠账太多。美国基建资金并没有问题,但美国政党意见不统一,以及体制与制度问题使其基建资金不能如期到位。三是更新换代。实际上,早在1999年,《今日美国》就发表长篇调查报道《崩溃的美国基础设施》,披露种种问题。然而,近20年后,美国基础设施的更新换代依然处于"倡议期"。四是缺乏

创新模式。美国基建在投融资、设计、设备和建设团队等方面需要创新模式。从中美关系的战略性和全局性来看,面对美国基础设施领域的巨大机遇,加强中美基础设施合作具有重大意义。中美基建的成功合作还将成为中国与其他国家合作的典范,拥有较强的外溢效应,有利于推进全球互联互通。

特朗普政府当时国内经济政策的核心是"基建+减税+加息+缩表+退群战略"。这一国内核心经济政策,对美国经济的影响利大于弊。从短期来看,利好股市和经济发展。但是这个政策组合同时存在内在的矛盾和冲突。基建和减税面临债务上限约束,而加息将增加财政扩张的融资成本,财政扩张与货币收紧难以并行。

中国的经验对美国基建的借鉴作用。基础设施建设是中国企业"走出去"的一大强项,对外投资+EPC、EPC是中国企业开展对外投资合作的主要方式,美国"基建优先"新政将吸引更多中国企业前往美国开展基础设施建设。同时,中国的设计、施工、标准、技术等方面的成功经验也将对美国基建起到积极作用。因此,中国需要采取一种更为积极主动的态度与美国进行务实的沟通和谈判。

中美基建合作有利于刺激全球经济增长。中国和美国是世界上最大的两个经济体,占全球40%的GDP和32.8%的出口贸易总量,通过发展基础设施来刺激全球经济增长和加强能源保障符合两国的共同利益。中美基建合作将使世界上两个最大的经济体之间的联系更加紧密,带来经济利益的同时加强两国政治互信、民间互通,促进全球经济稳定与繁荣。同时,在合作中可使中国企业更加熟悉国际规则、学习国际先进技术和经验、适应发达国家严格的商业经营环境、全面提升国际竞争力。

中美基建合作有助于缓解中美在贸易等方面的紧张关系。中国经过40多年的高速发展,建立起了庞大的外汇储备,2017年底外汇储备达3.14万亿美元,持有1.19万亿美国国债,占中国外汇储备资产的比例超过 38%，中国是美国第一大债权国。中美基建务实合作，可以将中国维持外汇平衡与美国减少债务同时复兴基建的需求联系起来，这不仅可以解决美国基建资金方面的巨大压力，拉动美国的经济增长和就业，同时可缓解美中贸易间逆差问题。

二、增加双方互信，务实加强中美基建合作

作为当今世界举足轻重的两个大国，中国与美国是世界秩序构建中不可或缺的两大支柱，中美关系的走向极大地影响着世界秩序的格局。贸易和投资领域的摩擦和全球尤其是亚太安全环境的恶化在一定程度上阻碍了中美关系的顺利发展，现阶段的中美经济关系存在一些不确定因素，如贸易逆差、贸易规则的分歧以及知识产权争端等，这是"竞争性合作"时代不可避免的。中美必须在相互理解的基础上寻找共识，建立开放、透明、高效的经济体系。对中美两国来说，解决当前的经济矛盾以保证政治上的和谐十分重要。

国际社会总体基础设施短缺的现状是中美合作的契机，但是必须理解对方的战略重点。由于美国将发展重点转向国内，中国日渐在国际基础设施发展中发挥更加直接的巨大作用，"一带一路"倡议也有效扩大了中国的影响力。因此，我们认为美国基建计划能否成功实施不仅是资金问题，更主要的是美国对基建产品属性的认识及现行政党体制机制束缚的问题。

美国投资进展缓慢，效果不佳。从小布什到奥巴马政府，都曾推出一系列基建投资计划，但由于政府体制机制约束，私人资本回报要求高，加之民主党与共和党的理念难以统一，导致投资进展缓慢，效果不佳。美国的基础设施年久失修、陈旧老化、技术落后和欠账太多，近 40 多年基本上没有公共资金的合理投入。就美国的公路养护而言，随着电动车的发展，依靠燃油税来增加公路维护费用更加艰难。从美

国基建投资来看,一方面,可以按照中国地方政府融资平台的模式,与美方的联邦、州和地方政府构建融资平台公司,用资金带动中国产能与美国基建的合作。另一方面,如果中美两国政府互相参股对方主导的亚洲基础设施投资银行(AIIB)和拟成立的美国基础设施投融资机构,不仅可以增加双方互信,还可以有效解决美国基础设施投资资金来源问题。

美国可借鉴中国开发性金融的模式。发挥市场的有效作用,及更好地发挥政府的有为作用,这与美国20世纪40年代及50年代的情况有类似之处。从宏观上,通过政府增信,既降低融资成本,又不增加政府债务;具体项目中,独立决策,建立州和地方政府统借统还、以丰补歉的融资平台,通过建设市场,引领社会资本,注重现金流建设。在实际操作中,以基建项目为基础发行长期项目收益债券,为美基建项目在全球范围内寻找到长期、大额、可持续的低成本资金。

可采取经济效益适度的原则,务实加强中美合作。美国基建计划,必然会导致短期内财政赤字的扩张。中国应该采取经济效益适度原则开展中美基建合作,特别是针对具有战略意义的项目,将有助于美国减轻债务压力,也有助于中国企业进入美国市场。但同时美国应考虑切实减少对中国直接投资审查的不确定性,逐步向中国企业开放基础设施投资市场、高技术市场和能源资源市场,务实加强中美合作。特朗普访华期间签署2 535亿美元商业协议和合作意向,充分展现了中美合作潜力,双方要抓住历史机遇,实现互利共赢。

有助于促进中美国际产能合作。目前中国基建产能远超美国,一些基础工业甚至超过美国10倍以上,即使是人均,也超过美国数倍。例如,2016年全球钢产量为16.3亿吨,中国生产钢材8.08亿吨,约是美国历史上最高年份的10倍,人均是美国的2.5倍,接近美国1946年的17倍。2016年中国水泥产量高达24.03亿吨,约是美国 30 倍。2015 年由于需求下降，虽然中国煤炭总产能高达 57 亿吨，实际产量仅 33.6 亿吨，但美国煤炭产量仅 8 亿吨，不到中国的 1/4，人均也比中国低。在工业消费品生产方面，美国就更没法比了，因为美国大都不生产了；就是按人均产量计较，中国也比美国多几十倍以上。

三、中国参与美国基建的优势和重点领域

（一）美国基础设施建设的优先项目

（1）特朗普政府首批 50 个基础设施优先项目清单。特朗普政府于 2017 年 3 月 20 日公布的基建计划首批优先项目清单目前仍为草案，其中包括全国 50 个基建项目，总投资额 1 375 亿美元，均为 PPP[①] 项目，私人出资比例为 50%。据透露，特朗普团队于 2016 年 12 月 16 日向各州州长征求意见，要求提交建议项目清单，对项目要求包括：国家/公共安全急需；工程设计已完成 30% 以上，可较快启动开工建设；具有显著的创造就业功能；对制造业具有降本增效功能。特朗普团队对各州州长反馈建议的项目进行筛选，形成了此次披露的首批 50 个项目草案，目前正在与各州、相关产业机构进行后续交流，具体内容未来可能会有所调整。本项目清单见表 8-1。

表 8-1　特朗普政府基建计划首批 50 个优先项目清单

项目名	类型	位置	投资额
卡迪斯水资源储存工程	水利	加利福尼亚	2.5 亿美元
亨廷顿海滩海水淡化厂	水利	加利福尼亚	3.5 亿美元

---

① 推行公私合作形式（Public Private Partnership，简称 PPP），利用私人企业的资金优势和管理经验来解决政府投资基础设施的资金困难。

第八章 合作共赢：中美经贸合作需要大智慧

续表

项目名	类型	位置	投资额
TransWest 高压输电线路	电力	加利福尼亚、内华达、亚利桑那	30 亿美元
科罗拉多 I-25 公路升级	路桥	科罗拉多	10 亿美元
科罗拉多 I-70 公路山区隧道	路桥	科罗拉多	10 亿美元
特区联合车站扩建更新	铁路	华盛顿特区	87 亿美元
I-95/I-395 公路重建	路桥	佛罗里达	8 亿美元
萨瓦纳港口扩建	港口	佐治亚	7.06 亿美元
芝加哥联合车站重建	铁路	伊利诺伊	10 亿美元
伊利诺伊河河道水闸	内河交通	伊利诺伊	6.4 亿美元
俄亥俄河 52、53 号水闸	内河交通	伊利诺伊	17 亿美元
芝加哥地铁红线、紫线改造	公共交通	伊利诺伊	21 亿美元
新奥尔良地区水闸重建	内河交通	路易斯安那	8.93 亿美元
庞查特兰湖桥梁	路桥	路易斯安那	1.25 亿美元
密西西比航运河道清淤	港口	路易斯安那	10 亿美元
波士顿地铁绿线扩建	公共交通	马萨诸塞	30 亿美元
马里兰市地铁紫线	公共交通	马里兰	56 亿美元
哥迪豪尔跨国大桥	路桥	密歇根	45 亿美元
底特律 M1 轻轨	公共交通	密歇根	5.28 亿美元
苏河水闸现代化重建	内河交通	密歇根	5.8 亿美元
堪萨斯市机场	机场	密苏里	9.72 亿美元
圣路易斯市机场	机场	密苏里	18 亿美元
上密西西比河 20-25 号船闸	内河交通	密苏里	18 亿美元
I-95 高速公路维修	路桥	北卡罗来纳	15 亿美元
I-93 高速公路重建	路桥	新罕布什尔州	8 亿美元
纽瓦克集装箱港升级	港口	新泽西	5 亿美元

续表

项 目 名	类 型	位 置	投 资 额
奥斯丁平原水利系统	水利	新墨西哥	6亿美元
查普伦-哈德逊输电项目	电力	纽约州	22亿美元
第二大道地铁2、3段	公共交通	纽约州	142亿美元
皮斯大桥	路桥	纽约州	7亿美元
洲际交通枢纽	公共交通/铁路	新泽西、纽约州	120亿美元
国家基础设施科研中心	研发	俄亥俄	20亿美元
克利夫兰湖水治理	水利	俄亥俄	30亿美元
俄亥俄河导航系统升级	内河运输	俄亥俄	17亿美元
布伦特斯彭塞大桥	路桥	俄亥俄,肯塔基	25亿美元
平原区输电系统	电力	俄克拉荷马	25亿美元
费城I-95公路沿途桥梁	路桥	宾夕法尼亚	80亿美元
莫农加希拉河水闸水坝	内河运输	宾夕法尼亚	9亿美元
南卡罗来纳水闸维修	水利/内河运输	南卡罗来纳	8.5亿美元
奇克莫加河水闸	内河运输	田纳西	3.83亿美元
产棉区铁路	公共交通	得克萨斯	11亿~28亿美元
阿灵顿大桥	路桥	弗吉尼亚	2.5亿美元
大西洋沿岸输油管线	油气	弗吉尼亚、北卡罗来纳	45亿~50亿美元
西雅图机场扩建	机场	华盛顿州	20亿美元
马德雷山区风电场	电力	怀俄明	50亿美元
得州中心铁路	铁路	得克萨斯	120亿美元
巴尔的摩市霍华德运输隧道	铁路	马里兰	4.25亿美元
储能及电网升级	电力	全国	待定

续表

项目名	类型	位置	投资额
陆军工程兵运营水电站升级改造	内河交通/电力	全国	40亿美元
下一代空中交通管理系统研发建设	研发	全国	100亿美元

资料来源：Mc Clatchy。

（2）美国"基建优先"最可能的基建项目。针对特朗普提出的基建计划，巴克莱曾公布了一份报告，预计特朗普刺激计划可能将大幅提升铜和钢铁的长期需求，但短期不会有立即影响。巴克莱报告中编制了一份清单，列出刺激计划可能涉及的美国十大基建工程项目，主要包括铁路、高速公路、港口及桥梁。在这前十项中，有七个尚处于规划或概念阶段（见表8-2）。其中，涉及金额最大的基建项目是根据基础设施咨询公司CG-LA的数据，目前完成一个基础设施项目的平均时间为9.5年。

表8-2 巴克莱报告：美国前十大基础设施项目

项目名称	地点	部门	价值（单位：百万美元）	状态
关口项目	纽约	客运铁路	7 500	计划阶段
得克萨斯中央铁路	得克萨斯	高速铁路	10 000	概念阶段
哈斯佩尔海运装卸港	格鲁吉亚&南卡罗来纳	港口物流	4 500	计划中
戈迪·豪国际大桥	密歇根	公路&桥梁	2 100	RFW公司已于2015年7月公布
加利福尼亚高速铁路	加利福尼亚	高速铁路	68 000	建设阶段
I-70山走廊	科罗拉多	公路&桥梁	3 500	计划阶段
新奥尔良港	路易斯安那	港口物流	1 200	采购阶段

续表

项目名称	地点	部门	价值(单位:百万美元)	状态
纽新航港局客运总站	纽约	城市轨道运输	8 000	计划阶段
普吉特海湾关口计划	华盛顿	公路&桥梁	2 800	计划阶段
三角洲湾保护计划：隧道部分	加利福尼亚	废水处理	25 000	计划阶段

资料来源：CG-LA 公司、巴克莱研究。

另外，对于这些基建项目实施将如何影响到金属消费的问题，巴克莱认为，金属部门所面临的关键问题在于，即使基建支出顺利得到批准（10年内1万亿美元或每年1 000亿美元），并且计划也能有效实施，但由于项目进度的因素，并不会立即影响到金属消费，尤其是在接下来的两年或三年内。

（3）构建美国基础设施换液化天然气项目。2017年4月，习近平主席在结束同美国总统特朗普的会晤后，经停阿拉斯加州时与沃克州长举行了会谈，双方对进一步加深中国与阿拉斯加在能源和经贸等领域的合作表示出了浓厚的兴趣。阿拉斯加州是美国主要的油气生产基地，1968年阿拉斯加北坡发现丰富的油气资源，235万亿立方英尺资源储量，35万亿立方英尺已探明及可开采天然气，是世界上已发现的二十大天然气田之一。1977年以来，累计生产原油超过170亿桶，1989年最高产量为200万桶原油/天，目前日产50万桶原油/天。

阿拉斯加是全球最早出口液化天然气的地区，1969年首次向亚洲出口液化天然气，具有45年的稳定出口历史，历史上从未违约，目前日产天然气83亿立方英尺，随着上游基础设施及大规模生产设施的完善，用于提高石油采收率所需要重新注入的天然气较少，阿拉斯加州政府已批准天然气对外销售。州政府计划建设上游天然气田的处理设施、一条1 300公里天然气输气管道、天然气液化工厂及码头，项目预计总投资 430 亿美元。此项目也是 2017 年 11 月特朗普总统访华期间，在两国元首亲自见证下签署的 2 535 亿美元经贸合作项目之一。

阿拉斯加天然气开发公司是州政府下属的国有投资平台，被授权加快运营、融资和建设阿拉斯加液化天然气出口项目。2016 年底，阿拉斯加天然气开发公司接手阿拉斯加液化天然气开发项目，负责融资结构，并与上游投资商英国石油公司、埃克森美孚、康菲石油合作，开展项目的前端工程设计工作。目前项目前期工作已大部分完成，累计投入资金 6 亿美元。计划 2017 年取得工程许可批准，2018 年完成最后审批和投资决策，2019 年启动建设，预计 2023 年左右可以实现首船发运。

阿拉斯加是北美临近亚洲最近的能源出口地区，能够提供安全可靠、价格稳定、距离近的能源保障，能源价格优于美国墨西哥湾价格。项目预计总投资 430 亿美元，资本金出资约 110 亿美元，配套融资 320 亿美元，项目投资收益稳定且可靠。

（二）中国参与美国基建的优势

美国基础设施建设计划目标宏大，但在实施中面临一些问题，虽然表面上突出的是资金不足问题，但实质上是体制问题。美国联邦、州和地方等各级政府财政赤字压力较大，公共资金无法对基础设施建设大量投入。除此之外，美国在建筑机械设备、建筑材料以及建筑劳动力方面准备不足，也不利于实施基础设施建设计划。为了解决这些问题，美国急需私人资本和外国投资进入该领域，这为中国企业提供了难得的参与机会。作为美国最重要的经贸伙伴之一，中国拥有全球最大规模的外汇储备，并具有丰富的基础设施建设经验和成本优势，同其他国家相比处于相对有利位置，能够参与美国基础设施现代化建设并从中获益。

（1）**中国铁路、公路与桥梁等方面的优势**。目前，中国在不断地刷新公路、铁路、桥梁等方面的世界记录,高速公路和高速铁路建设尤其引人注目。第一,铁路方面。2016年铁路投资逾8 000亿,高铁里程居世界第一,2016年达到2.3万公里,占全球60%。第二,公路方面。据统计,截至2016年12月,中国高速公路总里程已突破13万公里,高居世界第一(美国约10万公里)。第三,桥梁方面。目前,中国公路桥梁总数接近100万座,铁路桥梁总数已超过20多万座,已成为世界第一桥梁大国。同时中国在建设和经营方面,也具有优势。

(2)中美基建合作的重点领域。①**交通基础设施**。2013—2040年美国运输基础设施的投资需求为2.9万亿美元,年均1 630亿美元,其中60%以上的资金将用于高速公路和桥梁项目。近期,中国企业参与美国基建的重大突破口可能是东北部和西部的高铁项目,以及铁路提速、高速公路改造项目。中国企业具备建设和管理高速公路、高速铁路、机场、港口和市政交通系统的丰富经验,应积极参与该领域项目。

②**能源基础设施**。根据美国全国商会预测,2013—2040年美国能源基建投资需4.6万亿美元,年均投资2 580亿美元。其中,石油和天然气占60%(2.8万亿美元),电力占37%(1.7万亿美元),生物燃料占2%(980亿美元)。美国能源供应格局和环保政策的变化还带来了其他一些潜在需求,例如建造新的LNG(液化天然气)和原煤出口终端、燃煤电厂的更新改造等,也将成为潜在市场。

③**市政水务基础设施**。市政水务基础设施指饮用水供应和废水处理,2013—2040年相关领域的总投资为6 080亿美元,其中55%为饮用水,45%为废水处理。由于气候变化和环保政策的影响,估计该领域的投资需求可能存在较大上升空间。中国企业在该领域的国际竞争力较弱,目前,美国公共供水系统的主要运营商多为法国和德国企业,中国企业可抱着学习的态度参与到美国相关项目中,不断增强自身实力,服务国内发展。

④**颠覆性创新技术**。当前,推动世界经济增长的真正问题在于中

国及其他新兴市场能否发挥引领作用,加大市场开放力度,继续推行结构化改革,从而形成一个更加平衡、更加可持续的经济增长模式,对于此,颠覆性创新技术是关键。如何引领中国颠覆性创新技术更好地为市场和参与美国基建服务,使其真正成为推动中美关系和世界经济增长的新动力?政府应该成为制度的供给者,在科技规划、战略和政策制定、平台打造、资源配置等方面发挥作用,解决这些颠覆性技术在市场推广中面临的失灵问题。

四、中国参与美国基建的方式与途径

习近平总书记提出"中美关系"战略定位是"互敬、互信、合作"。在全球化时代,尤其是在当前全球化面临民粹主义、贸易保护主义等思潮挑战之际,中美双方需要通过更多的接触和沟通来增进互信和互利。面对中美基建合作这样的新问题和新挑战,本着共商共建共享与合作共赢的理念,笔者提出中国参与美国基建的方式和途径。

当时,特朗普当选总统以后,美方贸易保护主义有所抬头。美国应向中国企业开放基础设施投资市场、高技术市场和能源资源市场,推动美国切实减少对中国直接投资审查的不确定性,需明确相关政策,不能无休止地让美方再把这些问题作为国会、媒体和行业巨头进行无端要挟和遏制中国的"牌"。中国政府、中资企业和美国政府、州、地方、县政府间应建立直接对接关系,以便双方高效、直接沟通建立互信,了解美国地方政府基建具体需要,确定基建合作内容,提升合作质量和效益。

不仅如此,中国基建企业在走出去(如投资、并购、承包、出口等活动)的过程中,需加强项目自身宣介,化解舆论劣势:分享自身海外项目经验与管理经验、未来合作规划和管理方案、宣介社会责任,及时跟进项目投资、并购进度,加强与美国国会、新闻界、公司工会沟通,以降低项目隐性成本。

(一) 分享中国开发性金融的成功经验

国家开发银行作为中国最大的基建银行，在基建方面积累了丰富经验，实践中走出了一条开发性金融的道路，即实行"政府选择项目入口、开发性金融孵化、实现市场出口"的融资机制。美国可借鉴成立开发性金融机构，统筹政府及社会资金，对基建项目进行投融资。一是政府选择项目入口，由地方政府按照国家产业政策和该地区的战略规划需要，整合内部资源，选择确定项目，推荐申请开发性金融借款。开发性金融机构依据地区经济发展水平、财政收支水平、履约情况及信用复核情况确定借款总量。二是开发性金融孵化，通过组织增信，在政府协调下以融资推动项目建设和融资体制建设，完善治理结构、法人、现金流及信用等四项建设，使项目逐步由收支流量平衡的法人向资产负债表式的法人形式转化。三是实现市场出口，即依据现金流建设的发展趋势，针对借款性质、用途和使用情况设计不同的偿还机制，包括正常信贷还款、母公司回购、资本市场发股票、债券还贷等市场化出口的偿还机制，及对于部分公益性项目所采取的政府回购等财政性偿还机制。建立基础设施收费制度，形成"收费还贷"的模式。主要是通过购买服务和收费，把现有基础设施私有化，提升对私人资本的吸引力，这既可减少开支，又可收回资金，还能增加资金，用来建设新的基础设施。

(二) 探讨"债转股"对美国基建投资的机制可行性

中国将其持有的美国国债变为更受保护的美国基建股份，为美国的基础设施重建提供关键的资金，可行的办法是：一方面，美国可以通过开放少数股权或者发行不同于国债、不能让投资者任意出售的长期债券，以获得大量所需的资金。另一方面，当前有必要创新和调整中国对美国投资的思路，探讨以中国所持有的美国国债做抵押，以抵押贷款参股的方式投资于美国的高速铁路等基础设施建设，带动和扩大国内产品乃至劳务的出口，投入资金在若干年后可以通过运营回报或股权分红的方式逐步收回。国债变投资，对中美双方都是互利共赢之举。

（1）**建立将储备转化为投资的机制**。考虑到当前美国经济复苏步伐的不确定性依然存在，经常项目赤字和财政赤字不断扩大，内债外债高企，美元贬值将是不可避免的长期趋势，中国对美国国债的投资价值面临较大缩水风险。能否确保中国在美国投资的安全性、流动性和增值性，将直接影响到中国的国家根本利益。

为此，当前有必要创新和调整中国对美投资的思路，采取灵活措施，适当减少财务型的金融投资，逐步增加长期战略性的股权投资，建立将储备转化为投资，将资金转化为资本的新机制，以主动增强和提高中国国际竞争力，增强中国抵御外来冲击的能力，为中国经济继续保持二十年以上的可持续发展打下坚实的外汇基础。

（2）**以美债作抵押贷款参股投资美国基建**。具体设想是：把中国持有的美国国债变为对美基础设施投资，中国以自身所持有的美国国债做抵押，以抵押贷款参股的方式，主要投资于美国的高速铁路、公路、桥梁、机场、地铁等基础设施建设，并由此带动和扩大国内各种设备、技术、零配件、原材料乃至劳务的出口，投入资金在若干年后可以通过运营回报或股权分红的方式逐步收回。

可以将此设想与美方初步沟通。作为交换，中国承诺不大规模直接减持美国国债，而只做形态上的转换；作为回报，美方主动降低安全审查开放市场，减轻对中国人民币汇率问题施压；放松对部分高科技产品的出口管制。这样可以为改善两国关系、扩大两国经贸交往创造良好环境，创新一种新的方式。这既需要中美两国最高领导人的战略决策，同时还需要两国相关主管部门的密切合作与配合，克服可能的障碍和阻力，以求"双赢"。

对此建议，中美双方智库可先初步接触和先期研究，经法律、经济和技术等多方面的综合研究分析后，再拿出具体方案。探讨"债转股"对美国基建投资的机制，对于中国而言，把所持美国国债转换为投资具有积极意义。一是有助于实现国家长远战略利益。二是有助于间接提高国债收益率。三是有助于实现以资本输出带动商品和劳务输出。四是有助于促进中国自主创新。对于美国而言，这一方式也具有十分明显的现实意义。一是帮助美国更新部分陈旧老化的基础设施。二是帮助美国通过大规模基础设施建设扩大就业。三是帮助美国实施其再工业化战略。四是帮助美国减轻债务压力。

（3）**中美两国经济是结构性互补关系，具有广阔的合作空间**。中国"十三五"规划主线是加快转变经济发展方式，并希望在调整经济结构、推进节能减排、发展战略性新兴产业等方面取得实质性突破；美国也正在推动结构性改革和经济转型，致力于发展新能源、绿色环保、生物工程等新兴产业，实施出口倍增计划，新建和改建高速铁路、高速公路、机场、电网等基础设施。作为最大的发展中国家和最大的发达国家，中美两国经济是结构性互补关系，具有广阔的合作空间。因此，推动双边经贸关系健康稳步发展，需要中美两国从战略高度共同谋划互利共赢的未来。双方要充分利用各种双边机制，加强政策沟通与协调，以积极、建设、务实的态度推动两国经贸关系发展。在这一过程中，民间智库可以充分发挥作用，为加强中美两国经贸合作搭建平台、架设桥梁。双方要不断开拓新的合作领域和方式，积极推动创新合作。把中国持有的巨额美国国债转换为对美投资，特别是投资美国基础设施，正是上述寻求结构互补、实现互利双赢的体现。

（三）以金融促进中美基建合作

（1）**外汇储备出资成立中美基建合作基金，发挥杠杆效应**。中国使用一部分外汇储备资金成立中美基建合作基金，充分发挥政府资金的杠杆作用，最大限度地撬动社会资本参与到中美基础设施建设上来，为中美基建合作提供融资支持，形成财政手段与金融手段相结合的投入机制。比如，基础设施投资的杠杆率是5，外汇储备只需要出资1/6，其余资金来源于私人部门的投资。这样一方面可以不增加政府债务负担，同时降低外汇资本的持有成本，增加外汇资本投资收益。另一方面可以最大限度地发挥财政资金的引导作用，将闲散的社会资本集中起来，切实转化为有效投资，提高社会资本的利用效率。

（2）美或将成立"基础设施银行"与亚投行合作。当时，特朗普将成立"美国基础设施投资银行"，以统筹负责联邦政府对基础设施建设项目的融资。这是一种政府担保+基金的方式，由政府提供一笔种子资金作担保，并吸纳私有资本，形成一个资金池。比如，联邦政府先投25亿美元，如果能以10倍的杠杆吸纳金融资本，那就是250亿美元的总金额。这笔资金将被分期投资到特定的基础设施项目中，然后通过收费或政府还款实现资金回笼，再进行滚动投资。美国成立这样一个基建金融实体，有可能会效仿中国的组织管理方式。在此之前的2015年，中国政府已经主导成立了亚洲基础设施投资银行（AIIB），目前已经有104个国家参与。但是，有一个更加巨大的问题也随之浮出水面：无论是基础设施银行，还是税收抵免或直接投资，尽管特朗普经济刺激计划的外衣让其看起来似乎毫不相关，但对于已经背负22万亿总债务的美国政府来说，当特朗普的财政刺激计划结束时，又会给其增加多少新的债务？这一点非常重要，因为特朗普目前面临的处境与20世纪里根总统所处的环境有很多可以比较的地方，但也有一个关键的区别：里根总统当初上台时，美国政府所背负的债务只占其国内GDP总值的30%，但现在这一比例已接近100%。与今天的特朗普相比，当时的里根总统在财政上有更多的回旋余地。在美国总统大选时，希拉里计划在未来五年耗资2 750亿美元，建立一家全国性的基础设施银行来帮助融资大规模项目，此前时任美国总统奥巴马也提出过这个想法，但结果由于缺少共和党的支持而陷入了停滞状态。

分析认为，特朗普的基建计划和拟成立美国基础设施投资银行的设想，提高了美国加入亚洲基础设施投资银行（AIIB）的可能性。美国若成立基础设施投资银行，一方面可以采取与亚洲基础设施投资银行（AIIB）互相换股的方式进行合作。奥巴马就曾表示，美国希望与亚投行合作，甚至"如果亚投行能建立在良好的保障之上、能带来好的基础设施并使得借款国获益，我们将全力支持"。

（3）**充分利用国外资本市场，降低融资成本**。鼓励国内有发债权限的金融机构在国外资本市场开展融资，尽可能多地利用当地的资本，降低融资成本。与美国相比，国内债务融资成本较高，开发银行10年发债利率在4.29%左右；中国10年期国债利率3.9%，美国10年期国债利率2.47%。通过中美比较可以看出，中国资金成本太高，没有竞争力。我们建议允许开发银行扩大在美国发债的规模，允许有境外项目的企业在境外发债融资。

（4）**联合在华的美方企业，加快进入美国基建市场**。虽然中国企业在发展中国家的基础设施建设领域取得了较大成功，但还缺乏在美国等发达经济体开展基建合作的经验。面对美方错综复杂的监管运营环境及非常严格的质量控制和产品安全检查。中资企业可以联合在华的美方企业，借助美方的官方和公关网络，加快进入美国基建市场的步伐。同时，可以适时考虑加大对美基础设施领域企业的兼并重组，鼓励中国投资者购买美国当地基础设施建设企业的股份或资产，购买用于基础设施项目的公募或私募债券，开放中国金融机构向美国基础设施项目提供贷款或购买相关债券等形式，控股或参股国外基础设施建设企业。通过海外并购获得当地基建企业的先进技术、专利权、管理经验和营销渠道。

大力推进基础设施建设，发展PPP（公私合投合营）模式。多位

PPP行业人士表示，特朗普会在基础设施领域实施PPP模式，一方面是因为政策的延续，另一方面是美国的国情使然。美国负债越来越高，但基础设施建设缺钱，政府力不从心。当然，这也要看其具体的施政纲领。PPP只是模式之一，其中市政债将会占到美国基建融资总额中的一定比例。

美国政府推出了不少PPP项目，尤其是公路项目。资料显示，美国交通部联邦高速公路管理局正在大力推进收费公路PPP项目，截至2016年6月，美国在收费公路（隧桥）领域推出了22个新建PPP项目，总投资需求约253亿美元；推出存量项目5个，总投资需求约80亿美元。

2016年9月3日，国家主席习近平与来华出席二十国集团（G20）领导人杭州峰会的美国时任总统奥巴马举行会晤，达成35项重要共识，其中有一项重要共识是PPP。具体表述为：政府和社会资本合作（PPP），中美双方承诺向各自的地方政府宣传推广政府和社会资本合作（PPP）模式的最佳实践，并进一步加强在公共服务设施投资和运营领域的交流与信息共享。

特朗普成为总统后，更加关注美国国内的建设和发展，在基础设施领域大力推广应用PPP模式，再加上中美在2016年杭州G20峰会上倡导加强PPP领域的交流和合作。这些对中国企业和资本来说，可能是一个走出去发展壮大的好机会。当然，对于中国而言，可以看到推广PPP模式已是全球大势所趋，不是短期行为，从特朗普到拜登的重建基础设施计划，也预示着未来中美将在PPP领域碰出更多的火花，这对PPP行业是利好。

发挥EPC（设计、采购、施工）模式优势，扩大在美基建市场。EPC是指公司受业主委托，按照合同约定对工程建设项目的设计、采购、施工、试运行等实行全过程或若干阶段的承包。通常公司在总价合同条件下，对其所承包工程的质量、安全、费用和进度进行负责。

由于美国招投标比较透明，对 EPC 企业的资质要求相对于 PPP 而言低很多，支持 EPC 的融资方式更容易操作。此外，由于中国的工程承包商在基础设施项目建设上具有独特的优势（如投资+EPC），这也为像中建美国公司这样熟悉美国市场、拥有丰富国际基建工程项目施工和投资经验的中国企业，提供了进一步扩大在美基建市场影响力的历史性机遇。因此，建议中方有针对性地寻找 EPC 项目，重点推动投资+EPC 模式。

（四）中国参与美国基建面临的障碍和问题

虽然中国参与美国基础设施建设具备大量有利条件，但也面临一些挑战、障碍和问题。为美国基础设施部门提供商品的中国供应商都必须了解一系列关于优先采购的规定。《1979 年贸易协定法》（简称 TAA）规定，美国政府部门在采购额超过 20.3 万美元时必须购买最初源于"指定国家"的商品，这是指与美国签订了国际贸易协定的国家。根据 TAA，参加世贸组织《政府采购协议》（GPA）的国家被视为"指定国家"。目前中国还不属于"指定国家"，但正在准备加入该协议，在成为 GPA 成员之前，中国向美国政府部门供应商品的能力将受到限制。除上述联邦规定外，州和地方政府也有权对购买和使用外国物资作进一步限制。

虽然 PPP（公私合投合营）是个合适的模式，但现实情况是，美国基建公私合营仍然在起步阶段，僧多粥少、缺乏立法仍然是最大的障碍之一。据悉，前几年每年基建 PPP 项目能够完成竞标的才不到 10 个，而目前只有 40 个州有公私合营立法。中资企业很难参与到 PPP 项目，而 ETC 招标项目非常规范，是中资企业参与的主要方式。除了公私合营本身的立法，相关的投融资法规也需要变得更加灵活。目前，中国对美国总投资额已超过 1 000 亿美元，单 2016 年就增加了 1 000 家赴美企业，加速度非常可观。但相较于中国企业已经覆盖美国 98%

选区，所有中资银行在美国总共只有22个网点。美国金融监管机构应清除对中资银行增开网点的种种阻碍，并一视同仁地对中资银行发放投行牌照，以更充分支持中国企业和中国资本投资美国基建。基建投资的障碍更多还在于美国政府固有的体制机制。中国方面希望美国政府能解除民用高科技产品对华出口管制等领域的出口限制（2016年中国进口集成电路2 270亿美元，超过原油、铁矿石，美国仅占4%），避免对赴美投资的中国公司进行过度安全审查；希望加大对省州经贸合作的支持力度；希望美方为中国公司投资美国基础设施建设提供更多便利。

1. 中国投资者易受到的政治审视

①**中资企业面临高门槛**。美国公共资产私有化为中国企业赴美投资提供了机会，但不能高估这一机会。随着中美贸易谈判的进展，中国承诺减少对美贸易顺差，为中国企业赴美投资提供了一个较为宽松的政策环境，但是美国政府对中国企业特别是国有企业的投资长期持有疑虑和戒心，在国家安全审查方面对中国企业投资设置较高的门槛。机场、桥梁和高速公路等基础设施领域属于敏感的行业，中国企业对这些领域的投资势必经受更为严格的安全审查。希望美方对赴美投资的中国公司不要进行过度安全审查，希望美方为中国公司投资美国基础设施建设提供更多便利。

②**中国企业的政府背景**。在评估中国投资的美国政府官员看来，即使与西方非国有公司类似的中国上市公司也可能涉及政府背景问题。中国政府常常持有上市公司的股权，中国大型国企的高管由中共中央任命和评估。虽然中国国企在美国成功投资的实例不胜枚举，但政府和企业之间的关系仍然可能被美国监管审批机构视作一个重要考量因素，也会因为与基础设施相关而引起政治上的关注。

首先，国家补贴问题。中国公司对美投资的资金来源可能是一个重要的监管和政治因素。从监管角度看来，此类资金可能意味着国家控制。国家补贴也可能导致政策问题,从而引起政治关注。就中国投资而言,对国有企业的补贴可能使人质疑企业有效决策以及为所投资项目带来益处的能力。

其次,对情报活动的关切。中国公司参与某些部门的建设面临的最大挑战之一,是美方怀疑中方可能借此为企业或国家搜集情报。对情报活动的关切在对国防重要的高科技行业特别显著,这些行业包括国防设备、航天、电信和信息技术。相比之下,这种关切在与基础设施相关的行业尚不严重。

再次,网络安全。美国政府对来自中国的网络威胁关切不乏实例。鉴于这种关切,中国在参与某些类型的基础设施项目时可能面临比参与其他项目更大的挑战。例如,从监管和政治角度看来,中国投资能源基础设施可能特别富有挑战性,而其他基础设施项目(如收费公路或某些类型的铁路项目)遭受网络攻击或其他攻击的可能性较小,因此中国投资遇到额外障碍的可能性也较小。

③**邻近敏感的美国政府设施**。中方在美国面临的最具有挑战性的问题之一是所谓邻近问题,即投资项目邻近敏感的美国政府设施或空间。这种问题的棘手之处在于涉及不动产,因此难以消除。邻近问题也可能不是一开始就很明了。问题不仅可能来自军事或国防设施,还可能来自用于军事训练或试验的限制性空域或一些没有公开的情报设施。就基础设施而言,机场和海港经常靠近军事设施,为中国参与此类设施的建设增加了另一项困难。相反,商业道路和某些类型的铁路引发问题的可能性较小。

美国政府提出基础设施建设计划,但由于基建主要由州政府主导,美国的这种联邦政府体制导致联邦政府缺乏抓手,融资方式也有很大不确定性。在中美基建合作上,可分享中国成功的投资和建设经验,采取"共商、共建、共享"的策略,进行"统借统还,以丰补歉"等投融资制度建设。

2. 来自美方的障碍

美国总统特朗普2017年6月初启动了一系列"基建周"活动,为推出万亿基建计划铺路造势。有观点认为,目前美国政府的税改和医改两大计划均受到阻碍,基建计划也将在推进中遭遇各种挑战。

特朗普2017年6月5日公布了一项将全国航空管理控制系统私有化的计划,以促进空管系统更新升级、提高效率和降低成本。7日,特朗普视察俄亥俄河流域的内陆水利基建;8日,特朗普回到白宫会见各州州长和市长,讨论如何更有效地利用税收收入开展基建改革;9日,特朗普到访美国交通部发表与铁路和公路改革有关的讲话。这一系列安排表明特朗普在医改和税改推进不利的情况下,仍试图努力兑现竞选时的基建承诺。

①**基建计划遭遇国会等政治阻力**。即便特朗普政府制定出了基建可行方案,要让国会同意可能也要煞费周章。当年奥巴马政府涉及基建投资的《美国复苏与再投资法案》,是在参议院以刚好60票的绝对多数票通过的,当时民主党控制了参议院的59个席位。虽然共和党在此次国会选举中控制了参众两院,但却没有获得参议院的绝对多数席位(仅获得51席),因此特朗普政府在国会所面临的阻力要大于刚刚上任时的奥巴马政府。更为重要的是,目前众议院的共和党议长(在推动立法方面有举足轻重的地位)保罗·莱恩(Paul Ryan)对投资基建方面的法案三缄其口的态度,表明基建投资并不在共和党立法议程的最优先位置。

②**开工基建的先决条件是首先解决税收问题**。实际上,特朗普政府要开工基建的先决条件是首先解决税收改革问题,基建的开展是决定税收改革能否成功的关键。实际上,特朗普最后采取的税收改革方案基本上是采用了美国众议院议长保罗·莱恩的减税建议。所以在获得众议院立法支持方面,特朗普政府面临的阻力不会太大,双方在大方向上已经取得一致,仅在某些具体细节上存在分歧。

实际上，作为"立法领导人"，保罗·莱恩比任何人都清楚税改是基建的先决条件，这也解释了为何特朗普的税改有比较具体的方案，而基建方案却极其模糊。因为只有明确了税改方案后，才能进一步推进基建。其中，最直接的先后顺序体现在特朗普的基建"框架"中的关键因素——公私合投合营。这需要收税减免方面的支持才有可能让私营资本有动力进入基础设施投资。所以在推出基建方案之前，需要先通过新的税改相关法案对此进行明确。

另外，税改涉及财政最终对基建支持的力度。在2016年财政年度，美国国债总量占GDP的比例达到了76.6%，较2009年净增了25%。但由于2011年通过的《预算控制法案》要求未来减税和增支必须通过其他领域的减支或增收进行"对冲"，所以2011年以后的债务占比上升幅度开始趋缓。

③**法律法规的制约**。首先，美国基础设施资产在所有权上分为公有和私有，这会造成有关项目适用的法律、法规与合同结构十分复杂。一般而言，水利基础设施为公有，大部分能源基础设施为私有，运输基础设施则公私兼有，不同情况需不同对待。

其次，投资美国基础设施的中国企业需要获得美国政府的审批。例如，如果中国企业希望获得一个美国基础设施领域企业的"控制权"，必须接受美国外国投资委员会（CFIUS）的国家安全审查；对能源企业的投资要得到美国联邦能源监管委员会的批准。此外，一些项目可能还需要州一级管理部门的批准。

第三，采购规定的限制。美国政府机构的采购对象有时仅限于世贸组织《政府采购协定》（GPA）的签署国，而中国尚未加入该协议，因此中国企业在参与美国基础设施项目时将处于不利地位。美国采购方面的限制并不仅限于纯粹的政府公共项目，很多公私兼有的项目也存在此类限制。

④**政治环境的不利影响**。虽然美国长期实行对外国投资开放的政

策，但与其他国家的企业相比，中国企业对美投资面临一些特有的障碍和不利因素，在参与美国基础设施项目建设和经营时，更易招致美国政客的敌视和反对，尤其是对电网、石油和天然气资源、海港的投资，美国政府和国会将极度敏感，受到阻挠的可能性大。

⑤**民众对外资的负面反应**。美国人往往反对外国拥有其国内核心资产的所有权，因此中国对美国基础设施投资可能面临美国民众的反对和舆论的负面报道。

⑥**美国基建投资需要扫除经济发展阻碍**。美国首先需建设物理基础设施。因为美国基础设施缺口巨大，2/3 的主要道路状况堪忧，约 1/4 的桥梁亟待修补。目前建筑、设施运营等行业已容纳 1450 万劳动力，其劳动力薪酬是中国劳动力的近 10 倍，劳动力成本高将制约基建发展。其次，教育系统、医疗服务和环境保护等领域投资不足也阻碍着经济增长。奥巴马政府在 2009—2019 年间实施的 8300 亿美元的经济刺激计划已涉及上述领域，但特朗普还进一步关注其他社会部门中的经济制约因素，如提高劳动生产率等。

3. 中方的问题

①**法律法规障碍**。中国企业必须首先得到国内监管部门的批准才能进行海外投资或将资金调往海外，对美国基础设施融资必须获得相关部门的同意。

②**产品质量和安全问题**。尽管中国已成为美国最主要的商品供应者，但产品质量问题仍不时发生。因此，有意参与美国基础设施建设的中国企业将面临非常严格的质量控制和产品安全检查。

③**缺乏售后服务**。由于中国企业主要通过常规的贸易渠道服务于海外市场，往往缺乏在海外市场的售后服务和维护网络，而这种能力是赢得美国基建工程合同的一个关键因素。例如在风电部门，包括运营和维护、备件支持、培训、软件升级等在内的售后服务是获得项目合同的优先条件。因此，虽然目前中国风力发电机的价格比欧洲同类

产品的价格大约低 1/3，但由于质量不高且缺乏售后服务而不被美国市场青睐。

④**缺乏在欧美发达国家运营的能力**。虽然中国企业在发展中国家的基础设施建设领域中取得了较大成功，但还缺乏在发达经济体错综复杂的监管环境中运营的经验。例如，中国海外工程有限公司在 2009 年曾中标波兰高速公路项目，但在两年后被迫中途退出，这一事件充分暴露了中国企业缺乏在欧美国家的成本估算经验和劳工管理经验。这些能力和经验的不足也会影响中国企业在美发展。

4. 企业界认为"中美基建合作"前景乐观但实施困难

①**中国融资成本高、标准与国际标准不接轨制约了中国企业技术和产业走出去**。中国企业代表提出，美方对于基础设施建设没有具体的方案方法，前景乐观，但实施困难。其中主要体现在：一方面，安全审查、技术等方案谈判、资格审查阶段有障碍。原因是受中国企业的政治及央企背景影响。另一方面，受购买美国货的限制及人员迁入的局限。体现在技术及人员优势在美国发挥有限和管理模式与中国不同。

②**要为中国企业在美国提高经济空间**。企业与会代表提出参与美国基建的诉求：一是希望中美两国政府进行磋商，为中国企业在美国提高经济空间，特别是安全审查方面。具体措施是希望中国提出相关政策。二是希望美国政府提高在基础设施 PPP 项目上的透明度，否则，中国企业资格审查无法通过。具体的措施是一方面希望美国在招标规则上进行改进，与美国在华企业联合在美进行投资；另一方面中国金融机构应降低融资成本，增加企业在美国的竞争力。

③**国家应进行引导和规划**。主要表现在解决方案方面利用何种模式实施项目。对于美国市场，国家应进行引导和规划，鼓励企业有序开展基建投资。企业应考虑如何提高竞争力或品牌影响力。注重美国未来新能源的投资和开发。鼓励中国企业与美国公司合作，降低壁垒。

中国参与美国基建应该做到：一要坚持"属地化"的原则；二要关注民生项目和环保生态；三要中国企业通过收购美国企业合作进入美国市场；四要强调投资美国基建方面的安全和风险问题。

五、政策建议

在今后 20 年里，美国基础设施更新项目的总资金需求超过 8 万亿美元，为全球投资者和基础设施公司提供了良好的机会和巨大基建市场。中美以基建合作促进两国走向深层次经济融合的第一和中间步骤将使中美双边投资协定谈判圆满结束，并朝着达成 BIT 协议的方向发展。中美基建合作计划应该纳入中美两国经贸合作计划，中国以更为积极主动的态度与美国进行务实的沟通和谈判，加强与美国政府在基础设施领域的政策协调。

推进对美公共外交与舆论战略，为中美基建合作构建良好的舆论和民意基础。中国以参与美国基建合作为切入口构建新型战略关系，从中美关系的总体态势来看，一是中美关系的实力基础已发生了很大变化，中国的战略优势越来越明显，新时代的特征越来越明朗，主动权也越来越大。这是推进新型中美大国关系的一大基础。二是中美已经展开全面战略对话、磋商机制，双方经贸往来密切，利益深度融合，中美外交要把握、顺应、推动两国经济发展的趋势。三是美国精英舆论和普通公众舆论对中国的认知存在着很大的转换与提升空间。因此，中美两国应全面推动公共外交，加强中美战略互信，避免冲突。

加强中美政府间磋商和协调。中美应在经济战略对话等双边合作机制的框架下，建立基建合作协调机制并纳入现有四个已有机制中，指导和推动中美基建合作项目的实施，把中美基建合作作为重要议题。如降低安全审查开放市场；放松部分高科技产品的对华出口管制等。另一方面，尽快组建中国参与美国基建的研究团队，督促包括国家相关机构组成研究队伍。

探讨以"债转股"等方式参与美国基建。一方面，解决美国基建资金来源的重点将在公私合投合营模式（PPP）和机制的设计上。但要为规模高达5 000亿～10 000亿美元的基建项目群制订出可以让私人资本接受，同时又不大幅增加财政负担的合意计划，恐怕需要相当长的时间。中国拥有全球最大的外汇储备，但在当今宽松的货币环境中，中国面临一个特殊的困境：怎样把美国国债这样的软美元转化为硬美元资产，以抵御今后发生通胀的可能性，将中国持有的部分美国国债变为更受保护的美国基建股份，为美国的基础设施重建提供关键的资金。

推动中国工程技术标准与美国融合，加强风险防范。中国在基础设施领域积累了丰富的经验，一些自主研发产品，如铁路产品的技术含量越来越高，运行高铁里程占全球50%以上，时速也是最高的，以"复兴号"高速铁路为代表的设备生产研发已居世界前列，公路、桥梁、隧道等基础设施建设水平更是领先世界。因此，在符合国际通用标准和适合当地实际情况的前提下，可在美国基础设施领域融合中国工程设计标准、施工规范、产品标准和颠覆性创新技术，提升中国在相关国际标准制定中的话语权。赴美进行基础设施项目投资不仅可能面临政治风险、劳资纠纷风险、环保风险，还可能面临汇率风险等一系列风险。中国企业应当增强风险意识，使用各种金融、经济工具和手段趋利避害，维护自身利益。

逐步实现本土化经营，构建关系网络。值得注意的是，特朗普多次强调基础设施应采用美国制造的商品，并承诺在未来10年内为美国国内创造2 500万个就业岗位。建议中国企业在美国开拓基建项目，适应当地市场、法律和政府要求，更多地采用当地和国际化采购，逐步实现材料与设备采购以及劳动力的雇用国际化和本地化。因此，中国政府应该对赴美投资的企业进行政策引导和规划，鼓励中国企业与美国企业合作投资美国基建项目，以降低美国市场壁垒，有序开展基建投资业务。一方面，可以通过收购当地企业或在当地投资办厂等形式实现。如中车、海尔公司等企业的方式。另一方面，中国的企业可以联合在华的美国企业回美投资，也可以与美国的企业到第三国进行基建合作，以此提高中国企业在美国的竞争力和品牌影响力，逐步实现中国的产能转型并对世界经济产生影响。

| 第三节 | 能源问题与气候变化：以中美合作实现全球合作

当前，气候变化正在演变成一个涉及全球环境、国际政治、世界经济、国际贸易问题的复杂议题，并正在成为环境外交的焦点，而且这一特征将在经济全球化和环境问题全球化的双重背景下继续得以强化。值得注意的是，能源与环境问题正在衍生为发达国家主导世界政治经济秩序的新工具和发展中国家面临的新"壁垒"。

2021年11月10日，中国和美国在联合国气候变化格拉斯哥大会期间发布《中美关于在21世纪20年代强化气候行动的格拉斯哥联合宣言》。这是中美在气候环保领域开展竞争合作的标志，全球气候变化在一定程度上就是经济发达国家和发展中国家的工业化。双方赞赏迄今为止开展的工作，承诺继续共同努力，并与各方一道，加强《巴黎协定》的实施。在共同但有区别的责任和各自能力原则、考虑各国国情的基础上，采取强化的气候行动，有效应对气候危机。双方同意建立"21世纪20年代强化气候行动工作组"，推动两国气候变化合作和多边进程。

当前，能源、环境与气候变化问题已经成为影响中国经济社会均衡、协调和可持续发展的重要因素，更是一个全球性的问题。作为温室气体排放量最大的两个国家，中国是全球最大的发展中国家和美国是全球最大的发达国家，在控制气候变化方面都负有重要的责任。同时，气候变化既是中美两国共同面临的挑战，两国在此方面有共同的利益，这又成为中美间合作的重要领域，并将为中美间更广泛的合作创造条件。事实上，气候变化议题历来都具有"全球性、政治性、长期性、不确定性"等显著特点，这使得应对气候变化的国际协调格局复杂而多变，面对日益严重的生态危机和不公正的全球环境旧秩序，必须建立新的全球环境秩序。全球气候变化的关键是要找准气候变化问题的重要和全局性问题并提出创新性的解决方案，有效推动全球气候变化涉及的国际合作，更要兼顾宏观意识并提出具体措施，实现中美合作应对气候变化，既是实现气候变化过程中要解决的问题，更是带动全球气候变化宏观政策和世界各国共同合作的重要途径。

一、中国能源与环境问题的特殊战略关系

全球气候变化在一定程度上就是经济发达国家和发展中国家的工业化。具体到中国，气候变化代表中国发展环境的气候变化，它是中国进入 21 世纪必须考虑的发展战略、发展目标和发展政策的最大约束条件。随着经济全球化的深化，中国作为一个制造业大国，深受世界经济结构中所处位置与角色的局限和束缚。中国已经成为世界上污染最严重的国家之一。中国的环境污染总体上仍处于"爬升"阶段，主要污染物排放总量居高不下，远远超过了环境承载能力，环境污染已经成为严重制约中国经济社会的可持续发展、严重影响国民健康和生活水平提高的主要因素之一。

第一，对煤炭的能源战略依赖形成中国独特的能源—环境问题。大约世界上任何国家的能源问题，都不会与环境问题发生如此紧密的

联系，具有如此的战略关系。长期以来，中国的能源消费结构以煤炭为主，过多、过度依赖煤炭。这种特殊的能源结构，使得中国的能源问题与环境问题关系殊为紧密，其紧密程度大概超过世界上任何国家。

第二，快速城市化进程与资源—环境约束的矛盾。著名美国布鲁金斯学会李侃如教授曾对中国经济社会发展与节能减排之间的巨大矛盾作了如下描述：煤炭占中国能源的70%左右，而且在未来几十年，没有可以正式替代煤炭的能源。中国的城市化进程以一种几乎难以想象的规模向前推进。自1992年以来，已有将近2亿中国人从乡村迁至城镇生活。每年大约有1 500万人搬进城市，这种移居速度有可能会再持续15到20年。移居潮引发了对发电、房屋建筑、交通、教育和健康服务的需求，这意味着，中国政府实际上必须每个月为一座有着125万人口的相对贫穷的新城市建造城市基础设施并创造城市就业机会，而且这可能会持续20年。较高收入的中国人越来越多，他们想改善自己的生活品质。因此，碳排放量的增加反映出了中国发展进程中极其重要的推动力量；支持相关基础设施发展的关键工业——水泥、钢铁、石油化工、电力和铝，一直是过去5年中国发展最快的几大工业，同时也是产生温室气体排放的最重要源头；此外，中国领导人还对环境感到担忧，水资源分配和水质以及极其严重的空气污染是他们尤为关注的问题。正是这些问题使得重要资源没有被用到解决碳排放问题上。

第三，资源环境对中国城市化进程的影响作用极大，致使城市化进程每年都要拖拽下降0.53个百分点。通过比较可以得知，能源对城市化进程的阻力作用是最大的，成为中国城市化进程发展面临最大的瓶颈，其余依次为水资源、土地资源和环境污染。如果按照现有的资源利用方式与技术发展水平，根据测算的资源环境的"尾效"存在，到2020年中国的城市化率只能达到约53.48%，很难完成计划中的60%。专家通过对"现行世界经济结构下的中国隐含碳排放"的研究得出结论：第一，中国出口贸易隐含碳排放数量巨大，2012年中国出口贸易隐含碳排放达到 8.83 亿吨。中国出口的商品被其他国家消费，但按照生产者责任原则，所产生的碳排放却全部归咎中国，目前的国际碳排放核算方法显然有失公平。第二，由于中国的能源利用效率及技术水平落后，中国的出口产品在中国生产的碳排放远远高于在国外的碳排放，因此，出口增加了中国和世界的碳排放，进口减少了中国和世界的碳排放。第三，由于相对低的生产效率和较高的碳密集度，伴随着对外贸易的快速持续增长，中国事实上替国外净排放了显著数量的二氧化碳等温室气体。因此，中国不是其碳排放的唯一责任方。国外消费者，尤其发达国家的消费者，也应该为中国日益增长的温室气体排放负责。

二、中国在全球能源—气候问题上的国际战略选择

在全球应对金融危机的国际背景下，气候变化问题已成为当今最引人注目的国际政治问题。气候变化议题正在改变整个世界，并迅速发酵成为国际政治舞台上各利益攸关方瞩目的焦点，也对国际政治和国际关系产生长远而深刻的影响。

环境—气候变暖问题已提升到全球安全的高度。由于气候问题的全球性破坏力，这一问题已悄然上升为了重大的国家暨国际安全问题，从而由一般性政治、经济、科学问题上升至战略安全层面。2007 年联合国安理会首次将气候变化与国家和国际安全挂钩，使气候变化问题的政治化达到了新高度。近年来，西方国家在积极推进气候变化议题的同时，也试图推动以安全为核心的气候外交新战略。气候变化与国家和国际安全存在的联系主要表现在边界争端、生态移民、能源供应、其他资源短缺、社会压力和人道主义危机等方面。事实上，国际社会所有成员都面临一个两难的困境：如果不能发展经济以满足人民需求，世界将面临冲突和不安全的风险；而发展经济就不得不消耗化石能源，

加剧气候变化,也将带来对国际和平和安全的威胁。

新兴的气候经济—产业正在形成。金融危机之后,国际社会一直在寻找新一代科技及产业经济的突破口,以挽救日益疲弱的经济。全球正在酝酿新一轮的产业结构调整,以低碳、绿色为特点的新经济模式正在逐渐形成。眼下,气候因素正成为全球产业结构调整和能源革命的最主要推动力。特别引人关注的是,人类应对气候变化举措的提速,迅速催生了与此相对的新能源产业、环境产业、气候产业等新的经济领域和产业群。这一新兴产业从一开始即表现出了对于IT、新能源、生物、金融等诸多产业的强大整合力量。在新世纪的未来更长的时间里,气候产业—经济将有可能成长为战略引导型产业。这一产业每年将生长出几十万亿美元的GDP,在这个新产业的上游—下游和周边,将集合起一个巨大的产业群。尽管一些新产业的发展路径尚不清晰,但是围绕新兴产业,世界经济结构调整在深化的趋势已显端倪。全球范围内的资源重新配置,各主要国家所扮演的战略角色之位移,也同时在调整和变化。

大国间围绕环境—气候问题的国际战略博弈已经展开。气候变化正在演变成一个涉及全球环境、国际政治、世界经济、国际贸易问题的复杂议题,并正在成为环境外交的焦点,而且这一特征将在经济全球化和环境问题全球化的双重背景下继续得以强化。全球气候变化集中体现了全球化背景下环境问题政治化的特征。大国围绕争夺国际环境政治主导权展开博弈;围绕气候产业—低碳经济,将建立起新的全球贸易规则、新的能源产业格局、新的经济发展模式,这一领域很有可能成为搭建国际经济新秩序的舞台。

气候政治正在一套新的国际话语背景下塑型。气候变化已经成为全球性的"政治正确"标准,成为一种新的国际政治的强势话语。发达国家正积极构建新时代的"绿色意识形态"或称"气候意识形态",以此占据新世纪的道德高地,以此构筑新的气候政治经济制度的主导权。值得注意的是,环境问题正在衍生为发达国家主导世界政治经济秩序的新工具和发展中国家面临的新"壁垒"。

我们应该清醒地认识到,能源—气候议题的激烈争辩,不仅呈现出各国参与国际政治博弈的技巧与成效,而且表现出各自在新的国际制度构建过程中将自身战略利益投射其中的能力,以及对新的国际气候政治话语权和外交主导权的掌控能力。中国无疑应把握这一历史机遇,彻底改变被西方丑化为"经济怪兽"的负面形象,既要推动国内经济发展观念的更新和可持续发展体系的建立,又要在全球气候—环境博弈中有理有利有节地表达出合理的利益诉求,不仅以批判者更以建设者姿态,积极参与这场国际话语权的博弈,参与构建一个公平合理的国际能源—气候政治秩序,积极实现从受惠于国际体制的分享者向新国际制度的创建者和贡献者的转型,力所能及地向国际社会提供有益的公共产品。

中国将长期面对能源安全与环境外交的双重压力。中国政府和社会面临的巨大的矛盾是:随着经济全球化的深化,中国作为一个制造业大国,深受世界经济结构中所处位置与角色的局限和束缚,在全世界分享中国制造的物美价廉的工业产品的同时,自身却付出沉重的资源与环境代价,并同时承受着"转移排放"带来的越来越大的国际政治压力;中国已经成为世界上污染最严重的国家之一,同时又必须为减少污染和能源消费做出最大的努力;在国内,它既要保证经济发展,同时又要保持政治的稳定。这就使得中国政府对内得长期面对巨大的环境政治压力。此外,矛盾的深刻之处还在于,中国在当今世界经济结构中所处的位置,即所扮演的角色和必须付出的代价并非可以在短期内得到改变。还应当认识到,全球应对气候变化的国际政治博弈将是一个长期的进程,与环境和气候相关的国际合作也绝非一蹴而就之事,环境问题政治化对中国经济社会可持续发展以及中国的国际形象,将构成长期的国际政治和外交压力。

能源—环境与气候问题成为中美关系新的战略交集点。中美是世界上位居前两位的能源进口国和消费国，同时也是温室气体排放最多的两个国家。应对能源问题与全球气候变化，已成为中美关系新的战略交集点。40年前，中美邦交正常化促成了二战后第一次国际政治经济大转变。显然，中美两国都是这一重大战略转型的受益者；今天，中美有可能再次携手创造以"发展低碳的全球经济"为目标的第二次国际经济和政治秩序转型。在这一历史进程中，中美两国都将成为这一重大战略转型的受益者，而且将造福世界。

三、环境—气候问题的国际战略博弈新形势

根据美国科学协会的数据表明，全球变暖的速度之剧可能比我们目前的预测要更为严重，各国实际的工业排放量也比过去的预期要多很多。在未来一段时间里，因其涉及人类社会的可持续发展和未来人类的生存质量，气候变化将不再仅仅是一个简单的环境问题，事实上作为安理会的一个话题，它已经被考虑为一个安全问题而与各国的外交政策制定紧密相关。在西方部分国家中，气候变化已经成为国内政策、特别是总统竞选的重要议题。因此，在这一领域中开展有效的中美合作，不仅对于人类共同应对全球挑战、实现子孙后代的可持续发展是一个福音，而且也很有可能将中美关系提升到一个历史高度。

目前，中美两国在面对能源—环境与气候问题的战略合作时遇到的基本形势是：

1. 美国对全球能源的战略控制态势。美国是世界最大的石油生产国之一，也是全球最大的石油消费国；它既是世界最大的石油进口国，也是全球最大的战略石油储备国，具有操控世界市场的能力；更为具有战略意义的是，美国是世界石油产业最大的资本运营国家，管控着全球石油美元的源与流。

2. 中美在能源层面存在的潜在与现实战略冲突。中国与美国在经济层面暨市场层面的利益交集与冲突,已现实存在;在石油地缘战略层面,由于美国对世界主要石油储产区域实施的战略控制,中美两国存在潜在与现实的冲突。

3. 中美两国进行能源战略合作的可能性与现实性。美国是直接或间接控制着世界油气资源的超级大国,而中国只是在国家经济发展、产业结构升级引发的能源结构升级的需要下,增加了对国际市场油气资源的需求,是在西方国家和西方石油巨头操控的世界油气市场中,从有限空间中寻求油气资源。中美两国在国际石油市场上的商业活动表现出极大的不对称性。中国只希望在国际市场上通过正常商业活动,稳定石油供给,保障能源安全,为自身发展和世界经济发展做出贡献。作为当今世界两个最大的能源消费国,中美间的合作对于维持世界能源市场稳定,促使能源市场按照市场规律和原则运行等起着重要作用,同时这也符合两国的共同利益。竞争与合作关系仍将是基本的双边关系,但"竞争"多些还是"合作"多些,显然将受制于国际政治格局的变化,受制于国际石油市场的变化。其中,中美关系大局的走向,将起到最大的制约作用。我们认为,中美之间几乎所有潜在的能源冲突因素,都是可以通过对话、协商和外交途径得到解决的。此乃中美实现能源合作最坚实的战略基础。

中美能源—环境与气候合作的基础。进一步深化中美在能源—环境与气候领域的合作不仅是必要的,也是可行的。一方面,中美能源需求的迅速增长和对外依存度的大幅增加使两国能源安全问题日益突出,两国都面临着较强的国际能源运输风险和国际油价波动(高油价)带来的巨大冲击,能源安全已被提升到国家安全和外交战略的高度;作为世界上最重要的能源生产者和消费者,两国对维护国际能源市场的稳定有着不可推卸的责任和义务,在温室气体减排方面均面临着国际社会的巨大压力。另一方面,中美两国在能源、气候领域存在诸多共同利益,两国已成为命运共同体。中美两国都是海上能源运输大国,都需要稳定而可靠的能源供应和相对稳定、低廉的国际能源价格(石油价格)以确保国内经济的持续、稳定增长,双方在海上反恐、反海盗等方面(尤其是确保海上能源运输线的安全)有着共同的利益诉求;同时,美国在开发新能源和可再生能源、节能、提高能效以及环保技术等方面具有比较优势,而中国在新能源,可再生能源以及提高能效和环保等方面有着巨大的市场需求。双方在能源、气候领域存在很大的互补性,具有广阔的合作空间。

中美能源—环境、气候合作面临的新机遇。近年来,中美双方能源合作不断深入,领域逐渐扩大;能源合作渠道不断拓展,机制不断完善;能源合作模式与合作路径日益多样化。奥巴马政府的能源新政对中美关系的发展产生了积极的影响,它不仅为中美能源合作提供了新的契机,注入了新的活力,而且使中美关系在原来的基础上朝着更加积极、健康的方向迈进。具体来看主要有以下几个层面:一是丰富了中美能源合作的内容,拓宽了中美间的利益边界;二是能源合作的地位进一步提升,机制保障进一步完善;三是外溢效应明显,"身份"认同不断增强。

四、中美能源—环境与气候合作面临的挑战

1. 美国绿色新政意在掌握战略主导权。奥巴马时期完全摒弃了布什政府忽视气候变化问题的能源政策,大力度调整政策意在争夺气候变化问题战略主导权。美国政府将能源作为执政的核心和经济结构的基轴,能源、环境政策也成为奥巴马经济刺激计划中的核心内容,并希望将其作为摆脱经济衰退、抢占新能源制高点、巩固美国霸主地位的战略途径。绿色经济将成为美国经济的主力引擎。

2. 中美能源安全理念存在差异。尽管中美两国都存在能源供需矛

盾，都强调能源技术研发与应用的重要性，主张通过互利合作以及多元化的能源发展战略（尤其是发展新能源）来维护自身和全球能源安全，但是在能源安全观上仍存在明显差异。相比之下，美国更强调能源的市场化运作，倾向于通过提高能源市场的透明度和运作效率来保证能源市场稳定和能源安全；而中国则更为重视影响能源安全的地缘政治环境因素，主张通过建立相对稳定的政治保障的方式来维护能源安全。这种能源安全理念差异，往往导致美国不能客观评价中国在全球能源市场的作用和地位。同时，大量中国国有能源企业不断增强在全球市场的分量，以及中国在世界石油消费增长中的比重的增加，又进一步强化了关于中国影响世界能源市场的误解，这些误解已经对中美关系产生了负面的影响。

3. 政治、意识形态等领域的负面影响仍然存在。一方面，冷战思维、议会政治等政治因素影响和制约着中美能源合作的深入进展，尤其是一些研究机构和媒体将中国能源需求特别是石油、天然气消费视为美国和全球能源市场的一种威胁，认为中美能源合作是一种"零和游戏"，对能源的竞争，特别是对石油的竞争将可能成为中美关系未来冲突的头号动因；另一方面，美国不时将能源问题政治化，将能源视为中国挑战美国霸权地位的一个重要方面。

4. 战略互信与沟通有待进一步加强。中美两国在能源领域的互信交流机制始终处于不稳固、不健全甚至某些时期处于非常脆弱的状态，这常常导致双方对能源合作的相对收益非常关注。中国通过与产油国加强双边合作来获得相对稳定的能源来源（例如中国与伊朗、苏丹等国的能源合作），使美国颇为不满，而中国对美国掌控全球能源通道的战略态势也心存疑虑。

5. 能源技术转让纠纷与贸易壁垒。日益增多的技术转让纠纷（新能源核心技术）和相关知识产权保护问题已经成为中美之间在能源领域（新能源）合作的重要障碍。由于中国能源领域的自主创新能力不足，许多高技术材料、设备和先进技术依赖进口，中国主张美方应以优惠条件或者无偿方式向中国转让相关能源技术。然而，美国技术出口管制体系在一定程度上阻碍双方合作。美国的新能源技术以"保护知识产权"的名义限制向中国转让，尤其是禁止对华出口带有"敏感技术"的产品。

6. 减排的原则、标准、目标互不相同。在减排原则、机制方面，中美对"共同但有区别的责任"原则存在不同的理解和诠释。在减排的基准、目标上，中国采用基于庞大人口基数的排放强度标准，美国采用排放总量标准并坚持认为中国也应该采用该标准；中国提出，美国尽管承诺到 2020 年将在 2005 年基础上减排 17%，但如果以 1990 年为基准，实际只减排 3%～4%，远远低于联合国要求发达国家在此基础上减排 25%～40% 的目标。而美国认为，联合国要求主要发展中国家到 2020 年的碳排量比"未采取任何减排措施的正常水平"降低 20%～30%，中国承诺到 2020 年使单位国内生产总值的 CO_2 排放量比 2005 年下降 40%～45% 的减排目标也远未达到这个标准。在碳交易方面，美国有发育完善的市场经济体制，能够顺利实现温室气体的减排交易。中国则认为，征收"碳关税"违反世界贸易组织的基本规则，扰乱国际贸易秩序，只会加重中美在能源领域的贸易摩擦，因此坚决予以反对。

提升中美能源—环境与气候合作效能的现实举措（对策分析）：进一步丰富和完善中美能源合作机制，着力提升能源—环境与气候合作层次；深入挖掘合作潜力，积极拓宽合作领域，着力增强中美能源、气候合作"外溢效应"；进一步加强在能源、气候领域的互动与沟通（积极开展多轨道外交），着力化解误解和分歧；积极与国际接轨，建构"负责任的大国形象"，着力增强中美之间的战略互信。

7. 全球气候变化在一定程度上就是经济发达国家和发展中国家的工业化。具体到中国，气候变化代表中国发展环境的气候变化，它是中国进入21世纪必须考虑的发展战略、发展目标和发展政策的最大约束条件。虽然目前中国已经进入工业化中期阶段，但仍然是一个发展中国家，还有一半劳动力在从事农业生产，工业化的任务远没有完成。一方面，按照国家发展战略和宏观经济政策，还有大量的重点领域和薄弱环节需要融资建设；另一方面，在转变经济发展方式和调整经济结构的重要阶段，我们需要解决的一个突出问题就是如何使长期处于高能耗、低附加值的生产产品向低能耗、高附加值水平转变。在2005—2020年15年期间，中美两国对全球经济增长的贡献率将超过50%，两国的温室气体排放量则将占全世界总量的40%左右。显然，中美两国既是两个最重要的世界经济大国，同时也是两个最大的温室气体排放国。作为人口最多、自然灾害最严重的国家，1991年《中国自然灾害与经济发展》报告和最近的一份类似研究均表明，中国粮食产量受全球气候变化的影响比例越来越大。中国实际上是气候变化的最大受害者，仅以2008年南方雪灾为例，中国的经济损失就达到了1 151亿美元。

　　进入21世纪，人们逐渐清晰地认识到，世界的第三、四次工业革命将由绿色革命来引导。只有通过这次机会中国才有可能第一次和美国等其他发达国家以及其他发展中国家站在一起，成为绿色革命——这场迄今人类最大革命的发动者、领导者，甚至创新者。无论是从发展模式、绿色技术，还是绿色消费等角度来看，应对气候变化，实现绿色的经济增长模式，既符合中国的国家核心利益，也符合人类的根本利益。

　　但各国目前面临的一个困惑是，应对气候变化是生产全球最大的公共产品之一，联合国五个常任理事国中只要有一个国家不做出承诺，全世界根本无法解决这个问题。换句话说，现实的状况是，世界上这一最大的公共产品似乎没人来提供，大家都希望免费搭车。

　　因此，打破目前全球气候变化僵局需要有一个基本思路，即需要建立以大国为主导的全球治理新框架、新机制。关于谁排放污染多，谁就要负相应的责任这一点，无论最大的发达国家美国也好，还是世界上最大的发展中国家中国也好，都必须带头打破这一僵局。中国应该主动积极地响应这样的全人类挑战，并且做出自己的回答。

进一步来说，如果中美两国最高首脑可以直接讨论这个问题，那么中美的共识就有可能变成世界大国的共识，进而才能成为全球的共识。一句话概括，是否能够实现中美的合作已经成为关系到大国合作乃至全球合作的关键所在。

五、气候变化问题影响中美关系及全球合作

气候变化问题将从四个方面影响中美关系及全球合作。首先，美国和中国在清洁能源和气候变化上进行合作，必将是长期而非短期的合作。这种合作将成为促进中美友好关系的一个长期支柱，原因在于它可以大大减少现在两国政府的相互不信任。第二，中美合作将增加两国在气候变化的问题上进行国内探索的有效性。第三，作为两个最大的二氧化碳排放国以及世界上发达国家和发展中国家的主要代表，中美在气候变化领域的合作将增加达成更多全球性共识的可能性。第四，在此问题上的共识达成将很有可能影响其他全球问题（金融危机、核武器扩散等）的解决方案，从而成为双边关系和全球合作的里程碑。虽然目前中美在主要双边事务以及中国周边国家的问题（比如朝鲜核谈判）上存在合作，但是全球范围内的中美合作并不多。因此必须建立这样的惯例或者框架，在全球领域来开展合作。当年，奥巴马政府希望把中美关系提到全新的高度，这对中国政府来说是个很好的历史机遇，如果合作成功，中美关系将朝着更好的方向发展。

但事实上，在已进行的关于气候变化的讨论上，中美的合作框架并没有赢得两国政府理应产生的热情支持。一方面，中国利用美国在

技术转移和融资等方面的态度为自己的裹足不前找借口,并且倾向于认为美国是意图利用气候变化问题来遏制中国的崛起。另一方面,美国也利用中国逐渐增长的二氧化碳排放量和中国与《京都议定书》的关系作为自己在国内采取消极减排行动的借口。美国认为缺少中国的参与,《京都议定书》不具有国际性,从而也不会实质性减少二氧化碳排放量。

因此,在两国的最高领导层开展建设性的对话,已成为推进中美气候变化合作的重要步骤。中美在气候变化问题合作上需注意的三个重要原则和层次。关于建立怎样的合作惯例和机制,以及遵循怎样的要求去建立这一套机制,应遵循三个基本原则:第一,相互尊重。两国政府都需要在平等的基础上提出问题,找到解决方案,彼此聆听,在此之上进行合作。第二,已开展的合作是基础,应扩大它们的效果和深度。比如2008年12月份的中美战略经济对话就是已经确立的一个基础,双方应该将关于能源和气候方面的这部分讨论继续下去。第三,利用中美合作来创造一种趋势,影响和鼓励其他国家开展全球对话。

要让以上原则得到贯彻并最终实现改善全球气候变化状况这一目标,获得最高领导人的支持是非常关键的一点。因此,对于某一个特定的国家来说,需要从四个方面提高领导人的知晓程度:①各国的节能减排现状;②其他国家领导人对于气候变化的立场;③其他国家领导人在处理气候变化问题时可能面对的困难;④怎样从政治层面影响其他国家对气候变化问题的看法。

同时,中美在气候变化问题上的合作实际上有三个层次需要探讨。第一个是政治或者政策层面。第二是经济层面,第三个则是技术层面。在实际的制定政策过程中,不可避免要涉及技术和经济方面的问题,而在政治层面上,中美合作需要解决两大主要问题。

第一个是互信。如果没有互信,双方之间总是拿对方的不足作为自己逃避责任的借口的话,就很难谈得上共同努力解决气候变化问题。

当前确实有这样的现象,即对于对方某些行动的动机都存在怀疑。因为毕竟中美两国意识形态、政治体制、社会制度、文化背景等都有不同,所以要解决互信问题,必须通过加强高层的接触以及各界之间的接触,才能增加相互了解,增进相互信任。

第二个问题,是各国应该清楚中国领导层对气候变化问题的立场。中国的领导人多次强调,中国是气候变化受害最严重的国家之一,中国气候变化问题有三个特点:①中国是发展中国家,目前来看,一半左右的二氧化碳排放是因为跟人们的生活密切相关。中国因为还要发展,所以还会产生二氧化碳排放量。②中国的历史累计的温室气体排放量还是比较低的,大概低于10%。中国人均排放量现在还稍低于世界的平均水平,比美国低得多。③中国二氧化碳排放,有一部分是由于国外的公司把它们的生产能力转移到中国来所造成的。外国公司把可能产生更多二氧化碳的生产线转移到中国来,它们的国家减排了,中国却受责备了。

总的来说,政府层面最重要就是互信和共识。对于取得共识,《京都议定书》是很好的基础。2012年前,中国不承担减排的义务;同时,中国是发展中国家,发达国家有义务在资金、技术上帮助发展中国家。在这些基本问题上取得共识是非常重要的,因为这样我们才能够进一步探讨我们的目标。比如从长远来看,我们排放界定的标准到底是高了还是低了?按照不同的标准计算出不同的排放方案之后,不同的排放方案应如何在各国之间分担?如果基本问题都不能取得共识,目标没法谈。根据《京都议定书》,发展中国家和发达国家在减排问题上具有共同但又有区别的责任,怎么真正理解好这句话实际上很重要。

六、气候问题的国际制度、机制及相关建议

目前,气候问题国际格局的已经发生了新的变化。在欧洲债务危

机和全球经济复苏乏力的影响下，发达国家的财政支持是有限的，使其承诺的"共同但有区别的责任"原则松动；"德班增强行动平台"主张建立单一的全球减排系统，即涵盖美国、中国和印度等主要排放国的"具有法律约束力"的机制。这就意味着在单一减排责任系统下，发达国家和发展中国家的界限将变得模糊，发达国家减排义务将可能减弱；与此同时，"双轨制"谈判模式将被取代，这就意味着发展中国家，特别是大的发展中国家和发达国家将在德班增强行动平台上共同履行减排义务。同时，排放大国和小国的排放量的区别被凸显。总体来说，新变化集中于：发达国家的手段性权力增强，但态度大多趋于消极保守；发展中国家的力量和话语权均呈上升趋势，但权力领域有限，权力意愿分散化；气候谈判阵营的权力分化重组和《公约》内外权力的消长。

中国应对气候变化问题策略建议：第一，在明确利益的基础上，采取更灵活的谈判策略，坚持排放量减少的立场同时，避免强强对话，促进利益分配结构向有利于中国的方向发展。第二，适时推进部门的国际合作，寻求与发展中国家合作的基础，争取更大的发展空间。第三，抓住气候治理整体意愿的低潮期机遇，增强气候治理权力，推动有约束的国际机制的建立。第四，加强气候谈判格局分析，加大人才培养力度，提高应对气候变化研究的质量和针对性。

从根本上讲，中美两国的能源战略与应对气候变化合作并非水火不容。从"大能源"和"大安全"的角度看，中美之间在维护国际能源市场稳定、开发新能源、节能提效、环境治理以及气候减排等领域有着广阔的合作前景和巨大的合作潜力，应进一步凝聚共识、增强互信、消除分歧、共迎挑战、谋求双赢。

|第四节| 美国货币政策调整对中国经济的影响

美国超强的经济实力奠定了当前美元在国际货币体系中的霸主地位。2020年新冠疫情的暴发，对美国经济造成了巨大冲击。为此，美联储重回2008年金融危机后的零利率水平，同时实行无上限量化宽松货币政策。巨额流动性的释放使外汇市场上美元泛滥，美元指数贬值幅度高达10%以上，从而削弱了美元的全球霸权地位。对此，中国应该充分利用制度优势巩固抗疫成果，不断增强自身经济实力，同时采用适度的货币政策，配合积极的财政政策，深化金融市场改革，稳步推进人民币国际化的步伐。

在新冠疫情在全球暴发且不断升级之际，美联储2020年3月15日将联邦基金利率直接下调100个基点至0~0.25%区间，并将购买7000亿美元的美国国债与抵押贷款支持证券。这次宽松政策堪称美联储史上最大手笔的救市行动，而且此次降息距离上一次紧急降息仅过去12日，行动规模更是可谓空前绝后。美联储上一次触及零利率下限，还是在2008年金融危机期间，降息力度也超过了当时75个基点的单次最大调整幅度。虽然美联储这次行动得到了总统特朗普难得的赞扬，但是美国市场却不买账。就在美联储宣布大规模"救市"之后，美国股票市场恐慌情绪飙升，美国三大股指期货全线跌至熔断，道指收盘狂泻约3000点，创史上最大单日下跌点数。由此可见，美国经济自2019年所表现出的疲软征兆，同时叠加上始料不及的新冠肺炎疫情冲击，势必会对美元走强的趋势产生根本性逆转，从而可能动摇美元在世界范围内的霸权地位[1]。

---

[1] 刘威，刘卫平.从美联储货币政策调整看美元霸权问题[N].经济日报，2020年《信息专报》第31期.

一、美元霸权的表现

"二战"后，美国一跃成为世界上经济实力最强大的国家，在其主导建立的国际货币体系中，美元具备了等同于黄金的特殊地位，这为美元霸权地位奠定了经济基础。后来出现的美元危机导致了布雷顿森林体系的崩溃，但是并没有从根本上影响美元在全球经济中的霸权地位，其主要表现如下。

1．**国际结算**。美元作为全球通用的世界货币，近几年虽然受到去美元化趋势的影响，其统治地位有所减弱，但仍然是一枝独秀。截至2019年，美元在全球交易支付中的比例依然保持在40%左右，仍然是使用最多的货币。近年来人民币在国际上的地位不断提升，但是在全球交易中的支付占比只有2%左右，仅排名全球第五位支付货币。

2．**国际储备**。在全球官方外汇储备组成架构当中，美元更是独占鳌头，占外汇储备的60%以上。欧元、日元和英镑加在一起也只占外汇储备的30%左右。截至2019年第三季度，人民币储备资产在全球外汇储备中创下IMF统计以来的最高记录，但人民币资产占比也只是才突破2%。

3．**国际资本市场**。根据国际清算银行的报告，在全球外汇市场中美元交易占比在2019年4月达到88.3%，单日交易额高达5.82万亿美元，相比2016年4月上涨31%。特别提款权（SDR）作为一种重要的账面资产，其价值是国际上最重要的几种货币共同决定。人民币直到2016年10月1日才正式加入SDR货币篮子，现由美元、欧元、人民币、日元、英镑这五种货币所构成的一篮子货币共同确定，其中美元权重为41.73%，而人民币只有10.92%。在全球外汇市场交易中，人民币占比更是远远落后于美元，仅排名第八，全球占比只有4.3%。

二、美元霸权形成的原因和基础

1. 美国强大的经济实力是美元霸权的基本支撑。美国经济实力突出，特别是高端科技行业更是一枝独秀。2008年国际金融危机后，在发达国家中美国率先走出低谷，迎来经济复苏和发展，2018年GDP增速高达2.9%，远远超过了日本和欧洲等主要发达国家1%左右的增速水平。2020年新冠疫情虽然对美国经济冲击巨大，但是伴随新总统拜登对疫情控制的重视，以及更广泛的政策支持和更快速的疫苗供应，美国经济出现了明显反弹。在2021年初国际货币基金组织（IMF）发布的《世界经济展望》中，就把美国2021年的增速大幅上调2个百分点至5.1%，而把欧元区的经济增速下调1个百分点至4.2%。IMF经济顾问兼研究部主任吉塔·戈皮纳斯也提到"预计美国经济将超过其疫情前的水平，远远好过欧元区"。尽管中国2021年的经济预期增速高达8.1%，但中国离高科技制造业前沿仍有较大距离。实际上，在计算机产业、汽车工业、生物科技等领域的出口市场上，中国几乎无足轻重。在其参与竞争的领域，中国出口产品往往还是靠价格取胜，质量品质还有待于进一步提升。

2. SWIFT系统是美元霸权的主要助力。用于国际结算的SWIFT（环球同业银行金融电讯协会）系统将全球金融机构串联起来，为全球各国金融机构提供安全讯息服务，现已为全球200多个国家和地区的11 000多家银行、证券机构、企业与客户提供交易服务。SWIFT系统的支付结算是以美元作为基础币种运行的，这也成为美国实施美元霸权的重要载体。所有从事国际贸易的国家和企业基本上都需要利用这个系统进行资金的往来和结算，这就让很多国家形成路径依赖，这样美国就可以用SWIFT系统对世界各国进行长臂管辖，实施相关的金融制裁。例如美国对伊朗的制裁，禁止与伊朗金融机构进行重大金融交易的外国金融机构在美国开立或维持账户，切断了外界与伊朗之间的支付结算通道,彻底隔绝了伊朗同他国的金融往来,致使伊朗经济遭受重创。目前全球贸易清算以美元为主,而 SWIFT 系统又被美国操控的事实,进一步强化了全球的美元霸权地位。

3. 石油美元延续了当前国际货币体系下的美元霸权地位。 布雷顿森林体系的崩溃虽然打破了美元和黄金的挂钩,但是石油美元的诞生成为美元延续霸权地位的新载体。自从 1974 年美国与沙特达成石油美元协议后,所有石油贸易都以美元交易。石油作为全球交易量最大的商品以及以美元购买石油的要求,使美国通过美元汇率间接影响和控制了世界石油贸易。世界经济中的石油美元为美国削减全世界的羊毛提供了有利的保证,延续了美元的全球霸主地位。

三、美联储货币政策调整进程

2020 年以来美联储货币政策调整大致可以分为三个阶段。

1. 美联储货币政策"按兵不动"(2020 年 1 月至 2020 年 2 月)。 2019 年 8 月,美联储时隔 10 年首次宣布降息,表示将提前结束缩表;同时美国经济状况逐步好转,2019 年第四季度美国实际 GDP 同比增长 2.34%,失业率于 12 月重回 3.5% 的历史低位。在这一背景下,美联储货币政策开始步入"按兵不动"的观望状态。在 2019 年 12 月的议息会议上,委员们全票通过维持美国联邦基金利率目标不变,此后美联储货币政策便一直维持观望。

2020 年伊始,美国就业情况仍然一片向好,1 月份失业率仍维持在 3.5% 的水平。工业生产指数同比增长率也由 2019 年 12 月的 -0.8% 上升到了 -0.2%。美国劳动力市场的强劲表现给美联储打下了一针强心剂,种种迹象表明美联储 2019 年降息的货币政策已初见成效,这使得美联储货币政策开始表现出"鸣金收兵"的态势。2 月 7 日,美联储发布半年度货币政策报告,报告认为目前利率处于能够支出经济增长和就业的合适水平。2月11日,美联储主席鲍威尔甚至公开表示将逐步放弃回购措施。

这一阶段美联储的货币政策主要基于对美国经济复苏的乐观预期。美国经济状况的良好表现更加增强了美联储的乐观预期,在此基础上美联储基本延续了之前的货币政策,不仅没有采取进一步的宽松政策,甚至考虑"偃旗息鼓",计划减缓美联储购债速度。

2. 疫情暴发后的急救措施(2020年3月至2020年8月)。好景不长,随着新冠疫情的进一步扩散,美国金融市场遭遇巨震,美股于3月份连续触发4次熔断,2月20日至3月23日期间,道琼斯指数和标普500指数累计跌幅达到了触目惊心的38%和34%。投资者避险情绪被推至高峰,大量美债遭到抛售,金融市场流动性危机已间不容发。

为了缓解疫情的冲击,美联储被迫采取史无前例的宽松政策来解决燃眉之急。美联储3月份的两次连续紧急降息使利率重回"零下限"水平,同时还推出了7000亿美元的大规模量化宽松计划,以及向24家大型银行注入1.5万亿美元的短期资金。3月23日美联储再度重磅出击,启动了无上限的量化宽松政策和向中小企业提供贷款的"主体街商业贷款项目",宣布将不限量买入美债和MBS(抵押支持债券)。

到了4月份,疫情带来的负面影响接踵而至,美国2020年第一季度的实际GDP增长率仅为0.3%,工业生产指数同比下降了16.3%,失业率也于4月份上升到14.8%。为了尽快重启经济,美联储于4月9日继续为宽松政策添薪加火,向企业和地方政府提供了高达2.3万亿美元的融资,并将部分垃圾债券纳入资产购买计划。美国的财政政策也齐头并进,2.2万亿美元的财政刺激计划和4840亿美元的救济法案分别于3月27日和4月23日正式落地。巨额量化宽松政策使美联储资产负债表迅速扩大,总资产规模在6月10日达到了前所未有的7.2万亿美元。此后,随着金融市场逐步好转,美联储购买资产的速度开始趋于稳定。此后美联储宣布维持"零下限"的利率水平,声明不会减少购买资产的速度。

受新冠疫情影响,这一阶段美国货币政策方向发生根本性逆转,采取了空前的宽松力度,致力于解决市场的流动性危机,刺激经济复苏。美联储采取激进救市措施的原因可以概括为三点:第一,宣布大规模的企业债购买计划,力图通过这一行为来避免债务危机爆发;第二,通过设立薪酬保障计划流动性工具(PPPLF)、主街贷款计划(MSLP)、中期借贷便利(MLF),给小企业提供信贷支持,以期维持企业正常生产,防止失业率大幅攀升;第三,使用众多流动性工具,旨在减少市场的流动性风险,使市场恢复有效运行。

3. 美联储货币政策新框架(2020年8月至今)。2020年6月以来美国疫情出现二次反弹,停工停产以及大规模的企业破产导致了消费和就业的低迷,美国经济重启再次陷入停滞。8月美联储公布的会议纪要表明,未来美国经济复苏的速度可能不及预期,导致了市场情绪的回落。在这一关键的时间点上,美联储公开市场委员会宣布已经完成对货币政策框架的评估,并发布了新的货币政策指导性文件。美联储货币政策新框架的问世,标志着美联储货币政策开始转向一个全新的阶段。

美联储货币政策新框架主要有以下两个方面的转变:第一,更加关注货币政策的就业目标。新政策框架文件将货币政策的"就业"目标排在"通胀"目标之前,表明"充分就业"取代"物价稳定"成为美联储货币政策的首要目标。同时,新货币政策框架将就业评估标准中对充分就业水平的"偏离"改为了单向的"缺口",表明货币政策可以不必对过热的就业市场做出反应。第二,将通胀目标调整为平均通胀目标制。在新的货币政策框架中,对称通胀目标制被平均通胀目标制取代,这意味着即使当前通胀率超过2%,只要平均通胀率仍在合理区间内,美联储就可以不调整宽松的货币政策。

对"低增长、低通胀、低利率"环境的担忧是促成美联储改变货币政策框架的主要因素。美联储前期的宽松货币政策虽然在一定程度上减缓了疫情的负面影响，但难以扭转消费低迷、劳动力市场不景气的态势。在这一背景下，新货币政策框架的出台将使美联储的货币政策更具灵活性，能够采取更大幅度的宽松政策。

美联储在2021年1月27日议息会议后就宣布维持0～0.25%的利率不变，同时重申每个月至少1200亿美元债券的资产购买计划，直到经济进一步大幅增长。如果新冠疫情继续拖累经济活动，对经济前景构成相当大的风险，在新的货币政策框架下，美联储将致力于使用各种工具支持经济恢复，继续维持长期的宽松政策。

四、美联储货币政策对美元霸权的影响

1. 美联储的宽松货币政策将导致美元贬值。美联储大幅降息和无上限的量化宽松政策释放了巨额美元，使得外汇市场美元泛滥，美元指数从2020年3月份的102高点一路狂降，到2021年1月份跌破90关口，贬值幅度超过10%。近几年，欧盟和日本始终没有完全走出金融危机的影响，利率一直处于零利率下限，或者已经采用了负利率政策，利率调整空间受到极大限制；美联储的零利率政策基本上消除了与其他发达国家的利差，加大了美元贬值压力。此外，"欧佩克+"减产协议的终止使油价暴跌，新冠疫情造成的石油需求下降进一步加剧了这一趋势。油价下跌一方面可能重创美国页岩油市场；另一方面又使世界市场对石油美元的需求大幅减少，最终将导致石油美元的终结。

2. 大幅降息容易造成市场恐慌，影响投资者信心。在外部不确定性巨大的情况下，连续大幅降息非但不足以平衡市场受到的冲击，反而加剧了市场恐慌情绪。美国三大股指期货在美联储降息后大幅下挫，

直接触发交易限制。道琼斯指数也触发跌停，收盘狂泻约3000点，创史上最大单日下跌点数。美联储一降到底的利率政策不仅没能稳住经济，重拾投资者信心，反而压缩了货币政策调整空间，增加了美国不负责的负面形象，动摇了美元霸权体系的根本。

3. 降息可能带来全球金融动荡，不利于经济长期增长。美国零利率政策对国际金融市场稳定可能带来较大的冲击，加剧国际货币的不规范竞争，从而掀起全球金融市场振荡。降息会让美元追逐更高回报而流向全球其他国家金融市场，对全球其他国家的货币政策带来冲击，各国为了减少金融损失和确保金融稳定，会竞相降息跟进量化宽松，这样会形成新的汇率竞争浪潮，彼此竞相贬值，对全球经济构成严重威胁。利率越接近零下限，货币政策刺激经济的能力就越有限。这样，全球金融动荡、利率政策受限和新冠疫情全球扩散，很可能使世界经济陷入新一轮全球性经济危机。

五、中国应对政策与措施

1. 增强中国自身经济实力。一力降十会，打破美元霸权的根本就在于增强自身经济实力。中国在此次抗疫中行动果断、措施有效，充分凸显制度优势，虽然短期经济代价巨大，但是对经济快速恢复成效显著。反之，美国在抗疫行动中应对不力、反应迟缓，疫情正处于第二波扩散阶段，对其经济发展影响不容乐观。用力过猛的货币政策不仅难以起到应有的经济调节效果，反而加剧了市场恐慌情绪，美国三大股指期货熔断就是明证。中国在做好防疫的同时，已经完成了全国范围的有序复工，国内产能重新走上正轨。在全球疫情蔓延的情况下中国应进一步展现负责任大国形象，使中国成为世界经济发展的避风港，以良好的国际环境来吸引更多的资金和技术流入，抓住时机大力发展经济，缩小中美两国经济的实力差距。

2. 采用适度的货币政策，配合积极的财政政策。为了应对疫情冲击，不可能不寻求短期经济政策刺激和调整。2008年的4万亿元经济刺激政策虽然对中国经济复苏起到了关键性的作用，但是同时也带来了产能过剩、金融风险积聚等一系列负面效应。货币政策毕竟是总量型政策，短期的适当宽松政策能缓解当前流动性不足的问题，但是长期就可能导致资金"脱实向虚"，加剧金融泡沫累积的风险。所以在保持整体流动性比较适宜的同时，加大推出普惠小微企业贷款延期支持工具等多种创新型政策，引导资金更精准地流向小微企业和民营企业，更加注重货币政策的灵活适度和精准导向，打通融资过程中的"梗阻"问题，提升企业生产资金的效率。此外还应该配合积极的财政政策。在国家推动"新基建"投资的同时，更应该采用减税的方式引导和鼓励民营资本投入。在相关行业，降低准入门槛，切实推进国企改革，以市场机制来培育经济发展动力，实现经济的高质量和可持续发展。

3. 努力改变现有的国际贸易结算体系，加强与欧盟国家的合作。为了摆脱对SWIFT系统的过度依赖，提升以人民币作为结算和支付手段的能力，加速跨境人民币清算系统（CIPS）升级。鼓励中国进出口银行为选择人民币结算的进出口商提供更多金融便利，鼓励商业银行为人民币跨境贸易结算提供更多的金融创新工具，下调人民币跨境贸易融资的门槛，降低人民币跨境贸易结算的成本。进一步完善CIPS系统，加速跨境人民币清算系统升级，同时积极推动数字货币（DCEP）的应用和发展。DCEP本质上是人民币的数字化，等同于实现纸钞的数字化替代，加上区块链技术可追溯、防篡改的特性，能够有效加强金融监管，同大数据进行深度融合，更有利于实施经济调控。实际上，欧盟为了避免美方的裹挟，绕开美元支付体系与伊朗继续贸易往来，2018年就计划打造一个特殊目的实体（SPV），让它成为国际社会在SWIFT体系之外的一个可行选择。虽然这个SPV结算机制还有很长的路要走，但是体现了欧盟想要挑战美元全球霸主地位的想法。面对欧洲疫情暴发的情况，中美两国展现出两种截然不同的态度，这无疑拉近了中欧之间关系。利用此契机，加强与欧盟的合作交流，开发出独立于 SWIFT 系统的结算体系就不再是遥不可及的梦想。

4. 稳步推进人民币国际化，通过"一带一路"倡议和推进《区域全面经济伙伴关系协定》（RCEP）扩大人民币的影响和作用。人民币国际化是打破美元霸权的最直接手段。中国经济发展越好，也越有利于推动人民币国际化进程。近年来人民币在周边国家及"一带一路"沿线国家使用取得积极进展。截至 2019 年年末，中国与 21 个"一带一路"沿线国家签署了本币互换协议，在 8 个"一带一路"沿线国家建立了人民币清算机制安排。继续优化跨境人民币政策框架，围绕"一带一路"倡议和国际产能合作等国家重大战略，推动跨境人民币投融资业务持续发展。同时，"一带一路"倡议又能带动 DCEP 改革，大幅提升产业链运营效率，促进中国经济社会的整体发展。

5. 优化跨境人民币业务政策，推动资本市场双向开放，完善人民币汇率形成机制。提升跨境人民币业务水平，加大金融市场开放力度，完善宏观审慎，稳步推进人民币汇率市场化改革。帮助企业在跨境贸易和结算中节约汇兑成本、规避汇率风险、简化结算手续、加快资金周转，在企业"走出去"的同时扩大人民币的跨境使用。

第九章

面向未来：建立 21 世纪的中美关系

中国改革开放 40 多年取得伟大成就的同时，正改变着世界的原有规则。如何顺应这种变化并达到新的平衡，既挑战中国的智慧，也挑战美国与世界主要国家的智慧。在中美共同利益影响世界繁荣与和平的大环境下，中美应携手共创新型的两国友好关系。

全球的供求关系必将发生变化，中美两国的决策者需要充分发挥大智慧，为全球经济做出贡献。

美国在对中美经济和全球化的国际经济关系中应该可以观察得到，经济全球化过程中存在的三个并行但却相悖的事实：第一，在经济全球化进程中，世界范围内市场经济效率在不断增长，但这种效率增长产生的"红利"却在发达国家和发展中国家之间进行着不公正、不合理、不公平的分配，效率与公平背道而驰。第二，在经济全球化进程中，发达国家与发展中国家的经济利益并没有越来越走向"趋同"，而是越来越走向"两极分化"。经济全球化与经济在全球范围的两极分化是并行的并且是严重对立的。第三，在经济全球化进程中，人们往往强调全球经济的所谓"一体化"、经济利益的所谓"共同性"。

对这三个并行但却相悖事实的深刻理解，必然进入国际经济关系的研究层面。作为当今世界上举足轻重的两个大国，中美利益是一体的，美国不能选择对立，中国也不能选择对立，中美需要建立 21 世纪的双边关系，中美的巨大合作空间更有益于全球利益。但是，如何加强中美的沟通和了解，建立起有利于双边和世界和谐发展的中美关系，始终是中美面临的一个不可回避的问题。

在现实中，越来越多的国家意识到，世界经济格局的急剧变化更加突出了国家的安全问题。面对经济全球化的严峻挑战，越来越多的国家把如何维护国家主权、国家利益和国家安全问题提到了重要的位置。在推进经济全球化的同时，突出维护国家主权、国家利益和国家安全的重要性，做负责任的主权国，已经成为不可逆转的趋势。

| 第一节 | 中美都需做负责任的主权国

一、能源，中国经济增长的钥匙

如果将中国经济飞速发展的速度比喻成是一辆快速行驶的汽车，一路上不断赶超其他车辆，人们难免会有疑问：这么快速的车，会不会撞车？如果翻车或者撞车，可能导致事故的原因是什么？借用信息时代的术语，可以把事故的原因大致分为三类：一类是硬件故障，一类是软件故障，还有一类就是能量供应故障。这是在清华—布鲁金斯公共政策研究中心经济学家们热烈探讨的一个话题[①]。

硬件出故障包括轮胎爆气，或轮胎松弛，或发动机故障。这相当于经济学家们常提到的银行失灵带来的危机，包括国有企业生产率低下、公共财政管理低效等问题。软件出故障则是指，比如说车里的乘客在某方面意见不一而发生冲突，比如对汽车的行驶方向、驾驶方式等意见不同。这对应行政管理绩效相对于人们的期望值变低，这意味着并不一定是行政管理业绩真正下降，而有可能是因为人们的期望值

---

① 刘卫平. 中美都需做负责任的主权国 [N]. 华夏时报，2009-10-23.

提高。在中国社会，人民通过教育等方式不断了解外部世界，在对比中，他们期望政府能够改进行政管理，最终在改善人民生活方面发挥更大的作用。能源供应故障则是指汽车缺油、缺电，或者别人拔走汽车钥匙导致无法启动车辆。汽车没油，相当于环境方面的灾难，那么对中国而言，可能指缺水或是气候变化导致的问题。别人拔走钥匙，则意味着其他国家对中国的贸易制裁。

以上三种故障出现的机会并不相同。在硬件方面，世界上其他国家的经验说明了绝大多数硬件问题可以有效解决。即使新创造的解决方案出现错误，但只要有一定的学习能力，中国政府不可能持续犯错。在软件方面，中国提出了创建和谐社会，充分表明中国解决软件问题的决心，同时中国也不断出台各种建议方案、方法，如减轻农村贫困问题，也在一定程度上缓解了软件故障。而能源供应故障在未来几年内可能涉及中国对外贸易遭到严重的破坏。这是中国最大的危险所在。

二、富国不再热爱自由贸易

这是因为人们对于贸易为改善福利所做出的贡献感到很失望。"你是否认为自由贸易对经济发展起积极作用？"Pew 研究中心（The Pew Research Center）于 2003 年和 2007 年分别在 38 个国家对此进行调查。结果表明大部分国家对自由贸易的支持率正在下降——38 个国家中有 27 个国家对自由贸易的支持率下降，仅有 9 个国家对自由贸易的支持率上升，另有两个国家的支持率保持不变。假设忽略小于 5% 的变化，即只计入超过 5% 的支持率变化，则共有 13 个国家对自由贸易的支持率大幅度下降，4 个国家对自由贸易的支持率大幅度上升。有趣的是，4 个对自由贸易支持率大幅上升的国家都不属于世界贸易体系中的重要成员，而 13 个对自由贸易的支持率大幅下降的国家，则包括七国集团中的美国、意大利、法国、英国和德国,它们都是世界贸易体系的核心成员。

这个让人吃惊的结果,意味着那些对世界贸易发挥了巨大作用的国家和人民,不再支持自由贸易的发展,转而反对自由贸易。

美国对自由贸易态度的转变尤其具有典型性。

我们知道,美国一向是WTO最坚定的支持者,现在却在支持自由贸易方面犹豫不决,原因很多。首先,自由贸易导致国内工人的焦虑情绪。其次,美国向韩国、日本及东南亚国家和地区开放市场是基于冷战时期的盟友关系。冷战的历史已经结束,美国需要重新考虑是否继续执行这种政策。再次,最支持WTO的最有组织、最有游说力量的团体——经济学家改变了观点。过去,经济学家认为自由贸易对任何一个国家都有益。萨缪尔森也曾经建立过相关经济模型支持该观点。而在前些年,萨缪尔森改变了观点,他认为自由贸易对发展中国家有好处,但是随着时间的推移,对于发达国家并没有好处。从那以后,许多美国经济学家开始倡导自由贸易对于美国并没有好处。

由此,我们可以从几个角度来评价自由贸易。从国家的层面来讲,是穷国还是富国受益更多?

从企业的层面来讲,是大企业受益,还是小企业受益?这个尚无确切结论。但可以肯定,跨国企业是最大受益者,在全球投资报告中,跨国企业前一百家没有一家掉出百名之后。从受益的角度来讲,是穷人受益还是富人受益?穷人受益的幅度要比富人小得多。

三、谁影响了美国人就业

美国人不再热爱自由贸易,是因为对自由贸易为改善福利做出的贡献感到失望,并且认为是自由贸易使得"中国工人抢走了美国工人的饭碗"。然而,事实却并非如此。时任布鲁金斯学会资深研究员的

第九章 面向未来：建立 21 世纪的中美关系

著名经济学家胡永泰先生认为，一方面，全球化带来的贸易逆差并未造成美国人失业。在经济全球化的过程中，过去 20 年里最重大的一件事情，是原来属于中央计划经济的国家及占全世界 50% 的人口进入国际分工体系。他们从原先本国的独立经济体系融入世界经济体系。

1990 年，全世界 23 亿工人中只有 10.8 亿人完全参与国际贸易体系，其余工人则是在有限的程度上加入国际贸易体系。中国从 1992 年开始有限度加入世贸体系，承诺成为市场经济国家。印度于 1991 年 12 月加入世界经济体系。此外，苏联、波兰还有中东欧地区的国家及其工人也不断加入了国际贸易体系。2001 年，国际贸易体系中的劳动力数量翻了一番。根据国际贸易模型，如赫克歇尔—俄林模型，国际贸易体系中的劳动力数量翻番会导致工资下降，失业率上升。根据该理论，美国与中国等国的贸易逆差过大导致美国工人工资下降、失业率上升，陷入艰难的境地，因此许多美国人呼吁人民币远期升值 40%，即期升值 25% 以减少贸易逆差。但令人吃惊的是，这些经济理论的预测并不能用数字证实，逆差并未造成美国人失业。

从 1983 年开始，美国贸易余额占 GDP 的比重一直稳步下降，1998 年以来大幅度下降。同期美国全职工人的平均薪酬稳步上升，失业率保持低水平，并较 1983 年稍有改善。即使是在中美贸易冲突中备受关注的美国的蓝领工人，其工资并未下降，失业率也没有上升——具体来看，1983—1996 年蓝领工人工资水平停滞不前，但随着此后贸易逆差越来越大，其工资却开始上升。

现实与模型的判断相反，到底是经济模型，比如说赫克歇尔—俄林模型错了，还是数据错了？

另一方面，技术创新导致工人工资提高、频繁换工作。在全球化成为一个重要经济趋势的这 20 多年中，另一个重大的经济趋势就是技术创新速度不断加快。技术创新的影响之一是会使工资水平提高。由于技术创新的速度加快，同样的投入可以生产出更多的产品，即使面临国外的竞争，仍可以向工人支付更高的工资。赫克歇尔—俄林模型认为经济全球化和竞争会使得工资下降，但由于技术创新会使工资上升，当技术创新促使工资上升的力度超过了竞争导致的工资下降力度，美国的总体工资水平就会上升。

应该说，布鲁金斯学会胡永泰教授的这个理论很好地解释了随着贸易自由化程度的提高，美国的失业率没有下降的同时工资却提高的现象。他也进一步推断，蓝领的收入增加非常有限，意味着非蓝领很可能是服务业以及高技术的制造业的收入比以前增长得更快，意味着美国在高端技术、高端服务业方面的边际收益可能非常高。这也表明，美国实际上是通过其服务贸易受益于全球贸易自由化。

技术创新的影响之二是技术创新导致人们频繁换工作。技术创新提高了产量，但也有负面影响，技术创新使工作技能过时，一些使用旧技能的工人将失去原来的工作，即技术创新导致人们可能会频繁换工作。20世纪80年代以来，美国人保持一份工作的时间越来越短，证实了这个预测。45～54岁的年龄层，每份工作的时间从1983年的12.1年减至2005年的8年。其他的年龄层的人也呈现这样的特点。导致人们频繁换工作的原因可能是人们越来越没有耐心做同一份工作，所以想要不断换工作，也可能因为他们所拥有的技能过时了，所以不得不换工作。

频繁更换工作并非没有代价，失业者必须要承受很大的心理压力和物质压力。具体而言，失业意味失去公司买的医疗保险，非常危险。与其他工业化国家对比，美国对失业者提供的救济较少，持续的时间也比较短。在美国，失业保险只能够保证失业者获得上一份工作工资的53%，较其他工业国家较低。德国的比例是78%，法国是73%，唯一比美国低的是英国，在撒切尔夫人统治之后比例是46%。同时，美国提供失业保险的时间也比较短，仅有6个月。在新西兰和澳大利亚，只要能够证明你正在积极找工作，就可以永远享受失业保险，这是一

第九章　面向未来：建立21世纪的中美关系

个非常极端的情况。在德国是12个月，法国13个月，西班牙24个月，英国也是6个月。

究竟是什么导致工人频繁更换工作？有人认为是全球化。而真正的原因则是技术创新。美国技术创新可以从格林斯潘的自传得到印证。格林斯潘任美联储主席时，曾被人指责频繁使用扩张性货币政策，但他认为他的成功之处就在于当意识到劳动生产率提高导致经济中供给增加较快，通过使用扩张性货币政策刺激经济中的需求。其中劳动生产率提高的一个重要原因是技术创新。全球化和技术变革并非完全独立，有时候二者是互补的，可以并存，技术的创新能促进全球化。比如，以前公司需要聘请会计师去办公室才能完成的账目整理，现在公司只需要把账目相关的表格发送到印度，则可收到按照美国会计准则处理的账目。

四、中美应共同调整贸易失衡

人民币升值无法解决问题。很多美国人认为，人民币升值可以缓解两国间贸易摩擦和紧张的情况。实际上即使实现了人民币的升值，也不能够消除两国间紧张的局面，这并非最好的做法。设想人民币马上实现25%的升值，只要亚洲其他货币汇率不变，美国虽然减少从中国进口产品，但会从越南、印度尼西亚、马来西亚和泰国等国进口，从而即使中美之间的贸易顺差会下降，但是美国要从其他东南亚国家购买商品，美国整体贸易逆差状况却不会发生改变。

只要整体贸易逆差保持不变，只要技术创新持续下去，中美两国在贸易方面的这种紧张的局势就会存在下去。除非所有亚洲国家的货币都升值，否则人民币的升值并不能够抵消美国技术创新对美国国内就业的影响，也不能够减少美国总的贸易逆差。中美贸易逆差更多的来自经济结构方面的问题，而不能单纯把它看成是汇率原因造成的。

要解决这个问题,并不是靠一个国家单独采取行动就能解决的,也不是只靠使用汇率调整这一种工具就能解决,它需要很多国家共同采取行动,而且需要采取多种工具。面对中美贸易争端,胡永泰认为大家需要关心的是中美两国应该共同做些什么,而不是单个国家该做什么。从经济结构来看,中美两方面都存在消费和储蓄之间结构的不平衡。中国持续贸易顺差与中国国内储蓄率太高、消费率太低有关;而美国持续逆差,则与美国的储蓄率太低、消费率太高等美国自身方面的问题有关。

共同挽救 WTO。当人们提到贸易不平衡的时候,往往忽视了世界上发生的非常重要的一件事情,也就是说 WTO 这个体系的生存问题。多哈回合谈判的失败,对世界经济的影响很大。谈判的双方,一方是富有的国家,另一方是发展中国家。发展中国家要求发达国家减少农业补贴,这样的话,它们生产的食品可以出口到发达国家去。而这些发达国家要求发展中国家降低制造品的关税。

中国如何减少经常账户顺差? 即使中国的经常账户盈余为零,由于美国的技术创新是导致工人焦虑状况的内在原因,中美两国间可能仍存在紧张关系和矛盾。但维持经常账户盈余为零能使美国无法将紧张关系归咎于中国。中国可通过以下几种方法试着减少经常账户顺差。

第一,中国实施扩张性财政政策。中国应该采取扩张性的财政政策,将高储蓄转化为投资。可以再增加国内财政支出,进行基础设施建设、减税等。其中,基础设施建设只是一个短期的方法,但全世界的经验都证明了长期它会引发腐败。另外可以增加进口密集型的投资,比如投资于中国的学生,大量派他们出国学习。

第二,进行银行业改革,提高金融市场效率。解决中国经常账户盈余问题的根本出路在于解决中国金融体制问题。一个非常高效的银行体系可以使所有的储蓄都转化为有效投资,这样的话,就可以降低经常账户的盈余。改善中国的银行体系能够有效解决储蓄过剩。中国银行业现主要由国有银行或国家控股的银行主导，而政府允许外资私营银行一定程度地进入，但不太鼓励国内私营银行的发展，这种情况不常见。中国需要建立起私营的银行，也需要不歧视私营企业的银行，并改变银行业为国有成分银行主导的局面，使银行贷款不止提供给国有企业，也可以提供给私营企业，从而所有储蓄才能转化为投资，扭转经常账户持续盈余的状况，维持经常账户正常。

| 第二节 | 中美需要共调经济结构应对全球供求变化

○ 一、中美应共同调整贸易失衡

从经济结构来看，中美两方面都存在消费和储蓄之间结构的不平衡。中国持续贸易顺差与中国国内储蓄率太高、消费率太低有关；而美国持续逆差，则与美国的储蓄率太低、消费率太高等美国自身方面的问题有关。2008年，中国政府将4万亿元人民币投向基础设施等领域，以扩大内需促进经济增长的经济刺激政策正在实施，这意味着中国不再依赖拮据的美国消费者，从而将有助于平衡全球经济的增长。这一举措不仅有利于中国的国内经济，同时也会起到支撑世界经济的作用。中国的经济增长以能够增加中国经济稳定的内部需求为主，真正地发挥了中国自己的优势。而且中国在完成这一轮扩大内需的策略之后，又出台新一轮扩大内需的经济刺激政策，向能源、环保、科技等领域投资[①]。

在美国出现金融危机前后，美国方面曾认为，人民币升值可以缓

---

① 刘卫平.中美需要共调经济结构应对全球供求变化，《华夏时报》2009年8月21日。

解两国间贸易摩擦和经济的紧张状况。但现实情况是即使实现了人民币的升值，也不能够消除中美两国间紧张的局面，美国方面一味地敦促人民币升值并非是最好的做法。

只要整体贸易逆差保持不变，只要技术创新持续下去，中美两国在贸易方面的紧张的局势就会存在下去。除非所有亚洲国家的货币全部升值，否则人民币的升值并不能够抵消美国技术创新对美国国内就业的影响，也不能够减少美国整体的贸易逆差。中美贸易逆差更多的是来自经济结构方面的问题，而不能单纯地把它看成是汇率原因造成的。对于这些问题，并不是靠一个国家单独采取行动就能解决，也不是只靠使用汇率调整这一种工具就能解决，它需要很多国家共同采取行动，而且需要采用多种工具。因此，面对中美贸易争端，我们需要关心的是中美两国应该怎样共同行动，而不是单个国家怎样行动。

二、中美应共同促进银行业合作

在现代全球市场经济体系中，金融市场衡量着一个国家的社会和制度的竞争力，例如在美国经济制度比较好的时候，其金融市场就发展得好，而美国真正最有竞争力的就是金融市场。现实的情况是全球资本出口60%都进入美国，全球都认为美国占尽了许多国家的便宜，造成这一现象的关键就在于美国的金融市场有着强大的优势。所以，如果中国想改变谈判地位的话，就一定要发展金融市场。毫无疑问，在经济全球化的格局下，金融市场基本上主宰了一切经济活动的风险。

众所周知，金融市场存在着巨大的风险，如今美国的金融危机，更让人们感觉到了现代金融模式梦想的可怕和"伤心"。但现实问题是，金融市场是现代经济的核心，美国金融危机虽然是由次贷引发的，但实际是由美国金融秩序混乱、发展失衡、监管缺位造成的。风险本身并不可怕,最重要的是风险过后怎样规避和监管风险。应该说此次美国金融危机也将带给中国新的发展机遇。此次美国金融危机将导致的未来世界货币体系和金融体系的重大变化,必将加快人民币国际化的步伐。

我们不妨分析一下中美两国银行业的优势和合作的可能性,以促进中国经济结构的平衡。例如在中国的商业银行和国家政策性银行,是否可以考虑参股美国的银行,成为其最大股东之一。这样的股权结构对中美都有利,中国银行的优势是资金雄厚,且不会面临破产问题,其国家背景能保证长期战略的实施;中国银行的问题是自身机制及国际化团队还不成熟,对国际市场及机构的运作不熟悉。而美国银行业的问题则是不得不考虑短期资金及市场压力,但优势是具有好的机制及团队。两者结合,刚好互补,但需要磨合期,美国金融调整将需要3至5年时间,而中国金融在今后将有机会大发展。

现在美国的问题是长期利率将不得不上升,将使美国的整体财富缩水,而中国的挑战是如何不重蹈日本及美国的低利率政策。低利率的目的是为了在短期处理金融危机,但往往不能自拔。美国经历次贷危机后必然检讨低利率政策,重振美元及美国金融机构。美国目前发生的正是洗牌及调整过程,中国的银行收购价格应考虑将来利率上升之后美国的银行股价下跌的幅度,比如可以考虑定一个尽可能低的价格,但承诺即使将来市价大幅上升,中国的银行也不会出售股份获取短期资本增值,即中国的银行将作为美国银行的长期战略投资者,而不是以短期账面盈利为目的;甚至可以考虑如果将来股价大大超出目前收购价,中国的银行可以出售事先约定的一定数量美国的银行股份并捐出其超额资本增值返还给现有美国银行股东,以换取目前较低的收购价。低收购价将有利于在中国高层及社会得到支持,也是降低收购风险的关键。

三、中美应共同有效扩大内需

以美国为首的金融体系导致了全球日益严重的经济衰退,究其原因绝非"缺乏自律""盲目追求利润"和"缺乏监管"等因素那么简单,当前美国金融危机表面是由次贷危机引起的,实质上是20世纪80年代以来美国社会收入差距不断扩大的结果,也是社会问题不断积累的结果。这个过分强调个人主义的政治和社会哲学伤害了美国,危及其国家的未来,危及其后代的发展,更为荒唐的是,它使那些试图实现美国梦的人变得更加艰难。美国经济学家嘉德·伯恩斯坦认为,以人为本和保证每个人能够分享发展成果的公平经济应当是发展政策的核心。而在已经过去的岁月里,这个有害的价值体系产生了一系列充满极度个人主义基因的政策措施,它的核心不是通过政府来解决面临的经济社会问题,而是仅仅通过市场。金融危机的现实可以证明,社会经济体不论是"计划中的市场"还是"市场中有计划",正确的价值取向才是社会解决方案的核心和关键。

世界经济百年起伏动荡的历史表明,让所有国民获益是实现有效扩大需求和促进经济健康发展的关键。对于已经完成"基础设施建设"和"工业化经济"阶段的"消费型"经济的美国来说,所谓有效扩大内需,就是让钱尽可能少地流入存钱的高收入群体腰包,尽可能多地流入需要花钱的低收入群体手里,以解决贫富差距带来的社会问题。实现这一目标,需要决策者在效率和公平的双重原则下,精心设计财政政策、货币政策、税收政策和公共服务政策。对于处于"基础设施建设"和"工业化经济"双型"刚性型"经济的中国来说,所谓扩大内需,就是让资金尽可能多地投入不重复的基础设施建设,尽可能快地促进国家工业化的进程,让更多的国民从国家经济发展中受益,解决经济发展不平衡带来的社会问题。实现这一目标,需要中美两国决策者在计划和

第九章　面向未来：建立 21 世纪的中美关系

市场的双重调整下，遵循市场原则、发挥国家宏观调控的作用，制定出更有效的社会机制，进一步观察各个国家和经济体的振兴经济方案，在全球的供求关系必将发生根本性变化的情况下保障"自救"，用大智慧和新眼光随时审视全球经济的变化。

四、贸易保护主义压力明显加大

众所周知，美国长期以来一直指责中国人为压低人民币汇率，使出口产品获得价格优势，赢得对美国的巨额贸易顺差，损害了美国企业的利益和工人的就业机会。中国面临来自美国的贸易保护主义压力日益加大。今后美中在汇率、贸易等方面的摩擦和争端将加大。

其实，目前中美经济最重要的是稳定汇率。西方国家以货币形式为完成形态的价值形式，是极无内容、极其简单的。然而，两千多年来人类智慧对这种形式进行探讨的努力，并未得到结果，而对更有内容和更复杂的形式的分析，却至少已接近于成功。为何会这样？因为已发育的身体比细胞更易研究。并且，分析中美经济形式，既不能用显微镜，也不能用化学试剂，二者都需用抽象力来代替。对资本主义社会来说，劳动产品的商品形式或商品的价值形式，就是经济的细胞形式。

事实上，美国的贸易保护主义已成为国际社会最大的担心。如果美国把中国列为"汇率操纵国"，将对中美共同应对金融危机的努力造成打击，也会对世界经济摆脱衰退造成不利影响，因为中美间的经济关系，已成为世界上最重要的双边经济关系之一，2008 年中国对世界经济增长的贡献率达 20% 以上，而美国仍是遥遥领先的最发达经济体。

五、稳定内需最紧迫

盖特纳当年在致国会的信中表示,美中经济关系是"我们最重要的关系之一",他正式出任财长,将采取措施深化美中经济关系。他的"问题是怎样以及何时就人民币汇率问题进行交涉,以取得更多有益而非有害的结果"和美国"寻求在一系列短期和长期问题上与中国进行建设性的经济对话",人民币汇率"当然是其中的重要内容"等言论,其目的是作秀给国会看,还是另有图谋?笔者不得而知,但认为,鉴于目前的经济危机,最紧迫的主题还是如何稳定中美的内需。这些言论,不仅不符合事实,更是对金融危机原因分析的误导。

对美国而言,面对金融危机,应有自我批评的精神,才有利于找到解决问题和克服危机的途径。当前国际社会正在积极共同应对,要避免利用不同借口以重拾或助长贸易保护主义。这不仅无助于抵御金融危机,也不利于全球经济健康发展。

而对中国政府而言,面对"操纵汇率"的指责,完全不必太在意,仍然要继续按自己的目标稳步推进人民币汇率形成机制改革。

笔者更希望看到的结果是,美国新政府对经济和社会的发展应采取先"自律"再"律他"的政策和措施;在对华态度和政策上,采取的政策和措施是积极的、有效的、互利互惠的、有利于中美长期利益的发展,因为中美间的巨大合作空间更有益于全球利益。

六、"美国人民币汇率法案"不利于中美关系的长期战略[①]

2011年10月11日,美国国会参议院不顾国内外的强烈反对,通

---

① 刘卫平.美国人民币汇率法案"不利于中美关系的长期战略[R].红旗文稿,2011,(21).

过了《2011年货币汇率监督改革法案》。该法案将操纵汇率与贸易补贴绑定，要求美国政府调查主要贸易伙伴通过压低本国货币币值为出口提供补贴的行为，并对其出口产品征收惩罚性关税。该法案将矛头直指人民币汇率，目的是"惩罚"所谓中国操纵汇率的行为，因而被称为"人民币汇率法案"。尽管有舆论分析认为，此法案可能不会被美国众议院通过和白宫签署，但美国国会参议院投票通过，已经造成不利于中美关系长期战略的影响。

实际上，这个议案与2003年舒默和格雷厄姆提出的"27.5%惩罚性关税议案"一脉相承。"27.5%惩罚性关税议案"的主要内容是，认为中国政府"人为操纵"人民币汇率，造成了美国巨额对华贸易逆差，要求人民币大幅升值，否则将对所有中国进口商品征收27.5%的惩罚性关税。此议案一出笼，便激起千层浪，不但引起了中国政府的强烈反对，美国政府、国会内部也意见不一，美国思想库、利益集团纷纷对此议案发表意见。期间，中国政府邀请科本、格雷厄姆和舒默参议员访华与各方人士见面，以期让他们在真正了解中国的基础上做出决策。最终，2006年9月，参议员舒默和格雷厄姆在与布什总统进行早间会晤后宣布，他们决定放弃对中国加征关税的议案，但称以后还可能推动类似议案通过。时隔五年之后，美国参议院投票通过这一"矛头直指人民币汇率"的法案，无疑是欲罢不休、旧案重提。如果此法案最终通过，必将使得中国许多原本支持改善中美关系的人改变对美国的态度，为中美未来潜在的战略合作埋下隐患。美国对华政策"强硬和咄咄逼人的态度"无益于中美两国的长期发展战略，只有持"审慎的反思"才有利于双方的根本利益。

（一）中美经贸问题不容政治化

试问，如果美国出台这一法案是为了迎合政治上的需要，那么迫使人民币升值，对美国又有什么好处？现实是，在美国金融危机冲击全球的情况下,要求人民币汇率升值,以及制造中美贸易摩擦和争端问题等,解决不了根本问题,并无实际意义。

原因很简单,中国经济的持续高增长,并不是导致美国金融危机蔓延和失业率攀升的主要原因;中国的产品出口价格较低,主因在于劳动力、自然资源和土地成本定价过低,许多资源性项目收费并没得到有效实施,这些都与汇率无关。人民币该不该升值,升值速度该不该加快,不应仅由外部顺差来衡量,还要看国家内部的发展平衡度。例如,中国的经济刺激计划,社保基金的缺口,以及地方政府累积的债务,都会加大财政压力。

其实,目前中美经济最重要的是稳定汇率。美国外贸赤字上的很大一部分是由于对中、日、韩三国的外贸逆差引起的,美日在汇率方面争端的历史告诉我们,汇率并不是贸易赤字的决定性因素。美国的贸易赤字要更多地归咎于很低的储蓄率,而不是中国的贸易方式。美国在解决贸易赤字方面,存在其他更为有效的解决方法,比如,鼓励美国对华出口,在政策上放开一些对华出口的限制。解决中美贸易逆差的问题,应该是美国经济自身结构的问题,比如美国人不让中国人在美国花钱,不让中国人在美国购买石油和技术。《纽约时报》就中海油收购优尼科行动受挫于美国国会的事实发表社论指出:这是美国国会一些人敌视中国的结果,并不符合美国的近期和长期的国家利益。美国国会议员们可以使中国买不成美国油田,但却无法左右中国的外交活动。

中国加入世贸组织后,中欧、中美贸易摩擦确有增加,这是中欧、中美贸易关系更加紧密的必然结果。据统计,贸易摩擦增加的速度远没有贸易量增加的速度快,这说明中欧、中美的贸易摩擦仍处在可控制的范围之内。事实上,中国经济的高速发展为世界提供了一个巨大的市场,这是中国对世界的重要贡献。只要各方都采取正常心态,不把这一问题政治化,贸易摩擦是容易解决的。

人民币大幅升值会在短期内对中国产生极大的损害，而对美国经济的提振作用却很有限。人民币升值也不大可能让美国人在制造业方面的工作机会失而复得；如果人民币升值，美国公司有可能将设在中国的制造厂转移到越南或印度等低劳动成本国家。即使人民币汇率升值一倍，也不能解决美国失业的问题，美国的进口很快就会从中国转到其他国家，贸易逆差不会有多大的改变。中国正在努力改善金融制度和市场机制，对于人民币升值的做法只能采取中医"系统调养"的方法，而绝不能采取西医"突变治疗"的方法。

从中国制造商的角度来看，美国提高中国产品进口关税的做法，不但会伤害中国制造商的利益，同时也会伤害美国合作伙伴和消费者的利益，美国的制造商并不会因此而获益。以新能源的光伏产业和行业全球第一的尚德电力企业为例，在过去六年中，光伏组件的制造成本降低了150%，这还不包括由于人民币25%升值所带来的成本增加。制造成本的急剧下降加速了市场的快速发展和平价上网的速度，同时也增加了就业机会。一个兆瓦的太阳能电站，整个产业链能创造35个工作岗位，其中，15个岗位在制造段，20个岗位在下游市场段。中国的光伏企业从美国进口了大量的原材料和生产设备。2010年，尚德在美国直接和间接创造了2 000个工作岗位。正如有学者指出，美国人民币汇率法案是一项十足的损人不利己的策略，这一举措非但不会缓解美国的就业问题，反而会使美国的就业和经济困境雪上加霜！

事情很简单，因为是美国制造商在美国做不下去了，才主动到中国寻找合作伙伴做制造，并利用自己的品牌和渠道满足美国市场的需要。如果增加关税，最终也要以价格上涨的方式转嫁到美国消费者身上。把美国制造商成本过高的原因归结为人民币汇率是可笑的。中国的人力成本只有美国同行的1/20。在美国做不出的东西，在中国可以做。要真正实现双赢，美国就应该设法帮助中国扩大出口，同时放宽对中国的出口限制，这样既能满足美国消费者的需求，又能促进美国的经济增长和就业增加。

（二）中美合作有益于全球利益

从长远和战略的角度看，美国跟中国的基本利益是一致的，两国有着重要的利益互动和相互的战略需求。对此，美国领导人也应当有清晰的认识。从双方在防治禽流感的合作到近日美方加强太空合作的提议，再到今天中国参与应对金融危机的全球合作，都表明中美合作领域的广泛与丰富。

一个需要华盛顿直面的现实是，美国如今在几乎任何一个领域，都无法忽视中国的存在和作用。作为当今世界举足轻重的两个大国，中美利益是一体的，美国不能选择对立，中国也不能选择对立，两国需要建立21世纪的双边关系，中美的巨大合作空间更有益于全球利益。但如何加强两国的沟通和了解，建立起有利于双边和世界和谐发展的中美关系，始终是两国共同面临的一个不可回避的问题。

美国前副国务卿佐利克曾提出中国是"利益相关者"的概念，并坦率地承认，如果没有中国的更多合作，美国将不能支撑一个开放的国际经济体系。而美国财政部前副部长蒂莫西·亚当斯也相信，由于中美两国对国际经济的影响巨大，两国间的经济关系已成为解决全球经济不平衡的重要杠杆。美国类似"惩罚性关税法案"等行动无不来自短视的、没有合理根据的"恐华妄想症"。中国已经不再是第二流的经济体，美国从政治人物到公众都必须明白这一点。中国大量、持续购买美国政府公债，已经是美国经济稳定的一个强大支撑。在国际事务中，中国的态度已经不容美国忽视。约翰·桑顿教授认为：中美两国是有着重要利益互动和战略需求的国家。事实上，无论是欧盟、日韩、东盟抑或是中亚与俄罗斯，都多多少少在中美关系中扮演着微妙的角色。妥善处理与这些国家的关系，有助于中美关系走向稳健。

（三）应加强对美国的公共外交

中美关系是当今乃至未来最重要的双边关系，中美关系的走向影响世界关系的稳定与和谐。美国议会有些议员自2003年至今一再提出不利于中美关系的惩罚性议案，虽然与其国内经济形势、政治斗争及国际关系变动密切相关，但也与其对中国问题缺乏了解直接相关。中美两国加强了解与对话，才是解决未来冲突的根本，而公共外交是最为有效的途径和方法之一。目前，在美国议会要通过对中国惩罚性法案之际，中国政府除了官方发表声明之外，还需对美开展有效的公共外交。

首先，在官方层面上，中国应该利用现有的对话机制和对话平台，着力加强两国的战略互信。在美国公共决策过程中，表面上，议会、总统是法定的决策者，事实上，思想库、利益集团、大众传媒、公众舆论对公共政策的制定都发挥着重要的影响作用。其次，在民间层面上，要大力做好对美的公共外交。美国参议员均为各州竞选并代表各州利益的利益代言人，属于国家领导人层级的职业政治家，中国可以通过影响美国的舆论精英进而影响美国决策层，阻止此法案的最终通过。而其中，思想库作为思想的工厂，是美国公共政策的议程设置者和政策框架策划者。因而，通过影响美国重要思想库，进而影响美国决策是中国对美开展有效公共外交的关键。第三，中国智库和学界要积极承担起公共外交行动主体、思想工厂和议程设置者的作用。第四，中国政府与其他机构要进行全方位的信息传播，通过人际传播、组织传播、大众传播等渠道和方式，在全球范围内塑造舆论、影响舆论。

第三节　美国对华政策的趋势分析与应对策略

一、美对华政策能否更具建设性

美国布鲁金斯学会董事会主席约翰·桑顿教授认为：中国的崛起对世界能够产生什么样的影响，尤其是对美国会产生什么样的影响，这是全世界领导者都应该思考的问题。中美关系是世界上最重要的双边关系，而且在很长一段时间都会是世界上最重要的双边关系。问题是如何做出战略性的判断，尤其在中美关系这方面，如何看待中美关系的长远前景以及中期和近期的发展，我们如何能为改善中美关系做出贡献？

中国和美国，以及两国之间的关系是地缘政治。地缘经济是地缘政治最重要的一环，地缘经济关系是我们的有生之年，包括我们有生之年以后最重要的一个关系。两国之间的关系在21世纪如果非常稳健与健康，无论对于中国、美国乃至世界，都是一件非常好的事情，这将确保21世纪是一个和平和繁荣的世界。

从长远和战略的角度来看，美国的基本利益跟中国的基本利益一致，中美两国是有着重要利益互动和战略需求的国家。中美的巨大合作空间更有益于全球利益。但是，如何加强中美的沟通和了解，建立起有利于双边和世界和谐发展的中美关系，始终是中美面临的一个不可回避的问题。

中国的崛起是当今世界发生的最重要的事。谁先能更好地了解中国，谁就掌握了参与和推动历史的资本。因此，中国和美国需要携起手来做几件具有前瞻性的大事，面对未来种种不确定因素，世界各国都需要中美之间有更积极的合作，能够建立起更具战略性、前瞻性的关系。

当时中美关系应该是处在历史上最好的阶段，这很大程度上归功于中国领导人对中美关系持久的看法和观点。从长远和战略的角度来看，美国的基本利益跟中国的基本利益一致，中美两国是有着重要利益互动和战略需求的国家。对此，美国领导人也逐渐有清晰的认识。从中美双方在防治禽流感的合作到日前美方加强太空合作的提议，到今天中国参与美国金融危机后的全球性合作，都表明了中美两国合作领域的广泛与丰富。事实上，中国已经不再是第二流的经济体。美国从政治人物到公众都必须明白这一点。中国过去大量持续购买美国政府公债，是美国经济稳定的一个重大支撑。在世界事务上，中国的关注已经不容美国忽视。事实上，无论是欧盟、日韩、东盟抑或是中亚与俄罗斯，都多多少少在中美关系中扮演着微妙的角色。妥善处理与这些国家的关系，有助于中美关系走向稳健。

一个需要华盛顿直面的现实是，美国如今在几乎任何一个领域，都无法忽视中国的存在和作用，中美关系也正进入一种真正的大国关系常态。而随着美国国内政治气氛的改变，以及全球合作的需要，美国的对华政策仍有向更理性、更具建设性方向转变的空间和动力。

金融危机之后的一年时间，政府干预使得美国实体经济有所恢复，消费有所回升，失业人数略有减少、外贸逆差持续好转。这些因素都显示，美国经济正从危机中渐渐复苏，这些都给了人们很大的信心。

美国现实的主要问题是如何真正恪守以人为本的社会原则和保证每个人能够分享发展成果，从根本上修正过去的一系列充满过度个人主义基因的政策措施，因为它的核心不是通过政府解决经济社会问题，而是仅仅通过市场。在美国历史上，存在自由放任主义与政府干预三次大的历史之争，对美国政府的经济政策和美国经济的走向产生了重大影响。世界经济百年起伏动荡的历史表明，让所有国民获益是实现有效扩大需求和促进经济健康发展的关键。

站在整个全球任何一个坐标来看世界，平衡"经济发展"和"环境保护"是重要的目标。但如何从全球范围来实现这两大目标？这是关系到全球可持续发展的大问题。从整体来看，那些最富有、最发达的国家，实际上应该为此做出更大贡献。但目前这些国家包括美国在内，并没有做出好的表率，并没有考虑到这方面的问题。他们基本上只会关注自己国内的一些问题，不会太关心世界上其他地方的情况。

众所周知，由美国引发的前所未有的全球范围金融危机中，没有哪个国家能够独善其身。虽然中国有着巨大的潜力和内需市场，经济不可能出现崩溃现象，但必须意识到风险的存在。美国金融危机带给中国新的发展机遇所导致的全球金融体系的重大变化，将加快人民币国际化的步伐。面对美国经济刺激计划的实施，全球的供求关系正在发生变化。中美两国的决策者需要充分发挥智慧，共同调整贸易结构失衡，共同解决所面临的经济问题和社会问题。

经济的发展已将中国推向了世界经济最举足轻重的位置。改革开放40多年，中国的经济发展促进了整个世界的经济发展。中国在21世纪开启了历史新进程。但中国当前面临三大挑战。第一个挑战是"资源"，第二个挑战是"环境"，第三个挑战是"社会和经济协调发展"。从历史的角度来看，大国的崛起往往不是一个顺利的过程，在崛起的过程中都会引起一些冲突或者争端。但很多迹象表明，中国在这方面有望摆脱历史的怪圈，找到自己最好的发展道路。事实也证明，中美只有联手共同面对挑战，世界才有光明未来。

二、美国对华金融制裁的趋势分析与应对策略

2020年上半年，虽然美国新冠疫情日趋严重，政府面临的压力不断加大，但美国对中国的经济限制并未停止。7月1日美加墨自由贸易区正式启动，其推行的"毒丸条款"直接将美、欧、日等认定的"非市场经济"国家（如中国）排除在其建立的自由贸易体系之外。金融制裁是20世纪90年代后美国最频繁使用的对外限制手段，那么在新

冠疫情日益严重的背景下，美国对华金融制裁可能有哪些趋势？其对中国造成哪些危害？中国应采取哪些应对措施[①]？

（一）美国对华金融制裁的可能趋势

早在 2019 年 8 月 5 日，美国就将中国定为"汇率操纵国"；同时美国还通过限制特定机构的美元清算渠道，对中国的交通银行、招商银行、上海浦东开发银行等发起金融制裁。虽然新冠疫情使中美金融冲突在 2020 年上半年被忽视，但随着中国经济复苏及美国疫情严重，美国政府妄图通过中美经贸冲突转移国内政治压力，使全球金融领域"去中国化"和对华金融制裁风险逐步上升。

1. 美国对华金融制裁暂时难以全面展开。基于美国金融制裁的实施特点预测，其全面展开的可能性接近于零。在长达 100 多年的制裁实践中，为了降低制裁成本和提高制裁功效，美国将金融制裁方式从宽泛式的全面制裁转为针对特定组织、企业或个人的"策略"制裁，将制裁的技术、路径、方法和对象调整得更精确，尤其是对与其实力相差较小的国家，实施目标型制裁的倾向更强。如 2014 年美国对俄罗斯的金融制裁就采取了持续加码方式，利用局部制裁和逐渐升级，以"温水煮青蛙"的方式削弱俄罗斯。而中国显然在金融领域的抵抗力更强，全面制裁不符合美国利益，因此利用"策略"制裁将成为美国削弱中国的最优策略。

2. 美国对华金融制裁将是一个长期过程。自 2010 年中国超越日本成为全球第二经济强国，中美关系发生本质改变，双方面临合作还是摩擦的政策选择。首先，虽然中美合作会使双方绝对获益增加，但在美国看来，由于边际收益递减规律影响，作为较强一方的美国获得的边际绝对收益可能小于中国，使双方差距相对缩小，这不符合美国

[①] 刘威，刘卫平.美国对华金融制裁的趋势分析与应对策略.经济日报，2020 年《信息专报》第 31 期.

利益。其次，如果美国选择摩擦，虽然会使双方绝对利益均受损，但相对强的美方损失往往少于相对弱的中方，使美国实现对华相对获益，可以有效保证美国的第一强国地位，这也是美国热衷于主动对中国发起摩擦的原因。可以预期只要美国的绝对实力强于中国，对华金融制裁就可能持续。

（二）金融制裁对中国的影响方式及危害

1. **美国正通过金融制裁渐进式削弱中国**。美国金融制裁的三大特性使其能在承受较小成本基础上逐渐削弱目标方。其一，金融制裁的"目标性"使中国可能在承受小范围特定实体的损失情况下，往往忽略对美反制。美国金融制裁一般会针对中方的特定金融机构、企业和个人，不会针对整个主权国及引起大范围的人道主义危机。因此金融制裁一般不会引致中方的全面反制，持续时间更长。其二，金融制裁的"渐进性"使其对中国的影响短期偏小，但长期累积效应会逐步显现。其三，金融制裁立法带来的"预期性"降低了美国在华企业成本，减少了其国内利益集团阻力，加大了对中国的长期影响。

2. **美国正通过金融制裁削弱中国在全球清算体系中的实际作用**。目前学术界十分关注美国是否会利用美元的金融霸权地位，将中国排除在环球银行间金融电讯协会（SWIFT）等全球美元清算系统之外。虽然中国作为世界第二大经济体，与其他国家的贸易和金融联系紧密，使美国很难采取将中国在 SWIFT 除名等极端制裁，但美国可以利用美元清算系统采取"定点袭击"和"小范围干扰"，对中国特定金融机构的跨境清算业务设置障碍，尤其是对中国银行业进行定向制裁，这会间接影响国内金融体系的稳定。

（三）应对美国金融制裁的策略建议

1. **及早预防，尽快推进反金融制裁的立法工作**。政府应尽早摒弃美国不可能对中国实施金融限制的幻想,以最坏预想做好预防和长期应对准备。第一,主动借鉴俄罗斯制定《关于影响(反制)美国和其他国家不友好行为措施》等法规的经验,结合中国金融发展实际,主动推进直接实施反金融制裁措施的相关立法。第二,借鉴欧盟的《阻断法令》、日本的《外汇及外贸管理法》等法规经验,进行有关规避美国通过"长臂管辖"实施第三方连锁制裁的立法,增加更多专门应对域外管辖的涉外条款。

2. 做好底线思维准备,尽快建立应对经济制裁的专门执行机构。目前美国政府已公开在战略上"锚定"中国,为了遏制中国快速崛起,理论上美国会利用中国香港、中国台湾和南海等问题对中国实施任何程度的金融制裁,对此中国需做好底线思维准备,及早建立专门的行政机构应对。第一,对标美国财政部的对外资产管理办公室(OFAC)、美国国务院的经济制裁政策与实施办公室(SPI)等,在中国的国务院和财政部框架下,建立专门和对等的反制裁和对外资产管理办公室,明确这些机构在发起、执行和监督对美反制裁时的工作范围。第二,在中国各省、市政府框架下建立应对美国州一级金融制裁的专门机构,鼓励省市一级反制裁机构对美国的特定州、县的实体和个人进行及时反制裁。第三,引导行业组织和协会尽早做好反制裁的机构设置和法律研究,同时构建扶持被制裁企业的金融服务体系和行政机构,及时掌握美国的金融制裁清单,做好规避和业务隔离。

3. 加快推进多元化的人民币跨境支付结算体系建设。破除美元霸权,降低对美元体系过度依赖,是短期中国应对美国金融制裁的有效措施。第一,借鉴英法德三国构建的INSTEX系统及"易货交易"机制的经验,尽快构建一个可以短期替代SWIFT系统的"备份"人民币支付清算系统。尤其是做好预防,在与国家安全密切相关的跨境能源、粮食、原材料和矿产的交易清算上,与合作方建立"易货交易"机制。第二,加快发展区块链技术,建立以数字货币支付为核心的跨境结算系统，尤其是结合中国在支付宝、微信等电子钱包支付上的优势，与更多国家的电子钱包标准对接和实现跨境合作。第三，继续推进银联卡的跨境支付体系建设。第四，加快人民币国际化进程，增加与中国签订人民币货币互换协议的国家数量，尤其是通过人民币计价石油和粮食期货市场建设，推进人民币国际化的制度体系、基础设施和大数据结算系统建设。

4. 主动减少跨境经贸交往的美元结算规模。中国应抓住新冠疫情下美元信用受到质疑的契机，以"一带一路"框架下的跨境经贸合作为路径降低对美元的依赖。第一，与俄罗斯、伊朗等直接放弃石油美元结算的国家，全面开展人民币跨境结算和储备的合作。第二，与法、德、英等欧洲国家一方面推进中国加入 INSTEX 系统的协商和增加欧元结算比重，另一方面主动扩大人民币和欧元等的货币互换规模。第三，依托"一带一路"国家间合作，尝试在双边贸易和亚投行的基础设施投资基础上，进行人民币跨境结算的谈判，并在增加 IMF 特别提款权使用上加强多边磋商。第四，以新冠疫情下的全球经济复苏合作为契机，以全球医药健康类商品贸易的人民币结算为路径，扩大人民币及数字货币的使用规模。

5. 推进国内金融市场发展，提升金融业抗风险能力。应对美国金融制裁的基础是提升中国的金融发展水平。第一，短期在推进金融业跨境发展时，重视海外金融风险预警体系的构建，增强金融从业人员的跨境风险防范理念。第二，短期想方设法将中美贸易、技术和产业摩擦限制在可控范围，避免冲突延伸到金融领域。第三，短期低调推进与人民币国际化有关的措施，尤其注意减少外部人民币资产，扩大人民币债务，逐步掌控对外金融交往的主动权。第四，中期注重金融市场对外开放有序推进，对内注重培育金融业的抗风险能力，在金融开放与金融稳定间找到平衡点。第五，中期加快推进与现代金融市场有关的制度与法律体系建设，形成有助于金融稳定的市场预期。第六，长期以"一带一路"下的区域经贸合作为基础，构建一个以人民币或非美元结算为核心的区域性结算体系，为中国的金融安全提供实质保障。

6. 加强反制裁宣传，增加反制裁盟友，利用整体力量破除"目标性"制裁。美国金融制裁的历史表明目标方的反制裁力量与第三方对制裁的态度是决定制裁实际功效的关键。2014年俄罗斯普京政府就通过对制裁实质的揭露，使俄罗斯民众成为反制裁的主要力量，并借助作为第三方的欧盟降低制裁力度，成功抵御美国的金融制裁。借鉴俄罗斯经验：第一，在国内提前加强对金融制裁知识的宣传和普及，让民众了解金融制裁的实际影响和危害，增强国内反制裁力量。第二，继续以开放、互利、共赢理念推进对外合作，增加更多国家层次合作伙伴，尤其注重对欧盟、日本等第三方受损利益集团的游说与合作，降低联合金融制裁的可能。第三，注意从行业层次对美国的受损利益集团、实体和个人加强游说，并加强与对华持中立或友好态度的州和地方政府、国会议员的合作与政治游说，利用美国的国内力量减少制裁实施的可能。

三、美国无上限量化宽松政策的经济影响及其走向

（一）美国无上限 QE 政策对中国经济的影响

2020年3月23日，美联储为应对新冠疫情对经济各方面造成的巨大负面冲击，在3月15日零利率政策和至少7 000亿美元购债计划的基础上启动无上限量化宽松（QE）政策。与2008年全球金融危机爆发后采用的量化宽松政策不同，本次政策在购买美国国债和抵押贷款支持证券方面不设上限，同时将机构商业抵押贷款支持证券纳入购买范畴，旨在为家庭、企业和整个经济提供前所未有的流动性支持。

首先要明确无上限 QE 政策的特征和影响逻辑。本次无上限 QE 政策的显著特征是美联储在购买目标证券时不对规模、期限等设限，这就意味着政策本身存在极大的不确定性，因此没有必要强调政策细节预测的重要性。我们需要把精力放在政策对中国经济的影响逻辑方面，它可分为直接影响和间接影响。美联储无上限 QE 政策的直接影响是向银行体系注入大量流动性，此举会改变美元资产在全球层面的供应情况，对美元中长期利率和人民币汇率造成直接冲击。间接影响方面，无上限 QE 政策对利率和汇率的影响将通过多重渠道传递到中国经济，如股市、债市、资本流动、通货膨胀、宏观预期等。

美联储无上限 QE 政策实施后，其资产负债表规模迅速扩张，2020 年 3 月第一周为 4.29 万亿美元，当月第四周升至 5.30 万亿美元，6 月第一周更是达到 7.21 万亿美元。受此影响，美元指数首当其冲，人民币对美元汇率短期内下降，即人民币被动升值；但至 6 月初，人民币对美元汇率均在高位运行。究其原因，尽管美联储疯狂印钞向银行体系释放大量流动性，但商业银行并未如美联储所愿将基础货币投入信贷市场，导致美元资产依然短缺。但自 2020 年 6 月，人民币相对美元开启升值通道，人民币升值压力凸显。无上限 QE 政策对中美利率市场也造成了强烈冲击，采用中美 10 年期国债收益率之差衡量中美利差来看，2020 年 3 月以来，中美利差由 3 月的 1.78% 升至 8 月的 2.34%。利差的扩大将会进一步加剧人民币被动升值、导致国际资本流入。为了抵消美国货币政策的负面溢出效应，中国需要采用偏宽松的货币政策予以应对，但这种应对措施又有可能导致资产价格上涨、通货膨胀、提升公众宽松预期的复杂局面。综上所述，美联储无上限 QE 政策对中国经济的影响始于汇率和利率的波动，终于中国宏观经济政策的被动调节以及市场主体行为和预期的改变。美联储激进的货币政策在服务实体经济、就业和经济增长方面的效果大打折扣，是一种典型的损人不利己行为。

(二)美国货币政策的下一步走向

美国扩张性的货币政策在短期内不会明显收紧,这是研判美国货币政策走向的重要实际因素。笔者认为,在当前复杂的内外部背景下,美联储可能从以下方面对货币政策做出调整。

第一,保持现有政策力度基本不变,探索新的政策扩张方向。从美联储资产负债表规模来看,自 2020 年 5 月第三周达到 7.09 万亿美元以来,美联储资产负债表规模维持在 7 万亿美元左右近 4 个月,截至 2020 年 9 月第二周,其规模为 7.06 万亿美元。由此可知,美联储无上限 QE 政策的实施正处于平台期,政策的边际刺激效果有所削弱。在此基础上,为缓解新冠疫情对实体经济造成的持续性打击,逐步改变低利率低通胀的经济局面,2020 年 8 月 27 日,美联储发布了新修订的《关于长期目标和货币政策策略的声明》,修订了美联储通货膨胀目标制度,由 2% 的对称性长期通货膨胀目标转换为 2% 的弹性平均通货膨胀目标,新的货币政策框架更具有扩张性。

第二,进一步扩大资产购买范围,甚至不排除美联储直接购买股票的可能性。2020 年 4 月 9 日,美联储加大刺激经济力度,在已有政策基础之上再推出 2.3 万亿美元的援助计划,纾困对象扩展至中小企业、州和地方政府,同时扩大资产购买范围至部分垃圾债。美联储此举已超出中央银行的传统职能范畴,如果美国在短期内无法抑制疫情继续蔓延,加上已有政策的边际效果随时间不断下降,美联储可能尝试更多传统中央银行职能以外的政策措施,而直接购买股票则属于扩大资产购买范围的极端情形。

第三,如果经济活动恶化加剧,在零利率政策的基础上,不排除美国实施负利率政策的可能性。2008 年全球金融危机之后,瑞典、瑞士、欧元区和日本等经济体均探索实施了负利率政策,美国的零利率政策与负利率政策也仅一步之遥。实际经济表现是美国货币政策调整的重要依据，从 GDP 增速来看，美国 2020 年第二季度 GDP 环比下降 31.7%，创历史最大降幅。从就业数据来看，受新冠疫情影响，2020 年 4 月美国非农就业人数锐减 2050 万，失业率达到 14.7%；之后数月美国就业市场有改善迹象，非农就业人数录得不同规模的正值。结合经济增速和就业数据可知，新冠疫情重创美国经济，全面重启经济和经济快速复苏挑战重重。因此，随着美联储无上限 QE 政策不断突破一些传统货币政策的禁忌，中国要预防美国可能实施负利率政策的潜在冲击，坚持稳健的货币政策更加灵活适度，对人民币被动大幅升值、国际资本明显流入、输入性通货膨胀压力陡增等极端后果做出预案。

三、中美高技术贸易"反比较优势之谜"及治理建议

中国在对美国呈高技术产业创新比较劣势的前提下，却出现日益扩大的对美高技术贸易顺差，这一反比较优势的双边贸易之"谜"有其深层次原因，中国在其中获益偏低，需采取措施加以治理。

（一）中美高技术贸易反比较优势之"谜"及其主要特征

传统比较优势理论认为一国应出口有比较优势和要素禀赋优势的产品，进口有比较劣势的产品，最终通过分工和专业化实现自身利益。然而 21 世纪初以来，中国在对美国有高技术创新劣势情况下，却在对美高技术贸易上呈现明显的"反比较优势"态势：即作为技术落后方的中国，却对有技术优势的美国大规模出口，且中国对外高技术贸易顺差主要集中在美国，对其他国家则相对偏少。

目前在"反比较优势"基础上发展起来的中美高技术贸易，主要特征有三：

其一，中美高技术贸易顺差绝对额增长迅猛，美国在中国高技术出口目的地中一支独大。2002—2013年中美高技术进出口总额从284亿美元增长到1 750亿美元，年均增长率高达18%，其中，对美高技术出口增速远快于进口增速，导致中美高技术贸易顺差从2002年的118亿美元增加到2013年的1 168亿美元，2013年其占中国高技术贸易顺差的比重高达114%，占美国高技术贸易逆差比重甚至达到144%。

其二，中美高技术贸易顺差高度集中于信息通信技术，自美进口的高技术很少。美国商务部将高技术贸易产品分为10类：生物技术、生命科学、光电技术、信息通信、电子产品、柔性制成品、高新材料、航空航天技术、武器与核技术。而中美高技术贸易高度集中于信息通信技术，2013年中美信息通信技术贸易总额高达1 375亿美元，其中中国对美出口高达1 329亿美元，其他9类高技术对美出口则相比偏低，最多的光电技术出口仅为52.81亿美元；同时中国自美10类高技术进口额均偏低，最多的航空航天技术进口仅为126.7亿美元，这也使得中国对美信息通信技术出口在中美高技术贸易中独占鳌头。

其三，中美高技术贸易以加工贸易为主要贸易方式，而进料加工在其中占据绝对核心地位。2002—2013年，加工贸易一直在中国对外高技术贸易中据主导地位，尤其是进料加工出口在中国对美高技术出口中据绝对核心地位，占比60%以上。而2013年的中国高技术贸易数据也显示，中国进料加工出口总额高达4 030亿美元，实现贸易顺差1 941.4亿美元，占中国对外贸易顺差总额的190%，稳居中国高技术贸易顺差核心来源。

（二）中美高技术贸易失衡之"谜"形成的深层次原因

1. 外商直接投资引致的贸易创造和贸易转移影响。20世纪90年代以来，在跨国公司全球产业转移的推动下，美国和东亚地区的高技术企业将研发和生产环节通过 FDI 对外分包，中国成为高技术 FDI 的主要承接方。一方面，更高的资本回报率吸引了美国高技术企业将其研发中心和地区总部向中国转移，产生了明显的贸易创造效应，促进了中国对美高技术出口，但这一时期中国承接的 FDI 主要集中在信息通信领域，而 FDI 的引入也促进了本地与高技术上游产业配套的加工配套产业形成，进料加工或中间品加工等贸易逐步扩大。另一方面，日本、韩国和中国台湾地区也将高技术产品的加工装配业务直接转移到中国大陆，自己则主要出口零部件和中间产品，产生了明显的贸易转移效应，即将东亚经济体对美高技术贸易顺差转化为中国对美贸易顺差。在这种国际分工背景下，虽然中国集体和民营企业高技术出口增长迅速，但高技术出口的核心收益由外资企业获得，同时占国民经济主体的国有企业高技术出口比重不断下降，实际收益日益减少。

2. 中美高技术贸易统计方法的差异和缺陷产生的低估效应。 中美高技术贸易统计标准和口径有明显差异，表现有三：

其一，中美高技术产品统计目录不一致。美国高技术产品目录基于产品和工业，按美国 HS10 位码商品建立；中国则依据 2000 年版美国高技术产品普查名录，根据海关合作理事会的"商品名称及编码协调制度（HS）"，参照国际可比的 6 位数代码制订高技术产品目录，后者比前者的范围更大。

其二，中国进出口产品分录主要统计"高、新技术"产品贸易数据，而在新技术名目下包括了许多适用出口增值税退税的产品——如淀粉、一些加工食品及家具等，而其主要表现为中国对美贸易顺差。

其三，中美衡量出口商品贸易额的标准不同。目前中美两国均采用到岸价格（CIF）统计进口贸易额，但对出口统计，中国采用离岸价格（FOB），美国采用船边交货（FAS），二者差异会影响双边贸易顺差的统计值。

此外，现有贸易统计体系在无形资产、无形投入及其收益上的统计缺失,也放大了中美贸易顺差实际额。美国作为世界主要技术创新来源地,对外高技术投资额相当大,这带来了庞大的无形资产和无形投资,包括专利技术、专有技术、管理技能、创新服务、优势品牌和良好的声誉等的跨国流动。虽然美国的涉外经济统计包括了部分高技术贸易,但依然有大量未被官方统计的跨境无形资产和收益漏计。如果将美国无形资产净流出及无形收益的净流入计入贸易统计,将显著减少美国对中国的高技术贸易逆差。

3. 美国对中国高技术出口管制的政策影响。美国的全面、复杂的单边和多边技术出口管制体系,对中国高技术进口和美资跨国公司在华 FDI 产生显著负效应:一方面严格的出口限制、烦琐的审批程序和重点行业重点监控,直接限制了中国自美进口增速提升,尤其在电子产品、信息通信和航空航天技术等领域,美国专门颁布"中国政策条例",利用出口许可证等限制对中国出口增长;此外美国还通过颁布出口管制目录(如商业管制目录,军用管制目录和核管理委员会管制目录);设置横跨 11 个政府部门的出口管制审批程序;直接拒绝出口等形式,控制高技术出口。另一方面美国直接出台管制政策,控制美资跨国公司通过 FDI 向中国输出高技术,这些均导致中国对美贸易顺差"虚高"。

(三)破解中国高技术贸易反比较优势之"谜"的建议

虽然中国出现对美高技术贸易顺差,但中国仍难以进口能对国民经济发展产生巨大促进效应的新兴高技术,且中国企业主要从事高技术行业加工装配工序,实际获益有限,因而中国需要改变当前中美高技术贸易方式,采取有效措施加以破解。

1. 游说美国受损利益集团,破解美国对华技术出口管制。根本而言,中美高技术贸易顺差应通过扩大中国自美进口进行治理,因此破解美国对中国的高技术出口管制是破解中美高技术贸易反比较优势之

"谜"的根本路径。而扩大美国对华高技术出口更应通过政治协商解决。美国是一个利益集团众多的国家，利益集团对美国政府的决策往往具有决定性影响，中国需要从美民用高技术进口入手，通过高技术行业组织或协会，游说美国因对华技术出口管制受损的利益集团，以其为代言人，要求美国政府取消对华民用高技术出口管制。

2. 完善中国贸易统计体系，明确界定高技术贸易范畴。在高技术贸易产品的目录界定和统计标准界定上，中国需要与美欧等发达国家接轨，逐步剔除不符合高技术特征的"新"技术贸易统计，调整国内高技术贸易统计范围。同时，在技术贸易统计上，加强对无形资产和无形投资收益跨国流动统计的理论研究，提出符合中美高技术贸易实际的统计标准和方法，最终将无形资产和无形投资收益的跨国流动真实反映在各国贸易统计体系中。

3. 调整引资结构，加大对国内战略性新兴产业的政策支持。外资在华企业高技术出口是中国对美高技术贸易顺差的主要来源，国内企业不是中国高技术贸易顺差的实际受益方。中国需适当调整外资引入待遇，即将高技术企业外资能否引入与是否能加强内外资企业技术合作或技术溢出结合，有区别地引入外资。同时，加强国内知识产权保护，完善创新体系建设，加大对战略性新兴产业的政策支持，尤其是重点鼓励和支持国有企业技术创新，使其在战略性新兴产业发展中占领先机，逐步扩大其在高技术贸易中的实际作用。

4. 加大对外直接投资，转移对美高技术贸易顺差。在目前自美进口难以扩大的背景下，中国内资企业应适当开拓国外其他高技术市场，一方面，通过进口与对外直接投资加强与欧盟、日韩等的经贸联系，增加与其间的高技术研发合作，提升内资企业的创新水平；另一方面，加强对周边发展中经济体的FDI，适当外移国内高技术加工装配产业，将对美高技术出口逐步转化为这些经济体对美出口，集中精力发展核心高技术对美出口，增加中国实际收益。

四、大国竞合下的美墨加"毒丸条款"及其对华影响

2020年7月1日,美国总统特朗普所谓的"有史以来规模最大、最公平、最平衡的贸易协定"[①]——《美墨加协定》(USMCA)正式生效。围绕"美国优先"的基本思路,该协定不仅在原有《北美自由贸易协定》的基础上进一步提高了原产地规则、知识产权、数字贸易、劳工、环境等方面的标准,更在第32章中罕见地引入了极具排他性的"毒丸条款"。

虽然从经济层面上看,"毒丸条款"在短期内对中国直接影响较为有限,但鉴于《美墨加协定》被美国视为"21世纪贸易协定的新范本",在其中加入"毒丸条款"的意图和影响并不只限于北美三国间的区域层面。因此,作为美国"项庄舞剑"直指的战略对手,中国理应重视《美墨加协定》中出现的这一新变化,尤其需要从中长期视角出发未雨绸缪,警惕和预防"毒丸"在美国其他贸易协定中的复制和扩散[②]。

(一)毒丸条款:指向中国的"旧招新用"

在2018年10月6日路透社的采访中,美国商务部长威尔伯·罗斯毫不避讳地将《美墨加协定》中新增的《与非市场国家的自由贸易协定》条款称为"可能会被复制的毒丸",表示希望"通过增加贸易伙伴,以向中国施加开放市场压力"[③],"毒丸条款"因此得名。虽然"毒

[①] 美国白宫:《2020年第16号总统声明》,https://www.whitehouse.gov/briefings-statements/statement-from-the-president-16/
[②] 刘卫平.大国竞合下的美墨加"毒丸条款"及其对华影响.人民论坛,2020,(9).
[③] David Lawder, Karen Freifeld. Exclusive: U.S. Commerce's Ross eyes anti-China 'poison pill' for new trade deals[N].https://www.reuters.com/article/us-usa-trade-ross-exclusive/exclusive-u-s-commerces-ross-eyes-anti-china-poison-pill-for-new-trade-deals-idUSKCN1MF2HJ。

丸条款"的具体内容并不复杂,其本质也没有跳脱出对所谓"市场经济地位"区别对待的"旧手段"。但是,在贸易协定中引入类似歧视性、排他性条款的行为的确较为罕见,可以说是美国针对中国设计的"新工具"。

1. "毒丸条款"的历史溯源。从"大历史"的视角来看,"毒丸条款"这种对非市场经济体实施特殊规则的做法,一直以来都是美国在经贸领域常用的"旧手段"。其思想源头最早甚至可以追溯至美国《1921年反倾销法》和《1940年关税法》中极具贸易保护主义色彩的反倾销调查。

冷战时期,为解决《关贸总协定》部分缔约国转变经济发展模式导致的条款适用性问题,在1954—1955年的审查中,捷克斯洛伐克代表建议针对反倾销调查补充"国营贸易国家"(state-trading countries)的特殊情况,首次正式提出了非市场经济国家的概念[①],这一表述为美国财政部对计划经济国家的反倾销立案和裁决提供了启示和支持。通过《1974年贸易改革法案》附属杰克逊-瓦尼克修正案等国内法案,美国对包括中国在内的"国家控制经济国家"施加了极为严格的贸易政策[②]。1988年,国会通过《综合贸易与竞争法》,美国正式确立了有关非市场经济国家的立法,赋予了商务部充分的自由裁量权,规定商务部可以"在任何时间将任何国家列为非市场经济国家,这一裁决将一直有效,直到商务部将其公开驳回为止"[③]。

冷战结束后,随着经济全球化的高速发展,美国判定非市场经济国家的政治性因素有所减弱,经济和贸易因素成为影响判定的主要动因。改革开放后对外贸易快速发展的中国逐渐成为贸易保护主义利用

---

① 屠新泉,苏骁. 中美关系与中国"市场经济地位"问题[J]. 美国研究, 2016, (3): 85-100.
② 李双双. 中国"非市场经济地位"问题探析[J]. 国际贸易问题, 2016, (5): 71-81.
③ Jane M. Smith. US Trade Laws and Nonmarket Economies: A Legal Overview 2013[M], p3.

"市场经济条款"予以限制的首要目标。也正因如此,经过多轮磋商和谈判,美国至今仍未给予中国"市场经济地位"的判定。

2. "毒丸条款"的具体内容。被称为"毒丸条款"的《与非市场国家的自由贸易协定》位于《美墨加协定》在第32章第10条,一共包括8项具体内容,规定若美、墨、加三国中任意一方与"非市场经济国家"签署自由贸易协定,则其他协议伙伴有权在6个月后退出《美墨加协定》,并以新的双边协议取而代之。围绕这一主要问题,条款对各方的权利和义务进行了以下安排。

第一,条款第1条规定,"非市场经济国"是指在《美墨加协定》签署前,"被至少一方在贸易救济法中认定为非市场经济国,且与美墨加三方均没有自贸协定的国家"。换言之,美国只要在协定签署前通过国内法认定其他国家为非市场经济国,就可以获得对缔约方与该国进行自由贸易协定谈判的审查权和否决权。

第二,条款第2、第3和第4条详细规定了缔约国通知谈判、披露信息的具体义务。缔约国如果有意与非市场经济国家展开自由贸易谈判,不但需要提前三个月通知其他两方,还需要完整提供谈判目标等详细资料以供缔约方审查;而如果缔约方有意与非市场经济国家签署自由贸易协定,则应在签署日期的30天前向其他两方提供包括全部附件的协定全文,以便缔约方评估其对《美墨加协定》可能产生的影响。

第三,条款的5条赋予了美、墨、加三国在某一方与"非市场经济国家"签署自由贸易协定情况下,自由退出《美墨加协定》并签订新的双边协定的权利。同时,条款在第6至8条中约定了签署替代性双边协定的具体安排,为可能发生的"踢群"提前做好了安排[①]。

---

① 《与非市场国家的自由贸易协定》的相关内容整理自《美墨加协定第32章》. https://ustr.gov/sites/default/files/files/agreements/FTA/USMCA/Text/32_Exceptions_and_General_Provisions.pdf。

3. "毒丸条款"的主要特征。虽然"毒丸条款"脱胎自非市场经济国家问题，但是从横向比较的角度来看，在美国现有已生效的20项双边和区域自由贸易协定中，"毒丸条款"的相关内容的确是首次出现。总体而言，《美墨加贸易协定》引入的这一"新工具"具有排他性、针对性和实验性的显著特征。

第一，"毒丸条款"首次在双边和区域贸易协定中加入了非此即彼的排他性选择。这种排他性选不以增进区域内的贸易便利和贸易公平为目的，而是旨在增加与第三国之间的贸易壁垒，违背了国际公法不干涉第三国权利与义务的基本原则①。从本质上看，"毒丸条款"通过赋予美国对其他缔约方签署协定的审查权和否决权，将"俱乐部"的准入门槛直接与美国国内立法进行挂钩，从而限制了缔约国和第三国在自由贸易协定领域的谈判权。

第二，条款中所谓"非市场经济国家"的限定，具有极强的指向性和针对性。中国作为世界第一大货物贸易国，是美国在《国家安全战略》中设定的主要竞争对手之一②，也是"毒丸条款"最大的针对目标。自俄罗斯2002市场经济地位获美国承认后，世界主要经济体中仅有中国的市场经济地位未获承认，"毒丸条款"的指向中国意图较为明显。商务部长威尔伯·罗斯、贸易代表莱特希泽等美国官员也曾多次在公开场合直言向中国"施加压力"的战略目标。

第三，"毒丸条款"的设计中预留了转圜的空间和谈判的余地，具有一定的实验性质。从具体内容上看，在履行通报义务的前提下，该条款并未禁止缔约国与非市场经济国家展开FTA谈判。不仅如此，条款设置的退出机制也以柔性为主，即使缔约国与非市场经济国家最

---

① 孙南翔. 美墨加协定对非市场经济国的约束及其合法性研判 [J]. 拉丁美洲研究，2019，(1)：60-77.
② National Security Strategy of the United States of America[R], 2017.12。
https://www.whitehouse.gov/wp-content/uploads/2017/12/NSS-Final-12-18-2017-0905.pdf.

终签署了新的 FTA，也不会必然导致《美墨加协定》的终结，是否退出协定将由其他两方根据实际情况审议决定。

（二）毒丸条款对中国的影响

从美、墨、加三国区域合作的角度来看，"毒丸条款"对中国的直接影响较为有限，美国在短期内复制和推广"毒丸"同样具有一定的难度。但从中长期视角出发，在全球经济不确定性持续增加的背景下，"毒丸条款"的最终影响还是取决于中美双方在全球、区域、双边多个层面的博弈的结果。

1. 直接影响较为有限。无论是从贸易额还是从产业链、价值链的角度分析，中国与加拿大、墨西哥之间并不存在密切的相互依赖关系。因此就《美加墨协定》本身而言，"毒丸条款"对中国的直接影响较为有限。

第一，从贸易总额的角度来看，加拿大和墨西哥均不是中国排名靠前的贸易伙伴。2018 年中加、中墨货物进出口贸易总额约为 795 亿美元和 907 亿美元，仅占到中国当年货物进出口贸易总额的 1.72% 和 1.96%[①]。尤其是在中国外贸依存度不断下降，"双循环"新发展格局加快构建的背景下，《美墨加协定》中"毒丸条款"的生效对中国经济造成的实际影响微乎其微。

第二，从产业链和价值链的角度来看，加、墨两国和中国的产业关联度不高，在价值链层面的联系比较疏远。从对华出口主要商品的构成上看，植物产品、纸张、矿产品、化工产品、动物产品等五类主要产品占到是加拿大对华出口总值的 64% 以上；矿产品、运输设备、机电设备、贱金属及制品等四类产品更是占到墨西哥对华出口总值的 83%[①]。由此可见，加、墨两国对中国的出口还是以原材料和最终品为

---

① 数据来源：商务部综合司，商务部国际贸易经济合作研究院.国别贸易报告：2018 年加拿大货物贸易及中加双边贸易概况.

主，具有较强的可替代性。

第三，从现有自由贸易协定推进的角度来看，尽管"毒丸条款"会对研究中的"中国—加拿大自贸区"产生一定的负面冲击，但中—加自贸区的推进本就较为艰难，"毒丸条款"并非影响中—加自贸区的决定性因素。根据目前中加双边已进行的四轮可行性研究和探索性讨论的分析，双方在自贸区问题上仍存一定的分歧，距离达成协议还有较远的距离，即使没有"毒丸条款"，加拿大也很难在美国的压力下和中国达成协议。

2. 短期影响基本可控。 由于《美墨加协定》的达成具有很强的特殊性，美国在与欧盟、日本等其他主要经济体的贸易协定中快速复制和推广"毒丸条款"的难度相对较大，短期内利用"毒丸"全面孤立中国的风险基本可控。

第一，美、墨、加三国在经济上存在特殊的非对称性依赖关系，加之三国在地缘上的紧密联系，加拿大和墨西哥对于美国的依赖程度远超世界其他国家。2018年，对美出口总额在墨西哥和加拿大全年GDP中的比重分别达到了28%和19%，美国市场对于墨、加两国经济发展的重要地位不言而喻。除了经济因素，美国在北美地区的政治、军事、文化等领域同样具有举足轻重的影响力和领导力。因此，加拿大和墨西哥在"非此即彼"的压力下，出于国家利益的考虑，被迫签署"一边倒"性质"毒丸条款"的选择具有一定的特殊性。

第二，随着经济全球化的高速发展，世界主要经济体间的经济联系和互赖关系已经达到了空前的高度。尤其是中国作为全球第一贸易大国和全球第二大消费市场，在世界经济和全球价值链中的重要性不断提高。在中美大国博弈的背景下，采取"一边倒"的经济政策并不符合欧盟、日本等美国"传统盟友"的基本利益，美国在短期内快速复制和推广"毒丸条款"的计划实施难度较大。

第三，就现阶段的谈判进展而言，美欧贸易谈判和美日第二轮贸易谈判仍面临较大的不确定性。欧洲方面,特朗普统治下的美国和欧盟在全球经济治理、争端处理方式等理念上存在较大差异,在数字贸易、航空航天、农业补贴等具体问题上存在明显分歧,随着美欧关系的恶化,双边贸易谈判呈现陷入僵局的趋势;日本方面,虽然双方第一阶段的贸易协定已于 2020 年 1 月 1 日正式生效,但更为重要的服务贸易、投资、数字经济等问题将在第二轮谈判中进行磋商,因此双方达成新协议难度预计将高于第一阶段。

3. 长期影响仍需警惕。虽然"毒丸条款"的直接影响和短期风险基本可控,但基于"百年未有之大变局"下中美大国竞合的视角,中美在双边、区域多边、全球多边多个层面的博弈恐怕难以避免,而"毒丸条款"可能会成为中长期内美国孤立中国、重构全球价值链的重要工具之一。

一是从历史经验的角度出发,"市场经济地位"问题一直以来都是美国和部分西方国家用来对中国采取歧视性贸易政策的手段,在此基础上衍生的"毒丸条款"进一步丰富了美国在经贸领域对华施压的"工具箱"。美国商务部长威尔伯·罗斯在采访中曾直言不讳地指出"由于现在已经有了先例,该条款将更容易被添加到其他贸易协议中。人们会逐渐明白,这是达成交易的先决条件之一"[①],传达了美国对于复制"毒丸条款"的战略设想。

二是从中美博弈的全局角度出发,虽然中美已经签订了第一阶段经贸协议,但在世界经济格局转变过程中,中美贸易摩擦必然性、长期性、复杂性的特点没有发生改变。因此,如果中美博弈继续深化,出于强行脱钩的战略意图,美国可能会向其他国家施加更大的压力,

---

① David Lawder, Karen Freifeld. Exclusive: U.S. Commerce's Ross eyes anti-China 'poison pill' for new trade deals[N].https://www.reuters.com/article/us-usa-trade-ross-exclusive/exclusive-u-s-commerces-ross-eyes-anti-china-poison-pill-for-new-trade-deals-idUSKCN1MF2HJ.

从广度和深度两个方面入手,在扩大"毒丸条款"签署国数量的同时,进一步加大相关条款监管和限制的范围,从而对中国造成更大的影响和冲击。

三是在新冠疫情蔓延、全球经济不确定性持续上升的背景下,现有全球分工格局的缺陷充分暴露,部分国家转而支持全球价值链向"区域化"和"国内化"方向发展,经济全球化面临前所未有的挑战。如果"逆全球化"和"区域化"最终取代了当前全球化的历史进程,非此即彼的"毒丸条款"可能会成为更多区域多边合作框架青睐的工具。

(三)中国的应对策略

面对《美墨加协定》中新增的"毒丸条款"及其可能带来的一系列影响,疲于奔命的"见招拆招"只是下策,保持战略定力,"做好自己的事情"才是中国更为合理的应对策略。具体来说,中国可以通过国内、双边、多边三个层面,尽量消解"毒丸条款"可能带来的负面影响。

1. 国内层面:加快"双循环"新格局下国内大循环的构建。"统筹国内国际两个大局"一直以来都是中国推动经济社会持续健康发展遵循的基本原则[①],形成两个大局之间相互借助、相互配合、良性互动的格局,既是推进国内发展的重要抓手,也是解决国际问题的重要依托。而"双循环"新格局的构建,尤其是国内大循环的发展,就是中国目前应对"毒丸条款"的最佳路径。

通过扩大国内循环,中国可以充分利用自身完备的工业体系,发挥国内市场对于经济增长的重要引擎作用,降低对于其他经济体的依赖程度,以此构建可以独立运行的国内经济循环体系,从而对冲"毒丸条款"可能带来的外部风险;

通过构建双循环格局,中国可以进一步提高对外开放水平,利用

---

① 《中共中央关于制定国民经济和社会发展第十三个五年规划的建议》,《人民日报》2015年11月4日。

世界第二大经济体和第二大消费国的旺盛内需求,提高自身对于国际商品、国际服务和国际要素的吸引力,进一步完全融入球价值链和世界经济体系,提高有关国家加入"毒丸条款"需要承担的机会成本。

2. 双边层面:妥善处理中美主要大国关系。虽然当前的中美关系正面临建交以来最严重的挑战,但这并不意味着可以无视历史另起炉灶,更不意味着可以不顾实际强行脱钩[①]。事实上,积极展开对话沟通,妥善处理中美大国关系,是应对"毒丸条款"最为直接的策略。

尽管世界经济格局转变过程中的中美博弈难以避免,但基于中美在经济全球化的背景下已经形成了优势互补、相互融合的利益共同体的现实,中国还是可以尽可能通过协商和对话减少双方的分歧和误判,更多强调双边关系中的合作性、互补性因素。通过信守承诺,履行《中美第一阶段经贸协议》的有关内容等实际行动,中国从一定程度上降低了双方博弈的强度,从而为阻止"毒丸条款"的复制赢得更多协商和转圜的余地。

3. 多边层面:推动"一带一路"基础上的区域和全球合作。在加快构建国内大循环、妥善处理中美大国关系的同时,中国还可以在"一带一路"建设的基础上,以更为积极的姿态推动区域和全球层面的多边经济合作,通过拓展"朋友圈"、扩大影响力等方式,应对"毒丸条款"的潜在风险。

第一,可以重点围绕欧洲国家,进一步扩大"一带一路"参与国的范围。"一带一路"是中国向世界供给的重要国际公共产品,截至 2020 年 1 月底,中国已经同 138 个国家和 30 个国际组织签署 200 份共建"一带一路"的合作文件,但仍有进一步扩大范围的潜力。尤其是针对德国、法国等"愿以集体形式签署备忘录"的欧盟国家,中国应该秉持共商、共建、共享的基本原则,积极推动相关合作意向的落实、

---

① 《国务委员兼外长王毅 9 日向中美智库媒体视频论坛发表致辞》,《新华网》2020 年 7 月 9 日。

落地，进一步加深世界主要经济体和中国的经贸联系，从而增加美国复制和推广"毒丸条款"的实际难度。

第二，中国可以从地缘经济的视角出发，积极应对新冠疫情后全球价值链"区域化"的趋势，进一步对冲"毒丸条款"的复制和扩散风险。具体来说，中国可以利用自身在技术、资本等生产要素方面的比较优势，加强与"一带一路"新兴经济体，尤其是中国周边国家的经贸合作，加快打造区域性的完整价值链和产业链。

第三，中国可以将现有"一带一路"建设的基本框架和自由贸易区战略有机结合。通过与更多"一带一路"沿线国家就自由贸易区的建设展开协商，进一步加快中日韩等自由贸易区的谈判进程，推动中国—东盟、中—韩等现有自贸区经济合作水平的提高，逐步构建全球自由贸易合作网络，积极应对全球多边贸易合作发展受挫背景下，"毒丸条款"对中国展开双边和区域性经贸合作带来的挑战。

五、美国联合盟友制衡中国的潜在局限性

（一）欧美联合对华具有潜在局限性

第一，对太平洋地区，美国的重视程度远高于欧洲国家。法国是唯一在太平洋有领土利益的欧洲国家，像美国一样拥有军事设施，但法国在该地没有盟友，且其领地距中国遥远。英国虽然是美国坚定的盟友，但其军事部署被全球利益拉伸，在太平洋力量捉襟见肘。

第二，美国和欧洲都与中国有着密切的经济联系。隐藏在中美舆论对立下的是中美和中欧贸易的持续增长。欧美对华战略方针也都是灵活的，欧洲称中国为"伙伴、竞争者和对手"，美国用"竞争性、合作性和对抗性"来描述与中国的关系。

（二）欧洲对华战略的本质决定了欧美难以联合制衡中国

尽管欧洲对中国的不满也越来越多，但欧美在对华政策上存在争议。拜登热衷于联合盟友一起对付中国，但欧盟迄今为止只表现出了有限的热情。

一是应对中国经济挑战和更广泛的地缘政治经济问题，欧洲的方法是制定一套小型的、以防御为主的应对措施。在中美大国竞争中，欧洲寻求"战略自主"，希望成为新国际秩序的第三极力量。欧洲在意识形态、政治和经济上更靠近美国，但欧洲也无意卷入中美竞争的乱局。坦白地讲，欧洲可以接受中国成为世界第一经济强国、美国成为第一军事强国，而欧盟成为监管治理强国。

二是"战略自主"是个充满风险且不可持续的战略。若不能坚定地执行下去，欧洲就会成为三极中力量最弱的一极，无法有效地从中获得经济利益。欧盟仍可能同时遭受美国和中国的经济和政治压力，正如2021年早期那样，中国对欧洲部分实体和个人实施了制裁，美国也威胁对某些成员国加征关税和制裁。从2020年年底签署中欧全面投资协议到如今冻结该协议，也凸显了当前欧洲制定对华政策的困境。欧洲试图获取继续对华经济接触的利益，却导致欧美政治关系紧张。协议冻结也说明欧洲很难将经济事务排除在政治纠纷之外。

三是欧盟与美国在世界观和政策偏好上存在根本性的分歧。主要的分歧是对中国采取主动对抗还是积极防御的策略，这意味着欧美只能在中国问题上进行有限的合作。此外需要指出的是，欧盟成员国内部存在严重的分歧：有人支持原本的重商主义政策，有人更重视传统的跨大西洋伙伴关系，还有人寻求完全自主战略。总之，欧美仍存在联合对华的空间，但美国是否会接受欧洲提出的有限合作倡议仍有待观察。

（三）拜登政府东南亚政策也存在诸多问题，联合围堵中国并非易事

拜登一再强调印太地区的重要性，指出需要加强与盟友伙伴的关系以反击中国挑战国际秩序的行为，但拜登政府在印太地区的现实行动存在诸多问题。

首先，拜登对共同价值观的重视程度高于共同利益，这在东南亚地区行不通。越南等或许支持美国在南海的利益，但不希望美国批评他们的人权和内政。拜登推动东盟向缅甸施压恢复民选领袖，但是，东盟 2021 年 4 月发布的五点共识中并没有提到这点。6 月联合国涉缅甸决议中，东盟有四国弃权。这些都表明，东南亚国家对美国所倡议的价值观合作兴趣寥寥。

其次，拜登政府将东南亚事务排到其他政务的后面，想当然地认为东南亚会跟随美国。布林肯 5 月错过了与东盟外长们的通话，国防部长奥斯汀没有到新加坡参加香格里拉年度对话，拜登总统更是未与东南亚任何一位领导人直接通话。东南亚是印太战略的核心，高层和常规对话的缺失体现了美国对该地区的轻视。而且，东南亚国家无法承担在中美之间站队的后果，拜登政府意在给中国制造麻烦的行为可能会将东南亚推到中国一边。

第三，中国是多数东南亚国家最大的贸易伙伴，拜登的贸易政策将是关键。但自从特朗普退出 TPP 后，不论是后来的 CPTPP 还是 RCEP，美国目前都没有提升与东南亚贸易关系的行动。

六、美国立法对华政策与中国对策

美国国会一直在美国对华政策中发挥重要作用，近期更呈现出加速、集中立法制华的新趋势，需要高度重视并妥善应对。

美国民主和共和两党几乎在一切问题上唱反调，但近年在涉华议题上高度一致，直观地反映在涉华法案通过生效上。特朗普执政时期，两届国会共通过 22 项涉华法案并经总统签署为法律，其中第 115 届和 116 届国会分别通过 9 项和 13 项法律，显示两党、国会和行政在对华遏制上正形成战略共识。

（一）拜登政府时期的国会立法动态

拜登政府上台短短百余天，美国国会密集推出了一系列制华法案，令人瞩目的是，政治议题开始成为主流，并且出现全面性、战略性、长期性对抗中国的法案。

《2021 年战略竞争法案》，是美国第一份两党共同制定的对华战略方针法案，是美国两党在对华政策上一致走向加强对抗的里程碑式法案。该法案规定了美国如何在权力、政治、外交、经济、创新、军事、文化等每一个维度上抗衡中国，内容具体，操作性强，计划分解详细，并有评估和检验机制。

《反俄罗斯和其他贪腐政府法案》，主要将俄罗斯和中国视为贪腐主体，规定由美国财政部设立反腐败行动基金和机构间反腐败工作组，要求美国国务卿与财政部合作以促进外国的善政并增强外国打击公共腐败的能力，且在每个驻外使馆指定反腐败联络点。

《国际运动赛事的美国价值与安全法案》，针对所谓"共产主义国家"或"人权记录差"的国家举办的国际赛事，要求美国国务卿提前 180 天对运动员进行"风险告知"，"让美国奥运运动员了解主办国对人权、个人隐私和安全所构成的风险，并防止部分国家靠国际赛事来改善形象"。

《无尽边疆法案》。2021 年 2 月 24 日，拜登签署行政命令，指示联邦机构对美国的半导体芯片、制药业、稀土矿产以及供汽车使用的大型电池等领域的供应链展开为期 100 天的全面评估，中国正是上述产品的核心供应来源。为响应白宫的政策，2021年4月20日，美国两党参议员向参议院商业科学和运输委员会提交了《无尽边疆法案》，旨在为供应链中受到冲击且面临中断风险的产业提供大量资金，以强化美国科技领域竞争优势，巩固美国在关键技术方面的领导地位，同时降低对中国的依赖，应对中国技术竞争的挑战。

（二）中国宜高度重视美国立法制华的战略和工具价值

美国立法制华的步伐加快，与中美两国实力的消长和美国对华认知的不断负面化直接相关，也与美国国内贫富差距扩大、种族矛盾尖锐、政治极化从而将维护美国的领导地位和压制中国作为美国民主、共和两党精英的黏合剂直接相关。由于上述态势难以实质改变，可以预判，美国立法制华的速度和力度还会持续增强。

中国应特别重视美国国会在干涉中国领土完整的核心利益问题上的立法。

（三）中国的应对之策

在美国面对中美竞争逐渐走向疯狂之际，中国需要保持清醒克制与战略定力。美国的制华法案即便生效，在实施上也面临着诸多困难。美国立法制华的核心举措，一是发展科技甩开和赶超中国，二是联合盟友制衡中国，三是重塑形象遏制中国。中国的应对可从这三方面开展。

1. 大力发展科技，加大对高新技术领域以及未来发展关键领域的科技投入。 率先在科技竞争上抢占快车道。习总书记反复强调"大国重器必须掌握在自己手里。要通过自力更生，倒逼自主创新能力的提升"。在加强科技创新方面，中国相对于美国也有优势，即丰富的人力资本、大量的华裔科学家、学术精英文化和愿意投资于科学的强有力的政府。基于这些优势，中国在扩展成熟的研究领域、完善现有算法和研究这些依赖于物质和人力资源的研究领域可能做得比美国更好。同时，考虑到中国政府对经济发展的高度重视，研究重点会更倾向于应用研究而非基础研究。基于这些潜在优势，在美国也开始从战略上注重科技成果向市场转化的形势下，中国应该更加注重对应用研究的支持。中国不仅需要关注投资的数量，还要关注投资的结构，掌握具有潜能的关键技术领域，更加有效地将科研的成功转化为市场的影响力。同时也要充分发挥高等院校在培育科技成果的市场化转换中的作用，学习国外的成功经验，鼓励大学尝试新方法，以促进通过成熟的公司或初创公司将创新思想带入市场的过程。美国科学的发展得益于不同国家间科学信息的共享和合作以及来自于其他国家的移民。中国需要尽力扩展国际科技合作渠道。对于中国科技企业而言，除了技术研发，也要注意管理制度和团队的国际化和地区化，更加国际化的管理和开放的姿态将最大限度地减少疑虑。一方面，要加强与美国以外国家的科技合作，拓宽对外投资范围，这样既可破除美国的技术封锁，又能增加美国放弃技术封锁的国际压力。另一方面，中国也要利用现有的国际贸易机构来积极应对美国滥用国家安全理由阻碍正常贸易往来和技术交往。中国还需要改善科研环境，引进国际人才。科技之争归根结底是人才之争，中国与美国之间的科技竞争最终也会是两国对于国际一流人才的吸引力的竞争。

2. 坚持以"一带一路"为基础，向外拓展中国的"朋友圈"。 特朗普政府毁约退群带给美国的信用损失是巨大的，美国盟友担心2024年美国下一个民粹总统的上台，对拜登政府的关系修复抱有谨慎怀疑。中国要树立负责任的大国形象，在与美国的博弈中保持既不畏惧竞争也不拒绝合作的开放态度，同时积极与美国的盟友建立合作。欧洲在对华关系上的利益诉求与美国并不完全相同，二者对中国的看法也存在分歧，这意味着欧洲绝不会唯美国马首是瞻，美国联合欧洲盟友一致抗华还存在一定变数。另一方面，美国在印太地区的盟友与中国在地理上更为相近，且大多与中国经济联系密切，强行要求他们同美国的对华政策完全一致并非易事。事实上，现在的盟友关系不同于"二战"前后的军事用途，今后的盟友政策，将更看重科技合作、人文交往和经贸往来。中国坚持人类命运共同体理念，以开放的姿态与其他国家共享中国发展福利，欢迎其他国家搭乘中国高速发展的列车，有助于瓦解美国优先的霸权主义盟友体系。

3. 讲好中国故事，塑造大国形象。中国要以具体的帮助"一带一路"发展的实例和成效，说明中国是和平共处五项原则的提出者和践行者，中国的"一带一路"倡议致力于促进印太地区基础设施建设及互联互通，中国不会损害他国主权或制造债务陷阱，不会排斥其他国家在"一带一路"沿线国的既有历史存在和现实利益，更无意建立排他性的势力范围或中国经济的后花园，中国将秉持共商共建共享原则，将"一带一路"建设为一个开放、包容、均衡、普惠的区域经济合作平台。

| 第四节 |　促使中美走向包容性竞争关系的策略

2018年G20峰会期间，习近平主席与美国总统特朗普会晤时，首次提出中美关系是"竞合关系"，也就是竞争性合作关系。在竞合时代大国间的竞争不再是领土的争夺，而是综合实力（经济、政治、科技、军事等）的较量，核心利益是对将来国际秩序规则和标准制定的主导权。第一，中美两国关系的走向将重塑世界地缘政治、经济竞争格局，面对中国这个从未有过的后起的头号战略竞争对手，出于保卫自身利益和价值观的需要，美国对中国的遏制是不言而喻的。中美贸易冲突持续不断的状态将会长期存在，对此我们必须要有清醒的认识。第二，中美屡屡发生经贸摩擦的根源不仅仅是中国的贸易顺差问题而是中国崛起造成国际力量对比失去平衡，虽然美中两国面临一些共同的挑战，但是合作不仅需要共同的利益，还需要共同的理解，所以不能对未来5年至10年中美合作的前景抱有太大的期望。第三，中美两国亟须提高对不断变化的国际秩序的认识，防止两国关系进一步恶化并继续寻找可能的合作领域。在竞争性合作时代，国际社会必须构思和实施一种新的安全架构，中美也只有实现竞争合作、互利共赢才是必然的选择。

当前我们需要集中国家的思想力量，全面进行战略研究，提出合适的战略，避免中美走向新冷战，甚至全面的战争冲突。两国可能永远不会恢复建设性接触，但可以避免一场破坏性的冷战。

虽然美国对华舆论基调已形成了全面共识，而且在未来几年不太可能改变，但并非代表着美国对华政策改变已经有了具体的战略和策略。尽管美国领导人认为强硬的战略将更好地服务于美国利益，但他们尚未制定具体政策来执行这一战略或设定最终目标。美国对华战略修订的实质内容仍在激烈辩论中，还没有达成共识。尤其是以美国智库为代表的战略界。有一部分学者认为中国崛起对美国而言有利有弊，双方不一定必然走向你死我活、零和博弈的道路。从美国利益考虑，美国不应该与中国"脱钩"，而是要改变对华接触策略的具体方式和内容。可以说，美国也在寻求一种新的中美关系模式。而这个过程，正是为中美关系避免走向新冷战提供了沟通和努力的空间。

（一）避免一场灾难性的冷战

中美地缘政治冲突仍处于初级阶段。为了避免一场灾难性的冷战让中国陷入中等收入陷阱，将亚洲分裂成两个对立的阵营，甚至引发美中之间的直接军事冲突，中国需要采取具体有效的战略和策略。

第一，中国领导人应尽可能缓和目前与美国的紧张关系。历史总是惊人的相似，回溯中美建交的历史，中美关系从来都不是建立在意识形态的基础上，而是国家利益。当前的中美竞争的关键点也是"利益"。

当年举行的 20 国集团峰会可能是解决中美贸易战进一步升级的最后机会。中国应拿出最好的提议方案来考验特朗普政府的诚意,而且这项提议必须是实质性的、广泛的和可信的。从战略上讲,实质性的、迅速实施的让步可能会重新赢得美国商界和利益集团的支持。也为中美重新定位"竞争性合作"关系提供了时间和空间。

第二,统筹成立一个专门部门,从跨学科、跨领域的角度全面研究中美战略问题,并付诸实施。这个机构一方面的功能是进行全面的中美战略研究,为中美"竞争性合作"关系建立的路径与战略实质内容进行研究和实施。另一方面,全面统筹中国的国际舆论战略。中美竞争,从表面上看是经济、军事实力之争,实质上还是意识形态的竞争。因此,这个机构要综合调动外交部、中宣部、教育部、外联部等机构的舆论资源,并形成联动机制。

对于美国近年来已经实施的"锐实力"舆论遏制战略,中国战略界要提出新思想,在国际舆论界展开思想对话。在话语权层面,保障并提升中美之间正常的文化交流与媒体传播的合法性地位。沉默与回避都解决不了问题。中国不但要积极应对,还要主动引领舆论思潮,为中美竞争型合作关系创造舆论的土壤和空气。

(二)积极进行议程设置和舆论影响

第一,把社交媒体作为"新主流媒体"进行全面布局和构建,顺应后真相时代的受众特点和需求,积极进行议程设置和舆论影响。近年来,美国社会的舆论传播进入了以情感驱动舆论走向、社交媒体成为新主流媒体的后真相时代。在反全球化、反精英的浪潮下,美国普通民众对传统主流媒体普遍缺乏信任,社交媒体已经成为美国的"新主流媒体"。政府机构、主流媒体、智库等多元舆论主体应全面提升社交媒体传播的意识和能力,在网络舆论场形成以政府为主导的多中心舆论传播格局,发挥不同主体的传播优势。

第二，在中美舆论传播中，发挥好智库力量，加强智库公共外交，并特别注意要避免使用"智库外宣"的话语表达。从全球范围来看，智库在发展过程中，通过强调自身的非政府、独立性和研究的客观、专业性，已经使得智库成为相较媒体、利益群体等机构更具备公信力的一种组织，而且这种认知已经内化为一种意识形态，嵌入西方社会的认知体系中。这就使得智库发表的言论、传递的信息对受众的影响很大。从这一层意义上，智库能够发挥很好的"外宣"功能。但是，如果使用了"智库外宣"这样的话语表述，智库所具备的公信力就会大为损减，从而无法发挥外宣功能。

尽早启动中美智库的交流与合作机制，并且在交流与合作中要以"思想"取胜。重质而不在于量。对于布鲁金斯学会、兰德公司、对外关系委员这类具有重要影响力的智库，要保持跟踪研究和密切接触。这些智库的研究成果和学者对于政府具有长时间段的影响力，对美国媒体和公众也具有广泛影响力。

第十章

开放共享：构建中国与世界的开放型经济新秩序

从经济发展与经济形态的关系来看，未来20年中国将处在大力推进开放型经济的发展阶段。笔者认为，中国以开放型经济新体制具体战略构建为重点，强调以更加积极有为的行动，推进更高水平的对外开放，加快实施自由贸易区战略，加快构建开放型经济新体制，构建中国与世界的开放型经济新秩序，以对外开放的主动赢得经济发展的主动、赢得国际竞争的主动。

当前，中国面临的国内外政治经济形势正在发生深刻的变化。全球化驱动力发生重大变化，新兴经济体群体崛起成为推进全球经济政治格局变革的最主要力量，全球新一轮贸易投资规则正在密集重构，但全球治理体系改革步伐缓慢，中国等新兴经济体获得与自己经济实力相称地位需要长期争取和努力。客观、理性地评价当前中国面临的国内外经济环境变化，并对"十四五"时期国际形势进行科学预判，在竞争性合作时代构建开放型经济是制定符合中国国情的新一轮发展目标和政策的前提和基础，为世界带来新机遇。

冷战甚至战争都是不可回避的历史规律，在竞争性合作时代，国际社会必须构思和实施一种新的安全架构，中美也只有实现竞争合作、互利共赢才是必然的选择。美国对华政策的调整是"长期性"的，对华鹰派的势力也会进一步上升。中美两国的战略竞争将持续化、激烈化、体系化。为避免中美走向新冷战，甚至全面的战争冲突，必须站在国家复兴和全球繁荣的角度,为中美关系寻找一种新的模式。

当前,美国立法制华的步伐加快,与中美两国实力的消长和美国对华认知的不断负面化直接相关,也与美国国内贫富差距扩大、种族矛盾尖锐、政治极化从而将维护美国的领导地位和压制中国作为美国民主、共和两党精英的黏合剂直接相关。由于上述态势难以实质改变,可以预判,美国立法制华的速度和力度还会持续增强。美国国会一直在美国对华政策中发挥重要作用,近期更呈现出加速、集中立法制华的新趋势,需要高度重视并妥善应对。中国如何打赢"新冷战":寻求建立"竞争性合作"关系,是战略界的新课题。

| 第一节 |　中国与世界的开放型经济新秩序

在人类从农耕文明进入工业文明,并形成民族国家的世界大格局之后,从开放的程度和水平上看,一个国家的经济形态可以区分封闭经济、内向型经、外向型经济和开放型经济。中华人民共和国成立70多年以来,中国的经济形态已经经历了封闭型经济、内向型经济和外向型经济等三种形态。党的十八届三中全会提出"构建开放型经济新体制",确定了发展开放型经济的新目标,掀开了"以开放促改革"的新篇章,是对全面深化改革的重要部署,也是对开放型经济探索经验的继承与发展。

但是,从经济方面来看,开放型经济具有一些基本特征:在国际贸易上,自由贸易的条件下,能够实现更高水平上的专业化分工。在这类分工下,本国的参与,不仅能够实现资源配置的优化,更重要的是,能够实现贸易规模的扩大以及经济水平的提高,并与其他发达国家之间形成各具特色而又相互依赖的分工体系。在直接投资上,达到了净对外投资的新阶段,开始在全球范围内实现本国企业和产业的所有权优势以及竞争优势。在国际金融上，本币实现了国际化，无须进行外汇的积累，并和国际金融市场密切地联系在一起。在国际治理上，是国际社会主要影响大国，能够发挥国际影响，并承担国际责任。至少是在事关本国利益的事务中，能够坚定维护本国的全球利益。

一、经济全球化呈现新趋势

中国推行新形势下的对外开放战略，必须对当前的世界经济形势有明确的认识。

首先是对经济全球化的认识。近年来，特别是金融危机以来，国际上出现了去全球化（de-globalization）的声音。但是，从客观经济形势分析，经济全球化深化的总趋势没有改变。这种深化主要表现在全球贸易和投资的增长仍在继续，人员、资本、技术等生产要素的流动仍在加强。因此，党的十八届三中全会《中共中央关于全面深化改革若干重大问题的决定》（以下简称《决定》）提出为适应经济全球化、进一步构建开放型经济新体制的新要求是适应世界经济形势发展客观要求的。

其次是对经济全球化新趋势的认识。这主要包括以下三个方面：第一，推动全球化的驱动力正在发生改变。由于多边贸易体制受阻，多哈回合久拖不决，全球化的驱动力已经从多边和区域、双边的双轮驱动，逐渐演变为以区域、双边为主导的单轮驱动模式。虽然 WTO 多哈回合在 2013 年达成了"早期收获"，但是距离多哈回合的全面完成仍是杯水车薪。与之形成对比的是，全球范围内区域自由贸易区发展迅猛。根据 WTO 统计，截至 2013 年年底，正式生效的区域自由贸易协定 258 项，其中 2013 年新增 11 项。跨太平洋伙伴关系协定（TPP）、跨大西洋贸易与投资伙伴关系协定（TTIP）等超大自由贸易协定，旨在建立更高标准的国际贸易规则，将对现有国际贸易体制以及经济全球化的走向产生深远影响。第二，世界经济格局出现重大变化。近年来，全球经济格局呈现出新兴经济体集体崛起的趋势。特别是金融危机后，不少发达国家经济复苏艰难，而新兴市场和发展中经济体成为拉动世界经济增长的重要力量。2009年，G20匹兹堡峰会宣布G20取代G8成为永久性国际经济协作组织，表明在全球治理平台上，发展中国家正扮演日益重要的角色。第三，是全球产业竞争态势发生深刻调整。金融危机后，发达国家纷纷采取"再工业化"政策，使得一些中高端制造业向发达国家回流；而新兴经济体出现了低端制造环节加速向低收入国家转移和转型升级的趋势。随着经济全球化引发的产业升级和经济结构的调整，世界各国竞争的重点领域从货物贸易逐步转向服务贸易。新能源、云计算、3D制造等新技术也将成为世界各国参与国际竞争的主导方向。这种趋势使得发展中国家在制造业和服务业领域都面临与发达国家的激烈竞争。

二、从"外向"到"开放"

改革开放以来，中国的对外开放战略经历了从"外向型经济"到"开放型经济"的阶段性转变，可以概括为以下三个主要阶段。

一是"外向型经济"的提出和推动阶段。党的十一届三中全会做出了实行改革开放的重大决策，中国从此开始迈出对外开放的步伐。1985年1月，福建省委最早提出了外向型经济这一表述。1987年党的十三大报告中指出，继续巩固和发展已初步形成的"经济特区—沿海开放城市—沿海经济开发区—内地"逐步推进的开放格局，着重发展外向型经济，积极开展同内地的横向经济联合，以充分发挥它们在对外开放中的基地和窗口作用。由此，中国对外开放范围由点到面逐步覆盖全国。

二是"开放型经济"的提出和发展阶段。党的十四大提出"对外开放的地域要扩大，形成多层次、多渠道、全方位开放的格局"。

十四届三中全会提出"发展开放型经济,使内经济与国际经济实现互接互补"。党的十五大报告再次强调,要求"完善全方位、多层次、宽领域的对外开放格局,发展开放型经济"。党的十六大报告在关于全面建设小康社会的目标中,提出建成"更具活力、更加开放的经济体系",实施"走出去"战略,鼓励和支持有比较优势的各种所有制企业对外投资。党的十七大提出"拓展对外开放广度和深度,提高开放型经济水平"。

三是"开放型经济"的完善和深化阶段。党的十八大指出,要"全面提高开放型经济水平。适应经济全球化新形势,必须实行更加积极主动的开放战略,完善互利共赢、多元平衡、安全高效的开放型经济体系"。党的十八届三中全会《决定》更加全面深入地对开放型经济做出表述,提出为适应经济全球化、进一步构建开放型经济新体制的新要求。其核心一是对内对外开放相互促进,二是引进来和走出去更好结合,从而促进国际国内要素有序自由流动、资源高效配置、市场深度融合,加快培育参与和引领国际经济合作竞争新优势,以开放促改革。2014年11月7日,国家主席习近平在印度尼西亚巴厘岛出席亚太经合组织(APEC)工商领导人峰会并发表主旨演讲,再次阐述了中国发展"开放型经济"的战略举措,提出中国"将实行更加积极主动的开放战略,完善互利共赢、多元平衡、安全高效的开放型经济体系,促进沿海内陆沿边开放优势互补,形成引领国际经济合作和竞争的开放区域,培育带动区域发展的开放高地"。

三、开放与改革相互促进

党的十八届三中全会《决定》明确提出了为适应经济全球化、进一步构建开放型经济新体制的新要求。为此,需要进一步明确中国对外开放的战略目标,主要包括以下几个方面。

(一)促进国际国内要素有序自由流动、资源高效配置和市场深度融合

中国在对外开放进程中已经取得了显著的成绩。中国加入 WTO 以来,承诺货物、服务等相关领域的开放,降低关税和非关税壁垒。从货物贸易的角度讲,中国已经广泛融入世界市场,但是在服务业领域,中国的开放程度仍较低,在资本、人力、技术等要素的流动还存在障碍。在新的开放条件下,需要促进国际国内两个市场的深度融合,让市场发挥决定性作用,在全球范围内整合资源,实现国内外资源的优化配置。这一战略目标重点从以下方面体现,一是加快中国(上海)自由贸易试验区的建设,积累可复制可推广的经验,并支持有条件的地方发展自由贸易园(港)区,形成辐射和带动效应;二是放宽投资准入,提高利用外资综合效益,统一内外资法律法规,为企业提供稳定、透明、可预期的政策环境,清除国内市场壁垒,打破垄断,建立统一高效、竞争有序的国内市场机制;三是加快企业"走出去"的步伐,增强全球价值链整合与国际化经营能力;四是加快推进自贸区建设,以周边为基础,统筹多双边和区域次区域经济合作,加快推进自贸区建设;五是扩大内陆沿边开放,形成内陆、沿边、沿海全方位立体化的对外开放新格局。

(二)加快培育参与和引领国际经济合作竞争新优势

当前,全球经济正面临深度调整,中国面临的外部环境日趋复杂,竞争日趋激烈,为了应对新的挑战,需要中国在重点领域和关键环节加快培育参与和引领国际经济合作竞争的新优势。一是市场和营商环境的新优势。市场和营商环境作为参与国际经济竞争合作的基础保障,是一国经济软实力的重要体现。为培育这一领域新优势,需要统一内外资法律法规,进一步开放市场准入,完善市场监管,使市场规则更

加公开透明。二是国际化经营的新优势。在对外贸易方面,从单纯的成本优势向核心竞争优势转化,从传统的货物贸易向服务贸易的加快发展转化。在对外投资方面,确立企业的对外投资主体地位,支持有条件的企业跨国经营,在审批、融资等环节为企业提供更大便利。在国际经济合作领域,规范市场竞争秩序,加强项目管理能力,在对外工程承包、对外劳务合作中树立良好的国际形象。三是产业竞争新优势。提高创新能力是占据未来全球产业制高点,参与和引领全球产业竞争的关键。战略性新兴产业国际化发展是中国当前重要的创新驱动力量。为此,要在高端装备制造、新一代信息技术、生物、新能源、新材料、绿色节能环保等产业为重点,加快形成中国的支柱性创新产业。四是国际规则和标准制定的新优势。当前,中国虽然在全球治理的平台上发挥了更大作用,但是作为现行国际经贸规则接受者的角色没有根本改变。面对新一轮国际贸易投资规则的制定,中国需要加快环境保护、投资保护、政府采购、电子商务等新议题的研究和谈判,加快自由贸易试验区的探索,推动相关体制的全面改革,形成对高标准国际规则的适应能力,增强中国在国际经贸规则和标准制定中的话语权。

(三)以改革促开放

从党的十一届三中全会以来,中国的改革开放进程已经历时40余年。在实践的检验中可以得出,改革和开放是中国发展的两大根本动力,两者相互促进,不可分割。首先,改革为开放创造体制基础和内在条件,而开放则为改革提供经验借鉴和活力源泉。没有改革,开放是无源之本;没有开放,改革则行而不远。当前,中国的发展处于转型期和换挡期,改革已进入攻坚期和深水区,面对深层次的矛盾和发展瓶颈,需要通过更高水平的对外开放,进一步促进国内体制改革,为中国经济长远发展再造一个开放红利期。其次,大部分的改革任务是可以通过开放加以促进的。比如,国家治理体系和治理能力现代化,市场在资源配置中的基础性作用，政府职能转变，国内投资体制改革，公平竞争和国企改革，法治建设，农业、服务业及相关产业改革、社会管理制度与社会和谐，以及生态文明建设等。最后，要发挥好改革与开放的相互促进作用。通过二者之间的相互促进，实现从接受国际规则的被动开放到自身发展需要的主动开放的转变，从与WTO承诺相关的局部改革到顶层设计下的全局改革的转变。

四、战略路径：内外同步，进出结合

新形势下，中国对外开放具有新的特点，因此需要在开放战略上有所创新。21世纪初，加入WTO大大加快了中国融入世界经济的步伐，为中国经济带来了20年的强劲增长。但是，原有开放红利的边际效益正在递减，促使中国对外开放的思路做出调整，从加入WTO时所有领域的开放和单向开放，过渡到今后重点领域的开放和双向开放。对内对外开放相互促进，引进来和走出去更好结合正是这一思路的核心。

这一核心战略思路主要体现在新时期对外开放的三个重点领域。一是放宽投资准入。中国一直以来实行的逐案审批和产业指导目录，以及内外资法律有别的外资管理方式，虽然有较强的导向性，但是审批环节的烦琐和政策的不可预期等大大增加了行政成本和营商成本。因此，需要创新外资管理体制。上海自贸区采取"准入前国民待遇"和"负面清单"的管理方式，使内外资企业享受同等待遇，将"事前审批"转向"事中事后监管"。这种管理方式有利于维持政策的稳定、透明和可预期，为企业创造良好的营商环境，这也是中国外商管理体制整体改革的方向。中国目前已经跻身对外投资大国行列，但是中国对外投资管理体制还相对滞后，企业走出去面临审批、外汇管理、金融服务、货物和人员流动等多方面障碍。加快实施走出去战略，关键是确立企业及个人对外投资的主体地位，以"谁投资谁负责"的原则，

"允许企业和个人发挥自身优势到境外开展投资合作,允许自担风险到各国各地区自由承揽工程和劳务合作项目,允许创新方式走出去开展绿地投资、并购投资、证券投资、联合投资等"。二是加快自由贸易区建设。在加快推进自由贸易区建设的空间布局方面,确立以周边作为基础,建设高标准的自贸区;在自贸区谈判议题方面,既解决贸易便利化等传统议题,也要参与环境、投资等新议题的谈判;同时,在已有运行机制的基础上,扩大与港澳台地区的开放合作。三是扩大内陆、沿边开放。需要把握全球产业重新布局的机遇,以贸易、投资、技术创新协调发展为主要目标,形成全方位开放新格局。在内陆开放方面,通过加工贸易集群发展解决产业布局问题,货运通道对外走廊解决贸易运输问题,通关协作口岸互认解决出口问题。在沿边开放方面,通过对人员、物流等采取特殊方式和政策,建设开发性金融机构以及加快基础设施互联互通建设等,推进"一带一路"建设。

在对外开放的同时,需要更加强调对内开放的作用。通过对内对外开放相互促进,形成更加完善的市场机制和开放公平竞争的格局。此外,在对外开放的同时,需要维护国家经济安全,包括基本政治和法律制度、意识形态与文化、网络信息、金融以及粮食等国家重点和敏感领域的安全。从根本上讲,关键是在对外开放的竞争环境中提高自身实力,提高适应全球环境变化的能力,从而更好地维护国家经济安全。

| 第二节 |　共赢模式:全球资源配置与经济治理新格局

新时期,开发性金融一方面积极为国家"走出去"战略构建平台和通道,参与全球资源要素总体配置与经济治理;另一方面,作为国家金融外交的重要工具,推动和服务于大外交战略布局。与此同时,也在将开发性金融理论运用到国际业务的过程中,使之成为人民币国际化和国家科学持续发展战略的重要媒介。

运用开发性金融理论分析研究国家开发银行服务国家战略、外交大局和国际业务发展等问题,要从总体上把握开发性金融服务国家"走出去"战略的基本特征,理解全球资源配置的社会关系的性质,研究经济治理中不同制度的规定性,研究开发性金融理论发展的历史规定性等。在国际业务大发展的新时期,形成"国家发展战略的重要手段,人民币国际化的重要媒介。国家金融外交的重要工具,全球资源整合的重要力量"的战略目标,对于当前以科学的态度运用开发性金融理论,采取正向规划的方法开展国内与国际总体金融业务,对于我们服务国家发展战略和参与全球资源配置、经济治理的一系列问题具有重要意义。

一、"正向规划"服务国家"走出去"战略

当前,中国实施"走出去"战略进入新的发展阶段,面临新的发展机遇。多年来,国家开发银行在国际业务大发展过程中,紧密围绕国家"走出去"战略,主动发挥金融杠杆作用,在促进缓解中国能源资源约束、服务国家发展和安全两个战略中做出了积极贡献;同时,开行以解决合作国热点、难点问题为突破口、有针对性地开展国际合作业务,探索更多、更有效的合作共赢方法,得到了合作国的一致肯定和支持。这些,为国家开发银行下一步开展国际合作业务创造了有利条件,奠定了坚实的基础。

(一)以正向规划构建国际业务的工作方法

国家开发银行通过正向规划思维和工作方法,从国家战略层面发

现、确立、表达资源需求，构建"全球—区域—国家—企业主体"的正向规划模型，开展跨国专项规划合作，在构造重点跨国项目基础上，运用开发性金融方法开展前瞻性战略交易平台设计，搭建融资平台，设计信用结构，有效防范风险，提供综合金融解决方案。

毫无疑问，国家开发银行国际业务的实施将会构成全球经济治理理性化的一个有机组成部分。只有当我们准确地把正向规划作为国家理性的层面去理解和实施时，我们才能扩大自己的历史视域和国际视野，才能把国家战略的兴起与整个全球经济治理的理性化有机地联系在一起，才能从中洞察出开发性金融理论的行为模式和内在势能。

（二）以创新思维推进国际规划的规划先行

国际业务是一项全新工作，涉及国际国内多个方面，各区域状况、各国国情千差万别，工作难度及挑战性远大于传统业务，在国内外没有现成经验和模式可循。我们要以创新思维和创造性的工作方式加以推进。

规划先行是开发性金融实践和原理的重要内容，国际业务是开发性金融在国际合作业务领域的创新和发展，是开发性金融服务中国国际化发展的新的实践探索。发展中国家普遍存在市场、制度缺损、信用建设不足的问题，严重制约了自身发展。通过国际规划引入市场建设，构造合作平台和信用结构，可以帮助合作国打破制度瓶颈，推进亚非拉国家城市化、工业化，实现跨越式发展。2012年3月，国家开发银行与刚果（金）政府签署规划合作框架协议，就是开行主动运用开发性金融原理，在撒哈拉以南非洲地区正向规划、布局谋篇的重要体现。

（三）以合作项目推动跨国规划的工作目标

跨国规划立足于跨国、跨区域的特点，通盘考虑能源、矿产、农业、基础设施等全球布局，以非洲、拉美和亚洲周边国家三大区域为重点,以区域、次区域的"主导国"或"驱动国"为支撑,通过正向规划主动构造和推动大型项目,实现中国与亚非拉国家的协同发展、多方共赢。

二、建立"自我中心"是国际合作的共赢需求

在经济全球化进程中,发达国家与不发达国家的经济利益并没有越来越走向"趋同",而是越来越走向"两极分化",经济全球化与经济在全球范围的两极分化是并行的并且是严重对立的。以非洲为例,国际社会自20世纪50年代以来便开始对非洲提供援助,虽有一定成效,但一直不能从根本上改变非洲贫困状态。事实上,非洲国家"自我中心"的理念就是正确认清以我为主的国家发展的方向,从"自我中心"的角度来正向规划其经济和社会的国家发展战略。

(一)中国援助非洲的重点决定因素

与欧盟对非援助重点更多与其在非洲援助的相对负面的经验有关不同,中国援助重点则由以下三方面的因素所决定。首先是非洲的需要。长期以来,由于欧盟援助重点的转移,非洲落后的基础设施已经成为减贫和发展以及非洲经济进一步一体化的首要障碍。25%的非洲人用不上电,非洲的货物运输成本是亚洲的2～3倍,发电能力仅是南亚地区的一半。因此非洲急需对经济基础设施的投入,以解决经济基础设施薄弱的问题。

其次是中国作为发展中国家的发展经验,中国基础设施的快速发展是推动中国经济快速增长的重要因素。中国的经验同样体现在中国对非洲援助合作的实践中。

最后是中国在经济基础设施领域内具有比较优势,并且该领域的合作提供了实现合作共赢和共同发展的最大空间。非洲在基础设施方

面有很大缺口，中国则在该领域内拥有比较优势，在中非资源和基础设施一揽子新型合作方式下，非洲实现了基础设施的提升，中国也获得了国内发展所需要的资源，体现真正意义上的共赢。

（二）"授人以渔"与"竭泽而渔"之区别

许多非洲国家为了获取国际社会的援助，在外来的压力下，不得不推行"结构性调整方案"所提出的措施。由于非洲市场机制的不完善，难以调节分散的生产结构，未能实现比较好的经济和社会效益。援助与投资非洲国家，中国与欧盟国家所采取的方法不同，欧洲西方国家在整个非洲大陆实施的所谓"结构性项目"，事实上更多的是"过渡性的""非结构性的"，最终的结果正是全球体系危机进一步深化所导致的欠发达国家开始出现经济停滞的结果。欧洲西方国家对非洲国家所采取的这种"竭泽而渔"式的"逆向规划"模式，其结果必然是规划者"赢"而被规划者"损失惨重"。

援助与投资非洲可分为"社会基础设施建设"与"经济基础设施建设"两种类别。欧盟国家侧重的是"社会基础设施建设"，开发性金融正向规划投资非洲的主要方向是"经济基础设施建设"。"社会基础设施建设"其特点是"不可量化非物质性""项目性"和"不可规划性"。所以，欧盟对非洲国家的援助不可能具有国别和跨国意义的规划；而"经济基础设施建设"其特征是"可量化物质性""整体结构性"和"可规划性"。所以，国家开发银行对非洲国家投资所做的国际业务发展规划是可行的，更是前无古人的创新理念。更为重要的是欧盟只是作为国际组织非政府机构，不可能像国家开发银行代表国家，以国家金融行为带动企业"走出去"采取正向国别和跨国规划的方式进行援助和投资。这种"授人以渔"式的"正向规划"共赢模式正日益受到众多非洲国家和中国"走出去"企业的欢迎。

（三）通过多种途径参与国际合作

中欧双方在过去60年，依据各自不同的经济和政治发展道路，形成了不同的对非援助政策原则和理论。如今，欧盟转换视角，发现中国在非洲的投资模式生命力强大，希望通过与中国合作，以借鉴中国经验改善欧盟传统模式的不足。对欧盟近年针对非洲经济基础设施建设所采取的措施进行分析，不难发现，欧盟正借鉴中国的经验模式进入非洲的基础设施领域。虽然欧盟的主要目标是出于同中国竞争市场的考虑，但欧盟同样认识到非洲经济基础设施在非洲可持续发展中的重要性，认同中国在非洲经济基础设施领域内所发挥的积极作用。

从非洲的立场来看，新的替代方式应该把建立"自我中心"的经济和社会与参与全球体系结合起来。这一总体性法则适用于今天的非洲，正如其在现代历史的全时段中适用于全世界的所有地区一样。开发性金融理论正向规划投资非洲的方法，正是建立在以正向规划双向自我中心的"有我"与"有你"的共赢、可持续方法。从根本上来说，经济互利是中非合作的主要动力和特点，这种互利关系也通过全球价值链传导到了西方市场中。欧洲和中国对非洲持续的强烈兴趣，虽然存在竞争，但亦存在合作的机会。但从整体看，非洲的建设最主要还是要依靠非洲国家自身的需求和定位。同时，中国也需要通过多种途径参与国际合作，从中熟悉国际规则并寻求与掌控其发展空间。

国家开发银行在积极参与国际合作的同时，不仅能为国家"走出去"战略带来机遇，也能将开发性金融理念和平台带到亚非拉国家。事实上，这种金融外交逻辑和交往思维完全摆脱了西方国家与非西方国家交往的模式，形成了一种基于开发性金融理论的新的国际援助与投资模式。这种模式不仅挑战了传统的国际援助理念，而且大大影响了南南交往的模式，并将日益成为亚非拉国家间交往的新的理论基础。

三、新时期开发性金融的中心任务与历史使命

开发性金融以国家发展战略为核心服务对象的确立，是其质的规定性，是开发性金融理论形成的必要前提，而其理论的形成及国际战略的运用，则进一步完善了开发性金融理论的服务与研究对象，从而为科学地理解这一对象的内在结构及其在理论体系上的再现奠定了坚定的基础。

从国际经济形势分析，相似的起始条件和世界政治地位，使中国与亚非拉国家的经济社会发展有着内在的互补性和一致性。因为中国经济未来的长期增长，内在地包含了亚非拉国家的发展要素，亚非拉国家要实现自身发展也与中国经济的发展息息相关，甚至是必须依靠中国经济的发展。因此，运用开发性金融整合全球资源，统筹国内外两个市场、两种资源来支持中国的经济快速发展，是实现科学持续发展与服务国家战略的重要内容，也是国家开发银行新时期的中心任务和历史使命。

（一）发展开发性金融理论，整合全球资源

经济全球化作为现代市场经济发展的新形式，大大突破了资源配置的界限，使资源配置由一国范围扩展到国际范围。目前，世界上大多数国家积极地参与经济全球化过程，就是期望本国资源或要素能在世界范围内获得最优配置；经济全球化也确实为各国资源或要素配置的最优化提供了现实可能性。

在当前经济全球化趋势下，国家开发银行的"国家规划咨询""国别规划"和"跨国规划"国际金融业务，作为现代市场经济发展的新形式，参与全球资源或要素的最优配置，这不仅是在经济形式方面进步的重要表现，更是从"生产力"层面向"国际生产关系"层面的转换，同时也是参与全球治理的具体体现。事实证明，开发性金

融理论正是21世纪中国站在世界全局的角度,通过合作国整体性地规划把"网"建好,对合作国的政治、经济、社会制度、资源状况等要素进行全面研究和整体性设计,逐步形成全球资源配置双方内向与外向有效结合、以我为主导的"全球多中心价值网"理念。

(二)服务国家战略,科学持续发展

首先,国际业务大发展是国家开发银行服务于国家战略和外交大局的重要任务,是国家开发银行的第二次创业,是当前服务国家"走出去"战略和科学持续发展的重中之重。

其次,国际规划是开发性金融理论在国际业务领域的延伸和应用。开发性金融理论是国家开发银行最为宝贵的财富之一,规划先行是其精髓和立行之本。在中国城市化、工业化和国际化发展的大背景下,以规划先行构造与中国未来发展相匹配的国际环境,为开行国际业务大发展创造先期条件,这是开发性金融服务于国家战略与科学发展观的最好体现,与此同时向世界展示中国的崭新形象和软实力。

再次,跨国规划不是狭义的项目"走出去",而是更具战略意义的"走出去"。因此,我们应该从国际关系、政治、外交、经济等多视角着手,从而构成思想总体要素的范畴,整合国内外优势资源,使其形成核心力量,在促进目标国或地区经济社会发展的同时,为中国的未来发展提供市场和资源的需求,以实现合作双方共赢的目标。

可以肯定地说,良好的"国家规划咨询""国别规划"和"跨国规划"不仅能有效推动开行为海外目标地区的融资服务活动,而且还能大大增强国家开发银行在国内外金融界的核心竞争力和国际影响力。在新的战略机遇期,必将为实现中国经济的全面发展和中华民族的伟大复兴谱写新的篇章。

第三节　中国参与全球经济治理的新战略

一、中国参与全球经济治理的现状及利益诉求

经过改革开放 40 多年的发展，中国与世界关系已经密不可分：中国的发展离不开世界，世界的发展也离不开中国的进步和繁荣。中国改革开放的进程也是在全球化过程中不断融入全球治理体系的进程，中国是经济全球化的积极参与者和坚定支持者，也是重要建设者和主要受益者。中国借助现有体系实现了快速发展，是现行国际体系的参与者、引领者而不再是旁观者、跟随者。中国主动参与和引领全球治理改革和规则制定，需要站在统筹国内、国际两个大局的全球视野和战略高度，妥善应对中国经济社会发展中面临的困难和挑战，勇于并善于在全球范围内配置资源、开拓市场，不断扩大对外开放、实质提升开放质量。中国积极参与全球经济治理规则制定、争取全球经济治理制度性权力的重要平台，善于通过多边自由贸易区和开放型经济体制建设增强中国国际竞争力，在国际规则制定中发出更多中国声音、注入更多中国元素，维护和拓展中国发展利益，以对外开放的主动赢得经济发展的主动。中国作为一个负责任的全球性大国，在全球治理新格局的形成中需要发挥引领和主要成员的作用。中国共产党十八大报告明确指出，要加强参与全球治理能力建设，主动参与全球治理进程，深化新兴国家治理合作，重视发挥区域治理作用。党的十八届三中全会关于全面深化改革的决定中关键的一条是，到 2020 年完善国家治理体系和能力的建设。这一战略目标为中国提高自身治理能力和深入参与全球治理指明了方向，也提出了更高的要求。

二、中国在全球经济治理中的前景目标和理论依据

目前关于全球治理的基本原理主要基于西方的价值观和治理理论，中国尚未成为全球治理理论或全球性问题解决方案的主要来源国和生产国。参与全球经济治理是中国对外战略的重要组成部分，也是中国实现民族复兴的必经之路。21世纪以来中国领导人提出以东方哲学和中华文化为基础的中国梦与和谐世界的理念受到国际社会广泛关注，中国要将和谐包容、共同发展、人民幸福的理念贯穿于全球治理改革始终，以主动进取的全球视野和战略思维投身全球治理体系的改革进程。

思想和理念永远领先于实践，实践反过来丰富和修正理念，全球治理现在正呼唤新的治理思想和理念。中国主张全球经济治理要切实反映国际格局的变化，体现协调、合作、公平、均衡的精神，确保各国广泛参与，特别要继续增加新兴市场国家和发展中国家的代表性和发言权。世界各国无论大小、强弱都应按照权责共担、权责相应原则，合作应对各种全球性挑战，增进人类共同利益。应当说，"和谐世界"理论和西方的"全球治理"理论都蕴含了改善经济全球化下的国际社会现状，实现可持续、健康发展的美好初衷，但是它们的出发点和终极目标却大相径庭。中国也正在尝试以自己的理念塑造自己的全球治理观，"和谐世界"的理念正日益被越来越多的国家所接受。

对于任何一个国家而言，保障本国经济的稳定发展永远是其首要的全球经济治理目标。只有建立在坚实经济实力的基础上，才能拥有强有力的军事安全保障以及全球经济治理软实力的影响力。随着中国在全球经济中的崛起，中国过去的发展模式和理念正在得到越来越多国家的认同，中国治理模式的吸引力不断增强。因此，实现中国经济的长期稳定发展是中国参与全球经济治理的主要目标。在此目标下确定中国的核心经济利益将有助于确定中国的参与战略。

首先，实现构建开放型经济形态与全球经济治理的融通对接。开放型经济是指内外统一、没有差别的一种经济形态，它和封闭型经济相对立。开放型经济形态的特征是整个经济内部的资源、要素都和全球经济联系在一起。当前，中国与世界的关系在发生深刻变化，中国同国际社会的互联互动也已变得空前紧密，中国对世界的依靠、对国际事务的参与在不断加深，世界对中国的依靠、影响也在不断加强。中国观察和规划改革发展，必须统筹考虑和综合运用国际国内两个市场、国际国内两种资源、国际国内两类规则，需要树立全球视野和战略思维。

其次，需要保障的是全球商品与服务市场的开放性和稳定性。过去20年中，中国经济的腾飞离不开外部市场的扩张。根据世界贸易组织秘书处的统计，2013年中国已经成长为全球第一货物贸易大国。同时服务贸易也保持着较高的发展速度，早在2013年中国的服务贸易进出口总额高达5 396.4亿美元，较上年增长14.7%。未来，对于开放型经济的中国而言，维护一个开放的国际市场环境将有利于保持中国的经济发展态势。中国在贸易、投资领域的全球（如WTO）、多边（如金砖合作等）、区域（如亚洲的RCEP、亚太的FTAAP等）乃至双边合作（如中美BIT等）均是实现这一目标的主要手段。

再次，是国际金融体系的稳健性与公平性。与其他新兴经济体类似，中国的金融市场目前还落后于西方发达国家，更容易受到国际金融危机的影响。在该利益诉求下，中国积极推动各级各类货币互换网、外汇储备库、金融安全网、金融监管等各种金融稳定方式的建设。此外，由于人民币还不是主流国际货币，中国不仅需要加强金融影响力建设，还需要防范由此带来的各种金融风险。早在2014年6月底，中国外汇储备高达3.99万亿美元，居世界首位。中国巨额外汇储备面临至少三个方面的风险：货币政策的独立性风险、美元贬值风险、外汇储备投资风险。在此背景下，中国不仅积极推动对现有国际金融机构如世界银行、IMF 的改革，而且也努力通过构建新的国际金融机构，推动人民币国际化进程，以积极培育中国在货币和金融领域的全球话语权与影响力。

最后，保障大宗商品的可获取性和供应的稳定性。随着中国经济的快速发展，中国对于能源、矿产品、粮食等的需求和消耗快速增加。根据国土资源部的数据，2008 年，中国石油消费量为 3.88 亿吨，铁矿石成品矿消费量为 8.56 亿吨，精炼铜消费量 538 万吨。由于尚处于工业化中期，中国资源消费面临着至少 20 年的高速增长。2020 年，中国煤炭消费量将超过 35 亿吨，2008—2020 年累计需求超过 430 亿吨；石油为 5 亿吨，累计需求超过 60 亿吨；铁矿石为 13 亿吨，累计需求超过 160 亿吨；精炼铜为 730 万～760 万吨，累计需求将近 1 亿吨；铝为 1 300 万～1 400 万吨，累计需求超过 1.6 亿吨如何以公平、合理的价格获得国际资源以应对国内需求的巨大缺口将成为未来 10 年中国需要解决的重要国际经济问题。

三、中国参与全球经济治理的途径选择

（一）以新型大国关系为指引，携手欧美共同治理全球化经济问题

鉴于全球性权力转移将是一个长期的过程，全球治理体系的演变也将是一个长期过程，这种多个非正式治理集团的共处也将长时间存在。在此背景下，新兴大国如何学会与既有大国共处，在共处中积累全球治理的经验，成为全球治理的重要参与者和建设者，而非体系外的反对者和革命者极为重要。全球治理改革不可能一蹴而就，新兴大国也不可能马上成为全球治理的主导者，新兴大国需要积累经验，熟悉游戏规则才能有所作为。因此，中国和西方发达国家应在合作共赢基础上建立侧重点不同的新型大国关系，并在此原则指导下拓宽合作领

域、妥善处理分歧,共同为全球治理提供裨益和助力。

今天的世界正处在大发展、大变革、大调整时期,国际力量对比和利益整合正在向纵深发展。中美两国同处亚太地区,因发展潜力巨大、各方利益交织而成为大国博弈的主战场,也是中美共建新型大国关系的深水区。中美两个大国在稳妥处理双边关系的同时,可以通过在全球治理中的合作、协调推动构建人类命运共同体,跳出大国力量消长、赶超时间出现的"战略冲突陷阱",走出一条前无古人、后无来者的和平发展之路、大国相处之道,其极端重要性对大国和世界来说均不言而喻。两国共同追求并推进公正、公平、合理的全球治理体系建设,不仅体现了两国立足长远的历史前瞻,兼济天下的宽广胸怀,更体现了双方坚持走和平发展道路的决心和维护大国关系稳定健康发展的自觉。建立新型大国关系的关键不仅仅是运筹好中美关系,更在于一个符合全人类利益的全球治理体系能否顺利建设并向前推进。

欧盟是国际格局中的重要力量,中欧关系是世界上最重要的双边关系之一。中国应将欧洲作为推动和建立新型大国关系的重要进取方向。要抓住欧洲当前既想深化与中国合作、有求于中国,又难以放下身段、有所顾忌的复杂心态,以经济金融合作促进政治人文交流,探讨更大规模、更高水平的利益置换,全方位拉近、拉住欧洲,将其塑造成中国新型大国关系框架中的重要一极、建设丝绸之路经济带的重要合作伙伴。未来发展,中国要以建设新型中欧关系为抓手,以平等互利、相互尊重为基础,以和平发展、合作共赢为原则,谋求共同利益和战略共识,发展超越意识形态和社会制度差异的合作模式,建立相互磋商、前瞻规划、运行有效和危机管控的合作机制。

(二)推动金砖国家合作,代言发展中国家全球经济治理诉求

发展中国家是全球治理的生力军,新兴大国是全球治理的排头兵。

作为最大的发展中国家,中国永远是发展中国家的可靠朋友和真诚伙伴。加强与发展中国家的团结合作,坚定维护广大发展中国家的正当权益,是中国参与全球治理重要的基础。

金砖国家正是在发展中国家群体性崛起的大背景下成长壮大起来,金砖国家又都是重要的发展中国家和新兴市场国家,因此,金砖各国的社会经济发展目标有很多近似和共通之处,与许多国际议题立场相近、观点相似,对改革现有国际政治经济体制、建立更为公平、均衡的全球治理体系存有共同的愿望和要求。自20世纪70年代以来,尽管南南合作的必要性和重要性不断被强调,却一直难以取得实质性进展。金砖国家被视为最为重要的南南合作典范。如果这一合作能够长期持续并进一步取得更为积极的实效,必然将为改革全球治理提供巨大的正能量和有效的催化剂,全球治理也将因此取得真正具有划时代意义的突破。

中国外交顶层设计的筹谋布阵中历来有"发展中国家是基础"的传统安排。因此,巩固和发展同发展中国家的关系,不仅是中国对外政策布局的根本出发点,也是中国国际战略实施的最终落脚点。金融危机之后,全球经济治理步入新阶段,以金砖国家为首的新兴发展中群体成为全球化进程的参与者、全球公共产品的重要提供者、全球治理机制变革的关键推动者。中国将金砖国家合作机制视为开展"南南合作"的成功典范,以及推动国际关系民主化和发展模式多样化的重要渠道。

(三)充分利用联合国、二十国集团两大全球多边治理平台

中国应充分利用自身在联合国及二十国集团中的核心地位,努力发挥中国在两个机制中的双核心作用。联合国和二十国分别代表了全球多边治理中两种不同类型的国际机制,联合国是当今世界上最具

广泛代表性和正当权威性的政府间国际组织,在全球治理中具有不可替代的核心作用和无法比拟的权威优势,这种合法性优势来源于会员国的普遍性和《联合国宪章》的广泛接受性,但联合国在应对当前涌现的全球性问题时存在严重的有效性缺陷,被称为"全球治理的能力赤字"。

而二十国集团这种建立在无须履行条约义务基础上的非正式多边峰会机制,可以在一定程度上弥补联合国全球治理的有效性不足,成为联合国体系的有力补充。二十国集团囊括了世界上2/3的人口,经济总量约占全球的90%,几乎包括世界上所有系统重要性的发达和新兴国家,反映了更加广泛的全球构成,具有承载多极化格局的能力和效力,"平等参与、协商决策、合作共赢"的精神和原则,体现了世界所有国家的共同愿望与利益诉求,代表多极化格局下国际形势和国际关系的发展方向。

尽管二十国集团代表着全球国内生产总值中非常大的部分,但仍有174个国家不是它的成员,如果不能照顾到其他国家利益,二十国集团机制将失去合法性和行动力。因此,二十国集团不可能取代联合国,但作为未来世界经济的主要决策机制,再加上多功能、专业化的趋势,其职能和权力有可能与联合国重叠。二十国集团峰会机制将与联合国安理会相互作用、相互促进,形成中国在全球经济金融与政治安全领域"两个轮子"一起转动的有利局面,不断巩固和提升中国在国际事务中的影响和地位。中国应加强与中等强国的合作,在维护联合国权威的同时,又要兼顾好二十国集团这个平台,统筹协调两大机制,做到既分工又合作,各司其职、各安其位,形成联合国主管全局,二十国集团偏重经济的格局。

(四)重视中等强国在全球经济治理作用和价值

中等强国一般是指实力介于大国和小国之间、具有中等力量或块头的国家。它们不具有大国的国力条件和影响力,但在国际社会又发挥着不同于小国的作用。中等强国主要包括韩国、加拿大、澳大利亚、墨西哥、西班牙、土耳其、伊朗、印度尼西亚、南非、阿根廷、埃及、沙特阿拉伯等。中等强国因不具备媲美大国的超众实力,无法拥有压倒性的国际影响和制度优势,故此长期处于被忽略轻视的边缘状态。但是,这些国家能够在所参加的国际活动领域采取相对独立自主的外交政策,能够为自己开辟出符合本国国情特点的专长领域和折冲空间。

21世纪以来,依托新兴国家群体性崛起的有利态势,中等强国日益成为影响全球治理体系的一支重要力量。如在联合国安理会改革问题上,由韩国、墨西哥、巴基斯坦、阿根廷等中等强国挑头的"团结谋共识"运动,成为打破"四国联盟"(日本、德国、印度、巴西)希冀以抱团捆绑方式,单方面强行获取安理会常任理事国席位图谋的先驱力量。而在国际金融危机后,跃升为全球治理首要平台的二十国集团机制中,除包括当今世界所有的既成大国和新兴大国外,还增加了澳大利亚、墨西哥、韩国、土耳其、印尼、阿根廷、沙特等数个中等强国。2013年9月,在联合国大会期间,由韩国牵头联合墨西哥、印度尼西亚、土耳其、澳大利亚四国组成的五国外长定期会晤机制(MIKTA,五国英文首字母的缩写组合),宣告"中等强国合作体"这一全新机制的诞生。

中等强国合作体的建立不仅打破了国际多边机制不是发达国家就是发展中国家的两条分界线,更重要的是,在G20机制内中等强国还作为一个内聚统合的整体,发挥着独立于以G7为主的西方发达国家和以金砖国家为首的发展中国家之外的第三极势力作用。基于中等强国群体影响力不断上升的现实趋势,欧美国家开始考虑通过吸收中等强国的力量来充实、补强自身日益衰退的影响力。中国可以通过支持韩国参与建立中等强国网络,在二十国集团内形成与金砖国家合作对话机制,将有效应对七国集团的战略压力,有助于推动国际秩序朝向更有利于新兴国家和中等强国的方向发展。

（五）国内经济治理与全球经济治理相互协调与促进

国家治理的有效性至关重要，面对纷繁复杂的经济社会事务，政府工作不仅要求效率高，而且要求效果好，这就需要科学周密决策、统筹社会力量、最大限度地优化资源配置、保持国内经济社会的协调和可持续发展。国内治理与全球治理的关系是全球治理研究的中心课题，全球治理并非取代国家治理，而是二者相辅相成、相互促进。中国国内治理本身就具有全球治理的价值和意义，其在全球治理中的角色相当程度上取决于国内治理，一方面，中国作为世界上最大的发展中国家，将占世界1/5的人口治理好本身就是对治理世界的巨大贡献；另一方面，中国可以把国内治理的成功做法和经验输出给世界，向国际组织与其他面临类似问题的国家提供借鉴与参考。中国共产党的十八大报告指出，全球治理机制正在发生深刻变革，这是中国官方对于全球治理问题的最新理论概括和战略判断，此举表明中国正在成为全球治理的重要参与者和治理机制变革的重要推动者。十八届三中全会关于全面深化改革的决定中关键的一条是，到2020年完善国家治理体系和能力的建设。这一战略目标为中国提高自身治理能力和深入参与全球治理指明了方向，也提出了更高的要求。因此，在全球化时代，中国将站在统筹国内国际两个大局的高度，推动国内治理与全球治理的融通互鉴。

|第四节| 顺应新一轮全球化，努力实现再平衡

全球化其实没有逆转，更没有终结，只是新一轮全球化的逻辑和规则发生了重大变化。当前，中国面临的国内外政治经济形势正

在发生深刻的变化。全球化驱动力发生重大变化，新兴经济体群体崛起成为推进全球经济政治格局变革的最主要力量，全球新一轮贸易投资规则正在密集重构，但全球治理体系改革步伐缓慢，中国等新兴经济体获得与自己经济实力相称地位需要长期争取和努力。客观、理性地评价当前中国面临的国内外经济环境变化，并对"十四五"时期国际形势进行科学预判，在竞争性合作时代构建开放型经济是制定符合中国国情的新一轮发展目标和政策的前提和基础，为世界带来新机遇。

一、全球价值链与产业结构调整的方向

全球价值链（global value chains，GVC）成为当今世界贸易和投资领域的主要特征，也是全球化的重要推动力量。全球价值链的深入发展改变了世界经济格局，也改变了国家间的贸易、投资和生产模式。在过去的40多年里，受全球价值链以及当前世界先行的商业和法规环境、新技术、公司观念和战略、贸易与投资自由化等因素的共同影响，国际生产分割（fragmentation of production）现象出现了。在新型国际生产体系中，国际组织和政策制定者将弥合传统规则制定和经济现实的分歧。不断推进的国际生产分割也具有很重要的政策含义，包括强调参与价值链的国家若要获得经济收益，就必须具有开放透明的贸易和投资政策，以此吸引外国供应商、国际投资者和国内生产者。

（一）变化世界中全球价值链的新发展

全球价值链自身的发展和变化体现的是各国在价值链上位置或者经济结构的变动。对于国家而言，提升本国的全球化水平不仅要积极参与全球价值链，关键是把全球价值链纳入国家发展战略中。各国需

要清楚国家在全球价值链中的位置，这里有两个判断因素：一是国家经济参与 GVC 的水平和国内价值创造能力；二是国家经济在全球价值链中技术层面所处的位置和能力。国家产业（或者企业）一般是从资源密集型活动到低、中、高技术制造服务活动，再到高增加值的知识型创造活动等，表现出生产活动的结构升级。GVC 的变化则是从一体化融入不同层面的升级过程，整个价值链呈现梯级发展状态。

对于只能依赖资源型经济的国家而言，GVC 的发展战略通过提高参与分割化的价值链、扩大多样化程度、同时增加中间产品和服务的出口获得提高。上述的生产和出口只是位于低技术复杂度的价值链末端，依靠低成本劳动力实现。这种模式虽然参与了多条价值链，但都是低端环节的加工制造，所以，出口的国内增加值很低。资源型国家全球价值链发展可以通过吸收外国投资来发展加工制造业，逐步提高国内增加值，从资源比较优势向规模经济跨越。

即使拥有技术的国家，参与全球价值链的水平和层次也不尽相同。这些国家不断在全球价值链中升级的关键在于提升产品和加工水平，提高生产率和增加值创造能力，以此向价值链技术更高、更复杂的环节发展。可见，国家既要一体化于全球价值链，还要在价值链中获得升级，就必须利用国内要素禀赋和条件，在价值链上获得成功发展路径。参与全球价值链不仅是国家获得经济发展的必要选择，同时也是贸易和投资全球化的重要途径。

（二）全球价值链的结构重构和发展路径

全球价值链在倡导经济全球化的当今世界获得了全面发展。对于发达国家，全球价值链是其获得巨大收益的重要途径。发达国家掌控着价值链的高端环节，占据着"微笑曲线"的两端位置，所得到的贸易和投资收益最大。例如，在东亚国际生产网络中，经济发达国家美国、日本和韩国等国就掌控着产品的研发、设计和营销等环节，而中国、马来西亚和泰国等国就成为加工工厂,仅赚取微薄的利润。发达国家和发展中国家扮演着全球价值链上、下游不同的角色,形成了新型国际生产体系。国家的经济发展水平越高,生产的上游高技术零部件就越多,发展中国家则主要生产下游劳动力密集型零部件并完成组装任务。

全球价值链的结构在经济全球化过程中经历着变化,也面临着转型和重构。从世界层面看,中国越来越多的企业"走出去",对海外公司实施跨国投资战略,美国则在危机后宣称"重返制造业",欧洲实体经济饱受债务危机的重创,新兴经济体则异军突起引领危机后的经济增长,世界经济格局的新变化对全球价值链的结构和发展将产生战略性影响。

不同的国家在全球价值链上发挥了自身比较优势并获得了对应的任务贸易(task trade),充分参与了全球生产体系,赢得了更多的福利。在此背景下,全球价值链可能会存在不同的发展路径,而这完全取决于各国参与全球价值链的模式,尤其是发展中国家所采取的贸易和投资战略。如何提升在全球价值链中的地位和参与度,发展中国家可以根据自身情况沿着如下路径寻求不同阶段的发展:

一是从事全球价值链的生产活动:发展中国家依靠吸引 FDI 与跨国公司建立非股权关系,从事加工贸易生产,其出口中内含着不断增加的中间品和服务。通过这种非股权生产模式下的贸易与投资活动,扩大参与全球化的广度边际(extensive margin)。二是在全球价值链中求升级:一体化程度较高的发展中国家,不断增加高增加值产品和服务的出口,扩大参与全球化的深度边际(intensive margin)。三是在全球价值链中勇于竞争:一些发展中国家在高增加值环节利用国内生产能力取得竞争,并通过跨国并购使国内生产企业融入全球生产体系。四是转变全球价值链模式:发展中国家根据其出口构成提升加工贸易中的进口构成,而进口构成与自身生产能力可以改变全球价值链的模式。五是实现全球价值链跨越发展:一些国家出口竞争力依托国内生产能力的快速扩张而得到提升,FDI在贸易一体化和国内生产能力建设方面起着催化剂作用。

(三)国际产业结构调整的方向

国际产业结构调整的方向主要体现在三个方面:**首先,产业结构呈现"软化"趋势**。所谓产业结构"软化",是由工业经济时代传统的以物质生产为关联的硬件产业结构向以技术、知识生产为关联的软件产业结构转变的过程。产业结构的"软化"不仅是指产业结构演进过程中第三产业的比重不断上升,出现所谓"经济服务化"的趋势,也是指整个产业结构的演进更加依赖于信息、服务、新技术和知识等"软要素"。这种趋势主要表现在:一是劳动密集型产业所占比重逐渐下降,知识密集型和技术密集型产业占比不断上升,从而形成产业结构高度化和高新技术产业化的新趋势。二是信息技术等高新技术在传统产业中广泛应用,为传统产业提供新的发展机遇和空间;同时,信息技术加快了各类技术相互融合和渗透的步伐,提高了工业产品信息化、生产工具数字化和智能化水平,极大地促进了生产力的提高和生产方式的转变,成为新时期全球产业结构调整的重要驱动力。三是金融、信息、咨询服务等现代服务业逐渐成为拉动经济增长的主导产业,在经济社会发展中的作用越来越突出。

其次,传统制造业加速向先进制造业转变。先进制造业是指采用先进技术、设备和现代管理手段,科技含量较高的制造业形态。先进制造业的发展对推动第二产业内部结构升级发挥着至关重要的作用。在经济全球化和信息技术革命的推动下,国际制造业的生产方式正在发生着重大变革。近年来,主要工业国纷纷制订各种发展计划,促进传统制造业向先进制造业(Advanced Manufacturing Industry)转变。加快发展先进制造业,已经成为世界制造业发展的一种不可逆转的新潮流。先进制造业的发展，不仅优化了制造业内部的产业结构，也为整体经济的技术进步、结构系统优化提供了坚实的发展基础。在美国、德国和日本等发达国家，制造业中高技术产业的比重都在60%以上。生产效率的不断提高主要还是由先进制造业拉动的。制造业特别是先进制造业劳动生产率的较高增幅，带动了第二产业劳动生产率的整体提高。

再次，后危机时代国际产业分工可能出现局部调整。金融危机的爆发一定程度上也影响了现阶段国际产业分工格局，有可能带动国际产业分工格局的局部调整。一是发达国家的"再工业化"政策，可能使某些制造业回流。以美国为首的发达国家为了应对金融危机后失业率不断高企的状况，提出了"振兴制造业"的"再工业化"目标。如果新兴经济体劳动力继续快速上涨，制造业尤其是高端制造业可能出现回流现象，从而带动全球国际分工格局的局部调整。二是新兴经济体内部的分工可能出现一些调整。国际金融危机爆发后，新兴经济体增速明显快于发达经济体。但由于要素禀赋、技术水平等不同，新兴经济体的发展也出现了一定程度的分化。在发达国家短期内难以向外大规模产业转移的情况下，经济发展前景的不同导致在新兴经济体已经形成的分工体系可能出现一些调整。当然这取决于新兴经济体政策调整方向和经济发展前景。

二、探索新时代的经济社会再平衡

中国改革开放实现了持续40多年的经济快速增长，创造了世界经济发展的奇迹。统计表明，1978年至2020年，中国42年时间里，经济年平均增速超9%，如今人均GDP已迈上1万美元，年均增长率高达10%，远高于同期世界经济3%左右的年均增长速度；人民生活总体上进入了小康水平，农村绝对贫困人口数量从2.5亿下降到1 000多万,绝对贫困发生率由30%下降到1%以下,是目前全球唯一提前实现联合国千年发展目标中贫困人口减半目标的国家。特别是2008年国际金融危机爆发以来,全球经济总体上呈全面放缓的趋势,中国经济仍继续保持高速增长,对世界经济逐步走出低谷起着越来越重要的推动作用,中国长期坚持的发展道路和发展经验也受到了国际社会越来越多的关注和解读。发展道路既可以用来总结一个国家过去所走过的发展历程,又可以用来描述一个国家为了达成未来某个目标(如从中等收入国家成为高收入国家)而规划的途径。研究中国发展道路,一要总结中国经验,即如何从低收入国家发展成为中等收入或中高收入国家的基本路径、基本方法及制度安排;二要研究中国如何从目前的发展阶段(中高收入)顺利地继续发展成为高收入国家的各种方法、政策或制度等的集合(或战略选择)。

(一)新时代如何完善中国发展道路

必须清醒地看到,中国改革开放40多年来一直奉行的发展道路还存在着各种隐忧和挑战,中国发展道路还不是一个完整的发展模式,社会经济和政治方面的有些问题并没有因为经济的快速发展而得到根本解决。党的十九大报告指出,"中国特色社会主义进入新时代。中国社会的主要矛盾已经转化为人民日益增长的美好生活需要和不平衡不充分的发展之间的矛盾"。在中国特色社会主义新时代完善中国发展道路,其核心就是解决发展的可持续性问题,基本思路是由"两个过度依赖"转变为"两个依靠",即经济增长主要依靠扩大内需,内需的扩大和升级主要依赖于扩大消费需求,同时主要依靠自主创新能力而不是资源、资本的过度投入。这一增长动力的转变,需要对原来的分配格局、激励机制进行重大调整,建立新的分配格局和新的激励机制,同时加快对制约产业升级、内需扩大的重要经济体制的改革。

1. 深化经济体制改革,转变政府职能。党的十八大报告明确指出,深化经济体制改革是加快转变经济发展方式的关键。经济体制改革的核心问题是处理好政府和市场的关系，必须更加尊重市场规律，更好地发挥政府作用。规范、成熟的市场经济中政府的作用主要体现在以下几个方面：调解收入分配；纠正市场失败；维护司法公正；制约垄断、鼓励竞争；提供公共物品和服务；进行宏观调控。当前政府的缺位主要表现在：对收入分配的调节还不到位；对市场失灵的监控力度以及效益需要提高；对公共物品和公共服务的提供需要加强；服务型政府的文化有待建立；公平的市场规范和规则需得到更好的维护；独立于行政干预的司法体系有待建立。政府的越位主要表现在：对没有自然垄断属性也不涉及国家安全的产业和资源干预过多。

因此，首要的是明确企业和政府的关系及其权利的边界。政府需要改变过去身兼多职的角色定位，作为社会服务的提供者维护公平游戏规则的顺畅运转。政府的作用主要从以下几个方面体现：一是在不涉及国计民生的领域，降低市场准入的门槛，引入多元化的投资主体。二是更有效地提供公共物品和服务、控制市场失灵。三是建设具有中国特色的社区服务、社会治理，进一步提升在危机状况下调动资源和组织应急的公共管理能力和模式。四是在尊重民主的基础上引导健康文化和社会风气。五是建立完善的法律法规体系和更加高效公正的司法体系。

2. 缩小收入、城乡、地区三大差距。改革开放以来，经济高速增长虽然在一定程度上掩盖了三大差距对社会发展的巨大负面影响，但我们可以相信，随着中国从高速进入中高速发展阶段，这些差距将会成为经济持续增长的一个重大障碍。经济发展到一定阶段，主要增长动力将来自技术进步和居民消费，而缩小差距具有明显的帕累托改进效应，缩小一个点的差距可能比增加许多点的投资的增长效应更大。如果收入、城乡、地区的差距长期得不到改善，将对扩大消费形成明显的约束。

首先，可以采取以下政策措施来缩小居民收入和城乡差距：第一，要消除机会的不公平问题,主要是加快实现基本教育、医疗服务等均等化,同时增加政府对国民在岗和离岗的培训投入,建立城乡平等的社会保障、社会医疗和失业保险制度。第二,加大对扩大就业的刺激,建立支持中小企业发展的政府金融服务机构,鼓励非政府的社会中介服务组织的发展。第三,促进劳动力市场充分发育,严格执行新劳动法,提高职工工资,规范收入分配秩序,取缔、打击非法和灰色收入。第四,提高垄断行业和一些非创新型暴利行业的税收,加大收入的再分配调节。第五,提高农民收入,完善土地制度和土地流转制度的改革,加大对农业的补贴。

其次,可以通过培育新的区域增长点来缩小地区差距。中部地区资源丰富、交通便利、产业基础较好、市场潜力巨大,已经具有加快发展的有利条件,可将中部崛起战略上升为新时期的国家发展战略。中国要保持劳动密集型产业的竞争力,有效的出路就是将劳动密集型产业加快向中西部地区转移,特别是向临近的中部地区转移,利用其丰富的自然资源优势和劳动力优势,让其重复沿海20世纪八九十年代的发展过程,与此同时,促进沿海地区产业升级。

3. 鼓励科技创新,提高产业竞争力,走创新驱动的发展道路。中国进入中等收入阶段后,经济的低成本优势将会逐步丧失,必须提高研发能力和重视人力资本,进行产业升级,培育新的竞争优势。20世纪80年代韩国和巴西的差距并不大。1978年爆发的能源危机同样对韩国造成较大冲击,使韩国丧失了劳动密集型产业的比较优势,但韩国主动求变,通过实施"科技立国"战略,推动产业升级,最终完成了从轻工业向技术密集型的重工业的转型,实现了从"技术模仿"到自主创新的转换。现在,科技创新对韩国经济增长的贡献率高达70%。

依靠科技进步,通过提升科技创新能力来转变经济发展方式,需要从以下两个方面入手:一是加强教育和科研的投入力度,提升教育质量,培养优秀的科技创新人才和队伍,积累雄厚的科研创新基础;

二是需要改革教育和科学管理体制,创新科研的激励方式和方法,一方面为科研人员提供良好宽松的科研环境;另一方面,由政府主导型的科研管理体制向市场驱动的企业自发创新机制转变,基于市场需求大力发展高等职业技术教育,加强高等院校、科研院所和企业间研发的沟通互动,提升科研成果的推广效率。

鼓励自主科技创新,主要是减少对非自主创新方面或领域的过度激励,因为只要存在比对自主创新更多的激励(如对外资的过度激励、对房地产的过度激励),那么,自主创新投入就不可能增加,而是减少。所以,政府要改善激励环境或方向。第一,降低战略竞争力行业的国有资本比重,发挥民营资本对产业升级的重要作用。第二,利用资本市场推进自主创新。将过剩的社会资金导入实体经济,使其与产业升级相结合,促进工业竞争力的提高。

4. 全面提升外向型经济发展水平。中国改革开放的实践证明,改革和开放作为中国发展的两大根本动力,两者相互促进,不可分割。当前中国改革进入攻坚期和深水区,面对深层次的矛盾和发展瓶颈,需要通过更高水平的对外开放,进一步促进国内体制改革,为中国经济持续发展再造一个开放红利期。第一,在服务业领域,中国的开放程度偏低,资本、人力、技术等要素还存在流动障碍,需要促进国际国内两个市场的深度融合,让市场发挥决定性作用,在全球范围内整合资源,实现国内外资源的优化配置,在重点领域和关键环节加快国际经济合作和参与国际竞争,培育新的增长点。第二,在引入外资上,一方面优化投资的产业及区域结构,另一方面借助投资协议谈判,参与国际投资规则重构,"倒逼"国内配套体制改革;在对外投资上,加快对外投资的配套体系建设,建立信息统计、咨询服务体系,扶持本土海外投资中介机构发展以及多层次解决企业"走出去"融资难问题,并鼓励不同所有制企业联合"走出去"。第三,在对外贸易上,要完善现有对外贸易管理体制,建立质量效益导向型的贸易促进体制和全方位开放格局,以适应国际高标准的贸易规则体系,形成以价值链为基础的贸易发展战略,实现由"参与者"向"主导者"的角色转变,由数量扩张为主的贸易大国向提升质量的贸易强国转变。第四,在国际金融上,以国际储备货币多元化、提高新兴市场的国际话语权以及维护全球金融稳定为目的,坚持参与国际金融机构治理、扩大东亚区域货币合作以及人民币国际化这三大并行的对外金融战略。同时,加强国内金融改革与国际金融战略的相互联动、相互促进,形成良性循环。

第五节 构建全面推进中华民族伟大复兴的战略研究支撑体系

在党的二十大报告中,习近平总书记明确指出:从现在起,中国共产党的中心任务就是团结带领全国各族人民全面建成社会主义现代化强国,实现第二个百年奋斗目标,以中国式现代化全面推进中华民族伟大复兴。

一、增强统筹发展与安全战略

在世界百年变局和世纪疫情相互交织、各种安全挑战层出不穷、世界经济复苏步履维艰、全球发展遭遇严重挫折的时代背景下开启第二个百年奋斗目标新征程的道路上,我们必然会面临各种史无前例的复杂困难和挑战。古人云:"生于忧患,死于安乐"。我们必须增强忧患意识、始终居安思危,坚定不移贯彻落实总体国家安全观,统筹发展和安全,统筹中华民族伟大复兴战略全局和世界百变未有之大变局,深刻认识我国社会主要矛盾变化带来的新特征新要求,系统认识错综复杂的国际环境带来的新矛盾新挑战,敢于斗争,善于斗争,逢山开道,遇水架桥,勇于战胜一切风险挑战。

统筹发展和安全,是以中国式现代化推进中华民族伟大复兴过程中必须牢牢把握的底线思维和基本要求。特别是在美国试图围堵中国崛起,搞出各种单边制裁、"筑墙设垒""脱钩断链"和极限施压的背景下,中美已经进入了战略竞争时代。美国白宫发布的新版《国家安全战略》认为美国进入了两个基本战略挑战的决定性十年,并将中国定义为"美国最重要的地缘政治挑战"和"全球秩序的最大挑战",强调美国必须在竞争中胜过中国。不同于英美等以往任何早期实现现代化的国家,中华民族伟大复兴途中所面临的世界风险前所未有。而当前国内理论和政策界对我们走向世界所面临的这些风险既缺乏系统认识,也无法提出战略性应对方案。我国参与新一轮经济全球化面临的最大风险和困境在于我们对全球及各个区域的经济、社会、法律、政治和文化等基本层面的认知和研究却严重不足。换言之,中国之大国崛起在战略构建和实施方面准备不足,已经导致在全球博弈中处于不利地位。

二、增强国家战略构建的智识储备

历史地看,早期现代化国家在崛起时都曾十分重视国家战略构建与实施方面的智识储备,大力支持国家战略研究,且能有效将国家战略研究融入到各种文化和学术研究之中。早期英国遍及海外领地的文化人类学研究,当代美国维基百科的地域研究,就是两个典型例证。尤其是二战后的美国,为了打赢冷战,在社会科学的各个领域普遍建立了当时占主导地位的地域研究机构,美国的综合性大学都设立了关于世界各地区、各主要国家的研究中心,仅在华盛顿地区的各类智库就有成百上千之多。这些研究机构及其成果为美国奠立世界霸主地位提供了知识和智力的支撑。

从大国复兴所需的智识储备和战略支撑体系来看，当前我国在崛起过程中的知识和智力准备明显不足，防范化解各类国际国内风险的预测水平和研究能力还远远不够。原因之一是目前事务部门和研究机构缺乏联系，责任与问题错位。一些部门每天忙于依靠常规智力和权变策略处理无数从各个角落冒出来的危机，欠缺中长期的设计和思路，无暇顾及重大的、具有长远战略影响的问题研究，甚至出于部门利益考虑，该研究的也不去研究；而聚集了大量研究人才的高校和研究院所却多在孜孜以求地研究"掉书袋"式的学问，罔顾现实中的重大经济政治问题，或者即便有研究意向也缺乏研究资源，因此无法开展相关研究。由此带来的结果经常是：有资源的没有能力研究，有能力研究的没去做研究，或者没有资源从事研究。

三、增强智识储备统筹战略研究

战略问题是一个政党、一个国家的根本性问题。一个国家发展的成功与否，在很大程度上取决于其是否能够制定出中长期发展战略，以及有效实现战略目标所具备的组织体系和执行机制。只有建立起国家发展战略体系的国家，才能在不断演化的世界秩序中保持主体地位，而不会受其他竞争对手影响。战略坚定是成事之基，制定正确的战略策略是我们党不断从胜利走向胜利的宝贵经验。"当今世界，机遇和挑战并存。风云变幻，最需要的是战略定力"。党的十八大以来，以习近平同志为核心的党中央高度重视国家发展战略体系的构建，习近平总书记强调："我们是一个大党，领导的是一个大国，进行的是伟大的事业，要善于进行战略思维，善于从战略上看问题、想问题。"

党的二十大已经吹响了以中国式现代化全面推进中华民族伟大复兴的新征程号角，最新修订的《中国共产党党章》要求实施科教兴国战略、人才强国战略、创新驱动发展战略、乡村振兴战略、区域协调发展战略、可持续发展战略、军民融合发展战略七项重大国家战略，促进国民经济更高质量、更有效率、更加公平、更可持续、更为安全发展。这些重大国家战略的提出，深化了我们党对重大战略问题的认识。有效落实好这些国家战略，要求我们必须构建全面推进中华民族伟大复兴的战略研究支撑体系和执行机制，统筹经济社会发展与国家安全全局，为复兴路上化解各种风险挑战，把握历史主动，赢得战略先机出谋划策，贡献智慧和力量。为此，必须加强党对国家战略发展研究和执行体系建设的全面领导，构建全面推进中华民族伟大复兴的战略支撑体系。

参考文献

[1] 刘卫平.中国经济调整与再平衡：启示、挑战与策略[J].学术前沿，2018（1）.

[2] 刘卫平，陈继勇.中国经济应对当前挑战的四个支点[J].人民论坛，2020（5）.

[3] 刘卫平.中国"战略机遇期"应有的战略思考[N].学习时报.2012-03-12.

[4] 李克强，基本形成开放型经济新体制新格局.第十二届全国人民代表大会第四次会议政府工作报告[E/LO].新华网，2016-03-05.

[5] 中共中央党史研究室.中国共产党历史，第二卷（1949—1978）上册[M].北京：中共党史出版社，2011：122.

[6] 中共中央党史研究室.中国共产党历史，第二卷（1949—1978）上册[M].北京：中共党史出版社，2011：650.

[7] 中共中央党史研究室.中国共产党历史，第二卷（1949—1978）上册[M].北京：中共党史出版社，2011：880.

[8] 刘卫平.全球金融变革与新时代中国的货币政策[J].学术前沿，2018（2）下.

[9] 刘威，刘卫平.从美联储货币政策调整看美元霸权问题[J].经济日报·信息专报，2020（31）.

[10] 刘卫平，刘大任.开发性金融：政府与市场之间的融资平台[J].英文期刊 *istambul university journal of sociology*（伊斯坦布尔大学社会科学学报），2020（12）.

[11] 袁乐平，陈森，袁振华.开发性金融：新的内涵、理论定位及改革方向[J].江西社会科学，2012（1）.

[12] 陈元.政府与市场之间——开发性金融的中国探索[M].北京：中信出版社，2012.

[13] 陈元.改革的十年发展的十年——开发性金融实践于理论的思考[J].求是，2004（13）.

[14] 陈元.政府与市场之间——开发性金融的中国探索[M].北京：中信出版社，2012.

[15] "中国特色开发性金融实践研究"课题组.中国特色的开发性金融理论与实践[J].开发性金融研究，2017（4）.

[16] 陈元.发挥开发性金融作用 促进中国经济社会可持续发展[J].管理世界，

2004（7）.

[17] 陈元. 开发性金融与中国城市化发展. 经济研究，2010（7）.

[18] 国家开发银行研究院. 开发性金融的"芜湖模式". 上海城市发展，2011（1）.

[19] 宋颖慧，王瑟，赵亮. "中国债务陷阱论"剖析——以斯里兰卡政府债务问题为视角. 现代国际关系，2019（6）.

[20] 刘卫平. 对加快推进中国中长期融资体系建设的建议 [N]. 学习时报，2011-11.

[21] 郭濂，刘卫平. 构建政策性金融体系与立法建设该不容缓 [J]. 理论动态，2015（2）.

[22] 关志雄. 中国的碳中和之路——关键在于能源结构和产业结构的脱碳化. https://www.rieti.go.jp/users/kan-si-yu/cn/c210813.html.

[23] 刘卫平. "碳中和"的转型风险和潜在的社会问题 [J]. 经济日报·信息专报，2021（11）.

[24] 齐晔. 低碳发展蓝皮书——中国低碳发展报告（2015—2016）[R]. 清华-布鲁金斯公共政策研究中心，清华大学能源环境经济研究所.

[25] 刘卫平. 以金融创新推动生态城镇化建设的路径 [J]. 环境保护，2014（7）.

[26] 刘卫平. 积极推进"环境污染第三方治理"产业投资基金建设 [J]. 环境保护，2013（6）.

[27] 刘卫平，王玉明. 中国城乡生活垃圾处理行业创新路径研究 [J]. 环境保护，2020（8）.

[28] 陈继勇，刘卫平. 加快构建中国特色"绿色金融"体系 [N]. 光明日报，2015-09-30（15）.

[29] 刘卫平，沈继奔. 特朗普时代："地缘政治"与"贸易保护"收缩策略的机遇与挑战 [J]. 开发性金融研究，2016（1）.

[30] 刘卫平. 中国经济如何减少走向世界的风险 [N]. 学习时报，2013-02-25.

[31] 刘卫平，王莉丽. 我走向世界亟待加强知识和智力储备. 国家社科基金《成果要报》，2014-10-14.

[32] 刘卫平. 中国如何减少走向世界的风险——关于开展海外民族志研究的建议 [R]. 《求是》内参，2012（24）：378.

[33] 刘卫平. 中国亟须积累四大版块知识 [J]. 人民论坛，2014（10）.

[34] 刘卫平. 中国经济走向世界亟须"智力资本" [N]. 光明日报，2014-08-23.

[35] 刘卫平.中国在非洲投资战略面临挑战[J].《求是》内参,2013(4):392.

[36] 刘卫平.关于欧盟对非援助与规划的若干研究与思考[J].研究报告,2013,(8):995.

[37] 刘卫平.全球化与国家主权的博弈——从英国"脱欧"公投看全球治理[J].中理论动态,2016(10):2082.

[38] 关志雄.力求实现高质量发展的中国十四五规划[E/OL].https://www.rieti.go.jp/users/kan-si-yu/cn/c210415.html.

[39] 刘卫平.向西开放:构建21世纪中国经济新的增长极[J].红旗文稿,2013(15):255.

[40] 刘卫平.以主动的姿态全面融入全球化[R].第七届中国对外投资合作洽谈会新能源投融资国际合作分论坛,2015-12-29.

[41] 郭濂,刘卫平."一带一路"倡议:地缘政治的挑战和经济机遇[J].理论动态,2016(3).

[42] 刘卫平.推进"21世纪海上丝绸之路城市棚户区改造"合作计划[J].新华社《世界问题研究》,2020(8).

[43] 刘卫平.共度危机:中美经济合作需要大智慧[J].红旗文稿,2009-09-28.

[44] 刘卫平.建立更开放的贸易关系才是解决贸易摩擦的出路[N].学习时报,2018-04-25.

[45] 刘卫平.中美基建合作:中美经贸新的增长点[J].学术前沿,2018(2)上.

[46] 刘卫平.中美都需做负责任的主权国[N].华夏时报,2009-10-23.

[47] 刘卫平.中美需要共调经济结构应对全球供求变化[N].华夏时报,2009-08-21.

[48] 刘卫平."美国人民币汇率法案"不利于中美关系的长期战略[J].红旗文稿,2011(21).

[49] 刘卫平.美对华政策能否更具建设性[N].华夏时报,2015-09-26.

[50] 刘威,刘卫平.美国对华金融制裁的趋势分析与应对策略[N].经济日报,信息专报,2020(31).

[51] 刘卫平.大国竞合下的美墨加"毒丸条款"及其对华影响[J]人民论坛,2020(9).

[52] 中共中央关于制定国民经济和社会发展第十三个五年规划的建议[N].人民

日报，2015-11-04.

[53] 国务委员兼外长王毅 9 日向中美智库媒体视频论坛发表致辞 [E/OL]. 新华网，2020-07-09.

[54] 刘卫平. 湖北省潜江市，提前采取措施，有效防控疫情 [E/OL].《前线》客户端，2020-03-12.

[55] 中共中央国务院关于构建开放型经济新体制的若干意见 .[E/OL] 2015-05-05.

[56] 习近平主持召开经济社会领域专家座谈会并发表重要讲话 [E/OL]. 新华社，2020-8-24.

[57] 李克强. 基本形成开放型经济新体制新格局 [E/OL]. 第十二届全国人民代表大会第四次会议. 新华网，2016-03-05.

[58] 刘鹤. 推动高质量发展 共同促进全球经济繁荣稳定 [E/OL]. 在世界经济论坛 2018 年年会上的致辞. 新华网，2018-01-25.

[59] 江金权. "十四五"时期经济社会发展必须遵循的首要原则 [N]. 人民日报，2020-11.

[60] 韩文秀. 建设更高水平开放型经济新体制 [N]. 经济日报，2019-12-11.

[61] 李强. 21 世纪以来中国社会分层结构变迁的特征与趋势 [J]. 河北学刊，2021（5）.

[62] 李强. "共同富裕"要求的橄榄型分配结构，中国距此还有多远 [J]. 探索与争鸣，2021- 8-19.

[63] 陆益龙. 村庄特质与乡村振兴道路的多样性 [J]. 北京大学学报（哲学社会科学版），2019（5）.

[64] 刘卫平. 中国经济改革和再平衡的实现路径 [N]. 学习时报，2012-11-19（4）.

[65] 刘卫平. 人民币跻身重要货币还需时日 [N]. 华夏时报，2016-01-30.

[66] 美国智库布鲁金斯学会、国际战略研究中心、传统基金会、兰德公司、卡内基国际和平基金会和对外关系委员会等相关研究资料.

[67] 王莉丽. 教育部人文社科重大项目《美国智库及重要人物舆情研究》. 项目号：19JZDW011.

[68] 袁乐平，陈森，袁振华. 开发性金融：新的内涵、理论定位及改革方向 [J]. 江西社会科学，2012（1）.

[69] 陈元. 政府与市场之间——开发性金融的中国探索 [M]. 北京：中信出版社，

2012.

[70] 陈元. 改革的十年发展的十年——开发性金融实践于理论的思考[J]. 求是，2004（13）.

[71] 陈元. 发挥开发性金融作用 促进中国经济社会可持续发展 [J]. 管理世界，2004（7）.

[72] 陈元. 开发性金融与中国城市化发展 [J]. 经济研究，2010（7）.

[73] 国家开发银行研究院. 开发性金融的"芜湖模式"[J]. 上海城市发展，2011（1）.

[74] 刘卫平. 开发性金融与全球经济发展新格局 [J]. 世界问题研究，2012-03-20，89.

[75] 刘卫平. 中国在中等收入阶段面临的经济转型问题与挑战[J]. 中国银行业，2016-08-15.

[76] 刘卫平，郭濂等. 这些国家为何还没跨过"中等收入陷阱"[J]. 瞭望新闻周刊 2016（3）.

[77] 刘卫平. 美国当年如何跨越"中等收入陷阱"[N]. 国际先驱导报，2015-03-06.

[78] 刘卫平，杨艳文. 过程—事件视角下的 D 市民间金融危机研究 [J]. 清华社会科学，2021-1.

[79] 刘卫平. 道德文化促进经济社会向中高收入阶段平稳过渡 [E/OL]. 中国社会科学网，2018-10-29.

[80] 陈元. 建设中长期融资市场，支持公共设施发展 [J]. 中国金融，2007（10）.

[81] 关志雄. 力求实现高质量发展的中国十四五规划 [E/OL]. https://www.rieti.go.jp /users/kan-si-yu/cn/c210415.html.

[82] 陈继勇，刘卫平. 加快构建中国特色"绿色金融"体系 [N]. 光明日报，2015-09-30（15）.

[83] 刘卫平. 一带一路：构建 21 世纪亚欧大陆经济整合战略 [J]. 中国党政干部论坛，2015（3）.

[84] 刘卫平. 向西开放：构建 21 世纪中国经济新的增长极 [J]. 红旗文稿，2013（15）.

[85] 刘卫平. 制定向西开放战略 整合亚欧大陆经济 [N]. 华夏时报，2014-10-15.

[86] 刘卫平. "一带一路"需克服五大障碍 [N]. 国际先驱导报，2015-2-4.

[87] 刘卫平． "一带一路"不能忽视社会基础设施建设 [N]. 国际先驱导报，2016-03-20.

[88] 刘卫平． 务实推进"丝绸之路经济带"多领域战略合作 [J]. 中国党政干部论坛，2015（4）.

[89] 刘卫平． "一带一路"倡议亟须开展海外调研工作 [J]. 理论动态，2015（4）.

[90] 陈继勇，刘卫平． 美国推进《跨太平洋战略伙伴关系协定》对中国的机遇与挑战 [J]. 学习时报，2015-11-17.

[91] 刘卫平． 以主动的姿态全面融入全球化 [R]. 第七届中国对外投资合作洽谈会新能源投融资国际合作分论坛，2015-12-29.

[92] 刘卫平． 推进"21世纪海上丝绸之路城市棚户区改造"合作计划 [J]. 世界问题研究，2020-8.

[93] 刘卫平． 中国如何减少走向世界的风险——关于开展海外民族志研究的建议 [J].《求是》内参，2012-9-4（24）（378）.

[94] 刘卫平． 关于欧盟对非援助与规划的若干研究与思考 [J]. 研究报告，2013（8）.

[95] 刘卫平． 关于"三边对话与合作"初步研究 [J]. 研究报告，2013（9）.

[96] 刘卫平． 寻找21世纪中美关系的地平线. 中国日报，2011-01-13.

[97] 陈继勇，刘卫平． 美国经济政策转向对全球经济的影响 [J]. 学术前沿，2017（3）下.

[98] 刘卫平． 美国货币政策调整对世界经济的影响 [J]. 开发性金融研究，2018（5）（21）.

[99] 刘卫平，马永健． 后金融危机时代美国货币政策调整对中国经济的影响 [J]. 武汉大学学报（哲学社会科学版），2020（5）.

[100] 王胜，刘卫平等． 美元化与美国货币政策的外溢效应 [J]. 国际融资，2021（5）.

[101] 刘卫平． 中美基建合作：中美经贸新的增长点 [J]. 学术前沿，2018-2（上）.

[102] 刘卫平． 美对华政策能否更具建设性 [N]. 华夏时报，2015-09-26.

[103] 刘卫平． "美国人民币汇率法案"不利于中美关系的长期战略 [J]. 红旗文稿，2011（21）.

[104] 刘卫平． 2011年货币汇率监督改革法案损害中美关系战略利益 [N]. 华夏时报，2011-10-15.

[105] 刘卫平． 共度危机：中美经济合作需要大智慧 [J]. 红旗文稿，2009-09-28.

[106] 刘卫平. 中美应携手共创新型友好关系 [N]. 华夏时报，2011-01-29.

[107] 刘卫平. 金融危机一周年：中美仍需携手闯关 [N]. 华夏时报，2009-09-11.

[108] 刘卫平. 中美经济互动前瞻 稳定汇率最重要 [N]. 中国日报，2009-02-02.

[109] 刘卫平，王莉丽. 对特朗普胜选的思考与建议 [R]. 国家社科基金《成果要报》，2016（46）.

[110] 刘卫平. 不拒绝 TPP 有利于中国经济外部避险 [N]. 参考消息，2017-3-17.

[111] 陈继勇，刘卫平. 特朗普经济政策对全球经济可能的影响 [N].《学习时报》国际版，2017-03-6.

[112] 刘勇，刘卫平. 中美基建应纳入"百日计划"后续行动 [R]. 国家社科基金《成果要报》，2017（25）.

[113] 刘卫平. 美国税改·智库观点 [R]. 国家高端智库《简报》，2017（48）.

[114] 肖永平，刘卫平等. 国家高端智库武汉大学国际法治研究院相关研究报告.

[115] 李春香. 美国铁路未来40年的发展趋势与战略研究 [J] 经济研究参考，2015（58）.

[116] 田瑛，焦中良，杜艳. 国外天然气管道建设现状、发展趋势及启示 [J]. 石油规划设计，2015（6）.

[117] 周建新，吴轩，郭再富. 美国管道事故对中国油气管道安全的启示 [J]. 中国安全生产科学技术，2014，（S1）.

[118] 樊建强. 美国公路基础设施融资危机、变革趋势及启示 [J]. 兰州学刊，2014（3）.

[119] 渠章才，盛国荣. 后危机时代中国经济发展面临的问题及对策 [J]. 重庆交通大学学报（社会科学版），2011（1）.

[120] 唐黎军. 后金融危机时代中国的金融脱媒与商业银行的应对措施 [J]. 特区经济，2012（4）.

[121] 徐彩. 论中国如何防范经济滞涨风险 [J]. 财务与金融，2010（3）.

[122] 薛莲. 后危机时代的中小企业策略 [J]. 合作经济与科技，2011（3）.

[123] 张宇燕. 世界经济正从"大衰退"中艰难走出—世界经济形势的回顾与展望 [J]. 国际商务财会，2011（3）.

[124] 孙淑芳. 浅析热钱的危害及对策 [J]. 现代商业，2010（36）.

[125] 叶青. 国际热钱流入对中国经济的影响及对策 [J]. 金融经济，2008（22）.

[126] 周小川. 创新货币工具增强财政货币政策协调性 [N]. 人民日报, 2015-11-25.
[127] 资料来源. 人民币成功加入 SDR 未来将不会大幅贬值 [E/OL]. 中国网, 2015-12-1.
[128] 尹应凯, 崔茂忠. 美元霸权：生存基础、生存影响与生存冲突 [J]. 国际金融研究, 2009（12）.
[129] 张式谷. 从世界性视角考察现代资本主义 [J]. 人民论坛, 1998（3）.
[130] 吴嘉禾. 关于特别提款权作为超主权储备货币的研究 [J]. 金融发展评论, 2010（4）.
[131] 伍桂. 国际储备体系改革与特别提款权替代账户：研究综述 [J]. 金融发展评论, 2010（6）.
[132] 许兵, 汪洋. 欧元十年发展力的影响与挑战 [J]. 金融纵横, 2009（1）.
[133] 王元龙. 当前"人民币汇率升值论"评析及其应对 [J]. 国际金融研究, 2003（8）.
[134] 常宏. 美国量化宽松政策的退出对中国经济的影响 [J]. 企业改革与管理, 2014（5）.
[135] 国家开发银行年鉴, 2002—2012 年.
[136] 陈元. 政府与市场之间 [M]. 北京：中信出版社, 2012.
[137] 王胜. 新开放经济宏观经济学理论研究 [M]. 武汉：武汉大学出版社, 2006.
[138] 国家开发银行及武汉大学经济与管理学院课题组 [R]. 中国经济再平衡增长中的开发金融研究, 2012-11.
[139] 国家开发银行与中国社会科学院金融研究所联合课题组 [R]. 可持续协调发展研究, 2016-11.
[140] 许志峰. 开发金融护航中国企业"走出去" [N]. 人民日报, 2010-03-15.
[141] 陈晓宇, 冉成中, 陈良坤. 今年中国城镇私人教育收益率的变化 [C]. 闵维方. 为教育提供充足的资源（2001 年北京大学教育经济学国际研讨会）. 北京：人民教育出版社, 2003：192-209.
[142] 刘卫平. 以金融创新推动生态城镇化建设的路径 [J]. 环境保护, 2014（7）.
[143] 刘卫平. 积极推进"环境污染第三方治理"产业投资基金建设 [J]. 环境保护, 2013（6）.

[144] 陈继勇，刘卫平．加快构建中国特色"绿色金融"体系 [N]．光明日报，2015-09-30（15）．

[145] 齐晔．低碳发展蓝皮书—中国低碳发展报告（2015—2016）．清华-布鲁金斯公共政策研究中心，清华大学能源环境经济研究所．

[146] 刘卫平．美国货币政策调整及其影响研究 [M]．北京：清华大学出版社，2017．

[147] 刘卫平．社会信任 民间金融与经济转型 [M]．北京：中国人民大学出版社，2020．

[148] 刘卫平．中国经济改革和再平衡的实现路径 [N]．学习时报，2012-11-19．

[149] 十八届三中全会．中共中央关于全面深化改革若干重大问题的决定 [N]．人民日报，2013-11-15（1）．

[150] 刘卫平．中国经济再平衡路径 [J]．人民论坛，2013（12）：46-47．

[151] 刘卫平，刘子赢．经济社会转型中的若干问题与治理对策 [J]．开放导报，2022(6)．

[152] 刘卫平，王胜．美国持续加息对人民币汇率影响及中国的应对 [E/OL]．中国社会科学网，http://econ.cssn.cn/jjx/jjx_xzyc/202212/t20221204_5568401.shtml, 2022-12-04．

[153] 刘卫平，刘子赢．鼓励金融多元化发展 更好服务实体经济 [E/OL]．中国社会科学网，http://econ.cssn.cn/jjx/jjx_xzyc/202210/t20221028_5556545.shtml, 2022-10-28．

[154] 刘卫平．中美加强理解拓展合作，共同回答好世纪之问 [E/OL]．中国社会科学网，https://mp.weixin.qq.com/s/XbQYzg9GgXWNinwaw-2-bw，2022-06-02．

[155] 刘卫平．政策性银行需从产业金融角度服务重大科技创新 [J]．中国社会科学网，http://econ.cssn.cn/jjx/jjx_xzyc/202205/t20220512_5407879.shtml,2022-05-12．

[156] 美国智库布鲁金斯学会、国际战略研究中心、传统基金会、兰德公司、卡内基国际和平基金会和对外关系委员会等相关研究资料．

[157] Liu Weiping. China must be ready to thwart US designs[N]. China Daily，2020-05-09．

[158] Liu Weiping，Yu Zhen，Wang Jingyu. Cooperation vital to contain outbreak[N]. China Daily，2020-03-27．

[159] Liu Weiping，Chen Jiyong. Fiscal reform would help boost demand[N]

China Daily, 2020-02-17.

[160] Zhou Wei. Healthy online sector key to long-term growth[N]. China Daily, 2021-09-27.

[161] Liu Weiping. Infrastructure ideal for Sino-US cooperation[N]. China Daily, 2019-06-22.

[162] Liu Weiping. Reform can quell economic headwinds[N]. China Daily, 2019-06-10.

后　　记

和平与发展——世界秩序永恒的主题

和平与发展是世界永恒的主题。在当今形势下，无论是大国之间处于"常规时期"还是如同疫情"非常规时期"，若中美走向永久性对抗，对美国、中国和全世界都不利，国际社会亟须构思和实施新的安全架构。中国作为联合国安理会常任理事国和倡导构建人类命运共同体的"负责任大国"，为开放型世界经济注入新活力，实行更加积极主动的开放战略，完善互利共赢、多元平衡、安全高效的开放型经济体系。2018 年 G20 峰会期间，习近平主席与美国前总统特朗普会晤时，首次提出中美关系是"竞合关系"，也就是竞争性合作关系。在竞合时代大国间的竞争不再是领土的争夺，而是综合实力（经济、政治、科技、军事等）的较量，核心利益是对将来国际秩序规则和标准制定的主导权。中美两国作为世界经济大国，影响着全球经济与政治秩序的发展、稳定与繁荣。

中国特色社会主义新时代，也是一个世界处于大发展大变革大调整、人类面临诸多共同挑战而努力谋求和平与发展的时代。人类文明的发展进步需要世界各个国家的竞争，更需要彼此的合作。胸怀中华民族伟大复兴战略全局和世界百年未有之大变局，从历史长河、时代大潮、全球风云中探究中国经济转型与增长的机理与规律，提出因应的战略策略，是我们面临的重大课题。因此，做好战略研究，维护世界的和平与发展，促进中美关系的健康发展，作为研究工作者，是我们的使命、责任和担当。

面向未来：建立 21 世纪的中美关系

2008 年深秋的一个上午，在美国布鲁金斯学会举办的会议上，一位奥巴马的资深中国问题顾问说道:"美国新一任总统就职之后的第一件事就是要和中国领导人处理好关系,只有如此,美国才能赢得中国的支持。"的确,一个需要华盛顿直面的现实是,美国如今在几乎任何一个领域,都无法忽视中国的存在和作用,中美关系也正进入一种真正的大国关系常态。而随着美国国内政治气氛的改变,以及全球合作的需要,美国的对华政策仍有向更理性、更具建设性方向转变的空间和动力。

1972年美国总统尼克松访华,"两国领导人横跨太平洋的历史性握手"标志着"一个时代结束了,另一个时代开始了"。1979年中美建交和邓小平先生成功访美,揭开了中美关系的新篇章。自此,40多年来,中美关系在曲折中一直稳步前进。其间,中国几代领导人对美国的政策都比较一致,这对中美关系的良性发展起到了极大的作用。而在此期间,美国历经多位总统。用基辛格博士的话说:每一位总统入主白宫时都很希望了解中国,但是很可能又是从头开始去了解中国,因为他们以前对中国的了解并不是很透彻。所以几乎每一个新总统都要重新审视对中国的政策。

作为当今世界上举足轻重的两个大国,中美利益是一体的,美国不能选择对立,中国也不能选择对立,中美需要建立21世纪的双边关系,中美的巨大合作空间更有益于全球利益。但是,如何加强中美的沟通和了解,建立起有利于双边和世界和谐发展的中美关系,始终是中美面临的一个不可回避的问题。

美国前国务卿基辛格博士在清华大学"全球领导力"课堂上说:"今天中国的一切,都令人震惊!中国改革开放实现了持续几十年的经济快速增长,创造了世界经济发展的奇迹。如果中国不进步,亚洲是没法进步的。美国不能选择对立,中国也不能选择对立,实际上双边已经认识到这个问题。我喜欢中国人民也喜欢中国的领导人,但是我觉得从长期的政策来看,我们不应该有任何感情因素,我们必须密切关注全社会的共同利益,我觉得中美利益是一体的,我们互相对立是不会得到任何好处的。"

约翰·桑顿教授在清华大学"全球领导力"课堂上经常告诉我们:"中国的崛起是 21 世纪最重要的事情,这是你们的使命。在外国人面前,每个中国人都是中国的大使。""如果说 20 世纪是属于美国的时代,那么 21 世纪将毫无疑问是中国的时代,中国的崛起是当今世界发生的最重要的事。谁先能更好地了解中国,谁就掌握了参与和推动历史的资本。"因此,中国和美国需要携起手来做几件具有前瞻性、以科技为导向、以环保为导向、以节能为导向的大事。此外,两国进行积极的合作,就是要提高普通人对对方国家的了解和认识。我们相信,随着科技的进步和两个国家的进步,两国的关系是一定会改善的,会变成战略性、前瞻性和创新性的关系。因此,我们需要建立 21 世纪的美中关系。

21 世纪可持续性发展新思维

在 21 世纪,我们需要寻求中美关系与发展的新思维,更需要寻求世界可持续发展。2003 年时任清华大学常务副校长、经济管理学院院长、国家能源实验室主任何建坤教授认为,中国未来的可持续发展所采取的国家投资与资源发展的方式,应该采取多方合作与南南合作的方式进行;人文学院院长李强教授认为,探讨中国未来的发展方向,国家领导人首先需要思考的问题是:在目前国际形势风云变幻、纷繁复杂的情况下,如何找准中国与合作国家的共同利益至关重要;交通专家张毅和姚丹亚教授认为,目前中国投资亚、非、拉的交通基础设施建设,首先应该考虑的是交通工具,而不是路;从经济金融学思考,朱武祥教授思考的问题则是中国在购买美国国债和外汇充足的情况下,首先应该考虑的是中国未来城镇化、工业现代化所需要的粮食与钢铁。

2008 年在麻省理工学院,我问了导师彼得·普度教授一个问题:

"您认为21世纪中国最重要的问题是什么？"他说是环境。他准备用十年的时间撰写一本《中国环境史》的书。毫无疑问，中国的环境问题成了这位一辈子研究中国的历史学家心中最重要的研究方向。

是啊，如果你站在全球的任何一个视角来看世界，平衡"经济发展"和"环境保护"是我们重要的地平线。但是，如何从全球范围来做到这一点？包括在印度、中国、非洲，都是关系到全球可持续发展的大问题。如果从整体来看，我们会得出这样的结论，那些最富有、最发达的国家，实际上是应该做出更大贡献的，不是为它们自己，而是对世界做出更大的贡献。但是目前大部分这些更富裕、更发达的国家，包括美国在内，没有做出一个好的表率，并且没有考虑到这方面的问题，它们基本上只会关注自己国内的一些问题，不会太关心世界上其他地方的情况。从中国立场来看，当然也要从中国和其他国家之间的关系出发，这也是公平的方式，重要的一点，就是要保证中国的稳定，包括保证中国的平等，必须要保持经济发展的相对高速，才能够实现国内的平等和稳定。从这个方面来讲，中国在环保方面的贡献必须要结合这个背景来考虑，因为中国必须要保持一个相对高的经济发展速度，要保持均衡发展。

众所周知，2008年由美国引发的前所未有的全球范围金融危机中，没有哪个国家能够独善其身。虽然中国有着巨大的潜力和内需市场，经济不可能出现崩溃现象，但必须意识到风险的存在。同时，此次美国金融危机也带给中国新的发展机遇，导致世界货币体系和金融体系的重大变化，加快了人民币国际化的步伐。面对美国经济刺激计划的实施，全球的供求关系也会发生变化，中美两国的决策者需要充分发挥大智慧，在共同调整贸易失衡、促进中国经济结构的调整、解决经济问题及相关联的社会问题等方面，为全球经济做出贡献。

21世纪是已经开启的历史进程。中国目前面临三大挑战，第一个挑战是"资源"，比如说能源等方面的资源。因为现在中国的发展实际上在很多方面都在推动能源等资源的需求。第二个挑战是"环境"方面的挑战。第三个方面是"社会和经济协调发展"的挑战。

应对以上三大挑战，我们必须要有创新性的思维方式，其中有两大关键要素：第一个是"系统性的改良"，指中国内部体制的改革；第二个是"人力资源"，指对人才进行最优的配置。从历史的角度来看，大国的崛起往往不是一个顺利的过程，在崛起的过程中都会引起一些冲突或者争端。中国在这方面希望摆脱历史的怪圈，找到自己最好的发展道路。

今天中国经济的发展已经走向了世界核心的位置。改革开放40多年来，中国的经济发展为世界经济做出了贡献，带来了希望。在经济危机的背景下，能否将国有企业红利制度用于社保体系建设，进一步加大社保力度，并且进行资源要素价格的改革，进一步完善资本市场，是中国经济能否实现可持续发展的关键。但是需要认识到，任何制度层面上的调整都必须从中国的国情和基本现实出发，这也就决定了中国经济的转型将是"战略机遇期"的渐进过程。

如湖北省潜江市高度敏感、超前行动，率先采取精当的措施，不仅有效地防控了疫情，而且及时地实现了复工，没有耽误春耕生产。2019年12月31日，在了解到疫情相关信息后，潜江市在时任市委书记吴祖云同志的领导下，领导集体敏锐地感知到问题的严重性，于1月2日就着手全面收集疫情相关信息，提前部署物资储备、人员调度、防控措施等准备工作。1月17日，湖北省潜江市比照《中华人民共和国传染病防治法》，勇于担当，果断将第一批32名发热病人集中收治、耐心细致地做好隔离治疗的说服工作，迅速有效地阻止了疫情蔓延扩散。[1]

---

[1] 刘卫平.湖北省潜江市，提前采取措施，有效防控疫情[E/OL].《前线》客户端，2020-03-12.

致谢

拙作《中国经济与世界秩序》出版之际，颇感荣幸。这是一本集经济学、社会学、法学、政治学、舆论学、国际关系学等交叉学科于一体的综合性学术研究、战略研究和政策研究的著作。约20年来，我一直致力于中国经济与世界秩序的研究，曾提出和策划了"扩大内需""国际国内双循环""中长期投融资建设""经济与社会综合规划""陆权战略与海权战略""美国货币非正规外溢效应""中美基建合作"等方面的学术理念和政策建议，这些研究奠定了本书的基础。其中许多研究工作是与其他学者合作完成的。

我早期关于世界经济、经济与社会、国际金融、国家战略的研究，形成了《全球领导力》《美国货币政策调整及其影响研究》《中等收入陷阱：基于经济转型与社会治理的理解》《社会信任：民间金融与经济转型》等著作和《中美基建合作计划》《中美经贸合作面临的挑战及应对建议》《向西开放：共建"丝绸之路经济带"》等多项研究报告及国家社科基金重大课题和重大攻关项目。

借此机会，我要感谢多年来支持我的领导、老师、朋友和家人。我攻读了经济学博士和法学博士并赴美留学，赢得了约翰·桑顿教授、何建坤教授、李强教授、陈继勇教授、李健教授、彼得·普度教授、薛澜教授、肖耿教授、朱武祥教授、齐晔教授、彭宇文教授、刘艳芳教授、李艳萍教授、李卓教授的热情支持。我还要感谢其他领导们，没有他们的帮助、鼓励和给予的机会，我绝无可能具有今天这样的学术基础、国际视野和实践机会。

感谢为拙作《中国经济与世界秩序》鉴评的评审专家和撰写评论的推荐人：余永定、李强、陈继勇、薛澜、张宇燕、贾康、黄进、温铁军、丁学良、徐康宁、张燕生、孙立平、沈原、关志雄、高柏、齐晔、彭凯平、宋敏、肖永平、朱武祥、肖耿、周枚之、管涛、陆益龙、周飞舟、

后　记

应星、王天夫、朱旭峰、何平、王莉丽、聂军等教授。

同时，我还要感谢清华大学出版社的徐学军、刘志彬和高晓蔚、赖文琼编辑的辛勤工作，和对此书提出建议的著名华人旅日经济学家关志雄教授和周牧之教授，著名社会学家高柏教授、孙立平教授、沈原教授、王天夫教授、陆益龙教授和应星教授，经济学家宋敏教授，法学家肖永平教授，著名编辑杨敏老师、杨艳文博士和王梦恬翻译和学术秘书尹梦玲、王艺璇博士对本书提出的宝贵意见。

感谢著名经济学家吴敬琏先生担任主编、清华大学经济管理学院院长白重恩教授等担任编委的《比较》辑刊的吴素萍执行主编和中信出版集团的孟凡玲老师支持发表《开发性金融：政府与市场之间的融资平台》论文；感谢杜克大学社会学系高柏教授主编的"发展主义"专题约稿并推荐在《伊斯坦布尔大学社会学》杂志发表 Development Finance: A Financing Platform Between the Government and the Market 论文。

感谢国家社科基金《国家高端智库报告》和《成果要报》的领导和编辑们；感谢《中国社会科学》杂志社和中国社会科学网的张征编辑；感谢《求是》杂志社的刘彦华、孙广远、吴强编辑和《红旗文稿》的狄英娜编辑；感谢《人民日报》社《学术前沿》的樊保龄编辑和《人民论坛》的刁娜编辑；感谢《光明日报》理论版的编辑们；感谢《经济日报》的编辑们；感谢中央党校报刊社《学习时报》前总编辑钟国兴、前副社长杨英杰和《理论动态》的张治江、《中国党政干部论坛》的吕红娟等编辑；感谢《中国日报》的朱萍和赵焕新编辑；感谢新华社的李斌编辑、《瞭望新闻周刊》的皇甫丽萍编辑、《世界问题研究》的何君臣、龙胜东编辑以及《参考消息》的编辑们；感谢《武汉大学学报（哲学社会科学版）》的杨敏和桂莉编辑；感谢《环境保护》的郭媛媛编辑；感谢《中国银行业》杂志社的李立群编辑；感谢《国际融资》杂志社的李路阳编辑；感谢《华夏时报》的商灏编辑；感谢《清华社会科学》辑刊的应星编辑；感谢《开放导报》杂志的罗建邦编辑；感谢《前线》杂志的许海和易艳编辑等各学术期刊和报社的编辑们，感谢你们在我发表论文期间给予的帮助和大力支持。

最后深深地感谢无私爱我、支持我的妻子和儿子，以及我的家人和朋友们！

本研究获得教育部人文社科重大项目（项目号：19JZDW011）的资助。

于北京南长河畔
2022 年 12 月